INSIGHT GUIDE

希臘

Greece

時報出版
CHINA TIMES PUBLISHING COMPANY
尊重智慧與創意的文化事業

關於本書

知性之旅・希臘
INSIGHT GUIDE・GREECE

編輯群
高美齡、蕭納、趙晨宇、李昧

封面設計
林麗華

企畫
張震洲

董事長&發行人
孫思照

總經理
莫昭平

總編輯
林馨琴

出版者
時報文化出版企業股份有限公司
10803台北市和平西路三段240號4樓
發行專線：(02) 2306-6842
讀者服務專線：0800-231-705
(02) 2304-7103
讀者服務傳真：(02) 2304-6858
郵撥：19344724 時報文化出版公司
信箱：台北郵政79-99信箱
時報悅讀網：
http://www.readingtimes.com.tw
電子郵件信箱：
know@readingtimes.com.tw

法律顧問
理律法律事務所　陳長文律師
李念祖律師

印刷
華展彩色印刷有限公司

初版一刷
2006年12月20日
初版二刷
2010年11月29日
定價
新台幣600元

行政院新聞局局版北市業字第80號
版權所有　翻印必究
(缺頁或破損的書，請寄回更換)
ISBN　957-13-4565-2
978-957-13-4565-9

這本旅遊指南包含了全球最知名的兩個資訊提供者的興味與狂熱：自1970年立下視覺旅遊指南典範的Insight Guide知性之旅，以及全球非虛構電視節目的主要來源 Discovery頻道。

Insight Guide的編輯群對於旅遊地的歷史、文化、機構和人民，提供了實用的建議和一般性的知識，Discovery 頻道及其網站 www.discovery.com 協助數百萬觀眾在舒適的家中探索世界，同時也鼓勵他們親自去探勘世界。

如何使用本書

《知性之旅：希臘》旨在讓讀者了解希臘、其人民和文化，同時也導引讀者觀看希臘的景致和日常活動：

◆ 為了解希臘，你必須知道它的過去，**特寫**單元涵蓋了希臘的歷史與文化。

◆ **地方**單元是值得前去的景點的完整指南。趣味地點則搭配數張地圖。

◆ **旅遊指南**列出交通、旅館、餐廳、商店和其他簡便的參考資料。

貢獻者

知性之旅的編輯**羅德**（Maria Lord）把新版本整合在一起，把雅典、伊薩基（Itháki）、凱法利尼亞（Kefalloniá）、札金索斯

（Zákynthos）這幾章更新，並撰寫「**基克拉澤斯的銅器時代**」（Cycladic Bronze Age）。

派克（Jeffrey Pike）重新修訂古代、拜占庭及鄂圖曼希臘的歷史，他亦協助其他內容的修訂。**克羅格教授**（Richard Clogg）重新修訂「希臘獨立」的那個章節。

南伊利諾大學（Southern Illinois University）人類學助理教授**大衛・薩頓**（David Sutton）撰寫「現代希臘」及「民族性格」。康乃爾大學**霍爾斯特－華哈佛特**（Professor Gail Holst-Warhaft）教授協助完成「文學、音樂與舞蹈」這個章節。

評價非常高的美食作家及顧問的**阿格萊亞・克雷梅茲**（Aglaia Kremezi）幫忙撰寫「食物與酒」。藝術史學家暨雕刻家的**羅德**（Dr, John Lord）博士負責撰寫藝術與建築廣泛的章節。

長年撰寫旅遊知性文章的**丹尼・艾伯哈德**（Danny Aeberbard）則幫忙撰寫「植物與動物」那個章節。

偶爾短暫地居住在薩摩斯（Sámos）的倫敦知名旅行家**杜賓**（Marc Dubin），幫忙更新羅得斯島（Rhodes）、多德喀尼島（Dodecanese）、愛琴海的東北部、柯孚島（Corfu）、帕克西（Paxí）、列夫卡達（Levkáda）、希臘中部及伊派拉斯（Epirus）等章節，他還幫忙重新修訂實用指南部分，並撰寫希臘的地理部分。**查普勒**（John Chapple）撰寫義大利建築部分。

同時是作家也是旅行導遊暨植物學家的**契爾頓**（Lance Chilton）則負責克里特及伯羅奔尼撒部分。歷史學家暨作家的**海蘭德**（Paul Hellander），負責更新塞薩洛尼基（Thessaloníki）、馬其頓（Macedonia）、色雷斯（Thrace）、阿爾哥－沙羅尼克（Argo-Saronic）島、斯波拉提斯（Sporádes）、艾甫亞（Évia）及沙摩斯瑞基（Samothráki）。長期定居在帕羅斯島（Páros）的**卡森**（Jeffrey Carson）負責撰寫或更新希克拉迪（Cyclades）的章節。

攝影師包括**羅納**（Gregory Wrona）、**伍德**（Phil Wood）、**哈里斯**（Terry Harris）及**哈靈頓**（Blaine Harrington）。**史班斯特**（Emma Sangster）負責本書的校對，**庫克**（Elizabeth Cook）負責本書的索引部分。

圖例

▬ ･ ▬ ･	國界
▬ ▬ ▬	省
⊖	邊境
▬ ･ ▬ ･	國家公園／保育區
▬ ▬ ▬	渡船路線
Ⓜ	地下鐵
✈	國際／國內機場
🚌	公車站
Ｐ	停車場
❶	觀光資訊
✉	郵局
✝ ✝ ✝	教堂／教堂遺跡
✝	修道院
☪	清真寺
✡	猶太教會堂
🏰 🏰	城堡／城堡遺跡
∴	考古地
∩	洞穴
⚱	雕像／紀念碑
★	趣味地點

趣味地點一章的全彩地圖上，標註了數字（如❶），而每張右頁上方，都會顯示地圖的頁數。

INSIGHT GUIDES
希臘

目 錄

座落於白色岩石
平台上的雅典衛
城，矗立於市集
上方。

◆ 完整的旅遊指南索引在
  第321頁

古老的故事

陽光、海洋和古蹟的醉人組合，沐浴在愛琴海
的光輝下，數百年來，希臘不知魅惑了多少遊客。

在經歷500年的鄂圖曼帝國統治後，現代希臘於19世紀出現，位於地中海東岸巴爾幹半島（Balkans）下面堆滿岩石的半島和島嶼上；語言和景觀令人回想起她之前孕育西方世界的卓越地位。歷史、戲劇、政治、哲學：文字和概念的根均源自於此。西元2000年前，在此爭奪主權的城市國家之名散列其中：科林斯（Corinth）、斯巴達（Sparta）、馬其頓（Mycenae）、色雷斯（Thrace）、雅典（Athens）。這裡也是德菲爾（Delphi）、帕德嫩神殿（Parthenon）、奧林帕斯山和古代諸神永遠連結在一起的地方。

不管是乘船、坐火車或飛機到希臘，當你伸展雙腿時的第一印象，一定是這裡的陽光。水面上閃爍著金屬和玻璃的反射以及陰影，讓地中海的陽光無所不在，就像隱藏的相機閃光燈，極亮的燈光在迅雷不及掩耳的瞬間，令人手足無措。

從那一刻起，你似乎毫不費力地就變成希臘景觀的一部分：藍天在上、白砂在下、古代遺跡、橄欖樹林、葡萄酒節……很容易地就愛上這光芒四射的國家；不只是因為它1,100萬的人口中有如此多情感開放的人，不論歡樂或悲傷都不吝陪在你身旁。許多旅客在到達時，對感情豐富的主人所表達的熱情，剛開始可能會覺得有點不舒服，可是這些旅客卻一次又一次的回來：為了清晨光華如鏡的愛琴海，為了在熱極的午後提供一點蔭涼，為了木凳子和搖晃不穩的桌子的咖啡時光，還有為了傍晚時分蟬聲嗡嗡的銀綠色橄欖樹林。

希臘是歐盟的一員，首都為主辦2004年奧運，極盡所能地加速其現代化。不過，跟許多其他快速變化的國家比起來，這裡的「現代」並無法等同於那個字義。歷史感和對傳統的尊重仍有極大的影響力，而大部分希臘人也都會驕傲地和遊客分享他們的文化。希臘字xénos不只表示「陌生人」，也表示「客人」，而一個幸運的客人會被邀請到希臘人家裡，款待以豐富的食物和飲料，以及出自真正好奇心的許多問題。本書的目地不只在為遊客導覽希臘及其諸島，同時也為預習其可能遇到的，完全令人神魂顛倒的體驗。

前頁：Ýdra的後街；典型的基克拉澤斯群島上的建築；聖托里尼一景。
左圖：米克諾斯安靜的清晨。

變化多端的國家

高山和洞穴、鹽沼和雨林、炎夏和
冬雪——鮮少國家擁有這麼多樣的景觀和氣候。

人們發現，希臘就像一個人吃著橘子，是太陽隨時閃耀的地方，然而，這裡同時也真的被形容為多雨的地區，而大部分蘋果的外表都像減肥似的，小小的。在地中海地區，希臘真的是個多樣的國家，周圍的環境從幾近沙漠到雨林、從鹽沼到高山都有。

巴爾幹半島東南部破碎的地形，是地中海盆地漲潮的結果，這種現象發生在後來的直布羅陀海峽。冰河時期後期，水從大西洋滲進來，然後慢慢地淹沒山區，部分形成深谷，這可能就是《聖經》中記載的洪水。孤立、突出的山峰變成希臘的小島，而克里特島是最高、最大的一座。如果地中海乾涸，以前的南斯拉夫（Yugoslavia）沿海地區、阿爾巴諾－希臘平都斯（Albano-Greek Píndos）、伯羅奔尼撒山脈（Peloponnesian）、克里特（Crete）、土耳其托勒斯（Turkish Toros）便會形成一個不完整的體系：即所謂的迪納拉弧形（Dinaric Arc）。弧形地區是喀斯特石灰岩地形的中心，散布著極具滲透性的洞穴、地下河流。冰河時期的冰河扮演雕塑山形的角色，現今南部的科林斯灣（Gulf of Corinth）就是這種地形。

地震帶

希臘是一個活動的潛沒地區，非洲的地殼板塊跑到歐洲板塊下面。這就是有名的斷層，頻繁的——經常性的破壞——地震及顯著的地熱活動。本土地區及各個小島上散布了一百多個溫泉浴場，而伴隨著地熱而來的通常都是火山：你還可以沿著美薩納半島（Méthana peninsula）、波羅斯島（Póros）、米洛斯島（Mílos）、提拉島（Thíra）及尼斯羅斯島（Nísyros）淹沒在海中的死火山和眠火山連結出地層碰撞的邊界，在歷史的記憶中，這些地區都曾經爆發過。愛琴海東北方、列斯伏斯島（Lésvos）、利姆諾斯島（Límnos）、艾·斯特拉蒂斯島（Aí Strátis）原本也都是火山。

希臘大概只有四分之一的可耕地，較大的農耕地區在色薩利（Thessaly）和馬其頓（Macedonia）。大部分的農地位於低窪的平原或山上的高原地區，這些地方往往是昔日排水後

的湖床，再消除瘧蚊開墾成農業耕地。只有科林斯灣北方內陸殘留著一些淡水湖：淺而泥濘，相較於休閒，這裡更適合灌溉、捕魚、作為野生動物的保護區。阿卡納尼亞（Étolo-Akarnanía）的Trihonída湖，是最大也是景色最秀麗的湖泊；第二大的包括有Vegoritída、米克拉普雷斯帕湖（Mikrá Préspa），以及馬其頓西方的卡斯托里亞湖（Kastoriá），加上伊派拉斯（Epirus）的帕瑪佛迪達湖（Pamvótida）。艾皮羅特（Epirote）的平都斯山脈有一些冰河時期留下的冰斗湖，不過由於極度滲水的岩層，幾乎已

左圖：札金索斯史基那里（Skinári）海角迷人的拱洞。
右圖：札金索斯西岸的峭壁。

完全從大的島嶼上消失。克里特島的哈里亞（Haniá）附近，是最大、最有名的一處。

這個國家有四分之三布滿岩石、樹木叢生的高山——彷彿亨利・米勒寫的，沒有一個地方像希臘一樣，上帝毫不吝嗇地放了許多岩石在這裡。丘陵則是光禿禿的；從古時候開始，這個國家的森林就不斷地遭到侵害，自從一次大戰起，砍伐森林的速度更是快的可怕。由於這種天氣

礦產資源

希臘曾經適度地靠它的礦產賺取利益——本土中央生產鋁土及鉻鐵，米洛斯島和尼斯羅斯島火山出產的物資——但如今採礦業已經急遽地衰退了。

到愛奧尼亞海濕氣的影響，會下雪或下雨。

本土其他地方實際上都位在雨蔭地區，風向從潮濕的帖米灣（Thermaic Gulf）被內陸幾公里的奧林帕斯山（Olympos）塞薩洛尼基（Thessaloníki）附近3,000公尺（9,800呎）左右的高山所阻擋，濕潤的氣團剛好往西碰到古代眾神居住的山頂。奧林帕斯最高峰超過2,300公尺（7,500呎），山上大概有12家滑雪度假村。北歐沒有人會飛

條件，不可避免的經常引起火災，希臘的松樹林花了50多年的時間才恢復過來。

夏熱冬冷

希臘是典型的地中海型氣候，而沿海地區的植物有限；其他地方則是「緩和的大陸性」氣候，夏天悶熱、冬季寒冷。雖然有很多小氣候——例如比里歐半島（Pílio peninsula）西北部的雨林氣候——一般愛奧尼亞島（Ionian）及本土西部地區的降雨量最多（尤其是科孚〔Corfu〕和札金索斯〔Zákynthos〕），平都斯山脈地區受

到這裡來滑雪——這裡下雪的方式不太可靠——不過最近這裡的度假勝地愈來愈受到希臘當地人的歡迎。

希臘的寓言環繞著沿海地區，而其海岸線的距離相當於法國的四倍。儘管在觀光的海報上沙灘是重要的宣傳重點，但也不是常規。沿海地區有很多地方是不適合居住的懸崖，既無法滿足喜歡沙灘的人，又無法讓水手的船停泊。事實上，這裡最可能光顧的就是鳥類，希臘剛好位於中北歐至非洲候鳥遷徙的路線上。沿海地區除了懸崖或沙灘，還散布著礁湖、河

口的沼澤，以及鹹水濕地，這些地方都是野生動物非常重要的棲息處。其中最重要的是，卡羅葛里爾（Kalógria）帕特拉（Pátra）附近、列斯伏斯島的卡洛尼（Kalloní）、色雷斯（Thrace）埃夫羅斯河（Évros river）三角洲、柯孚島的柯里熊（Korissíon）湖、科斯島（Kós）的亞利奇（Alykí）濕地，最大的礁湖則在美索隆奇（Mesolóngi）。

爭論性的水壩

希臘每個地方距離沿海都不會超過100公里民族想法，然而其他巴爾幹半島上的國家亦有他們自己的資源。從第二次世界大戰起，很多科林斯灣北部的河川都興建水壩，其目的都是為了灌溉和控制洪水，而不是為了水力發電。有許多跡象顯示，這個計畫主要的土地規劃理念在歐洲其他地方幾乎都已沒落了，只剩下極高的爭議──沒有一個能超過亞依洛斯河的美索哈拉水壩（Mesohára dam），州議會聲稱這個水壩是違法的，而歐盟亦撤銷它的資金。這個偉大的計畫──主要是為了解決色薩利平原的乾旱問題──如果完成的話，將會破壞亞依洛

（60哩），所以很多河流短而湍急，很快就降低海拔高度，而當地的泛舟同好則很享受這裡刺激的湍流。歐洲北部主要的河川慢慢地往低處流，亞利亞克蒙納斯河（Aliákmonas）、皮尼歐斯河（Pínios）、亞依洛斯河（Aheloós）、亞拉色斯河（Árathos）、亞西奧斯河（Áxios）和史崔蒙納斯河（Strymónas），以及馬其頓的埃夫羅斯河及色雷斯河等，也遵守大部分大陸性河川的

斯三角洲的濕地，以及備受威脅的漁業問題。

希臘那高低不平的地形，且其大部分領土都位於島嶼上，讓它自古代城邦時期起，便促使其區域分散的發展。相對的，這種多種方言的小國，廣闊的俄羅斯其語言的差異性還比較小。陸上的往來很晚才開始，直至20世紀才比較健全，因為從雅典到東部的伯羅奔尼撒或是從哈里亞到克里特島南部沿海，搭船都比陸上的交通還簡單。不管怎樣，地理的決定論很容易陷入困境，毫無疑問地，行省間相互的孤立的統制，也形成希臘的特色。

左圖：德爾斐附近的山城阿拉和瓦。
右圖：伊庇魯斯岸邊阿塔的橋。

LA GRECIA
VNIVERSALE ANTICA
Paragonata con la Moderna da
Giacomo Cantelli da Vignola
Con le direttioni delle Carte Migliori è de piu accre=
ditati Scrittori di Geografia. data in luce da Gio.
Giacomo Rossi in Roma alla Pace l'anno 1682.
con Priu. del S. Pont.

關鍵日期

米諾斯(Minoan)時期：大約西元前3000-1400年

西元前3000年　米諾斯文明興起於克里特島；他們設立前哨站，並與埃及人有所往來。

西元前2100-1500年　米諾斯文化臻於巔峰，最著名的是雄偉的城市、宮殿和高雅的藝術。

大約西元前1400年　火山爆發摧毀了桑托里尼（Santoríni）和阿克羅帝利（Akrotìri）聚落，其他大部分的米諾斯統治中心都毀於火災，而遭廢棄。

歐洲的誕生

希臘——或者更精確地說，克里特島——是歐洲的誕生地。流傳數千年的神話，詳述了天王宙斯如何從腓尼基宮殿綁架一名美麗害羞的公主。宙斯愛上了她，而且化身一隻白色的公牛取得她的信任。

然而，公主騎上公牛後，被迫帶往一個遙遠大陸的海邊，這片陸地從此就以她的名字「歐羅芭」（Europa）來命名。其餘的，如同世人所說，就是歷史了……

麥西尼和多利安時期：西元前1400-700年

西元前1400年　伯羅奔尼撒的部落麥西尼（Mycenean）繁榮興盛，他們築城來防禦麥西尼和提林斯（Tiryns）。

西元前1200年　多利安（Dorian）部族征服伯羅奔尼撒的大部分地區。

西元前776年　多利安人舉行第一屆奧林匹克運動會，以示對天王宙斯（Zeus）和天后希拉（Hera）的崇敬之意。

古代時期：西元前700-500年

西元前700年以後　多利安人入侵導致城邦興起，包括雅典（Athens）、斯巴達（Sparta）、底比斯（Thebes）和科林斯（Corinth），彼此爭奪霸權。

西元前550年　斯巴達與鄰近城邦組成伯羅奔尼撒同盟，與雅典的敵對與日俱增。

西元前500年　希臘城邦掌控地中海沿岸的大部分地區。

古典時期：西元前500-338年

西元前490年　波斯國王大流士（Darius）意圖入侵並征服希臘，但據信遭雅典軍隊擊敗。

西元前480年　大流士之子薛西斯（Xerxes）入侵，斯巴達國王萊奧尼達斯（Leonidas）在色摩匹利（Thermopylae）戰役中落敗。雅典被攻占，但之後希臘船隻發動一場突襲，在沙拉米斯（Salamis）外海擊沉了波斯艦隊。

西元前431-404年　伯羅奔尼撒戰爭爆發，主要對戰者是斯巴達和雅典。雅典投降；斯巴達掌控大部分的希臘。

西元前338年　馬其頓國王腓力二世（Philip II）在克羅尼亞（Chaeronea）戰役中，打敗雅典和底比斯，之後與斯巴達以外的所有希臘城邦結盟。

希臘化和羅馬時期：西元前338年至西元395年

西元前336年　腓力二世遭刺殺，他的兒子亞歷山大大帝引領希臘發展為帝制型態，政治中心為馬其頓。

西元前323年　亞歷山大帝國在亞歷山大大帝過世後，因繼承者狄奧多奇家族（Diadochi）衝突而分裂；政治權力中心從希臘轉移至中東和埃及。

西元前320-275年　狄奧多奇家族自相殘殺；馬其頓奮力維持地位。羅馬興起成為主要強權。

西元前146年　羅馬將希臘納為羅馬帝國的一省。

拜占庭時期：西元395-1453年

西元395年　羅馬帝國分裂為東、西兩半，希臘統治東羅馬帝國。

西元1204年　威尼斯人協助的十字軍攻擊劫掠君士坦丁堡（Constantinople），法蘭克人和威尼斯人瓜分了希臘領土，伯

羅奔尼撒、羅得斯島和克里特島都加強海港和堡壘的防禦工事，以防土耳其人入侵。

西元1453年　鄂圖曼土耳其人消滅拜占庭帝國。

鄂圖曼土耳其時期：西元1453-1821年

西元1453年　蘇丹把希臘的民間管理交給希臘正教會。起初希臘人民的生活尚可。

西元1500年代　每人高額的稅賦和過重的土地稅，對於希臘人民而言，是沉重的負擔。

西元1600年代　稅賦過重，希臘尋求獨立的活動初具雛形。教會支持反抗者。

西元1821年　起義數次失敗後，伯羅奔尼撒大主教葉梅諾斯（Germanos）呼籲以武力對抗土耳其人。叛軍第一次起義時，解放了雅典。

現代：1821年迄今

西元1820年代　歐洲主要勢力介入希臘獨立戰爭。他們的軍隊協助趕走希臘中、南部的土耳其人。

西元1832年　俄國、法國和大英帝國任命巴伐利亞（Bavaria）王子奧托（Otto）為希臘新國王。

西元1863年　喬治一世國王繼承被驅逐的奧托。

西元1909年　自由黨在韋尼澤洛斯（Elevtherios Venizelos）的領導下，執政至1920年。

西元1912年　巴爾幹戰爭爆發，希臘從土耳其手中，收復馬其頓南部、伊派拉斯（Epirus）、克里特島和東愛琴海諸島。

西元1917年　主張共和制與君主制的派別爭論不休，之後希臘加入第一次世界大戰。

西元1922年　在協約國的鼓勵下，希臘軍隊試圖併吞斯麥納（Smyrna），但未成功。康斯坦丁國王（King Constantine）被罷黜；改制君士共和。

西元1923年　希臘和土耳其的國界定案，展開痛苦而難忘的人口交換，110萬名希臘正教教徒離開小亞細亞，38萬名回教徒遷出希臘，前往土耳其。

西元1928-32年　韋尼澤洛斯恢復掌權。

西元1933年　投票選出主張保皇的人民黨。

西元1935年　恢復君主制。

西元1936-41年　邁塔克薩斯（Metaxas）將軍實行軍事（或法西斯主義）獨裁。第二次世界大戰爆發時，希臘最初保持中立。

前頁：17世紀希臘地圖。
左圖：海神的頭像重現古代神話。
右圖：西元1827年卡波季斯帝亞斯伯爵擔任希臘總統，1831年遭到暗殺。

西元1940年　墨索里尼派遣軍隊進駐希臘。

西元1941-44年　希特勒的軍隊攻占希臘。反抗團體以山區為基地。

西元1944-49年　德軍徹退，同盟國試圖重建文人統治。叛軍反抗同盟國指派右翼政府。

西元1950年代　保守勢力當道，社會動盪不安，共產黨成為非法政黨。

西元1967年　一群陸軍上校在帕帕多普洛斯（Papadopoulos）的領導下，控制希臘。

西元1974年　執政團意圖攻占賽普勒斯（Cyprus），但未能成功，被迫辭職下台，君主制廢除，宣布改採共和政體。

西元1981-98年　泛希社會黨雖因一連串貪污醜聞而下台，卻

仍重掌政權，走出短暫中止執政的陰影，巴本鐸（Papandreou）依然握有實權。

西元1993年　前南斯拉夫分裂出來的一個共和國，自稱為「馬其頓」，此舉令希臘憤怒，歐盟和聯合國正式承認它為「前南斯拉夫的馬其頓共和國」。

西元1996年　巴本鐸過世；繼位的西米提斯（Kostas Simitis）在改選時贏得勝利（2000年再次獲勝）。

西元2002年　希臘成為歐盟國一員。

西元2004年　右翼新民主黨（Néa Dimokratía）在卡拉曼利斯（Kostas Karamanlis）的主導下，獲得大選勝利。雅典主辦奧林匹克運動會。

古希臘

在愛琴海興衰的豐富文明，
留下了迄今仍息息相關的珍貴遺產。

希臘的現代生活方式奠基於西元前3000年左右，拓荒者從東北部的平原，南遷至伯羅奔尼撒和島嶼上較崎嶇的地區，開始栽種橄欖樹和葡萄，以及他們原先種植的穀類。約在此時，一種興盛的文明在克里特島崛起，影響遍及整個愛琴海地區。

透過忒修斯（Theseus）大戰迷宮內牛頭人身怪物彌諾陶洛斯（Minotaur）的傳奇故事，米諾斯人的儀式得以流傳至今。在諾索斯（Knossos）和費斯托斯（Festós）的宮殿遺跡中，可看出他們的建築天分。冒險犯難的水手顯然喜歡商務勝於農業，西元前5世紀的歷史學家修斯提底斯（Thucydides）描述，克里特的米諾斯國王在Cyclades及清除海盜的愛琴海建立以他兒子為總督的據點。他們在伯羅奔尼撒建立了一些前哨站，而且與埃及人互有往來。

到了西元前1500年，米諾斯文明臻於高峰。可是不到一個世紀的時間，由於不明原因，大部分的統治中心都毀於火災，而遭廢棄。桑托里尼（Santoríni）和阿克羅帝利（Akrotiri）聚落毀於火山爆發。然而造成米諾斯統治全面瓦解的原因，至今仍是個謎。當克里特人在愛琴海不再居於優勢時，只有諾索斯仍有人居住。

取代米諾斯的是麥西尼，如今只是伯羅奔尼撒一個荒涼的古堡。我們無從得知麥西尼的統治者是否能對大陸其他地區直接行使權力，不過荷馬（Homer）在史詩《伊利亞特》（Iliad）中，將他們的國王阿伽門農（Agamemnon）描述為希臘最有權勢的人，這似乎顯示麥西尼已經達到某種全面的威信。

在麥西尼極盛時期，有人甚至富裕到委託別人打造大型石墓和精巧的黃金製品。統治者身邊隨侍著一批書記和管理人，他們掌控全國的經濟生活、嚴苛的貢金、課徵稅收和分配稀有金屬等。

幾何風格時期

到了西元前13世紀，麥西尼文明的命運就如同先前的克里特文明一樣，突然終止了。古典神話把麥西尼時期的衰敗歸因於多利安部族的到來。事實上，這兩起事件並沒有明確的關

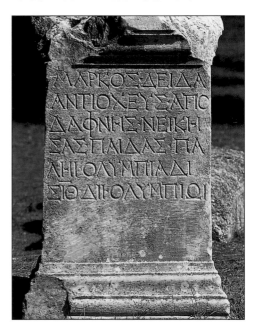

連。當多利安人進入希臘時，麥西尼的勢力已經徹底瓦解了。多利安人就像後來的入侵者一樣，從西北部進入希臘，往南翻越平都斯山脈，進入伯羅奔尼撒。也許他們是游牧民族，這才得以解釋他們樂於遷移的天性，也導致他們的文化層次較低。

他們也帶來了自己的希臘式語言。在多利安人聚居的地方，我們發現了西希臘方言，而亞地加（Attica）、愛琴群島和愛奧尼亞人（Ionian）的殖民地，仍持續使用東希臘語。晚期雅典和斯巴達之間的敵對，部分就是肇因於愛奧尼亞人與多利安人的這種疏離。

左圖：錫克拉底斯青銅時期的雕像。
右圖：奧林匹亞的一具古石碑上的碑文。

多利安人入侵的時間恰好相當於黑暗時期的開端。西元前11到8世紀的這段歷史記載拼湊並不完全，但顯然文明生活飽受折磨。貿易減少、聚落孤立，取代麥西尼權力中心的是小型的田園聚落，並無力建造石質建築。連當地的統治者都忙於僕役雜務，而財富則以家畜的多寡來計算。荷馬的《奧德賽》（*Odyssey*）就是以這種簡樸的社會為背景所寫成的。

文化衰敗

雖然西元前13世紀，麥西尼人曾修改米諾斯人的手寫字體，形成希臘首見的書寫文字，但書寫文字的藝術在西元前700年左右完全被遺忘。

人（Aetolian）雖然人口眾多而好戰，但是仍居住在相隔甚遠的無圍牆村落中。」

而在其他地方，出現了一些小型獨立的國家。起初是以聚集的村落為中心而建立的，而不是以大型的城市中心為基礎。隨著西元前8世紀人口暴增，多餘的人口從鄉村移往城鎮，大型的集合都市開始發展擴張。土地密集耕作，地價昂貴。然而黑暗時期人口驟減，導致可耕地淪為荒地，農人從耕種穀物改為畜養牲口；如今這種現象完全相

文字書寫再興

西元前8世紀稍稍有復興的跡象：貿易拓展至更遠的地方。他們開始與文明的民族往來，例如西邊的伊特魯里亞人（Etruscan），以及東邊的腓尼基人和埃及人。東方藝術的影響逐漸顯現於金屬製品和陶器上。他們採用腓尼基字母後，書寫文字復興，甚至比從前更普及。

此外，另一項同樣重要的希臘概念也傳承自腓尼基人：亦即「城邦」（polis）的概念。在黑暗時期，小型獨立的聚落零星分布在大型王國中。這種系統存在於希臘的西部和北部，直到古典時期，修斯提底斯曾描述：「埃托利亞

反，現有的土地無法供養如此快速增加的人口。（這和19世紀伯羅奔尼撒的情形相近，兩者的結果都相同：人口大量外移。）

除了區分為新城邦和較古老的王國（ethnos）外，如今有了更多的差異。一方面，有些國家擁有毫無權力的農奴，多半是在說多利安語的地區，例如主要的城邦斯巴達和王國色薩利（Thessaly）。另一方面，一些國家雖然不是不熟悉農奴，但有更廣泛的公民體系，例如雅典。

從國王到貴族

大致上而言，荷馬所提到的國王在黑暗時

期末，都臣服於貴族統治勢力。但是貴族同樣也越來越固守著權力，抗拒改變。當平民定居下來，開始累積財富時，憲法改革的壓力便與日俱增。亞里斯多德（Aristotle）把這種改革的需求與軍事技術的變更連結在一起，似乎頗有道理。他寫道：「當國家開始擴張，步兵團獲得較大的勢力，更多人獲准享有政治權利。」君主政體改變為貴族政體，反映在馬車的戰鬥轉型為馬背上的戰鬥，作戰重心也從騎兵轉移至步兵；貴族開始向民主壓力讓步。人們只有在貴族賦予他們政治權利時，才願意在新的大型軍隊中作戰。

的抗拒，但是某些較具遠見的人士則能體認改革的需要。其中一位是梭倫（Solon），俗稱「立法者」（the Law-Giver），他於西元6世紀初在雅典被選來推動全面的憲政改革。他明白雅典的力量來自於公民組織，於是允許最貧窮的市民加入議會，另一方面則讓貴族放鬆對人民的控制。

無可避免地，這些變革受到雙方的攻擊，因此梭倫在數篇詩作中也抒發了他的抱怨。但是這些措施對於下一個世紀雅典勢力的擴張，卻奠下了基礎。

這種政治緊張情勢的另一個現象是暴政。

傳統上，飼養馬匹的貴族查爾奇斯（Chalkis）、埃雷特利亞（Eretria）和色薩利人，都喪失軍事力量，而新興勢力如科林斯（Corinth）、亞各斯（Argos），及最重要的斯巴達則取而代之。斯巴達是由一支重裝備步兵守護著，它的核心組成分子是一群一出生就接受步兵訓練的市民。

通常激進的改革需求會遇到來自上層階級

對於古代的希臘人來說，「暴君」這個字眼並非貶抑；它指的只是不經繼承而篡得王位的統治者。在西元前6世紀，許多國家都由這種暴君奪得權力。通常他們是持異議的貴族，由於承諾實施激進的改革，而得到較低階層的支持。新的統治者通常能信守承諾，以削弱其他貴族的勢力。比如說，西元前7世紀中葉，科林斯的基普色里斯（Kipselis）就把貴族的土地重新分配給人民。

但是如果將這些暴君視為偉大的改革者，那就大錯特錯了。他們是社會變革的現象，而非原因。這類統治者了解到自己的脆弱，因而

左圖：馬其頓蜂窩式墓穴的入口。
上圖：畫中人物為忒修斯與普洛克路斯特斯（Procrustes），繪於西元前470年左右。

訴諸各式宣傳手法以維持政權。其中最有效的方法便是宗教崇拜，宗教成為實現政治目的的直接工具，也就是始於這種暴君統治。

宗教不僅是國家的宣傳利器，也是一項主要的經濟因素。宗教節慶和競技為城市帶來收益，有些金額甚至相當可觀，因為建造神廟、獻祭和其他儀式的開銷都很大。除了戰爭之外，社區資源的最大支出也許就是建造神廟。因此由宗教活動的規模大小，就可看出一個社區的經濟狀況。

希臘人與外在威脅

年）即位後，更激勵了波斯帝國擴張的雄心壯志。大流士征服了色雷斯（Thrace）和馬其頓（Macedonia），在鎮壓小亞細亞的愛奧尼亞叛變後，派遣一支遠征軍南伐希臘。雅典向希臘最強盛的城邦斯巴達求援，但是在斯巴達的軍隊抵達之前，他們已在馬拉松（Marathon）成功擊敗波斯軍隊。

這場勝利不只解救了亞地加，也確立了雅典為希臘軍隊對抗波斯軍隊的標準典範。這得以解釋為何繪有馬拉松之役（距離雅典23公里／20哩）陣亡戰士的壁緣，於西元前440年代會被置於帕德嫩神廟（Parthenon）一處明顯特殊的

這時，超越國界限制的藝術文化興起，政治統一的局面也同時開始發展。不同城市的人民逐漸留意其共通的希臘文化。歷史學家希羅多德（Herodotus）對於提倡「一個希臘」的觀念不遺餘力，他主張希臘人是「一個單一種族，因為有共同的血源、共同的風俗習慣、共同的語言和共同的宗教。」城邦間宗教競賽和節慶日漸盛行，也助長了這種觀點的散播。

但是刺激希臘統一的最大因素為外在的威脅：波斯帝國的崛起。居魯士（Cyrus）在西元前6世紀中葉，征服了小亞細亞沿海的希臘城市，到了他兒子大流士（Darius，西元前521-486

地方——至此，雅典才被視為一股強權。自西元前5世紀初期，拉夫里昂（Lávrion）的銀礦區開始生產礦沙，用以支付重要的造船計畫。接下來的兩代，愛吉納島（Aegina）在沙羅尼克灣（Saronic Gulf）的貿易勢力，依然優於雅典。

雅典與斯巴達

馬拉松之役十年後，大流士之子薛西斯（Xerxes）再度侵犯希臘，各城邦在斯巴達附近群起對抗。雖然雅典擁有規模最大的海軍，但是斯巴達控制了伯羅奔尼撒同盟，擁有綜合的陸上軍力。在斯巴達的領導下，西元前480年在

沙拉米斯（Salamis）贏得決定性的海上勝利，次年又在普拉蒂亞（Plataea）贏得陸上勝利。

可是等到波斯的威脅解除，希臘的聯盟隨之瓦解。城邦之間互相猜疑，尤其是斯巴達和雅典之間最為嚴重。修斯提底斯描述了這個現象：當波斯撤兵後，雅典立即重建城邦的圍牆，以免斯巴達人阻撓他們。

當雅典在迪拉斯同盟（Confederation of Delos）的協助下，擴張對愛琴海的控制，這種典型的「冷戰」日益明顯。顯而易見地，早在西元前449年正式宣告停戰時，波斯的威脅已減小。西元前460-446年雅典與鄰近城邦進行一連

明確地違反「三十年協定」，戰事便隨之而來。斯巴達和它的聯盟譴責雅典的侵略行為及威脅，而有位極具影響力的領導者柏里克斯（Pericles）則建議，雅典不行打退堂鼓，因而讓外交人員努力地去解決失敗的爭端。最後，在西元前431年春天，斯巴達聯盟、底比斯共同對抗雅典聯盟、普拉蒂亞，兩大強權之間突然爆發大戰。

由於任何一方都無法給予另一方致命的一擊，第二次伯羅奔尼撒戰爭拖延了好幾年。西元前421年雙方簽訂「尼基亞斯和平協定」（The Peace of Nikias），讓雙方有了喘息的空間，不過

串的戰爭，以宣告其霸權，而其海上對手愛吉納則被視為攻擊的目標。在這期間，雅典和斯巴達之間亦有小規模的戰爭（即第一次伯羅奔尼撒戰爭），直至西元前445年，所謂的「三十年協議」（Thirty Years' Treaty）才帶來不安的休戰。

西元前433年，雅典聯合柯林斯的戰略性重要殖民地科塞拉（Corcyra）。雅典人一步一步、

左圖：埃皮達魯斯的劇場。
上圖：建於雅典山頂衛城上壯麗的少女列柱。

雅典的興起

雅典建立霸權多半歸功於迪拉斯同盟，這個同盟成立於西元前478年，目的在解救希臘東部及持續與波斯對抗。它也具有濃厚的反斯巴達意味。斯巴達的伯羅奔尼撒同盟（Peloponnesian League）集結了陸上軍力，將所需經費降至最低，而創造一支海軍則要長期計畫，及中央的協調，這是兩者最大的差異。雅典較小的盟友發現越來越難裝備自己的船隻，轉而提供金援給雅典。於是當盟友陷入貧困時，雅典卻逐漸壯大。

這段和平也只維持了六年。

最後，當雅典人積極地大規模攻擊西西里時，便粉碎了這段不確定性的和平。而在斯巴達的協助下，敘拉古（Syracuse）得以抵抗雅典人的攻擊。西元前413年獲得援軍之後，雅典軍隊再度出擊，然而當雅典軍隊想要撤退時，卻被完全消滅而海軍很快地也被打敗了。

即便是悲慘的西西里島人民都無法阻止這場戰爭——雖然戰爭對雅典的民主政治產生巨

如何建立帝國

羅馬皇帝克勞狄（Claudius）曾經觀察過，他認為希臘城邦無法成為帝國霸權的原因之一，在於他們「看待藩屬為外國人」。

得不投降。雅典最大的不幸也許是戰爭削弱了海軍的軍力，而文化上先進的希臘也因此走向決定性的黑暗。

社會的瓦解

在連番爭戰中，文學和藝術蓬勃發展，但是經濟活動卻停滯不前。每個小城邦都決心不惜代價保衛其獨立地位，因此戰爭不斷。這樣的世界埋下了毀滅的種子。

矛盾的是，抱持帝國主義的城邦選擇了不可能成功的步驟。希臘與羅馬不同，它的城邦

大的衝擊。西元前411年，雅典國內政治一片混亂：寡頭政權取代了民主政權，進而轉變成比較溫和的「五千人政權」（regime of the Five Thousand）。西元前411年年底，雅典人重建海軍，才剛獲得幾場勝利，便又恢復民主政權。不過，民主政權的領導者拒絕斯巴達和平的贈禮，因此海上持續著戰事，以斯巴達和雅典的船隊交換著昂貴的勝利。這種情況一直到西元前405年年底，在波斯人的鼎力相助之下，萊桑德領軍的斯巴達船隊在伊哥斯波塔米（Aegospotami）擊敗了雅典的海軍。隔年，由於敵軍難以預撤的封鎖，導致物資匱乏，雅典不

並沒有將公民權推廣到藩屬地區；而雅典的軍事力量也比不上其拓展勢力的開銷，這得以解釋為何征服和叛變不斷循環。然而斯巴達也有另一個頭痛的問題——為數眾多的農奴常在自己的地域群起反叛。

西元前4世紀的前半葉，情況維持不變。一方面，城市間仍連年爭戰；另一方面，當科林斯陷入無法回復的衰敗時，雅典仍勉力重拾昔日的顯赫，讓長期的經濟困頓更形嚴重，自然地，雅典的努力未能成功。斯巴達的勢力維持不墜，直到西元前371年，底比斯（Thebes）在路克特拉（Leuctra）擊敗斯巴達為止。

城邦體系逐漸趨於瓦解，舊式的民兵也被更專業的軍隊所取代，這種軍隊依賴受過訓練的傭兵。亞里斯多德寫道：「當只有斯巴達人奮力不懈地進行軍事訓練時，他們所向無敵。如今他們每戰必敗，原因在於，過去只有他們接受訓練，而別人沒有。」一切真的變了。

事實上，傭兵的盛行反映了西元前4世紀的經濟問題。傭兵制如同人口外移或海盜劫掠一樣，是人口統計的安全閥，而古希臘的傭兵都來自於落後地區，到了西元前4世紀，也逐漸有來自大城市的傭兵。由此可以得知經濟問題已普及至較廣泛的區域。

和從前一樣，軍事改變與政治變革息息相關。民兵式微的同時，正好產生了偏離民主、傾向更為獨裁政府的風潮。權力由城邦轉移至色薩利王國，之後轉向另一個舊式王國——馬其頓。

這兩個地區都比亞地加占優勢，他們的土地肥沃，幅員廣大；他們比南方的城邦更為鄉下，所以極力避開城邦時時爆發的國內政治紛爭。西元前4世紀初，色薩利君主菲瑞的伊阿宋（Jason of Pherae）獲得軍事勝利，顯現了這些新勢力的信心。

不久之後，馬其頓的腓力二世（Philip II）南遷，守住色摩匹利（Thermopylae）的主要通道，取得色薩利的控制權後，更於西元前338年在克羅尼亞（Chaeronea）擊敗底比斯與雅典聯軍。科林斯同盟中的希臘各城邦被迫承認新的權力中心——馬其頓。

亞歷山大的希臘

柏拉圖（Plato）在《理想國》（Republic）中主張：「當希臘與野蠻人交戰時，我們稱之為戰爭，那些人我們可以稱為他們的天敵。但是希臘人天生就是希臘人的朋友，當他們作戰時，即表示希臘正為紛爭所苦，應該稱之為內部爭鬥。」

這段話反映了西元前4世紀普遍的三種情緒：第一，希臘人是同一種族；第二，城邦間的爭戰不受歡迎；第三，希臘人與東邊的敵人作戰是天經地義的事。諷刺的是，唯有在馬其頓的領導下，希臘人才能成功一致地對抗波斯，而馬其頓是傳統上希臘世界的邊陲強權。

腓力二世的兒子亞歷山大，快速地掃蕩希臘殘餘的勢力，他帶領著希臘—馬其頓軍隊在東部及南部打下輝煌的戰績。十年多的時間，他便有計畫地併吞了波斯帝國，勢力遠及印度河流域（現在的巴基斯坦），甚至還征服了埃及，建立亞歷山卓城。

亞歷山大大帝（Alexander the Great）的亞洲帝國迅速擴張，急遽改變了希臘世界的邊界。

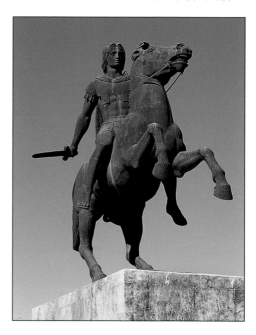

希臘大陸上的城邦不再占據中央舞台，士兵、殖民者和管理者東遷，以鞏固希臘的統治權，希臘本土的人力因而為之一空。在此同時，希臘的思想和宗教世界則開放接受新的影響。

希臘語世界不僅在擴張，也凝聚在一起；在大部分地區，「共通」希臘語取代了方言。舉例來說，在西元前3世紀的馬其頓，地方文化已經希臘化，而奧林匹亞（Olympian）神祇也取代了原有的神。硬幣首次廣泛地運用於商業貿易，過去每個城市都有自己的貨幣，絕不可能產生這種現象。如今從雅典到黑海（Black Sea），從卡帕多西亞（Cappadocia）到義大利，

都接受亞地加的德拉克馬銀幣（drachma）。

　　然而這種統一的過程也有所限制。雖然城邦放棄政治自由，然而他們卻緊緊抓住其他層面的自決權不放。地方稅制和關稅顯現出他們尋求獨立的狂熱，而在曆法上也一樣：雅典的一年始於七月，斯巴達是十月，迪拉斯島則是一月。

　　當時的哲學家辯論著超越市政分界的共同忠誠觀念。也許較大型的單位吸收了這些觀念，如希臘化王國、希臘聯盟和羅馬帝國。不論原因為何，最具影響力的斯多噶學派（Stoicism）強調四海一家的概念，而且論及由一

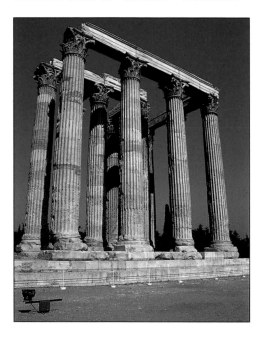

個無上的權力統治世界各國。斯多噶學派的道德熱誠正是希臘化時期的產物。

羅馬的擴張

　　馬其頓的擴張逐漸而冷酷地削弱了城邦的政治自治權。到了西元前3世紀，城邦組成聯盟，企圖利用亞歷山大帝國繼承將領之間的紛爭，從中坐收漁翁得利。可是這個政策的成效卻相當有限，主要是因為希臘聯盟的軍事資源太少。

　　西元前2世紀初，城邦之間的紛爭讓羅馬首度介入希臘內務。僅僅20年內，羅馬先打敗了

馬其頓，又擊潰誓死抵抗羅馬統治的阿開亞同盟（Achaean League）。羅馬執政官梅米斯（Memmius）在這場勝利中，夷平了科林斯並殺死所有的男丁，然後將婦女和孩童販賣為奴。這種遏阻反抗的手段雖然兇殘，但卻相當有效。城市裡的保守派系當道，希臘成為羅馬的保護國。西元前27年，羅馬帝國正式宣布成立，希臘便成為阿開亞省（the province of Achaea）。

希臘──羅馬的窮鄉僻壤？

　　到了西元1世紀，希臘不再是文明世界的中心。雅典和科林斯無法媲美亞歷山卓（Alexandria）和安提阿（Antioch），更遑論羅馬。通往東方的主要陸路經過馬其頓，海路則至埃及。然而當希臘成為商業上的落後地區時，其衰敗只是相對性的，因為沿海城市依然蓬勃發展。城邦仍維持希臘時期的風貌，羅馬當局准許他們享有某種程度的自治權。像哈德良（Hadrian）這種對希臘保持友善的皇帝，甚至鼓勵各城市組成聯盟，以促成一種「泛希臘精神」。

　　然而城邦不再是一股政治勢力。希臘化時期的統治者曾經畏懼希臘城邦的力量；但是羅馬和之後的拜占庭諸皇帝，卻是擔心他們太弱，所以竭盡所能維持城邦的存在。畢竟他們是帝國機器的行政中，極為重要的一環。如果他們消失了，機器將無法運作。

　　像這樣維持了兩個世紀的安和寧靜，卻在西元3世紀哥德人（Goth）的入侵時徹底粉碎了。入侵者雖然被趕走，但是所受到的震撼卻讓人民喪失信心，導致經濟衰退。城市建築計畫縮小規模，富有人家不再樂於捐獻，一直要過了兩個世紀之後，皇室和教會對於建築技術的需求才逐漸恢復。

　　此時的改變頗為劇烈。西元330年，君士坦丁大帝（Emperor Constantine）將首都從羅馬遷至君士坦丁堡（Constantinople）。基督教成為帝國的國教，而從羅馬帝國過度至拜占庭帝國，也在這個時期於焉展開。

左圖：羅馬皇帝哈德良完成了位於雅典的奧林匹亞宙斯神殿。

上圖：迦勒里烏斯拱門，塞薩洛尼基，建於西元305年。

拜占庭帝國的希臘

傳說羅馬的東部帝國富裕繁榮，吸引了許多潛在的入侵者，
包括法蘭克人、威尼斯人和土耳其人。

直到西元5世紀，羅馬東西帝國並未完全分裂，東方以君士坦丁堡為基礎，建立起拜占庭帝國。其政治結構以希臘的傳統為主，而新的宗教則受到希臘哲學的刺激。拜占庭帝國持續了一千年之久，直至西元1453年，當君士坦丁堡落入鄂圖曼土耳其人的手中才滅亡。

西元968年，拜占庭帝國的首都君士坦丁堡發生了一件發人深省的事件。西方神聖羅馬帝國的使節帶來一封信給拜占庭皇帝尼斯福魯斯（Nicephorus），信中只稱尼斯福魯斯為「希臘皇帝」，而尊稱神聖羅馬帝國的奧托大帝（Otto）為「尊貴的羅馬皇帝」（august Emperor of the Romans），令拜占庭朝臣大感震驚。他們認為對方好大的膽子，竟敢稱呼羅馬人共同的皇帝、獨一無二、偉大而尊貴的尼斯福魯斯皇帝為「希臘皇帝」，而稱一個可憐的野蠻人為「羅馬皇帝」！

文化融和

在這樣的反應背後，隱隱地塑造出拜占庭傳統的文化融合。他們從希臘化世界承襲了希臘世界最為優越的信念，把外來者一律貶為野蠻人，另外還從羅馬沿襲了對帝國和皇帝極為強烈的忠誠感。他們深信自己的帝國擁有較崇高的道德，而這個帝國不只是「東羅馬帝國」（Eastern Roman Empire），而是唯一真正的帝國，這種狂熱是福音基督教的特質。

這個帝國的居民不自稱為希臘人或拜占庭人，他們自認是羅馬人。但是這類羅馬人會說希臘語，遵守東方正教教會的儀式。因此這三種要素——希臘文化和語言、羅馬法律和法規，以及基督教的教義便合而為一。

西元330至518年之間，兩項緊急的關鍵協助形成希臘那部分的帝國。第一個關鍵是，西元5世紀，野蠻的匈奴人及哥德人入侵。君士坦丁堡躲掉了如羅馬的命運，而羅馬則遭受一群技術精良、強大的軍隊的突擊。正因為如此，西方世界被切割成較小的王國，東方則維持原本大部分的狀況，而平衡先前羅馬帝國的勢力，如今確切地轉移至東方。

查士丁尼大帝（the Emperor Justinian，西元527－565年）讓拜占庭帝國休息了將近一個世紀。他是個野心勃勃、強而有力的皇帝，他征服了南方地中海東部諸國，以及北方的非洲和義大利，大大地擴張帝國的版圖，致力於再創古羅馬帝國的領域。查士丁尼大帝的行政改革包括中央集權、新的財政系統以及行省的監督管理。查士丁尼法典修訂並統一了羅馬的法典，這套法典是現今歐洲法律學的基礎。這些以希臘為背景的改革，大大地統一帝國內不同的民族。最後，相較於軍事上的征服，查士丁尼大帝制度化的改革其影響更為深遠。

左圖：拜占庭畫像描繪基督的浸禮。
上圖：14世紀建於札金索斯島上的Anafonitria修道院。

古代時期的結束

查士丁尼時代的戰爭讓帝國瀕臨破產，更讓軍事形勢難以防守。東西方的威脅讓帝國漸行衰弱持續近三百年之久。第一項對帝國的威脅是東方波斯帝國薩桑王朝（Persian Sassanid Empire），薩桑強行控制了巴勒斯坦、敘利亞和埃及，在當時那個情況下，甚至威脅到首都君士坦丁堡。在回教的擴張主義下，很快地發展成更嚴重的威脅。回教勢力向西、向北橫掃，在阿拉伯半島爆發，攻佔了埃及、敘利亞、伊拉克、伊朗及阿富汗。西元668至725年之間　君

幹半島上更高、更安全的地區。這次入侵結束了希臘的古典傳統，也破壞了都市文明，以及羅馬和基督教文化。

然而斯拉夫民族到此並沒有保留他們自己的文化特質；他們很快地開始希臘化的過程。希臘仍保留區域性的母語，基督教仍是主流的信仰。西元7、8世紀，斯拉夫異族入侵、回教帝國的征服等，雖然減少了拜占庭領土的版圖，卻比曾經在巴爾幹半島和小亞細亞可辨認的基礎更加穩固。

希臘語言儘管流傳下來，但是古老的都市文化卻無法倖存。城邦已然消失，已經沒有其

士坦丁堡兩次受到回教勢力的侵犯，甚至從拜占庭帝國手中奪走部分的小亞細亞（Portions of Asia Minor）。

一直要到西元6世紀，希臘才真正脫離古代時期，當時，希臘首度遭受北方斯拉夫語系（Slavic-speaking）部族的攻擊。雅典、底比斯和塞薩洛尼基（Thessaloniki）這些主要的城市，安全地躲在防禦性的城牆後。不過許多巴爾幹半島、希臘的居民都離鄉背井，逃到義大利南方的卡拉布里亞（Calabria），或是把家安置在巴爾

他的城市，而「城邦」一詞則專指君士坦丁堡。少數都市菁英閱讀和書寫古希臘文，但是對於大眾沒有太大的影響；因為他們的書每本讀者大概不到300人。古老的紀念碑無人敢碰觸，因為農人認為裡頭住著惡魔。

拜占庭的復興

新的王朝稱之為馬其頓王朝，西元867年取得拜占庭帝國的政權，其勢力擊退了回教擴張的潮流。安提阿（Antioch）、敘利亞、喬治亞

（Georgia）和亞美尼（Armenia）又被征服。拜占庭的船隊收復克里特島，同時把回教徒的海盜趕出愛琴海，重新打開商業性的交通。西元1018年，巴爾幹半島上君士坦丁堡的巴西爾二世（Basil II）完全擊退保加利亞帝國（Bulgarian Empire）。

在海軍征戰的這段時間，馬其頓王朝經濟開始成長、繁榮，而文化活動亦復興了起來。因為條件穩定，農業因此豐收，在擴大耕作下，國家逐漸地利用土地的收穫去支持軍隊。農業的改善、

神殿到教堂

西元841年，希臘極富盛名的古代神殿帕德嫩神殿，變成東正教雅典娜女神的大教堂。

然而，拜占庭帝國的輝煌時期很短暫，僅僅從9世紀中葉持續至11世紀中葉。拜占庭帝國缺乏資源以鞏固其領土，它四面有義大利城邦、北方的斯拉夫王國、東方的波斯人和土耳其人。由於希臘省的重要性不如安納托利亞（Anatolia），可提供穀物給君士坦丁堡，所以更容易割讓給其他列強。

它的繁榮興盛承襲自馬其頓諸皇帝，但是到了1071年卻告中止。當時來自中亞的新敵人塞爾柱土耳其（Seljuk Turk）游牧民族，在安納

編織技術及其他手工藝的輸出，促進人口的成長。商業擴張的機會增加影響了鄰近義大利沿海的威尼斯、熱那亞（Genoa）、阿瑪菲（Amalfi），這些地區都控制了地中海進入希臘的貿易路線。

托利亞的曼齊刻爾特（Manzikert）痛宰拜占庭軍隊。來自西方的威脅也隨之到來。西元11世紀末，諾曼人（Norman）展開侵略，聯合教皇及圭斯卡德（Robert Guiscard）統御的軍隊入侵希臘，擊潰底比斯和科林斯的軍隊。軍事上派系之爭所引起的內戰削弱了帝國抵禦外敵的實力，所以拜占庭帝國給予威尼斯在希臘的貿易權，以交換他們來防衛諾曼人的侵略。不久，拜占庭帝國為了反擊威尼斯的勢力，便鼓勵熱那亞王國投入競爭。

左圖：伯羅奔尼撒驚人的聖愛奧羅普羅德羅姆修道院（Agíou Ioánnou Prodrómou）。

上圖：雅典拜占庭時代小教堂（Kapnikaréa church）的馬賽克。

十字軍與威尼斯人

　　當土耳其人攻佔耶路撒冷時，一些歐洲王國提出基督教思想作為他們的動機，然而，事實上也有政治和商業的考量，前往東方從回教徒手中重建基督教聖地。過程中，他們在拜占庭帝國某些地方擴張了版圖勢力——例如在第三次十字軍東征時，英國國王查理一世就佔領了賽普勒斯（Cyprus）。

　　然而這只是災難的開始。1204年，十字軍前去聖地（Holy Land）展開第四次東征時，途中攻陷君士坦丁堡，因此帝國分崩離析。後繼

族的貴族瓜分（繼續被威尼斯控制了將近600年之久）；其他威尼斯貴族自己也瓜分了愛琴海上的小島——尤其是，威尼斯總督的外甥馬可・薩努多（Marco Sanudo）佔領了拿索斯（Náxos），從這個地方開始，他建立了一個公國，並且有效地統治整個基克拉澤斯（Cyclades）群島。「偉大島嶼」（the Great Island）克里特島甚至成為威尼斯的領土。第四次十字軍東征的領導人蒙佛拉（Montferrat）的博尼法斯王子（Prince Boniface），為了請威尼斯協助征服君士坦丁堡，以很普通的金額把克里特島賣給威尼斯王國。因此，西元13世紀中葉，威尼斯便控制了黑

的政權興起於伊派拉斯（Epirus）、尼基亞（Nicaea）和翠比松（Trebizond）。希臘本身分裂成數個小王國，包括勃艮地洛奇（Burgundian de la Roche）領導下的雅典公國、不同義大利探險家占據的島嶼，以及威尼斯保有的西岸重要港口。

　　威尼斯是個海上強權，對於貿易及領土有極大的野心。由於成功協助十字軍東征，洗劫君士坦丁堡之後，威尼斯取得許多拜占庭帝國部分希臘小島的控制權。愛奧尼亞被威尼斯家

海、小亞細亞、埃及和非洲北部的航海路線。

拜占庭帝國的反擊

　　然而，在帕里歐洛葛（Palaeologos Dynasty，西元1261-1453）家族不屈不撓地反攻希臘本土下，收復了君士坦丁堡，拜占庭帝國再度興盛。但是希臘西部的局勢依然混亂，塞爾維亞人暫時握有大權，而在色薩利（Thessaly），弗拉其人（Vlachs）則建立起一個獨立的公國。

　　不過，希臘南部和島嶼仍受到威尼斯人、

熱那亞人以及其他不同的義大利人的控制。而關於羅得島（Rhodes）、塞浦路斯，在十字軍東征期間，聖約翰武士團（the Knights of St John）的一道命令，使其又恢復原來的地位。直到14世紀，帕里歐洛葛家族才在密斯特拉（Mystrás）重新建立拜占庭勢力。而這種政治紊亂則導致種族混雜。

奮力抵抗

愛琴海諸島堅持抵抗土耳其的時間最久。提諾斯島（Tínos）持續抵抗至1715年，此時希臘本土已淪陷逾250年了。

他的兒子繼承他的領地，即奧斯曼一世（Osman I），以其名建立了一個王朝——奧斯曼土耳其，亦即西方著名的鄂圖曼土耳其——它持續了600年的歷史。

西元14世紀末，小亞細亞及巴爾幹半島已屬於鄂圖曼土耳其的領土。到了1400年，帝國僅剩下君士坦丁堡、塞薩洛尼基和伯羅奔尼撒。西元1453年4月，征服者穆罕默德二世（Mehmet II）包圍君士坦丁堡，並在兩個月內占領此地。8年後，其他地區也陸續淪陷。

東方的威脅

根據半傳說的描述，西元13世紀中葉，奧

古茲突厥分支（Oguz Turks）卡伊芳部落（Kayi tribe）的可汗埃斯托格魯爾（Estugrul）逃離波斯，去投靠成吉思汗蒙古的游牧部落。他接受比西尼亞（Bithynia）的領地——如果他有能力攻占並管理它——面對拜占庭帝國位於布爾沙（Bursa）、尼科米底亞（Nicomedia，即伊茲米特，Izmit）及尼西亞（Nicea）的要塞。後來，

君士坦丁堡的陷落在歐洲各地引起迴響，因為羅馬帝國最後一個繼承者也終告淪陷了。不久，君士坦丁堡再度成為地中海帝國的中心，從維也納（Vienna）到裏海，從波斯灣延伸至直布羅陀海峽（Strait Gibraltar）——但是，現在它是帝國裡的伊斯蘭教城市，而偉大的拜占庭帝國就此結束。對於西方國家而言，這是拜占庭帝國衰敗的結果，然而對於希臘人來說這是痛苦的時刻，此後他們從自由淪為奴隸。

左圖：札金索斯博物館館內17世紀的神像。
上圖：伯羅奔尼撒的密斯特拉。

鄂圖曼土耳其帝國的希臘

當土耳其帝國衰微時，希臘民族主義緩緩滋長，
直到17世紀，一場爭取獨立的浴血之戰於焉展開

現今控制巴爾幹半島的鄂圖曼土耳其人，在一連串從中亞西遷的游牧民族中，算是最晚的一支。他們非常機動，追求軍事征服的決心堅定，因此彌補了人數的不足。

君士坦丁堡沒落的消息在歐洲聽起來是一件很恐怖的事情，但單獨的軍事行動對歐洲的安全並沒有很大的影響。然而，鄂圖曼土耳其佔領拜占庭帝國的首都，仍具有非常重要的象徵意義。蘇丹梅米特二世（Sultan Mehmet Ⅱ）是個一流的軍人，擁有豐富的文學素養與學問，他認為自己可以毫無中斷地繼承拜占庭帝國。他把鄂圖曼土耳其的首都設在原本是拜占庭帝國首都的君士坦丁堡，同時重建這個城市。聖索菲雅（Agía Sófia）的長方形會堂變成了清真寺，而君士坦丁堡──土耳其人稱之為伊斯坦堡（Istanbul，取希臘文 eis tin pólin，城市之意）──取代了巴格達成為伊斯蘭遜尼派（Sunni Islam）的中心。

君士坦丁堡依然是希臘教會的教士中心。鄂圖曼帝國政府對於宗教的寬容，反映在「米勒特」（millet）體系上。土耳其皇帝認可信徒較少的宗教信仰，同時也允許每個宗教團體「米勒特」擁有自治權。因此，梅米特宣稱自己是希臘東正教的保護者，模仿拜占庭帝國指定一位新的大主教。而金納狄烏斯二世（Patriarch Gennadius Ⅱ Scholarius）則保證對土耳其效忠及繳稅，以換取希臘某種程度的自治權。教會享有特權，對鄂圖曼帝國的希臘民眾行使宗教和社會權力。

在新主人的統治下，希臘人的生活方式和以前大致相同。他們的房屋和土耳其人一樣，傾向於小型碉堡形式，是圍繞著中庭的兩層樓建築。位於卡斯托里亞（Kastoriá）一棟已修復

的商人房屋，就反映出這種影響。現代希臘的各類烹調在當時已相當普及，包括外國遊客極不喜歡的雷西納托酒（resináto），以及一種濃烈的咖啡。這種咖啡曾是「雅尼納之獅」（Lion of Ioánnina）的阿里帕夏（Ali Pasha），用以毒死對手瓦隆納帕夏（Pasha of Vallona）的飲料。

限制權利

雖然鄂圖曼統治者准許希臘人管理他們自己的宗教，也不會干預太多，但是他們必須繳納許多伊斯蘭教徒所不需要繳的稅金。基督教徒不可以帶武器，也沒有資格服兵役，但卻必須繳特別稅（haradj）。

在法庭上，伊斯蘭教徒的話通常會被採信，儘管希臘人的爭執都是由希臘人管理的法庭來仲裁的。一般而言，基督教徒不可以和伊斯蘭教徒通婚，而基督教徒如果改信伊斯蘭教又回復原本的宗教信仰的話，就一定會被處以「死刑」。然而，在鄂圖曼帝國的統治下，由於

左圖：約阿尼納的暴君阿里帕夏。
上圖：鄂圖曼土耳其人在約阿尼納的伊斯蘭陵墓。

這些新殉道者（neo-martyrs），而因此有助於維持東正教的信仰人口。

希臘人很討厭土耳其軍人嚴重的課稅和徵兵，基督教徒的家庭會被要求在不合法的時間將家裡最健康、最聰明的男子送給國家。這些男子被迫改信伊斯蘭教，然後訓練成軍人或公務人員。雖然有時晉陞為高官的人對親人或家鄉會有所幫助，但徵兵卻引起希臘人極度的不滿。17世紀時終於終止徵兵——很多家庭不讓男孩知道家裡有賦稅的困難。

雅典的衰落

1456年鄂圖曼人佔領雅典，使其成為一個小且偏僻的城市。它由十字軍騎士控制，其先人可追溯至1204年。

伏斯島（Lésvos），但一直到1566年才佔領伊奧斯島（Híos），因此鄂圖曼土耳其並未完全控制愛琴海東北部的島嶼。同樣地，融合希臘多種民族的多德喀尼（Dodecanese），直至1521年，一直都是海盜與義大利冒險家的天下，要到聖約翰武士團最後在羅得島（Rhodes）被10萬多名的土耳其軍隊包圍了五個月之久後，才被攻陷。由於羅得島的淪陷，鄰近的其他島嶼逐漸喪失其安全的防護，1537年，這些島嶼都被併入鄂圖曼土耳其帝國之下。

長期駐軍佔領

西元1453年後，土耳其已經確實保有君士坦丁堡／伊斯坦堡，而土耳其人大概花了兩個世紀左右才控制整個希臘及其他小島（更確切地說，威尼斯人牢牢地掌控愛奧尼亞島，鄂圖曼從未征服過此地）。

舉例來說，1462年，土耳其開始攻擊列斯

相對的，土耳其人花了較久的時間才征服克里特島。自從13世紀初期起，「偉大島嶼」就是威尼斯人在地中海東部的重要根據地，也由於其戰略價值，促始威尼斯人增援島上的主要城市——Iráklio、Haniá、Réthymno——如今仍可看到島上堅固的要塞。1645年，一位土耳其人在島上遭到施暴，讓鄂圖曼人以護衛土耳其人為由，攻擊克里特島。經過一場浴血戰爭之

後，土耳其人攻下Haniá，之後是Réthymno，很快地，土耳其便控制了整個島嶼，除了首府Iráklio。經過22年的圍攻，一直到1669年，土耳其人才攻下這個城市，終於統治整個克里特島。

企圖反叛

不過，強敵仍然不斷威脅到鄂圖曼帝國對希臘的統治。威尼斯人和之後的法國人，都使得鄂圖曼有如芒刺在背。帝國內野蠻的阿爾巴尼亞人，原本是鄂圖曼軍隊的中堅分子，卻時

樂觀但徒勞無功的起義，去對抗鄂圖曼帝國。1571年奧地利Don John戰勝土耳其海軍之後一段時間，在希臘本土及愛琴海島嶼上也爆發了許多反叛事件，但很快地都被土耳其人鎮壓下來了。1611年，伊派拉斯（Epirus）發生了類似的事件，Dionysios Skylosofos發動一場短暫的反叛。

而伯羅奔尼撒也捲入土耳其與敵軍之間的拉鋸戰中。西元1768-74年土俄戰爭期間，希臘企圖在Máni地區起義反叛鄂圖曼，以破壞其戰果。剛開始，他們的反叛受到俄國貴族歐羅夫

常威脅要求脫離，而隨之而來的衝突則讓希臘元氣大傷。1537年，一支鄂圖曼軍隊攻擊威尼斯殖民地科孚島（Corfu），擄獲半數居民，使得島上的人口僅及古代的六分之一。

鄂圖曼擴張主義者的野心，使他們陷入與歐洲政權之間的衝突——提供給希臘機會發動

（Orlof）家族成員Alexis、Theodor Grigorievitch的支持，1770年，他們帶領著艦隊來到希臘，解放了Kaláma、Mystrás及Kyparíssia等城市，並且燒掉土耳其人的艦隊。不過，很快地他們便放棄希臘人，轉而同情起土耳其人來，而土耳其人則以恐怖的大屠殺來報復希臘人，因此很多希臘人從本土逃往鄰近的Kýthira島。

暴動分子

事實上，鄂圖曼並未統治過伯羅奔尼撒地

上圖：偉大的旅行家暨藝術家愛德華‧李耳（Edward Lear）的水彩畫，描繪的是塞薩洛尼基城裡清真寺的尖塔。

區。在鄂圖曼管制較為鬆散的丘陵和山區，出現了土匪群，稱之為「克萊夫特」（klefts）。他們是強盜，對於希臘村落和回教徒莊園都不放過，但是在農民的傳說中，他們象徵了希臘反抗可惡的鄂圖曼當局的精神。

「克萊夫特」民謠確實存在，它稱讚克萊夫特英勇無敵、軍事本領高超，同時英勇地反抗土耳其的壓迫者。

為了反擊克萊夫特的掠奪，鄂圖曼人控制山區的隘口，並建立起armatoli民兵。如同「克萊夫特」，這些民兵也是基督徒──有時候甚至

人興奮的國家主義學說──源自法國革命──同時也發現，在歐洲，古希臘的語言及文化備受尊崇。18世紀末葉，希臘獨立主義和民族主義兩種思想，在受過教育的希臘年輕人身上，開始茁壯生根。

為獨立而抗爭

西元1814年時，三名希臘商人在奧得薩（Odessa）成立一個秘密組織「友誼社」（Filikí Etería），致力於「改進國家」，並且很快地便在鄂圖曼帝國境內建立起支持者網絡。這個團體

很難區別「克萊夫特」和「armatolos」。然而，這些軍隊的存在意味著，事先為19世紀初期所爆發的希臘獨立運動儲備軍力。

也許對於希臘民族主義發展影響更大的，是希臘商人團體的興起。與歐陸的商務往來，使富有的希臘人認識歐洲的生活方式，同時也接觸到歐洲文化和政治思想。

18世紀末，重商主義的中產階級，提供物質上的資源讓知識分子恢復希臘的特色。他們捐錢給學校及圖書館，贊助較高等的教育。很多學校的老師都接受商人的捐助，然後前往歐洲念書，尤其是到義大利和德國。他們偶遇令

多次試圖取得強而有力的支持，但是都令人失望的徒勞無功，最後他們的成員在1821年發動起義，反抗鄂圖曼的統治，這些努力總算獲得了回報。

伯羅奔尼撒地區零星激烈的意外，併發成較大型的暴動。雙方展開殘酷的暴行，土耳其人發現自己人數較多，因此撤退至海邊的要塞，接著，暴動帶來更嚴重的破壞。希臘人屠殺黎波里斯（Trípoli）的土耳其人；土耳其人殘殺伊奧斯島（Híos）上的希臘居民。最後，是由亞伯拉罕‧阿里（Ibrahim Ail）率領的埃及軍隊，將大部分的地區夷為平地。

希臘的獨立抗爭從1821年持續至1832年，並非輕而易舉。對抗土耳其的是一批由土匪、商賈、地主和貴族「法納爾人」（Phanariot）組成的烏合之眾，他們除了追求希臘民族主義的目標外，還熱中於謀取私利。當他們停止與土耳其人交戰時，便開始相互攻擊。

1821年起義後不久，同時有三個希臘臨時政府宣布，每一個都毫不猶豫地想恢復領土的自由。他們在1822年草擬民主憲章，而後1823年加以修正，這時候三個地方政府統一成一個中央政權。然而，接下來幾年，競爭對手間的長

其承認希臘獨立——一如英國首相Lord Canning所說的，這是一種「和平干預」的策略。1827年，鄂圖曼艦隊在納瓦里諾（Navarino）幾乎意外地遭到盟軍的摧毀，這也為獨立運動帶來轉機。

強權介入的這場干預確保希臘某種形式的獨立，雖然明確的國界花了好幾年的時間才完成協商。

1827年，原先是替俄國沙皇效命的希臘裔外交官約阿尼斯・卡波季斯帝亞斯伯爵（Count Ioannis Kapodistrias），被國民議會（National

期鬥爭，最終演變成內戰（促始首長Makrygiannis力主不要對土耳其人開戰，要求先結束希臘的鬥爭）。

諷刺的是，對希臘友好的外國人士，如前來援助希臘的拜倫（Byron）和其他人，都深信這是一場民族性的抗爭。這些人對於促使西方輿論支持希臘方面，具有相當大的影響力，於是原先對於希臘夢想不抱同情的英國、法國及俄國，紛紛向土耳其施以軍事和外交壓力，迫

Assembly）推選為獨立後的第一任總統。他鼓勵希臘部隊朝北挺進至伯羅奔尼撒，這項努力沒有白費，西元1829年，「倫敦會議」（Conference of London）將這個新國家的北部邊界訂在亞爾塔（Árta）到佛洛斯（Vólos）的界線上。但是，有許多希臘人對於卡波季斯帝亞斯的施政感到不滿，甚至懷疑他圖謀推行獨裁統治。

西元1831年，當他正要走進納夫普里歐（Návplio）的一座教堂時，被兩名馬尼（Máni）的首長槍殺。而在英、法、俄三大強權為希臘王權找到合適的繼承人之前，希臘陷入了無政府狀態，也進入內戰頻仍的時期。

左圖：錫羅斯島（Sýros）的埃爾莫波里（Ermoúpoli）。
上圖：獨裁的卡波季斯帝亞斯成為被暗殺的對象。

希臘獨立

獨立並無法保證和平和穩定，然而，內戰、
外敵佔領及軍人干政等，這一切都是今日民主化明顯的軌跡。

這個新國家的誕生得來不易，立國初期也是百病叢生。它原本極為窮困，武裝土匪四處劫掠、不同政治派系相互傾軋。西元1834年，馬尼（Máni）的一次叛變導致政府軍潰敗，而且棄械遣返。雅典仍然是個貧窮骯髒而鄉下的小鎮，極少有良好的港口和道路，而其內部狀況，甚至比鄂圖曼帝國統治時期還要更糟。

這種情形部分歸咎於巴伐利亞的專制統治。卡波季斯帝亞斯（Kapodistrias）死後，最後新王位由巴伐利亞的路德維希一世（Ludwig I）之子奧托（Otto）繼承，他在1833年乘坐一艘英國軍艦抵達納夫普里歐（Návplio）。由於奧托尚未成年，連續有幾位攝政代為統治。

由於他們忽視民眾要求憲政的廣大呼聲，到了1843年，雅典發生短暫的叛變，迫使奧托遣散其巴伐利亞的顧問，接受立憲政體和議會政府的觀念。儘管經濟貧困落後，1844年和1864年的憲法，卻讓希臘擁有了一套先進的民主形式。

偉大的理想

新王國只擁有近東地區不到三分之一的希臘人。當時他們希望「解放」鄂圖曼帝國的希臘人，藉由收復君士坦丁堡來創造一個新的拜占庭帝國，以及洗刷1453年的恥辱，而這個願望被稱為「偉大的理想」，引起廣大群眾的熱情響應。這個想法根植於狂熱的民族主義。「偉大的理想」不是個實際的政策，因為希臘軍隊向來敵不過鄂圖曼軍；然而經歷多次失敗後，偉大理想依然存在。1897年和1922年落敗後，這個計畫仍昂然挺立。喬治一世（George I）在1863年接替遭罷黜的奧托國王，他的頭銜不只是「希臘國王」，也是「希臘人之王」。

左圖：有一名強硬派的黨員拿著他18歲的照片。
右圖：Elevtherios Venizelos畫的當地人。

19世紀末最知名的人民黨員德里亞尼斯（Theodoros Deligiannis），有勇無謀地鼓勵遠征軍出兵至色薩利（Thessaly）和克里特(Crete)。他的另一名較具遠見的對手特里庫皮斯（Harilaos

Trikoupis）則認為這是不智之舉，因為希臘仰賴向外國借貸，因此債權國得以支配其外交政策。特里庫皮斯藉由促進經濟活動，來降低希臘對外援的依賴，結果不但道路重新整修，還興建起鐵路，甚至建造起科林斯運河（Corinth Canal），而皮里亞斯（Piraeus）也發展成地中海最繁忙的港口之一。

此時雖然出現了一些紡織和食品工廠，但在第一次世界大戰前，工業仍然極不活躍。希

臘是個農業國家，擁有許多小自耕農。由於缺乏大型產業，所以沒有社會不公的現象，但也代表大部分農民都很貧困，無法採用現代化的耕種技術。外銷甜葡萄乾曾經帶來一陣子的繁榮，然而1893年全球的不景氣卻重挫希臘整體的經濟。希臘宣告破產，饑荒迫使許多農民向外遷徙。

一個新的政府

這種國內問題只是強化了希臘人對於偉大理想的熱誠。1881年，希臘未經戰爭即取得更多領土，這是柏林會議（Congress of Berlin）的副產品。1897年發生在鄂圖曼屬克里特島的紛爭，挑起了希臘本土的同情浪潮，希臘海軍被派遣至該島，陸軍則向北方前進，不料卻遭鄂圖曼軍隊攔阻，希臘陸軍一敗塗地。

雖然鄂圖曼在克里特島和馬其頓的統治已趨於瓦解，但是巴爾幹半島新興的國家塞爾維亞和保加利亞，卻使希臘的野心更形複雜，因為這兩個國家分攤馬其頓的領土。

1843年，希臘的政治改革透過軍事而促成。1909年叛變再起，是由陸軍的低階軍官發動的，他們反對當權政府，而且邀請激進的政治家韋尼澤洛斯（Elevtherios Venizelos）從克里特島前來組成新政府。韋尼澤洛斯是一流的外交人才，他將未開發的希臘中產階級力量，導入他的自由黨（Liberal Party）中，而接下來的25年，都由該黨主導政治。

十年戰爭

1912年爆發巴爾幹戰爭，希臘國力強大，足以從鄂圖曼軍隊手中奪得馬其頓南部，並與塞爾維亞組成聯盟，護衛新得到的土地，避免受到保加利亞的侵略。從戰爭中得來的土地除了馬其頓之外，還有伊派拉斯（Epirus）、克里特島（Crete）和愛琴海東部島嶼。希臘的面積和人口一下子增加了一倍。

但是就在希臘還沒來得及考慮新領土會帶來什麼負擔時，就捲入了第一次世界大戰。首相韋尼澤洛斯和新國王康斯坦丁（Constantine）為了希臘是否參戰的問題而爭論不休。首相希望希臘給予協約國（Entente）具體的支持，而康斯坦丁則堅持讓希臘保持中立。這次爭執激起了幾項重要的議題：究竟誰有外交政策的最後決定權？國王或是議會？這場激辯開啟了內戰，直到1917年康斯坦丁國王被迫離國，希臘宣布參戰，內戰方休。

韋尼澤洛斯原本冀望協約國能給予新領土，以酬謝希臘的支持。因為併吞腹地富庶和希臘人口眾多的斯麥納（Smyrna），一直是偉大理想的基本信念。1919年5月，英、法、美允許希臘軍隊進入斯麥納，眼看夢想終於就要實現了，然而其實情況並非和想像中的一樣。

小亞細亞的災難

1920年，希臘政治情勢逆轉，韋尼澤洛斯下台，康斯坦丁國王復位。保皇黨下達的命令一再改變，重挫軍隊士氣，不過由於希臘進攻和土耳其領袖凱末爾（Mustafa Kemal）的崛起，土耳其國家主義再度興盛，危及了希臘的利

益。1921年6月，希臘軍隊前進至距離安卡拉（Ankara）80公里（50哩）的地方，歐洲盟國更改立場為「中立」，而且拒絕出售武器給希臘，使希臘進攻受阻。凱末爾阻止了希臘前進，逐漸把希臘軍隊逼退至綿長的防衛線外，以免他們接近沿海。經過一年的僵持對峙，凱末爾在8月底攻破希臘防線，數天後，希臘軍棄守斯麥納。土耳其軍隊在1922年9月9日進入該城，瘋狂燒毀亞美尼和希臘的住所，同時殺害大約3萬名

臘人在小亞細亞2,500年的歷史。希臘人稱這些事件為「小亞細亞災難」（the Asia Minor Disaster），在希臘對自己和土耳其的認知中，它們仍佔有重要且明確的位置。

兩次世界大戰期間

10年戰爭使得希臘飽受摧殘，民不聊生，現今又面臨一個大問題，就是如何在原已擁擠的國內，容納這些新來的貧民。雖然這些廉價

的基督教居民。

1923年土耳其與希臘簽下和約，終於結束兩國間的戰爭，同時劃定維持至今的邊界（多德喀尼群島例外，它在第二次世界大戰結束前，一直由義大利統治）。此外，和約中同意一項大規模的人口交換：希臘境內38萬名回教徒遷居土耳其，以交換110萬名正教希臘人。隨著伊斯坦堡的人口驟減，這次人口交換終結了希

左圖：惡名昭彰的Dillesi gang是希臘北方的恐怖分子。
上圖：勝利的軍隊從保加利亞返國。

勞工有助於經濟，希臘也是在兩次世界大戰期間開始工業化的，然而這些難民也增加了社會的緊張情勢。50多萬名難民在城市地區尋找工作，他們通常住在大都市外骯髒貧窮的小鎮上。

1922年的災難後，康斯坦丁國王被迫再度離開希臘，議會共和政體就此成立。這個政體僅歷時12年，接連出現短暫的聯合政府和少數民族政府，其間因軍事專政和流產政變而支離破碎，另外，政府也經常更改選舉制度，以維持政權。唯一安定的時期是韋尼澤洛斯當權的1928至1932年，卻因受到全球經濟蕭條的影響而

終止。1933年保皇派的人民黨（People's Party）取代自由黨，其膽小的領導階層並不熱中於支持共和。這兩個政黨除了憲法議題外，並沒有太大的差別。

回復君主政治

此時的議會政府缺乏民眾的支持，仍然容易向軍事壓力低頭。1935年，這種情形導致了康斯坦丁之子喬治二世國王復位。1936年，國王解散國會，由極右翼政治人物約尼斯·邁塔克薩斯（Ioannis Metaxas）出任首相。他曾是高層軍官，也是熱誠的保皇派人士。不久之後，邁塔克薩斯為因應暴工風波，頒布了戒嚴令，但是這位「第一農民」（邁塔克薩斯喜歡別人如此稱呼他）為他從不曾渴望的第三次希臘文明，奠下了穩固的基礎。邁塔克薩斯在外交政策上，試圖改採介於英、德的中間路線，而德軍在巴爾幹半島的勢力逐漸增加，與地中海的

英國海軍力量形成對峙。

德國不是唯一對巴爾幹半島深具侵略野心的國家。1939年4月，墨索里尼（Mussolini）派遣義大利軍隊進入阿爾巴尼亞，1940年，他企圖模仿希特勒的征服紀錄，從阿爾巴尼亞邊界進入希臘，這讓邁塔克薩斯無法冀望保持希臘中立。10月28日一大早，他穿著睡袍接見義大利大使，在聽完使者宣告一連串不實的指控後，僅對法西斯主義者的最後通諜簡潔回應了一個字「不！」故事因此繼續下去。現在這一天成了國定假日。

獨裁行動

西元1912至1943年，義大利占領羅得島與統治期間，島上的居民在「極權政權」的統治下，被「義大利化」。廣泛的秘密警察嚴密地監督國家主義者的行動；東正教的宗教信仰被禁止；藍色、白色的希臘國旗不可以出現在公共場合；商店的標誌都必須以義大利文標示，不聽話的店家，牆上會被塗上「viva il Duce, viva la nuova Italia imperiale!」1930年代，許多島上的居民都移民到希臘本土，或者是埃及或澳洲。

希臘軍隊在伊派拉斯（Epirus）山間獨立作戰，得到輝煌的勝利，並把「吃義大利麵的人」（Makaronádes，後來的民謠都以此稱呼義大利人）趕回阿爾巴尼亞。然而在1941年春天，希特勒派遣德軍南下鎮壓巴爾幹半島，準備入侵蘇聯。

德軍以迅雷不及掩耳的速度獲勝：4月6日開始入侵希臘，4月30日就指派左卡羅格魯將軍（General Tsolakoglou）為傀儡首相。

丘陵地區出現了有組織的反抗運動。最早也最重要的團體是民族解放陣線（National Liberation Front，希臘文簡稱 EAM），它由共產黨組成，並獲得廣大的支持。其他團體也陸續形成，它們延續「克萊夫特」（kleft）的山區反抗傳統，偶爾會下山劫掠平原，團體間的衝突也時有所聞。

民族解放陣線占盡優勢，當英國在1942年首度開始與反叛團體聯繫時，便發現軍事考量

德國、義大利和保加利亞軍隊占據希臘，雖然他們對於鄉間的掌控通常十分薄弱，但在城鎮卻很嚴密，不過城鎮中最嚴重的問題是糧食不足，尤其是在1941到1942年的寒冬。同時，德國也把希臘城鎮裡古老的各種猶太團體驅逐出境，一一消滅。喬治國王和他的政府於1941年離開希臘，在英國的保護下，安然度過戰爭。

與政治考量有所衝突。擁有超過百萬支持者的民族解放陣線，輕而易舉就能制住德軍。另一方面，英國懷疑民族解放陣線意圖在戰後於希臘建立共產黨政府，所以英國也提供武力給其他團體，以資抗衡。

而對於民族解放陣線本身而言，他們也擔心邱吉爾（Churchill）會不顧希臘民眾的意願，擅自恢復君主政體。事實上，邱吉爾並不同情這批游擊隊，而且還形容他們為「可憐的土匪」。

1944年秋天，德軍撤退，希臘和英國軍隊

左圖：德國軍官前往雅典衛城山頂。
上圖：1944年英國軍隊解散雅典。

取而代之。1944年12月，共產黨所領導的反抗軍和英國軍隊在雅典爆發戰爭。這一戰讓昔日戰爭的爛帳開始結算，不但通貨膨脹嚴重，黑市蓬勃，而且暴力也層出不窮於各地。

1944年12月那場戰爭，是極具決定性轉捩點的戰事。隨後，從1946年秋天到1949年的夏天，中央政府和共產黨間不知不覺中便爆發許多內戰，而在這種惡劣的環境下，1946年9月，喬治國王回到希臘，接著引起公民投票的激烈爭離整個村莊。

這種侵犯公民權和加強安全體系的現象，到了1950年仍未消聲匿跡。政治再度呈現兩極化，戰前分為保皇派和共和派的情形，此時轉變成左派和右派。

希臘的西化

民主在內戰中勉強度過難關。接下來的十年似乎達到某種程度的安定，在1952至1963年之

論。

進入冷戰

1940年代末期，陷入內部紛爭的希臘，在迅速演變的冷戰中扮演關鍵的角色。1947年3月，美國從英國手上接手，成為希臘在外主要的資助者。美國大量地提供軍事和經濟上的援助，而這正好對當時財政緊迫的政府有很大的助益。在美國的支援下，希臘政府軍於1949年10月擊敗了希臘西北部山區的叛軍。但是這場勝利還包括拘留疑似左翼的同情者，以及強迫撤

間只有兩位首相，都是保守派人士，然而這種穩定狀態的根基並不穩固，其政策是打壓對政權的異議。

希臘在1951年加入北大西洋公約組織（NATO），親西方的外交政策確保了來自美國的經濟援助。然而這種關係並非如此單純，當賽普勒斯（Cyprus）紛爭於1954年爆發時，希臘拒絕參與北大西洋公約組織的軍事演習。這對於日後政府在定位希臘於歐洲的角色時，產生了一些問題。儘管如此，賽普勒斯議題暫時解決，這個島嶼在1960年成立共和。

令人苦惱的「奇蹟」

在1950和60年代，希臘如同義大利和西班牙一樣，經歷了「經濟奇蹟」，徹底改頭換面。電力逐漸普及，通訊設備改善，雅典迅速向外擴展，混凝土公寓四處混亂興建，直到雅典的人口佔總人口的三分之一以上。

在小型農村社區運作得最熟練的舊政治控制力量開始消退，新的城市中產階級興起，他們認為保守的政治菁英堅持冷戰的論調，無法察覺希臘已是個現代化國家。

1961年的大選，在前自由黨員葉爾吉歐‧巴本鐸（Georgios Papandreou）的領導下，政治中央力量得以再現。這場選舉競爭激烈，結果宣布由康斯坦丁諾斯‧卡拉曼利斯（Konstantinos Karamanlis）獲勝，巴本鐸聲稱對方作弊。

西元1963年5月，左派議員藍布拉奇斯（Georgios Lambrakis）在塞薩洛尼基的和平集會中遭到暗殺，民眾擔憂執政黨與日漸增加的極右派暴力事件有所關連。不久後，卡拉曼利斯辭職，接下來的選舉由巴本鐸的中間聯盟黨（Centre Union Party）贏得勝利，這是希臘十幾年來的第一個中間派執政黨。雖然保守派政治人物準備交出政權，中間派執政時間的延長似乎指日可待，但是軍中的右派人士卻視新政府為一大威脅。

皇室的干預

當巴本鐸要求改組高階軍官時，卻遭到國防部長和年輕國王康斯坦丁的反對。國王笨拙地試圖迫使中間聯盟政府下台，然而巴本鐸隨即同意主要保守派反對黨的提議，於1967年5月舉行大選，這讓康斯坦丁面臨中間聯盟黨進一步的勝利。

雖然國王與高層軍官預謀軍事干預，但另一項謀反卻戲劇化地搶先一步。一群低階軍官依照北大西洋公約組織的因應計畫行動，在1967年4月21日清晨，發動一場迅雷不及掩耳的政變，之後頒布戒嚴令，解散各政黨，上校團就此掌權。

上校團的統治

上校團的動機夾雜了一己私利和模糊的民族主義。這種複雜的動機已司空見慣；在兩次世界大戰期間的許多場合，軍官會利用救國的論調，來避開可能的整肅，以免喪失職務。這些上校的政策和態度也延續早期的傳統。他們希望建立一個「基督教希臘人的希臘」，讓該國

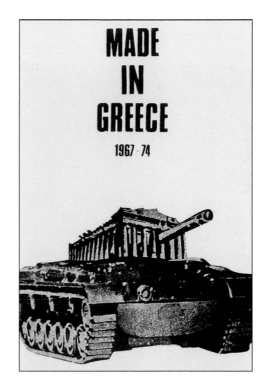

左圖：內戰期間，女人亦參與反抗運動。
右圖：反獨裁海報。

極權主義路線

以農民或中低階級為背景，對於1950和60年代城市消費者帶來的所謂經濟「奇蹟」，陸軍上校象徵一種地方性的反映。他們不斷地強調傳統上道德與宗教的需求，同時積極地去建立所有細節。他們不僅關切邊界，不准有鬍子的、長頭髮的或穿著短裙的外國人入境（這種行為甚至嚴重打擊觀光產業），他們還禁止希臘人閱讀「顛覆性」文學——包括保加利亞－希臘字典。希臘這段殘酷的歷史明顯地被曲解及消除。

再次成為「一個意識型態和精神嚮往的標竿」，讓希臘「向四面八方散發文明」。這是個古老的夢想：逃離現實世界，進入結合古代雅典和拜占庭的完美世界。

民眾普遍不滿的第一個跡象，與1973年的經濟衰敗同時發生。示威抗議的領袖是一群學生，他們於3月和11月占據大學各建築，卻殘酷地遭到驅散。逐漸地，該政權顯露出無法處理一般政府問題。11月在雅典工藝學院的學生靜

坐事件，帶來血腥餘波，政權首領帕帕多普洛斯上校（Colonel Papadhopoulos）下台，由更殘暴的約阿尼迪斯（Dimitrios Ioannides）繼任。他原是憲兵的指揮官。

最後，顛覆軍事政權的是賽普勒斯問題。希臘的民族主義者受到雅典的支持，莽撞地向賽普勒斯總統馬卡里奧斯大主教（Archbishop Makarios）發動攻擊，帶領土耳其軍隊進駐賽普勒斯北部。約阿尼迪斯下令希臘軍隊反擊，但是動員過於混亂，地方上的指揮官拒絕聽從他的命令。1974年7月24日，流亡巴黎的前任首相

卡拉曼利斯以勝利的姿態回到雅典，督導恢復議會民主。

卡拉曼利斯的「新民主」

如果考慮到卡拉曼利斯所面臨的重重難關，這場民主轉型可說是相當平順。卡拉曼利斯覺察到自己的弱點，所以慢慢撤除政權的黨羽。1974年11月舉行大選，卡拉曼利斯的新民主黨（New Democracy）贏得壓倒性的勝利，雖然許多民眾投票給卡拉曼利斯，只是為了確保社會安定。

卡拉曼利斯擅於各種政治改革，大選後一個月的公民投票，顯示了一個決定性的結果，亦即廢除君主制。當時的君主政體在軍事團執政前和執政期間都已趨於折衷，但卡拉曼利斯在位時，仍創立了全權總統制。一般相信，如果左翼勢力日漸強大，卡拉曼利斯會辭去議會職務，就任為總統。

左傾

1977年的選舉過後，左傾的現象更為明顯，安德烈亞斯・巴本鐸（Andreas Papandreou）的泛希社會黨（PASOK），在這次選舉中獲得多數人的支持。年輕的巴本鐸是葉爾吉歐・巴本鐸的兒子，他代表了熟悉經濟奇蹟及其果實的戰後新生代，擁有美國經濟學教授的背景，善於領導一群技術專家。當時他以激進聞名，猛烈抨擊卡拉曼利斯的政策，對於與土耳其的關係也採取較好戰的立場。他同時揚言，泛希社會黨政府會將希臘退出北大西洋公約組織和歐洲共同市場的議題交付公民投票。泛希社會黨的支持者不斷增加，到了1980年，卡拉曼利斯卸下首相職位，由議會推選為總統。

巴本鐸與泛希社會黨

泛希社會黨在1981年10月的選舉中，以一個簡單的競選口號「改變！」（Allagí）贏得勝利，巴本鐸上台，組成希臘第一個社會主義政府。他的重要性不在其名存實亡的社會主義，而是他能清晰表達他那一代的想法。

泛希社會黨的論調讓該黨執政至1989年的大選，由於金融和家庭醜聞，使得米梭塔基斯（Kostas Mitsotakis）領導的新民主黨重掌政權。

但這個時期很短暫，因為泛希社會黨又在1993年10月的選舉中獲勝，巴本鐸上台，直到兩年後病痛纏身才迫使他離職。之後，泛希社會黨選出不具領袖魅力的實際人物西米提斯（Kostas Simitis）為總理。

相較於以前的總理那種浮誇的風格，西米提斯也特別受到注目。他的任務就是要求習於接受政府施惠的民眾，接受經濟現實。尤其巴本鐸在1996年6月過世後，政府遵循著一套嚴謹

的經濟政策，以防通貨膨脹，使希臘符合加入歐洲貨幣單位的條件。這並不容易，因為許多泛希社會黨的議員不滿政府背棄他們宣誓效忠的社會主義理想，勞工團體更是抱怨，而且黨本身也不團結。

左右圖：1989年和「咪咪」的婚姻，是安德烈亞斯‧巴本鐸的第二次結婚，而咪咪是前奧林匹克航空的空姐，他們的婚姻引起相當大的輿論。

馬其頓與土耳其

1990年代末期，外交上在國際的協調下，希臘接受國境北方的馬其頓獨立，同時還必須同意新國家的名稱。1999年，傳統上與土耳其惡劣的關係，由於雙方動盪不安之苦，在民眾贊同的激增下，彼此的關係有了明顯好轉的跡象。然而「外交上的動盪」雖然在修辭上極為友善，但對於區分兩個國家重要性的問題，卻沒有任何解決的跡象。

在國內方面，2000年大選競爭白熱化，西米提斯以些微的差距贏了新民主黨的卡拉曼利斯。針對公共支出與通貨膨脹，西米提斯繼續以嚴格的標準來控制，這一切讓希臘得以在2001年成為歐盟的一員，並於2002年1月開始採用歐元——這個政策讓他們必須放棄歐洲最古老的貨幣，德拉克馬。

2002年5月，天主教教皇保羅二世（Pope John Paul II）拜訪雅典表示，希臘擁有悠久的歷史遺產，教皇正式為西方基督教所犯下的錯誤道歉，特別是1204年第四次十字軍東征時對君士坦丁堡的掠奪。

2004年年初，西米提斯突然停止選舉，然後立即放棄參選，讓他們的外交部長喬治‧巴本鐸（George Papandreou，安德烈亞斯的兒子）擔任泛希社會黨的總理候選人，結果是由新民主黨的卡拉曼利斯（Kostas Karamanlis，康斯坦丁諾斯的姪子）贏得大選。他任命自己為文化部長，首要之務在推動延宕多時的奧林匹克運動會的基礎建設。

11月17日恐怖集團

2002年夏天，在分裂「11月17日」左翼恐怖集團上，有了重大的突破。30年來，這個集團好像都沒有接受任何懲罰（一共殺害了23人）。然而這件事表面上清除了這個集團，但卻提升了2004年奧林匹克運動會國內的恐怖暴行。

為了連結奧林匹克運動會，許多重大的建設計畫改變了城市的面貌，最明顯的就是，捷運系統與新國際機場的興建。此外，希臘還在衛城（Acropolis）蓋了新博物館，不過，在英國倫敦博物館歸還19世紀從帕德嫩神殿搬走的大理石雕像前，這個博物館內的藝廊卻還是空的。

現代希臘

在很多方面，希臘已經是現代化的國家了，
但幾世紀以來，有些民族特色並沒有改變。

你覺得「現代的希臘」這個說法矛盾嗎？對西方的觀光客而言，希臘可能有這樣的問題，他們總認為，過去200年的歷史，希臘應該有資格成為歐洲國家的一員，而希臘人也已經證明自己像2,500年的祖先，而不是祖父輩當農夫的希臘人。一般人也許認為，在旁觀者的眼中，現代希臘就和世界其他國家一樣，完全深陷矛盾中。

臘過暑假，因為他們可能會被希臘的表親發現他們「太胖」了。現在每天的習慣不知不覺中都西化了，例如慶祝生日已經取代傳統東正教的命名日（命名日不會收到禮物，你必須請客人吃飯）。

而國家在政治上也有明顯的改變，例如政

西化的延伸

過去30年來，任何一個到希臘的觀光客總會不由自主地陷入西方的消費模式——不只在雅典，即便是其他小鄉鎮也是如此。直到最近，鄉下的小鄉鎮已經不再是貧窮的地方了，現在你可以在這裡找到專門提供給年輕有錢女人的美容養生保健沙龍。昔日營養不良的外表完全不見了，有些希臘裔美國人現在很怕回希

治選舉——1970及1980年代充滿了非常熱情的議題——已經呈現沉悶乏味的過程。希臘人認為，政治已經從政治重整的「舞台」，以像安德烈亞斯・巴本鐸（Andreas Papandreou）和可斯塔斯・米梭塔基斯（Kostas Mitsotakis）領導魅力迷人的演說，轉移到民眾客廳的「長沙發」上，如今，政治都發生在電視中。

這一切都反映在政權轉移至泛希社會黨（從1981年到2004年，除了1989至1993的短暫期間）：從民粹主義者、一向以「安德烈亞斯」（Andreas）為人所熟知的巴本鐸（Papandreou），

到主張專家政治主義、看似有距離感又不為人所認識的西米提斯（Kostas Simitis，常以柯斯塔斯〔Kostas〕自稱）。西米提斯著名的主張，並不是什麼偉大的社會學理論，但是他成功地將希臘經濟導入歐洲貨幣聯盟（European Monetary Union），使希臘成為一開始就預見的消費天堂。

家鄉與遠方

希臘的人口至今已達1,100萬人，其中300萬人居住在雅典。所幸拜一個世紀來的移民潮之賜，海外尚有600萬個希臘人。

點。這條法律提案的原意，是想增進工人的工作效率，然而民眾廣大而持續的反對，只好讓這條提案束之高閣。

面對歐元，希臘人對新幣制也有相同的反應。為了2002年採用歐元（不只是希臘）而會造成可預見的物價不穩，希臘人從每日的抱怨（「用歐元來買烤麵包機，這我可以理解，但連買一袋番茄也要用歐元？」）到群體罷工都有，甚至導致許多人連續好幾個星期都拒絕用錢，例如公車

左圖：在史科培羅斯（Skópelos），神父參加Ohi Day慶典。
上圖：位於Skiáthos的Vromólimnos的一家酒吧。

強烈的國家認同

然而，面對西方化與文化差異同質化，希臘還是堅持反其道而行。從一個事件可以反映這樣的堅持。曾經有民眾公開抗議1990年代中期的一條法律提案，此提案強制規定，酒館與夜店的休息時間，必須從凌晨4點提早到凌晨2

司機就會讓乘客免費搭乘。

你是哪個村莊的？

現代希臘另一個令人煩惱的問題，即是村莊與雅典和塞薩洛尼基（Thessaloníki）大城市之間的不尋常關係。當然這其中少不了都會居民看不起鄉下的落後，但大部分希臘人其實並沒有太長時間的都會經驗。極少雅典人的祖父母是在城市裡出生的，因此當有人問「你來自哪裡？」而經常有希臘人回答「雅典」時，都會

再被接著問道:「對,但你是哪個村莊的?」

這個問題在其他城市,如倫敦、巴黎或紐約,都會顯得很奇怪,但在雅典卻很有道理。這些根留鄉下的都市人當復活節、聖母升天日(the Feast of the Assumption,8月15日)與投票時節來臨時,他們就會蜂湧出城。在雅典長大的居民,依然將戶籍地留在他們出生的村莊,而許多城市居民——他們是人口中急速成長的一部分——對故鄉產生越來越多的依戀情懷,例如村莊故鄉的食物、空氣、水,或是叔叔壓的新鮮橄欖油、祖母做的起司、阿姨的無花果或

權,加上旅遊興盛,許多房屋改為小旅社,因此讓女人有了經濟來源。因此雖說男性主導權大,但女性其實常在幕後握有掌控權。

如同一個來自Kálymnos島的女人說:「女人雖然常諮詢丈夫的意見來做做樣子,但丈夫不在家時,她們便為家庭決定一切。我的母親在父親出海捕魚時,把房子給賣了;等到父親回來後,她才好言好語地把這件事告訴他。」女人力量的最佳詮釋,是在蘭妮・卡贊(Lainie Kazan)的《我的希臘婚禮》(My Big, Fat Greek Wedding,2002年,拍攝於好萊塢)中的一段對

霸王樹等。

女人的領域

在兩性關係的改變上,沒有什麼地方比矛盾的現代希臘更明顯的了。比起地中海男性主導的刻板印象,希臘在性別關係方面總是複雜許多。不用說,在公共領域方面,希臘是由男性主導政治,但教堂與宗教生活卻是由女性主導(儘管宗教領袖都是男性)。

在希臘某些地區,尤其在愛琴海島,嫁妝與房屋所有權讓女性享有男人不可得的控制

白:「的確,男人是家庭的頭兒,但女人可是一家的頸子——頸子能讓頭轉到任何想要的方向。」

如果性別關係沒有留下模糊地帶,許多今日希臘的改變都不會發生。1980年代早期,社會主義政府當政,在法律上改善了女性的財產所有權。此外,越來越多女性參政,例如希臘有兩個共產黨,近年來就是由女性領導(阿蕾卡・帕帕銳嘉〔Aleka Papariga〕與瑪利亞・丹瑪娜琪〔Maria Damanaki〕)。另外,希臘的兩大黨也有女性可能在未來出線執掌政權的可能——

泛希社會黨（PASOK）的領導政治家華蘇・帕旁德路（Vaso Papandreo，她與安德烈亞斯無關），與新民主黨（ND）的朵拉・巴可吉亞妮（Dora Bakogianni，她是可斯塔斯・米梭塔基斯的女兒）。朵拉・巴可吉亞妮在2002年當選雅典市長，成為雅典的第一位女性市長。然而，在希臘眾議院裡，女性代表的人數依舊只占少數。

家庭凝聚力變弱

當這些公領域的改變正在進行的同時，在日常生活中，更巨大的改變已不再是性別權力

在男人世界的女人

傳統希臘咖啡館，Kafeníon，只服務全是男性的顧客，提供他們希臘咖啡與茴香酒；但今日這些咖啡館必須與無數間坐滿男男女女、供應卡布奇諾與異國風飲品的咖啡酒館競爭。然而諷刺的是，近年來反而同時興起「傳統式的咖啡館」，標榜以古法的熱沙，慢吞吞地煮咖啡。

在夜店裡看見女人跳舞，已不再是不尋常的景象；在過去，跳舞是男人的專利，例如

的轉換，而是年輕一代與年長一代權力的交替。希臘已遠離農業社會與「傳統」職業的時代，變成以消費為導向的社會，因此父母與親友已不再擁有決定孩子未來職業的專業知識。他們對小孩生活與婚姻的控制權遂漸漸萎縮減弱，所以已經不再有父母可以如舊日一般「將女兒鎖在屋子裡」。

左圖：在米克諾斯（Mýkonos）的一家咖啡館。
上圖：年輕的雅典女人。

zeibékiko舞，是一種身體搖搖晃晃、姿態如老鷹一般的男性獨舞，長久以來被希臘男性用來表達他們的激情與痛苦。而嫁妝，過去老一輩的女人將它視為經濟保障，如今卻成為她們女兒迴避的東西——這些女孩的工作機會的確也比較多——更被視為是對羅曼蒂克愛情的侮辱。

當老一輩的希臘人重視的是兩性之間的權力拔河時，年輕一代的希臘人至少擁抱所謂的「平等」。但在希臘，性別實際上平等、不平等，只待時間的考驗了。

人民與特色

今日希臘的族群，比幾個世紀以前要複雜許多，
但希臘的特色還是源自於它過去的傳統。

直到1990年代晚期，希臘很獨特地依舊維持民族與宗教的單純性。如此鮮明的單純性，是近代歷史發展的結果——以今日的標準看來，拜占庭與鄂圖曼帝國融合了許多種文化——以及1922年希臘與土耳其交換人口、二次大戰納粹消滅希臘裔猶太人，都讓希臘民族維持其單純性。這種相對的人種單純化，讓希臘國籍幾乎等同於「希臘」族群。

戰後的人口

戰後時期，希臘有超過97%的人口，因為所屬的人種族群，與信仰希臘東正教，而認同自己是希臘人。如此的分類，依舊留下身分認同的模糊地帶，例如在色雷斯（Thrace），便有為數不算少的伊斯蘭族群、在馬其頓有斯拉夫社群、遍佈本島的弗拉其（Vlach）小村莊、宣稱自己為亞歷山大大帝後代（Alexander the Great）的伊斯蘭柏馬斯克（Pomaks）分支社群、居住於塞薩洛尼基與羅得島的猶太倖存人口、提諾斯（Tínos）的大量希臘天主教族群，以及遍及全國的羅馬耶和華見證會（Roma and Jehovah's Witnesses）信徒。

另外，也有人以使用的語言和出生地而認同自己是希臘人，其中包含來自黑海附近的旁堤克（Pontic）區的希臘人、1922年被驅逐出境的小亞細亞希臘人，以及中古時期（Middle Ages）遷徙到希臘、使用阿爾巴尼亞（Albanian）方言的亞爾凡尼特人（Arvanite）。

小亞細亞希臘人

另外一個以國界區分人種的有趣案例，是1922年希臘和土耳其人口交換中的希臘難民。雖然他們的外表、語言和信仰與希臘本島的人

民無異，且大部分居住於皮里亞斯（Piraeus）、雅典與塞薩洛尼基，但是他們自從交換事件之後，就另外成立一個社群，這樣的情形已經持續了好幾個世代。

是什麼原因讓這些希臘難民與本島人民區分開來？難民與本島人共同擁有與希臘其他地

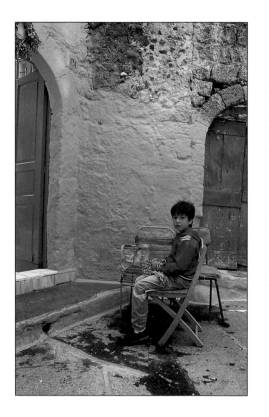

區相異的歷史傳承與經驗：都會的外表、強烈的政治認同（許多難民在1930年代時加入希臘共產黨），以及美食與音樂的獨特傳統——的確，曾經是地下音樂，今日卻成為流行樂的rebétika，即源自於這些小亞細亞難民。

這些難民曾在鄂圖曼帝國的統治下度過將近一個世紀，比其他希臘人還要長，因此他們對拜占庭與君士坦丁堡的文化遺產有獨特的認

前頁：在斯基羅斯島（Skýros）的一個神父，叫賣著他琳瑯滿目的物品。
左圖：斯基羅斯島上小巷弄裡低聲的交易。
右圖：在羅得島上一個男孩拿著一束巴西利。

同感。而他們生活在大城市的經驗，尤其是在斯麥納（Smyrna）與伊斯坦堡（或如同他們今日依舊所稱的君士坦丁堡），帶給他們多元、精緻文化的氣質，這是希臘本島居民所無可比擬的。的確，大部分的小亞細亞難民對希臘與土耳其之間的關係，都懷有樂觀的回憶，他們認為，交換只是政治與只會製造麻煩的「世界強權」操弄的結果。

他們也懷有階級優越感：許多小亞細亞難民曾經是商人，即便他們已不再享有經濟優勢，卻依舊覺得自己比他們所謂的本島「鄉下人」來得高尚。身為難民，雖然他們將具有宗教象徵的形象縫製在衣服上，他們還是無法攜帶太多引發思鄉情懷的物品，因此這些宗教形象特別被珍惜著，還會傳給子孫後代。

新移民

從1990年代起，超過100萬人移民到希臘，

遠離家園的故鄉

遷徙到希臘時，小亞細亞難民無法帶太多隨身物品，但他們卻帶來了許多回憶。他們會根據小亞細亞的地理位置，將居住的希臘地區重新命名（例如Néos Mamarmás），畢竟他們已在小亞細亞生活這麼久一段時間了。一個祖父母是難民、如今已經20幾歲的年輕人這樣說：「小亞細亞令人難以忘懷，我的祖父母常這樣對我說。祖母要我答應她，有一天我一定要回去看看她家鄉的村莊，並為她帶回來那裡的泥土和水。雖然她已經過世，她一定還是希望我能將小亞細亞的泥土和水灑在她的墳墓上。」

這將近是希臘十分之一的人口。這些移民大多數來自阿爾巴尼亞與中東歐的共產國家。他們有許多是因為經濟的緣故而移民，現今則從事希臘社會中的低收入工作，例如手工工人或是家庭幫傭。

希臘社會花了一段相當長的時間來適應這個移民潮。阿爾巴尼亞人的罪犯刻板印象，普及存在於希臘社會，因此當2001年，一位在Halkidiki的阿爾巴尼亞移民第二代，他的平均分數為當地中學最高分時，卻被拒絕在希臘獨立紀念日擔任旗手（這是當地的風俗傳統），因此還引發了一段政治醜聞。

然而如今已經不同以往了。許多難民（指那些可以證明他們的祖先源於希臘的難民）已經得到永久居留權，也同本島人一樣繳稅、享有最低薪資的保障，並且也融入希臘的教育與健保體系之中。

靈魂糧食

要怎樣才算是一個希臘人？希臘人會說，「吃，為了記住！」這個普魯斯特（Proust）式

的核心。

那什麼是希臘菜呢？食譜作家一定會從材料與做法介紹起，但平心而論，吃的背景才是關鍵。食物是與朋友、鄰居、陌生人，還有幸運的遊客一同分享的，大家的叉子共同伸向同一個碗中，其中一人插著一個出奇多汁的番茄，或是美味的小魚塊，熱情地餵著他的朋友；用餐時，不可少的是音樂與歡樂嘈雜的交談聲。盤子一定要裝得滿滿的：沒有什麼比食

的發言背後，藏著深厚的社會與道德思維。的確，如果有任何東西能讓造就現代希臘的不同區域、階級、城鄉、種族社群與性別團結起來的話，那也許就是視食物為體現美好生活的態度。因為吃，能融合朋友、家人與社群。外地人也許會感到很吃驚，因為以希臘菜單純的食材與料理方法，並無法登上世界高級料理的行列，但卻能成為希臘人每天生活、對話與回憶

左圖：1923年人口交換後居住於塞薩洛尼基的難民。
上圖：最近的阿爾巴尼亞難民。

物更能說明希臘的美好生活。

名為飛達的起司

飛達（Féta）是一種國家象徵嗎？Féta意味「薄片」，這種氣味濃烈、口感細膩的起司，只要觀光客一在顏色味道豐富的希臘沙拉裡，發現這種澆著橄欖油的起司片，沒有不愛上它的。飛達是由山羊與母羊奶製成的，以它獨特的氣味著名，常會與鄉間生活聯想在一起。直到1990年代中期，丹麥向歐盟要求製造名為飛達的起司之際，這小小的日常農產品開始有了國家的象徵意義。

如此一來，相較於主要以牛乳製造的黃色丹麥飛達起司，潔白的希臘Féta起司則是由羊奶所製作，而這純淨無瑕的希臘Féta的味覺省思，更代表了永恆的希臘象徵：帕德嫩神廟的大理石！

對外國人而言，Féta可能是再簡單不過了，但對希臘人而言絕非如此。從番茄、橄欖油、無花果，以至於鹽巴，它們的味道、氣味、口感與出處之間的細微差異，都是希臘人滔滔不絕的最佳題材。但希臘人並非沉溺於口福的享

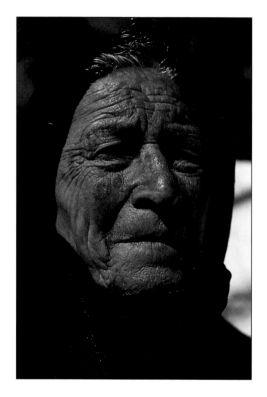

樂，而是認同食物在社會與家庭中所扮演的重要角色。

與死者共餐

kóllivo（複數形：kólliva），是一種將冬麥核煮過，然後加糖的食物。這種食物是在世者為紀念死者而準備的供食，也是死者仍存在於東正教社群裡的一種代表。

kóllivo通常會在集體紀念亡者的萬靈日（All Souls' Day）出現。女人在這天會準備小麥果與其他多種食材，例如石榴子、芝麻子、杏仁、核桃、喬月杏仁、巴西利、乾麵包塊、紅醋栗與葡萄乾等。

而一個60多歲、來自Kálymnos、名為安吉麗琪（Angeliki，希臘文的Angela）的婦人，她喜歡將杏仁、紅醋栗與阿月渾子做成康乃馨的形狀，並且在盤子上鋪滿糖霜與銀色的糖果，將其排成十字架的形狀，或有時也會排成花朵狀。

準備小麥時，全家人必須聚集起來，一起將一把小麥灑向十字形的盤子，以為亡者向上帝求得寬恕。等到kóllivo準備好後，家中最重要的女性成員，就要將它帶到教堂裡求得祝福。在這個儀式之後，神父會念過每個家庭所紀念的亡者姓名。「紀念他們，對我們的靈魂有益。」安吉麗琪這樣說。在教堂儀式全部完成後，安吉麗琪與她的鄰居、朋友，收回自家姓名條與裝飾好的盤子，在步出教堂的階梯上，她們互相餵食對方一小口kóllivo，分享彼此的祝福與回憶。

之後在回家的途中，安吉麗琪會將剩下的kólliva分給路過的人，即使是遊客也不例外。分享食物的義務並不僅限於鄰居、家人與Kálymnos的訪客；夜晚來臨時，安吉麗琪會在門口留下一盤kóllivo，讓亡者也能分享。因此，kóllivo即代表了社區族群。

紀念亡靈

kóllivo不只在這些集體的慶典上扮演重要的角色，在日常的紀念儀式上亦然。逢死者辭世後的第3、9與40天，以及第3、6、9個月，都有紀念死者的儀式，最後乃至於每年死者的忌日亦如此舉行。紀念亡靈的儀式一開始是在教堂舉行，之後還有一個歸迎的儀式，有時在教堂庭院舉辦，有時在附近的接待廳，而大多數都是親密地在自家舉行。歸迎儀式上會準備咖啡與各式烤點，但kóllivo依舊是最重要的食物。死者的照片通常會放在kóllivo旁邊，宛若是由亡者請前來的哀悼者分享。

這說明了在世者不僅是提供kóllivo給哀悼者食用，更是代表亡者來做這件事。換句話說，即亡者的罪惡，可以透過在世者為他行善而減輕。

kóllivo並非是近代才開始的習俗，而是有長久的歷史。在古代，集體儀式panspermies在雅典舉行——提供亡者、或是引導死者到陰間的希臘神祇赫密茲（Hermes）煮過的穀物。儀式中使用石榴，因為石榴在希臘神話中象徵死亡。然而在基督教傳統中，亞歷山卓主教在17世紀將上述的儀式奉為聖典，這樣的儀式象徵死亡與重生，因為穀子與種子落地後，必須先腐爛才能再重新生長。

教的習慣，女性是風俗儀式的主導人，她肩負催哄丈夫、孩子與其他家庭成員遵守齋戒的責任。如果她們無法執行此責任，她們就必須代替家人在四旬齋節齋戒40天。四旬齋是全年齋戒節日最大的一個節日，在復活節慶典達到高峰。

如果你參加一個希臘禮拜，將會發現教堂裡婦女與小孩占絕大多數。男人來教堂時，他們通常只坐在教堂外與他們的朋友聊天。這並不代表希臘男人不虔誠，但他們的確曾長時間

飲食與信仰

食物在另外一個希臘身分中，也扮演著重要的角色——那就是東正教。在東正教中，禁食與狂歡一整年的交互循環是十分著名的；此循環奠定希臘日常與季節性的生活作息，不論是鄉村或都市人都受其影響。如同許多希臘宗

不信任神父與女人聚會的空間——有些人甚至說，教堂根本是女人的咖啡館。因為習俗上，都是由女人攜帶受祝福的麵包、薰香、羅勒與其他東西跟隨男人回家，因此男人在教堂缺席，也就不顯得突兀了。

在希臘，女人還得為不同聖人的誕辰紀念日準備食物，這在希臘就宛若過生日一樣。女人在宗教上的重要角色，讓她們在家庭享有重要的地位。一位婦女記得，有一次，她的丈夫半開玩笑地說要離開她，要回他的村莊享受一

左圖：凱麗亞‧拉布魯拉（Kyria Labroula），她來自Kefalloniá的Fársa。

上圖：慶祝命名之日（name-day）。

點平靜時,她便回答:「如果你離開我,就沒有人為你到教堂裡點香;如果你離開,還有誰來關心你的靈魂?」

命名之日

　　大部分的希臘人以東正教的聖徒來取名字,並且,父母會以小孩祖父母的名字為其命名。如此,孩子會因此與祖父母的感情良好,有時亦會因此而繼承祖父母的遺產。但也有跳脫此傳統的人,他們通常會以最近死去的親人

25日)這天來慶祝。命名之日的慶祝,並不包含接受禮物或舉辦派對,而是在這天將家裡開放給鄰居、親友,以接受他們的祝福。命名之日擁有一般生日所缺乏的精神,因為命名之日能連接個人與社群、個人與他們的祖父母,以及希臘東正教的歷史意涵。

　　為某一位聖人(或是某位實現奇蹟的聖徒)搭建禮拜堂,並以聖人之名主持禮拜,是在希臘相當普遍的宗教行為。聖人是保護者,與介於人類與神祇之間的調停者,並且會回應虔誠

的名字來為小孩命名,或是用保護聖使的名字(尤其是母親懷孕或生產困難的情況),亦或是為小孩取一個古希臘名。由於這樣的命名傳統,讓不論在任何世代,社會上都不會有太多名字流轉。

　　依照傳統,希臘人不慶祝生日(為小孩過生日是近代的西方產物),而是慶祝與他們名字相關的聖人紀念日。因此,所有名叫卡特莉娜(Katerina)的人,都會在與聖卡特莉娜(Agía Katerína)相關的日子,或是她的殉道日(11月

者的祈禱。

取悅感官的宗教儀式

　　東正教的宗教儀式,能帶來感官刺激。進入希臘的教堂或禮拜堂,常是一趟強烈的感官經驗。從神父散播的沒藥與乳香的氣味、前後搖擺的香爐、進入教堂前信眾點起的蠟燭,到由合唱團吟唱,回響於教堂儀式的香氣等(吟唱常以擴音器傳至整個村鎮)。

　　當然,教堂中也不乏五彩繽紛的聖像,描

繪主要的聖經故事,還有由神父用湯匙餵食的稀粥、麵包、酒融合的滋味。希臘東正教的感官經驗,亦是正統教義的一部分,是將物質神格化的一種表現,讓人類不是透過拒絕,而是透過經歷物質世界,而更貼近自己的精神層面。

地方與家園

直到今日,希臘豐富的地方色彩,彌補了希臘在人種上缺乏的多元化。居民對地方的向

還是用陶爐烤,都可以是長篇大論的主題。這般對地方色彩的熱心,在希臘一點也不稀奇,因為希臘文的家鄉(patrída)可以意味一個人的國家,也可以是一個人出生的村莊。因此許多廣布各處的希臘異鄉人,他們所謂的xenitía,或稱之為「思鄉情懷」,是天生就有其模糊地帶:很難說他們究竟是因為看到帕德嫩神殿的景象,還是因為目及羊圈圍欄,而觸景傷情、思鄉情怯?

心力,在希臘是十分高漲的,村莊、小鎮與城市的居民,都熱中於討論各地風俗傳統的差異性。因此常出現誇張的看法:「Kálymnos那裡的人全是瘋子!」一個在Kós鄰島的計程車司機這樣說。「Kós人都是懶鬼!」一個Kálymnos人則回嘴道。這是一種友好的敵對,光是傳統習俗、婚禮儀式,或是復活節羊肉應該串起來烤

左圖:在聖島帕特莫斯(Pátmos)上神職人員的聚會。
上圖:epitávios,復活節的基督棺架。

爆炸的復活節

地方性的不同同時出現在房屋有不同的典型顏色,以及人民說不同的方言——例如Cretan話以義大利式「ch」取代「k」發音——以及在愛琴海島嶼的母系傳承傳統,而Kálymnos島的不同,在於每年復活節出現的「爆破攻勢」。

希臘許多地方的復活節,是以放鞭炮慶祝的,因此,鞭炮成為一種慶祝復活節的象徵與標誌。在Kálymnos島,人們卻使用炸藥而非鞭炮——由市值上千歐元的炸藥,組成許多發射器,

從教堂的庭院，或環繞港口小鎮的兩邊山頭發射，亦或兩戶接鄰的後院「敦親睦鄰」地互相開攻。

沒有任何鞭炮聲能比擬被炸藥環繞的爆炸聲。Kálymnos的復活節慶典，吸引許多大膽的遊客，同時也送走許多匆匆忙忙搭下一班船離開的觀光客。

山岳之歌

幾個世紀以來，希臘人將他們的自然景觀——嚴峻的山岳、綿延的平原——作為形容不同地區人民個性的比喻。克里特民謠（推測由山中居民所做）便風趣地調侃：

　　呸！那些住在平原的青年
　　享盡生活美事
　　嚐遍精緻美食
　　就是讓人看不起，像是爬行的蜥蜴
　　讚美那些住在山間的青年
　　嚐著雪與透著露水的清風
　　但就是很好看，像是一顆橘子樹

從山頭丟炸藥的習俗，可以追溯回20世紀初義大利佔領多德喀尼群島（Dodecanese）的時期。傳說中，某一年的復活節，Kálymnos在一邊的山頭施放炸藥，使視察的義大利官員匆忙趕過去探個究竟，但另一邊山頭的炸藥又馬上接著點燃。如同一位居民說的，放炸藥是向殖民官員說：「我們還活得生龍活虎！」然而，如今義大利殖民已經是遙遠的記憶了，為什麼放炸藥的習俗依舊呢？也許是作為一個警告與提醒，不僅是針對土耳其，也是對雅典與希臘其他地區的人說，提醒他們Kálymnos人可不是好惹的。

好客與「禮物」

當一個地方想表現自己比鄰近地區更好客（filóxeni）時，遊客往往是受惠的一方。鄰居只是一個相對詞：有人會說，南歐人比北歐人更好客、希臘人又比義大利人更多一點，或是他們居住的小鎮或村莊比雅典人更好客，而當然的，他們自己一定比對街的人更加好客。希臘人習慣大批購物——20公斤的起司、150公斤的西瓜——是為了讓家裡隨時都有食物招待客人，因為對希臘人而言，不論受不受歡迎，來的都是客人。

大方與光榮

如果你發現希臘人還有一個可以與好客比擬的天性，那你就離標準答案不遠了。「大方」與希臘的國家光榮，有著密切的關聯。大方可以增加一個人的聲望。根據人類學家的研究，希臘人認為施比受更高貴。

當接受的一方來自北歐或是美國時，便常會出現角色對換的微妙情愫：因為希臘人很明白地感受到他們的聲音在國際上被忽視，因此藉由表現大方，他們也傳遞出一個微妙的訊息：「你也許來自強權國家，但現在，是你倚靠我。」

這些都無可否認希臘人大方的真誠。希臘人對其他國家生活的好奇心，遠不敵他們對一杯喜愛的咖啡的熱情。對他們的大方表達真心的感謝，有時從遠方寄來的明信片，正是他們唯一所期待的。

文學

希臘是歐洲詩學與戲劇的搖籃；現代的作家仍以卓越的小說、
戲劇作品維持這個傳統，其中更以詩歌為甚。

當問起希臘最著名的作曲家米其斯·瑟歐多拉其斯（Mikis Theodorakis），他一生中上百首歌曲的靈感來源為何時，他曾這樣說：「答案很簡單。除了希臘詩歌，我從未想過以其他東西來詮釋我的音樂。」

也許只有希臘人會這樣回答。相較於希臘的人口，希臘是歐洲國家中詩歌出版最普及的一個國家。至今，希臘人仍常以自己創作或自費出版的短詩贈送給親友。詩，是希臘人推崇至極與自我欣娛之物，從民謠的傳統可見，詩歌與音樂的結合在今日依舊流行。

民謠與口述傳統

不論是希臘人還是非希臘裔，都曾追尋古典希臘延續到現代的蹤跡，並且都會在希臘民謠與舞蹈中發現它，即便只在他們的想像之中。在19世紀，支持希臘的群眾與希臘早期崇尚國家主義的人們，都將民謠傳統視為希臘將從土耳其的統治中解放的宣言。的確，希臘的民謠以其豐富的想像力與隱喻著稱，因此早期詩人從中尋求創作靈感，一點也不令人意外。

雖然傳統快速消逝，但在伊派拉斯（Epirus）或是伯羅奔尼撒的山間小村中，不論慶典或是婚禮的夜裡，總是流傳著這樣的民謠：

> 一會兒是鳥兒，一會兒是燕兒
> 這會兒是鷓鴣兒
> 這會兒鷓鴣啁啾說著：
> 「醒醒啊，我的主人，我的好主人
> 醒醒，擁抱著絲柏般的身軀，
> 蒼白的喉頸，檸檬似的胸膛⋯⋯」

一些流傳最久的希臘民謠歌詞，是為哀悼死者而做的。這些充滿力量的歌曲，通常都由女人演唱，而死神以死亡天使（Charos）的形象

出現，成為一個黑馬之上的惡兆：

> 為什麼群山是黑色的，為什麼雲朵
> 沉重地垂掛著
> 是風追打他們，還是雨鞭斥他們？

> 風沒有追打，雨也沒有鞭斥。
> 只是死神經過，帶走了亡靈。
> 祂身前拖著年輕的死者，而年老的在身後
> 還有幼弱的孩子們在馬鞍上排排坐。

假若你的希臘鄰居沒將這些歌詞翻譯出來，找出這些民謠的文本將是一件苦差事。這在載滿觀光客的愛琴海群島上更為顯著。愛琴海群島曾是多種音樂、歌曲和舞蹈的出產地，而克里特島上更是特別將傳統的音樂演唱方式保存下來，當地的歌者至今仍即興編唱音樂中的歌詞。但是當你拜訪米克諾斯（Mýkonos）、

左圖：康士坦丁·卡瓦菲。
右圖：戴奧奈休斯·所羅默思，希臘國歌的作者。

聖托里尼（Santoríni）或是羅得斯時，就別期待會聽到這些古老的島嶼之歌。然而，很幸運地，在希臘有一個特別活躍的錄音事業，會將這些最傑出的民謠作品文本做成小冊子，附在錄音產品中，有些更提供翻譯的文本。此外，更還有希臘現代流行樂（rebétika）的歌詞，能滿足極感興趣的希臘音樂迷；這些靡靡之音，歌詞中穿梭著吞雲吐霧的俚語，為我們打開了一扇有趣的窗，一窺20世紀中皮里亞斯無聊灰

Vitsentzos Kornaros的愛情長詩 *Erotókritos*。這首詩很了不起地成為島上口述文學傳統的一部分，直到20世紀，作品中整整一萬行的詩文還是如同民謠一般被傳唱著。今日，僅僅一小短詩文仍被吟唱，但如果有幸在克里特的酒館中聽到從文藝復興時期流傳下來的長詩歌，又是何其過癮的經驗。

另外一派人主張現代希臘詩歌的起源地，是札金索斯（Zákynthos）的愛奧尼亞群島。如

濛的生活。

什麼是現代希臘文學？

　　古典希臘文學從何而終、現代希臘文學又從何而起，這個問題並沒有一個確切的答案。絕大部分的希臘並沒有受到文藝復興的影響，但克里特島是一個特殊的例外；直到17世紀中葉被鄂圖曼帝國征服之前，克里特島一度為威尼斯所統治。有些人主張，15世紀到17世紀之間，發源自克里特島的戲劇與詩歌，即為現代希臘文學的開端。其中最著名的作品，為詩人

同克里特，愛奧尼亞島從13世紀起便成為威尼斯帝國的一部分，當時的貴族是義大利人，大都與當地的女子聯姻，因此所謂的希臘「民族」詩人，常是聯姻結合下的產物。戴奧奈休斯·所羅默思（Dionysios Solomos）於1798年出生於札金索斯，在義大利接受教育，但在希臘革命精神的激發下，開始以希臘文創作。他最著名的詩作《自由頌》（*Hymn of Liberty*），成為希臘新國歌的歌詞。所羅默思的同鄉安德烈·卡爾沃（Andreas Kalvos）也在義大利度過大部分的時光，但同樣也成為希臘全國上下所推崇的詩

人。這兩個詩人啟發了國家浪漫詩人派。

19世紀

　　艾曼紐·羅伊迪斯（Emmanuel Roidis）慧黠的諷刺小說《教皇瓊安》(Pope Joan)，已名副其實地以各種不同語言翻譯而享有廣大的讀者群，然而卻也因為羅伊迪斯這個優秀的特例，使得非希臘語系的讀者難以發掘希臘19世紀的散文作品。這真是個遺憾，尤其是因為兩位傑

希臘小島生活提供了鮮明、不帶情感的側寫。他的作品融合了高雅文風與村莊方言，讓人聯想到狄更斯（Dickens）與哈代（Hardy）的風格。

　　相較於任何一種語言的文學，《女兒手》也許是當代最大膽的作品之一。它敘述一名老婦人在眼見當地女人生活不幸之後，決定不再養育女嬰，反而將其扼殺。故事的結尾，老婦人在被警察追緝的過程中淹死了，使得她的罪過是由神來懲罰，而非由人間的公理正義來審

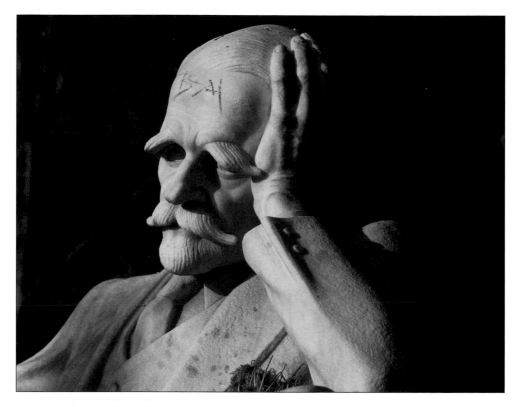

出散文作者——亞利山卓斯·帕帕迪亞蒙迪斯（Alexandros Papadiamandis）與喬吉歐·維其安諾（Georgios Vizyenos）——的完整作品只現存於英文版。帕帕迪亞蒙迪斯（1851-1911）是Skiáthos島村莊上牧師的兒子，他大部分的小說都以愛琴海小島為背景，而傾其一生所寫的200個故事，有短篇小說《女兒手》（The Murderess），為

判。帕帕迪亞蒙迪斯以充滿同情的手法描繪老婦人的個性，為理所當然的傳統希臘行為帶來反思的空間。

　　維其安諾（1849-96）的六個作品英文譯本直到最近才問世。他的短篇故事充滿謎樣的氣息，又帶有世故高雅的風格。如同帕帕迪亞蒙迪斯，維其安諾也十分關注罪過與傳統希臘風俗道德基準的議題。

左圖：卡山札基的紀念徽章。
右圖：早期作家柯拉伊斯的塑像。

20世紀初期

　　詩歌在20世紀於希臘蓬勃發展。這個時期

的希臘由三個悲劇事件所主導：1920到1922年的希臘土耳其戰爭，導致希臘失去在小亞細亞的地位；二次世界大戰，義大利與德軍相繼佔領希臘；1967到1974年的軍事獨裁，讓希臘暫時脫離民主與言論自由的困鬥。詩，多半是可吟唱的詩歌，讓受苦的老百姓得以吐露此時的心聲。當時針對詩歌與音樂的禁令，更加突顯出詩的強大力量。

季斯〔Ilias Venezis〕）的難民，另一位（史塔提斯・麥力維利斯〔Stratis Myrivilis〕）來自距離土耳其數哩之遠的列斯伏斯（Lèsvos）島。他們的寫作生涯全都由列斯伏斯開始，其散文風格寫實，以農村田園景色描寫希臘。

同時，在雅典與塞薩洛尼基的一群年輕作

當1974年希臘重獲民主時，隨著加入歐洲共同體、後獨裁時代的急速都市化，希臘對詩歌的品味也有所改變。歌曲與詩作不再歌誦人民的英雄主義、希臘優美的大自然，反之關注於城市生活的幻滅與個人主義。原本地位次於詩的散文，在20世紀的最後25年間快速發展，除了少數幾位作者之外，希臘最傑出的現代散文家偏好短篇故事勝於長篇小說。然而在面臨小亞細亞戰敗的難題之際，興起了一群小說家，他們記錄這段時期的大事件，形成Aeolian學派。其中兩位作家是來自小亞細亞（史塔托斯・杜卡斯〔Stratos Doukas〕、伊利亞斯・維內

家，也開始描寫都市的現實生活。由於小亞細亞戰爭，城市人口在25年之間大幅成長。這些都市作家不斷嘗試現代主義手法，比同時期的鄉村作家要顯得大膽許多。其中最富原創性的是尼可斯・潘錫奇斯（Nikos Pentzikis）、吉亞尼・史卡利巴斯（Giannis Skaribas）與吉亞尼・貝拉提斯（Giannis Beratis）。

得獎詩人

享譽國際的希臘詩人大都在20世紀前半葉崛起。在1963年與1979年時，兩位希臘詩人——喬治・瑟菲瑞斯（George Seferis，又以喬吉歐・瑟菲瑞阿迪斯〔Georgios Seferiadis〕為筆名）與奧狄休斯・艾利提斯（Odysseus Elytis，又名歐

狄希斯・阿雷樸代利斯〔Odysseas Alepoudelis〕）
——贏得諾貝爾文學獎,使得原本被許多西歐
國家視為舊文化的詩學,成為眾所矚目的焦
點。另外還有一位詩人,康士坦丁・卡瓦菲
(Constantine Cavafy,又名康士坦提諾斯・卡瓦菲
斯〔Konstantinos Kavafis〕),英國作家福斯特

（*Ithaka*）也許是最常被引述的近代希臘詩作:

> 綺瑟卡已經給了你最美好的旅程
> 沒有綺瑟卡,就無法啟程
> 綺瑟卡已無法再給你什麼了

另外兩位同樣受到國際矚目、作品以多國

（E.M Forster）與英國詩人奧登（W.H. Auden）對
他極為推崇,使他成為20世紀最具影響力的詩
人之一。

　　卡瓦菲一生都居住在希臘國境之外的亞歷
山卓從事寫作,而且他的創作背景也經常設定
在過去,如此讓他與當時的作家更顯不同。在
他高雅而充滿諷刺意味的詩作之中,其人物角
色,如同卡瓦菲本人,是居住於東地中海的希
臘人,以使用的語言與對希臘文化的尊崇透露
出其性格中的希臘本色。其詩作《綺瑟卡》

非權威的一生

由於卡山札基反權威的思想與文風,他不僅在
世時飽受議論,即便在1957年去世後,仍然爭
議不斷。當他的作品《基督的最後誘惑》（*The
Last Temptation of Christ*）剛出版時,希臘正
教教廷便要起訴他。1958年這部作品被拍成電
影,當時的雅典神父遊行到戲院,憤怒地將螢
幕撕毀。而今日,喜歡卡山札基的人,都可以
到距離 Iráklio 24公里（15哩）的米提亞
（Myrtiá）村莊,當地的卡山札基紀念博物館中
精心陳列的館藏,正說明什麼才是傑出的文學
與正確的政治生活。

左圖:奧狄休斯・艾利提斯,1979年諾貝爾獎得主。
右圖:喬治・瑟菲瑞斯,1963年諾貝爾獎得主。

語言出版的詩人分別為：尼可斯・卡山札基（Nikos Kazantzakis）與吉安尼絲・瑞楚斯（Giannis Ritsos）。卡山札基所作的現代詩集《漂泊之旅》（The Odyssey, 1938），在其蒙・福來爾（Kimon Friar）優美的英文翻譯之下，儘管文長是荷馬原著的兩倍，其英文讀者也許比希臘讀者還要多。如同「亡靈詩社」一般，這些紀錄超越今日希臘文學的成就，讓當代與後繼作家的作品籠罩在這些傑出之作的光暈之中。卡山札基，不用說，也是一個小說家；假若英文讀者曾閱讀過任何一部現代希臘小說，想必也是他的《希臘左巴》（Zorba）、《重返十字架上的基督》（Christ Recrucified）或是《自由或死亡》（Freedom or Death）的讀者。

戰爭詩學

卡瓦菲同期的作家，有許多是希臘當地著名的詩人：可斯塔斯・卡瑞歐塔其斯（Kostas Karyotakis）、可斯提斯・帕拉馬斯（Kostis Palamas）、安其洛斯・西凱里阿諾斯（Angelos Sikelianos）與可斯塔斯・伐爾那利斯（Kostas Varnalis）。較年輕的詩人在1930年代時，將現代希臘詩歌帶入歐洲文壇主流。儘管他們有不同的政治立場，卻一致以希臘精神中永續的美德，來對抗戰亂年代的邪惡與貧窮。對於瑟菲瑞斯、瑞楚斯、卡山札基、安皮瑞可斯（Empirikos）、艾利提斯、葛楚斯（Gatsos）、卡瓦狄阿斯（Kavadias），以及其他許多作家，戰爭是極具毀滅性的；起初，戰爭讓希臘團結起來抵禦共同的敵人，之後卻又將希臘撕裂成兩個敵對陣營，引發直到1949年才結束的希臘內戰。這段時期，許多作家和知識分子都遭到右翼陣營迫害，被監禁在愛琴海島上。瑞楚斯便是遭到多年監禁、流放的知識分子之一；其他的，例如瑟菲瑞斯，在戰爭期間便一直流亡國外。雖然沒有一個希臘作家未被波及，但這段黑暗時期卻也激發許多偉大的現代希臘詩作。

艾利提斯的長詩《這就值得了》（Worthy it is; To Áxion Estí），不僅曾由希臘著名作曲家瑟歐多拉其斯譜成難忘樂章，更為他贏得一座諾貝爾獎。這首長詩融合了各種希臘語言的傳統內涵——古典、拜占庭、民謠——創造出一場現代而入世的聖禮饗宴。詩作由詩人在克里特度

過的童年開始，而戰爭的恐怖絲毫沒有被輕描淡寫的帶過，最終，詩歌以救贖的榮耀頌詩（Gloria）結尾，頌揚希臘大地之美與希臘女人的可愛：

> Sífnos, Amorgós, Alónissos
> Thásos, Itháki, Santoríni
> Kós, Íos, Síkinos.

心中頌揚的
是站在面海石牆上的梅爾圖（Myrto）
宛若一個美麗的8字又似一只壺
手上正拿著一頂稻草帽

戰後作家

希臘文學的最大問題，就是太少人懂得希臘文。想要名聞國際，作品就必須透過翻譯；然而除非被發掘，不然獲得肯定的機會是少之又少，如同卡瓦菲，他便是由福斯特發掘、諾

貝爾獎肯定的最佳範例。從1950年代開始興盛、日後持續蓬勃發展的觀光旅遊，便為希臘文學打開了閱讀市場，特別當作品本身能滿足觀光客對希臘的刻板印象時，效用尤其大。但是一旦略過希臘的古典過去，而關注於相較之下一點也不具吸引力的現代都市生活，就比較無法受到非希臘語系讀者的青睞。

作品在1950、1960年代出版的作家大都來自雅典或塞薩洛尼基，其中不乏女性作家，她們的作品在民主發展時期漸趨成熟，但這短暫的民主卻因為長達7年的獨裁政權（1967-74）而前功盡棄。這些女性作家對上一輩的主題並不感興趣，她們大部分是描寫個人人際關係、夢想幻滅與雅典的生活。其中作品有英文譯本的女作家包含凱特瑞娜‧安琪拉其‧露克（Katerina Angelaki-Rooke）、琪琪‧狄穆拉（Kiki Dimoula）、嬋妮‧瑪斯托拉琪（Dzeni Mastoraki）、瑪莉亞‧萊娜（Maria Laina）與麗亞‧蓋拉娜琪（Rea Galanaki）。而同期的男性作家也不讓她們專美於前，其中馬諾利斯‧阿那洛斯塔其司（Manolis Anagnostakis）、提透斯‧帕翠奇歐斯（Titos Patrikios）、納索斯‧瓦吉那斯（Nasos Vagenas）、塔蘇司‧提妮葛瑞伊斯（Tassos Denegriis）與米阿伊利斯‧蓋那斯（Mihailis Ganas）等，亦是當時傑出的作家。

左圖：麗亞‧蓋拉娜琪。
右圖：卡拉吉歐息斯的皮影戲。

凱特瑞娜‧安琪拉其‧露克

在她的年代中，凱特瑞娜‧安琪拉其‧露克的詩作是最廣為翻譯的。對於推動國際接受希臘詩，她具有相當的影響力。安琪拉其‧露克精通法語、英語以及俄文，並將許多難以翻譯的作品譯為希臘文，例如英國詩人狄蘭‧托馬斯（Dylan Thomas）以及俄國作家普希金（Pushkin）。長久以來，她在愛琴那島（Égina）的紅色小屋，已成為各國作家與研究希臘文學者的朝聖地，他們有不少人都將安琪拉其‧露克敏銳的洞察力，視為其閱讀與從事翻譯工

作的精神引導。安琪拉其・露克的詩作以坦率且抒情的情慾，以及諷刺意味濃厚的自我解嘲為特色。她在《潘妮洛普》（*Penelope Says*）中寫道：

> 身體不斷自行改造
> 起身又跌入床上
> 宛如被劈倒一般
> 時而病弱，時而愛戀
> 只企望在撫摸中失去的，在靈魂深處重拾

　　如同在詩歌的範疇，散文女作家也像他們同時期的男性作家一樣，紛紛開始在戰後崛起。描寫希臘社會的小說，幫助遊人了解希臘幾經變遷的風俗民情。又因為許多希臘作家都選擇近代的大事件為他們的寫作題材，因此小說與短篇故事成為這個時期的最佳歷史導覽。以Alki Zei的《阿奇里斯的未婚妻》（*Achilles' Fiancée*）為例，就充分掌握體現出希臘內戰與戰後時，左派游擊軍流逃到蘇聯政權的種種議題。在當代眾多傑出的希臘作家中，柯斯塔・達錫司（Kostas Tahtsis）、塞那西斯・伐爾提諾斯（Thanasis Valtinos）、瑪格利塔・利博臘其（Margarita Liberaki）、馬洛・杜卡（Maro Douka）、愛雷尼・法其奴（Eleni Fakinou）、曼尼斯・杜麥德瑞阿斯（Menis Koumandereas）與夕拉那・札雷利（Ziranna Zateli）的作品，都可以找到英譯本。

戲劇

　　現代希臘戲劇尚未成就如同詩歌與小說的國際肯定。儘管在19世紀的希臘，已經有活躍的劇場，並且得到當地民眾廣大的迴響，但卻只有一些希臘劇作被翻譯成其他語言供人閱讀。然而，第一個原作劇本的作家，竟是一位女性劇作家：知名的伊凡西雅・凱麗（Evanthia Kairi），她的《尼基拉托斯》（*Nikiratos*）在1826年就完成了。

　　許多以其他文體著稱的作家，曾轉而從事戲劇創作，其中以卡山札基、帕拉馬斯與西凱里阿諾斯最富盛名。但到了戰後時期，劇場有一群為戲劇而戲劇的劇作家所主導，其中最知名的，即是作品產量豐富的伊安可福斯・坎巴尼利斯（Iakovos Kambanellis）。

　　其他融合希臘精神的劇場形式，便是皮影戲了。其中最引人入勝、大膽諷刺的皮影主人翁，是廣受希臘人認同的俏皮角色：卡拉吉歐息斯（Karagiózis）。源於鄂圖曼帝國時期，喜劇皮影戲是合不攏嘴的小娃兒與他們粗聲大笑的父母在村莊廣場前的娛樂，即使在希臘最艱困的時期，皮影戲內容仍依據當時不同的政治議題而量身打造，讓希臘人自我嘲解。這正如同詞曲家戴奧尼休斯・薩佛普洛斯（Dionysios Savvopoulos）所寫的：

> 是什麼消耗了我，又是什麼救了我
> 我是不是像卡拉吉歐息斯一樣作著夢……

上圖：聞名國際的米其斯・瑟歐多拉其斯。

音樂與舞蹈

除了伴著bouzoúki跳左巴舞之外,希臘音樂還有更多更多,
它反映出希臘在政治與文化歷史的複雜性。

希臘的聲音:摩托車的嘎嘎聲、水翼船的隆隆聲、男男女女與計程車司機互相叫囂、教堂大鐘的噹噹聲、綿羊與山羊伴著頸上鈴鐺聲咩咩叫、驢子的粗聲叫,以及樂聲──從收音機、夜店、汽車、餐廳傳出的各種音樂聲。希臘人似乎不想也不需要安靜時刻。他們熱愛音樂,即使需要跟雅典的車水馬龍、引擎、渡輪比大聲,音樂也不離身。

更讓觀光客驚訝的是,不論他們演奏何種音樂,一概都是個性鮮明的希臘樂風。也許參添了一點美國、西班牙或巴西音樂的味道,但在整體節奏與樂器的安排上,盡是希臘風格。30年前來到希臘的觀光客,一定會對成天不斷放送的希臘傳統民謠有所抱怨,而雖然歷經全球化與現代化,希臘音樂依舊蓬勃發展,充滿驚喜。

傳承的傳統?

在雅典欣賞過聞名的多拉・史特拉圖(Dora Stratou,希臘民族舞研究專家)的傳統舞蹈表演,或是聆聽過其他為觀光客準備的希臘音樂演出之際,都會聽到有人說,現代希臘音樂和舞蹈保留了古典希臘舞樂的特色。然而,我們都沒有聽過古希臘音樂,這個論點實在難以證實。雖然希臘的樂器與著名的風格為人所熟知(例如,多利安式〔Dorian〕、利底安式〔Lydian〕、伊歐力安式〔Aeolian〕),但實際僅有一小部分殘破的樂譜流傳下來。古希臘陶瓶上的繪畫,呈現出舞者跳舞的姿態,一旁有豎琴、笛子與鼓伴奏著;這種場面,在現代的婚禮或許也可見到,但不論是這些並肩舞蹈的舞者,或是上述的樂器,都不專屬於希臘。

希臘特別的是,19世紀歐洲的愛樂人士與希臘的愛國分子,都急於尋找流傳到今日希臘的神話遺跡。有人說從古代流傳下來的民俗傳

統,不僅微乎其微,並且只存於希臘詩歌之中,這種主張全然忽略了希臘豐富而多樣性的音樂遺產,以及希臘音樂的儀式背景。如同所有的民俗音樂,希臘的歌舞並非全然為娛樂而做,而是與宗教活動、婚喪、節慶有著密切的關聯。

希臘本島的音樂

雖然富含地域風采的民俗音樂(dimotikí mousikí)、流行音樂與都市音樂(laïkí)之間,不乏相似之處,但希臘人還是認為它們十分不同。以富地域風采的民俗音樂而言,還分為本島民謠(steriani)、小島民謠與海岸音樂(nisiotiká, paralía)。而希臘本島尚依照地區傳統細分為:西北方的伊派拉斯、馬其頓、洛梅里

右圖:來自土耳其黑海沿岸的巡迴藝人,正在演奏Pontine式的lýra。

（Roúmeli）、色雷斯與伯羅奔尼撒。

　　在本島最廣為流傳的節奏分別為查美哥（tsamik´os）的三拍子、卡拉瑪提安諾斯（kalamatianós）的七拍子（以位於伯羅奔尼撒的卡拉瑪塔（Kalamáta）鎮而得名，但在中央與西方希臘這種七拍子亦很流行）與syrtós和sta tría的慢二拍、三拍。過去，戶外表演傳統二重奏是十分普遍的，不是以大鼓（daoúli）與民謠雙簧管（zourná），就是以風琴（gáïda）和鈴鼓（daïrés, défi）來演奏。今日，在慶典與婚禮上，最常見的是豎笛、小提琴、鼓的樂團演奏，有

地的宗教慶典（panigýri）中欣賞到現場演奏。然而，位於中部希臘的伯羅奔尼撒，這些場合就只剩預先錄製好的音樂可欣賞了。

小島與中亞

　　希臘的小島在過去以豐富、令人驚艷的音樂傳統而自豪。位於希臘本島西邊的愛奧尼亞（Ionian）群島，由於幾個世紀以來都由威尼斯統治，因此流行四部合音的歌謠。這種歌謠稱為kand´ades，常以吉他伴奏，深受那不勒斯（Neapolitan）民謠影響。一方面因為這些歌謠具

時還會加上手風琴或是德西馬琴（sandoúri）。

　　來自愛琴海島的著名希臘歌手曾對我說：「如果我死了，我來生還想再當伊派拉斯人。」伊派拉斯的音樂無疑是希臘最美的。伊派拉斯以豎笛手的高超技術而聞名，他們能用民謠豎笛（是一種降B調的Alber豎笛，常見於中歐）像爵士大師一般即興演奏。伊派拉斯也是希臘中還常見到慶典或婚禮現場演奏的地方，尤其是在伊派拉斯山間的村莊中更為普遍。其他地區，例如蘊含豐富音樂與舞蹈資源的色雷斯與馬其頓，旅行者仍十分幸運能在夏季時，在當

西歐風格，一方面因為能在餐廳、酒館表演，所以這種歌謠在雅典十分受歡迎，直到1960年代還經常可見一大群男男女女一起演唱。札金索斯（Zákynthos）島至今仍以kandádes聞名，儘管它已漸漸消逝，但當地人還是經常傳唱這種輕柔又迷人的歌謠。愛奧尼亞島在19世紀時，也是當地義大利歌劇的流行中心，而歌劇表演都在科孚島與凱法利尼亞島（Kefalloniá）小規模的歌劇院舉辦。

　　在愛琴海，一般而言，音樂是根據島群的不同而有所區分的。當地最流行的舞蹈節奏是

二拍子，舞蹈形式由syrtós變化而來。然而，在靠近小亞細亞沿岸的愛琴海東部，尤其是在列斯伏斯島、多德喀尼群島與賽普勒斯（Cyprus）等地，九拍子的zeibekikó與karsilámas最為流行。這些島嶼的傳統樂器是lýra（此與古希臘豎琴〔lyre〕不同）、弓狀的維奧爾琴（viol）、tsaboúna與當地的風琴。受到本島樂器的影響，其他小島的樂器安排上也產生變化：大多數島嶼都由小提琴取代lýra，伴奏樂器以laoúto或是民謠魯特琴（lute）為主，有時再加上手風琴、手鼓與豎笛。另外，即興的十五音節雙韻對句，是愛琴

舊十分活躍，他們不僅保存詩歌的雙韻傳統，17世紀詩劇中的長詩*Erotókritos*，更成為許多歌手表演的珍貴資源。當地的舞蹈亦十分精采好看，不論是在嘈雜的酒館、山邊，或是婚禮場合表演，音樂加上舞蹈，就是會令人深深感到敬畏與感動。

愛琴海中部的島嶼，包含基克拉澤斯（Cyclades），已被觀光客淹沒，今日在大部分島嶼上，都已難得聽見現場音樂，只有幸運遇上某些特殊場合時，例如婚禮等，才能欣賞到nisiotik´a奢華的美麗，而且這些歌舞表演幾乎很

海島音樂的一大特色，至今仍十分流行，尤其是在克里特島。

除了克里特島外，愛琴海大部分島嶼已不再有現場演奏的音樂，因此若想多了解希臘的民俗音樂，就應該拜訪克里特島。克里特音樂依然使用當地lýra與laoúto的傳統組合，並持續蓬勃發展，不論是年輕或老一代的音樂家，都依

少用小提琴演奏。靠近土耳其本島的島嶼，特別是列斯伏斯大島，一度擁有十分與眾不同的音樂傳統，並且深受大城市斯麥納（Smyrna，今日的Izmir）與Aivali（Ayvaluk）的影響。直到1920年代，斯麥納與Aivali都還有大批希臘人居住。在列斯伏斯可看到受小亞細亞影響的歌舞，但有些歌舞形式只能在某些小村莊中尋得。小亞細亞音樂風格都是透過Mytiléni這個主要城市來影響希臘的流行音樂。

喪禮哀樂是遊客不常聽到的音樂形式，它的歌詞內容十分豐富，並蘊含表演者深厚的情

左圖：觀光客通常只能透過媒體欣賞到最純正的傳統舞蹈表演。

右圖：一群人正唱著kandádes。

感。在都市中，已十分罕見女性在喪禮中演唱悲歌，但在鄉間，尤其是偏僻的鄉下，喪禮要有女性合唱悲歌才算完成。在希臘大部分地區，哀樂是由歌曲而分門別類的，其歌曲音樂系統各自獨立，甚至有些旋律在其他場合也可演奏，例如婚禮。透過悲歌，女演唱者與另一個世界溝通，直接對死者說話，時而還會責難死者將家人遺棄於世上。

當這些哀樂在基督教場合演奏時，其中歌詞缺乏基督意含，且充滿異教意象，相當引人注意。雖然不斷與東正教會衝突，但鄉村中的

馬，並且多數都是由於當地的民謠傳統，而使教會熟知這些旋律。okotéhos即是拜占庭吟唱的基礎形式，源自於古希臘歌曲，但與古希臘的音樂模式迥異。值得注意的是，這些旋律形式與宗教禮拜儀式之間的關聯，因為其中某些曲調含有宗教象徵意義，因此融入教會的讚美詩之中。

目前最偉大的拜占庭讚美詩作家是羅曼諾斯（Romanos the Melodist），他在5世紀末出生於敘利亞，活躍於賈斯汀尼恩皇帝（Emperor Justinian）的全盛時期。而在東正教傳統中，他

女性還是獲得即興演唱悲歌的允許，這視為是喪禮服務的一部分。所以在喪禮上，可能會出現神父與悲歌女演唱人交替描述形象迥異的生後世界。

宗教音樂

大部分希臘人會將東正教的宗教音樂視為拜占庭音樂。這種觀點只對了一半。雖然有些東正教音樂緣於拜占庭時期，但大部分卻是後期才創作出來的。初期的拜占庭音樂，受到敘利亞與巴勒斯坦吟唱的影響，而非希臘或羅

融合劇場詩與音樂的成就最高。演奏他的讚美詩，至今仍是東正教儀式的一部分。

今日在希臘教堂中，有相當多種音樂，儘管許多教堂仍保存早期單聲調吟唱的傳統，並以單調的合聲演唱，但也有以管風琴伴奏，或是以多聲部編曲的。在宗教慶典中，最精采的音樂節目莫過於復活節，尤其是在Epitávios或是復活節的周五禮拜最為有趣。

城市之聲

許多人拜訪希臘，都是因為受到《希臘左

巴》這部作品的吸引。在1964上映的電影中，安東尼・昆（Anthony Quinn）與亞蘭・貝茲（Alan Bates）在希臘沙灘上伴著快速撥弄的bouzoúki起舞，這一幕成為豐富興奮的典型希臘印象。的確，這兩個人是在克里特的沙灘上跳舞的，但他們腳上所踩的舞步卻不是克里特的舞蹈，他們跳的是城市的舞，背景是城市樂器編制演奏的城市音樂，其中的旋律正是由希臘最著名的現代作曲家米其斯・瑟歐多拉其斯（Mikis Theodorakis）所作。這種音樂與舞蹈源自於一種稱為rebétika的希臘風音樂，是現代希臘

前，一種用俄國弦琴演奏、與此風格相仿的音樂，就已經在奧德薩（Odessa）港口附近的酒館大大流行了。

rebétika常被區分成兩種風格：Piraeur式的rebétika，與另一種隨著1920-22年土耳其希臘戰爭流亡到本島的難民，而流傳到小島的小亞細亞音樂。

小亞細亞風格的rebétika通常都在餐廳表演，因此稱為cafés-aman，由小提琴、吉他、oud、sandoúri與箏（kanun）組成的樂團一起演奏，有時也會加入手風琴演奏。不論是男人或

流行樂的基礎，由重新崛起的音樂團體在希臘各處演奏。

rebétika在20世紀前，與小亞細亞和希臘的一些港口有著深厚的地緣關係，並早在幾十年以前，就在愛琴海東部海岸與黑海一帶存在許久。一個流亡的蘇聯小說家在聽見rebétika時，興高采烈地宣稱，早在1917年俄國革命發生之

女人，都會在這些地方表演，他們的曲目常囊括一些大膽又幽默的中下階層歌曲，內容與嗑藥、喝酒、監獄生活及娼妓相關。

隨著難民湧入，cafés-aman在皮里亞斯與雅典更加流行，並且因為美國的希臘移民對cafés-aman的喜愛，促成一股中產階級的音樂產業興起。這些難民中，有許多是既窮困又失業，他們遂加入皮里亞斯巷弄中的樂團，演奏即將大受歡迎的新興音樂。這種音樂不是由傳統樂器編制所演奏，而是由bouzoúki取而代之。bouzoúki是一種長頸、像魯特琴的樂器，在某些

左圖：tsaboúna，一種島嶼的風琴。
右圖：在基克拉澤斯演奏的laoúto與小提琴。

島嶼上十分普遍。

　　1930年代之前的bouzoúki與其所演奏的歌曲，風靡整個希臘。這有點類似美國的都會風藍調，或是阿根廷的探戈，大戰前的rebétika以其大膽的歌詞著稱，廣為隨著音樂描述的地下生活而飲酒作樂的群眾所歡迎。

　　馬可斯・帆瓦卡瑞斯（Markos Vamvakaris）是「Piraeus四重奏」的核心分子，被視為是rebétika之父。其他頂尖音樂人包括斯札托斯・帕吉武茲斯（Stratos Pagioumtsis）、吉亞尼斯・帕帕友阿奴（Giannis Papaioannou）、佳作不斷的瓦

1960–70年代的流行音樂

　　米其斯・瑟歐多拉其斯與同期的作曲家馬諾斯・海茲達其斯（Manos Hazidakis），極富實現精神地領導著希臘流行音樂。在恐怖的二次世界大戰、德國佔領與希臘內戰結束之後，希臘陷入混亂殘破、心力交瘁的狀態，而這兩位作曲家則從容地為大眾帶來一種提升、激發士氣的新興流行音樂。他們兩人都認為，rebétika是唯一能觸及大眾的音樂形式，但加上他們在古典音樂的涵養與訓練，他們想要拓展流行音

希利斯・慈塔尼斯（Vassilis Tsitanis）與歌手蘇堤瑞亞・貝魯（Sotiria Bellou），其中貝魯的錄音，就如同人們期待的rebétika一般美好。

　　rebétika的黃金時期橫跨1930到1950年代，在1970年代時又再度興盛，但在希臘獨裁的早期（1967-74），瑟歐多拉其斯的音樂被當局查禁，其他作曲家不是乾脆拒絕作曲，就是發現他們的歌詞亦遭監管。然而，rebétika歌詞中對嗑藥的指涉，依舊吸引年輕的希臘族群，他們認同rebétika所代表的下層生活智慧，與社會的邊緣人。

樂的界線，將希臘一流詩人的詩作融入其中。在1950年代早期，兩位作曲家為希臘音樂轉型，注入rebétika節奏（特別是運用zeibekikó，其中最富戲劇性的9/8拍男性獨舞部分），融合瑟菲瑞斯、瑞楚斯、葛楚斯、艾利提斯的詩句，創作出全歐洲最令人興奮的流行音樂。以瑟歐多拉其斯為例，由於他那解放遭迫害的左翼分子的政治立場，讓他的音樂具有深廣的政治視角，因此在希臘獨裁時期，瑟歐多拉其斯的音樂被禁、本人被捕入獄，但卻也因此讓他的音樂更廣受歡迎。

瑟歐多拉其斯與海茲達其斯的創作,對希臘音樂有無遠弗屆的影響。他們的音樂不僅流行,更啟發了一群年輕的作曲家跟隨他們的腳步,而其中最著名的幾位是:戴奧尼休斯‧薩佛普洛斯、吉亞尼斯‧馬可普洛斯(Giannis Markopoulos)、馬洛斯‧羅柔斯(Manos Loizos)以及斯札福羅斯‧札爾哈可斯(Stavros 有 Xarhakos),他們都屬於廣稱的新潮流(New Wave)。

當代音樂

塔奇(Eleftheria Arvanitaki)、狄米札‧加蘭妮(Dimitra Galani),以及最近成為國際巨星的莎薇妮‧奇雅娜圖(Savina Giannatou)。此外,由於世界音樂的流行,不論是希臘民謠還是都會音樂,都被帶動起來,演唱這些音樂的歌手也將希臘音樂傳播給更廣大的聽眾群。

而1980年代的作曲家,如史塔馬堤斯‧克勞納奇斯(Stamatis Kraounakis)與尼可斯‧賽達奇斯(Nikos Xydakis),就比較不為人所知。由於融合許多不同的樂器,他們的音樂在雅典仍十分活躍。今日最熱門的音樂,都帶有東方色

最有名的當代音樂人是歌手而非作曲家,例如瑪莉亞‧法倫杜瑞(Maria Farandouri)、喬治‧達拉羅斯(George Dalaras,又名吉歐果斯‧達拉羅斯〔Giorgos Dalaras〕)、瑪麗札‧寇茲(Mariza Koch)、哈利斯‧亞利克蘇(Haris Alexiou)、妮娜‧委內札努(Nena Venetsanou)、葛萊凱利亞(Glykeria)、愛萊芙瑟拉‧亞爾凡妮

彩,由希臘人與來自小亞細亞或北非的音樂家演奏。雖然 *boîtes* 以及其他普拉卡(Pláka)的音樂酒館不是大多數雅典人會去聽音樂的地方,但有許多另類音樂,就是從那裡流行到雅典中部與郊外地區。夜晚的雅典一直到清晨,都充滿著令人振奮精神的音樂,而如果夠幸運能碰上瑟歐多拉其斯的音樂會,或是在小酒館聽到 rebétika 樂團演奏,亦或是闖入一場山區的婚禮,那曾經縈繞希臘天空的迷人絕妙音樂,今日依舊燦美到足以點亮希臘的夜空。

左圖:約在1960年,bouzoúki與吉他弦樂團在普拉卡(Pláka)的酒館演奏。
右圖:1928年在皮里亞斯的rebétika演奏。

虔敬中
帶著歡樂

希臘的宗教節慶繁多，
他們懷著虔誠信仰和抖擻的精神，
來慶祝聖徒紀念日和其他宗教活動。

希臘島嶼生活每年充滿了聖徒紀念日和宗教活動（panigýria）。由於正教中大約有300位聖徒，因此每年都有許多日子可以藉機狂歡。復活節是最重要的節慶，通常在前四旬齋的嘉年華會之後。這是旅遊希臘的絕佳時機，從簡陋的小禮拜堂到大型修道院，處處可見紀念耶穌復活的傳統儀式。多彩多姿、嘈雜喧囂，而且可能有危險，例如在卡利姆諾斯（Kálymnos），居民會扔擲炸藥，以確定耶穌是否真的復活（詳見第67頁）。這個節日就像是煙火夜和耶誕節的綜合體。

在耶穌受難週（Megáli Evdomáda）期間，教堂裝飾了黑色的花彩。在聖星期四，派特莫斯島（Pátmos）的修道士於「最後的晚餐」上，重新演出為耶穌濯足。耶穌受難日當天，婦女們負責裝飾耶穌的棺架，並於傍晚遊行上街，一邊唱著讚美歌（上圖）。

復活節的前一天，教堂裝飾成白色。午夜時分，一切陷入黑暗，教士從聖火中點燃第一根蠟燭，代表世界的光亮，而且吟詠著：「耶穌已復活（Hristós anésti）。」提醒信眾點燃他們的蠟燭。此時人人都拿紅蛋來玩遊戲，家家戶戶結束四旬齋的齋戒，取而代之的是羊內臟做成的復活節湯。

復活節當天有盛大慶祝，人人在戶外以木炭烤羊肉，表演平時的音樂和舞蹈。復活節後一天通常有宴會，在部分島嶼上，會在猶大的肖像中填充煙火，並予以燒毀。

▽ **午夜過後**
復活節的清晨，群眾手持燭火返回家中。家家戶戶以蠟燭在門前畫十字，以期帶來好運。

▷ **深紅色外殼**
煮熟的蛋染成紅色，象徵耶穌的鮮血。復活節時，紅蛋被拿來玩互敲的遊戲。

◁ **復活節麵包卷**
一種稱之為「祖瑞基」（koulourákia）的甜味麵包卷，專為復活節而製作，有各種形狀，通常中央有顆紅蛋。

◁ 混亂的星期一
「潔淨星期一」是前四旬齋嘉
年華會的最後一天，有些島
嶼會舉行許多慶祝活動，包
括放風箏和麵粉大戰。

▽ 步向救贖
8月的聖母升天日（Panagía），
提諾斯島（Tínos）上虔誠的
婦女懷著懺悔之心，爬上教
堂的階梯。

◁ 山頂彌撒
希臘諸島上數百個小禮拜堂
都會慶祝聖徒紀念日。圖中
的希克拉迪群島（Cycladic）
在7月17日，紀念農作守護者
聖瑪利納（Agía Marína）。

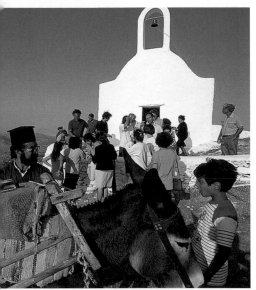

△ 盛裝打扮
在卡帕托斯島（Kárpathos）
上 的 偏 僻 山 村 奧 林 帕 斯
（Ólympos），長女（kanakará）
穿著傳統服飾，並戴著金幣嫁
妝，參加大型節慶。

◁ 復活節遊行
帕羅斯島（Páros）的教士和
村民在復活節遊行時，吟唱
著傳統聖歌。

全年歡慶

希臘不論大小節慶，
皆抱著虔敬的歡樂之心
來慶祝。復活節過後最
大的宗教慶典是8月15日
的聖母升天日，全球的
希臘人會在此時返鄉。

結束了14天晚上漫長
的禮拜儀式後，民眾展
開聖母像遊行，並親吻
聖母像，之後有個社區
宴會，可能持續數天之
久。卡帕托斯島的紀念
活動相當盛大，出現了
令人眩目的服飾、特殊
的舞蹈和傳統歌謠。

島嶼每個月都有節
慶，舉凡海綿和蛇都在
紀念之列，而國定的
「不」（óhi）紀念日（10
月28日）有愛國遊行，
紀念希臘嚴峻拒絕墨索
里尼的投降最後通牒。

紀念日的前一天，社
區裡的每個人從小嬰兒
到老奶奶，都會展開慶
祝活動。烤肉、音樂和
跳舞之後，會有紀念守
護聖徒的儀式。上圖是
西基諾斯島（Síkinos）
在10月紀念得墨忒耳女
神 （Ágios Dimítris）
的慶典，此時釀製的第
一批葡萄酒已可飲用。

食物與酒

希臘料理主要是使用季節性、當地食材的簡單烹調——
但對於希臘人來說，食物不單只是烹調和進食。

在你面前是一個上面擺了五個小碟子的大盤子，包括有大蒜、海膽、sweet wine sop、十粒文蛤，以及一小塊鱔魚。當我吃這個，另一個則吃那個，而當他吃那個時，我已經吃光這個了。好心的先生，我想要這個和那個，不過我的希望卻落空了，因為我既沒有五張嘴，也沒有五隻手……

阿特納奧斯：《歡宴的智者》
(Athenaeus: *Deipnosophists*)

這是描述，在面對排滿一整桌的前菜（meze），受挫的希臘人以及觀光客無法品嘗每一道菜的那種失落感。這顯然是個老問題，源自西元前3世紀希臘所半虛構的一部作品。雖然披薩、漢堡，以及一圈圈的沙拉似乎成為庸俗的現代希臘料理，但很多小碟老式傳統的分享——一餐的開場或膳食的一部分——還是存在的。

一直到20世紀中葉，基本上，希臘還是以蔬食為主，這是由於多山國家無法擁有廣大的牧地，因此無法提供給每個人肉類的需求。傳統的希臘飲食非常簡單，所以談不上什麼美味，主要是以各地的農產品為主：蔬菜、菸草、葉菜類蔬菜——從丘陵或田地上取得的飼料或耕種——並以穀類自製烘烤麵包。希臘人主要以芳香的橄欖油、橄欖、豆子、其他豆類、當地的乳酪、優格為每天的主食。

偶爾，還是會有些新鮮或醃製過的魚，或是肉類食物。肉是很罕見的，是節慶才會有的食物，主要在復活節的周日和耶誕節才吃得到。不過，1960年代中期之後，國家比較富裕，進口肉類逐漸成為希臘人餐桌的重要菜餚。而也大約是在這段期間內，希臘的人口結構有了改變。

現在至少十個住在大都市裡的中年人中，有四個是從農村地區搬來的，而近50年的遷移，也把媽媽和老祖母的味道和飲食習慣一起帶到城市來。雖然他們定居在都市叢林中，但大都仍保有祖先鄉下的家，只要暑假、耶誕節及復活節這種長一點的假期，他們就會回故鄉度假。很多人還保有許多土地，因此有些希臘家庭製造自己使用的橄欖油是很普遍的情形；

希臘每年每個人大概使用18公斤（40磅）的橄欖油。橄欖油是希臘飲食的核心，也是很重要的要素。一般人即使自己不製造，也會向朋友買他們多餘的橄欖油。

和橄欖油放在一起的是麵包（psomí）。一直到1960年代中期，麵包成為餐桌上基本的主食，而在古代和拜占庭時代，它也是重要的食物之一，因此雖然現在希臘提供許多多樣性的食物，但他們仍然食用大量的麵包。傳統的麵包主要是混合小麥、大麥及玉米粉製成的，利用老麵團發酵。由於麥類在乾燥地區、希臘南

部山區和各個小島都很容易種植，所以它已經成為許多地方的主食。克里特島及其他島嶼的甜麵包——先放在水裡泡軟，然後經過兩次烘烤的大麥麵包片——現在還是很受歡迎。Paximádia非常適合傳統的生活方式：可以保存好幾個月，很容易攜帶到田裡工作，也是水手最理想的食物。此外，一般人每兩、三個月烘烤一次麵包，並且使用好用的烤箱控制溫度，因為大部分的小島上都缺乏木柴。

> **快餐**
>
> 希臘仍然非常嚴格遵守宗教性節慶的齋戒，不過，復活節期間你仍可以在希臘的麥當勞找到東西吃。

有時候也會從動物身上取得食物——肉、日常用品，以及蛋——這些通常出現在復活節期間的齋戒日、聖誕節及其他宗教節慶。原因是很多傳統的料理，像是填塞了蔬菜的烤番茄（gemistá）、以葡萄葉或高麗菜葉包裹的dolmádes、酥皮派（pítes）都有兩種版本——一種有加肉和（或）乳酪，而另一種沒有。而節慶期間只加橄欖油的，就叫laderá。

外在的影響

在漫長的歷史中，希臘受到許多烹調的影響。中世紀時期，威尼斯人和熱那亞人曾經統治希臘好幾個世紀，之後，鄂圖曼土耳其則統治希臘北部及克里特島直至1900年代初期，因此希臘料理中都留有他們的痕跡。然而，一般人飲食習慣的形成，希臘東正教教堂則扮演了非常重要的角色。甚至，非宗教上的，希臘人

左圖：綠色蔬菜、豆子和橄欖。
上圖：羅得島上，廚師正在準備美味的料理。

節慶食物

很多宗教性節慶分布在整年中。多數節慶都是由古代的慶典發展而成的，而且經常與季節及陰曆有關。復活節是希臘非常重要的節慶，其來源似乎與古代歡慶春耕有關。節慶在開放的田園，四周環繞著芬芳的藥草及鮮豔的花朵，而復活節的餐桌上擺著肉汁鮮美的烤小羊——在對的年紀、在那一年的那個時間屠宰——以及野菜沙拉、柔嫩沒有煮過的朝鮮薊及新鮮的蠶豆。Magiritsa，是一種美味的湯，以剁碎的羊內臟、蔥、蒔蘿熬煮，再加上檸檬和蛋調味而成的醬汁，這種湯是在午夜復活彌撒後

的復活節周六食用。傳統的復活節甜點是以myzíthra乳酪製成的,這種乳酪是以山羊乳與綿羊乳加以混合而成,而這種季節性的新鮮乳酪,一般是以不同的地區來命名的。

提到豬肉,就會聯想到耶誕節和新年,因為豬通常都在冬天裡屠宰及醃製。3月25日食用魚,而這一餐通常是在葬禮後。儘管希臘有很多島嶼,但即使是住在海邊的人,魚和海鮮還是沒有多到

可以成為每天餐桌上的料理。愛琴海的魚和海鮮雖然美味,但數量不足,由於亟需要現金,因此島民通常會把捕來的魚賣往大都市。

外食

雖然擁有豐富的料理傳統,但希臘並沒有大餐廳,通常傳統又最好的Magirevtá口味都是家常的。一般人大概下午2點吃午餐,晚上8點半左右吃晚餐——夏天大概晚上10點,甚至更晚才吃,而早餐通常只有一杯咖啡和小麵包就解決了。用餐通常都要喝酒,尤其是晚餐;每天

季節性的飲食

傳統的希臘食物有其季節性。冬天,廚師不會做烤番茄(在番茄或青椒裡填塞碎肉)或醃漬茄子(melitzanosaláta),即便現在一年四季都有各種蔬菜。

大概都會有新鮮的沙拉,大都是生的或沸水燙熟的季節性蔬菜或豆子。季節性的水果是非常普通的點心。而甜點原本是只有節慶的餐桌上才會有的東西,現在已經成為每天都會吃的食物,它幾乎已經成為每天的主食。

傳統上,如果想要招待家人或朋友出去用餐,希臘人會去的餐廳有兩種:一種是屠夫開的小酒館(hasapotavérna),那裡有供應秤重的烤肉(羔羊肉、山羊肉、豬肉、小牛肉,偶爾也會有雞肉),價錢合理,肉食主義者可以盡情的享用。觀光客可能比較熟悉另一種希臘人喜歡的餐廳,也就是魚鮮小酒館(psarotavérna),這種餐廳分布在整個海邊、小島及內陸各地。你可以花上一整天的時間在那裡,新鮮的魚肉和海鮮要烤要炸任君挑選。在這兩種小酒館裡,都有供應一些前菜和沙拉。

簡約的希臘料理結合了一些簡單的農產品,卻創造出驚人而多元的食物。最引人注意的巧思,就是與米飯、小麥、少許的乳酪或幾片肉所創造出的令人讚嘆的料理,而這些料理現在更是營養師公認最健康的地中海式料理。諷刺的是,現在的希臘人卻遠離非常貧窮的過去,積極地將傳統的料理拋開,而接受富裕的歐美國家那種不健康的飲食習慣。

地方性食物

過去貧窮的希臘傳統料理幾乎就要消失了,不過,最近雅典開始慢慢出現老奶奶的家鄉味料理,而且逐漸流行到整個希臘各地。觀光客必須自己去詢問當地特產——例如,伊派拉斯的酥皮派,內陸和克里特島的trahaná湯(優格和碾碎小麥做成的希臘細麵);多德喀尼的dolmádes(以葡萄葉包裹肉類);基克拉澤斯的香腸(loukánika)及將豬腰肉放在紅酒裡浸泡然後脫水或醃製(loúza或lóza)。另外,還有蜂蜜百里香、蜂蜜芝麻(pastéli)、自家醃製的刺山甘,以及當地牧羊人特製的乳酪,一般稱為小乳酪(tyráki)。將基克拉澤斯和多德喀尼當地綿

羊與山羊的奶汁混合製成的乳酪，真是人間美味，但是觀光客必須自己去找，因為這些牧羊人很少離開自己的家鄉。相較於義大利，希臘並沒有將他們傳統的美食有效地商業化。

希臘葡萄酒

希臘有些備受稱讚的葡萄酒，古代就有生產了，這些以人力裝貨的船帶著陶製裝滿酒的雙耳壺，在整個地中海航行和銷售。如果我們現在把這些酒拿來喝，可能會覺得無法入口，主要是這些酒都很甜，而且還加入香料和藥

時衰退許多。現在很多中型和小型的葡萄酒廠，利用現代化的技術和天賦異秉的釀酒師，試圖以當地和進口的葡萄種類，釀造出品質優良的葡萄酒。

希臘的葡萄園不同於以等高線標示的國家形態學。遍及各地丘陵、山區分割出來的小地方，每一地方都有各自的氣候特色，而希臘所種植的幾種當地葡萄樹種，很多在古代就存在了，因此每個地方都各有特色。根據歐盟的規定和希臘的法律，原始名稱系統（AOC）是當地剛好符合希臘品種，而最好的就是以傳統方

草，例如百里香、薄荷，甚至還有肉桂。有些為了保存和避免酒變酸，還加入海水及松樹皮。

在拜占庭時期，有些酒繼續加入樹脂。近代含有松香味的葡萄酒（retsína）的殘渣，則經過非常純化的過程。一直到1970年代，這種含有松香的葡萄酒仍廣為民眾所接受。不過，新一代的希臘葡萄酒逐漸流行，讓它的消耗量頓

式生產的。不過要注意的是，你也許會發現AOC認證以外的地區性葡萄酒。很多重要的葡萄酒，其說明書都會標示每一個地區的葡萄品種。

北部的希臘

從馬其頓開始，Xinómavro品種的葡萄生產出備受喜愛的希臘布魯斯科紅酒（brusco wine，一種醇厚的紅酒），Naoússa就是很有名的一個例子，以同樣的葡萄品種釀製出來的Amýndeon，顏色雖然比較淡，但卻也閃爍著耀眼的玫瑰

左圖：烤番茄和馬鈴薯。
上圖：以傳統的烤箱烤麵包。

紅。Xinómavro結合Negóska這種馬其頓另一種當地的品種，釀製出Gouménissa內容豐富的葡萄酒。相對地，半島中部Halkidikí廣泛的葡萄園則生產Côtes de Meliton紅酒，這是結合法國（Cabernet Sauvignon和Franc這兩種品種）和希臘的品種。半島東部，阿索斯山與世隔絕的修道院社區，從拜占庭時代就開始生產紅酒，並種植釀造紅酒與白酒的葡萄。馬其頓的紅酒品質很好，但知名度不高（紅酒之路的地圖及細節，請查詢www.wineroads.gr）。

位於希臘西北部伊派拉斯區人煙罕至的吉

希臘中部與伯羅奔尼撒

雅典附近的亞地加生產非常迷人的紅酒。這裡主要的葡萄品種是Savatianó，傳統上用來釀製含有松香味的葡萄酒。坎提扎（Kantzá）的Château Matsa是品質最好的白酒之一，這是一個古老家族經營的葡萄釀製廠。此外，還有很多希臘和外國品種葡萄生產的新葡萄酒，例如Villitsa和Attica。

伯羅奔尼撒的Nemea，以當地東北的Aigiorgítiko葡萄品種生產釀製，這是希臘最多變的紅酒。Mandinía白酒是的黎波里東部葡萄園以

札（Zítsa），以Debína品種釀製出充滿活力、色澤鮮明閃亮的白酒。同一地區的卡托依（Katói）則生產品質優良、味道鮮美的Cabernet Sauvignon紅酒。

而色薩利種植了許多希臘的穀類糧食，同時生產兩種極為出色的酒：味道特殊的紅酒是以奧林帕斯山東北側山坡種植的Xinómavro、Stavrotó和Krasáto品種的葡萄釀造的。帕加西提喀斯（Pagasitikos）生產的白酒大多是以Rodítis品種的葡萄釀製的。

Mavrodáfni及Asproúdes釀製的。帕特拉（Pátra）地區則生產辛辣、甜美的白酒和紅酒。帕特拉的Muscat、里歐（Rio）的Muscat以及馬夫羅達芙尼（Mavrodáfni），是三種最有名的甜酒。

有些學者認為，馬夫羅達芙尼這個中世紀的城市，曾經生產味道強烈的甜葡萄酒（以這個城市的名稱命名，稱為malvesian或malvoisie）。也有學者認為，莎士比亞筆下提及克里特島生產的紅酒，在運往歐洲途中會停留在Monemvasía。如今，除了馬德拉（Madeira），希臘各地都不再生產這種辛口的甜酒。

愛琴海島嶼

利姆諾斯島（Límnos）生產麝香葡萄酒，以利姆諾斯品種的亞歷山大麝香葡萄釀製而成。亞里斯多德曾經提到這種味道溫和、芬芳的葡萄酒。薩摩斯島（Sámos）上的葡萄園都位於海拔800公尺（2,625英呎）左右的丘陵或高原上。薩摩斯的甜酒和紅酒在法國都很有名，也深受歡迎。羅得島生產的甘烈白酒，主要是以Athíri品種的葡萄釀造的，品質優良，色澤鮮明。這個地區甘辛的紅葡萄酒主要是以Mandilariá品種的葡萄釀製的。

克里特島生產的葡萄酒佔希臘的20%，雖然地處南方，但季節性的冷風，讓氣溫不至於太高，而普西洛里提斯（Psilorítis）山阻擋了非洲的熱風，剛好保護了多數種植在丘陵北邊的葡萄。Arhánes是以Kotsifáli及Mandilariá品種的葡萄釀製的紅酒。另一種紅酒Dafnès，則是以Liátiko古代的葡萄品種釀製而成的紅酒，這種品種的葡萄亦有生產甜酒。西提亞（Sitía）生產一種甘烈的甜酒。Kotsifáli和Mandilariá亦生產甘烈的甜酒，而以Vilána果香濃郁的白葡萄所釀造的AOC級的Sitía非常受歡迎。

聖托里尼（Santorîni）是一座壯麗的火山島，這裡有以Asýrtiko品種的葡萄所釀製的白酒。當地人必須阻擋季節性的強風吹毀葡萄樹，因此這裡的葡萄樹枝宛如竹籃。Visánto是一種不可思議的甜酒，完全以日曬曬乾的葡萄釀製而成。一般人認為，Liastó也是一種甜酒，整個基克拉澤斯群（Cyclades）都有生產。風景如畫的帕羅斯島，這裡的葡萄藤很少修剪，葡萄酒的色澤較深，香味也比較特別，以Manailariá和Monemvasía品種的葡萄釀製而成。

科孚島（Corfu）、札金索斯島（Zákynthos）和立夫卡達島（Levkáda）的葡萄酒非常誘人。但是只有凱法利尼亞（Kefalloniá）的Robóla白酒以當地地名的葡萄品種釀製而成，這種味道較烈的白葡萄酒屬於AOC級，另外，還有結合當地Mavrodáfni品種的葡萄，釀造出味道甘美的紅酒。

Oúzo酒與其他烈酒

希臘酒很受歡迎，傳統上吃各種醃漬的小菜（mezédes）就會喝Oúzo，在希臘很多地方都有生產，也唯有希臘生產的Oúzo符合歐盟的標準。Oúzo以蒸餾的酒精加上茴香種子及其他香料釀製而成，這種酒具有特別的茴香味，希臘北部的Oúzo味道比較烈，而南部及愛琴海島嶼上生產的Oúzo比較甜。

有些人認為列斯伏斯所生產的Oúzo品質最好，有些人則堅稱，特瑞納佛斯（Tyrnávos）、色薩利或伊奧斯（Híos）的Oúzo比較高級。酒喝起來如何，通常與一個人居住的地方有關。伊俄斯還有生產mastíha，這是一種充滿乳香甜味的Oúzo酒，島上到處都有種植乳香。另一種受歡迎的烈酒則和義大利的grappa很像，這種酒以葡萄皮和梗蒸餾而成。希臘中北部這種酒叫tsípouro，而在克里特島則稱之為rakí或tsikoudiá，在這裡，這種酒簡直是萬靈丹。

左圖：西基諾斯島釀製葡萄酒的人。
上圖：喝杯帶有松香味的希臘葡萄酒。

藝術與建築

古典、希臘、羅馬與拜占庭時期，為希臘留下豐富的
藝術遺產，啓發了後世的藝術家與建築師。

沒有任何一個國家像古希臘一樣，對西方藝術有如此深厚的影響。但由於希臘的地理位置，希臘本身也接受許多影響：從歐洲、亞洲到克里特島與非洲。希臘藝術源自於新石器時代的安納托利亞（Anatolia）、中東與埃及，再進而影響羅馬、西歐與拜占庭世界。經過鄂圖曼土耳其帝國500年的統治，希臘在得到解放後，受到西歐的影響，將其融入希臘拜占庭文化遺產之中。再加上希臘出產美麗的大理石、高品質的陶土與早期在賽普勒斯大肆開採的銅，使工藝技術不斷發展。

銅器時代

希臘最早的藝術起源於基克拉澤斯群島。新石器時代與銅器時代文化發展出複雜的住宅規劃，但最具特色的工藝品，是當做早期陪葬護身符的基克拉澤斯娃娃。由此可見，希臘人已偏好理想化的完美形象。而基克拉澤斯娃娃的面部表情，可能是畫上去的。

西元2000年前，米諾恩（Minoan）文明在克里特島與鄰近的聖托里尼（Santoríni）發展，以複合式宮殿建築為特色，例如諾索斯宮殿（Knossos）與費斯托斯宮殿（Phaestos）。建築體如迷宮般錯綜複雜，有熟石灰石與飾以壁畫的牆壁。牆壁面向中庭，畫滿精巧的遊戲，例如跳牛（bull-leaping）等，且不只出現在壁畫上，亦以象牙雕像呈現。

具有雙角象徵的聖牛，常出現在赤土陶器、金質或滑石製的飲酒器（rhyton）上。壁畫上則畫著植物與雙翼怪獸拖著的馬車，雕像則呈現蛇女神長袍上的荷葉邊——祂是具保護神力的神祇，顯示出美索不達米亞文化的影響。海洋與陸地上的生物——貝殼、章魚、大黃蜂等——則成為裝飾花瓶、珠寶工藝的主題，另外，雙頭斧亦是一個工藝主題，具有神聖的象徵意義。

左圖：由尼可拉斯‧庫尼拉其斯（Nikolaos Kounelakis）在1864年創作的「藝術家家庭」（the Artist's Family）。
右圖：馬其頓的「獅子門」。

愛好和平、高度發展的米諾恩文化，在約西元前1400年時衰敗，而本島的馬其頓人成為此時的文化主流。馬其頓是愛好戰鬥、偉大的海上商旅，他們採用米諾恩文化的藝術主題，創造出細腰服飾與向下漸細的圓柱；這些可在位於馬其頓的獅子門（Lion Gate，約建於西元前1600年）見到。獅子門是進入要塞或宮殿的入

口，亦是歐洲第一座大型雕塑作品。獅子門的建築技術是以石砌支柱拱門，此技術也用於Tiryns的大型拱頂空間、大膽設計的蜂巢式陵墓（tholos），與位於馬其頓令人懾服的阿伽門農墓（Treasury of Atreus，或名阿特柔斯的寶藏，約建於西元前1375年）。阿伽門農墓是一座15公尺（49呎）寬的圓頂陵墓，側邊設有房室空間，而在這早期的井式墳墓中，發現精巧的黑金鑲嵌匕首、獅或牛頭裝飾的酒器，以及死者臉上精美卻陰森如章紋般的金面具。

幾何圖案

希臘在約西元前1000年進入鐵器時代：美錫尼（Mycenaean）社會崩解，進入所謂的黑暗時期（Dark Ages），或更恰當地說，是幾何時期

（Geometric period），此時，除了陶瓶之外，僅有少數的工藝品保存下來。幾何橫紋，如漩渦、類似菱形圖案，常出現在米諾恩與馬其頓文化的工藝品上；此外，還有與葬禮有關的希臘鎖紋飾（Greek key），因為曾有人以幾何圖形來形容葬禮隊伍。另外，亦常見神人同形的工藝品。在約西元前750年，以銅、象牙、陶瓷製作的小雕像，常以端坐的女神、戰車馭者、動物與戰士的形象出現。

前古典時期藝術

前古典時期的文化發展迅速，約橫跨西元

前650至490年之間。在雕塑方面，大型的年輕男孩（kouros）與有穿衣服的女性（korai）立像，就是在此時出現，被視為是神明、陵墓營造家或是崇拜對象的化身。早期年輕男孩的站姿與髮辮造型，透露出埃及文化的影響。隨著時間演進，男性雕像的姿態比較沒那麼僵硬，而女性雕像身上衣服的紋路也變得比較流暢柔和，面部表情也出現笑容，整體感覺亦較為逼真。

這其中，便已透露了古希臘藝術的線索——這些雕像代表當時人青壯年時期的理想體態：隨時間改變，理想的概念日趨貼近現實，但對完美的品味卻永恆存在。

和諧的比例是理想化的中心概念。在神殿建築的演化中，發展出一套縱、橫的完美比例。前古典時期的神殿，呈現多利斯（Doric）

風格：剛毅樸實（模仿男性），以只有柱頭、卻無底座的俐落溝槽圓柱為其特色。這些圓柱的柱頂線盤上，與其垂直的三豎線花紋裝飾之間，有加上方形的排檔間飾。這種長方形的廊柱式建築，是神祇的家，常建於山頂，為戶外的慶典營造一幅壯麗的背景。

古典時期藝術

下一個時期是在西元前490至336年前的古典時期，期間的文化發展更為快速。雖然研究報告指出，幾乎沒有任何早期的希臘畫遺留下來，但透過陶器上的畫飾，仍可一窺當時藝術

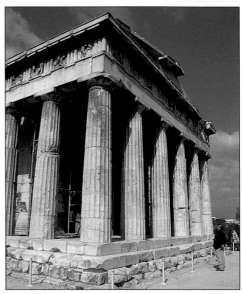

發展的精緻程度。古典時期的瓶畫，在初期為科林斯風格所主導，呈現東方化的奇獸；其後，流行以裝飾豐富的器皿為特色的活潑雅典風格，以在黑彩陶器（black figure ware）上顯出的紅彩（red figure），造成紅黑對比而聞名。在西元前500年左右，逆轉黑彩陶製作過程而產生了紅彩，創造出雅致的細線，因此得以描繪更細緻的細節與動作；日後的比例縮小技術與初步發展的透視法，讓彩陶工藝更加進步。

根據早期的作家記載，畫板畫（panel painting）大師宙克西斯（Zeuxis）與亞培雷斯（Apelles），曾創作出唯妙唯肖的自然擬真作品。在雕塑領域上亦同，有許多作品都已遺失，大部分都是透過羅馬仿擬失落的銅雕像之作，才對當時的雕塑有所認識。由1928年從海底復原

的雕像「海神」（Poseidon，也有可能是宙斯〔Zeus〕像）可見，空鑄技術使銅像雕塑的姿態更為活潑。波利克里托斯（Polykleitos）的作品「擲標者」（Doryphoros）原本也是銅質，以這座雕塑，他實現了controposto技術——即是將重量對應分配在一個雕塑品上。

在西元前447到432年之間，波利克里托斯的同期雕塑家菲迪亞斯（Pheidias），成功地將故事性的描述與動感的姿態，在奧林匹亞的宙斯神殿與雅典的帕德嫩神殿中的浮雕與塑像上展現出來。帕德嫩神殿中的浮雕，如同許多古希臘的雕像與建築，都有色彩鮮豔的彩繪，但以現

的態度，其中代表為以肖像畫及雕塑作品反映自我的普拉克西特利斯（Praxiteles），他的作品以「Cnido的阿芙羅戴蒂」（Cnidian Aphrodite）與「赫密茲與嬰兒狄奧尼修斯」（Hermes with the infant Dionysios）最為人所知。前者是先前罕見的裸體塑像，通常在纖長、典雅的愛奧尼亞風格（Ionic style）神殿，才會經常見到以女性為建築主題，並以柱頭的漩渦紋來象徵女孩的捲髮，而這種風格的神廟中，捨棄陶利克式的排檔間飾與三豎獻花紋裝飾，反而採用連續的帶狀雕刻紋飾。在西元前350年之後，斯科帕斯（Scopas）帶動一種更強烈的雕塑風格，他富動

代的眼光看來，這也許降低了神廟的「神聖性」。菲迪亞斯為這兩座神殿，以象牙和黃金打造巨大的神祇塑像，但如今卻都已經遺失了。然而，從「耐吉整理涼鞋」（Nike adjusting her sandal，藏於雅典衛城的耐吉‧亞普特羅斯神殿）此一作品可見，現實與理想已完美地融合在一起。故事性的重要，也在劇場的發展見到——沿著地形建造的半圓形劇場，亦由此而生。

古典時期後半的藝術，雕塑呈現較個人化

感的戰事浮雕，讓亞歷山大大帝最偏愛的雕塑家利希波斯（Lycippos）活力十足的作品，也相形失色。利希波斯的「流汗的理髮師」（Apoxyomenos），以其緊緻的肌肉線條與比例較小的頭部，塑造出一具充滿勁力的塑像。

古希臘藝術

亞歷山大大帝於西元前336年即位，由此展開希臘時期（Hellenistic phase），之後緊接著是希臘帝國的急速擴張：亞歷山大將首都建立於巴比倫（Babylon），但藝術工藝中心卻往東移至安納托利亞。貝加蒙（Pergamon）在西元前250至160年為雕塑重鎮，而巴比倫蒂克女神（Tyche，機會女神）崇拜的引進，帶動與此相關的占星學流行，進而導致自由思想的崩解。雕塑的重

最左圖：西元前640-630年，克里特島風格的「奧克塞爾少女」（Lady of Auxerre）。
左圖：位於雅典廣場的多利斯式海菲斯頓神殿（Hephaeiston）。
上圖：西元前5世紀，紅彩陶瓶。

點落於動態的表現，例如現存於巴黎羅浮宮的「薩莫色雷斯的耐吉」（Nike of Samothrace），表現出寫實、情緒表現以及姿態的複雜度。從這個時期開始，許多大型陶塑作品被保留下來，其中大部分以神祇、舞者與半人羊神等為雕塑形象，這些塑像以維奧蒂亞（Boeotia）的小鎮命名稱為塔納格拉陶俑（Tanagra figures）。在這個享樂主義至上的時期，細緻的珠寶金工、金銀絲工與葉狀皇冠的工藝持續發展；以精湛絕倫的德芬尼（Derveni）調酒器為例，這是一個壓上凸紋的銅合金酒器，儘管是酒器，實際上卻是作為骨灰罈使用。

城市燒殺掠奪的程度，並不輸給其延攬希臘藝術家的努力。羅馬人的實用主義，可以從幾處看出端倪：他們重視仿做真實的人體比例而作的肖像畫，與作品本身的宣傳功效（例如在雅典羅馬廣場〔Roman agora〕上的「奧古斯都」（Augustus）像），另外，羅馬人的英雄崇拜亦可由帕特拉（Pátra）的安第諾斯（Antinoos）半身像見得。這個時期採用羅馬式的拱形建築，透露羅馬人對華麗宮殿的偏好。建於西元298-303年、位於塞薩洛尼基的加萊里烏斯門（Galerius Gateway），便呈現出羅馬人愛好奢華的一面：建築體上的浮雕，反映出希臘羅馬重視視覺效果

與故事性的特色。

在建築方面，一種全新的、更複雜的裝飾在這個時期出現：以草葉型態裝飾的科林斯風格圓柱。這種圓柱在西元前336年，於雅典的列雪格拉得音樂紀念亭（Choragic monument to Lysicrates）首度出現。約在西元前170年，這種圓柱常使用於如雅典的奧林匹亞神殿（Olympeion）一般的大型建築中。相較於保存在塞薩洛尼基博物館中、色彩鮮明的色雷斯墓室，一般房屋建築架構就顯得簡單許多。

羅馬帝國於西元前146年接管希臘，證明了羅馬對希臘文化的推崇，並確保希臘藝術與建築的持續發展。的確，除了雕塑之外，一些大型畫作，如馬賽克作品「伊蘇斯戰役」（Battle of Issus，約於西元前50年，位於Pompeii），就是因為其羅馬仿作而聞名。羅馬帝國在許多聖地與

基督教與拜占庭

從聖保羅（St Paul）寫給 Corinthians與 Thessalonians兩地的信件顯示，基督教很快就在希臘建立。君士坦丁大帝（Constantine the Great）在西元330年立基督教為羅馬的官方宗教，同時建立首都於君士坦丁堡（今日的伊斯坦堡），就此決定了希臘未來宗教信仰與拜占庭藝術的發展。

由於避諱偶像崇拜，基督教帶動象徵意義的藝術形態，因此塑像與古典大宗的裸像大大減少，而塑像的身分則由身著的服裝來區分。許多這個神秘藝術時期的作品，都是拜占庭風格的，並出口到巴爾幹半島。這時的藝術融合

羅馬與地中海東方主題，尤其著重於絲綢，儘管少有世俗藝術流傳下來，但仍創造出一種豐盈、精緻、宗教與世俗精神並存的藝術風格。

在建築方面，除了包含教堂中部、走道與教堂東部半圓多角房室的古羅馬長方形會堂形式之外，另外並存兩種教堂形式：其一是中央圓頂式建築，有時會以八角堂形式出現（例如在Ósios Loukás的建築體）；另一種是十字形的圓頂堂室（例如雅典的十二聖徒〔Holy Apostles〕）。在這些圓頂上，通常會有基督施予祝福的形象（Pandokrátor），而其下會有一個融入場景、接受祝福的象徵代表。保存下來的作

裝飾品被放在祭壇前方（témplon），隨著時間，這些裝飾品累積成分隔教堂內外殿的屏幕，或是分隔大教堂中央部分與聖壇、會眾與牧師的屏風（美加洛·米提歐拉修道院〔Megálou Meteórou monastery〕就是很好的例子）。將基督安排在畫面中央，兩側依照重要程度排列而下的，分別是瑪利亞（Mary）、聖約翰（St. John the Baptist）、聖彼得（Saints Peter）與聖保羅，以及其他聖徒聖人；這樣的畫作稱之為Great Deesis。從西元1054年東西教會大分裂，東正教就此誕生；這種屏幕大大增添東正教的神秘感。

品大都是玻璃馬賽克或鍍金的畫作；這些畫作都會微微傾斜放置，好讓燭光照耀其上，發出淡淡閃爍。許多畫作在西元726-843年的破除偶像危機中遭到損毀，當時，整個合法的形象標準都遭到挑戰。然而，在伊奧斯的新修道院（Néa Móni）中，仍保存有約於1050年所作的馬賽克作品，而在密斯特拉（Mystrás）也有完好的14世紀畫作。其他宗教工藝，包含象牙浮雕的書本（codex）封面、小盒與裝聖體容器，但其中最具代表性的，還是聖像畫作（蛋彩畫〔tempera〕，或有時是臘畫〔encaustic〕的嵌版聖像）。這些原本是讓女人在家做的手工藝品，後來成為祭壇兩側柱子上的裝飾。爾後，更多的

拜占庭文化日漸備受威脅，一方面是來自伊斯蘭文化，一方面來自西方，其中以昔日盟友威尼斯與熱那亞（Genoa）為最。然而，拜占庭文化還是經歷過一段藝術復興，例如在密斯特拉手鈔本與繪畫的興盛；在帕拉歐羅克（Palaeologue）朝代（西元1261－1453），密斯特拉對藝術的態度十分寬容。

雖然早在1204年，愛奧尼亞與其他愛琴海的一些小島，如多德喀尼群島、克里特島，與許多本島的城市，都在威尼斯與其他西方國家的統治下（請見40頁），但到了1453年鄂圖曼土耳其帝國佔領拜占庭，希臘才在名義上成為伊斯蘭世界的一部分。因此，在建築上可見威尼斯與法蘭克人的影響，尤其是在哈里亞、克里特島與其他要塞之地，顯得特別明顯。1453年

左圖：雅典奧林匹亞神殿的科林斯風格圓柱。
上圖：在Ósios Loukás的拜占庭馬賽克。

之後，許多流亡畫家移居到威尼斯管轄的愛奧尼亞群島與克里特島，因此15到17世紀的聖像畫，便帶有威尼斯風格，例如畫家愛奧亞尼斯·普爾曼堤亞提斯（Ioannis Permeniatis）與米其爾·達瑪斯奇諾斯（Michael Damaskinos）的作品。

鄂圖曼統治下的希臘藝術

鄂圖曼在統治希臘時，採宗教寬容的政策，但伊斯蘭教對人物形象始終懷著猜疑的態

希臘人

克里特島最有名的畫家多蒙尼可·西歐托可普洛斯（Domeniko Theotokopoulos），以「賢士來朝」（Adoration of the Magi，收藏於雅典的貝納基美術館〔Benáki Museum〕）表現他是位傑出的聖像畫家。之後移居到威尼斯，爾後再到西班牙，那裡的人們稱他為「希臘人」（El Greco）。

胡迪浴池（Yahudi Hamam）、市集（Bezesténi）到希臘最大的清真寺哈姆札（Hamza Bey）都依舊存在，至少部分依然完好。列斯伏斯是直到1912年才納入今日希臘的版圖，因此在米提林尼（Mytilîni）尚有一土耳其區，並且在西格爾（Sígri，1757年）仍有一座城堡與許多土耳其村莊。

新古典主義

羅馬龐貝（Pompeii）城在

度，尤其是對那些陳置於公共場所的大型作品。雖然聖像繪畫依然存在──儘管大都是小幅作品與居家的手工藝──但藝術重心轉移到東西方影響兼具的裝飾藝術之上，其中尤重織品，包含繡織地毯、珠寶與金屬作品（如燈、盤與其他家用器皿）。特別是在繡織品上，明顯可見鮮明的地域性、島嶼性等當地特色。

居家建築偏好木板鑲嵌的房室，這種風格帶有受到歐洲影響的伊斯坦堡色彩。許多希臘移民，不論是來自東、西方，都成為流離的海外猶太人（diaspora）；他們將許多影響融合入希臘文化之中。例如，希臘工藝家在伊茲尼克（Iznik）以希臘主題製造陶器。許多具特色的鄂圖曼圓頂建築都遭摧毀，包含建於雅典帕德嫩的清真寺。然而，在塞薩洛尼基，從土耳其亞

1763年被發現，帶動了一股古典熱潮，再加上德國學者維克曼（Winckelmann）表示：希臘藝術比羅馬藝術更卓越，讓西歐掀起一陣古希臘運動。還有，因為高漲的國家主義狂熱，引發一股古典希臘主義（也常以新古典主義稱之）的浪潮，主導了1821-28年獨立戰爭期間、與戰後到1830的希臘藝術。一個名為奧托·維特爾斯巴赫（Otto of Wittelsbach）的德國人被指名為希臘國王，使得德國風格──尤其是德國建築師申克爾（Schinkel）的風格──成為新古典主義建築的主流，特別是在1834年立為首都的雅典最為明顯。大部分以愛奧尼式為架構的紀念碑，反映出歐洲新古典主義的主流意識，以帆·格特那（Von Gartner）的皇宮（Royal Palace，1835－41）、克利斯坦·漢森（Christain Hansen）

的希臘雅典大學（National Capodistrian University, 1837）與西歐菲勒斯・漢森（Theophilus Hansen）的國家圖書館（National Library, 1859-91）與雅典學園（Academy, 1859－87）為代表。希臘當地的建築師也引用這種風格，最著名的是萊桑卓斯・卡夫坦羅格（Lysandros Kaftantzog）的雅典技術大學（Technical University）與史塔馬堤斯・可林希斯（Stamatis Kleanthis）。後者建構了新古典風格的霍森家族豪宅（Wortheim house，位於雅典，1843），他還為文藝復興時代的拜占庭博物館（Byzantine Museum，位於雅典，1840-48）注入新活力，並在他自宅玩起富地方色彩的建

以古典風格呈現，尤其是在提諾斯有一派蓬勃發展的裝飾雕刻工藝，例如，普羅沙蘭堤斯（Prosalentis）的「柏拉圖」（Plato, 1815）與卓希斯（Drosis）的「潘妮洛普」（Penelope, 1873，皆藏於雅典國家藝廊）。由於皇家美術學院（Royal School of Fine Art）由德國大師主導，因此許多學生受到條頓風格（Teutonic）的影響，如非塔利斯（Fytalis），他的「牧羊人」（Shepherd, 1856，藏於國家藝廊）就帶有德國雕刻家沙多（Schadow）的影子。維札瑞斯（Vitsaris）的帕芙羅普羅斯陵墓（Pavlópoulos Tomb, 1890，於雅典 Próto Nekrotafío）展現西方巴洛克風格，而狄米

築實驗。這種不設限的態度為地方帶來和平，並讓拜占庭風格順利得到青睞，例如卡夫坦羅格魯（Kaftantzoglou）的雅典眼科（Athens Eye Clinic），以及晚至1933年由亞瑞斯多特麗絲・札何斯（Aristotelis Zahos）在佛洛斯（Vólos）建的聖康斯坦提諾（Ágios Konstantínos）教堂。許多房舍融合多種幾何線條，加上古典風格的細部裝飾，整體呈現出一種對稱感；由此可見，新古典主義十分受到歡迎。

當建築跟上歐洲的主流風格時，繪畫與雕塑亦然，因此讓在拜占庭時期與鄂圖曼佔領時期不受重視的雕塑，因而得到復甦。雕塑起初

左圖：位於克里特島哈里亞的土耳其士兵清真寺（The Mosque of the Janssaries）。
上圖：漢森的新古典風格雅典學院。

楚亞迪斯（Demetriades）的「男體」（Male Figure, 1910，藏於國家藝廊）與菲利羅利司（Philippolis）的「跳躍者」（Reaper, 1870，於雅典Záppio），就帶有當代國家主義的色彩。而繪畫方面，人物畫一開始風格純真，但隨著獲得獨立，人物畫與主題繪畫加入了受威尼斯風格影響的宗教作品。宗教繪畫在18世紀，於愛奧尼亞群島很受歡迎，如多拉薩司（Doraxas）的「童女生子」（Birth of the Virgin，藏於札金索斯美術館）。

1821-28年的戰爭產生了許多富戲劇性、帶有浪漫風格的畫作，有時還會加上一些宗教色彩於其上，如芙萊札其司（Vryzakis）的「從美索隆奇出走」（Exodus from Mesolóngi, 1853，藏於國家藝廊）。希臘生活也同樣是繪畫的主題，

如受德國影響的吉希斯（Gysis）的「孩子的聖地」（Children's Betrothal, 1877，藏於國際藝廊）與萊斯札司（Lystras）的「帕薩拉島的輓歌」（The Dirge on the Isle of Psara，於1888年之前）。這兩位藝術家意想不到地也受到東方題材的吸引。

19世紀晚期，一些藝術家也使用了新題材：風景與靜物，另一些則傾向於印象派（Impressionism）與其分支，例如沙比底斯（Sabbides）的「著晚禮服的少女」（Lady in an Evening Dress, 1889，藏於國家藝廊）。

〔Poet and Muse〕，1938，藏於國家藝廊）齊名；超現實主義的後進有卡拉斯（Caras）的「三個恩典」（Three Graces, 1974，藏於國家藝廊）。同期較成功詮釋馬諦斯（Matisse）線性主義（linearism）的是札路希斯（Tsarouhis），例如他的「穿著大衣的青年」（Youth in an Overcoat, 1937，藏於國家藝廊）；此畫作中強烈的設計感也在莫拉利斯（Moralis）於1940、50年代豐富的作品中出現（例如Figure, 1951，藏於國家藝廊）。莫拉利斯的古典寫實主義，在希臘獨裁時期是普遍的典型畫風，並就畫藝而言，風格如同泰錫斯（Tetsis）或瑪芙洛迪斯（Mavroidis），

20世紀

20世紀的希臘藝術家廣泛地追隨歐洲主流風格，並也接受現代主義的概念，這都是因為當時有許多希臘藝術家在巴黎研習藝術。然而，大部分西方藝術的激進發展都在1930年之前發生，但希臘藝術家卻在1920年代才姍姍來遲，因此在國際上的評價，希臘藝術家屬於旁支支系。立體派（cubism）風格在巴爾札尼斯（Parthenis）的畫作與吉卡（Gika）1927-28年的「雅典房舍」（Athenian Houses）上出現；到了1966年吉卡的「天空」（Sky），則出現了未來主義的影子（這兩幅作品都藏於國家藝廊）。超現實主義貼近德·希里科（de Chirico）的畫風，與安格諾普洛斯（Engonopoulos，「詩人與繆思」

亦或是反映拜占庭主題的尼高魯（Nikolaou）。相較於實驗抽象風、近代概念與後現代藝術的藝術家，上述藝術家作品較貼近希臘文化。

20世紀的希臘雕塑家也同樣地大都在巴黎留學。因此法國雕塑家馬約爾（Maillol）的風格在湯布羅斯（Tombros）的「肥女人」（Fat Woman, 1926，藏於國家藝廊）出現，而德斯比奧（Despiau）的風格在勞芙多普魯（Raftopoulou）的「雕像」（Sculpture, 1932，藏於國家藝廊）可見。這些藝術家呈現出兩次大戰間的氛圍，並融入一些抽象風格；而在1950與60年代中持續流行的藝術風格，在卡斯翠歐提斯（Kastriotes）迷人的「跳舞」（Dance, 1953，藏於國家藝廊）可見，亦出現在帕帕斯（Pappas）的「男體」（Male Figure, 1965，由藝術家收藏）。然而，一般

而論，從1949年起，廣為流行的是抽象主義與國際共通的風格。庫蘭堤亞諾（Koulentianos）的「樹」（Tree, 1988, 雅典, 由波爾塔拉其斯〔Portalakes〕收藏）反映出查特威克（Chadwick）的精神；塔奇斯（Takis）的「光語」（Light Signals, 1985, 巴黎, 私人收藏）流露出一種後現代的隱晦風趣；赫萊沙（Hrysa）的「紐約風景」（New York Landscape, 1971-4, 雅典, 由米哈拉瑞亞斯〔Mihalarias〕收藏）以可預期的方式，將光源運用得十分有魅力。

在建築方面，折衷主義延續到30年代，發展出當地的特色。不只有從馬其頓與愛琴海傳

也有所貢獻。後者在30年代曾參與由當局主導的學校興建計畫。雅典許多一區一區的公寓建築都是採用現代風格，例如帕那其歐塔可（Panagiotakos）在塞米斯托克利奧斯街（Themistokléous）所設計的公寓、米海利堤斯與瓦倫堤斯（Valentis）在Zémi與Stounára街的規劃。希臘內戰（1944-49）後，快速擴張的城市中有很多重建計畫，如同大多數國家，出現很多粗劣、平庸的水泥大樓，它們是要作為公家或私人的辦公室、住宅區以及大片的當地工業寓所而建。然而，某些具國際風格的建築體，在雅典一帶，顯得特別出眾：例如音樂之友廳

統建築擷取靈感的札赫斯（Zahos），皮孔尼斯（Pikonis）也獨具慧眼地引用了功能主義（unctionalism），以貼近現代主義的手法呈現在他的沛芙卡奇亞學園（Pevkákia School, 1933, 雅典）。札赫斯亦重建在1917年大火中傾毀的塞薩洛尼基，他將拜占庭色彩融合入巴黎的赫斯曼（Hausman）風格中。忠實的現代主義是由接受過包浩斯（Bauhaus）訓練的戴斯普多普羅（Despotopoulo）引進，而與柯比意（Le Corbusier）一同共事過的米海利堤斯（Mihailidis）、在斐瑞（Perret）工作室待過的卡拉提諾斯（Karantinos）

堂（the Mégaro Mousikís, 1975）、雅典音樂學院（the Schools of Music, 1976）、由傑‧維凱拉斯（J. Vikelas）操刀、擁有穩重室內設計的基克拉澤斯藝術博物館（the Museum of Cycladic Art, 1985）、蘇瓦茲堤斯（Sauvatzidis）設計的太陽能密塔拉斯豪宅（Mytaras house, 1985）、66工作室（Atelier 66）規劃、如雕塑般在E. Benaki街的公寓（1972）等，這些設計都可與任何現代城市中傑出的建築媲美。但也許最令人滿意、相對而言也是最現代的建築，便是由康斯坦堤尼伊迪斯（Konstantiniidis）融合現代風格與當地特色，在1960年所設計位於Mýkonos的錫尼亞旅館（Hotel Xenia）。這些最傑出的建築設計，將希臘藝術的文化演進，自信地推向未來。

左圖：塞歐多羅斯‧芙萊札奇斯（Theodoros Vryzakis）於1849年所作「戰役」（War Scene）。

上圖：康斯坦丁諾斯‧馬力絲（Konstantinos Maleas）所作「聖托里尼的Carmeni」（Carmeni，Santoríni，1918-28）。

植物與動物

因其棲息地的多樣，希臘有相當種類的野生生物——
包括一些歐洲最後的熊、狼和豺狼。

希臘是歐洲僅次於伊比利半島（Iberian Peninsula）排名第二，富含生物多樣性的一塊土地。從北部班都斯（Píndos）和羅德匹山（Mount Rodópi）的溫帶森林到東克里特島的不毛半沙漠；從像斯莫里卡斯（Smólikas）和奧林帕斯（Olympos）等較高處光禿多岩的阿爾卑斯山（Alpine）植被，到埃夫羅斯（Évros）的沼澤三角洲或像科斯（Kós）的島狀砂丘。基於地形和人類之手的關係，現行棲地和景觀像馬賽克般的結合在一起。而位於歐洲和小亞細亞的接壤地帶，與非洲只有一步之遙的希臘，有點位於生態上的十字路口。

從新石器時代（西元前12,000-3000年），人類在地景上及清除曾經覆蓋這個國家大多數地區作為原料、牧地和農業使用的原始森林上，做了極大的改變。

典型的樹種

大概不到四分之一的希臘現在為森林所覆蓋，其中最大片的森林在北部羅德匹山區和班都斯山脈。這裡有橡樹、栗樹、山毛櫸和其他闊葉林地，以及與歐洲北方斯堪地納維亞（Scandinavian），而非南方地中海較有關係的大片西洋杉和松木林。

開車由內陸北方馬其頓中央的阿姆費波里斯（Amfípolis），在150公里（90英哩）內，你會經過三個歐洲主要的植被區：地中海區、中歐洲區和有樺樹、蘇格蘭松和挪威雪杉的典型北方針葉林區。

牧場覆蓋了大約40%的希臘，其中約30%是農耕地。那些傳統農業盛行的地區通常有很多野生生物，不過就像歐洲其他地方一樣，傳統勞力密集的工作方式已經逐漸式微了。不適於現代耕作的土地大都已被迫休耕，就像棲地

多樣性的衰退；而現代密集農業盛行的地方，除草劑、殺蟲劑和肥料的使用等問題，在野生生物方面降低了其原有的地位。不過，還是仍有許多橄欖樹林可作為鳥和昆蟲的棲息地。

希臘最有代表性的棲息地之一是地中海沿岸的短灌木叢林帶——矮小的、抗旱的植被，

覆蓋在大部分本土和島嶼上。這個由尖端細長的葉子、像有油亮葉子的胭脂蟲櫟橡樹（Kermes oak, Quercus coccifera）和冬青櫟（Holm oak, Quercus suber）等矮樹組成；耐寒的灌木像桃金孃、野草莓樹、草莓樹和月桂樹；以及佛里基亞（phrygana）的底層香味——像野迷迭香、牛至、薰衣草和百里香等植物。

在河岸邊，你會注意到有像柳樹、法國梧桐和鵝掌楸樹或澳大利亞油加利樹等桉（樹）

左圖：漫遊在希臘北部山區的狼。
右圖：著名的當地植物「spikey bear's breeches」。

屬植物也被大量引進，油加利樹能在乾燥氣候繁茂生長，不過生態學家以謹慎或完全敵意的態度看待此物種，因為這些樹從土壤吸取的水分及其對土壤的PH值等，都會造成某種程度的損害。

濕地是希臘最受威脅的棲地：四分之三的原始濕地已經喪失，而其他的也備受需要大量水源的農業、觀光和結構物排水的強大壓力。不過，希臘仍然保有數個具有國際重要地位的濕地，包括10個列名於有國際重要性的拉姆薩爾公約（Ramsar Convention）上：波多拉哥斯

（Pórto Lágos）及維斯托尼斯湖（Vistonís）和伊斯馬里斯湖（Ismáris）、尼斯托斯三角洲（Néstos Delta）、米克拉帕里斯帕湖（Lake Mikrá Préspa）、梅索隆尼吉鹹水湖（Mesolóngi lagoons）、阿姆維拉奇科斯海灣（Amvrakikós Gulf）、弗爾費湖（Vólvi）、科羅尼亞湖（Korónia Lakes）、科基尼湖（Kerkíni）、阿利亞科莫尼三角洲（Aliákmon Delta）、阿希歐斯湖（Axiós）和羅達伊斯湖（Loudías）、埃夫羅斯三角洲（Évros Delta）和科提希鹹水湖（Kotýhi lagoons），這些

包含了從河川三角洲、淺珊瑚潭、鹹水濕地、沼澤、蘆葦灘和湖等多種棲地型態。

難得一見的哺乳動物

人類對希臘野生動物的影響跟對其棲地的影響一樣巨大。希臘耳熟能詳的Barbary獅和Anatolian豹早就被獵殺滅絕了，而許多尚存活的有名物種，也很稀有或難得一見──只有最幸運或最有耐性的旅客，才能在野外對其驚鴻一瞥。

在北希臘山區仍可發現真正的野生動物區，也就是某些稀有陸生哺乳動物被發現的地方。首先是歐洲大陸最大群來自南方的灰熊（Ursos arctos），可在北班都斯山脈沿阿爾巴尼亞和馬其頓（FYROM）交界處，及東馬其頓和色雷斯（Thrace）靠保加利亞邊界的羅德匹山脈，發現牠們的蹤跡。

保育團體阿克特羅斯（Arcturos，www.arcturos.gr）列有150種仍存活的稀有動物及其棲地的資訊中心，在佛洛里納（Flórina）的避難所。熊自1969年以來就受到法律的保護，可是仍苦於非法獵殺和棲地破壞。

阿克特羅斯保育團體也致力於希臘狼群（Canis lupus）的保護工作，並在佛洛里納特別區的阿格拉皮達（Agrapidía）有個避難所。不過，到最近狼才開始受到保護，甚至直到1980年，官方都還支付著賞金；而直到1991年之前，狼仍列於「有害的動物」，也就是允許獵殺以保護牲口。狼偶爾還是會抓羊，和其他有蹄類哺乳動物的飲食偏好：主要是紅鹿（Cervus elaphus）、歐洲淡黃色鹿（Dama dama）和獐鹿（Capreolus capreolus）。

狼目前被官方列為「瀕臨危險的動物」：數量估計為數百到上千，主要分布在沿保加利亞（Bulgaria）邊界的羅德匹山區，但也在馬其頓語區和土耳其邊界的中希臘、科尼基（Kerkíni）、法拉克羅（Falakró）和埃夫羅斯區的高山。狼群約在1940至1970年間消失在伯羅奔尼撒，而牠們在其他地區的生活也不可能獲得保證：牠們主要的威脅來自伐木導致的棲息地喪失、非法狩獵、道路交通謀殺、和狗混血及因觀光旅客引起的棲息打擾。

其他的森林哺乳動物包括野豬（Sus scrofa）

和歐亞混血獾（Meles meles）。晚上在希臘北部開車可能會看到有冠毛豪豬（Hystrix cristata），應該是古早時代由非洲引進作為食用的。不過，最常見的夜行性哺乳動物應該是無數種的蝙蝠。在針葉林尋找紅松鼠（Sciurus vulgaris）毛絨絨的尾巴、白色腹部和簇狀耳朵；還有以脖子附近淡黃色的毛皮和其親戚山毛櫸或石貂（Martes foina）的純白色不同的松貂（Martes martes）。除了這兩種貂以外，

俾格米矮種馬

俾格米矮種馬（Pygmy Pony）是從遠古時代就生活在斯基羅斯（Skýros）島上的一種非常小的野馬。這種稀有特殊品種仍有數百匹存活。

捉摸的有貓科成員——瀕臨絕種的山貓（Lynx lynx），以其獨特的簇耳存活於南部的迪納瑞克阿爾卑斯山（Dinaric Alps）。而和當地的大灰貓相似，不過小上許多，有著黑色條紋和毛絨絨的小山貓（Felix sylvestris）——在本土各棲息處被發現，是克里特島上少數受威脅的動物之一。

紅狐（Vulpes vulpes）是普通而分布廣泛的動物，不像和其長得很像、常常被人跟非洲相

左圖：愛奧尼群島及其他地方常見的澳洲紅千層灌木。
上圖：羅德匹山區的灰熊。

鼬鼠科動物的家族還包括有黃鼠狼（Mustela nivalis）和臭鼬（Mustela putorius）。

水瀨（Lutra lutra）仍可被發現到，不過相當稀少，而你最可能看到的地方是像位於伊派拉斯（Epirus）的派瑞斯帕（Préspa）或維科斯－阿烏斯（Víkos-Aöös）等國家公園。一樣難以

提並論的黃金豺狼（Canis aureus）。希臘是豺狼分布區的最北端，但在最近20年來數量已大量減少。現在只有幾百隻存活著，主要分布在伯羅奔尼撒的佛基斯（Fókis）、哈里基迪基（Halkidikí）和薩摩斯島（Sámos）島嶼的濕地和沼澤地帶。

自然野生基金會（WWFN）最近促成一個希臘豺狼數量的研究計畫，並起草保護活動（www.panda.org/about_wwf/where _we_work/europe/where/greece/ jackals/index.cfm）。

在1990年獵殺豺狼是被禁止的，但牠們仍為偷羊或雞而被迫害，且常為野狗所為的殺戮而揹黑鍋。事實上，它們有50%的飲食是素食，其他的則來自腐肉或獵食像蜥蜴、青蛙、昆蟲、小齧齒目動物和隨處可見的兔子。

其他山上著名的哺乳動物包括三種野羊：岩羚羊（Rupicapra rupicapra）、歐洲摩弗倫羊（Ovis musimon）和大都戲劇化地長在公的身上的山羊鬚及角的阿爾卑斯山的野山羊（Capra aegagrus cretica，也叫agrími、krí-krí）。在古代被膜拜的阿爾卑斯山野山羊因為捕獵的緣故，現

在已瀕臨絕種。主要在西克里特島的薩瑪里亞（Samariá）國家公園的峽谷裡可以發現牠的蹤跡，1960年代在附近像迪亞（Día）和聖帕納德拉（Ágii Pándes）小島上，已建立了繁殖場，以避免牠絕種。

冷血動物

並非所有的希臘野生動物都很難看見，追蹤起來或許不太需要花費大量時間及消耗體力。有些物種其實會以所謂野生動物客房服務的方式拜訪你，而其中最迷人的也許是有許多種類的壁虎（geckos）——在所有的蜥蜴裡眼睛最好的，牠的大眼睛用來在晚上或暗暗的房間裡抓昆蟲，是再完美也不過的。它們有黏性的腳掌，用來在垂直表面上爬上爬下的能力，是最驚人的。

其他可以找到的稀奇古怪的希臘蜥蜴，像地中海變色龍（Chamaeleo chamaeleo），可以長到30公分（1英呎），有適於抓握的尾巴和球狀凸出的眼睛；還有一種大型能變色的長尾食蟲蜥蜴（Laudakia或Agama stellio），在Salamína、基克拉澤斯和東愛琴海的島嶼上，都可以發現。愛琴海的島嶼上有大量當地特有的爬蟲類：六種蜥蜴和三種蛇，都是在歐洲其他地方找不到的。

希臘有歐洲最毒的蛇——角鼻奎蛇（Vipera ammodytes），背上有特殊鋸齒形花紋；但多數像草蛇（Natrix natrix）或移動快速的Dahl's鞭蛇（Columber najadum）是沒有毒的。

希臘最有名的爬行動物是黃色赫曼龜Testudo hermanni），曾在寵物市場中大受歡迎，而現在已經被列入保護。在樹叢繁盛的海岸地區可發現牠們，而當你在看廢墟時，搞不好也會看到。北希臘有牠另一個更本地化的親戚，叫刺腿龜（Testudo graeca）。

海洋生物

到希臘的旅客比在內陸有更多機會熟悉海洋生物，因為希臘比其他地中海國家有更長的海岸線——大約15,000公里（9,300英哩）。愛琴海的好天氣和其相對小的潮汐，使它成為不錯的潛水地區。注意找一下章魚，這裡有兩種——普通的（Octopus vulgaris）和有麝香氣味的（Eledore moscata）——烏賊、海膽、海星、海參和海葵。你也可以看到尖嘴魚（Sygnathus spp.）和海馬（Hippocampus ramulosus）。

拜訪當地港口可能會看到康吉鰻、海魚、鸚鵡魚、海豚甚至鯊魚——漁夫的漁獲中藍鯊魚（Prionace glauca）和黑鯊魚（Isurus oxyrinchus）都有。地中海域已被過度捕撈，工業化船隊特別要負責，而首當其衝的是鰭鮪（Thunnus thynnus）。

請你忍住不要買或收集其他飽受威脅的海

洋產物,像是紅珊瑚（Coralium rubrum）或海綿（Spongia officinalis）。

蠵龜

　　另一種瀕臨危險的海洋物種是蠵龜（Caretta caretta）。每年有許多死於被漁網網住或溺斃。不過對其持續存活的真正威脅,在其祖傳的產卵地。許多海灘龜曾選擇在像伯羅奔尼撒和克里特島等地區築巢,但多年以來已敗給旅遊業的發展（唯一大規模的築巢地在札金索斯）。天然的危險表示下的蛋只有一小部分能夠長成大

結果卻是導致其死亡而非回到海洋。相似的問題也困擾著仍可在希臘海域發現、但仍在賽普勒斯（Cyprus）孵化的綠龜（Chelonia mydas）。

　　如果你關心海龜保護的問題,請遠離其築巢的海灘,並考慮加入希臘海龜保護協會 Archelon（地址：Solomoú 57, GR-104 32 Athens, Greece,電話：00 30-210-523-1342; www.archelon.gr）。事情不像以前一樣無人關心,而生態學家在1999年於愛奧尼亞群島（Ionian Islands）的札金索斯島成立的國立海洋龜公園（National Marine Park）,也已有顯著的成就。

龜：動物們像狐狸會對蛋提前下手（下在五月底到八月之間）,而鳥類會吃掉剛孵化的小龜（發生在七月到十月底）,在牠們爬到大海的路上;不過人類的干擾則有更大的影響。噪音和好奇的觀光客會讓成龜棄巢而逃,而光害則令剛孵化的小龜方向感大亂,讓他們往內陸走,

左圖：瀕臨絕種的蠵龜是受保護的物種。
上圖：地中海僧海豹也是受保護的。

海洋哺乳動物

　　坐船時,可以睜大眼睛找找希臘海域可以看到的鯨豚類：常在船隻的弓形波浪等訓練中看到的普通海豚（Delphinus delphis）;或我們最常在水族館看到牠較大、顏色較深的近親槌鯨（Tursiops truncatus）、條紋海豚（Stenella coeruleoalba）、巨頭鯨（Globicephala caretta）、抹香鯨（physeter catadon）或是鰭鯨（Balaenoptera physalus）。

僧海豹

不過希臘最重要的海洋哺乳動物可能是地中海僧海豹（Monachus monachus）。這種主要以咖啡或灰色為主的動物，在海豹裡並不常見，因為牠生活在溫暖水域。僧海豹主要吃魚和章魚，可以超過2公尺（6英呎）長、300公斤重（660磅）。在古代，僧海豹很普遍——他們遠自西元前500年前就出現在希臘錢幣上，並在荷馬、柏拉圖和亞里斯多德的著作中有其蹤跡。不過，現在牠們是全世界最瀕臨絕種的哺乳動物之一，目前全世界只有300至500隻還存活，只

有希臘和撒哈拉西部有可觀數量，因此挽救牠們將是一場硬戰。

相較於古希臘時期信任人的態度，現在的牠們對人類則有所顧慮，只在最偏僻的海岸活動。在羅馬時代和中世紀，牠們被大量獵殺來剝皮、取肉和油，而在近百年來則被污染和魚獲大量減少而重重地打擊。直到最近，牠們還被漁夫仇視為破壞漁網和漁獲的對手。然而，牠們持續瀕臨絕種的主要原因之一是旅遊業所引起——通常是無意的，像遊艇喜歡造訪的無人

海灣，便常常是僧海豹生活和繁殖的地方。

剩下的有力支持是位在北斯波拉提斯（Sporades）創立於1992的阿隆尼索斯（Alónisos）國立海洋公園，但是希臘政府經營得並不好，主要是希臘協會為僧海豹的保護和研究在努力（www.mom.gr/eng_version/eng_version.htm）。此機構以阿隆尼索斯為中心，在帕提提里（Patitíri）有個展覽中心，和在史坦尼法利（Stení Váli）為生病和孤兒僧海豹設立的治療和復健中心。他的工作帶來一些小小令人鼓舞的徵兆：當地對動物的敵對態度已有改變，而不再故意殺害牠們，因此科學家相信海豹的出生率可能會提高。這種迷人的動物及世界其他僧海豹的更多資訊，可在www.monachus.org找到。

鳥類

位於重要的候鳥飛行路線上，希臘對賞鳥人士而言，是絕佳的地點。不僅在春秋兩季，冬季也有許多北歐鳥類前來避寒。賞鳥迷可以和希臘鳥類協會聯絡（Hellenic Ornithological Society, www.ornithologiki.gr/en/enmain.htm）。

希臘最好的濕地之一在西部馬其頓山區高原，與阿爾巴尼亞及馬其頓語區邊界的米奇拉帕瑞斯帕湖（Mikrá Préspa）國家公園。這裡是白鵜鶘（Pelecanus onocrotalus）和Dalmatian鵜鶘（Pelecanus crispus），和也在Kerkíni及Petrón繁殖的瀕臨絕種的矮鸕鷀（Phalacrocorax pygmaeus）的繁殖地。

另一個主要的賞鳥地是在埃夫羅斯三角洲，在此你可以同時看到濕地和牧地鳥類，像白前鵝（Anser erythropus）、鶴（Grus grus）、琵鷺（Platalea leucorodia）、彩䴉（Plegadis falcinellus）、紫喇叭（Ardea purpurea）、白鸛（Ciconia ciconia）、大火鶴（Phoenicopterus ruber）等，在科林島、薩摩斯島、列斯伏斯島和利姆諾斯島上過冬。至於海鳥，Audouin海鷗（Larus audouinii）是其中最重要的一種，牠是瀕臨絕種的地中海特有種鳥類。

短趾雲雀（Calandrella brachydactyla）和雲雀（Melanocorypha calandra）是開放農地裡常見的鳥類。你也可能會看到藍綠色鵲鴿／金絲雀（Coracias garrulus）顏色鮮豔的身影，更不用說那小一些的食蜂鳥（Merops apiaster）。兩者你都

可以經常見到牠們停在籬笆或電線上。

顏色最迷人的是在森林和果園裡隨處可見的金黃色黃鸝鳥（Oriolus oriolus），和在小溪或河道附近可見的翠鳥（Alcedo atthis）。在橄欖樹林和開放的鄉間，可找到很難被忽略的粉紅色頭和冠及長長鳥嘴的戴勝鳥（Upupa epops）。地中海沿岸的短灌木叢，則是發現像鳴禽、紅雀和雀科巫屬鳴鳥等的絕佳地點。

授獵鳥

埃夫羅斯的達迪亞（Dadiá）森林，是歐洲

島，你仍可發現一些習慣將骨頭由高處丟下使其碎裂，以便取出裡面骨髓而有名的鬍鷲（Gypaeturs barbatus）。希臘還有其他三種禿鷹——兀鷲（Gyps fulvus）、黑禿鷹（Aegypius monachus）和黑白埃及禿鷹（Neophron percnopterus），至於其他主要的授獵鳥還包括魚鷹（Pandion haliaetus）和為數眾多的鳶、鷹、紅頭美洲鷲和獵鷹。

希臘最有名的獵鷹可能是埃雷歐諾拉（Eleonora）的獵鷹（Falco eleonorae）牠的長相與遊隼類似，不過有個較長的尾巴和較修長的翅

觀賞授獵鳥最佳的場所之一，包括兩種極度瀕臨絕種的帝王鷹（Aquila heliaca）和白尾海鷹（Haliaetus albicilla）。也許有大約兩百對的金鷹在希臘偏遠山區，但就像大多數授獵鳥一樣，牠們的弱點在被攙有常用來殺狐狸或——不法地——殺狼的番木鼈鹼的誘餌所獵殺。在克里特

膀，常可在愛琴海沿岸的懸崖邊看到牠們成群授獵。全世界超過三分之二瀕臨絕種的鳥類在希臘度過夏天，在春天和早夏獵食昆蟲，並延後生殖季，以便在秋天牠們開始年度遷徙到非洲的馬達加斯加島（Madagascar）過冬前，可以養育其雛鳥。

左圖：引人注目的戴勝鳥常可在橄欖樹林裡發現。
上圖：白尾海鷹。

介紹

本單元有希臘完整的導覽，
主要地點請參照地圖上的標示。

作家亨利・米勒（Henry Miller）在小說《馬洛西的大石像》（*The Colossus of Maroussi*）中寫道：「任何人到了希臘都會發生不可思議的事——世界再也沒有其他地方，會發生這些不可思議的奇妙事情。即使造物主在打盹，希臘仍在祂的守護之下。即使在希臘，人們也許會為了微不足道的瑣事而苦惱，但是上帝的法力依然存在，無論各種人會做什麼或想做什麼，希臘仍是神的管轄地，我相信直到世界末日，這點都不會改變。」

此外，希臘文中的chaos，即字典中「混亂（disordered）之意，也就是說在井然有序的宇宙中，存在沒有固定形狀的事物」。明確地說，混亂是一個國家地理特色的一種表現方式——摺皺山脈、山頂堆滿亂石及破碎的海岸線，而土地肥沃、生產豐富的色薩利平原，則是唯一的例外。

班都斯山脈縱貫西部，而東部的奧林帕斯山峰海拔高達3,000公尺（10,000英呎），是希臘最高峰。海岸線全長大約15,000公里（9,300英哩），沿海布滿無數的洞穴和海灣。希臘周圍臨海散布著好幾百個島嶼，分成幾個不同的群島：西部的愛奧尼亞群島（Ionian islands）、東部的斯波拉提斯群島（Sporádes），以及從雅典向南分布的基克拉澤斯群島（Cyclades）和多德喀尼群島（Dodecanese）。最大的兩個島嶼分別是克里特島（Crete）與羅得斯島（Rhodes），而羅得斯島上的花卉更是希臘全國最著名的植物。

在這個單元中，我們的作者將帶領各位展開15趟旅程，每位筆者都置身在他們最熟悉的希臘地區。從首都雅典開始，從南到北穿過希臘本土，然後航行至許多小島，在有「偉大島嶼」之稱的克里特島結束；途中，每個地區的歷史、地理和文化的報導都很詳盡，而有趣的地方都以號碼特別標示在地圖上，以幫助你了解方位。

這些章節寬鬆地設計成大約兩個星期的行程，當然，停留的時間越久越好。也許有一天，你會像拜倫（Lord Byron）一樣宣布：「這是我唯一感到滿意的地方。」

前面數頁：美特拉（Metéora）；聖托里尼；從衛城俯瞰雅典。
左圖：凱法利尼亞島的菲斯卡多港（Fiskárdo）。

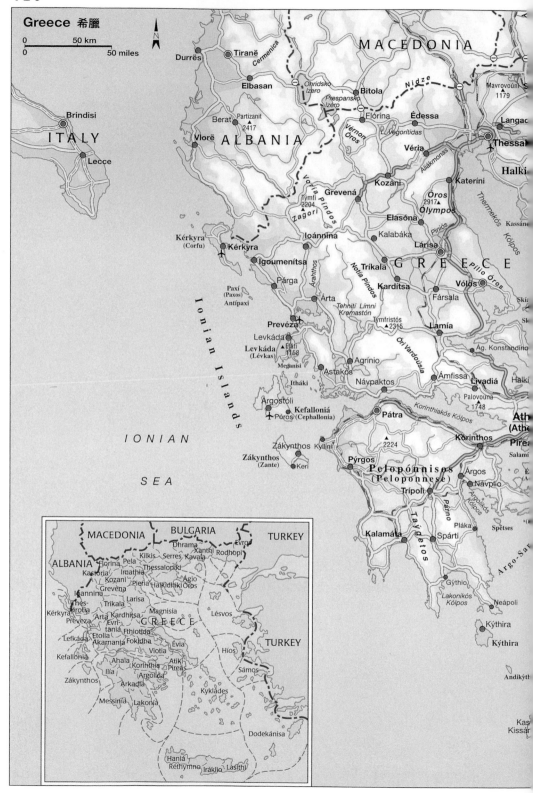

Greece 希臘

0 50 km
0 50 miles

N

Durrës
Tiranë
Cermenica
Elbasan
Ohridsko
Izero
Prespansko
Izero
MACEDONIA
Nidze
Bitola
Flórina
Édessa
Mavrovoúni
1179
Langac
Brindisi
Berat
Partizanit
2417
Vlorë
ALBANIA
Vérnon
Óros
L. Vegorítidas
Véria
Aliákmonas
Thessal
Halki
ITALY
Lecce
Kozáni
Kateríni
Grevená
Óros
2917
Ólympos
Elasóna
Kassáne
Kérkyra
(Corfu)
Kérkyra
Tými
2204
Zagori
Volia Pindos
Ioánnina
Kalabáka
Piniós
Lárisa
Thermaïkós Kólpos
Igoumenítsa
Arakhthos
Tríkala
GREECE
Pílio Óros
Párga
Notía Pindos
Kardítsa
Fársala
Vólos
Skía
Paxí
(Paxos)
Antípaxi
Árta
Tehnití Límni
Kremastón
Tymfristós
2315
Lamía
Sk
Levkáda
Préveza
Elati
1158
Levkáda
(Lévkas)
Meganísi
Óri Vardoúsia
Ág. Konstandíno
Astakós
Agrínio
Ámfissa
Livadiá
Halkí
Itháki
Návpaktos
Palovoúna
1748
Argostóli
Kefalloniá
(Cephallonia)
Póros
Pátra
Korinthiakós Kólpos
Ath
(Athe
Ionian Islands
Zákynthos
Kyllíni
2224
Kórinthos
Píre
Salamí
Zákynthos
(Zante)
Keri
Pýrgos
PeloPónnisos
(Peloponnese)
Argos
Návplio
É
(A
Trípoli
Argolikós
Kólpos
IONIAN
Panno
Pláka
Spétses
Kalamáta
Taýgetos
Spárti
SEA
Gýthio
Lakonikós
Kólpos
Neápoli
Kýthira
Kýthira
Andikýth
Kas
Kissár
Argo-Sar

Inset map

MACEDONIA
BULGARIA
TURKEY
Dhrama
Évros
Xanthi
Rodhopi
Kilkis
Serres
Kavala
ALBANIA
Flórina
Pela
Kastoria
Imathia
Thessaloniki
Kozani
Pieria
Halkidhiki
Óros
Grevena
Ágio
Ioannina
Larisa
Thes-
protia
Trikala
Magnisia
Kérkyra
Kardhitsa
Lésvos
Préveza
Arta
Evri-
tania
Fthiotida
GREECE
Lefkáda
Etolia
Akamania
Fokídha
Évia
TURKEY
Kefallonia
Víotia
Híos
Ahaïa
Atiki
Pireas
Ilía
Korinthia
Sámos
Zákynthos
Argolída
Arkadía
Kykládes
Messinía
Lakonía
Dodekánisa
Haniá
Réthymno
Iráklio
Lasíthi

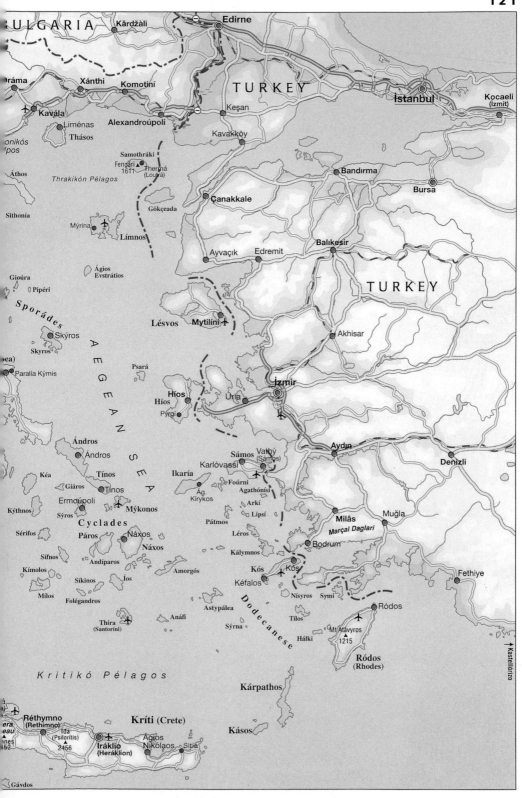

BULGARIA
Kārdžāli
Edirne

Dráma
Xánthi
Komotiní
TURKEY
İstanbul
Kocaeli (Izmit)

Kavála
Liménas
Alexandroúpoli
Keşan
Kavakköy

onikós Ipos
Thásos

Áthos
Samothráki
Fengári 1611
Thermá (Loutrá)
Bandırma
Bursa

Thrakikón Pélagos
Çanakkale

Sithonía
Gökçeada
Myrina
Límnos

Ágios Evstrátios
Ayvaçık
Edremit
Balıkesir
TURKEY

Gioúra
Pipéri

Sporádes
Lésvos
Mytiliní
Akhisar

Skyros
Skyros

ea)
Psará

Paralía Kýmis
Híos
Híos
Urla
İzmir

Pýrgi

Ándros
Ándros
Sámos
Vathý (Sámos)
Aydın
Denizli

Kéa
Karlóvassi

Tínos
Ikaría
Foúrni
Agathónísi

Giáros
Ág. Kírykos
Arkí

Ermoúpoli
Tínos
Mýkonos
Lipsí
Milás
Muğla

Kýthnos
Sýros
Cyclades
Pátmos
Marçal Daglari

Sérifos
Páros
Náxos
Léros

Náxos
Bodrum
Fethiye

Sífnos
Andíparos
Kálymnos

Kímolos
Síkinos
Íos
Amorgós
Kós
Kós

Mílos
Folégandros
Kéfalos

Nísyros
Symi
Ródos

Astypálea
Tílos

Thíra (Santoríni)
Anáfi
Sýrna
Hálki
Mt Atávyros 1215

Dodecanese

Kritikó Pélagos
Kárpathos

Ródos (Rhodes)

Réthymno (Rethimno)
Kríti (Crete)
Kásos

Ida (Psilorítis) 2456
Iráklio (Heráklion)
Ágios Nikólaos
Sitía

Gávdos

AEGEAN SEA
Kastellórizo

本土大陸

希臘大陸有豐富的古蹟，

而景觀上看來則令人十分驚歎。

許多到希臘來的遊客，往往會直奔希臘諸島——這裡當然是有幾百個島可以任君選擇，從奢侈荒淫的夜生活到安詳的寧靜，從歷史的奇蹟到令人瞠目結舌的自然風光。

本書自然要細細地探訪希臘的海岸風光（見215頁），不過，錯過希臘大陸便有如錯過了希臘的心臟，漏掉一系列戲劇化的景致，忽略令人回想起偉大古代文明的壯麗遺跡。

以下六章由民主思想的發源地和古典時期以來各地最令人印象深刻的遺跡故鄉——雅典開始，探訪這豐富而多樣的大地。不過，本土各地均可見古代文明的遺風廢墟——遠比特洛伊（Trojan）戰爭還早的馬其頓（Mycenae）和泰利安（Tiryns）古代堡壘；被古代人當成世界中心的德爾菲（Delphi）的聖地；奧林匹克運動開始地的奧林匹亞體育館和神殿；以及被妥善保存的埃帕迪奧斯（Epidauros）、亞各斯（Argos）和多多納（Dodona）等地的劇場。

從拜占庭時期開始，便有優雅的教堂和裝飾以壯麗馬賽克的修道院。拜占庭王國的第二大城塞薩洛尼基（Thessaloníki）便有著這些富含傳統風格的教堂，而達佛涅（Dafn1）和歐西奧斯魯卡斯修道院（Ósios Loukás），則以其藝術寶藏聞名於世。

威尼斯人和法蘭克人的統治，則以如畫的城堡，以及如莫奈姆法西亞（Monemvasía）及科洛尼（Koróni）有護城牆的城市，來豐富希臘的海岸線。行經希臘，無所不在的考古博物館，則是希臘昔日引人入勝的寶藏。

不過希臘本島可不是只有歷史，那不朽的景觀不時令人驚豔。從希臘中南部起伏不平的山脈，經由崎嶇的山脊下降至被海環繞的半島和海岬。深深的海灣和小港深入大陸，窄窄的海岸平原和海灣像回紋裝飾雕工，有些甚至無法由陸地相通，而其他海灣則是被群山環繞的小港口和漁村，或是與松樹坡相接壤。

左圖：伯羅奔尼撒的莫奈姆瓦夏。

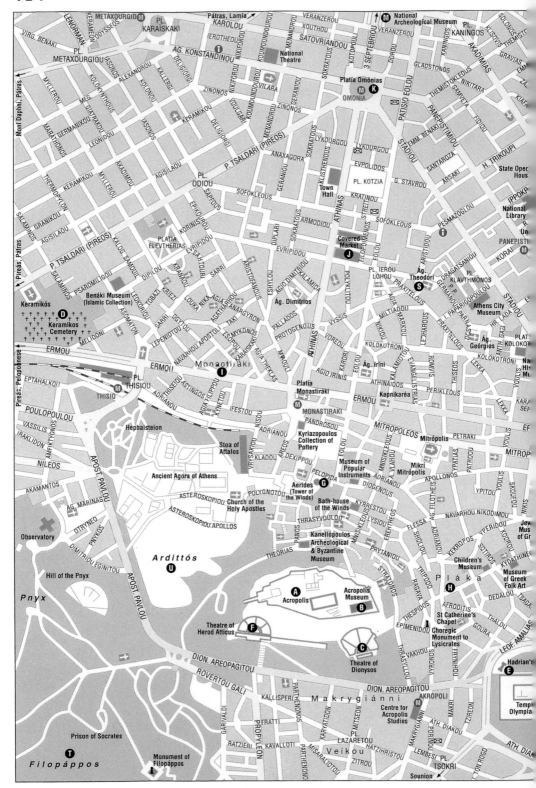

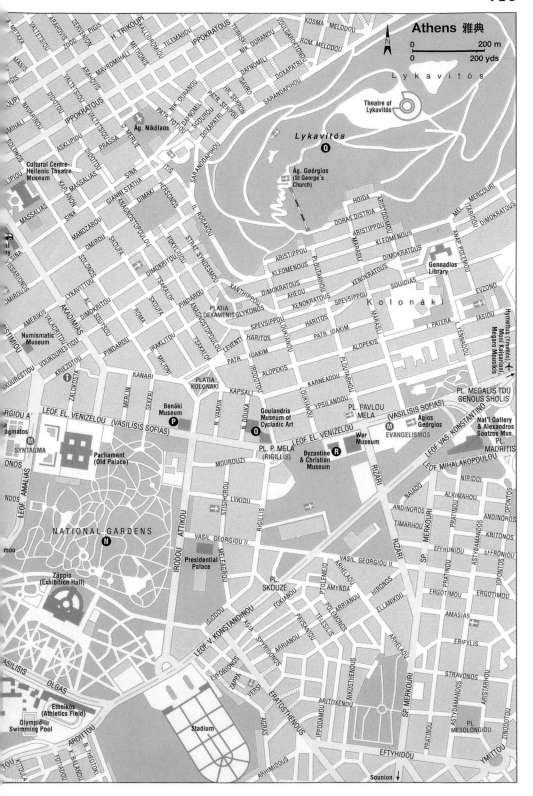

Athens 雅典

0   200 m
0   200 yds

Lykavitós

Theatre of Lykavitós

Lykavitós

Ág. Geórgios (St George's Church)

HOIDA

DORAS DISTRIA

Cultural Centre-Hellenic Theatre Museum

Gennadios Library

Kolonáki

Numismatic Museum

Benáki Museum

Goulandris Museum of Cycladic Art

PL. MEGALIS TOU GENOUS SHOLIS

SYNTAGMA

LEOF. EL. VENIZELOU (VASILISIS SOFIAS)

Parliament (Old Palace)

PLATIA KOLONAKI

PL. PAVLOU MELA

(VASILISIS SOFIAS)

Agios Geórgios

EVANGELISMOS

Nat'l Gallery & Alexandros Soutzos Mus.

PL. MADRITIS

LEOF. MIHALAKOPOULOU

PL. P. MELA (RIGILLÍS)

LEOF. EL. VENIZELOU

War Museum

Byzantine & Christian Museum

LEOF. VAS. KONSTANTINO

NATIONAL GARDENS

Presidential Palace

PL. SKOUZE

Záppio (Exhibition Hall)

Ethnikós (Athletics Field)

Olympic Swimming Pool

Stadium

PL. MESOLONGIOU

Sounion

雅典

*東方和西方交集在這個生氣蓬勃的都市，正如其居民
和鄉土一樣，活躍於希臘最重要的歷史古蹟上。*

地圖見
124-5頁

如果雅典有一點特別之處的話，那就應該是她的伸縮性。城市漫長的歷史始終是模糊的、喜悅的、忽視的，然而，如今這個城市是現代希臘的首都。荷馬的作品中幾乎未曾提及雅典。它在西元前6世紀才嶄露頭角。之後是伯里克利（Periclean）的鼎盛時期，雅典成為一個重要的文學、商業和工業中心。隨著馬其頓帝國的擴張，雅典首度萎縮，雖然它仍是學術重鎮，尤其偏重在哲學和雄辯術。

在希臘化時期，亞歷山大的繼承者所建立的君主國，掩蓋了雅典的光彩，但是並未完全將其抹滅。埃及、敘利亞、帕加馬（Pergamum）的統治者，紛紛贈以建築物和藝術品，來討好這座古城。然而，它卻開始安於現狀，成為一個博物館城市，一個「文化商品」，而非具有生氣的國家。西元前86年，蘇拉（Sulla）圍攻劫掠雅典，之後在兩位羅馬仁君奧古斯都（Augustus）和哈德良（Hadrian）統治期間，獲得重建和嬌寵，但是西元267年赫魯利人（Herulians）、西元395年的哥德人阿拉里克（Alaric the Goth），又再度劫掠雅典。到了拜占庭時期，雅典已褪盡繁華，成為一個偏僻的地方小鎮。拜占庭皇帝查士丁尼（Justinian）在西元529年頒布詔書，禁止該地研究哲學，這是給雅典古城致命的一擊。

左圖：國會外的艾瓦
桑衛兵。
下圖：科隆納其米里
昂尼的咖啡座。

地位驟然提升

在拉丁人統治期間（1204-1456），雅典受到法國人、加泰隆人（Catalans）、佛羅倫斯人和威尼斯人的侵略、佔據和交戰，讓這個城市愈形萎縮。直到15世紀被鄂圖曼土耳其征服後，雅典才再度擴展，但已遠不及古代的規模。此後還有更多挫折，其中包括1687年威尼斯人毀滅性地進攻。獨立戰爭之後，雅典終於從廢墟中站了起來，正如克里斯多福‧華滋華斯（Christopher Wordsworth）在1832年所提到的，這個「疲憊的城市」在毫無準備的情況下，驟然躍升為新希臘國的首都。

雅典的成長實屬偶然，而且太過快速。它不曾有機會醞釀成為莊嚴的古城，而且新舊之間無法充分融合，在今天幅員廣大的現代化首都中，依然可以感受到戰前小城的隱約風貌，就像一個瘦子掙扎著脫離一群胖子。有時候你會看到一棟昔日的鄉間別墅，藏匿在高樓大廈之間，其主人仍抗拒潮流，窗戶緊閉，以防灰塵、污染及交通的嘈雜。

雅典的交通情況必須親眼目睹（同時耳聞）才能相信，尤其當示威遊行出現時，行車被迫遠離主要幹道。不過，新的捷運已經神奇地開始運作了。打從開

通的那一天，大量的雅典人使用現代化的捷運系統，那些以前搭車需要花一個小時才到得了的地方，現在只要幾分鐘的時間就可以從市中心展開你的旅程。突然間，雅典變得比較容易親近了。

但是從狂亂的中央交通動脈分支出去的小街道，很少會遇到交通壅塞的狀況。大多數的公寓都有陽台和走廊，夏天可看到穿著內褲和睡衣的雅典人從午睡中醒來，閱讀報紙、張望鄰居、灌溉植物或吃晚飯。

古代的雅典

戴奧尼索斯阿雷帕基杜過去車輛壅塞的路段已規劃成徒步區，連接舊區無車輛的人行道，很快成為傍晚散步的最佳景點。

沿著聖道（Ierá Odós）開車上行，從右方觀望，或是從普拉卡高處觀看，都可以看到衛城（Acropolis）Ⓐ仍然存在，讓現代雅典污穢的水泥城市顯得微不足道。夏日的清晨或是冬日的午後，遊客最稀少，可攀登至高處，看到地平線上蔚藍的海洋邊有著灰色的丘陵。若逢潮濕或是風大的季節，行走在起伏不平的石灰石表面，宛如走在強風中的船隻甲板上（每日開放，上午8時至下午7時30分；衛城的門票還可以參觀古希臘市集，見130頁，迪奧尼蘇斯劇場，見131頁，羅馬市集，見133頁，可拉梅高斯墓園，見131頁，奧林匹亞宙斯神廟，見132頁）。

衛城像是個石匠的工作坊，正如同西元前440年代，**帕德嫩神殿（Parthenon）**在伯里克利的鉅大公共工程計畫中興建。有些同期人士以為這個工程過於奢侈，伯里克利則被指控將他的城市妝點得有如娼妓。事實上，帕德嫩神殿將雅典娜奉為純潔的女神和該城的守護者。其以象牙和金片塑造的雕像高12公尺（39呎），由菲迪亞斯（Pheidias）設計，一度在幽暗的神廟中閃耀光芒，然而在古代末期，雕像被運往君士坦丁堡後，從此下落不明。

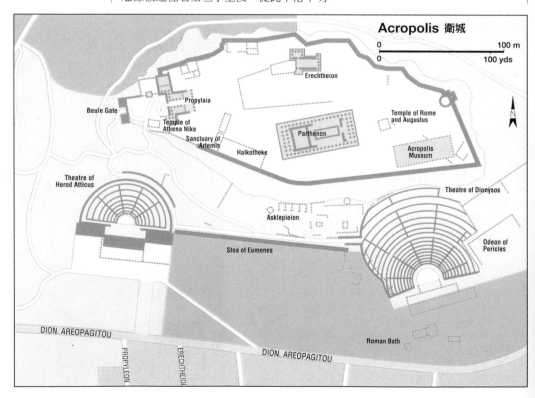

Acropolis 衛城

0   100 m
0   100 yds

Erechtheion

Propylaia

Beule Gate

Temple of Rome and Augustus

Temple of Athena Nike

Sanctuary of Artemis

Parthenon

Halkotheke

Acropolis Museum

Theatre of Herod Atticus

Theatre of Dionysos

Asklepieion

Odeon of Pericles

Stoa of Eumenes

DION. AREOPAGITOU

PROPYLEON

ERECHTHEIOU

DION. AREOPAGITOU

Roman Bath

古蹟維護者曾在帕德嫩神殿內部，卸下數百塊的大理石，將1920年代植入的生鏽鐵箍取出，代之以不會腐蝕的鈦金屬（生鏽讓鐵箍撐開，使岩石破裂，而酸雨侵蝕具有雕紋的大理石表面，使之成為軟灰泥）。西元1687年，威尼斯人轟炸該地，造成神廟內部一個鄂圖曼土耳其軍火庫發生爆炸，如今修護者亦成功地辨識出來，並收回了散布於丘陵頂端約1600塊的帕德嫩神殿大理石。當這些石塊重新歸位後，該神廟約有15%再現原貌。由潘德利山（Pendéli）古採石場附近（雅典北方14公里／9英哩）切割的新石，則可彌補其裂縫，此地是西元前5世紀建築石材的來源。

厄瑞克忒翁廟（Erechtheion）的建築優雅，複雜陳列了遠溯至銅器時代的古老宗教儀式，目前已整修過。神話傳說中，開克羅普思國王（King Kekrops）是古雅典皇室族的開創人，支撐其墓地走廊的女像雕柱（Caryatid），是現代的複製品。留存下來的原雕柱已移往衛城博物館，以免繼續受到煙霧（néfos）和雅典空中懸浮的污染空氣層所侵蝕。

厄瑞克忒翁廟於西元前395年完工，比帕德嫩神殿晚了30年，內部供奉了一尊雅典娜的早期木雕像，而傳說中，她為了與海神爭奪亞地加的統治權，從岩石中變出的橄欖樹，也存放在廟中。

衛城山門（Propylaia）為通往衛城的正式入口，現在已老舊不堪，這是姆奈西克里（Mnesikles）於西元前430年代所建，其外圍環繞的廊柱設計得十分雄偉，令攀登上此丘陵的人感到肅然起敬。衛城山門鑲飾的石質天花板，一度曾繪上彩漆並鍍金，行經其下仍然依稀可見。隔離於昔日城堡南邊堡壘的，是規模小，而且呈方形的**雅典娜勝利神廟**（Temple of Athena Nike），竣工於西元前421

鄂圖曼土耳其統治期間，土耳其的軍事將領把厄瑞克忒翁廟當作女眷的營舍。

下圖：記錄大理石的遺跡。

大理石遊戲

帕德嫩神殿大理石雕是面積76平方公尺（500平方呎）的雕像，多半來自神廟壁緣，在雕刻大師兼建築師菲迪亞斯的指導下製作完成。然而帕德嫩神殿的情況悲慘，先是於1687年因火藥桶爆炸而受損，之後又經歷一連串的劫掠。到了1799年，埃爾金勳爵獲任命為英國駐土耳其屬希臘大使，在埃爾金交涉後，獲得蘇丹的許可，得以搬走「部分有銘刻和形狀的石塊」，並將這大理石雕運回英國，於1816年賣給大英博物館，至今仍存放在館內。

在衛城下方捷運站附近的衛城研究中心（Centre for Acropolis Studies, Makrygiánni 2-4；每天的開放時間為上午9時至下午2時30分）內興建了一個新的博物館，以將所有的雕刻品收藏集中在一處，以便於管理。希臘人說，在古代遺留下來最美麗的建築物中，大理石雕是不可或缺的，而存放在原先製造的城市，將更有其價值。全世界重要的博物館則宣稱，運回大理石將是個悲慘的先例。然而，最近希臘提出新的建議，藉由大理石仍然「屬於」大英博物館的提出，希望能讓大理石在雅典展示。

年。傳說忒修斯（Theseus）的父親埃勾斯國王（King Aegeus）見到一艘升起黑帆的船進港，便在這個地方自殺。忒修斯曾答應如果成功殺死克里特島上的怪物彌諾陶洛斯（Minotaur），便會在返航時升起白帆，但他卻不慎忘了這件事。

埃爾金勳爵（Lord Elgin）遺留下的雕像，現收藏於**衛城博物館**（Acropolis Museum）**B**，而四座女像雕柱現存於希臘（一座被鄂圖曼土耳其人帶走，下落不明，另一座目前存放在倫敦的大英博物館），置放在一個貯滿氮氣的保存箱中，雖然傷痕累累，但其女人味依然令人印象深刻。風情萬種的少女立像（korai）顯現出古典時期以前的美女，如果你仔細近看，尚可分辨出化妝、耳環、合身衣裳的圖案和皺摺等痕跡（開放時間為週一上午11時至下午7時，週二至週日上午8時至下午7時，費用包含在衛城的門票內）。

衛城北方的**古希臘市集**（Ancient Greek Agora，每日開放，上午8時至下午7時15分；入場費用包含在衛城的門票中），其主要的入口在阿德里安諾街（Adrianoú Street），不過，聖使徒教堂（the Church of the Holy Apostles）後面也有一個門。衛城主要是個宗教性的場所，而市集是作為所有公共用途，包括商業、宗教、政治、民間、教育、戲劇和運動競賽等，不過今天看起來像是雜亂的廢墟，這裡包括一棟精巧的考古學博物館（開放時間：週二至週日為上午8時至下午7時，週一上午11時至下午7時；入場費用包含在遺址門票中）、西元前2世紀的購物中心**阿塔羅斯柱廊**（Stoa of Attalos），以及多利斯式的**赫菲斯提翁神廟**（Hephaisteion），它提供了帕德嫩神殿的某些構想。

穿過市集，在皮里亞斯（Piraeus）地下鐵線路的另外一端，可見到**彩色柱廊**（Painted Stoa）的一角出現在阿德里安諾街。其建築名稱源自於斯多噶學派

衛城博物館珍藏遺址
中浮雕上的雕像。

下圖：從衛城俯瞰
Lycavitós。

（Stoicism），西元前3世紀，賽普勒斯人季諾（Zeno）在此地教授清苦的哲學思想。

在衛城南邊的是**迪奧尼蘇斯劇場**（Theatre of Dionysos）**C**。現存的大理石階椅大約是西元前320年及之後所建，但學者們一致同意，埃斯庫羅斯（Aeschylus）、索福克勒斯（Sophocles）、歐里庇得斯（Euripides）和阿里斯托芬（Aristophanes）等人的劇作，在西元前5世紀的宗教慶典，都是在此地首演的。由於政府以津貼獎助看戲的人，因此雅典市民皆可休假，來參與盛會（在希羅德・阿提庫斯劇場上方，開放時間為上午8時至下午7時，入場費用包含在衛城門票中）。

可拉梅高斯墓園（Keramikós Cemetery）**D**也就是過去的莫納斯提拉基，位於該城的陶業區內，是古代顯赫雅典人的長眠之地，有種類繁多的雕刻紀念品，如高大的石甕、奔躍的公牛、有翼的獅身人面像，以及哀悽的別離場面等，而俯瞰由埃勒夫西斯（Eleusis）通往迪比隆門（Dipylon）的聖道，仍然充滿著神秘。由博物館的墓穴收藏品中，可以一窺希臘花瓶圖案的究竟：從瓶頸上纏繞著生繡鐵劍的矮胖幾何圖形甕，到古典時期雅典的白色細頸有柄長油瓶（lekythoi），還有精細的希臘化時期陶器（每日開放時間為上午8時至下午7時，入場費用包含在衛城門票中）。同一區阿吉翁和迪比盧街口的班納基博物館（Benaki Museum）的**伊斯蘭藝術特藏**（Islamic Art Collection）有聞名於世的收藏，擁有八千多件19世紀以前伊斯蘭藝術及文明發展的藝術作品，其中包括16世紀布爾沙的絲絨馬鞍，以及17世紀開羅一間接待室的大理石內側（開放時間為週四至週日及週二上午9點至下午3點，週三上午9點至晚上9點，週四免門票）。

地圖見
124–5頁

迪奧尼蘇斯劇場有64
排位子，可以容納
17,000人。

左圖：希羅德・阿提
庫斯劇場。

下圖：列雪格拉得紀
念碑。

一小串石頭或木製的
解憂珠（komboli），
有助於釋放壓力。

下圖：希羅德・阿提
庫斯劇場正在準備藝
術節演出。

在普拉卡南端，位於布拉提亞利西克拉圖（Platía Lysikrátous）上的是**列雪格拉得音樂紀念亭**（Choregic Monument to Lysicrates）。這是最早在外面使用哥林斯圓柱的重要實例（古希臘建築中最晚、也是裝飾最華麗的等級）。碑文主要是紀念西元前334年一場戲劇性的戰爭——「勝利」（Lysicrates of Victory），典雅的紀念碑起初裝飾著三角座。

羅馬的雅典

一些羅馬時期的紀念建築，令人想起雅典曾是個備受尊榮的城市，但其可移動的藝術品都已遭拆除。西元2世紀的**哈德良皇帝**極為仰慕古典希臘，因此在古城與當地羅馬大學城的交界處，興建一座華麗的**拱門**（arch）**E**在札派歐公園（Záppio Park）的綠蔭下，以及**奧林匹亞宙斯神廟**（Temple of Olympian Zeus）高聳廊柱後方的古區，看不到太多羅馬城的蹤跡，但是近來在札派歐公園一角的挖掘工作中，顯示此區的許多羅馬建築都由希羅德・阿提庫斯（Herod Atticus）所建，至少運動場是如此。西元前520年左右，由於經費用盡，奧林匹亞宙斯神廟因此被棄置一旁，之後由哈德良興建完成，而且將神廟題獻給自己（每日開放時間為上午8時至下午7時，需門票）。

同一世紀末，擔任羅馬元老院議員的希臘富裕地主阿提庫斯，在衛城南邊斜坡上，蓋了一座陡階的**希羅德・阿提庫斯劇場F**（Herod Atticus Theatre，現在則是雅典節慶的表演場地），以紀念他的妻子。西元前1世紀，某位敘利亞人興建了美麗的**風塔**（Tower of the Winds）**G**，這座保存良好的八角形大理石建築，俯視著**羅馬市集**（Roman Agora）僅存的遺跡，而上面則裝飾了八個浮雕像，每座

代表不同的風向，一度還設置一座水鐘（每日開放時間為上午8時至下午7時，需門票）。

地圖見
124–5頁

普卡拉

聚集在衛城山腳下的舊區普拉卡（Pláka）🄗，經過翻修後，已回復先前的盛況（或者重建得相當好），俗麗的夜總會和迪斯可舞廳已遭關閉，機車禁止進出（大部分的地區），房屋重新粉刷，街道也變得乾淨整潔。這裡成為一處令人愉快的遮蔭徒步區，宛如置身於一個遠離都市叢林的村莊，尤其是靠近衛城下方的Anafiótika這一區的蜿蜒狹窄巷道。

普拉卡地區販賣的花瓶。

普拉卡也是鄂圖曼昔日風光最好的地方。它位於羅馬市集附近15世紀的**費提耶清真寺**（Fethiye），是城裡伊斯蘭教建築的範例；可惜的是，清真寺並不開放給遊客觀光。然而Platía Monastiráki附近的Tsizdaráki清真寺（1759年），現在成為**基里亞佐波羅斯陶器收藏館**（Kyriazopoulos Collection of Pottery，開放時間為週二至週日上午9時至下午2時30分，需門票），清真寺的內部已經被高度保護，非常值得一遊，特別是明亮的油畫mihrab，而最令人迷惑的是，Kyrrestoú街上16世紀的Bath-House of the Winds（開放時間只有週三上午10時至下午2時，需門票），裡面有許多土耳其人日常生活的遺物。這個土耳其澡堂已經整修過，非常美麗，裡面密密麻麻的房間很適合探險。在希臘和土耳其文化中，建築和澡堂有其背景可循。

除了上面所提的一切，普拉卡還有很多優秀的博物館。Kydathineóu上最主要的就是**希臘民族藝術博物館**（Museum of Greek Folk Art，開放時間為週二至週日

下圖：風塔的屋頂。

上午10時至下午2時；需門票），陳列了許多原始希臘文化的精緻收藏，包括從dodekímero（聖誕節12天）的嘉年華文化，及Skýos那混亂而令人昏厥的化妝裝扮。在東正教教堂中，從那些銀製品中，可尋找奉獻品（támata）上附帶的聖像。

對面是**兒童博物館**（開放時間為週二至週六上午10時至下午2時，週日為上午10時至下午6時，需門票；www.hcm.gr）。對於攜帶幼童的人，這裡是個非常適合前往的地方，那裡有很多東西可以組裝，而書畫則可以灌輸小朋友一些遠見和觀念，提供綜合性的知識。Kydathinéon盡頭，Níkis街上（39號）是**希臘猶太博物館**（開放時間為週一至週五上午9時至下午2時30分，週日為上午10時至下午2時；需門票；www.jewishmuseum.gr），按門鈴後，你會置身在一個冷清、現代的室內（螺旋形的），裡面是相當典型的展示。在猶太人長期的殖民史中，這個博物館讓人特別印象深刻，寬容地面對這個世界的一部分。

Paul and Alexandra Kanellopoulos**考古及拜占庭博物館**（開放時間為週二至週日上午8時30分至下午3時，週三至下午11時；需門票）收藏Anafiótika19世紀的房舍。博學且著魔的收藏者，收藏了希臘藝術各個階段的小型埋葬物。普拉卡也有新古典主義的房舍，就是優秀的**普及樂器博物館**（Museum of Popular Instruments-Research Centre for Ethnomusicology，開放時間為週二、週四至週日上午10時至下午2時，週三為中午至下午6時；免費），基本上是Fivos Anoyanaleis個人的收藏。博物館展示區分為管樂器（吹奏樂器，例如flogero蘆笛）、弦樂器（如bouzonki）、體鳴樂器（聲音由物體本身產生的樂器，如銅鈸）及膜鳴樂器（鼓）；在試聽桿附近可以聽到每一種樂器的聲音。這裡還有一家不錯的商店、販售罕見的希臘傳統音樂錄音帶。

莫納斯提拉基

這裡是廣闊的商店區，比辛達格馬廣場更能迎合高收入消費者。**莫納斯提拉基**（Monastiráki）❶令人想起西元前4世紀歐布洛斯喜劇中所描述的市場：「雅典一地販賣的事物應有盡有，包括無花果、法院傳票員、成串的葡萄、蕪菁、梨子、蘋果、證人、玫瑰、枸杞、蜂巢、鷹嘴豆、訴訟、初乳布丁、桃金孃果、配給機械、鳶尾花、羔羊、水鐘、法律及起訴書等。」初乳布丁和配給機械聽來令人費解，不過現在市場上所能找到的奇怪物品，也令人好奇。蒐集民藝品的人會十分感興趣，因為希臘的民藝品也許是全世界最驚人的，當然也有許多賣給遊客的大量製造的小飾品。說真的，甚至連**米特羅波利斯**（Mitrópolis，雅典的大教堂）周圍專門販賣教會的物品，而教堂本身起源於19世紀中葉，如果沒有細分，這個教堂確實很大。不過，隔壁是一間小小的「**舊教堂**」（old cathedral），正式名稱為Panagía Gorgoepikoös or ´Agios Elevtheríos）。這個教堂可溯及西元12世紀，但又混雜著西元6世紀至7世紀早期教堂的東西。門上的拱形門楣是2世紀的浮雕，顯示Attic嘉年華會的曆法。

在希臘猶太博物館可了解希臘猶太人的歷史，他們在西元前3世紀前辛苦地延續著，然而，二次大戰時當地87%的猶太人完全被消滅，如今的希臘大約只有7,000名猶太人。

下圖：忙碌與悠閒交錯的普卡拉。

離開了粗俗的**潘德拉索街**（Pandrósou Street），行至**跳蚤市場**（Flea Market）外的狹窄街道，便好像穿越時光隧道，回到幾乎是工業化前的時期。這裡有許多傳統手工品（非藝術品的手工品）的批發商店，販售令人精神為之一振、非裝飾性的實用物品，例如各種大小的螺絲、釘子、盒子和木箱、刷子和掃帚、捕鼠器和草藥（希臘山區是植物學家的天堂），而販賣琥珀色大塊樹脂的店舖，與旁邊出售香料和植物用（以及捕捉章魚）鮮藍色塊狀硫酸銅的店面，真的都是意外的收穫。

正如加蓋頂篷老市場（covered market）**J**中的物品，19世紀的精華是位於北邊的**雅典娜街**（Athinás Street），大約在莫納斯提拉基和歐摩諾亞廣場中央（你也可以從伊歐路街〔Eólou Street〕80號穿過去）。這裡是雅典主要的肉市和魚市，開放的攤位上擺了魚、海鮮和各種你想像得到的肉類，小販大聲叫賣著，攤位之間擠滿了人。與雅典娜街南邊交叉的一個露天地區，可以買到蔬果，這裡遠不及雅典娜街熱鬧，但是打轉的購物人潮一樣充滿生氣。

歐摩諾亞至辛達格馬

市中心的所在地，是位於北方的**歐摩諾亞廣場**（Platía Omónias）**K**，南方的莫納斯提拉基，以及東南方的**辛達格馬廣場**（Platía Syndágmatos）**L**所形成的幾近正三角形範圍之中。除了三條交叉街道之外，這個地區不准車子進入，意味著它的一番新氣象。

歐摩諾亞北方（靠近Viktória捷運站）是裝滿古代每個時期古物的**國家考古博物館**（National Archeological Museum）**M**，這裡現在是城裡最重要的景點，為

米特羅波利斯大教堂收藏的雕像。

下圖：風塔的澡堂。

了重新整修而關閉。從某些訊息顯示，整修後的博物館將展示幾年前重新設計過的埃及藝廊（Egyptian galleries，開放時間為週二至週五上午8時至下午5時，週一下午12時30分至下午7時，週六和週日上午8時30分至下午3時；需門票，詳見第144－145頁）。

　　歐摩諾亞這一區現在搭了一些臨時圍板，附近的捷運開挖已經有了新的風采。總之，這個相當冷清的混凝土廣場現在已經有一個備受爭議的熱鬧廣場，但充其量也只能說這個地方變得比較無趣。Stadíou和Venizélou西路（也就是著名的Panepistimíou）是平行的街道，從東南方可以由歐摩諾亞到辛達格馬廣場，途中往南到Venizélou是基督教和提亞菲羅建立的，漢森新古典主義的三部分——**國家圖書館、大學和學院**，這是在西元1839至1891年之間，以白特利大理石（Pentelic marble）和線條沉重的古希臘建築形式興建而成的。色彩鮮艷的油畫及鑲金，神奇地運用在刻板的大理石上，這是古代紀念碑第一次出現的。大學後面是小型的**希臘劇場博物館**（開放時間為週一至週五上午9時至下午2時），希臘知名的演員令人神魂顛倒地改造更衣室，包括瑪莉卡拉絲（Maria Callas）。

博物館簡介

　　再過去是謝里曼（Heinrich Schliemann）的房子，是由齊勒（Ziller）於1878年設計的義大利式寓所，這個房子現在是**錢幣博物館**（Numismatic Museum，開放時間為週二至週日上午8時30分至下午3時，需門票）。較重要的是，**國家歷史博物館**（National Historical Museum，開放時間為週二至週日為上午9時至下午2時，需門票）佔據了位處stádion路上著名的舊國會大樓，它詳細地敘述了1453年君士

國家考古博物館的浮雕。

下圖：柏拉圖學院的山牆。

地圖見
124-5頁

坦丁堡（伊斯坦堡）的衰亡，至二次世界大戰期間的希臘歷史。

辛達格馬廣場（或憲法廣場，Constitution Square）位於市中心。**國會大樓**（Parliament Building）俯瞰著廣場，隨著捷運工程的進行，這裡的景觀已經愈來愈好了。國會在1836至1842年奧托國王興建的舊皇宮開會。艾瓦桑衛兵（Évzone Guard）交接是觀光客的最愛，舉行的地點就在國會前面。

從廣場往西就是**埃爾姆街**（Ermoú），這裡曾經車水馬龍，非常混亂，但現在長長的行人徒步區、重新開張的商店、街頭藝人及小販的小推車等，讓這裡充滿了生命力。許多建築重新粉刷，改善燈光後，讓這一區成為夜裡吸引人前來散步、尋找咖啡店或酒吧的好去處。埃爾姆街上還有一棟迷人的拜占庭教堂——Kapnikaréa，年代可追溯至西元11世紀。

而**國家花園**（National Gardens）（開放時間從日出到日落；不收費）就在國會大樓後面。園中綠樹濃密，盤根糾結，羅曼蒂克的涼庭，安靜的魚池，隱密的綠蔭間穿梭著滴滴涓流，園中有三五成群的鴨子和野貓。19世紀阿瑪莉亞皇后設計這座花園來作為皇宮的御花園，並利用新的希臘海軍從全球各地帶回來的植物來妝點林園。你可以看到雅典人在花園裡休息、情人在此碰面、老人在冥想，以及狼吞虎嚥吃著三明治的商人。

科洛納基

科洛納基（Kolonáki）是城內最高檔、最流行、最昂貴的購物區，很多外交使節團和優良的公寓都在那裡。雅典女人常到這一區逛街、吃飯，如果你想要尋找設計師的服裝、鞋子及配件，你就應該到科洛納基這一區走一走。然而，這並不是說這裡沒什麼文化，因為科洛納基還是有不少優秀的博物館。

下圖：埃爾姆街上的手風琴演奏者。

回到西元前3000年，**希克拉迪藝術古蘭卓斯博物館**（Goulandris Museum of Cycladic Art）（開放時間為週一、週三至週五上午10時到下午4時，週六上午10時至下午3時；需門票；www.cycladic-m.gr）展示罕見、獨特的希克拉迪式的神像，白色的大理石雕像和美麗的鑲嵌。19世紀的藝術家常譏笑這些雕像過於原始，但是其流暢簡單的線條，卻吸引了畢卡索（Picasso）和莫迪里亞尼（Modigliani）。這些人像大都為女性和孕婦，來自散布在希克拉迪群島被盜的墓地；直到今天，學者仍無法確知其真正的功用。

貝納基博物館（Benáki Museum）可說是雅典最好的博物館，館內珍藏了希臘各時期的寶物，包括珠寶、服裝及埃爾‧葛雷科（El Greco）早年繪製的兩幅聖像。其間最吸引人的是傳統服裝，裡面有很多新娘禮服及宗教慶典的服裝，館內同時重建18世紀中Kozáni豪宅中的接待室。地下樓還有陳列非常有趣的黃金物品，另外還有收藏與希臘獨立相關的東西。博物館還附設一個很棒的禮品店及一處令人心情愉悅的陽台餐廳（開放時間週一、週三、週五、週六上午9時至下午5時，週二上午9時至午夜，週日上午9時至下午

*Benáki*博物館展示雅典歷史中各階段的珍藏。

下圖：基克拉澤斯藝術博物館。

3時；需門票；www.benaki.gr）。（新古典建築群位於科拉米克斯區，目前有博物館的伊斯蘭藝術特藏室在此。見131頁）

利卡貝塔斯山（Mount Lycabetteu，海拔227公尺／744英呎）**Q**屹立於科洛納基之上（chapel of Ágios Geórgios）。上山最簡單的方式就是前往科洛納基廣場附近的Ploutárhou街搭纜車（每20分鐘一班，夏季開放時間為上午8時至下午10時，冬季為上午9時30分於下午4時40分），在山頂可以俯瞰整個城市獨特的景觀。

另外有兩個距離非常近的博物館。嚴格上來說，它們雖然不算是科洛納基這一區（位於Vasilísis Sofías的反方向），但非常值得一遊。**拜占庭基督教博物館**（Byzantine and Christian Museum）**R**（開放時間為週二至週日上午8時30分至下午3時；現在需要門票）是一棟仿多斯加民式的別墅，這是19世紀法國酬謝（Duchesse de Plaisance）公爵夫人而建的。館內珍藏了一批神像，以及13至18世紀的教堂遺物。目前仍在進行建造地下藝廊及整修原始建築的長期計畫；直到新的藝廊開幕，現在只有展示常設的收藏，要等設計新潮的那一部分完成後，數量龐大的館藏才能長期展示。

希爾頓飯店附近的**國家藝廊及亞歷山卓索卓斯博物館**（National Gallery and Alexandros Soutzos Museum，開放時間週一，週三為上午9時至下午3時，下午6時至9時，週四至週六為上午9時至下午3時，週日為上午10時至下午2時；需門票）。這棟涼爽的現代建築收藏了國家級的油畫、雕塑，這裡的希臘繪畫是最好的。特別吸引人的是Ionian派的作品、19世紀末期寫實主義的作品，以及20世紀初手法轉變非常希臘的作品（請參考Parthenis及Lystras的作品）。

地圖見
124-5頁

瓦工國西索菲西斯大道上華麗的美格拉莫西基斯音樂廳（www.megaron.gr）旁邊是**埃勒提里亞斯公園**（Elevtherías Park）。軍政獨裁期間（1967-74），這裡是憲兵總部，異議分子在這裡遭受囚禁及折磨。直至上校政權沒落後，這個地方變成一個公園及文化中心；由於公園正在整修，目前關閉。

拜占庭時代的雅典

雅典的拜占庭特色並不明顯：普拉卡一帶可找到十幾座教堂，大都可溯至西元11世紀，其餘的教堂則蜷縮在該城高大現代的建築陰影下。其中最美觀的是位於克拉特馬諾斯廣場（Platía Klavthmónos）外的**聖狄奧多利教堂**（Ágii Theodóri）**ⓢ**，它建於11世紀，原址是一座早期圓形瓦頂的十字形教堂。石工部分以磚片為襯托，並且飾以各種動植物圓案的赤土陶壁緣。菲爾赫利農街（Filellínon Street）上的**索提拉里科迪莫教堂**（Sotíra Lykodímou），與聖狄奧多利教堂的建造時間相當，但於1845年由俄國沙皇買下，並且重新裝飾內部。目前供該城少數俄羅斯的東正教徒使用，其頌歌相當有名。

雅典的東西兩極各有一座知名的修道院，分別是凱沙利亞尼（Kaisarianí）和達佛涅（Dafní）。**凱沙利亞尼修道院**位在海美塔斯山（Mount Hymettus），四周圍繞著高聳的石牆，其名字來自於一處泉水，流過哈德良下令建造的渠道。其泉水一度獻給愛神愛芙羅黛蒂（Aphrodite），據信現在仍有療效（而且能促進受孕）。修道院教堂建於西元1000年，但其藍黑為底的壁畫卻是17世紀的作品。修士們的經濟來源得自橄欖樹林、養蜂、葡萄園，以及用山中草藥製作的各種藥物（開放時間為週二至週日上午8時30分至下午3時；需門票）。

雅典珍藏了許多拜占廷時期的藝術品。

下圖：1897年，Iakovos Ritsos所繪的《雅典的夜晚》。

達佛涅修道院在城外往科林斯大道（Corinth）的路上（可在靠近歐摩諾亞附近的Elevtherías廣場搭公車，然後在精神病院那一站下車），綜合了哥德與拜占庭式的建築風格，內部裝飾了華美的11世紀鑲嵌藝術，所在位置是古代阿波羅神殿。教堂圓頂上一個看似兇猛的基督像（Christ Pandokrátor）鑲於黃金之上，旁邊圍繞著《舊約》中的先知。現在的建築可追溯至西元1080年，哥德式的門廊則增建於13世紀，當時達佛涅為勃艮地（Burgundy）來的西妥會（Cistercian）教士所有，作為雅典的法蘭克公爵（Frankish Dukes）長眠之地（長期整修關閉中）。

Dafni修道院圓頂上周圍金色的基督。

皮里亞斯

皮里亞斯是雅典的港口，在雅典的右手邊，許多人在前往希臘小島時都會經過這裡。搭乘捷運很快就可以到達（搭捷運1號線：大約45分鐘的車程就可以從市中心抵達此處），此外也可以在辛達格馬廣場搭乘巴士，但會比較慢。從雅典新機場搭乘快速巴士（E96）可直接前往皮里亞斯，站牌在Aktí Miaoúli街港務局的乘客大樓外。

要找到自己要搭的船可能有點困難，不過售票處的服務人員會告訴你，你的船在哪一個碼頭。一般來說，前往基克拉澤斯群島（Cyclades）的船停在捷運站的對面，另外也可以從Karaiskáki廣場（捷運站南邊）的另一邊出發；前往克里特島的船在港口北邊的Aktí Kondýli街上船；大型船大致上都可以前往大部分的島嶼，而「飛躍海豚」（Flying Dolphins）則可前往阿爾戈薩羅尼克群島（Argo-Saronic），船停靠在Karaiskáki廣場附近的碼頭；而前往多德喀尼群島（Dodecanese）的船要在阿克提‧米耶歐里街（Aktí Miaoúli）搭乘。

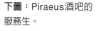

下圖：Piraeus酒吧的服務生。

皮里亞斯考古博物館（Piraeus Archeological Museum，開放時間為週二至週日上午8時30分至下午3時；需門票）有很多很不錯的銅像，一樓是姿態優雅的古阿波羅雕像，製造於西元前530-20年，是第一批真人大小的銅像，1959年從海底打撈上岸。另外還有雅典娜和阿耳特彌斯（Artemis）兩座銅像，皆製造於西元前5世紀，是在皮里亞斯挖掘新下水道時發現的。此外，還有一具更華麗的阿耳特彌斯銅像，這個銅像的年代可溯及西元前4世紀中。而地下樓的伊斯特里亞商人的陵墓也很吸引人。

希臘海洋博物館（Hellenic Maritime Museum）珍藏所有年代的船隻造型，博物館靠近齊亞馬林納港（Aktí Themistokléous；開放時間為週二至週六上午9時至下午2時；需門票）。齊亞馬林納港停靠許多中型的遊艇——夏季成為海面上的露營地——而你可能還會看到停泊在港口的巨大、舊型的動力遊艇和兩三個船東，至於海岬附近的咖啡店和海鮮餐廳，則可以遠眺薩羅尼克海灣的美景。

丘陵區

有人說，雅典應該有八座丘陵。當然，利卡貝塔斯山絕對不可錯過；還有同樣引人注目的衛城岩石

地圖見 124-5頁

山，其側翼一邊是平克斯山（Pnyx），一邊是費洛帕普斯丘陵（Philopappus）T，四旬齋的第一天，民眾會在這裡放風箏；阿爾迪托斯丘陵（Ardittós）U，旁邊有一個大理石馬蹄形競技場（stadium），由希羅德‧阿提庫斯在西元143年興建，1896年完全重建（第一屆現代奧林匹克運動會在這裡舉行）；尼姆夫斯丘陵（Nymphs）上頭是灰色圓頂的天文台（Observatory）；圖爾科瓦尼亞（Tourkovoúnia）貧瘠而風大；洛佛斯史雀菲丘陵（Lófos Stréfi）的觀光業比利卡貝塔斯山不發達，但蓋滿了房子。

在這些丘陵之上，時而有些隱密的餐館，或是蔭涼之處。然而真正的世外桃園就得走遠一點，攀上雅典外圍的三座山峰之一。海美塔斯山位在雅典以東5公里（3英哩），是蜜蜂鍾愛之地，在落日下散發出藍紫色的光輝，也許是最美麗的。開車沿著蜿蜒道路上山，經過凱沙利亞尼修道院（Kesarianí），來到一處寧靜的制高點，得以一覽整個亞地加。該城全景盡在眼前，但是十分寧靜。西北部一個多小時車程是帕爾尼沙山（Mount Párnitha），你可漫步在陰暗的樅樹林，冬天還可滑雪。北方的潘德利山（Mount Pendéli）人潮洶湧，頗受歡迎。

潘德利山腳下的基菲薩（Kifisiá）是雅典最高級的郊區。同樣受歡迎的科洛納基，那些住在新古典主義風格豪宅中的人，雖然覺得城市很好，可是有時候也會覺得不太好，因此找家基菲薩昂貴的咖啡店坐坐，是件令人愉快的事。古蘭卓斯國家歷史博物館（Goulandris Museum of Natural History）和蓋婭中心（Gaia Centre，開放時間為週二至週日上午9時至下午2時30分，需門票），館內有關於希臘植物、動物及地質等非常具教育性的收藏。

下圖：齊亞馬林納港。

雅典近郊的高級住宅區齊菲薩的別墅。

奧林匹克遺址

2004年奧林匹克運動會輪到這個城市，同時周圍也多了很多新建築。雖然大都是運動設施，但連帶地也整修了很多市區裡的旅館和博物館，有些已經完成，許多重要的基礎建設計畫仍在進行中（例如延伸捷運以及興建斯巴達新機場）。新的**奧林匹克體育館**在阿瑪柔斯（Amaroúsi），在市區的北方，主要是作為運動、足球的比賽場地；舊的奧林匹克體育館（詳見第141頁）被用來當作馬拉松賽跑的終點。

位於葛里法達（Glyfáda），舊的Ellinikón機場，現在成為**希臘奧林匹克建築群**（Hellenikon Olympic Complex），小型的戶外運動場旁邊有一個大型的戶外競技場、奇怪的獨木舟彎道競賽，雖然，主要的划船及獨木舟場地在馬拉松城外。建在雕像遺址及重要保護區的新人工湖，引起極大的爭議，而巨大的**奧林匹克選手村**位於郊外Dekélia附近，提供給運動員、記者、行政人員當作住宿。

亞加地

離開雅典，開車69公里（43英哩），至亞地加半島（Attica peninsula）風大的尖端**桑尼昂角**（Cape Sounion），即可到達多利斯式建築的**海神殿**（Temple of Poseidon）。該殿完成於西元前440年，其纖細的鹽白石柱，迄今仍是船隻前往皮里亞斯的陸標，而拜倫曾在北邊的石柱上刻下姓名。這些大理石材均來自附近的阿格利雷札（Agríleza，每天開放，時間為上午10時至日落時分，需門票）。沿著山腰上一面古代防禦城牆下山，就可見到海灣裡的古船塢遺跡。雅典人曾在桑尼

下圖：海神殿。

地圖見
124–5頁

昂外海進行軍艦競賽，之後此地卻成為海盜的巢穴。

西元前490年的**馬拉松**（Marathon）之役，發生在雅典東北方海岸邊42公里（26英哩）的平原，在馬克立（Néa Mákri）和馬拉松兩個村莊之間。如今這裡可以看到戰爭時埋在一起的雅典人古墳，Plataeans的挖掘證實了這個古墳，並展示於考古博物館（開放時間為週二至週日上午8時30分至下午3時；需門票）。

雅典人的圓形古墳大概只有9公尺（30英呎）高，直徑為50公尺（164英呎），圓周為185公尺（600英呎），複製的古墳上有古式的石柱（原始的那一個放在國家考古博物館）。

古墳給人們的印象非常深刻，但沒有什麼勝利的象徵，強大的波斯帝國，是當時全世界最大的帝國，他們派軍隊抵抗雅典士兵，大約有9,000名雅典軍人加入戰前來自Boeotia Plataea村鎮的1,000名士兵。有一位信差前往斯巴達尋找援助，一直到戰爭結束，斯巴達的軍隊都沒有出現。最後，雅典人贏得壓倒性的勝利，波斯人損失了6,400名士兵，而雅典人只損失192名士兵，他們被火葬後便一起埋葬在古墳中。Plataeans人的古墓在考古博物館西方3公里（2英哩）處，那裡沒有任何波斯人墳墓的指標，但他們應該被埋在東北方的地方。Panagía Mesosporítisa小教堂就在此區附近。

Rhamnous（每天開放時間為上午8時至下午6時，需門票）是Attica邊界北方古代的要塞，這裡還有一個Nemesis神殿，距離雅典53公里（33英哩）。神殿有兩座神廟，比較舊的那座大概建於西元前490年後，主要奉獻Nemesis和正義之神Themis。比較大的Nemesis多利克神廟建於西元前436至432年之間，這座神廟幾乎影響了所有較老的神廟。從神殿到海邊大概有800公尺（0.5英哩），在西元前5世紀及4世紀，是要塞的全盛時期。

城邦建的**安菲亞雷昂神殿**（Sanctuary of Amphiareion，開放時間為週二至週日上午8時30分至下午3時；需門票）是西元前5世紀的古Oropos，前往Evia的遊輪在這裡上船。希臘時代這個神殿非常有名，人們從希臘各地前來此處尋求忠告或解藥。奉獻公羊給安菲亞雷昂，之後身體上的病痛便會解除，心中所有的疑問也會獲得解答。

較偏遠的是**阿耳特彌斯神殿**（Sanctuary of Artemis），位於亞地加東岸的**布拉倫**（Brauron，現更名為瓦拉羅納，Vravróna），距離雅典35公里（22英哩）。原先的阿耳特彌斯祭壇遺址上，有一座16世紀的拜占庭禮拜堂，周邊則是西元前5世紀的柱廊，黎明時常有貓頭鷹棲息。古典時期，一些五至十歲出身名門的小女孩（稱為「小熊」），常在節慶中表演宗教舞蹈，以尊奉生育女神阿爾特彌斯。遺址博物館中尚展出這些小女孩的雕像，胖嘟嘟的，表情嚴肅，穿著像個小大人（遺址和博物館開放時間為週二至週日上午8時30分至下午3時；需門票）。

下圖：古代人。

國家寶庫

雅典的國家考古博物館重新設計、整修後
已重新開館，館藏絕佳的古代藝術和工藝品。

經過長時間的整修，重新開館的國家考古博物館提供了全世界最齊全的希臘古代風格多樣的藝術作品。別被這些收藏品的規模給嚇倒了，首先，先鎖定幾個特定的重要展覽廳。

　　一些綿長延伸的長廊的陳列已重新規劃，因此得先拿到最新的展覽目錄，以便找到你最感興趣的作品，例如，單獨的青銅雕像，西元前5世紀作投擲狀的海神雕像，不過手上的叉子目前已遺失。

　　博物館保留了一些展覽室給史前的工藝品，以及發掘自希克拉迪時期（Cycladic Period）的作品，大多為西元前3000至2000年前。邁錫尼特藏（Mycennean Collection，西元前1600至1100年）的藏品已集中展覽，其焦點是被稱為阿加曼農（Agamemnon）的面具，是由施里曼（Heinrich Schliemann）在邁錫尼發現的。

　　博物館還收藏有古希臘的雕像，時間從古代時期（西元前700-480年）、古典時期（西元前480-338年）、希臘化時期（西元前338-146年）到羅馬時期（西元前146到西元330年）皆有。

　　博物館也收藏有許多古希臘陶器，製造時間在西元前900年至300年之間，此外還有埃及和史特拉索斯（Strathos）的珍藏，以及錫拉島（Thira）的壁畫。

　　本欄上方圖片是阿特梅西（Artemesium）製作的馬與騎師銅像（製造於西元前2世紀）。

▷ **阿伽門農**
謝里曼在麥西尼發現這張金面具，製造時間可追溯至西元前16世紀，以「阿伽門農面具」之名著稱。事實上，比特洛伊戰爭的時間晚了許多。

▽ **墓碑**
博物館館藏的範圍非常大，是世界上最大的雕刻品收藏之一。

▷ **巨石**
這尊年輕人雕像（kouros）在亞地加半島尖端的桑尼昂海神殿被發現。它呈現古代風格，製作於西元前7世紀。

▷ **古豎琴家**
一名坐著的人像彈奏豎琴的大理石雕刻,製造時間可追溯至西元前3000年,是在希克拉迪群島中的科羅斯島(Kéros)發現的,科羅斯島位於拿索斯島附近。

▽ **石中的動作**
博物館提供了早期作品一直到古典時期的希臘雕像珍品,讓參觀者有最全面的概觀。

▽ **瞄準**
海神擺出準備擲魚叉姿態的這尊銅像,是少數存留下來的古物,時間可追溯至西元前450年,發現於艾甫亞(Évia)的外海。

△ **皇帝肖像**
這尊羅馬皇帝奧古斯都(Augustus)騎馬的銅像栩栩如生,製造於西元前1世紀末。

出色的壁畫

西元前2000年中期,希克拉迪的提拉島或聖托里尼島受到米諾斯文明影響,甚至受其統治。1967至1974年間,斯皮瑞登·馬里納托斯(Spyridon Marinatos)挖掘出提拉島上的阿克羅帝利(Akrotiri)米諾斯聚落,時間可追溯至西元前1600年。阿克羅帝利最美麗的發現是壁畫,目前收藏於國家考古博物館二樓,以空調設備加以保存。

大約西元前1500年,提拉島發生大規模的火山爆發,整個阿克羅帝利聚落都被掩埋在火山灰燼下,包括三層樓高的建築。挖掘工作自1967年展開。壁畫是用來裝飾此古城屋內的牆壁,大部分呈現日常生活景象,例如:裸身的漁夫滿載魚獲而歸、高雅的淑女、優美的羚羊,以及本欄上方圖案的兩名拳擊小男孩,不過也有一個6公尺(19英呎)長的壁畫,上面詳細描繪了海軍戰役。

伯羅奔尼撒

從首座奧林匹克運動場到阿伽門農的麥西尼，
讓人沉緬在古代歷史中。而這個南部的首府也提供了
美麗的海灘、藍綠色的海灣，以及原始未開發的馬尼。

伯羅奔尼撒（Peloponnese）的名字，來自於傳說中的英雄珀羅普斯（Pelops）和希臘文「島嶼」（nísos）兩字的合稱，雖然它鮮少被視為島嶼。如果從亞地加開車，很容易就錯過連接伯羅奔尼撒與大陸之間的狹小地峽，而科林斯運河貫穿這地峽，使得伯羅奔尼撒稍微符合「島嶼」之名。此區在中古世紀的名稱為摩里亞（Moreás），如今很少使用，可能源自於該地盛產桑樹（mouriá），或是半島形狀如同桑葉。

科林西亞：摩里亞的重要地

東北方的科林西亞（Korinthía）行政區域劃分有些奇怪，包含了科林斯運河東北部的一小部分希臘本土；礦泉度假區路卓基（Loutráki）上方13公里（8英哩）是佩拉何拉海萊翁（Perahora Heraion），擁有古代**希拉神廟**（Hera temple）和一處柱廊（stoa）。另一個重要的古代神殿每四年舉行一次地峽運動會，就位在運河西南方的**地峽**（Isthmía）；這裡的羅馬澡堂保存了許多地板鑲嵌圖，繪製的海洋生物栩栩如生，而博物館（開放時間為週二至週日上午8時30分至下午3時；需門票）大片分割（opus sectile）的鑲板繪有港口情景、尼羅河的鳥類生活，以及受敬重的古代人物等，畫面十分生動。運河本身於1882年至1893年間開鑿，如今大型船隻已無法通過，只有少數貨船能勉強擠進僅23公尺（75英呎）寬的運河，上方橋樑則有歡天喜地的圍觀民眾。

左圖：奧林匹亞部分石柱。
下圖：馬尼夾雜著暴風雨的氣候。

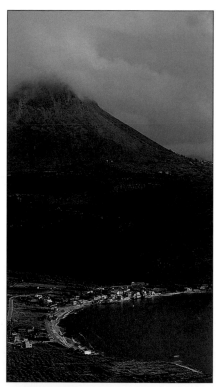

古科林斯（Corinth）位於現代科林索斯（Kórinthos）❶西南方4公里（2.5英哩）處，在運河開鑿前，因為是跨越地峽的運貨重鎮而繁榮興盛。西元前146年，羅馬人為了報復希臘人的反抗，憤而將此希臘化時期的城市夷為平地，不過一個世紀後又重建為希臘首都。雖然西元375年和521年發生過大地震，但是此遺址是希臘現存最完整的羅馬帝國城鎮。科林斯以墮落奢華聞名，西元52年，聖保羅來到科林斯逗留18個月時，曾如此預言。

羅馬人對水管的著迷顯而易見：大理石鋪成的里海翁道（Lehaion Way）外有明顯的廁所圖案，依然運作的下皮林噴泉（Lower Peirene Fountain）末端以及精巧的格勞克噴泉（Glauke Fountain），其四個蓄水池是由一塊巨石劈成，內有輸水管（開放時間夏季為上午8時至下午7時；冬季上午8時至下午5時；需門票）。

古科林斯一座多利斯式的阿波羅神廟（Apollo Temple）仍在，目前僅剩下七根柱子，遺址博物館雖然在1990年遭竊，但仍保留許多科林斯輝煌時期的古

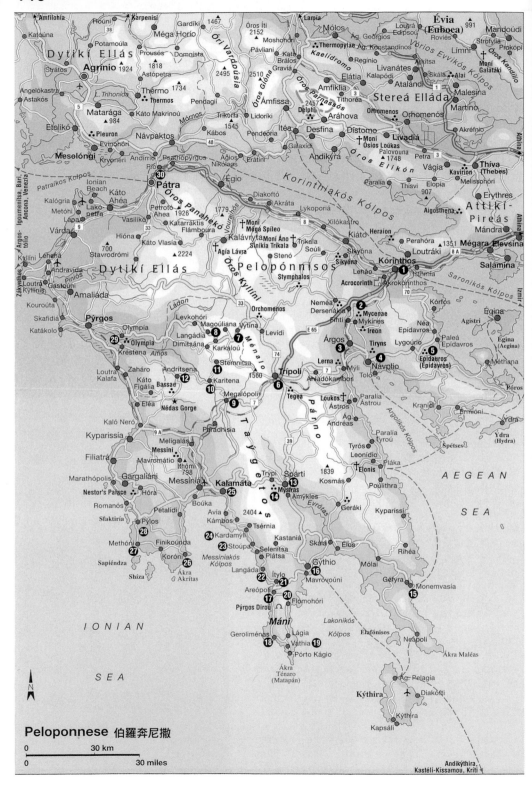

Amfilohía · Hoúni · Karpenísi · Gardíki 1467 · Lamía · Évia (Euboea) · Mandoúdi · 991
Katoúna · 38 · Méga Horió · Óros Íti 2152 · Mólos · Loutrá Edipsoú · Roviés · Strofyliá · Prokópi
Potamoúla · Prousós · Moshonóri · Ag. Geórgios · Thermopylae · Ag. Konstandínos · Arkitsa · Límni · Óros Kandílio
Dytikí Ellás · Domnista · Pávliani · Brálos · Reginio · Elátia · Livanátes · Skála · Alaí · Moní Galatáki
Strató · Agrínio 1924 · 1818 · Astópetra · 2495 · Gravia · Óros Ghióna · Amfíklia · Kalapódi · Ataländi · 1 · Malesína
Angelókastro · Thérmo · 1734 · 2510 · Ámfissa · 2457 · Tithoréa · Oftonómenos · Orhomenós · Martinó
Astakós · L. Trihonída · Thermos · Pendagií · Trikórfa · Lidoríki · Delphi · Aráhova · Díoro · Akréfnio
Matarága · Káto Makrinoú · 1545 · Itéa · Desfína · Dístomo · Moní Ósios Loukás · Évia · Stereá Elláda
Etolikó · Pleuron · 984 · Mórnos · Kábos · Pendeória · Galaxídi · Andíkyra · Palovouna · 1748 · Petra · 3 · Thíva (Thebes)
Evinohóri · Návpaktos · 48 · Óros Elikón · Vágia · Kavírion · Melissohóri
Meselóngi · Andírrio · Psathópyrgos · Ágios Nikólaos · Erátini · Paralía · Thísvi · Elopia · 907 · Erythres
Kryonéri · Río · Égio · Korinthiakós Kólpos · Aigosthena · Attikí-
Patra · Óros Panaheko · Diakoftó · Akráta · Lykoporiá · Piréas
Kalógria · Ionian Beach · Káto Ahéa · Petroto · 1926 · 1779 · Vouraïkós · Xilókastro · Heraion · Perahóra · 1351 · Mégara · Elevsína
Metóhi · Lakó petra · Vasilikó · 33 · Katarráktis · Flámboura · Moní Méga Spíleo · 8 · Kiáto · Loutráki · 8 A
Várda · 9 · Hióna · Káto Vlasía · Kaláyrta · Moní Áno Sinikía Trikala · Trikala · Soúli · Silkybna · Loutráki · Salámina
Léhená · Stavrodrómi · 2224 · Agía Lávra · Stenó · Sikyóna · Kórinthos · 1
Kyllíni · Andravida · Pínios · Dytikí Ellás · Óros Kyllíni · Peloponnisos · Lehéo · Acrocorinth · Akrokórinthos · 70
Loutrá Kyllínis · Amaliáda · Ládon · Stymphalos · Derxenáka · Korfós
Kouroúta · Skafidia · Levkohóri · Orchomenos · 33 · Neméa · Mycenae · Néa Epídavros · Agistri · Égina (Aegina)
Katákolo · Pýrgos · Magoúliana · Vytína · Levídi · Fínti · Mykínes · Íreon · Epídavros · Paleá Epídavros · Méthana
Olympía · 29 · Olympía · Langádia · Dimitsána · Karkaloú · 74 · Árgos · 3 · Tiryns · 4 · Lygoúrio · 5 · Epídauros (Epídavrós)
Krésténa · Alfiós · Andrítsena · Stemnítsa · 1560 · Trípoli · Lerna · Mýli · Návplio · Tolo · Póros
Loutra Kalafa · Zaháro · Káto Figália · Bassae · Karítena · 6 · Tegea · Ahladókambos · Loúkos · Paralía Ástrou · Kranídi · Ermióni
Eléa · Nédas Gorge · 9 · Megalópoli · 7 · Ástros · Ág. Andréas · Ýdra (Hydra)
Kaló Neró · Paradhisia · 39 · Páno · Paralía Tyroú · Spétses
Kyparissía · 9 A · Meligalás · Tyrós · Leonídio · Pláka · AEGEAN
Filiatrá · Messini · Mavromátio · Ithómi · 798 · Trýpi · Spárti · 1839 · Elonís · Poúlithra · SEA
Marathópolis · Gargaliáni · Messinía · Kalamáta · 25 · Mystras · Kosmás · Geráki · Kyparíssi
Nestor's Palace · Hóra · Boúka · 14 · Amýkles · Evrótas
Romanós · Petalídi · Avía · 2404 · Tsérnia · Kastaniá · Skála · Élos · Rihéa
Sfaktiría · Pýlos · 28 · Kámbos · 24 · Kardamýli · Selenítsa · Plátsa · Géfyra · Monemvasía · 15
Methóni · 27 · Finikoúnda · 23 · Stoúpa · Messiniakós Kólpos · Langáda · Gýthio · 16 · Mólai
Sapiéndza · Koróni · 26 · 22 · Ítylo · 21 · Mavrovoúni · Ág. Pelagía
Shíza · Ákra Akrítas · Areópoli · 17 · 20 · Flomohóri · Lakonikós · Kólpos · Elafónisos · Neápoli
IONIAN · Pýrgos Diroú · Máni · Gerolíménas · Lágia · Ákra Maléas
SEA · 18 · Váthia · 19 · Pórto Kágio · Kýthira · Diakófti
Ákra Ténaro (Matapán) · Kýthira · Kapsáli

Peloponnese 伯羅奔尼撒

0 ——— 30 km
0 ——— 30 miles

Andikýthira, Kastéli-Kissamou, Kríti

代陶器，和一些複雜的羅馬別墅鑲嵌圖（開放時間為週二至週五上午8時至下午7時，週六至週日為上午8時30分至下午3時）。附近有個令人憶起過往，卻幾乎無法攻克的**科林斯衛城**（Acrocorinth，每日開放時間為上午8時至下午7時；免費），這裡長久以來是半島的軍事重地，每個占據希臘的當權者都必須控制此處。經由較平緩的西邊斜坡進入**三碉堡**（triple fortifications），你將置身於荒蕪雜草中；西元1822年，希臘叛變者取得這座鄂圖曼土耳其城鎮後，居民全數撤出，因此留下的古蹟很少，然而當年大部分的圍城都成功地遭到反抗，多虧了堡壘東南角附近位於地下的**上皮林噴泉**（Upper Peirene Fountain）。山頂上是**愛芙羅黛蒂神廟**（Aphrodite Temple），曾獻祭1,000名妓女，四周的景色壯麗絕倫，每個方向延伸至60公里（40英哩）。

通往的黎波里（Trípoli）寬廣的收費道路，自現代科林索斯朝向西南前進，而在**德爾凡納基亞**（Dersenákia）附近的出口處，向西8公里（5英哩）即為古**內米亞**（Nemea），每隔兩年一次的運動會在此聖地舉行。如今你可以見到運動場，不過歷史最悠久的地標是西元前4世紀的**宙斯神廟**（Zeus Temple）僅存的三支多利斯式柱子；其餘神廟在拜占庭時期遭到毀壞，遺跡猶如大型臘腸切片。遺址（每日開放時間為上午8時至下午7時；需門票）位於一處鄉村河谷內，四周的葡萄園製造出希臘一流、濃郁的內米亞紅酒。

阿哥利德：麥西尼文明發祥地

舊公路在**麥金尼斯**（Mykínes）進入**阿哥利德**（Argolid）平原，這個村莊致力於生產柑橘和觀光事業；鄰接的古**麥西尼**（Mycenae）❷ 是一座防禦性的宮殿

地圖見
148頁

甜葡萄乾
（currant）一字源自於
「科林斯」（Corinth），
意指該市長久以來的
甜葡萄乾貿易，目前仍是希臘最成功的外銷品之一。

下圖：科林斯運河於1893年完工。

考古學家謝里曼揭開了麥西尼的寶庫。

建築，峽谷側面的分水嶺易於防守。麥西尼之名等同於青銅時代晚期，因一位德國無師自通的古典時期學者（同時也是白手起家的百萬富翁）謝里曼而聞名。從1874至1876年，謝里曼全憑直覺和荷馬史詩的文獻記載，在此進行挖掘。希臘考古學家已挖掘出壯觀的城堡獅子門（Lion Gate），不過謝里曼發現的墓穴文物，卻證實了麥西尼的荷馬時期的別稱「遍地黃金」（rich in gold），目前這些物品都收藏在雅典的國家博物館內。近年來，修正主義者批評謝里曼馬虎的挖掘技術和自由伸縮的解釋，——謝里曼曾自誇說「我凝視著阿伽門農的面龐」的黃金死神面具，時間應該比現在追溯的早300年——不過這位致力考古的業餘者卻發現了該世紀最偉大的考古寶庫，令專家相形失色。

　　而在遺址本身，宮殿防禦城牆內的遺跡少有高過腰部的，不過卻有一個驚人的秘密階梯向下至東北角一處無法被包圍的蓄水池。城牆外是兩個非常精巧的墓穴：稱其為「圓頂地下石砌墓穴」（tholos）較為投機，其實是**阿特柔斯寶庫**（Treasury of Atreus）和**克呂泰墨斯特拉之墓**（Tomb of Clytemnestra），因為其構造類似蜂巢，又名為「蜂巢式墓穴」（每天上午8時至下午7時開放；需門票）。

古亞各斯

　　貫穿阿哥利德平原的道路在**亞各斯**（Árgos）**❸**分岔。亞各斯是阿哥利達的首府，也是主要的農業中心，蕃茄和柑橘為大宗，後者是在第二次世界大戰後由美國顧問引進的；現代城鎮本身沒有什麼特別，除了**考古博物館**（Archeological Museum，開放時間為每日上午8時30分至下午3時；需門票）。但是在南邊，往的黎波里的道路旁，是**古亞各斯**（ancient Argos）遺址，這是希臘最古老的聚落之

下圖：麥西尼的第一個環狀列石。

一，而它最知名的是大型陡坡劇場。從這裡登上拉里沙（Lárissa）丘陵頂端的法蘭克城堡，該處是**古代衛城**（acropolis），其壯闊景致與科林斯衛城不相上下。西北邊是**基利尼山**（Mount Kyllíni），山頂經常覆蓋著皚皚白雪。繼續向前走，果園前方偶爾出現罐頭工廠，在前往納夫普里歐（Navplio, Nauplion）的路上，可分辨出麥西尼和古提林斯（Tiryns）的矮丘陵，與遠方的阿哥利德灣（Argolid Gulf）相抗衡。

　　從亞各斯前往納夫普里歐的半途，隱約可見西元前13世紀荷馬時期「城牆包圍的」**提林斯廢墟**（開放時間為夏季每天上午8時至下午7時，冬季每天上午8時30分至下午3時；需門票），這是另一座皇室宮殿建築。18公尺（60英呎）高的陡峭建築聳立在古代的沼澤間，但在地理位置上不如麥西尼宮殿來得易於防守，所以必須築起人造碉堡，而原先的碉堡是目前的兩倍高。大型的石砌台分別為3立方公尺（100立方英呎），與未經炸毀的城牆名為「**塞克羅皮恩**」（Cyclopean），因為一般認為只有獨眼巨人塞克羅皮恩才能移動它們。這裡的大門沒有傳令的獅子，也沒有蜂巢式墓穴，但是提林斯仍十分引人入勝，有一處**秘密階梯**（secret stairway）通往西邊的後門，東南角附近有個支架屋頂走廊（gallery），其牆壁打磨了一千年

歷史的庇護綿羊圖案。

納夫普里歐❹矗立在河谷東南角中，不只是個空中樓閣，保存良好的舊城（old town）位在西北方12公里（7英哩）外，維持了一份優雅，迥異於髒亂而功利的亞各斯。搖搖欲墜的新古典時期建築、利於行走的大理石街道，以及互相連結的堡壘，建造時期多半可追溯至1686至1715年的第二次威尼斯人占據時期，之後此地由鄂圖曼土耳其帝國所征服；15世紀以降，這裡的防護岩石一直是他們力求控制愛琴海的重要地點。在1829年至1834年間，納夫普里歐成為希臘的第一個首都，如今卻是個悠閒的度假地，雖然消費較高，但在冬季依然人來人往，多半是來此度週末的雅典人。

阿克羅納夫普里亞（Akronavpliá）比納夫普里歐更令人咋舌，上方是建於不同時期的四座獨立堡壘，東邊的丘陵上是18世紀初的帕拉米迪（Palamídi），蜿蜒的城牆圍繞七個專為抵擋強大砲火的獨立稜堡。然而，威尼斯駐軍僅在1715年和鄂圖曼土耳其交戰一場即投降，到了1822年，鄂圖曼土耳其經過長時間的包圍後，向希臘反叛者投降。從舊城攀登不到900個階梯即可到達山頂，此時，阿哥利德平原將可盡收眼底（開放時間為每日上午8時至下午7時；需門票）。

納夫普里歐的堡壘島嶼布爾齊（Bourtzi）。

納夫普里歐東邊約27公里（17英哩）處，是**埃皮達洛斯**（Epidauros）壯觀的西元前4世紀**圓形劇場**（theatre），導遊總是將銅幣扔在樂隊席地板上，來顯現音響工程的完美。由於劇場遲至19世紀末才出土，其石工幾乎沒有損毀，修復工程可減至最少。

圓形劇場是具有療癒能力的半人半神阿斯克皮歐斯（Asklepios）大型神殿的一部分，其廢墟重新挖掘出來，延伸至西北方。最容易到達的地方是古典**競技場**

下圖：納夫普里歐的海岸邊。

牧羊神在阿卡地亞洞
穴樹蔭下吹著笛子，
和山水女神玩耍。

（stadium），石製板凳和起跑線依然可見；紀念碑式的大門、通往港口（如今是濱海度假勝地舊埃皮弗洛斯，Paleá Epídavros）聖道一部分彎曲綿長的鋪路，以及中央有座迷宮的圓形建築，一般以為內有毒蛇（阿斯克皮歐斯的神聖動物），或是教士入會儀式舉行地點（開放時間為每天上午8時至晚間7時；需門票）。

最接近埃皮達洛斯的村莊是利古里歐（Lygoúrio），以前的主要生計來自橄欖樹林，如今是夏季古戲劇節的觀光交通要塞。希臘和國際劇團的表演於晚間在古劇場進行，還有來自雅典與納夫普里歐的特別巴士，搭載已購買門票的民眾。

從納夫里歐向西行，你可以沿著海灣的濱海道路前進，避免再度進入亞各斯，這條道路在勒爾納（Lerna，現代的米利，Mýli）連接往的黎波里的公路，神話中的大力士赫拉克勒斯（Hercules）即在勒爾納殺害海德拉（Hydra）。

阿卡地亞牧歌

雖然不是1990年代的收費高速公路，不過，現代化的1970年代公路在米利離開了芳香的柑橘園，進入的黎波里 ❻ 附近種植梨和蘋果的高地峽谷。的黎波里是阿卡地亞（Arkadía）的首府，其名令人憶起三個古城：泰耶阿（Tegea）、曼提尼亞（Mantineia）和帕拉迪奧（Palladium），其中帕拉迪奧是毫無特色的羅馬皇室根據地。曼提尼亞位於的黎波里現代城鎮的北方，保有大部分的古城牆，而且以生產極佳的現代葡萄酒聞名；南方的泰耶阿擁有頹傾的雅典娜阿里亞神廟（Temple to Athena Alea）廢墟，位於現代的阿里亞（Aléa）村莊中央。

的黎波里是鄂圖曼土耳其統治時期的摩里亞首府，但在獨立戰爭時燒毀。除了一些新古典時期的精美建築、餐廳和生氣蓬勃的市場外，對於一般遊客而言，

下圖：埃皮達洛斯的古劇場。

這裡並不怎麼有趣。

往北的不收費道路，沿著梅納洛山（Mount Ménalo）林木茂密、宛如刀刃狀的山邊而行，經過優美的萊威第（Levídi）和維提那（Vytína）⑦村莊，後者是頗受希臘人歡迎的「丘陵站」（hill station）及滑雪勝地。在維提那上方，朝著伊利亞（Ilía）前進，最引人入勝的景點是蘭卡迪亞（Langádia）⑧，其知名的石匠在蘭卡迪亞峽谷上方的斜坡地，建造了固若金湯的石屋。不過阿卡地亞山區最吸引人的地方，在於的黎波里西部，可從美加洛波利（Megalópoli）⑨道路進入，或是在維提那和蘭卡迪亞之間轉向南邊。美加洛波利擁有製造污染的發電廠，承繼自古美加洛波利（ancient Megalopolis），只不過是比較貧困。古美加洛波利是個人造古地，在啟用不到兩百年即遭廢棄，只剩下大型劇場得以彰顯其過往。

卡里泰納（Karýtena）⑩因為有古老的城堡和房屋俯視著艾菲歐斯河（Alfiós River），而有誇大的「希臘的托雷多」（Toledo of Greece）之稱，艾菲歐斯河沉靜地裝載著紛亂的歷史。13世紀時，卡里泰納為一名法蘭克男爵的領地，後來由拜占庭帝國奪回，並捐贈三座教堂和一座跨越艾菲歐斯河的拱橋。建造橋樑和城鎮就花費了5,000德拉克馬幣；獨立戰爭的領袖科洛科特羅尼斯（Kolokotrónis）的雕像從另一端向外凝望，1826年，他在這裡成功抵擋了鄂圖曼土耳其的長時間包圍。

沿著朝狄米札納（Dimitsána）的道路向北，大約與東側的路西歐斯峽谷（Loúsios Gorge）平行，這條道路很短，不過景點相當集中，其風景僅有少數伯羅奔尼撒地方所能及。在艾利尼可（Ellinikó）村，一條泥土路向下行至谷地，

蘭卡迪亞的登山用具。

下圖：阿卡地亞的三代女人。

在維提那山間村落輕鬆一下，這裡是極受希臘遊客歡迎的「丘陵站」。

谷地裡則有中世紀的科科拉斯橋（Kokkorás）和拜占庭禮拜堂**聖安德烈**（Ágios Andréas），其附近挖掘出了古代的哥提斯（Gortys），這是個治療中心，最精采的是一個獨特的圓形結構，咸信為澡堂。

繼續沿著道路往下走即是**斯坦尼札**（Stemnítsa）⓫，此地已被正式更名為**伊普桑達**（Ipsoúnda），不過原本的斯拉夫名字較廣為人知；這是個位於隱密圓谷的內地，具有獨特的氣氛，壯觀的別墅似乎面對而視，而唯一的一家珠寶店令人回想起過去的製銀業。靠近路西歐斯峽谷的前端，迷人的**狄米札納**位於兩座山之間，河流貫穿其間，地平線上點綴著四座鐘樓。此處的別墅一如斯坦尼札的住宅，可追溯至1700年代的商業黃金時期。

狄米札納亦標示了穿越峽谷的某一端健行路線，這條小徑的起點在**帕利歐里**（Paleohóri）小村莊，順著菱形上面有32圖形的紅白記號走。第一個重要景點是西岸的**新費洛索佛修道院**（Néa Filosófou monastery），內有17世紀的壁畫，例如耶穌行走在加利利海（Sea of Galilee）等。上方不遠處是10世紀的**舊費洛索佛修道院**（Paleá Filosófou monastery），大部分已損毀，從峭壁周圍幾乎無法辨識出來。最後來到小徑分岔（西岸通往哥提斯），你可以再橫渡河流，見到最壯觀的11世紀修道院**聖雅努普拉洛姆**（Agíou Ioánnou Prodrómou, st John the Baptist），這是聖馬丁鳥巢式的修道院，希臘正教教堂喜歡將這種修道院嵌入峭壁內。然而，這是個小地方，提供給男性朝聖者的設施有限，所以要預先安排足夠的白晝時間，以向前步行至斯坦尼札。

從卡里泰納一條西行的道路沿著艾菲歐斯河，經過路西歐斯峽谷，抵達**安德里契納**（Andrítsena）⓬，大約介於美加洛波利和大海中間。傳統商店和中央廣

下圖：聖雅努普拉洛姆修道院，是希臘最獨特的修道院之一。

場的晨間市場，令人憶起該村在歷史上是個重要的貨物集散地，然而現今它似乎未被川流不息的觀光交通所影響，這些遊客都是要前往南方14公里（9英哩）外，位於貝西（Bassae）的第5世紀神廟**阿波羅埃皮庫里歐斯**（Apollo Epikourios）。這是希臘最完整的古代聖所，同時也是聯合國教科文組織所保護的世界遺址，但目前卻不迷人，以繩索固定巨大帳篷來保護古蹟，避免冬天的霜雪破壞了它；而為了整修，目前不對外開放。對許多人而言，較值得一遊的是位於南邊數公里的費加里亞（Figalia）現代村落和古代廢墟下方的**內達斯河谷**（gorge of the River Nédas），這裡的居民原本建築了一座阿波羅神廟，以感謝阿波羅解除了瘟疫。

拉科尼亞：古代斯巴達心臟地帶

從的黎波里下行60公里（37英哩）至現代斯巴提（Spárti），右方隱約可見綿長的**泰耶托斯山**（Mount Taýgetos）的石灰石條紋。再往前是充滿橄欖樹和柑橘樹的尤羅塔斯河（Evrótas）沖積平原，蘊含了古代斯巴達嚴苛、「驍勇善戰」的刻板印象（拉科尼亞之名，意為「簡潔」，咸信為當地居民的特殊性格）。

斯巴提 ⑬ 是古斯巴達的現代承繼者，單調乏味，只有一些吸引人的廣場和新古典主義建築外觀，是1834年巴伐利亞城鎮計畫的遺跡。如果真要停留，可參觀極佳的**博物館**和**古代衛城**（ancient acropolis）遺跡。博物館（開放時間為週二至週日上午8時30分至下午3時；需門票）尤其有豐富的羅馬帝國統治末期的地板鑲嵌圖，得自於當地別墅，另有艾米科斯（Amýkles）的**阿波羅神殿**（sanctuaries of Apollo）怪異的奉獻物，以及衛城的**阿耳特彌斯祭壇**（Artemis Orthia），年輕人

地圖見
148頁

1821年，狄米札納的大主教葉梅諾斯（Germanos）呼籲民眾起義對抗土耳其人，之後阿卡地亞各地皆獲得解放。

下圖：在伯羅奔尼撒的咖啡時光。

米斯卓斯的米特羅波
利斯大教堂,位於周
圍有廊柱和陽台的庭
院中。

下圖:米斯卓斯的佩
里雷普托教堂,它擁
有絕佳的壁畫。

在此祭壇受到鞭打,直到全身滿是鮮血,才獻祭給女神阿耳特彌斯。然而,位於斯巴提西北方700公尺(0.5英哩)的衛城本身,並沒有留下太多遺跡,只有一個嚴重腐蝕的劇場,另有拜占庭教堂聖尼肯(Ágios Níkon)的少許遺跡。

斯巴提人的建築物很少,但西方6公里(4英哩)的拜占庭城鎮**米斯卓斯**(Mystrás)⓮卻有一些建設(開放時間為夏季每天上午8時至下午7時;冬季上午8時30分至下午3時;需門票)。這是個圍著城牆的神秘廢墟,依附在一個圓錐形的峭壁邊,上方則是一座城堡。米斯卓斯之名是「美吉卓斯」(mezythrás)的訛誤,「美吉卓斯」在希臘文為「乳酪製造者」之意,一般認為指的是該地的地勢猶如乳酪傳統的圓錐形。

米斯卓斯原先於1249年由法蘭克人建立,在拜占庭帝國統治下,擴充成為兩萬人的城市,1348年以後,成為摩里亞采邑的首府。1460年由鄂圖曼土耳其人占據後,米斯卓斯一躍成為主要文化中心,吸引塞爾維亞(Serbia)、君士坦丁堡(Constantinople)和義大利的學者和藝術家前來。其中義大利的影響顯而易見,米斯卓斯的教堂壁畫色彩鮮豔(也保存得十分良好),這在希臘絕無僅有,正如同當時的義大利畫作一樣,充斥著外國人、外國建築物和景致。就建築上來說,這些教堂是混合了三條通道的長方形教堂地面規劃,以及畫有十字架的圓頂走廊,十分符合拜占庭的風格。而前文藝復興(Proto-Renaissance)的靈感,則創造了鐘樓及有列柱的門廊。米斯卓斯被視為鄂圖曼土耳其統治時期開創前,最後一個偉大的拜占庭建築誕生地,是顯而易見的。

佩里雷普托(Perívleptos)教堂收藏了十二場聖餐的完整壁畫,還描繪了兒童在耶路撒冷入口玩耍的景象。附近的**潘達納沙**(Pandánassa)是最新的教堂,

建於1428年，外觀是典型的哥德式建築，內部則有栩栩如生的壁畫，其中最好的壁畫必須引頸觀看。相較之下，歷史最悠久的**米特羅波利斯大教堂**（Mitrópolis）在結構上就顯得保守，稍後加蓋的圓頂也不怎麼優美，不過卻有完整的基督顯靈壁畫。**維隆多翁僧院區**（Vrondóhion）有另一座14世紀的教堂艾芬迪可（Afendikó），其六個圓頂的重量，由下方一系列牆柱和上方廊柱支撐。洗禮壁畫中出現海怪，而在祭壇上方的裝飾板，則繪有諸聖徒驚歎凝視著耶穌升天。

　　哲拉基（Geráki，斯巴提東方25公里／16英哩）有個小米斯卓斯，鮮少有人聽說過，遊客也不多。雖然這裡有個古城（哲朗拉，Geronthrai），其砌石卻已被任意挪用來建造數座分散的教堂。哲拉基的**衛城**不如米斯卓斯衛城壯觀，而且較早關閉（開放時間為每天上午8時30分至下午3時；需門票）；如果時間有限，不妨尋找郵局（營業時間為上午8時至下午2時）旁邊的鑰匙保管員，他會打開現代村莊內外四座藏有壁畫的教堂。

　　拉科尼亞的三個拜占庭城市中，最後一個是**莫念瓦西亞**（Monemvasía）❶，位於斯巴提東南方94公里（58英哩）處。一如米斯卓斯，莫念瓦西亞是個設防的**雙城**，矗立於海中350公尺（1,150英呎）高的石灰石岩頸上，經常有「希臘的直布羅陀」（Gibraltar of Greece）之稱，不過「希臘的杜布洛尼」（Dubrovnik of Greece）的別稱，也同樣適用於這個磚瓦屋頂、城牆包圍的南坡下方城鎮。莫念瓦西亞在極盛時期為一個半自治城邦，有五萬居民，因其英勇的艦隊，以及介於義大利與黑海中間的便利位置而繁榮。必要的話，不需武力即可征服此地，只要延長包圍時間，該岩地雖有龐大的蓄水池，但不生產食物，所以必然會投降。附近的葡萄園生產著名的莫念瓦西亞甜酒，類似馬德拉群島的甜酒，名為莫西

設防的莫念瓦西亞位於峭壁上，俯視著大海。

下圖：俯瞰莫念瓦西亞。

莫念瓦西亞下方城鎮販賣的櫻桃。在中世紀,食物供給是此岩城的弱點,每種食物都必須從大陸進口。

（Malmsey）或是莫佛西（Malvoisie）,這是其地名的西方說法;然而,莫念瓦西亞當地的甜酒已於15世紀停止生產。隨著科林斯運河的啟用,莫念瓦西亞喪失了所有商業和軍事上的重要性。

下方城鎮的三面是周長900公尺（0.5英哩）的威尼斯城牆,但跨越堤道時並看不到,一直到西邊大門（汽車禁止入內）城牆才赫然出現在眼前。大門正上方是著名詩人雅尼斯・里特索斯（Giannis Ritsos）1909年出生的房屋;每個人都很懷疑當地保守的居民怎麼看待他直率無隱的馬克斯主義思想和雙性戀傾向。他在1990年過世後葬在附近的墓園中,墓碑上刻的是他的一首詩,而非宗教祝福。

下方城鎮的房屋由錯綜複雜的隧道和騎樓相連,陡峻的圓石街道末端是死巷,這裡的房屋都被富裕的雅典人和外國人買下來整修。峭壁的石階彎彎曲曲,頭頂上是較古老的城鎮,西元6世紀開始最早有人定居此地,並建造防禦工事,但在1900年代初遭到棄置,如今已完全毀損,唯一尚未廢棄的是優雅的14世紀**聖索菲亞教堂**（Agía Sofía）,擁有16面圓頂,位於北方峭壁的一角,也是莫念瓦西亞最早見到日出的地方。

吉席歐（Gýthio）**16** 位於斯巴提東南方47公里（29英哩）,是基西拉島（Kýthira）與克里特島渡船路線之間的一個港口城鎮,本身是個度假勝地,這裡同樣也是前去馬尼（Máni）的通道。碼頭邊陳列了許多具有地方特色的磚瓦房屋,以及昂貴的海鮮餐館。在拉科尼亞灣對岸,太陽於**馬里亞角**（Cape Maléa）升起,可瞥見北方的泰耶托斯山最後一眼。在古代,吉席歐是斯巴達的港口,近來則外銷製造皮革所需的橡樹果實。這裡的景點不多,只有一座羅馬圓形劇場和歷史博物館（開放時間為週二至週日上午9時30分至下午3時;需門票）,位於馬

下圖:位於海邊的吉席歐。

拉松尼西（Marathonísi）古小島上，藉由一條堤道與大陸相連。傳說中帕里斯和海倫當年就是在這裡共度第一個晚上，然後一千艘船隻就此開航。

馬尼：希臘硬漢的家鄉

馬尼是一個在泰耶托斯山保護下突出南部的地帶，乾燥而遺世獨立，是希臘最晚信奉基督教的地方（9世紀），但卻建造了數十座鄉間小禮拜堂，得以彌補過去的時光。除了矮小的橄欖樹之外，幾乎寸草不生，然而到了夏末，籬笆旁卻長出果梨，增添了一抹色彩。**外馬尼**（Éxo Máni，卡拉馬塔西北方的伊泰羅，Ítylo）較利於觀光，富饒而水源豐沛；**內馬尼**（Mésa Máni）位在伊泰羅連結吉席歐界線以南，西岸的教堂較值得參觀，點綴著塔樓的各村莊則分布在東岸。不過極端的環境使得人口驟減，只有在秋天的狩獵季節，這裡的村莊才人潮洶湧。

吉席歐通往馬尼的主要道路經過**帕沙瓦**（Passavá）和**凱雷發**（Kelefá）等城堡，這裡是鄂圖曼土耳其帝國當對當地下令的地方。繼續往下走即來到**阿列歐波利**（Areópoli）**⑰**，這是內馬尼的主要市場城鎮和觀光重鎮。阿列歐波利過去名為茲莫瓦（Tsímova），是馬弗洛米海利（Mavromihális）幫派的根據地，在獨立戰爭後更換為戰神之名，以紀念戰神對希臘爭取獨立的貢獻。兩座建於18世紀的教堂都顯現出這個特色：**塔克西爾教堂**（Taxiárhis）擁有鐘樓和黃道帶後堂浮雕，**聖雅尼教堂**（Ágios Ioánnis）則有壁畫。

距離阿列歐波利南方8公里（5英哩），位在西岸通往**馬塔潘角**（Cape Mátapan, Ténaro）的道路外，**皮爾哥斯迪魯**（Pýrgos Diroú）的洞窟是馬尼唯一規劃過的觀光景點；可坐船沿著地下河流來此，也許會有大排長龍的遊客。從皮

羅馬時代的吉席歐，提供貴族從軟體動物提煉的骨螺，用以作為高貴外套的染料。

下圖：皮爾哥斯迪魯斯海灘。

實用指南

如果想觀賞最佳的馬尼塔樓,可前去維西亞、基塔(Kítta)、諾米亞(Nómia)和佛洛莫里等村莊。

爾哥斯迪魯至哲洛利梅納斯(Geroliménas)之間,有超過半打的壁畫裝飾著拜占庭教堂;但很可惜的是,大部分的教堂一直都上鎖,而在阿列歐波利尋找管理員可能又太浪費時間。其中最好的兩座教堂位在舊布拉利(Áno Boularí),比較容易到達。可在哲洛利梅納斯的郵局申請聖斯特拉提哥教堂(Ágios Stratigós)的鑰匙,而附近的**聖潘德利蒙教堂**(Ágios Pandelímon)竟然沒有門和屋頂,但裡面有最早(10世紀)的壁畫,後堂則有潘德利蒙和可尼基塔等聖者像。**哲洛利梅納斯 ⑱** 距離阿列歐波利有20公里(12英哩),除餐館和住宿外,就沒有什麼特別的了,其建造時間僅追溯至1870年。再往東10公里(6英哩),是山脊上建有35座塔樓的**維西亞**(Váthia)**⑲**,這裡是拍攝馬尼最好的景點。

哲洛利梅納斯外的主要柏油路環繞著東部海岸,經過拉吉亞(Lágia,以下寬上窄的塔樓和紫色大理石場聞名)和**佛洛莫里 ⑳**(Flomohóri,擁有最高的塔樓,下方是**科卓納斯**〔Kótronas〕圓石灘),然後重新回到阿列歐波利。跨越峽谷後,分隔內、外馬尼的是位於峭壁頂端的**伊泰羅 ㉑**,它與鄰近地區不同,雖然青蔥嫩綠,卻不太繁榮;村莊下方是飾有壁畫的**德庫魯修道院**(Dekoúlou),以及海灘度假地**新伊泰羅**(Néa Ítylo)。

朗加塔村莊(Langáda)**㉒** 位於北方14公里(9英哩),以中央的11世紀教堂**聖索提洛斯**(Ágios Sótiros)為傲,其壁畫仍待挖掘和修復;鄰近的普拉札(Plátsa)和諾米齊(Nomitsís)之間還有四座拜占庭禮拜堂。風景如畫的漁港阿基歐斯尼可拉斯(Ágios Nicólaos)是觀光勝地,附近的**斯圖帕**(Stoúpa)**㉓** 擁有兩處沙岸海灣和許多設施。**卡爾達米利**(Kardamýli)**㉔** 被列為首要度假地,擁有圓石長灘、一個中世紀末的衛城,以及內陸的一些步道。

下圖:位於馬尼的維西亞村。

馬尼的宿怨

馬尼人自稱是古斯巴達人的後裔,也許所言屬實,不過該區最重要的中世紀歷史,是拜占庭貴族在13至15世紀逃難至此。這形成了當地的特權階級,稱之為尼克林(Nyklians),一如蘇格蘭的情形,這些特權階級組成了互相競爭的氏族,只有他們才有權利興建塔樓。

農地貧瘠和快速成長的人口,不僅促使當地盜匪增加,也產生了氏族之間複雜的世仇。流血衝突持續數年,偶爾為了照料農作物而停戰;提供補給的婦女不受侵犯,公平治療傷患的醫師也可免於災殃。戰鬥者從鄰近的塔樓上相互開火,甚至興建起五層樓的高塔,以向敵方的平樓屋頂扔擲石塊。一般而言,唯有落敗的一方完全被殲滅,或是完全屈服,仇殺才會停止。鄂圖曼土耳其人並不直接統治馬尼,而是鼓勵爭鬥,希望藉此削弱叛變者集結起來的力量,還指派尼克林的領袖為總督(bey),以代表蘇丹。總督職位在各敵對幫派之間代代相傳,然而,到了最後一任總督培特羅·馬弗洛米海利(Petros Mavromihalis)時,各幫派團結起來,煽動1821年3月17日的希臘獨立起義。

美西尼亞：伯羅奔尼撒的冬季避寒地帶

地圖見
148頁

從斯巴提翻越泰耶托斯山的60公里（37英哩）道路，可直接抵達卡拉馬塔（Kalamáta），沿途點綴著上好的旅館和餐廳。在拉科尼亞這一側，靠近**特里皮**（Trýpi）村莊，是**基亞達斯**（Keiádas），據說古代斯巴達人都把生病或畸形的嬰兒丟入此深淵。**卡拉馬塔㉕**才剛從1986年的大地震中平復過來，當年的地震使得半數居民無家可歸，後來雖然出現了移民潮，但卡拉馬塔仍是這一帶最大的城鎮，居民為四萬人。這裡擁有迷人的海濱、一些生氣蓬勃但無遊客的餐館，而最值得推薦的是當地著名的黑橄欖。

大部分來到美西尼亞的遊客，都著眼於西南方低窪的**亞克雷塔岬**（Cape Akrítas），此處有美麗的海灘和溫和的氣候。首要目標是**科洛尼**（Koróni）**㉖**，該市於1206年由威尼斯人建立，守衛著亞得里亞海（Adriatic）與克里特島之間的海上航道。這裡的城堡依然庇護著幾間房屋、果園和松樹林，不過修道院占去了大部分的地方。城牆（自1830年興建）外的村莊經歷過觀光業的衝擊，其具有木製陽台的特殊房屋，依然立於陡峭的階梯街道上。**贊加海灘**（Zánga beach）是伯羅奔尼撒最棒的海灘之一，向西綿延3公里（2英哩）。

美索尼（Methóni）**㉗**是另一個「威尼斯之眼」（eye of Venice），位於西邊35公里（22英哩），在1209年後，因與巴勒斯坦（Palestine）進行朝聖貿易而致富。其占地廣大的城堡三面環海，而且綜合了各時期的軍事建築：威尼斯海閘上方，一個土耳其式八角塔俯視著兩座小島，而1828年建造的法國拱橋則橫跨了威尼斯壕溝。然而，此中世紀城鎮內部並沒有留下太多遺跡，而且城牆外的現代村莊並

皮爾哥斯迪魯的洞窟在旅遊旺季時常川流不息，為了觀賞此奇景，請儘早前往。

下圖：卡爾達米利一處荒廢的教堂。

卡拉馬塔最知名的是大量外銷的又黑又亮的黑橄欖。非常適合搭配烏若酒（oúzo）食用。

不如科羅尼迷人，海灘也不及科羅尼的海灘。

　　皮洛斯（Pýlos）**28**位在北方12公里（7英哩），是另一個缺乏生氣的城鎮，雖然它受到**納瓦里諾灣**（Navaríno Bay）包圍，不過該地的生活似乎侷限在狹小的中央廣場——**特里昂納瓦隆廣場**（Platía Tríon Navárhon）。納瓦里諾灣有過兩次重大的海上戰役：西元前425年，雅典在**斯法克特里亞島**（Sfaktiría island）外海打敗斯巴達；而在1827年10月，法、俄、英聯合艦隊在此擊沉亞伯拉罕帕夏（Ibrahim Pasha）的鄂圖曼土耳其船艦，確保了希臘獨立而民眾則在以這三國海軍上將命名的廣場上，豎立一座方尖碑，以紀念他們。如果要尋找海灘，可前往海灣的北端，在通往青銅器時代的**奈斯特宮**（Palace of Nestor）主要道路外；奈斯特宮發現於1939年，如今由合成纖維屋頂所保護。

伊利亞：奧林匹亞與海岬

　　從奈斯特宮北方的**基帕里西亞**（Kyparissía），沿著海岸開車至克拉底歐斯河（Kládeos）與艾菲歐斯河交界的古**奧林匹亞**（Olympia）**29**，景色十分秀麗。這裡的神殿作為宗教和體育中心已有兩千年了；奧林匹克運動會每四年舉辦一次，舉行時間為夏末滿月時，在所有與神殿有關的希臘競技賽中，是最富盛名的，比賽期間各城邦必須停戰，不遵守規定者將被處以極重的罰款。雖然第一屆奧運證實自西元前776年舉辦，但科羅尼（Krónio）山腳下的神聖森林艾提斯（Áltis），早在西元前兩千年，就已作為奉獻前奧林匹亞諸神之地了。

　　最醒目的紀念建築是**帕雷斯卓**（Palaestra）訓練中心，其庭院柱廊已重新豎立；知名雕刻家菲迪亞斯工作室（workshop of Pheidias，從一個刻有他名字的杯

下圖：皮洛斯附近的佛多基里亞灣（Voïdokiliá）。

子，因而證實為其工作室）；古代**希拉神廟**和其互異的柱子；龐大的**宙斯神廟**如今只剩下柱子部分；而**運動場**則有一條192公尺（630英呎）的跑道，以及尚存的拱門（開放時間為夏季每天上午8時至晚間7時；冬季週一至週五上午8時至下午5時，週六上午8時30分至下午3時；需門票）。

遺址博物館（site museum）最引以為傲的，是從宙斯神廟的碎瓦殘片中所尋獲的浮雕三角牆，目前展示於中央大廳（開放時間為夏季週一中午12時至晚7時，週二至週日上午8時至下午7時；冬季週一上午10時30分至下午5時，週二至週日上午8時30分至下午3時；需門票）。

阿哈伊亞：帕特拉與其腹地

進入阿哈伊亞省（Aháïa），沿著基里尼（Kyllíni）北邊的海岸，可瀏覽廣闊的7公里（4英哩）海灘卡洛格里亞（Kalógria），它的後方則有許多沼澤（和傘狀松樹沙丘森林）。這是巴爾幹半島規模最大的沼地，但尚未闢為野生動物保護區，所以要趁現在趕快去，以免開發者嚇跑了豐富的鳥類。

帕特拉（Pátra）**30**位於前方38公里（24英哩）處，是希臘的第三大城，也是前去義大利和愛奧尼亞群島的主要渡船港口。由於該處交通繁忙，戰後建築毫無特色，而且缺乏海灘，所以稱不上是理想的度假勝地，只有**古衛城**（和一座原始的拜占庭城堡）顯得寧靜。不過，可在嘉年華會時期前來觀賞希臘最盛大的慶典，有遊行隊伍和花車，參與盛會的學生和同性戀團體也備受矚目。

希臘於西元前776年舉辦第一屆奧林匹克運動會，最近一次是2004年的雅典奧運。

下圖：皮洛斯港。

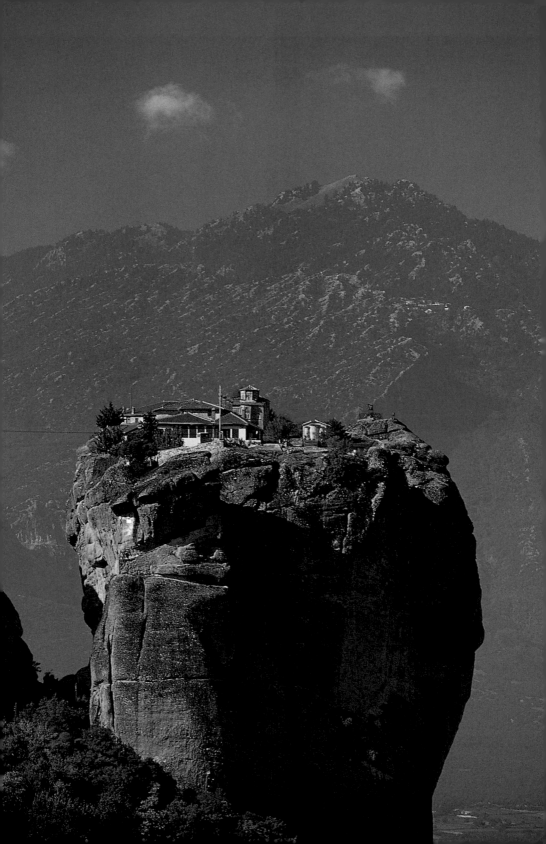

希臘中部

此區擁有許多神殿和修道院，從古代世界的神話中心德爾菲，
到引人注目的歐西歐路加修道院，和米提歐拉山峰。

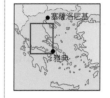

希臘中南部魯梅利（Roúmeli）這個中世紀充滿詩意的名稱，包含現今埃托羅－阿卡納尼亞（Étolo-Akarnanía）、埃維塔尼亞（Evrytanía）、佛基塔（Fokída）、維歐提亞（Viotía）和佛提歐提達（Fthiótida）這幾個省，希臘現在甚至恢復這些地方的古代地名。現在的觀光客看到這些繞口的地名時，他們只想要趕快衝往古代的遺址德爾菲。由於德爾菲擁有獨特、驚人的歷史遺跡，因此他們會這麼忠誠地前往，也是無可厚非的事。

一般來說，從雅典開車到德爾菲大概要2.5到3.5個小時。離開枯燥的**埃勒夫希納**（Elevsína），沿著種滿松樹、陡峭的山路前行，一路上路況很好，風景秀麗，或許還可以繞到科林斯海灣附近的**波多吉梅諾**（Pórto Germenó）❶吃頓海鮮午餐，然後再前往**底瓦**（Thíva，即底比斯）❷。現代的城市都興建在古代底比斯遺址上，所以現在很難看到希臘神話和歷史中著名的底比斯。然而，這裡的考古博物館（開放時間為週二至週日上午8時30分至下午3時；週一為上午10時30分至下午5時；7、8月延長開放時間；需門票）中展示了一個出土的小宮殿，其中包括了從銅器時代古典時期古維奧帝亞的墓地及神殿的古物，特別是來自塔納格拉（Tanagra）色彩鮮豔的石棺。接下來的大城鎮為**利瓦迪亞**（Livadiá）❸，13、14世紀時，為法蘭克人十字軍的主要根據地。埃爾奇納河（River Érkyna）峽谷裂開進入神聖的特羅佛尼烏斯（Trophonios），附近有一處土耳其橋及加泰隆尼亞人蓋的碉堡。豐富的水源種了一排濃密的法國梧桐，行人徒步的這一邊聚集了幾家酒館。

過了利瓦迪亞後，開始呈現上坡路，抵達**帕納索斯山**（Mt Parnassós）的山腳。左轉至迪斯托摩村（Dístomo），該地清楚地標示了**歐西歐路卡修道院**（Monastery of Ósios Loukás）❹，也就是10世紀聖人路加獻身之處。修道院（開放時間5-9月中旬為上午8時至下午2時，下午4時至7時；其他月份開放時間為上午8時至下午5時；需門票）可以俯瞰埃利可納斯山（Mt Elikónas）與世隔絕的美景。較小型的聖母瑪利亞教堂（左邊）建於10世紀；而建於11世紀的大教堂在西元1659年的大地震中倖存下來，教堂裡有華麗的馬賽克，而教堂前廳的「耶穌復活」和「洗門徒腳」是最精采、也最容易看的。

阿拉和瓦村（Aráhova）❺依附在帕納索斯山的山腳下，這裡曾是以放牧為主的稜堡，如今則成為新興的滑雪勝地，郊區提供雅典週末旅遊者住宿的農舍如雨後春筍般到處林立，而這裡的特產則以各種麵條及紫紅色的葡萄酒聞名。

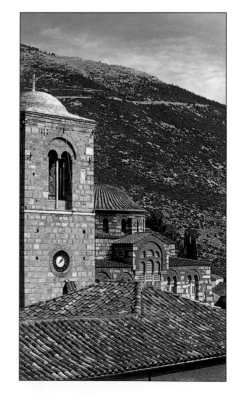

左圖：位於米提歐羅的聖特里亞修道院。
下圖：歐西歐路加修道院。

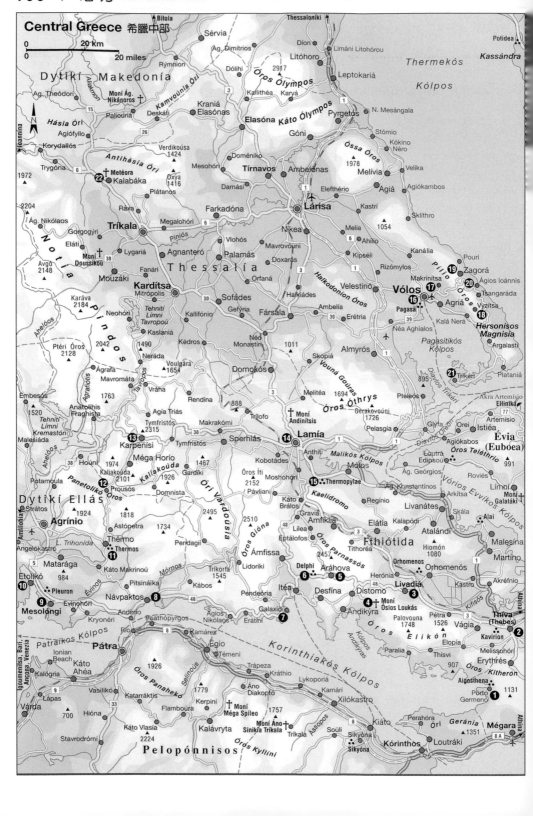

Central Greece 希臘中部

德爾菲

　　古蹟遺址德爾菲（Delphi）❻約在前方11公里（7英哩）處，位於峭壁正下方，穩穩地座落在那裡，完全沒有墜入Plistos峽谷的感覺。自從19世紀末被法國人挖掘出來後，遊客認為這裡是希臘最具有紀念價值的地方。突兀的峭壁嶙峋地聳立著，老鷹盤旋其上，到此遺址需跋涉陡險的坡路，但是一路上可窺得新的景觀和更多的寶藏，讓你不虛此行。

　　首先映入眼簾的是在道路南邊所謂的瑪瑪亞（Marmaria，開放時間與主要古蹟一樣，免費），包含一個運動場（裡面有一條筆直的跑道及圓形的澡堂）及雅典娜普羅納神殿（Sanctuary of Athena Pronaia）。西元7世紀，原來的神殿遭波斯人破壞，之後被現在這個建築群所取代；最有趣的是，這個興建於西元4世紀的圓形建築（tholos），其最初的目的到現在仍未揭曉。

　　道路的北邊是卡斯塔連泉（Castalian Spring，每天開放；免費），路邊較老的方形噴泉建於西元前6世紀，不過地上的大理石薄板是希臘化時代或羅馬時代早期所鋪設的。每個朝聖者都會例行性地到這裡洗手。

　　主要遺址是阿波羅神殿（開放時間夏季為週二至週日上午7時30分至下午6時45分，冬季為週二至週日上午8時至下午5時，全年週一為上午8時30分至下午2時45分；需門票），經過卡斯塔連泉道路的上方。遺跡大都為羅馬時期的建築，不過有許多歷史遺跡像是競技場及主神殿的年代則比較早。一般觀光客注意的景點有雅典娜寶庫、雅典娜柱廊及阿波羅神殿。

絕佳景點

　　西元1904至1906年，法國的考古學家藉助於雅典娜寶庫（Athenian Treasury）碑文上的文字，將多利斯石柱的順序拼湊起來。西元6世紀末的雅典柱廊（Athenian stoa），如今僅存三支愛奧尼亞式的列柱，而在較低地區一座多角牆前方，則有第四支列柱，柱廊有頂覆蓋，以保護當年雅典擊敗入侵者波斯人所留下的紀念物，包括西元前480年在沙拉米斯戰勝波斯人所留下的東西。有一根石柱上寫道：在這場海上戰役中，雅典人從敵人的手中拿下他們的武器和弓箭飾品。

　　阿波羅神殿剛好在雅典娜柱廊上方，這是第三個建在此地且經文獻確認的神殿，文學傳說中提到，最早的三個神殿中，其中兩個分別在西元7世紀和6世紀毀於火災和地震。如今所見的這座建於西元前369至329年，令人印象非常深刻，神殿面積長66公尺、寬26公尺（長215英呎、寬85英呎）；法國人再度將這六根石柱安裝好。阿波羅神與生命中所有的事物有關，但在這裡祂最大的功能是預言。祂的神諭存在阿底頓（adyton）室地板下面，裂縫中會向外噴出有毒且會改變人心的氣體。德爾菲神諭包含幾個步驟：阿波羅將話語轉告被指派為皮提亞（pythia）的婦女，她只有在恍惚中才會聽到神的答案，而且只有教士才能理解她

下圖：德爾菲的雅典娜普羅納納神殿。

皮提亞藝術節
(Pythian Festival)
每四年都會在德爾菲
的劇場舉行。

的話語,教士會為祈求者解釋涵義,但答案通常模稜兩可,必須收費。其中最有名的就是伊底帕斯(Oedipus)殺父娶母那個神諭——他是世界上最悲劇的英雄,同時讓佛洛依德發展「伊底帕斯情結」理論。

阿波羅神殿上方的**小型劇場**(theatre)完成於西元前4世紀,羅馬時期經過徹底的整修。劇場內部可容納五千名觀眾,擁有極佳的音響設備,而且可俯看神廟景致。劇場上方的**競技場**有一個長橢圓形的跑道,值得一行。跑道的北邊有12排座位,南邊原本有6排座位,如今多半已經倒塌。你很容易便可看到起點和終點線,石灰石的墊腳台,還有跑者放置腳趾的細溝。

德爾菲博物館為了因應2004年雅典奧林匹克運動會,因此進行了全面性的整修,未來將配合當地的遺址再開放,館內豐富的珍藏非常值得遊客前來觀賞。最著名的是建於西元前470年的馬車戰士銅像,瑪瑙色雙眼的戰士是最有名的外國人、建於西元前6世紀初的兩座年輕人大型雕像、幾乎等同於實物大小的公牛是銀片打造而成的。西元前565年的納克索斯人面獅身像(Naxian sphinx)以及西夫尼寶庫的壁緣,皆繪有特洛伊戰爭以及眾神和巨人之間的戰役。

佛基塔沿岸

在德爾菲下方,一片看似無止盡的橄欖樹平原,向南延伸至科林斯灣道路鋪著石頭的**伊提亞港**(Itéa),這裡曾經是古代德爾菲的一部分,而奇怪的卡車仍載運著從吉奧納山(Mt Gióna)西側開採的深紫色鋁礦土。然而,這裡真正的明星是那個總是淒風苦雨的小鎮**加拉克西迪**(Galaxídi)**⑦**。受威尼斯人影響的公寓,相較於粗製的佛基塔鄉鎮的房舍,此處房子的風格更接近科洛尼(Koróni)

下圖:德爾菲的阿波
羅神殿。

地圖見
166頁

或納夫帕克托斯（Návpaktos）。西元18和19世紀，當地船主的事業就很成功，令人驚訝的是，當時加拉克西迪是希臘第四繁忙的港口——因此興建了許多豪華的別墅。1890年代後，由於當地的船長拒絕接受蒸汽船，這個地方就沒落了，直到有錢的雅典人為了尋找一個舒適的假日避身之處才又被發現。因此，這裡外國的觀光客很少，不過，港口南邊的碼頭沿岸有不少設備完善的民宿，同時聚集了不少遊艇。

沿佛基塔海岸公路往西，經過**聖尼古拉斯修道院**（Ágios Nikólaos，在伯羅奔尼撒搭一般的遊輪至艾吉歐〔Égio〕）和**垂若尼亞**（Trizónia）——這是科林斯海灣內唯一有住人的小島，再到達**納夫帕克托斯** ❽，就在埃托羅－阿卡納尼亞內側。鄂圖曼土耳其曾以它為根據地，後來在西元1571年的勒班陀（Lepanto，威尼斯人稱此地為納夫帕克托斯）戰役中，鄂圖曼土耳其敗給了奧地利的約翰（John of Austria）所率領的基督教盟軍艦隊。一名鄂圖曼土耳其的史官記載：「皇家艦隊遭逢可鄙的異教徒艦隊之後，上帝的意旨便開始逆轉。」

在西方，這場戰役引起不少共鳴——歡欣地慶祝第一次打敗嗜殺的「恐怖土耳其」——然而，當地卻沒有什麼影響，因為那年夏天土耳其就拿下了賽普勒斯，一世紀內，他們很快地重建自己的海軍，然後攻下克里特島。你可以從威尼斯人所建的蛋形港口，爬上松樹簇生的城堡上，不過很多較大的景點都在科林斯灣的北邊，現今的納夫帕克托斯優雅地結合了低調的名勝及銷售中心。高級的旅館與大多數的餐廳主要聚集在格林玻沃海灘（Grímbovo beach）後面，海灘附近雖然不確定可以淋浴，但亦可以往西到波沙尼海灘（Psáni beach）。

小說家塞萬提斯
(Cervantes) 曾是西班
牙船員，曾參與1571
年的勒班陀戰役，於
納夫帕克托斯作戰，
左手遭加農炮炸毀。

下圖：航行在科林斯
海灣內的船隻。

納夫帕克托斯的威尼斯碉堡所延伸出來的壁壘，用來監視海港的安全。

埃托羅－阿卡納尼亞

從納夫帕克托斯繼續往西進入埃托羅－阿卡納尼亞，從這裡開始，地形愈來愈平緩，愈來愈無趣。途中主要的景點是地震後橫跨里歐－安德里歐海峽（Río-Andírrio straits）新建的懸吊橋（suspension bridge），2004年年中，這條橋已經取代先前每15分鐘一班前往伯羅奔尼撒的遊輪。在到達**邁索隆吉**（Mesolóngi）❾之前，道路暫時轉向內陸，拜倫（Lord Byron）於1824年在此辭世。自1822年起，邁索隆吉即遭土耳其人攻擊。1825年，土耳其進行最後的圍攻，30,000名士兵對抗5,000名反抗者。在全面圍城一年後，半數人幾乎都突圍而出，包括士兵和老百姓，但都在山區遭到殺害；突圍而出的20,000人中，只有1,600人平安無事，而僅存的居民則點燃自己的彈藥庫，和土耳其士兵同歸於盡。

進入邁索隆吉必須從東北方通過一道威尼斯牆，名為**突圍之門**（Gate of the Sortie），由奧梭國王（King Otho）在當年居民突圍之地所建。西邊是**英雄花園**（Garden of Heroes），許多無名的反抗者都葬在此地；另有希臘指揮官馬可斯‧波札里斯（Markos Botsaris）之墓，以及一尊拜倫雕像，雕像下方埋著拜倫的心臟。現在的邁索隆吉是埃托羅－阿卡納尼亞的首府，而這裡與其說是個實際的地方，不如說它是個感傷之城，大部分的生物都住在廣大、偶爾發出惡臭的潟湖裡，城市有三面都被鹽、魚卵及煙燻鰻魚包圍著。你可以在舊市區中心Athanasíou Razikotsíka附近的小酒館吃到魚卵和煙燻鰻魚。

越過邁索隆吉，山腳下是古代普勒隆（Pleuron）巨大的城牆，道路接近**艾托利可**（Etolikó）❿便岔開，潟湖中的小島上蓋了一個非常奇怪的中世紀避難所。經過難看的**阿格里尼歐**（Agrínio）——省府的商業中心，高速公路穿過極受歡迎

下圖：納夫帕克托斯的港邊。

的克里蘇拉峽谷（Klisoúra Gorge），然後穿過菸草田，抵達阿姆維拉奇科斯海灣（Amvrakikós Gulf）最南邊的安菲羅基亞（Amfilohía）。

離開艾托利可，西行至伊派拉斯的這條路線比較有趣，沿路大都沿著海岸線走。一旦越過巨大的阿赫路斯河（Ahelóos River），山丘遍植著橡樹，你就可以看到阿斯塔科斯（Ástakos）了，這裡有前往伊薩基島（Itháki）的小渡輪，不過主要是遊艇的停泊處。在漫遊至米提卡斯（Mýtikas）和帕雷洛斯（Páleros）之前，前行的路可以看到愛奧尼亞群島大小島嶼獨特的景象，在立夫卡達（Levkáda）的避風港有兩個小景點，可以吃個午餐再上路。沃尼札（Vónitsa）是旅途的最後只有一個實用性的海灘；從這裡開始你會猶豫到底要往西南去萊夫卡達，或往西北穿過安佛拉基亞灣上方的2003號隧道，前往普勒維札（Préveza）。

北到埃維塔尼亞

從納夫帕克托斯，有一條很少使用但地勢高、風景秀麗的路朝東北進入埃維諾斯河谷（valley of Évinos River），然候再度爬至垂赫尼達湖（Lake Trihonída）的船塢，這是希臘自然形成的最大淡水湖。高原上看不到東北方生氣蓬勃的色摩（Thérmo）及古代的城市色摩斯（Thermos）⑪（開放時間為週二至週日上午8時30分至下午3時；需門票），這是古代埃托利亞（Aetolians）的宗教中心。經過色摩，當你向北穿過森林前往埃維塔尼亞時，坡度陡峭。剛開始上坡至普羅索斯村（Prousós）⑫及修道院，潘尼托利科山（Mt Panetolikó）北坡的山勢險峻，好像會山崩似的；革命英雄卡賴斯凱斯基（Karaískakis）就常出沒在這個遺世獨立的地區。經過幾個風景特異的峽谷，到達重要的卡佩尼斯歐提斯山谷（Karpenisiótis

地圖見
166頁

伊阿宋（Jason）搭乘著名的阿爾哥號（Argo），前去尋找金羊毛。他從伊奧爾科斯出發，這古址位於佛洛斯的外緣地區。

下圖：佛里薩基斯（Theodoros Vryzakis）1861年的「在邁索隆吉迎接拜倫」。

valley），這是埃維塔尼亞的中央，有「希臘的瑞士」（Greek Switzerland）之稱，而這裡也的確有瑞士的滿山翠綠及冷杉，完全符合瑞士風格。韋盧山（Mt Veloúhi）的滑雪中心位於省府**卡潘尼西（Karpenísi）⓭**的北方，這裡是個極受歡迎的度假勝地，2,000公尺（6,500英呎）高的卡利亞考達山（Mounts Kaliakoúda）及黑麗多納（Helidóna）山，非常適合一天的健行活動。卡潘尼西剛好位於飽受戰爭蹂躪村鎮的外圍，Méga Horío、Mikró Horío、Gávros及Koryshádes的風光都非常明媚，值得停下來好好觀賞或吃頓飯，休息一下。

培里昂山的山腰下遍布櫻桃和蘋果園。可以在當地村莊的商店中，尋找這種罐裝水果點心。

從佛基塔北至色薩利

從德爾菲地區，尚可北上經過帕納索斯山（Parnassus）和吉奧納（Gióna）山之間，前往**拉米亞（Lamía）⓮**，途中你會經過古代希臘以英勇聞名的神聖遺址。在古代，**色摩匹利（Thermopylae）⓯**是介於峭壁和海洋之間的狹窄通道，不過如今由於附近河流淤積，將海岸線往外推了將近5公里（3英哩）。西元前480年，斯巴達國王萊奧尼達斯（Leonidas）在隘口駐守了三天，以阻止大批波斯軍隊入侵，直到叛國賊厄菲阿爾特（Ephialtes）透漏消息給波斯人，波斯軍隊於是利用高處的通道，側面包挾抵抗者。萊奧尼達斯命令所有的希臘軍隊撤退，他親自精選了1,300位士兵，與敵軍奮戰到最後。目前該地豎立著一座萊奧尼達斯的光榮雕像，道路對面是希臘死者的墳塚，上方是硫磺溫泉（色摩匹利意為「溫泉之門」），該隘口以之命名為溫泉關。

下圖：從培里昂山眺望佛洛斯。

從拉米亞沿著高速公路不到一個小時的車程，就可以到達**佛洛斯（Vólos）⓰**，這是馬格尼西亞州（Magnisía）色薩利省的首府——這裡確實不是一個很上

鏡頭的地方。西元1947年和1957年之間，好幾次地震破壞了當地的一切，讓這個繁忙的現代港口有點像是從塞薩洛尼基和皮里亞斯擠壓出來的樣子。有人說，這是個生氣蓬勃的城市，以傳統的政商、大學為主，同時港灣沿岸的烏若酒吧可說是原希臘最大的集中地。你也可往東望向綠樹繁茂、非常愛琴海的考古博物館，館內珍藏著新石器時代及佛洛斯早期如古城伊奧爾科斯（Iolkos）的古物。

培里昂山

廣闊的色薩利平原曾是內陸海的底部，周圍環繞著山；皮尼歐斯河（Piniós River）穿越傳說中的坦比河谷（Vale of Témbi），奧林帕斯山與奧薩山（Mount Óssa）之間有一條長10公里（6英哩）的峽谷。在佛洛斯隱約可以看見山頂的培里昂山（Mount Pílio），是半人半馬怪物（centaurs）的居住地。這些著名的動物具有馬腳和馬身（顯示出文明發展時馬匹的重要性），以及人類的手臂和頭，他們是許多大英雄的導師，包括阿奇里斯（Achilles）。半人半馬怪物可能是原始民族的神話，他們隱身在煙霧迷漫的培里昂山森林中，以維護前希臘文化的傳說。

美加洛米提歐拉修道院，擁有16世紀時佛朗哥・卡特拉諾的壁畫。

有趣的是，整個培里昂山區在17和18世紀是希臘的學術中心，奧匈帝國的重要文官和地方首長、蘇丹的近臣，甚至俄羅斯皇室，都爭相前來接受教育。半島成為教育的溫床，因此提供了當地豐富的資源，相對也較難被鄂圖曼官員抓到。

培里昂山的東北面潛入愛琴海中，氣候較濕潤，擁有光滑柔軟如加勒比海的細沙；而另一面山坡種滿了橄欖樹，天氣較溫和，帕格西提克灣（Pagasitic Gulf）的海水輕拍著鵝卵石的海岸。如果你包機前往佛洛斯機場（這是個軍事機場，最近開放給民航機使用），然後租車遊覽，大概也要花上一個禮拜的時間。很顯然

下圖：培里昂的名產。

切割坦比河谷的皮尼
歐斯河，兩旁盡是柳
樹、法國梧桐和月桂
樹，適合健行。你也
可以坐船遊歷河谷。

的，很多人的目標都是**馬克利尼札**（Makrinítsa）**⑰**，這裡位於佛洛斯北方17公里（11英哩）處，保留很多18世紀的房舍及「教堂－噴水池－兩邊是商店」的廣場。往東可至相當恬靜的**維札席**（Vyzítsa）**⑱**，這裡隨處都是大別墅。

東北邊的**札哥拉**（Zagorá）**⑲**和藏加拉達（Tsangaráda），每一個都包含有四個村莊，這個地方的行政區向外延伸好幾公里：由於豐沛的水源，幾個培里昂社區很像島上一樣都聚集在一起。重要的度假勝地是札哥拉附近的**聖雅尼**（Ágios Ioánnis）**⑳**、南邊的皮拉塔尼亞（Plataniá），以及靠近佛洛斯的亞菲索斯（Afissos）。相對地，**拉夫克斯**（Lávkos）、斯基（Sykí）及南部的普羅米利（Promýri）就希望前往的人少一點。而**垂克里**（Tríkeri）**㉑**和聖奇利亞基（Agía Kyriakí）如蟹腳般地伸往南端，彷彿遺世獨立，擁有強烈的海洋傳統。這裡的海灘多到無法詳列，不過米羅波塔莫斯（Mylopótamos）天然的洞穴卻是明信片上常見的一景，達牟哈里（Damoúhari）有一個小小的威尼斯碉堡，而這兩個地方都在藏加拉達下方。

米提歐拉

由垂克里至卡拉巴卡（Kalabáka）一路上的景致單調，及至繞過轉彎處後，眼前赫然聳立著許多天然岩層，這就是**米提歐拉**（Metéora）**㉒**——世界上一些最獨特的修道院正位在這些巨石上。「米提歐拉」由動詞meteorízo演變而來，意為「懸在半空中」。這些圓形的扶壁，像很多沒有刷洗而腐杇的臼齒，這裡的植物和洞穴都布滿了髒點，大約在2,500萬年前的史前時代，古代海洋淹沒了整個色薩利平原，河流就殘留沉澱下來的沉積物；而年輕的皮尼歐斯河所造成的板塊擠壓和侵蝕，也是造成現在地貌的原因。

西元10世紀，宗教的隱士就移居到此地的洞穴，然而傳說中，阿托斯聖山（Athonite）修士亞大納西（Athanasios）修建了第一座岩石頂的修道院（美加洛米提歐拉，Megálou Meteórou），中間經過了14世紀。剛開始人們以繩梯和籃子一磚一瓦地將石材搬運到山頂，過程十分緩慢，因此差不多花了三個世紀才完成美加洛米提歐拉修道院，當時它只是山頂上24個宗教社團中的一間。17世紀之後，修道院的推動慢了下來，因此非常脆弱建立起來的結構，在毫無遮蔽的高處開始消失；現代希臘歷史的盛衰，從革命開始加速了滅亡，而今只剩下8間，其中只有6間有人居住和開放參觀。

從卡拉巴卡朝北經過**卡斯特拉基**（Kastráki）小鎮，位在沒有改善空間的岩石下，依序你會遇見幾家修道院。**聖尼科勞阿納帕夫薩修道院**（Ágiou Nikoláou Anápavsa，4-10月開放，除了週五，每天上午9時至下午3時30分，冬季開放時間不定）建於1388年左右，裡面的小禮拜堂有克里特派（Cretan School，大約1527年）修士狄奧凡（Theofanes）繪製的壁畫，包括在此隱居的修行者（圓形住處）在附近必須以絞盤吊上來。次為美加洛米提歐拉修道院（除了週二，每天開放時間

下圖：培里昂附近的
拉比諾（Labinoú）海
灘。

為上午9時至下午5時），是最大也是最高的一座，教堂舊膳廳收藏了許多罕見的聖像及手稿。接著是**瓦爾拉姆修道院**（Varlaám，除了週四，每天開放時間為上午9時至下午2時，下午3時20分至5時，冬季週六至週三上午9時至下午3時），建於1517年，內有佛朗哥‧卡特拉諾（Franco Catellano）於16世紀所繪的壁畫，部分已於1870年修復，另有一個舊絞盤，如今只用來載運補給品，過去也讓修士搭乘。兩個圓頂分別繪有耶穌升天圖和潘朵克拉多（Pandokrator）。

小巧的**魯沙奴修道院**（Roussánou，夏季每天開放時間為上午9時至下午6時，冬季為上午9時至下午1時，下午3時20分至6時）整個位於刃狀的山頂，修士們於1545年興建，後來放棄，直至1970年代修女們才又重蓋。住處內有17世紀生動逼真、令人毛骨悚然的壁畫，描繪著各式各樣令人不愉快的殉道事件。**聖特里亞修道院**（Agías Triádos，除了週四，每天開放時間為上午9時至下午6時，冬季為上午9時至下午12時30分，下午3時至5時）穿過一塊岩石隧道，再爬130階岩石鑿刻出來的石階就可以到達；1990年代克索利肯的壁畫整個曾經清理過。就像其他修院教堂一樣，修道院可分成兩個部分，結果就有兩個圓形屋頂、兩本完整的福音書（Evangelist）。**聖斯戴方諾修道院**（Agíou Stefánou，開放時間為週二至週日上午9時至下午2時，下午3時30分至6時）就像魯沙奴修道院一樣，是由修女們管理，二次大戰期間圓屋頂受到嚴重的破壞。因此如果時間有限，可省略這個修道院。

下圖：聖斯戴方諾修道院。

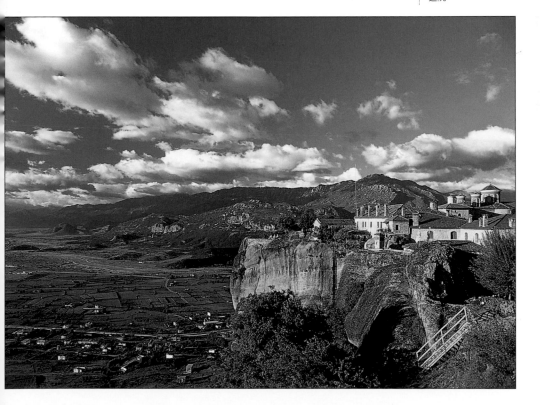

伊派拉斯

西北部是由石灰石山峰、森林谷地和傳統石屋村莊
所組成的壯麗山區，還有一個熊和狼
隨意漫步的原始國家公園。

伊派拉斯（Epirus）與蔚藍明亮的希臘沿海大異其趣。其特色來自於班都斯山脈（Píndos）的石灰石山峰和深壑縱谷，其最高處高度剛好在阿爾巴尼亞邊界的斯莫利卡斯山（Mount Smólikas，2,635公尺／8,645英呎）。這裡的冬季降雨量居希臘本島之冠，確使森林茂密，河川奔流；由於山脈阻隔與氣候差異，促使國外返回的商人和工匠，在此建造中古風的半自治村莊，當地石頭和木材被用來建造宏偉的房屋，街道鋪上圓石，牆壁和屋瓦調和成一致的灰色，完全不會令人沉悶，而是人類與環境和睦共處的典型範例。

在古代，這裡被視為文明世界的界限；除了陰暗的多多納（Dodona）和伊費拉（Ephyra）聖所外，並沒有留下太多的遺跡。雖然在13和14世紀時，伊派拉斯的采邑範圍曾從愛奧尼亞海（Ionian Sea）延伸至塞薩洛尼基，但是羅馬和拜占庭並沒有花太多的時間來治理這個依那霞道南邊的崎嶇地帶。西元1204年，拜占庭貴族因第四次十字軍東征而被逐出帝國首都，便是在此獲得庇護。他們在亞爾塔（Árta）周圍遺留下引人入勝的教堂，而馬斯頓西部的卡斯托里亞（Kastoriá）其較早期的教堂也一樣出色。

如同希臘北部的其他地方，伊派拉斯與馬其頓西部直到1913年3月才成為現代希臘的一部分，期間發生了第一次巴爾幹戰爭，而獨立戰爭也結束約80年了。

左頁：多多納西元前3世紀的圓形劇場。
下圖：美特索沃的托西特索沙家族（Tositsa family）別墅，現在是民俗博物館。

衰微，與復興？

以往這個地區因位置偏遠而受到保護，但到了20世紀，卻逐漸轉變為耗損其元氣。第二次世界大戰和之後內戰所造成的破壞，以及通訊不良、傳統生活方式的瓦解和政府的忽視，促使大批居民外移，主要是前往北美、德國和澳洲。到了1970年代，伊派拉斯和馬其頓西部的許多村落，都面臨物質和社會方面的迅速衰退，許多被棄置的房屋兀自傾塌（或者修復得相當粗劣），其他房子則住著毫無經濟能力而逐漸減少的老人。

然而自從1980年代初，事情開始有了轉變。政府將該區納入全國經濟系統之中，最大手筆的是建造穿越班都斯山脈的新高速隧道。由於觀光業興起，伐木和放牧皆可獲得補助金，以及基礎建設改善，使得人口外移的速度減緩，有時甚至有人口移入的現象。人們對於鄉村生活的態度已軟化，傳統建築和方法不再被視為經濟繁榮的絆腳石，而是一種亟待保存的文化遺產。

新時代的核心議題，在伊派拉斯的薩哥利（Zagóri）最為明顯。政府頒布嚴格的古蹟維護令，提供低利貸款和完全補助，使得許多建築物都進行重建，如今整個村莊都保存為同質的傳統聚落。同時，舊道路重新鋪設，新道路開始興建，通常位於圓石騾道上，可通往一些最小的村莊和最遠的牧草地。由於這裡自然的觀光資源，薩哥利當地進行了步道修建計畫，是希臘少數不只是口頭上說說而已的地方之一；雖然步道沒有很受歡迎的旅遊路線，充其量只有標示及維護，而且村莊裡的設備也只能提供基本的步道一日行。

然而，正如同希臘各地一樣，觀光業有利也有弊，薩哥利無可避免地成為環境保護者、開發者，以及著手於觀光業之前事業人士之間的爭戰焦點。供伐木區和高原牧場使用的道路，破壞了景致，而位於艾奧斯河（Aóös River）源頭的國家電力公司水庫，也對環境造成傷害。為了打開埃格納提亞大道（Via Egnatia）而開鑿的隧道，也已經看到明顯的衝擊，尤其是靠近美特索沃地區。但是到了1980年代末和1990年代初，許多工人和村民與都市登山者、當地觀光業人員、國

際生態學家，甚至歐洲小皮艇聯盟（European Kayaking Federation）合作，停止在艾奧斯河下游興建第二座水壩的計畫，此計畫是基於造福雅尼納（Ioánnina）而訂定的；另外還阻止建造滑雪纜車和道路，以免破壞薩哥利中心的國家公園。如此成功提倡了低衝擊性和高品質的觀光業，包括許多整修後房屋內的精巧住宿設備，尤其是公園入口處的村莊，當地居民非常明白自己的利益來自於環保人士。

沿海的伊派拉斯

現代港口**伊古曼尼札**（Igoumenítsa）❶位於希臘的最西北角，僅次於帕特拉（Pátra）和皮里亞斯（Piraeus），是該國第三繁忙的城市。它如同一個旋轉門，不惜以各種代價避免一切活動被迫停止。最值回票價的是南方的沿海道路，走了33公里（20英哩）後，路邊就是**卡拉沃斯塔西**（Karavostássi），很明顯地，這是塞斯普魯提亞（Thesprotía）省最好的沙灘。由於兩條河在這裡的海灣交匯，所以擁有大量的沙，而且這裡是個限制開發的保護區。**帕地卡**（Pérdika）村就在轉彎上坡處，人行徒步區有許多小酒館，動人的夜景令人驚豔不已，到處都是從海外或雅典前來度假的希臘人。

從卡拉沃斯塔西及帕地卡交會處，往前幾公里——經過維護良好的阿吉亞城堡（Agiá，全天開放；免門票）——就能到達**帕爾加**（Párga）❷，這是伊派拉斯主要的沿海度假勝地，因其美麗的海灘、層層的房屋和諾曼裔威尼斯人的高聳城堡而名不虛傳。從14世紀到18世紀，這裡是共和國在伊派拉斯的唯一根據地，其居民為索利歐特（Souliot）早期基督教徒，經常與鄰近的回教居民起衝突，而

下圖：維克斯（Vikos）峽谷。

地圖見
178頁

這裡有個小型猶太社區，其生計依賴外銷香櫞至歐洲作為猶太禮拜儀式之用，也與這些基督徒不合。英國人在1814年取得這塊土地，並迅速割讓給雅尼納貪得無厭的阿里帕夏（Ali Pasha），該鎮居民收拾遺物，撒至科孚島（Corfu）和帕克斯島（Paxí）。如今帕爾加從六月底至九月初，旅館住宿率為百分之百（大多是旅行團），即使在旅遊淡季時期，仍是極具興味的景點。

用當地的山羊乳酪能做出美味的點心。

東南方大約22公里（14英哩）的地方，靠近美索不達莫村（Mesopótamos）是「奧德賽」（Odyssey）中女巫形容的**伊費拉死者聖所**（Necromanteion of Ephyra）**❸**（開放時間為每天上午8時至下午3時）。今天的艾朗達河（Ahérondas River，一度是神話中冥河的候選者之一），周圍已淤積成農地，但在荷馬時代，伊費拉死者聖所只不過是河沼中妝點著樹木的神秘島嶼。祈禱者必須經過迷宮般的走廊，乘坐下降的滑車，到達拱圓屋頂的地下室，體驗內部教士耍的駭人噱頭。靠近艾朗達河源頭的內陸，有一個壯觀的峽谷。

只要往西5公里（3英哩）就會到達艾朗達河出海口的**阿莫迪亞**（Ammoudiá）**❹**。由於河水經過，在這裡的沙灘游泳會比較冷，而如果你決定在夜裡到海邊，入夜後這裡的蚊子很多。行人徒步區碼頭附近有很多小酒館可以享受午餐，你還可以在這裡雇船到尼克羅曼提翁（Necromanteion）海釣，那將是人間一大樂事。此外，村口有一個很不錯的小型遊客服務中心（週一至週六，開放時間不定；免費），裡面有當地自然史與民族的介紹。

下圖：帕爾加海面上停泊著遊艇。

從尼克羅曼提翁往內陸，靠近水源處，艾朗達河勉強流過壯麗的峽谷。從**葛利基村**（Glykí）**❺**開始，一條標示為「斯卡拉札維連納」（Skála Dzavélenas）的

側邊道路，其盡頭為斯卡拉的起點，一條90分鐘的路程直下河床，然後進入索利歐特人的領域，這個城鎮從未完全屈服於鄂圖曼土耳其人。從葛利基繼續往南走30公里（19英哩），來到了**薩隆哥**（Zalóngo）與古卡索皮（Kassope）的交界處。薩隆哥是一座普通的山頂修道院，曾在1806年見證了戲劇性的事件，此事件後來成為希臘民族主義者傳奇的主要故事（每個學童都知道）：在阿里帕夏軍隊的包圍下，數十名索利歐特婦女逃至附近的山頂，她們並未向敵人投降，反而抓著孩子跳下山谷。一座看似不協調的雕塑則用來紀念他們的反抗行為。

附近的**卡索皮 ❻**（開放時間為週二至週日上午8時30分至下午3時，其他時間也可能開放；需門票）較少出現遊客，但是非常值得一遊，這是個希臘化時代的小城，其混雜的古蹟足以媲美愛奧尼亞海和立夫卡達島（Levkáda）的景色。人工打造的羅馬城**尼科波里斯**（Nikopolis）位於南邊15公里（9英哩）處，海拔600公尺（2,000英尺），在這裡就能看到大多數古蹟的全貌，但不太能就近觀看。**亞克提歐**（Áktio）緊臨安佛拉基亞灣（Amvrakikós Gulf）的普雷韋札（Préveza），西元前31年，屋大維（Octavian）曾在這裡打敗安東尼（Anthony）與埃及豔后克麗歐佩脫拉（Cleopatra），然後自封為奧古斯都皇帝，而且下令在尼科波里斯打造「勝利之城」（Victory City）。

普勒維札（Préveza）**❼**一度是沉寂而寒酸的地方重鎮，如今已搖身變得整潔美麗，為了招徠遊客，在阿克提機場（Aktio airport）、北邊海灘和立夫卡達之間都備有接駁租車。比帕爾加市集更具特色的古老市集裡，許多餐廳仍供應海灣最著名的沙丁魚，夏季夜生活則吵雜而多變，2003年，海灣下面的新隧道終於取

地圖見
178頁

實用指南

古卡索皮的山頂遺址是觀賞日出的極佳位置。如果你心動的話，可在早上6時乘坐每天從普勒維札發車的巴士，前往山頂。

下圖：奧古斯都皇帝在尼科波里斯打造「勝利之城」。

代了往來阿克提的「駛上駛下渡輪」（RO-RO ferry）。

亞爾塔 **❽** 距離海灣約50公里（31英哩），是古代的安柏雷夏（Ambracia）及皮拉斯國王（King Pyrrhus）的首都（皮拉斯勝利〔pyrrhic victory〕的原始出處），之後成為伊派拉斯采邑的中心，目前仍保有教堂遺產。其中最知名的是龐大正方的聖帕里哥利提薩教堂（Panagía Parigorítissa，開放時間為週二至週日上午8時30分至下午3時；需門票），建造時間可追溯至西元13世紀末，其宮殿式的外觀顯然受到義大利風格的影響。教堂內圓頂高處掛著一幅耶穌受光圈環繞（Pandokrátor）的鑲嵌圖，由一個違抗地心引力的懸臂系統支撐著，雖然曾在第二次世界大戰期間遭到轟炸，卻是僅次於雅典附近的達佛涅（Dafni）外，希臘本島最佳的鑲嵌圖。

在亞爾塔周圍的柑橘園中，另有幾座晚期拜占庭教堂和修道院，其中最美觀的是聖佛拉赫納教堂（Panagía Vlahernón），位在亞爾塔北方6公里（4英哩）的佛拉赫納村（Vlahérna）**❾** 中。米迦勒二世（Michael II）在西元13世紀增建了教堂圓頂，據信他就葬在教堂內；教堂管理員會掀開地毯一角，露出精美的地板鑲嵌圖。

雅尼納

雅尼納 **❿** 位在帕佛提斯湖（Lake Pamvótis）的湖畔內側，在荒涼的米茲凱利山（Mount Mitsikéli）下方閃耀著光輝。過去一千多年來，雅尼納一直是希臘文化的指標和貿易中心，在19世紀（其最光輝的時期），甚至是惡名昭彰的阿里帕

實用指南

夏天期間，普勒維札是走訪愛奧尼亞群島的最佳據點，這裡經常有水翼船往來於群島間，不過時刻表經常變動。

下圖：亞爾塔一座18世紀優雅的橋樑。

夏的城堡所在地。這位特立獨行的阿爾巴尼亞回教獨裁者有「雅尼納之獅」的稱號,他脫離了鄂圖曼土耳其帝國的統治,建立了自治的「公國」。今天,雅尼納仍是希臘最活躍的地方重鎮之一。

雅尼納和其他的希臘大城市不同,它的歷史並沒有回溯至早年基督教時期,因為當時發生了一場地震,堵住了周圍平原的天然排水系統,進而產生了帕佛提斯湖。雅尼納之名取自於浸信會(Baptist)早期的聖約翰教堂,如今教堂消失已久。1204年,古羅馬人征服君士坦丁堡後,並建立伊派拉斯采邑,來自「都城」君士坦丁堡的難民使伊派拉斯人口膨脹,讓此地的面積和重要性都與日俱增。15世紀時,伊派拉斯淪入鄂圖曼土耳其手中;西元1788年,阿里帕夏將此居民三萬五千人的城市(在當時算是人口眾多),定為他的總部。因此,雅尼納處處皆有阿里帕夏建設和毀滅的遺跡。他留下了最獨特的紀念物(清真寺和卡斯特洛〔Kástro〕的巨牆),但是在1820年蘇丹軍隊圍城之際,阿里帕夏也燒毀了不少地方。戰後的雅尼納興建了許多大型的公寓住宅區,使得舊城外有一番現代風貌。

阿思倫帕夏清真寺現在是市立博物館,館內陳列昔日雅尼納多彩多姿的古物。

中央的**皮魯廣場**(Platía Pýrrou)十分寬廣,連接阿卡迪米亞(Akadimías)與狄莫克拉提亞(Dimokratías)兩個廣場,遍布著各種公共建築,遊覽城市時,這裡是個醒目的起點。狄莫克拉提亞廣場東邊是考古博物館(關閉至2005年),這裡收藏了許多銅器和刻有多德納聖所問題的寫字板。

除了皮魯廣場外的一些時髦酒吧以及幾間放映首輪電影的戲院之外,這個地區不再是雅尼納的主要夜間活動中心。下坡地帶的阿瓦羅夫街(Avérof)到卡斯特洛沿街,當地最知名的乳酪糕餅(bougátsa)攤位,分別是狄莫克拉提亞街2號和阿瓦羅夫街3號,這是鎮上最占優勢的一帶。在艾斯

下圖:亞爾塔的市場。

尼基安迪塔西(Ethnikís Andístasis)另一端聚集了城裡最時髦的酒吧,此處面對湖水,環繞著城堡對面的馬費利廣場(Platía Mavíli),以前曾經是零售商的市集。到了夏夜,俗稱莫洛斯(Mólos)的馬費利廣場人群鑽動,居民漫步經過販賣烤玉米、蜂蜜芝麻核桃餅(halvás)和當地單簧管樂盜版錄音帶的攤販,這些物品全都放在燃有瓦斯的手推車上。

卡斯特洛具有五個城門,是無數伊派拉斯暴君的城堡,包括阿里帕夏本人,因此此處最能追憶雅尼納多彩多姿的過去。伸入湖泊的設防岬角上,聳立著錯綜複雜的巷道,較低處的一角隱約可見**阿思倫帕夏清真寺**(Aslan Pasha Mosque),如今是市立博物館(Municipal Museum,夏季每天開放時間為上午8時至下午8時30分,冬季縮短開放時間;需門票),收集各式各樣的伊派拉斯傳統服飾、珠寶和猶太裔回教徒遺物。

據說阿里帕夏最惡名昭彰的事蹟之一,發生在這座清真寺博物館附近,與阿里長子的美麗希臘愛妾姬拉・佛洛絲妮(Kyria Frosini)有關。依照最普遍的說法,佛洛絲妮拒絕了阿里帕夏的追求,阿里帕夏因此將她和17名女伴綑綁於大麻袋中,投入湖裡,以示懲罰。目前這裡仍販賣這個事件的明信片,圖案是庸俗

聖尼古拉斯修道院位於尼夕島村莊附近，值得前去參觀其栩栩如生的壁畫。

的種族歧視石版畫，畫中有大眼圓睜的「土耳其人」和弱不禁風的希臘少女。

城堡的頂點是**勝利清真寺**（Fethiye Tzami, Victory Mosque）和修復的阿里宮殿之一，如今是毫不相關的拜占庭博物館（夏季開放時間為週一中午12時30分至下午7時，週二至週日上午8時至下午7時，冬季週二至週日上午8時至下午5時；需門票），附近的舊寶庫正足以展示卡斯特洛的傳統製銀業。

阿里違逆蘇丹三十年後，最後卒於**尼夕**（Nisí）的小島上，此島位於嚴重受到污染的湖泊另一側（每天有馬達船從莫洛斯來此，直到晚間11時為止）。據信，聖潘德利蒙修道院（Ágios Pandelímon）的一間小屋是阿里最後的藏匿地點，一名土耳其刺客將他困在樓上，透過地板射殺他。阿里後來遭到斬首，他的首級被當成戰利品送往伊斯坦堡。

歷史較平和的其他修道院以及環島道路，位在相反的方向。最靠近尼夕村的**聖尼古拉斯修道院**（Ágíou Nikoláou Filanthropinón），藏有一些栩栩如生的拜占庭晚期壁畫，有些繪了極為恐怖的殉道受難圖，其他入口旁的壁畫則畫了蒲魯塔克（Plutarch）、亞里斯多德和修斯提底斯等古代聖哲。島上有觀光客喜歡的小酒館，但品質粗糙；如果想在雅尼納的湖邊吃頓飯，從莫洛斯往湖邊西北方的街道走，就可以在**帕姆佛提達斯街**（Pamvotídas）找到數十家生意不錯的餐廳。

雅尼納周圍的景點

多多納 ⓫ 位於雅尼納以南20公里（12英哩），在托馬倫山（Mount Tómaros）山腳下的河谷內，是伊派拉斯的考古研究重地（開放時間夏季為上午8時30分至

下圖：雅尼納的湖泊和阿思倫帕夏清真寺。

下午7時；冬季為上午8時30分至下午5時；需門票）。據希羅多德（Herodotus）所說的神諭（希臘最古老的神諭，在西元前4世紀之前，也是最重要的），開頭是一名女教士遭埃及底比斯（Thebes）的女祭司綁架。傳說中這裡祭拜的宙斯居住在神聖橡樹的樹幹中，女教士們則翻譯著瑟瑟的樹葉聲，因為這是天神的神聖旨意。經過細心整修的劇場（theatre），建造時間可追溯到西元第3世紀的皮拉斯國王時代，劇場可容納一萬七千名觀眾，對於存在於西元前1000年至拜占庭初期的小鎮而言，總是嫌太大了。目前這裡夏天偶爾仍供作表演場地。

基於商業的考量，開通了往南部城鎮的埃格納提亞大道快速道路（預估2006年完成），這條唯一的高速公路往東順時鐘迴旋至色薩利地區的湖泊。在這條路線上，你會經過雅尼納市郊的佩拉瑪（Pérama，夏季開放時間為每日上午8時至下午8時；冬季為上午8時至日落；需門票），這是希臘最壯觀的洞穴之一。然後，經過一段綿長的爬坡路後，會到達距離雅尼納58公里（36英哩）的美特索沃（Métsovo）⓬。美特索沃算是弗拉人（Vlach）的「首都」，以其宏偉的房屋、手工藝品、乳酪，以及較老的居民依然穿著的傳統服飾而名聞遐邇。

從美特索沃往下走一小段路，是飾有壁畫的中古時期聖尼古拉斯修道院，另一個唯一的「景象」，是阿朗迪可托西札博物館（Arhondikó Tos1tsa Museum，除週四公休外，每天開放時間為上午8時30分至下午1時，下午4時至6時；冬季下午3時至5時；只准有響導的旅行團進入；需門票），館內重建後展示精細的木刻和紡織品。

不像許多希臘山間村莊逐漸沒落，美特索沃卻日益繁榮。在國外致富的當地

美特索沃的阿朗迪可托西札博物館的展示品。

下圖：多多納的劇場。

顯赫人士，設立了捐贈基金來促進當地發展，例如附近的滑雪勝地，定期造成十幾家旅館客滿，而這裡的旅館品質比雅尼納大部分地方都還要好。雖然許多巡迴車上販賣的紀念物不是真品（最著名的是進口的阿爾巴尼亞地毯），但是當地賣的食物卻十分道地，包括卡托伊紅酒（katógi）、乳酪、義大利香腸和發酵麵糰湯（trahanás），都值得購買。

繼續東行往色薩利的米提歐拉（Metéora），過了美特索沃，很快就到卡塔拉隘口（Katára Pass，詛咒隘口之意，Curse Pass）──國家在海拔1,694公尺（5,557英呎）高所鋪設的道路，這是穿過班都斯山脈中部的重要路線。

薩哥洛里亞

薩哥利位於雅尼納西北方的路上，是伊派拉斯的文化和地理區，由46個村莊所組成，名為薩哥洛利亞（Zagorohória），其所在地的周圍界限是美特索沃－雅尼納－科尼札（Konitsa），以及艾奧斯河。由於這片土地貧瘠，在鄂圖曼土耳其統治時期，當地男子紛紛外移至東歐的大型貿易中心，之後再帶著鉅額財富返家。這使得地方民眾可雇用一名代表，將稅賦直接交給蘇丹，而不必受到稅款包收人的剝削，所以此區享有一定的自治權。

薩哥利東西兩邊的村莊有許多不同，東邊大部分為弗拉其人所居住（更正確地說是阿魯曼人，Arouman），他們自古即在希臘落地生根，說羅曼語，生活方式像逐水草而居的牧羊人或商隊的家畜販子。1944年年初，東薩哥利頑強抵抗德軍，因此所有村莊都被燒毀，之後草率重建。西部和中部的村莊受到較多斯拉夫

下圖：佩拉瑪石灰石洞穴內。

和阿爾巴尼亞的影響,從地方名稱和建築即可得知。慶幸的是,大多數建築都從戰爭中存留下來,毫無損毀,構成了今日希臘的地表景觀之一。

薩哥利的風景非常多變,擁有險峻的崖面、石灰石山谷、茂密的森林、高山草地和縱深的峽谷。國家公園(national park)位在核心地帶,包含維科斯峽谷(Víkos Gorge)和艾奧斯河的下游,建立國家公園的部分原因是為了保護數量減少的熊、山貓、狼和鳥,以免牠們遭受捕獵。然而在最偏遠的角落,仍可見到人類的足跡,包括一座具有鐘樓的後拜占庭時期修道院,一座鄂圖曼土耳其時期的優雅纖長拱橋,不幸的是,昔日放牧生活的重要特色已急遽衰微;少數領取歐元補助佔用高地的牧羊人,現在不再放牧羊群,很快也變成在出租昔日的羊欄。

前去薩哥利中部的最佳路途,是行走雅尼納外大約14公里(9英哩)的側邊道路,具有往**維科斯峽谷**的明顯指標。**維札**(Vítsa)村莊有一些優美的傳統房屋,一個遮蔭良好的中央廣場,一座該區最古老的教堂之一(聖尼古拉斯教堂),以及通往峽谷底部一條最便捷的小徑,最巧奪天工的斯卡拉維札(Skála Vítsas)。沿路再往上是**摩諾丹卓**(Monodéndri)**⑬**,有兩家餐館提供豐盛的當地美食,而適合拍照的聖亞大納西教堂(Ágios Athanásios)位在下行至峽谷的古道邊。沿著既不固定也不新穎,且過於俗麗的圓石路,來到老鷹築巢的聖帕拉斯克維修道院(Agía Paraskeví),或者駕車爬升7公里(4英哩),到達歐克西亞觀景台(Oxiá overlook),風景更是美得令人屏息。

從維札下方的交叉點,向東的主要道路通過**迪洛佛**(Dílofo)的轉角,順著這條路前往**奇皮**(Kípi)**⑭**,靠近一堆經常被拍照的18、19世紀馱馬橋,其中最知名的是三拱狀的土耳其式橋樑。奇皮東邊的**內加迪斯**(Negádes)以飾有壁畫的教堂聞名,最佳的教堂之一是薩哥利式教堂,而在卡佩索沃的北方高處,一間極古老的學校內有一座鄉間博物館,另一條小徑向下通往峽谷。

卡佩索沃(Kapésovo)村內同時標示著一個鐘頭路程的道路起點,合併了最錯綜複雜的薩哥利圓石路,終點是**瓦拉迪托**(Vradéto),是此區地勢最高的村莊,過去荒蕪一片,如今經過整修已有復興的趨勢(雖然如此,冬季人口還是只有7個人)。繼續步行大約40分鐘,就到達貝萊瞭望台(Belói viewpoint),差不多位於歐克西亞觀景台對面。再向前12公里(7英哩),始自卡佩索沃的鋪設道路抵達**策佩洛夫**(Tsepélovo)**⑮**,旁邊是鄉間修道院,擠滿了更多的住宅。

回到雅尼納-科尼札的公路上,你會經過**卡爾帕基**(Kalpáki),西元1940-41年初冬,希臘在此阻止義大利人入侵,並將義軍趕回大雪紛飛的阿爾巴尼亞山區,度過一個嚴寒的冬天;路邊有一間小博物館,清楚地述說了當年的歷史。再遠一點,一條19公里(12英哩)長的側邊道路,向東前往薩哥利觀光業的重心,**帕品戈**(Pápingo)**⑯**的美加洛(Megálo)和米克羅(Mikró)兩個村莊。從1990年代初期來這裡已變得過於入時,尤其是度假季高峰期。但無可否認地,村莊旁高度達600公尺

下圖:美特索沃。

（1,970英呎）的石灰石塔（Pýrgi），景致無與倫比，算是甘米拉山（Mount Gamíla）的侍衛。這座山（國家公園的心臟地帶）可供攀登，最著名的則是蠑螈繁生的**龍湖**（Drakólimni）。

冰冷泉水的沃多馬提斯河（Viodomátis River）在克里多尼亞（Klidoniá）的維科斯河下游流出，這兒有座迷人的舊橋，正位於國家公園的邊緣，距繁忙的高速公路有數百公里遠。

從**科尼札** ❶ 可一覽沖積平原的全貌；1996年這裡曾發生一場地震，以及內戰時受到砲轟，所以沒有留下真正明顯的建築物。西邊23公里（14英哩）的地方，有一個**摩利杜凱帕斯托**（Molyvdosképastos）修道院，以及一個同名的村莊，位於艾奧斯河進入阿爾巴尼亞的入口處。修道院的14世紀初教堂顯然受到塞爾維亞建築風格的影響，具有高聳的煙囪式圓頂和圓筒屋頂式的本堂。在1990年代初，一群狂熱的教士住進這裡，他們不斷鼓勵民眾皈依他們的宗教。

科尼札東邊隱約可見海拔高達2,635公尺（8,645英呎）的**斯莫利卡斯山**，是班都斯山脈的最高點，也是希臘第二高峰，僅次於奧林帕斯峰。沿著艾奧斯河經過幾個弗拉其村莊，就來到山峰上，見到另一個「龍湖」。

從科尼札到**內亞波利斯**（Neápolis）105公里（65英哩）長的道路，是伊派拉斯和馬其頓西部的唯一鋪設道路，它沿著薩蘭達波羅斯河（Sarandáporos River）的河谷上溯，在內戰最後的戰場斯莫利卡斯山和葛拉莫山（Mount Grámmos）之間，有一行藍色字跡，上面寫著「為北伊派拉斯爭自由」（Elevthería Gia Vória Ípiros!）。這是對阿爾巴尼亞境內的伊派拉斯所提出的民族統一大業的感性告白，

下圖：薩哥利鎮上的科尼札橋。

該處大約仍居住了10萬名希臘正教徒。

班都斯山健行

地圖見
178頁

　　班都斯山北部提供了許多值得推薦的健行路線，從艱辛的、好幾天的、高階的路線，到各種連結的步道一日行。山區的景觀多變，從甘米拉高山上石灰岩地形的谷地，到叢林密布的維科斯峽谷河床。近年來，由於全球暖化，最適合健行的季節不再是夏季，而是5月中至7月中，以及9月至10月初。雖然當地的報紙都有廣大的報導步道系統，但山上通常只有不定期的維護，而且標示做得也不好；通常會有不同顏色塗料的污點，而關於長距離的O3路線，就會在樹上釘上金屬菱形標誌。

　　製圖師阿納法西（Anavasi）出版的正確無誤的1:50,000班都斯－薩哥利地形圖（在希臘和英國都可以買到）非常重要，讓你彷彿有了敏銳的方向感，也可以非常幽默的方式向村民確認步道的方向。班都斯山的氣候不管什麼月份變化都很大，行前記得注意氣象預告，雨具、輕便的帳篷都是必要的裝備——有時候住宿的地方可能會客滿，所以帳篷也很重要。由於村莊雜貨店的存貨有限，想要過夜的登山客最好在雅尼納準備好三、四天的糧食。

　　四、五天健行的環狀路線大概在帕品戈村下面開始和結束，村裡有很多（價錢稍微貴一點）住宿的地方，以及不錯的酒館，還有定期——但不是每天——的巴士。你可在此準備到帕品戈遠足，沿著步道連結至雅尼納－科尼札高速公路的克里多尼亞（Klidoniá）村，如果你沒有趕上巴士去或回雅尼納的話。

下圖：龍湖。

地圖見 **178頁**

從美加洛－帕品戈可以看到阿斯塔拉卡山坳（Astráka col）的避難所，現在沒有開放（雖然2004年5月至10月可能再開放）。無論如何，上坡900公尺（2,950英呎）至少要3個小時，正常的情況下，途中都可以找到水。如果避難所還是關著，你可以在北邊盡頭季節性的**希羅魯提沙池**（Xiróloutsapond）附近露營（從山坳往東上坡15分鐘左右）。你可以調整一下路線，往上走到**龍湖**（1小時左右），就在2,500公尺（8,195英呎）的甘米拉峰西北方，那是海拔2,050公尺（6,300英呎）的山中湖，很適合眺望遠方的美景或露營。

5到7小時的健行，隔天再至阿斯塔拉卡山和甘米拉山之間，穿過放牧羊群的高山草原，然後經過美加斯拉科斯（Mégas Lákkos）峽谷到策佩洛夫（最後很陡；海拔850公尺／2,700英呎以下）。這裡的水源非常不足，所以要很有計畫。策佩洛夫有十幾家旅館和小民宿，你最好在這裡舒舒服服地睡一晚，7、8月期間最好要先預約。

經策佩洛夫側面深谷往西，順著一處摧毀但仍可辨識的圓石路爬至懸崖往上至瓦拉迪托；大約90分鐘後，再強行走過45分鐘鋪設好的路。從維拉德多（只有供應咖啡）令人驚訝的上坡後到達卡佩索沃（45分鐘），然後行經一條爛泥路（當然不是鋪了柏油的高速公路），再走45分鐘到科科利（Koukoúli），便可以準時吃個午飯。你可以就兩家民宿挑選一家留下來過夜，或繼續往東到奇皮（在走45分鐘），這裡也有兩家民宿和一家小酒館。

從科科利或奇皮，有一條往上至維科斯峽谷盡頭的路，越過密西歐（Misíou）橋，順著圓石路階梯往上至維札（2小時），這裡有很多住宿的地方及一家夜間營業的小酒館。上至摩諾丹卓3小時的路程，部分是便捷的路，300公尺（1,000英呎）上的奇皮，有好幾家民宿和酒館。

順著一個標示著「kalderími」（圓石路）新做的路標，可下坡至維科斯峽谷的乾河床（45分鐘）。通過峽谷這段路和O3路線幾分鐘後，便行至河床的左岸。峽谷和峽谷旁美加斯拉科斯的交界處（2.5小時），有一處可以飲用的泉水（8月後就不一定了）。繼續向前穿過一座稀疏的林子，便是一片開闊的牧草，到達沃多馬提斯河移動性的源頭之前（由摩諾丹卓，4.5小時），輕易便可以走出石灰石塔形成的基部。

左邊圓石鋪成的小路可抵**維提西科**（Vitsikó）小鎮，大約45分鐘的路程，這裡有兩家民宿；O3路線越過河流，往上然後向右前行，兩個小時內便可到達另一個帕品戈小鎮，如此一天大概要走六個半小時的路程。大約90分鐘後，會有一條岔路，與其繼續往前到米克羅－帕品戈，不如向左跨過一條小溪，然後上行到美加洛－帕品戈。這一段路坡度非常陡，全程的高度大概是100公尺（330英呎）。

下圖：薩哥洛利亞的石屋與圓石路。

右圖：薩哥洛利亞的米克羅帕品戈村莊。

塞薩洛尼基

希臘第二大城並不活在雅典的陰影下。
它有自己獨特的個性，有許多土耳其的影響，
以及極多壯觀的拜占庭教堂。

對喜歡到海邊旅遊的人來說，現代的**塞薩洛尼基**（Thessaloníki）❶呈現的是許多地中海城市都具有的特色：現代公寓大樓的統一外牆。20世紀初，同樣的景觀特色會是城鎮的磚瓦屋頂優雅地點綴著寺院的尖塔，景色如畫地從中世紀城牆間延伸到上城區，牆外則有廣大的公墓群。1917年間8月大火摧毀一半以上的城市，英國和法國建築師（當時跟隨著盟軍遠征隊）馬上被委託建造新城市的計畫。

大火後存留的裝飾藝術建築為他們所設計的寬闊面海大道增色不少，但他們禁止蓋高樓的建議卻未被採納。火災後仍有不少景觀倖存：包括山腰上的舊**卡斯特拉**（Kástra）區、羅馬廢墟、拜占庭教堂、鄂圖曼公有私有建築，以及由羅馬和拜占庭城牆所圍繞，或沿著柏油大道和人行道四處散布，被移出的猶太墳墓。這些偉大的建築遺產在多年的忽視後，終於得以標示並選擇性地修復。

塞薩洛尼基於西元前316-315年由馬其頓國王Kassander所建立，並以其妻的名字命名，但它在羅馬人的統治下興盛，動力是他們的**埃格納提亞大道**（Via Egnatia），從亞得里亞海岸一路延伸到赫勒斯龐特海峽（達達尼爾海峽）。聖保羅來過這裡兩次，並寫過兩段使徒書給塞薩洛尼基人；而基督教（及本城）從拜占庭皇帝得到更多的助力，特別是迪奧多西一世（他頒布飭令禁止異教）以及查士丁尼一世，他成立新教堂來接納從羅馬教會體系出來改信基督教的人。儘管有斯拉夫人和阿拉伯人的襲擊、頻繁的地震、火災、臨近充滿瘴氣的沼澤以及時好時壞的供水補給，但充滿活力的塞薩洛尼基仍然十分昌盛，即使在其短暫的沒落期中，仍然是鄂圖曼人於1430年豐盛的戰利品。

西班牙系猶太移民

西元1500年後，大量的西班牙系猶太人從西班牙和葡萄牙避難來此定居，為撒羅尼加——他們如此稱呼此地——帶來此後4世紀的顯著的特色。巴爾幹半島戰爭前夕，他們的人數略超過14萬人口的一半，使得本城成為當時最大的猶太城市。1943年有70,000人被運往納粹死亡集中營，至今猶太居民剩下不到1000人。

延續到1923年的三次戰爭後，本城成為希臘難民城的縮影：雅典人的絕對人數也許居多，但人口比例上，塞薩洛尼基比起希臘其他地方都容納更多的土耳其後裔居民。這裡有非常多的土耳其姓（像是Dereli和Mumtzis）以及希臘別處很難嘗到的辛辣菜餚；此城的確有些希臘最佳的餐廳。1920年代的移民潮後，他們

左圖：塞薩洛尼基的伽勒利的拱門。
下圖：濱水區的咖啡吧。

自我嘲諷的暱稱就一直是「難民首府」（I Protévousa tón Prosfigón），橫跨東馬其頓的城都有字首「Néa」以及貧民之母（Ftohomána）。

21世紀的塞薩洛尼基並不是只有人口統計上的變化。多年籠罩在雅典的陰影下，它終於找到了自己的地位。每年10月由大學主辦的永久國際展，將本城升級為巴爾幹貿易中心及到半島北方的自然出入口。塞薩洛尼基自信地往前邁進，以其位於歷史性建築物裡的創新餐廳和俱樂部，以及常站上希臘歌曲榜首的本地音樂家（像是Sokratis Malamas 以及Nikos Papazoglou）。

有人說在希臘本土你可以很容易就認出一個塞薩洛尼基人：他們步伐有力，比起一般典型走路駝背、步伐虛弱的雅典人要高出一個頭。你也可能很容易從衣著上辨認出塞薩洛尼基人，因為據說他們是全希臘穿著最佳的城市；此言應該不假，因為城裡到處是各式的精品店及百貨公司。

這個城市的繁榮有其不可避免的副作用：交通壅塞的街道和逐漸嚴重的污染。長久以來一直有興建地下鐵的計畫（延續埃格納提亞大道幹線，然後開往大學）來改善這個問題。這個計畫始於1999年，但直到2003年並沒有什麼進展，挖掘工作因為要換新的承包公司而暫停，目前預測工程會在2008年完成。

城市旅遊

以**考古博物館Ⓐ**作為開始，館中展示島上發現的馬其頓、古希臘和羅馬的遺物，包括出色的辛多斯（Síndos）收藏。以金銀銅裝飾的豪華珠寶和家飾，競相爭取你的注意（夏季開放時間為週一上午12時30分至下午7時，週二至週日上

鄂圖曼統治期間，大部分拜占庭教堂被改建成清真寺，內部以石灰塗抹。這幅塞薩洛尼基的聖迪米特里歐斯的壁畫，僥倖能存留。

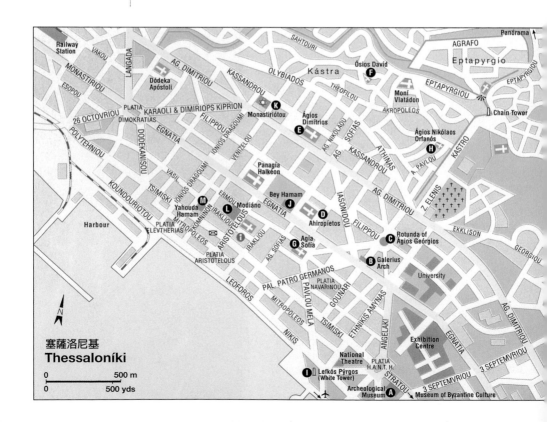

塞薩洛尼基
Thessaloníki

0   500 m
0   500 yds

午8時30分至下午7時；冬季為週一上午10時30分至下午5時，週二至週日上午8:30至下午3點；需門票）。壯觀的**維爾吉納**（Vergina）寶藏，來自被認為是馬其頓國王菲利浦二世及其親屬的皇家墓室，收藏在墓址所在的博物館裡。考古博物館的後面就是**拜占庭文化博物館**，於1994年開館，藏有從早期基督教時期（第4到第7世紀）一直到拜占庭中期（第8到第12世紀）的物品。展覽的展示方式美觀，說明詳細，而最令人印象深刻的展示品是來自塞薩洛尼基一棟房子裡的五世紀馬賽克地板及壁畫，以及一些特別的早期織布（開放時間為週二至週日上午8時到下午7時，週一上午12時30分至下午7時；需門票）。

羅馬時期的塞薩洛尼基大部分在地下。最廣闊的地下遺跡在人行區**迪米特里翁格納里**（Dimitríou Goúnari）下面，以及鄰近的**納法里諾廣場**（Platía Navarínou），這些是仇恨基督徒的羅馬皇帝伽勒利的宮殿，他在西元305年迫害本城的守護者聖徒德米特里厄斯。地面上殘存的遺跡是**伽勒利凱旋門**（Galerius's triumphal Arch）**B** 的西半部，於西元297年建於埃格納提亞大道幹線上，展現與波斯人戰役的勝利。凱旋門上值得仔細欣賞的浮雕中有戴克里先皇帝、凱撒以及伽利利本人。此拱門是一個包含圓形大廳和宮殿的羅馬建築群的一部分。

凱旋門的西北方就是**聖葉爾吉歐圓形大廳**（Rotunda of Ágios Geórgios）**C**——可能本來要作為伽勒利的陵寢——是羅馬圓型建築物少數存留的範例，主要經由改建成教堂進而清真寺而保存下來。宏偉的4世紀馬賽克牆有部分保存下來，高高地深入圓頂後停止；此截平的清真寺頂是本市僅存的一個。

羅馬市集位在納法里諾廣場，市集大部分已被挖掘出來，並且保持露天的形式，遊客可以在挖掘地點四周的鐵線圍欄後仔細觀看正在進行中的挖掘工作，並有已挖開部分的地圖供做展示。

拜占庭時期的塞薩洛尼基

塞薩洛尼基比起其他的希臘城市，擁有更多優雅及重要的拜占庭教堂遺跡。最早期的教堂顯然是從羅馬長方形廊柱的聖堂改建而來的，而羅馬教堂則承繼自希臘神廟，後者以最外層的柱子來代替圍牆。

5世紀的**阿希羅皮托斯**（Ahiropíetos）**D**（開放時間為週一至週六上午8時至中午，下午5時至8時，週日下午5時至7時）以及辛苦重建的同時期的**聖迪米提里歐斯**（Ágios Dimítrios）**E**（開放時間為週一下午1時30分至7時30分，週二至週日上午8時至下午7時30分），都有中間廣場和雙廊柱群。到阿希羅皮托斯時，可找尋裝飾華麗的柱子間、拱門下的精緻馬賽克飾片。

聖迪米特里歐斯是在聖徒德米特里厄斯死後不久興建完成的，就位於他殉道的地方。這是希臘最大的教堂，在1917年的大火後只剩後殿和廊柱留存，因此幾乎全部重建。六個5到7世紀描繪聖徒的小馬賽克圖大都存留在祭壇兩側矗立的柱子之上。這個地下墓因為大火的緣故才被發現，墓室被認為是由囚禁聖徒的羅馬溫泉浴場的部分改建而成；裡面發現的聖骨箱證

下圖：威尼斯人在羅馬人的拜占庭城牆上增建了白塔。

實這樣的說法。同時這裡也是曾供水給魚池的一個迷人的噴泉遺跡所在。

迪卡斯提里翁廣場（Platía Dikastiríon）的南端是**哈爾科翁聖母教堂**（Panagía Halkéon），建於1028年。這座磚造教堂是十字形狀，內有可追溯至11世紀的環狀壁畫，於鄂圖曼統治期間被當作當地銅匠的清真寺（目前不可進入）。

嬌小的5或6世紀的**歐西歐斯大衛**（Ósios Davíd）是**修道院**（Látomos Monastery）遺留僅有的部分，藏在卡斯特拉區的隱密處（開放時間為週一至週六上午8時至中午，下午6時至8時，週日上午8時至下午10時30分；所有這些拜占庭教堂的開放時間都是根據需要，並且在淡季時開放時數會更短或關閉）。教堂的西端已經不見了，但可以看看後殿中傑出的早期馬賽克，這部分在鄂圖曼時期石灰被除去後才顯露出來。這幅壁畫描繪上帝與我們同在的先知以西結（Prophet Ezekiel of Christ Emmanuel），畫中他被描繪成沒有鬍子的年輕人，坐在天堂的拱門前，被一群福音傳教士的象徵標誌圍繞著。歐西歐斯大衛和聖迪米特里歐斯的馬賽克畫，被視為是希臘破壞聖像時期前最好的神聖藝術，並且時期早於義大利拉維那（Ravenna）較為有名的作品。

卡斯特拉陡峭的巷道大約從海邊走20分鐘就可以到了。自從1980年代後期開始，這個荒廢的半木造地區就從貧窮、被鄙視的「土耳其」區，轉變為翻新而時髦的地區，四處都有酒館和小餐廳。

海岸邊平坦的陸地後面下方，是8世紀的**聖索菲亞教堂**（Agía Sofía）**G**（開放時間為每天上午8時30分至下午1時，下午5時30分至8時；需門票），有意識地模仿君士坦丁堡同名的教堂建築。這裡有一個色彩鮮豔生動的耶穌升天（Ascension）壁畫，有10公尺（33英呎）寬，使徒們望著耶穌被天使接引至天

下圖：哈爾科翁聖母教堂，是城市中眾多拜占庭時期的教堂之一。

地圖見
194頁

堂，而不是之後變成常規的耶穌登基（Christ Enthroned）。教堂東邊突出的半圓壁龕，你可以在聖母登基的後面看見早期馬賽克十字架的痕跡。另一個十字架則在鄰近的穹窿上。

另一批教堂都完整地位於埃格納提亞大道上行的山丘上，年代可溯至西元13和14世紀——文化上的「黃金時代」。而10世紀至12世紀，拜占庭帝國政治的衰退及無數的災難，就突然降臨在埃格納提亞大道。財政緊縮影響了教堂的壁畫，而非馬賽克；這些教堂更喜歡以馬賽克裝飾，很多修道院都貼上現在已經絕跡的馬賽克。最傑出的是位於卡斯特拉東北方偏遠的**聖尼古拉斯歐法諾斯教堂**🄗（Ágios Nikólaos Orfanós，開放時間為週二至週日上午8時30分至下午2時30分；免門票），其中保存最好、最獨特的壁畫是「耶穌被釘在十字架上」和「彼拉多開庭審判」（Pilate sitting in Judgment），這是拜占庭時代特有的圖像；在「濯足禮」（Washing of the Feet）中，畫家似乎將自己畫成纏著頭巾騎在馬背上。

白塔（Lefkós Pýrgos）🄘是埃格納提亞大道最令人印象深刻的標誌，這裡原本是威尼斯人短暫佔領期間建的羅馬—拜占庭城牆。鄂圖曼土耳其人把這裡當作監獄；而1826年不守規矩的土耳其士兵在這裡大屠殺，為這裡贏著「血堡」之名。1912年末，希臘人將這裡粉刷成白色——因此有了新的別名——1985年又重新粉刷了一次。螺旋狀的階梯、小小的窗戶，隱約可見可愛的咖啡屋，最後到達頂樓陽台，這裡可以眺望海岸上面的卡斯特拉（開放時間為週二至週日上午8時至下午7時，週一下午12時30分至7時，免門票）。

從這裡突然消失的城牆以**連鎖塔**（Chain Tower）往內連結至白塔，連鎖塔位於城壘的東北角；在**埃普塔彼爾吉歐**（Eptapyrgío／土耳其語稱為Yedi Kule）上方，**七塔城堡**（Seven Towers Fortress）合併著舊城牆的東北角。七個塔位在埃普塔彼爾吉歐早期基督教時期衛城城牆的北側部分，而拜占庭時代中期在南邊建了六個塔。鄂圖曼土耳其時代又擴建了很多個，19世紀末這些塔變成了監獄。

鄂圖曼土耳其人與猶太人的塞薩洛尼基

就在君士坦丁堡衰亡前23年，西元1430年鄂圖曼土耳其人佔領了塞薩洛尼基。在這100年的統治下，新的統治者將教堂改建成清真寺，教堂中的壁畫和馬賽克變成清真寺的尖塔和白色的外牆。雖然有些有趣的民間建築，但還是有些目的性的鄂圖曼清真寺。15世紀足以稱道的經典建築包括卡斯特拉市區典雅的**伊薩帕夏清真寺**（Ishak Pasha／Alatza Imaret Mosque）——**耶尼哈瑪**（Yeni Haman）附近轉角，澡堂則被改建成迷人的小酒館、音樂廳及夏季戶外電影院——而埃格納提亞大道政治性的**哈姆札貝伊清真寺**（Hamza Bey Mosque），最近成為阿爾卡拉電影院（Alcazar cinema）。附近的**市場**（Bezesténi）也許很快就會有同樣的遭遇，重新粉刷的六個圓頂市場現在都租給人當作精品店。鄰近的**貝伊哈曼**（Bey Hamam）🄙年代可

下圖：莫迪阿諾的魚市場。

塞薩洛尼基的考古博物館展示的古物。

下圖：羅馬人建於西元4世紀的圓形建築，現在是聖葉吉歐爾教堂。

溯及西元1444年，入口及內部鐘乳石狀的圓頂依舊維持原狀，保存良好。

有兩件非常現代的「土耳其」歷史性建築可能非常吸引某些專家。土耳其領事館後面有一棟木造的房子，這是土耳其共和國建立者凱末爾（Mustafa Kemal Atatürk）的家，他生於西元1881年。東方幾百公尺處是考古博物館，位在耶尼卡米（Yeni Cami）「新清真寺」19世紀末的「新城」——有權勢的東馬派（Dönme / Ma'min）豎立的新藝術怪異建築。這就是17世紀自稱為救世主（Shabbetai Zvi）改信伊斯蘭教的猶太祕密黨派。1923年希臘和土耳其之間交換國民時，10萬名伊斯蘭教徒中多數的東馬派都離開這個城市。

相對的，由於1917年的大火及1943年納粹大肆破壞猶太人的墓地及教堂，塞薩洛尼基只留下少許過去猶太人的遺跡。靠近希臘北部政府部門的裝飾藝術的莫納史提里歐托教堂（Monastiriótou synagogue），在戰亂中存留下來。位於中間的莫迪阿諾（Modiáno）是個廣大的中央市場——這裡延伸至阿里斯托泰羅斯（Aristotélous）那一邊，什麼東西都買得到，從木製家具到活的家禽、海鮮、肉類，而建築則以建立此處的猶太家族命名（他們的別墅在耶尼卡米的另一邊，這棟房子如今是民俗生活博物館——最近關閉整修中）。雖然只佔了一半，莫迪阿諾西邊騎樓仍然有許多可靠的希臘式餐廳。附近的花市溫泉（Louloudádika Hamam / Flower-Market Bath）則以猶太澡堂（Yahouda Hamam / Jewish Bath）而聞名；猶太顧客已經不見了，不過花仍然在外面，這裡還有不錯的海鮮酒館，不過正在整修中。同一區聖米納（Agíou Miná）的猶太人博物館（Museum of the Jewish Presence，開放時間為週二、週五、週日上午11時至下午2時，週三、週四

城鎮194頁
區域202頁

上午11時至下午2時，下午5時至8時；免門票）。兩層樓的博物館展示猶太人在塞薩洛尼基社區的歷史，以及吸引人的古代、被破壞的猶太人墓地資料。

其他景點

城裡的海岸邊是個散步欣賞美景的好地方，天氣晴朗時，可以看到奧林帕斯山。尼基斯（Níkis，港口前面的那條路）仍然不錯，沿路都是些時髦的咖啡店，在這裡很容易就打發掉幾個小時。而從尼基斯開始，附近的埃雷維提里亞（Platías Elevtherías）及阿里斯托泰羅斯廣場，也是個坐下來喝杯什麼東西的好地方。

如果想要離開城市出遊一下，可以試著前往**帕諾拉瑪**（Panórama）來個半日遊，東方11公里（7英哩）的這個城鎮是個富裕的村鎮，其景觀就像它的名字一樣；鎮上販賣好幾種安那托利亞的特產，有蘭花根飲料（salépi）、土耳其冰淇淋（dódurma）和三角酥餅（trigona）。距離這裡北方10公里（6英哩）的**荷帝亞提斯**（Hortiátis），從古代就供應塞薩洛尼基的用水，這裡還有一些縱火殘留下來的松樹，以及一些不錯的小酒館。天氣晴朗時，西南方可以遠眺帖米灣（Thermaïc Gulf），一瞥高聳的**奧林帕斯山**的西南側。傳統上，奧林帕斯山本來就是馬其頓和色薩利的分界點。

下圖：塞薩洛尼基的海岸邊。

馬其頓和色雷斯

除了肥沃的平原和嚴峻的山脈以外，
你將在這裡發現非凡的人類混合體——
以及哈里基迪基的主要假日遊樂場。

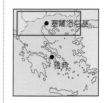

塞薩洛尼基❶的西邊是亞得里亞海（Adriatic），而東邊是埃夫羅斯河（Évros），是希臘的第二大城，同時也是馬其頓及色雷斯（見193-9頁）的首府（自1923年）。往北約100公里（60英哩）則是馬其頓語區（the Former Yugoslav Republic of Macedonia, FYROM）、保加利亞（Bulgaria）與希臘的邊界——第一次世界大戰之後所設定的分界線。

並不像中部或南部，希臘東北部擁有宏偉的考古遺跡及驚人的神殿廢墟。緯度上來說，這裡的夏天短暫，從國外到此缺少便宜的機票，因此這裡的膳宿很稀少、又很貴（除了哈爾基迪基半島）。不過，其他鄰近的巴爾幹國家及希臘比較近代才取得的地區，卻擁有較多元化的人種，包括生動活潑的音樂和食物。古代遺跡可分為兩類：有些地方是太少而沒什麼驚豔之處，要不就是文明的羊皮紙多到可以一頁頁重複地翻閱。

西北方的馬其頓

從伊派拉斯過來，進入馬其頓之前，路上唯一正式、重要或吸引人的景點是潘達洛佛斯（Pendálofos）❷。它雅緻的、散布在山谷間的石頭屋，還保留著伊派拉斯的型式，本鎮也以此命名（五丘）。在內亞波利斯（Neápolis）❸路分兩邊：往北到卡斯托里亞（Kastoriá），往東南到西亞提斯塔（Siátista）❹。座落在距離分叉路口大約20公里（12英哩）處荒涼的山脊上，這個小鎮以其精緻的18世紀豪宅（或稱為arhondiká——重要市民或士紳的住宅——於鄂圖曼土耳其時代晚期盛行於此，為自給自足的社會提供一點概念）而聞名。而這個毛皮交易、製革、製酒的富有中心，也是商隊到維也納貿易中途的一個休息點；西亞提斯塔在希臘獨立後因商業網絡改變而沒落。

從位於霍利平原（Platía Horí）的尼拉諾左波洛斯豪宅（Nerandzópoulos mansion）開始，這裡的管理員有鑰匙可以去看其他有趣的建築，例如瑪洛烏西（Manoúsi）、卡納提索利（Kanatsoúli）和波利奇多（Poulikídou）住宅。探訪這些地方可以讓你充分了解附近另一個因毛皮貿易而興盛的卡斯托里亞。

回到北邊，沿著長約300公里（185英哩）的亞利亞克蒙納斯河谷（Aliákmonas River），由阿爾巴尼亞邊界到帖米灣（Thermaic）的弧形路線走，很快就會到達卡斯托里亞或歐瑞史提亞湖（lake of Orestiáda），半島上幾乎被同名的城鎮分成兩半。城鎮的南郊有個重

左圖：聖山的聖迪翁索修道院的壁畫。
下圖：埃迪薩的瀑布

要的軍事墓地，在最後一次的格拉莫斯－維提西（Grámmos-Vítsi）內戰中陣亡的政府軍安眠於此。至於鎮上湖邊的廣場，則以范佛里特（James Van Fleet）將軍的名字命名，他就其專業提醒美國，同時擔任保皇主義者的顧問，戰勝共產主義暴動。

卡斯托里亞有54個中世紀教堂。

拜占庭鄉村小鎮

除了戰時的破壞，之後欠考慮的現代化則讓這裡更行惡化。卡斯托里亞❺仍是北希臘較吸引人的城鎮之一，其留存的54個中世紀教堂——大多為有錢皮毛商建立的私人小禮拜堂——顯示其為拜占庭首府及皮毛工廠。

這裡拜占庭式的建築是希臘最精緻的地方，藝術多半受到很強的民俗和斯拉夫影響。你最好花一個上午，從拜占庭博物館（開放時間為週二至週日上午8時30分至下午3時，需門票）的硬幣收藏（這裡的管理員有大多數教堂的鑰匙），然後往南到卡爾亞迪斯區（Karyádis quarter）的路上，沿途可欣賞精緻的老房子。

座落於鎮的東北邊，是巴西爾二世（Emperor Basil II）建於1018年的聖愛拿基若（Ágii Anárgyri）教堂，有三條走道俯瞰湖面。靠近聖史戴芬諾斯（Ágios Stéfanos）附近有鎮上的第二個教堂（10世紀），教堂內有著相同複雜的幾何圖型磚石，裡面並有獨特的女性樓座。博物館南邊是科烏姆貝利迪奇聖母教堂（Panagía Koumbelidíki），這個高度極不相稱、鼓狀圓頂的小教堂，大家完全不會弄錯；這是1940年義大利空襲後，鎮上唯一煞費苦心重建的，筒狀圓頂內有留著鬍子的上帝和獨特神聖三位一體的精緻壁畫。

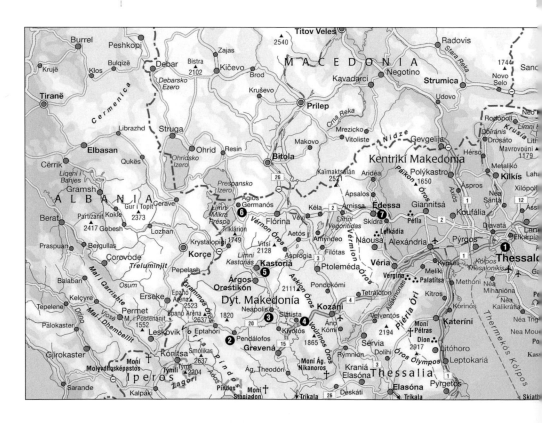

山丘繼續南下，單行道、長方形建築的聖尼古拉斯卡斯尼提西（Ágios Nikólaos Kasnítsi）是卡斯托里亞保存最好的教堂；女聖者支配教堂前廊，西邊牆上由右到左都是奇怪的聖母假設形象。最後，塔西亞里斯－美塔波里斯教堂（Taxiárhis tis Mitropóleos）是留存下來最老的教堂（9世紀），14世紀時，天使長在教堂東端突出的半圓形室，裝飾了「聖母抱耶穌」（Virgin Platýtera）的壁畫。

　　位於卡爾亞迪斯（多爾提索，Dóltso）低窪地區，從湖南邊往內陸，座落著修復後的納濟斯（Natzís）和伊瑪諾烏伊爾（Immanouíl）房子（arhondiká），與西亞提斯塔那裡的房子年代和型式相仿。民俗博物館管理員代收入場費（每天上午10時至下午12時；下午3時至6時，需門票），存放在卡佩塔尼拉索（Kapetán Lázou）附近的艾發夕斯豪宅（Aïvazís）。從此，有一條湖濱的窄巷通到東邊2.5公里（1.5英哩）外現在已成廢墟的聖瑪維利歐提薩（Panagía Mavriótissa）修道院，有兩個精緻壁畫的暹羅雙教堂——一個建於11世紀，一個建於14世紀。孔雀支柱提供光顧相鄰湖景餐廳美好的景緻。

在維爾吉納發現的金盒子（棺材）。蓋子上的星星是馬其頓王朝菲利浦二世的徽紋。

派瑞斯帕湖區及其以東

　　卡斯托里亞北邊約36公里（22英哩），順著亞利亞克蒙納斯的一條支流，可到派瑞斯帕（Préspa）盆地。希臘西北邊境接著馬其頓語區和阿爾巴尼亞，2000年三國政府在這個煙霧繚繞的地區設計了一座巴爾幹公園，公園裡有兩個湖：淺而多蘆葦的米克拉帕瑞斯帕湖（Mikrá Préspa），大部分在希臘境內；較深無蘆葦的梅格利帕瑞斯帕湖（Megáli Préspa）則座落於希臘、馬其頓語區和阿爾巴尼亞

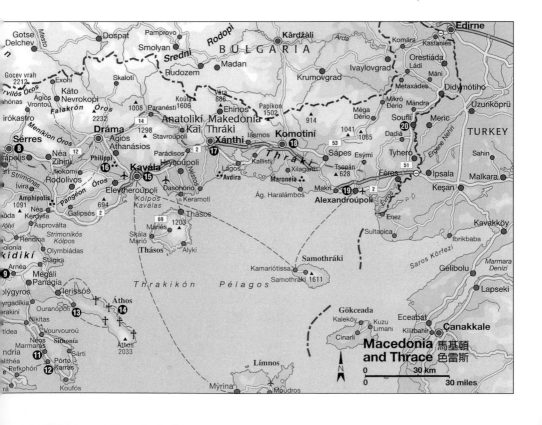

三國。米克拉帕瑞斯帕湖是特殊的鳥類築巢地，特別有兩種瀕臨絕種的鵜鶘和矮鸕鷥，還有一種獨特的鱒魚和一種很難育種的牛。帕瑞斯帕的保護協會有兩個服務中心，一個在聖格爾瑪諾斯（Agios Germanós），另一個在梅格利帕瑞斯帕湖的帕薩拉迪斯（Psarádes）。特種鳥類在春天最活躍，附近山陵是熊、狼和耐寒種小牛的避難所。

此區最佳的目的地是**聖格爾瑪諾斯 ❻**，這裡有旅客服務中心、好的住宿，以及兩個裝飾有壁畫的拜占庭教堂。**帕薩拉迪斯**是梅格利帕瑞斯帕唯一的希臘村鎮，這裡也有旅客服務中心，以及較多的旅遊設施，同時提供機會乘船旅遊到值得前往的**埃雷歐薩聖母**（Panagía Eleoússa）洞窟壁畫教堂。**聖阿希利歐亞**（Ágios Ahíllios）有個米克拉（Mikra）小島，島上有個10世紀被毀的長方形建築，有長達1公里（0.5英哩）的船塢通往內陸。主要道路往東經過難以歸類的**佛洛里納**（Flórina），抵達塞薩洛尼基。

往北的地平線可看到**佛拉斯山**（Mount Vóras, Kaímaktsalán），一次世界大戰期間的兩年戰爭，塞爾維亞和希臘站在同一邊，而德國和保加利亞則站在另一邊──既不是附近第一個，也不是最後的戰爭。說實在的，本區在20世紀鮮少有和平的一刻，馬其頓衝突（Macedonian Struggles, 1903-1908年）、巴爾幹戰爭（1912-1913年）、第一和第二次世界大戰以及內戰，說明衝突的事件不斷地發生在全球某些地區。

馬其頓遺址

西元前4世紀，亞歷山大大帝偉大的馬其頓帝國的腳步曾延伸到印度，由西

下圖：米克拉帕瑞斯帕湖。

奧林帕斯山

海拔2,917公尺（9,568英呎）的奧林帕斯山，是希臘第一高峰，雄偉巨大地盤據在塞薩洛尼基西北邊的地平線上。古希臘人相信那裡是宙斯所統治的諸神之家。多年以來，峰頂拒登山者於千里之外，不只因為無數的強盜盤據當地。1669年蘇丹梅荷美特四世（Sultan Mehmet IV）曾企圖攻頂，不過，直到1913年才由兩位瑞士登山家在希臘導遊的協助下，攻上米提卡斯（Mýtikas）峰。
一般都是由卡提里尼（Kateríni）南邊的利托赫羅（Litóhoro）村開始，先在格洛索斯阿波史托利迪斯（Glósos Apostolidis）還是史皮利歐斯亞帕皮托斯（Spílios Agápitos）的避難小屋過夜（夏天事先要由SEO或EOS登山社預訂，兩者在利托赫羅都有辦公室）。
登山本身技術上並不困難：一開始就只是走進去，不過最後一段就相當陡而且沒什麼遮避。你要有很好的平衡感和對高度要有一定的克制力，特別在以卡基史卡拉（Kakí Skála，惡魔的階梯）聞名的最後幾百公尺。這裡的落差高達500公尺（1,650英尺），俯瞰卡札尼亞（Kazánia）峽谷。

到塞薩洛尼基西南，廣泛地弧形散布在現在的亞西奧斯河（Axiós）和亞利亞克蒙納斯河的氾濫平原。在古時帖米灣泥砂淤積，將河岸線往東推。所有這些遺址都可以由塞薩洛尼基開車來個一日遊。

位於奧林帕斯山（Olympos）東北邊的**迪翁**（Dion），由馬其頓國王建立，這是軍事調動的基地，同時也是奧林匹斯山上諸神神聖的禁區。而其廢墟大都在西元5世紀羅馬和拜占庭時代，被地震所引發的土石流所淹沒（遺址開放時間為週一至週日，上午8時至下午7時，博物館開放時間為週一下午12時30分至7時，週二至週日上午8時到下午7時；需門票）。1990年在此發現保存良好的馬賽克，最好的梅杜莎被移到村立博物館（開放時間相同）。

埃迪薩的瀑布，直沖入壯麗的懸崖下。

在亞利亞克蒙納斯南岸是現代化的**維爾吉納**（Vergína），阿利格伊（Aigai）是昔日馬其頓第一個首府，當地保持著皇家大墓地。在1977年發現菲利浦國王和其他三個地下墓室，以及原封不動的陪葬品，令人印象深刻地以它被發現時的狀況展示（開放時間為週一中午12時至下午7時，週二至週日上午8時至下午7時；需門票）。山上有更多不那麼大的墓和夏宮——**帕拉提薩**（Palatítsa，維爾吉納遺址開放時間為每天上午8時至下午7時；需門票）。離河岸西北方大約18公里（11英哩）處，**維里亞**（Véria）座落在往北到埃迪薩（Édessa）懸崖的另一邊。維里亞保存大量良好的鄂圖曼土耳其特色的住宅社區，近年來經過精巧的修復，大約有35個拜占庭教堂對外開放。從維里亞的拜占庭博物館開始（開放時間為週二至週日上午8時30分至下午3時；需門票），再來是19世紀修復的磨坊，另外千萬別錯過14世紀赫里史托斯修道院（Hristós）的壁畫（開放時間為週二至週日上午8時30分至下午2時；需門票）。維里亞北邊，從**納烏沙**（Náousa）的米耶薩（Mieza）區，可以看到亞里斯多德的學校，壯觀的馬其頓墓地可在**列伏卡迪亞**（Lefkádia）參觀（開放時間為週二至週日上午8時30分至下午3時；需門票）。

地圖見
202-3頁

下圖：奧林帕斯山。

感謝無數的小溪流在此匯集成知名的瀑布，離維里亞大約43公里（27英哩）的**埃迪薩❼**，不像許多其他希臘城市。有條路通往底下的深谷，穿過充滿霧氣的小瀑布，經過懸崖邊的洞窟；順流而上，在峭壁上面是通往埃格納提亞（Egnatia）不知是羅馬還是拜占庭式的橋。埃格納提亞的建築沒什麼特別，不過河邊公園和寬闊的鋪面很適合漫步。

大約在回到塞薩洛尼基三分之一路上的**佩拉**（Pella），是馬其頓西元前4世紀中期的首府。菲利浦三世在西元前338年統治統一後的希臘，而這裡也是他兒子亞歷山大跟隨亞里斯多德學習並且在東方為他傳說中的戰役受訓的所在。帝國的首都大都還未出土，可是絕佳的獵獅、狄奧尼索斯（Dionysos）騎豹和其他神話景象的馬賽克，都非常值得到遺跡和博物館一遊（兩者開放時間均為週二至週日上午8時至下午7時，週一中午12時至下午7時；需門票）。

往東到哈里基迪基

　　塞薩洛尼基往東有很多路。一條往北一開始便到**基爾基斯**（Kilkís）鎮和希臘多伊拉尼斯（Doïránis）湖濱，然後經史崔蒙納斯河谷（Strimónas）進入保加利亞的帕洛馬赫納斯（Promahónas）唯一有鋪路面的路。這條路順著馬其頓鐵路，此區內陸迂迴曲折地連接相對鄰近的海岸景點。犬儒學派的人聲稱，19世紀末歐洲承包商為鄂圖曼土耳其人建這條鐵路是以公里計酬的，事實上，蘇丹在君士坦丁堡的蘇聯武力外交站錯邊，規定從海上砲轟不可以破壞鐵路。

　　一條是直接通往東北到從拜占庭時代到現在都很繁榮的**塞爾**（Sérres）❽。在1913年被撤退的保加利亞人燒了，後來才又大規模重建，不過有兩座拜占庭教堂還保留著：11世紀的**聖狄奧多利**（Ágii Theodóri）和14世紀的**聖尼古拉斯**（Ágios Nikólaos）。中央廣場的一座穹窿頂的鄂圖曼土耳其建築，則被當成博物館。

　　往北約19公里（12英哩）的森林山谷，有一個更珍貴的**提米歐帕羅迪羅姆修道院**（Tímiou Prodrómou），是1453年鄂圖曼土耳其人佔領後，第一個君士坦丁堡主教金納迪烏斯·斯科拉里奧斯（Gennadius Scholarios）在此建立的修道院，他選擇在此退休及埋葬。

　　塞薩洛尼基東方最繁忙的路，是繞過**科洛尼亞**（Korónia）和**弗爾費**（Vólvi）湖邊到色雷斯的路，不過還是比往東南到像掛著三根手指的到愛琴海的**哈里基迪基**（Halkidikí）半島少一點。長久以來，這裡就是塞薩洛尼基人喜愛的週末遊樂場，而自1980年代起，外國觀光客不斷增加，特別是從匈牙利和捷克來尋找便宜的陽光、沙灘和海洋的旅遊者，或者只是來加幾桶油。

　　雅典和斯巴達之間的伯羅奔尼撒戰爭的頭十年，許多希臘南方城鎮被當作戰場，古典時期在此區已沒什麼重要的景點可以推薦。不過化石和50萬年的骷髏頭已經在50公里（31英哩）外的**佩提拉隆納洞窟**（Petrálona Cave）被發現，證明史前聚落的存在（開放時間夏天為每天上午9時至下午7時，冬天至下午5時，需門票）。

哈里基迪基的手指

　　到亞托斯（Áthos）路上的**史塔吉拉**（Stágira），現代的亞里斯多德雕像俯瞰著伊里索斯灣（Ierissós Gulf）及哲學家自己的出生地，老史塔吉拉。現在淤積的**薛西斯運河**（Xerxes Canal）建於西元前482年，穿越亞托斯半島頸部，幫助波斯避免重蹈前一次戰役艦隊在亞托斯海岬航行時翻覆的覆轍。這裡和赫勒斯滂（Hellespont）上的薛西斯浮橋，被希臘人認為是波斯「行軍至海邊再航行過陸地」的誇大產物。中世紀的**波迪底斯運河**（Potídea Canal）仍將**卡桑德拉**（Kassándra）半島與本土大陸分開，同時也是漁船的停泊處。

　　美麗的侯洛摩達斯山（Mount Holomóndas）森林山

下圖：佩拉的獵獅馬賽克。

坡上，覆蓋著手掌螺旋的多丘陵中心；首府**波利吉洛斯**（Polýgyros）有個無聊的考古博物館；不過**亞爾尼亞**（Arnéa）❾有較多吸引觀光客的紡織品和保存良好的老房子。在觀光業發達前，西端的「手指」卡桑德拉沒什麼生氣，居民大都在1821年就因為參加獨立而被屠殺了，因此土地荒蕪；直到1923年，馬爾馬拉（Marmara）海上的難民在此安頓下來。運河和近指尖的**哈尼歐提斯**（Haniótis）附近的**尼歐波提第亞**（Néa Potídea）❿，以人類標準發展出過度開發的一般房地產。

中指**希托尼亞**（Sithonía）比較綠、較崎嶇，也較沒開發，遠離田野般的**帕提諾納斯**（Parthenónas）就在伊塔莫斯（Mount Ítamos）山腳下，1923年之前，**聖山**（Mount Áthos）的修道院擁有此地大部分，所以這裡沒有很多老村莊。緊鄰有著大量露營地和提供低樓層住所的**尼歐斯馬爾馬拉斯**（Néos Marmarás）⓫，山坡集合住宅和**波托·卡拉斯**（Pórto Karrás）⓬的大型度假勝地，是前漁村慢慢轉型為觀光勝地的例外。西岸的**托羅尼**（Toróni）和**亞雷提斯**（Aretés）仍然比較被破壞，而附近的**波托科烏弗斯**（Pórto Koufós）則是被陸地鎖在光禿禿的海岬裡的遊艇天堂。卡拉米茲（Kalamítsi）灘位於東岸，有個如詩如畫的海灣，而較北邊的薩堤（Sárti）是貨運集散地。

順著海岸往北穿過**皮爾格第基亞**（Pyrgadíkia），小漁村帶你到較東邊的手指亞托斯的基部，那裡像金字塔頂端獨自狀麗地聳立橫越海灣到東邊。包括**阿莫里亞尼海灘**（Ammouliani）點綴的小島，和**歐拉諾烏波里**（Ouranoúpoli）⓭優美的亞托斯度假村，不過大多數人是因為聖山而來；因為歐拉諾烏波里是聖山的入口。不到聖山的人會到半島附近逛逛，謙卑地遠遠觀賞那些令人印象深刻的修道院。

聖山

聖山⓮的名氣源自其至今約有2000多個修道院群。過去，這些修道士以「聖」名之，現在希臘文稱之為Ágion Óros，本意：聖山。西元9世紀中，基督教歷史從當時的隱士開始，在100年前左右建立起第一個修道院。安托尼提（Athonite）的彼得是早期最有名的聖人，據說他在這裡某個洞窟住了50年。

第一個修道院梅格斯提斯·拉佛拉斯（Megístis Lávras）是由拜占庭國王尼基佛洛斯（Nikiforos）的朋友聖安塔納西歐斯（St. Athanasios）在西元963年設立。之後，在原來的基礎上加上拜占庭國王提供金錢、土地及寶物等贊助；贊助者仍祈求更多回報，而王家特質則被熱心的保存在修道院圖書館。

保留下來的20個有修士的修道院，也就是修道士們在男修道院院長的指導下遵守絕對紀律。財產是共有的；食物在食堂（trapezaría）一起吃。除了俄國的**潘迪利莫諾斯**（Pandelímonos）、塞爾維亞的**希蘭達里歐**（Hilandaríou）和保加利亞的**左格拉佛**（Zográfou），所有的修道院都奉行希臘的聖餐禮儀；使用凱撒曆法，也就是晚羅馬教皇格里高里曆法13天，並且均（除

迪翁考古博物館最驕傲的地方就是，1992年在遺址地底下發現西元前1世紀的呼吸器官。

下圖：哈里基迪基的歐拉諾烏波里。

Vatopedíou）維持自拜占庭時間從日出到日落的時刻計算。許多修道士情願住在散布於星羅棋佈的半島上較小、較嚴格管制的修道院（skítes和kellá），但仍隸屬主要的修道院。有些隱士選擇陡峭的懸崖邊，住在粗糙、未經裝飾的小屋（isyhastírion）或洞穴裡。

在1970年代，聖山處於谷底，勉強有1,000位修道士住在破爛的修道院──許多只有有限的教育和道德成就。從此，開始進行新生。為了公眾利益來追求希臘正教傳統精神生活的最高境界，聖山的要求顯然已有功效；來自世界各地見習修士的質與量（特別是共產主義垮台後的俄國）也都有所提升。

即使特別設計適當的拜占庭入門許可程序，以阻擋無聊者和呆看的旁觀者，但到聖山的朝聖者數量仍不斷提升。只有宗教上真正虔誠的朝聖者需要申請，至少理想上如此。一直以來，政治即使不是教義上奮鬥的目標，也從未遠離聖山。多數的修士都是土生土長的希臘人，他們喜歡也情願維持希臘的優勢地位，這因此讓斯拉夫的見習修士和朝聖者抱怨他們飽受歧視。但是希臘修士之間不同派別已廣為人知，牽連到整個修士團體與男修道院院長或市政當局的強烈爭執，而由一家修道院搬到另一家修道院。傳統主義者就像希臘其他地方一樣，責難路上的推土機和販賣木材來融資革新──許多地方的風格還相當野獸派。

大多數的修道院要先打電話或傳真來預訂，通常在旺季每晚可擠滿一百人的賓客區，而一旦到達，就準備忍受其他修道客刺耳的手機聲。吃住免費，可是從一個修道院到另一個修道院的計程車費可能很貴。走路是拜訪修道院最好的方式，但距離可能很遠，因此你只能去幾個修道院；不過時間有限，這也沒有辦

下圖：迪翁尼索斯修道院矗立在可以眺望大海的懸崖上。

禁果

聖山最有名的可能是阿瓦通禁令（ávaton edict），君士坦丁堡大帝（Emperor Constantine Monomahos）曾在1060年公布禁止所有女性通過聖山（Holy Mountain），甚至是包括雞（雖然對母貓等齧齒目動物似乎有所例外）。

這到底是怎麼發生的呢？長久以來，修正主義者對修道士和牧羊女之間之前的把戲，當宗教宣稱，處女以各種方式將神聖化蒼翠繁茂的聖山當作她個人的花園──而女人只不過只是個不需要的誘惑。多年以來，許多闖入的偽裝女人，只不過又被轟出去罷了；各種希臘或海外的女性團體都致力於此議題。

1998年，一個更嚴肅的挑戰被提出，瑞典和芬蘭的女總理威脅拒絕簽署維持聖山「特殊狀態」的法令，因為其違反歐盟最珍愛的法律之一：行動自由（11個歐盟會員國之一的希臘，在2000年簽署「申根條約」〔Schengen Accord〕，廢除會員國之間的邊界管制）。不過聖山當局仍誓言反對改變聖山的單一性別特性。

法。只有時間可以證明聖山能以自己的方式與世界對抗。

地圖見 202-3頁

馬其頓東部

聖山北方，橫過史崔蒙納斯舊時的**安菲波利斯**（Amphipolis），海岸公路穿過幾個位於史崔蒙尼克海灣（Strymonic Gulf）在塞薩洛尼亞人（Thessalonians）和塞拉尼人（Serrans）相當受歡迎的度假村。城裡保留了幾個廢墟，由雅典在西元前438年建立的一個色雷斯殖民聚落，再加上三邊河流虛張聲勢的保障。大多路過的人滿足於由**安菲波利斯之獅**（Lion of Amphipolis）（一個從西元前3-4世紀的碎片復原的巨大雕像）的橋上驚鴻一瞥。在東岸，道路分叉成較快但沒啥海景致的高速公路，和沿著潘吉歐山（Mount Pangéo）山下經由**埃雷維提羅波里**（Elevtheroúpoli）通過風景如畫的石板屋村莊。

兩條路在馬其頓的第二大城**卡維拉**（Kavála）**⑮**會合，就像內亞波利斯一樣，卡維拉是前往埃格納提亞路上重要的中間站和古腓立比（Philippi）的附屬港口。來到1920年代的卡維拉，是個重要的菸草製造和出口中心，雖然現在的港口看到較多到帖索斯（Thásos）和北愛琴海的旅客渡輪，而非商業運輸的貨輪。一座從菸草盛行時期留下來的豪宅成為**民俗與現代美術館**（開放時間為週一至週五上午8時至下午2時，週六上午9時至下午1時，需門票），特別展覽帖索斯當地出身的雕刻家波利諾托維吉斯（Polygnotos Vagis）的作品。現代考古博物館的館藏包括Avdira和安菲波利斯發現的墓碑。

多數人都不會優先考慮在這裡過夜——旅館很吵也太貴——但港口東南山坡上的堡壘，值得漫步到中世紀圍牆的**潘納吉亞區**（Panagía），連結至16世紀架設高架水管的現代城市。從**波利多**（Poulídou）開始，經過許多當地人喜歡的餐廳，很快就會到達**朝聖者旅舍**（Imaret）之門——不規則圓頂的複合式建築，據說，是巴爾幹最大的公共建築。原本的救濟院和旅館，2003年已改建成氣氛獨特的餐廳酒吧。

腓立比

往西北約14公里（8.5英哩）的古**腓立比 ⑯**，是以菲利浦二世（Philip II）命名的，不太有馬其頓風格。從三個中世紀塔樓馬其頓城牆廢墟的衛城，你會對讓腓立比成名的戰場有個遼闊的視野。此地在西元前42年，羅馬帝國的命運懸而未決於擁護共和政體的布魯特斯（Brutus）和卡西歐斯（Cassius）時，於西元前44年參與刺殺凱撒的任務，而迎面遭遇凱撒的復仇者——安東尼和屋大維。戰敗後，布魯特斯和卡西歐斯自殺，西元前32年的亞克興戰役（Battle of Actium）則結束了兩個勝利者之間的競爭。

羅馬遺跡主要在高速公路南邊，包括古羅馬廣場和摔跤場的地基，以及基地西南角落一個保存良好的公共廁所。據說，腓立比是聖保羅在歐洲傳播基督教福音的第一個地方。在西元49年，聖保羅來到這裡，冒犯了當地的非基督教徒而被關進監獄（一個有壁畫

👁 **實用指南**

相較於希臘其他地方，東北部的夏天較熱、冬天較涼。拜訪哈里基迪基最好在六月或七月初，那時大地仍然一片翠綠，山坡上仍是滿山遍野的花朵。

下圖：安菲波利斯之獅。

的地窖，現已標明於基地）。然後，在西元55年，他由後來的宗教團體受到較好的待遇，這些都記載在他的使徒書和腓立比書裡（新約聖經）。西元6世紀之前，基督教在此相當興盛，依所保存的許多早期長方形會堂─教堂可以證明（開放時間為週二至週日上午8時至下午7時，需門票）。

從卡維拉開車往南，你很快就會穿過尼斯托斯河（Néstos River）、馬其頓和色雷斯之間的邊界，在沖積平原的頂峰，極目可見廣大遼闊的菸草和玉米田。從火車上或達拉馬（Dráma）和克桑西（Xánthi）間的老高速公路，可觀賞尼斯托斯河谷的美景。

色雷斯及其回教徒

古色雷斯包括現在的保加利亞和歐洲的土耳其，以及希臘尼斯托斯和埃夫羅斯河之間的海岸地帶。從西元前800年在海岸殖民以來，希臘就常與本地的色雷斯人發生紛爭。埃格納提亞大道（Via Egnatia）橫跨本區，作為散布的羅馬和之後的拜占庭的防禦工事。後來，色雷斯被斯拉夫民族和鄂圖曼土耳其入侵並統治。1913年到1923年之間，經過許多戰役之後，最後胡亂地分裂成保加利亞、土耳其和希臘。1923年，土耳其和希臘的人民輪流受創，色雷斯在希臘部分的回教居民允許繼續居住，來交換住在伊斯坦堡的12萬5千名希臘正教教徒繼續居住（今天在伊斯坦堡的希臘人已降至數千人，而色雷斯的回教徒人數則增至13萬左右）。

基本上，土耳其少數民族住在克桑西和科莫提及及兩城東南邊的平原；採用伊斯蘭和土耳其語的吉普賽人也在此落腳。另一個回教少數民族柏馬斯克（Pomaks）住在克桑西和科莫提尼上面的羅德匹（Rodòpi）山區；他們出身於中世紀鮑格米勒派（Bogomil）異教徒的後裔，說一種斯拉夫語，傳統上在山裡的梯田種植菸草。

克桑西

克桑西 **⑰** 戶外的週六市場，離卡維拉只有53公里（33英哩），對此區的回教徒人口統計資料有很好的認識（如年齡、性別、收入等等）。土耳其和波馬克女人喜歡長長暗色的外衣和素色的（回教婦女用）雙重頭巾（yashmaks），如今漸漸地被較時髦的灰色或咖啡色外套及印花的頭巾所取代。吉普賽人則堅持其色彩鮮豔的舊式女用燈籠褲，頭巾則綁在耳後。許多男人仍穿著酒紅色的絲絨或土耳其氈帽或白色無邊便帽。在夜晚，感謝色雷斯的大學生，沿著**瓦西利希斯索非亞斯**（Vasilisís Sofías）附近有無數熱鬧的現代酒吧和咖啡店。

感謝菸草，19世紀克桑西就是個繁榮的商業及管理中心。有名的石匠從伊派拉斯被帶過來建造商人的宅第、菸草倉庫和小旅館。巨大方形的旅館圍繞著中央庭院，是休息場所也是附近市場的交易中心。有個老市區中心的房子變成**民俗博物館**（關閉修理中）。山坡更高處有清真寺的尖塔和土耳其區的房舍，裝設了

下圖：克桑西的舊城。

方便觀賞土耳其語電視節目的小耳朵。

科莫提尼

　　克桑西東邊56公里（35英哩）經由維斯托尼達（Vistonída）的賞鳥潟湖和河流環繞的聖尼古拉斯修道院，便可抵達科莫提尼（Komotiní）**18**，這裡回教徒幾乎占了人口的一半。不像克桑西那麼吸引人，不過這裡鋪有鵝卵石的巷道裡，有個古代中東的商店街（週二那天最忙），充滿了許多小店、14個清真寺和許多舊式的咖啡店。隔著中央公園有個民俗博物館，館內展示當地的刺繡、服裝及黃金工藝（開放時間為週一至週五上午10時30分至下午1時；免門票）；考古博物館保留了從克桑西南邊的亞維迪拉（Avdira）及科莫提尼南邊馬洛尼亞（Maroneia）的色雷斯遺址獲得的古物（開放時間為每天上午8時30分至下午6時；免門票）。

　　雖然出了兩個重要的哲學家：最早解釋原子學說的迪莫克里圖（Democritur），以及說「人是所有東西的度量單位」的詭辯家普羅塔哥拉（Protagoras），但亞維迪拉本身破爛的狀態並不值得一遊。奧狄修斯（Odysseus）在離開特洛伊（Troy）後，傳奇性地在返回以色佳（Ithaca）路上，短暫地停留在馬洛尼亞，獲得紅酒，而這個紅酒後來救了他和他的同伴逃離水怪波利菲莫斯（Polyphemus）。被困在洞穴裡，他們不斷給波利菲莫斯紅酒，等他睡著後，便用熾熱燃燒的木頭戳他的獨眼，然後躲在羊肚裡逃出來。懸崖頂少數遺址的北邊有一個保留波利菲莫斯名字的洞穴（Polyphemus's Cave）；中世紀村落馬洛尼亞則保留了一些木頭房子和帕拉塔尼提斯海灘（Platanítis beach），附近的小酒館提供新鮮的海鮮料理。

亞歷山卓波利

　　距離科莫提尼蜿蜒65公里（40英哩）的舊道路穿越荒涼的山丘，下行至相當單調的亞歷山卓波利港（Alexandroúpoli）**19**，這是前往沙摩斯瑞基島（Samothráki island）的通路。對賞鳥人士來說，最聰明的方法就是花點時間到埃夫羅斯河谷。座落在提拉亞諾波里斯（Traianopolis）的羅馬溫泉浴場東方的三角洲，對水禽來說是最完美的落腳地，而達迪亞森林保護區（Dadiá Forest Reserve）則是為黑禿鷹和兀鷲提供避難所的世界自然野生基金會（World Wild Fund for Nature, WWF）的一個成功投資。中途你可在費雷斯（Féres）12世紀為科斯莫索提拉聖母（Panagía Kosmosótira）所建的教堂停留，有五個挑高圓頂開放給一般遊客參觀。

　　轉到達迪亞（Dadiá）往北，第一個稍具規模的城鎮是索佛里（Souflí）**20**，這裡曾因絲製品而聞名。玉米田取代一度滋養蠶寶寶的桑樹，如今只有一個小博物館紀念這消失的產業。再往上30公里（18.5英哩）的迪第莫提歐（Didymótiho），老鎮山頂有一個拜占庭要塞，在往土耳其埃迪爾尼（Edirne）交通最繁忙的廣場上有一個廢棄的清真寺，優雅的清真寺尖塔從希臘邊界小鎮卡斯坦尼斯（Kastaniés）依稀可見。

地圖見
202-3頁

下圖：克桑西市場中的柏馬斯克女子。

島嶼

相較於歐洲其他國家，希臘有很多有人住的島嶼，

但沒有人知道到底有多少。

詩人伊利特斯（Odysseus Elytis）曾說：「希臘依偎在海上。」很少國家可以說出這麼權威性的觀察。島嶼周圍的愛琴海及愛奧尼亞海，其所涵蓋的面積大概有25,000平方公里（10,000平方英哩）。而以希臘獨特的風格，島嶼精確的數量也有許多爭論的主題。有167位居民的島嶼或小島就大概有3,000個；另外，根據某種不同的計算，少於60位居民的小島大概也有1,000個。

要定義一個地方是否可居住，標準是很多的。一個衣衫不整的牧羊人和6隻山羊住的島嶼能住人嗎？除了在山頂小教堂舉行一年一度的慶典之外，渺無人煙的小島可以住人嗎？

相對於希臘人專注的事物，外國人更有興趣的是那裡的藍天、碧海、食物和節慶。然而，無可爭議的是，這些熟悉的印象中，隱藏著多元化的景觀和感受。

這就是我們想要呈現的部分——過去古代及現代風光的島嶼，複雜的選擇以及單純簡單的滿足。環繞在「偉大島嶼」這個名詞下，為了提供所有的一切，我們專注在像奇莫洛斯島（Kímolos）和利普錫島（Lipsí）這種小島上；同樣也花了很多心思在克里特島（Crete）、羅得斯島（Rhodes），以及最受歡迎的度假勝地米克諾斯（Mýkonos）和科孚島（Corfu）中。我們並沒有忽略大家所熟悉、備受歡迎的島嶼，不過我們探索的是從觀光客陳腔濫調的背後，找出真正吸引人的地方。

享受島上風情最好的方法是，帶著某種想法前往。無論如何，拋開成見開始享受藍色地中海下的白色建築、橄欖樹叢中的驢子等等，這些的確都是旅遊手冊中深植人心的圖象。不過，就像剝洋蔥似地一層一層脫掉這些新奇的外衣，我們也許可以看到較早以前的面貌。而如何剝洋蔥則是這本書的重點。

所以，歡迎登上遊輪，準備慢慢地航遊在歐洲最迷人、最受歡迎的島嶼吧——有些可能是。

前頁：克里特島上的西堤港（Sitía）。
左圖：米克諾斯的海邊。

沙羅尼克灣群島

從希臘本島很容易就能到達沙拉米納、愛吉納、波羅斯、海德拉和斯派采島，這些小島都是一日遊最受歡迎的景點，各個小島都有所不同，同時提供了豐富的歷史與迷人之地。

地圖見 218頁

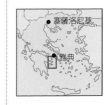

雅典和沙羅尼克灣（Saronic Gulf）群島在旅遊書上常被混為一談。許多雅典人在週末經常光臨這些島嶼，到了夏季，更成為時髦的雅典社區名副其實的延伸。然而這些對沙羅尼克灣群島的看法，並未把它們的個別特色列入考慮。它們是島嶼，不是郊區。每一座島嶼都有自己的特色，值得我們特別的關注。

沙拉米納島（舊稱沙拉米斯）

沙拉米納（Salamína）最著名的是，西元前480年的海軍戰役，雅典船艦以寡敵眾，擊潰了龐大的波斯艦隊，德爾菲神諭預言所謂的「木造牆」將拯救雅典人。沙拉米納島的驕傲是佛多洛（Voudóro）半島上17世紀的**法內羅梅尼修道院**（Faneroméni Monastery），距離首府**沙拉米納鎮❶**有6公里（4英哩）。

此島顯然並不時髦，其魅力來自於幾乎尚未開發，而且很快就能抵達，從佩拉瑪（Pérama）到港口城市**帕魯基亞（Paloúkia）❷**，開車只要數分鐘。多數居民住在沙拉米納（亦稱庫魯里，Kouloúri），這裡有個考古博物館和民俗博物館。騎腳踏車的人離開雅典、皮里亞斯那個城市森林，找到沙拉米納這個完美的地方，島上偏僻的路既不擁擠也不會有計程車爭道。西岸的宜人村莊**伊安迪歐（Eándio）**擁有一間不錯的旅館。

愛吉納島（舊稱愛琴那）

愛吉納島（Aegina）與希臘本土的距離非常近，很容易到達，但是卻難以保住該島的特色。從皮里亞斯搭渡船約一個半小時，若搭乘「飛躍的海豚」水翼船則只要半小時，因此要吸引遊客並不困難。長久以來，與外國遊客或希臘其他地區的旅客比起來，此島是雅典人最青睞的庇護所，主要的名產是開心果，港口每條街道都有在賣。

愛吉納島在地圖上看起來像個倒立的三角形，南端聳立著壯麗的**歐洛斯山**（Mount Óros）。這是沙羅尼克灣群島的最高峰，在沒有煙霧的日子，從雅典的衛城（Acropolis）也清晰可見。島的中央和東部多山，微微傾斜的豐沃平原一直綿延到島的最西邊，是**愛吉納鎮❸**與古城部分交疊的區域。

愛吉納鎮有幾幢19世紀的別墅，由希臘第一任總統卡波季斯帝亞斯（Ioannis Kapodistrias, 1776-1831）所建，他住在這兒，並在此工作。市中心的**考古博物館**（Archeological Museum）展示了該島歷史上許多有趣的工藝品（開放時間為週二至週日上午8時30分至下午

左圖：海德拉島港灣及舊城。

下圖：愛吉納島上亮麗的色彩。

阿帕伊亞神廟。

3時；需門票）。現代港口雲集著快艇和小帆船，緊鄰著古代港口，如今的古代港口已成為主要碼頭北方的淺灘，面對古代遺址**可隆納**（Kolóna）。

可隆納，意為「石柱」，是依**阿波羅神廟**（Temple of Apollo）前方一根顯著的柱子來命名。這座神廟（多利斯式，有6×12根柱子，建於西元前520-500年）後來被羅馬時期末期的堡壘所取代，其殘垣位於面海處。雖然從海面上望去神廟並不奇特，但若從山上看過去，其景象令人神往。遺址上有一個小型博物館，還有一座古猶太會堂，內部有整修過的鑲嵌地板（開放時間為每天上午8時30分至下午3時；只需一張門票就能參觀神廟遺址和博物館）。

愛吉納島最著名的古蹟是北邊的**阿帕伊亞神廟**（Temple of Aphaia）❹，位於夏季非常擁擠的度假勝地聖瑪利納城（Agía Marína）上方。神廟在丘陵頂端的松樹林內，遠眺愛琴海，是建於沙拉米斯戰役勝利後的西元前490年，被譽為「歐洲希臘形式最優美的晚期古神廟」。這是目前碩果僅存，內殿還有第二排小型廊柱的希臘神廟，將會是你所見過最令人印象深刻的古神廟之一（開放時間為每天上午8時至下午7時；需門票）。

前往神廟的途中，會經過現代的**聖內克泰里歐斯修道院**（Monastery of Ágios Nektários），內克泰里歐斯是最近一位被封為希臘正教聖徒的人，授封於1961年。修道院的峽谷對面，是名為**老鎮**（Paleohóra）的鬼魅般遺址，建於西元9世紀，用來躲避海盜的劫掠。希臘獨立戰爭後的1826年，此地遭棄置，38座教堂中，大部分都未經修繕，不過你仍然可以見到數張壁畫的遺跡。

愛吉納島的西岸相當恬靜，在**馬拉松納**（Marathóna）有一處不錯的沙灘，

下圖：愛吉納島上建於西元前5世紀的阿帕伊亞神廟。

不過來到此地更佳的理由，就是在**帕地卡（Pérdika）** ❺ 港口沿岸的海鮮餐館享受佳餚，或是租一艘船，在無人小島莫尼（Moní）的海邊游泳。

安吉斯崔島

安吉斯崔島（Angístri）是面對愛吉納鎮的小島。較大的船隻停泊在**斯卡拉**（Skála），較小的船隻則停泊在更引人入勝的**米洛斯（Mýlos）**。島嶼並未經過太多開發，不過有幾間旅館。最吸引人的海灘靠近西南岸的湖泊，旁邊是小島**多魯薩（Doroúsa）**。

波羅斯島

波羅斯島（Póros）與伯羅奔尼撒之間僅隔著一道小小的水域，poros 在希臘文中是「通路」或「淺灘」之意。當你的船從北方入口進入淺灘，海峽正在前方，可愛的**波羅斯鎮** ❻ 頓時映入眼簾。港口幾乎盡被陸地包圍，是愛琴海中最受保護的泊船所。你第一眼望到的盡是一片白色房屋和鮮橘色的屋頂，山丘上則有一座鐘塔。要前往波羅斯島，除了乘船和「飛躍的海豚」水翼船外，還可以開車（較為費力），由**科林斯地峽（Isthmus of Corinth）**到**埃皮達洛斯（Epídavros）**，南下至岸邊的**狄爾尤皮（Dryópi）**和海峽對岸的**加拉塔斯(Galatás)** ❼ 小鎮。

雖然島上有許多旅館，而且好幾十年來，顯赫的雅典人士都擁有這裡的度假別墅，但波羅斯島卻一直沒有辦法像海德拉島或斯派采島那樣發達，因為這裡的海灘比較少，而且較不特別；然而到了夏季，此島跟愛吉納島一樣人潮洶湧。

地圖見 218頁

西元前7世紀，愛吉納島成為首屈一指的海上強權，多虧其戰略位置；它的銀幣稱為「烏龜」，成為大部分多利安省的通用貨幣。

下圖：愛吉納島海岸邊的餐廳。

西元1846年，波羅斯島西北方成立了希臘海軍基地，位於海峽前方的半島上，將波羅斯鎮的一小部分與島上其他地區分隔開。海軍基地在1878年遷往沙拉米納，如今此地成為培訓海軍青年的學校。這裡有幾幢漂亮的家庭別墅，庭院照料良好，炎熱的夏日午後，很適合前來散步透氣。

波羅斯島的重要觀光據點是**佐朵皮吉修道院**（Monastery of Zoödóhos Pigí，佐朵皮吉為生命之泉女神），位於林木茂盛的山坡上（從鎮上坐巴士20分鐘即可抵達），如今只有一些教士住在這裡。修道院中最值得一提的是木雕金漆的聖者畫像，可以遠溯自19世紀。

修道院前方有條環繞東邊高地的道路，向上蜿蜒，經過松樹林，一直通到**海神殿**（Sanctuary of Poseidon）遺址，座落於全島最高的兩座山之間。海神殿於19、20世紀更迭時出土，幾乎沒有遺跡可循，不過風景極佳，值得參觀。

這座神殿曾是卡拉夫里亞聯盟（Kalavrian League）總部所在，這是包括雅典在內的好幾個城市聯合組成的組織。亞歷山大大帝駕崩後，雅典叛變，但遭亞歷山大大帝的馬其頓繼承者安提帕特（Antipater）平定，反對馬其頓向雅典徵稅的雅典演說家狄摩西尼（Demosthenes）藏匿在海神殿中。他被發現後就服毒自殺，不過仍在死前走出神殿，以免玷污了聖所。

古城**特洛仁**（Troizen, Damalas）距離加拉塔斯約8公里（5英哩），位在海峽對岸的伯羅奔尼撒。希臘神話中的英雄人物忒修斯（Theseus）就是生長於此，後來到了雅典成為國王。他為了證明自己力大無窮而舉起的岩石，目前仍在這裡，緊鄰著繆斯神殿（Sanctuary of the Muses）。忒修斯年老時返回特洛仁，歐里庇得

下圖：波羅斯島。

斯（Euripides）將這段故事寫成了著名的劇作《希波拉提斯》（*Hippolytus*），描述
年輕的皇后菲德拉（Phaedra）不法指控忒修斯之子侵犯她。現代戲劇在特洛仁上
方的**惡魔谷**（Devil's Gorge）舉行。如果想要清靜，可前往**雷曼諾達索**
（Lemonódasos），這個美麗的果園有大約2,000株檸檬樹，從加拉塔斯另一端步行
至此約半小時。

海德拉島

海德拉島（Ýdra）舊名為伊德里亞（Ydrea），意為「水分充沛的」，如今卻成
為乾旱的岩塊，不過鎮上港口白與灰色的石屋仍然相當雅緻，自1950年代後，吸
引了許多藝術家和時髦人士。這也是希臘少數限制水泥建築增建的地方，因此保
留了它的美。

海德拉島的心臟地帶是港口城，亦稱作**海德拉❼**。在風景如畫的海灣一
帶，白色的房子沿著緩坡而築，其中點綴著灰色豪宅（arhondiká，18、19世紀靠
航海致富的商家所建造的住宅），使景觀更加醒目，而許多豪宅都由威尼斯和熱
那亞（Genoa）的建築師設計。沿著碼頭的是各種多彩多姿的市場店舖，市場中
心有一座18世紀**聖母修道院**（Monastery of the Panagía）的鐘塔，其石材來自於
波羅斯島的古代海神殿。由防波堤圍起來的港口形成一個新月形，兩側是19世紀
的砲台。

海德拉島的一抹希臘
色彩。

這個城鎮擁有許多不錯的餐館和餐廳，以及備受歡迎的酒吧和迪斯可舞廳。
然而，令人訝異的是，地勢較高的地區和丘陵仍少見觀光客的足跡，這些地方不

下圖：海德拉島搭乘
遊輪的地方。

但迷人，而且富有希臘色彩。各住宅區之間是窄窄的巷道和陡斜的階梯，清一色的白牆不時被具有百年歷史的大門、鮮藍色窗框、深紅色的階梯或綠色花園圍籬所阻斷。東北方的城鎮**曼德拉基**（Mandráki）**❽**擁有唯一的一片沙灘，不過西南岸比較有趣。一條寬廣的濱海道路通往**卡米尼**（Kamíni）和**弗利丘**（Vlyhós），具有一座19世紀初的石造拱橋。這兩地都有相當好的餐館，如果吃喝過於飽足，可乘坐水上計程車。

斯派采島

斯派采島（Spétses）是阿爾哥－沙羅尼克灣（Argo-Saronic）群島中最南端的島嶼。古代又名為松林之島（Pityousa），如今仍是此群島中森林最茂盛的。這裡觀光業發展的規模比海德拉島廣泛，但遠不及波羅斯島或愛吉納島，近年來的規劃保住了島嶼的魅力。

雖然**斯派采鎮**⓫擠滿了許多酒吧和速食店，不過舊港（Paleó Limáni）仍散放出柔和的光芒。鎮上18世紀的豪宅如今是雅典富裕人家的產業，他們每年夏天都會回到這個島上。

一如海德拉，斯派采島的全盛時期在18世紀末，商業貿易使其致富。也正如海德拉，斯派采在希臘獨立戰爭時期成為軍事活動中心，這裡貢獻過一支超過50艘商船組成的艦隊。1821年，斯派采是愛琴海諸島中，第一個起來反抗鄂圖曼土耳其統治的島嶼，因而聲名大噪。目前，加農砲依舊位於島上設防的主要港口，形成鎮上的焦點之一，**達皮亞**（Dápia）。

希臘獨立戰爭的民族女英雄寶寶琳娜（Bouboulina），是一位斯派采婦女，她的丈夫在北非外海遭海盜殺害後，寶寶琳娜接下了指揮丈夫船隊的任務。22艘斯派采船曾在納夫普里歐（Návplio）封鎖鄂圖曼土耳其達一年多，其中有8艘船是寶寶琳娜貢獻的。1822年12月，此要塞的士兵宣布投降。

　　納夫普里歐投降前的9月，土耳其艦隊曾威脅斯派采，以期解除封鎖。雙方的戰爭並非關鍵，但最後鄂圖曼土耳其艦隊撤退，原因是：島上居民將土耳其氈帽放在沿海的水仙花叢上面，從遠處看過去，搖曳在風中的氈帽就像是一群武裝的男子，土耳其艦隊因而立刻逃逸。

斯派采島已經是航運的同義詞。

　　每年的9月22日，斯派采居民都會慶祝這場勝利，慶典活動主要在舊港附近燈塔海岬上的**聖亞瑪塔教堂**（Panagía Ármáta）舉行。人們不但上演一齣模仿該戰役的嘲諷劇，還在港口中央焚燒用硬紙板做成的土耳其旗艦，隨後燃放煙火。

　　獨立戰爭之後，皮里亞斯（Piraeus）竄起成為主要港口，斯派采的艦隊因而式微，但是造船業傳統仍然歷久不衰。原屬於18世紀造船大亨哈吉伊亞尼·邁克西（Hatzigianni Mexi）的18世紀豪宅，已改建為小型**博物館**，收藏了錢幣、服裝、船艦模型、武器和其他島上歷史中值得珍藏的物品，例如寶寶琳娜的遺骸等。她所住的房子位在達皮亞後方（開放時間為週二至週日上午8時30分至下午3時；需門票）。

　　達皮亞鎮外西北方是**安那吉里歐與科加雷尼歐學院**（Anargýrios and Korgialénios College），這是希臘版的英國公立學校。約翰·傅敖斯（John Fowles）曾在此任教，並在他1966年的小說《魔法師》（The Magus）中，紀念這所學院和斯派采島。學院已不復存在，該建築偶爾充作特殊計畫的會議中心。此處不及舊港華麗，但有幾間不錯的小餐館。

下圖：海德拉島上的拜占庭時期教堂。

　　鎮上**聖瑪馬斯教堂**（Ágios Mámas）旁的海灘，以及舊港的小海灘，遠不及**聖瑪利納**、**聖愛拿基若**（Ágii Anárgyri）、**聖帕拉斯克維**（Agía Paraskeví）和**左格里亞**（Zogeriá）等海灘來得美麗，這些海灘由東至西環繞著該島南岸。此外，斯派采對岸的伯羅奔尼撒也有各種海灘，最容易到達的是**科斯達**（Kósta）。對於喜歡滑水的人來說，被列入保護區的**波多海利**（Pórto Héli）海灣，提供了絕佳的去處。

　　斯派采也有極佳的渡船和水翼船連接納夫普里歐和南方城鎮莫念瓦西亞（Monemvasía）。到了夏季的幾個月裡，埃皮達洛斯舉行古戲劇節（Ancient Drama Festival），坐船前去看一場表演是十分愜意的。夕陽西下時，在舊港或利高內里（Ligonéri）的林中散步，搭乘馬車從達皮亞前往聖瑪利納，或者乘坐價格昂貴的水上計程車，前去聖愛拿基若吃晚餐，這些都是斯派采所能提供的樂趣。

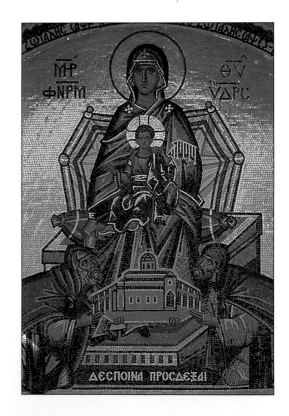

基克拉澤斯群島

從米克諾斯島和愛阿斯島的夜生活，到米羅斯島和塞里福斯島壯麗的峭壁，以及與世隔絕未受破壞的西基諾斯島，島嶼之間各自擁有不同的風味。

對許多人而言，基克拉澤斯群島就是希臘，其他群島只是這片藍色愛琴海的枝節部分。早在西元前6000年，這裡就已有人居住，迷人的島嶼文化在此繁盛，產生了美術、手工藝和活躍的貿易，只要參觀雅典的古蘭卓斯博物館基克拉澤斯藝術區，即可欣賞到當時的文化（見137頁）。

基克拉澤斯群島共有56座島嶼，其中24座有人居住。渡船路線主要有兩條：第一條涵蓋該群島的東部和中部，起點是優雅的安德羅斯島和宗教氣氛濃厚的提諾斯島，行經米克諾斯島、帕羅斯島和納克索斯島，這些是自助旅行者和每位遊客常來訪的地方，然後渡船暫停在尚未開發的小島，例如多諾薩和伊拉克里亞等，終點是壯麗的聖托里尼島。第二條路線涵蓋群島的西部，主要經過基斯諾斯島、塞里福斯島、西夫諾斯島和米羅斯島，這些島嶼沒有那麼受歡迎，卻擁有不同的文化屬性。基亞島吸引歡度週末的雅典人。

安德羅斯島

幾世紀以前，信奉早期基督教的阿爾巴尼亞人定居在安德羅斯島（Ándros，少數居民目前仍說阿爾巴尼亞語），他們位在北方的石屋，與其他村落紅瓦白牆的房舍形成對比，港口城鎮加夫里歐（Gávrio）就是如此。巴齊（Batsí）❶位在南邊6公里（4英哩）處，是個宜人的漁村，擁有白牆、咖啡屋、海灘、套裝旅遊和郊外新社區。東岸的**安德羅斯鎮**❷（首府，Hóra）仍未受到破壞，那是因為很多有錢的雅典人在這裡都有度假別墅（從雅典到這裡搭船只要3小時），因此觀光業還沒有勤勞地追趕至此。**考古博物館**（開放時間為週二至週日上午8時30分至下午3時；需門票）展示知名安德羅斯赫密茲（Hermes of Ándros）雕像，製作於西元2世紀，仿自普拉克西特利斯（Praxiteles）雕像。帕里歐波利斯／首府（Paleópolis/Hóra）道路南邊是安德羅斯13所拜占庭修道院中最壯觀的**潘拿倫多**（Panahrándou）❸，已有一千年歷史，仍與君士坦丁堡有所牽連。

安德羅斯島有許多海灘，最容易前往的是加夫里歐港南邊的**寧波里歐**（Nimbório），在加夫里歐與巴齊之間形成一片美麗的海灘；以及**吉阿里亞**（Gialiá），此處靠近安德羅斯鎮北方的斯坦尼斯（Steniés），另有許多美麗而遙遠的小海灣，例如**聖裴洛斯**（Ágios Péllos）。

基亞島

前往基亞島（Kéa）的船隻從距離雅典50公里（30英哩）的拉夫里歐（Lávrio）出發，終點在科里西亞（Korissía），當地人稱之為**利瓦迪**（Livádi）。首府尤利

左圖：愛阿斯島上典型的建築。
下圖：提諾斯島上的聖母報喜教堂。

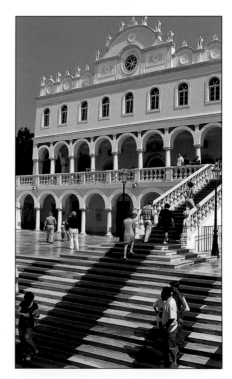

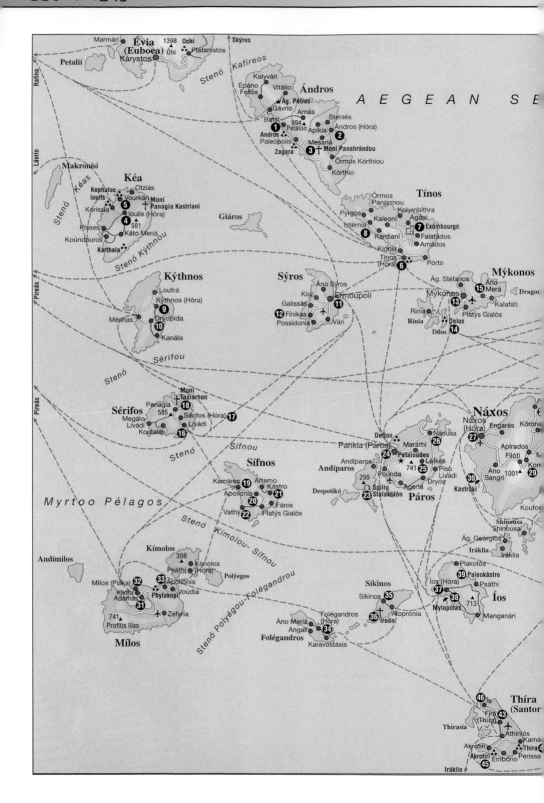

Évia (Euboea)
Marmári
1398 Ochi
Ohi
Plátanistós
Pétalií
Kárystos
Skýros

Steno Kafireos

Kalyvári
Epáno Fellós
Vitálio
Ándros
Ág. Pétros
Gávrio
Arnás
Batsi
994
Petalon
Apíkia
Stenés
Andros (Hóra)
Andros
Paleópolis
Mesariá
Zagora
Moní Panahrándou
Órmos Kórthiou
Kórthio

A E G E A N S E

Rafína

Lávrio

Makronísi
Kéas
Kéa
Kephalos
Ioulís
Otziás
Vourkári
Moní Panagía Kastrianí
Korissía
Ioulís (Hóra)
Stenó
Rísses
561
Koúndouros
Káto Meriá
Karthaia

Steno Kýthnou

Giáros

Órmos Panórmou
Tínos
Pýrgos
Kolymbíthra
Istérnia
Kaleoni
Agápi
Exómbourgo
Kardianí
Falatádos
Kiónia
Arnádos
Tínos (Hóra)
Pórto

Mýkonos

Pireás

Kýthnos
Loutrá
Kýthnos (Hóra)
Mérihas
Dryopída
Kanála

Sérifou

Sýros
Áno Sýros
Kíni
Ermoúpoli
Galissás
Fínikás
Possidonía
Vári

Ág. Stéfanos
Áno Merá
Dragor
Mýkonos
Riniá
Platýs Gialós
Kalafáti
Rínia
Delos
Dílos

Pireás

Steno

Sérifos
Moní Taxiárhon
Panagía
585
Megálo Livádi
Sérifos (Hóra)
Koutalás
Livádi

Sífnou

Náxos
Náxos (Hóra)
Engarés
Koróni
Apírados
Filóti
Áno Sangri
Kon
1001

Stenó

Sífnos
Kámares
Artemo
Kástro
Apollonía
Fáros
Vathý
Platýs Gialós

Déflon
Parikía (Páros)
Maráthi
Náoúsa
Andíparos
Petaloúdes
Andíparos
Léfkes
741
Písó
299
Poúnda
Livádi
Despotikó
Spílio
Stalaktitón
Agerlá
Dryós
Kastráki
Páros

Koufo

Myrtoo Pélagos

Steno Kímolou- Sífnou

Shinoúsa
Shinoúsa
Ág. Geórgios
Iráklia
Iráklia

Kímolos
398
Kímolos
Psáthi (Hóra)
Polýegos
Apollonía
Voúdia
Mílos (Pláka)
Klíma
Adámas
Phylakopí
Zefyría
741
Profítis Ilías
Andímilos

Mílos

Steno Polyégou-Folégandrou

Plakotós
Íos (Hóra)
Paleokástro
Psáthi
Mylopótas
713
Íos
Manganári

Síkinos
Síkinos
Áno Meriá
Angalí
Folégandros (Hóra)
Aloprónia
Iroón
Karavostásis
Folégandros

Thíra (Santor
Ia
Firá (Thíra)
Thirasía
Athiniós
Kamá
Akrotíri
Thíra
Akrotíri
Embório
Périssa

Iráklío

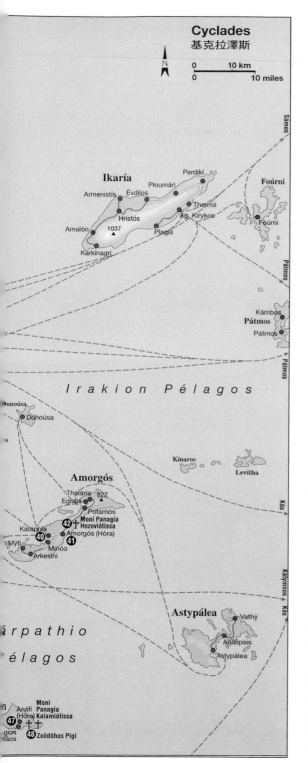

斯（Ioulís）❹位於山脊上，俯視著該島的北部區域，選擇此地作為首府是因為外國劫掠者不容易來到這裡。著名的**基亞之獅**（Lion of Kéa）是一隻微笑而無鬃毛的野獸雕像，長度幾近6公尺（20英呎），位於首府東北部15分鐘的步行路程外。雕像由灰色花崗岩切割而成，也許是古代早期的作品。

19世紀的基亞島就有100萬棵灌溉充足的橡樹，如今仍提供許多遮蔭避陽的地方。然而，島上並沒有橄欖樹，從古時候，這個島的杏仁樹就很有名。鋸齒狀的西岸擁有許多沙岸岬角，有些甚至無法到達。**皮塞斯**（Písses）和**庫恩多羅斯**（Koúndouros）兩處度假勝地興起，以容納逃離雅典的人們。**弗爾卡利**（Vourkári）❺靠近科里西亞，擁有聖伊里尼教堂（Agía Iríni），一處米諾斯文明遺址，以及一條古代道路。

提諾斯島

提諾斯島（Tínos）擁有數千名遊客，不過大部分是前去**聖母報喜教堂**（Panagía Evangelístria）的希臘民眾。西元1823年，佩拉吉雅（Pelagía）修女夢見一幅聖像，恰巧這幅聖像出土，因此建造一座教堂來收藏這幅聖像。聖像的治療能力使得首府**提諾斯鎮**❻成為希臘的盧德（Lourdes）。婦女來到此地後雙膝跪地，痛苦地爬進教堂，卻經常出現治療奇蹟。

想看看鄂圖曼土耳其人征服的遺跡，可前往高度643公尺（2,110英呎）的**艾克桑柏哥峰**（Exómbourgo）❼，這裡有一個堡壘廢墟（提諾斯島是1723年最後一個淪入土耳其人手中的島嶼）。巴士有到艾克桑柏哥，山上有一些受風蝕所產生的形狀像洋菇的奇怪岩石，佛拉斯（Vólax）村上面的岩石尤其特別。

北方的**科林比斯拉**（Kolybíthra）是提諾斯最佳的海灘。**聖索斯提斯**（Ágios Sóstis）靠近南岸的波托（Pórto），也是一個不錯的海灘。如果要參觀修道院，**伊斯特尼亞**（Istérnia）❽附近廢棄的卡塔波利安尼（Katapolianí）十分特別，而位於伊

基克拉澤斯群島上，可提供許多剛抓到的章魚。

斯特尼亞東南邊的**卡爾迪安尼**（Kardianí）是提諾斯最壯觀的景點，不過具有拱廊的**阿爾納多斯**（Arnádos）也不差。

基斯諾斯島

基斯諾斯島（Kýthnos）在停止挖掘鐵礦後，喪失其主要收入來源。外國遊客無法彌補其收入，倒是雅典遊客有所助益。西岸的美里哈斯（Mérihas）擁有最多的住宿選擇。到了夏季，這裡有一種水上計程車通往**埃皮斯科皮**（Episkopí）、**阿波克里西**（Apókrisi）和**可隆納**（Kolóna）等海灘。首府**基斯諾斯鎮** ❾ 位在美里哈斯東北方6公里（4英哩）外，十分優雅。城鎮的街道架設著木頭橫樑拱門，連接兩側的房屋。岩石道路上點綴著魚、漂亮的船隻和花朵。

路卓（Loutrá）位在首府東方5公里（3英哩）外，早期居民和觀光客常到這裡洗溫泉。其上方的馬魯拉（Maroúla）發現了現在所知最早的基克拉澤斯群島聚落，時間可追溯至西元前4500年。一條溪流河床將中世紀首府**克瑞歐皮達**（Dryopída） ❿ 分隔為二，傳說這裡的卡塔費基洞穴（Katafíki cave）與海神女兒有關。

錫羅斯島

錫羅斯島（Sýros）仍是基克拉澤斯群島的首府，不過當皮里亞斯在1800年代末期取代它為貿易中心後，錫羅斯島即被摒除於主流之外。然而，它仍是島嶼間渡船的重要港口，設備有用卻單調。首府**厄爾穆波利斯**（Ermoúpoli） ⓫ 最近一些裝飾，尤其是港口和政府行政大樓。商店街上處處的**塔法波里亞**（ta Vapória，意為船隻）可以見到許多19世紀的新古典主義別墅（有些亦充當廉價

下圖：錫羅斯島的厄爾穆波利斯。

地圖見
226-7頁

旅館)。米亞烏里斯廣場(Platía Miaoúlis)周圍鋪設了圓石路、種滿林蔭。阿波羅劇院位於市政大廳旁,是以米蘭史卡拉劇院為藍本,最近重新整修,是值得一遊的地方。

芬尼卡斯(Fínikas) **12** 是西南部一個海邊的村莊,由腓尼基人命名,後來錫羅斯人第一個在此定居。島嶼南部比人口稀少的北部溫暖,也有較多綠意,而且海灘還不錯,包括**波西多尼亞**(Possidonía)、**瓦利**(Vári)和芬尼卡斯。西岸上方的加里薩斯(Galissás)和基尼(Kíni)是剛興起的度假勝地。在上校團統治期間,政治犯被拘禁在北方的無人島伊阿洛斯(Giáros)。

米克諾斯島

米克諾斯島(Mýkonos)創造了自己的魅力。該島在不繁榮的地方,卻將多岩而無樹木的崎嶇地帶,變成吸引遊客的觀光勝地,使此地的消費比大部分的希臘島嶼昂貴。到了夏季,數千名遊客湧入**米克諾斯鎮** **13**,參觀著名的酒吧、人妖秀、供應焗釀龍蝦的餐廳,以及毛皮和珠寶商店。沒去這些地方,這趟旅程就不好玩了。米克諾斯鎮是基克拉澤斯群島中最美麗,也是最細心保存的城鎮,擁有堆滿鮮花的木造陽台、紅色圓頂禮拜堂,以及一整片的白牆。造型怪異的**後門聖母教堂**(Paraportianí, Our Lady of Postern Gate)也許是希臘最常入鏡的教堂。

小威尼斯(Little Venice)是北邊一排接近海濱的樓房,是鎮上最寧靜的地方。**民俗博物館**(Folklore Museum,開放時間為週一至週六下午4時至8時,週日下午5時30分至8時;免門票)以及**考古博物館**(開放時間為週二至週日上午8時30分至下午2時30分;需門票),位於米克諾斯碼頭的兩端,內部展示了許多有趣的東西。船隻從碼頭出發前往**提洛斯**(Delos) **14**,該神聖島嶼是基克拉澤斯群

米克諾斯鎮的吉祥動物,鵜鶘佩特洛斯(Pétros)。

下圖:米克諾斯島的小威尼斯。

基克拉澤斯的銅器時代

銅器時代，基克拉澤斯群島的人留下許多有系統、裝飾性的出色工藝品，以格式化的大理石雕像最著名，所有的工藝品都是在墓中發現的。一般認為，許多島上挖掘到的聚落與墳墓，應該是歐洲第一個綜合性、有組織的定居群落。

基克拉澤斯銅器時代初期，大約始於西元前3200年，然後一直延續至西元前2000年左右。有些學者將銅器時代後期區分為基克拉澤斯中期與晚期，後期顯示受克里特島米諾斯文化的影響愈來愈大，同時顯現有遷往城市定居的跡象。大體而言，基克拉澤斯文化時期被歸類為基克拉澤斯的初期，而這段期間非常明顯地顯現基克拉澤斯群島的個別文化。

早期的基克拉澤斯文化居民非常少，大概只有50個人左右，聚落包含密集建造的石屋，通常只有一層樓。伴隨著聚落，居民居住地區的外面是小石棺墓穴（以石頭排成長方形），以及墓地的小房間，同一家族的死者都埋在一起。死者被縮小（像胎兒）埋葬，方位每天都不一樣。許多跡象顯示，基克拉澤斯早期的社會機能，源自於這些墓地。

從墓穴中的工藝品就完全可以看出死者的社會階級。有些人的墓穴擁有豐富多元的工藝品，像是黃金或銀製的珠寶，但有些人陪葬的東西很少，往往只有一個大理石雕像。富人與窮人之間的差異可由此看出。很多手工製品的技術非常精湛，做出來的工藝品都有一定的水準。漁獵、飼養家畜和農耕，提供了當時人類的食物來源。島上的居民被訓練成商人，從這裡可以看出，當時社會有錢人之間已有商人的階級。技術純熟的船員已經與希臘本土、克里特島、土耳其有所接觸，他們的足跡甚至遠至多瑙河盆地。

這個時期所留下來的大理石雕像既漂亮又有趣。這些東西之所以很重要，是因為它們被學者當作描述基克拉澤斯文化的一種工具。一般女性較有權威的雕像大約20公分（8英吋，已經發現少數幾個接近真人大小的雕像），以白色大理石雕刻而成。從挖掘中發現，這些雕像大概有兩種尺寸，橢圓形的頭部面無表情，雙手交疊，許多雕像會在大理石上著色（雕像的臉部通常只有畫鼻子）。從腳的位子來推測，他們故意把腳擺成水平的位置，沒有任何確切的證據可以看出為什麼，以及其功能為何；學者解釋可能是避邪（驅魔）、敬神或祖先。

左圖：基克拉澤斯的大理石雕像。

地圖見
226-7頁

島的中心（在神話中，迪拉斯是阿波羅的孫子──見241頁）。遊客還可以走入內陸，前往7公里（4英哩）外、東岸的舊梅拉（Áno Merá）**⓯**，這是唯一真正的村莊，同時還可以參觀紅色屋頂的突利路阿尼修道院，院內珍藏16世紀傑出的神像和刺繡。

米克諾斯以徹夜營運的酒吧和全天開放的海灘聞名，不過也同樣聲名狼藉。關於酒吧，你必須向當地人打探，因為這些店家經常更換。至於海灘方面，**天堂海灘**（Paradise）必須全裸，**超天堂海灘**（Super Paradise）是同志天體營，這兩地都非常美麗。通過舊梅拉可抵達**卡拉法提海灘**（Kalafáti），這裡非常安靜；**普拉提吉阿洛**（Platýs Gialós）和**普沙魯**（Psárrou）兩處海灘可闔家光臨。島嶼中央的水庫湖泊吸引了數千隻候島在此棲息。

塞里福斯島

塞里福斯島（Sérifos）有一條長尾巴，包圍住港口**利瓦迪⓰**。這裡擁有數間餐館、旅館和迪斯可舞廳酒吧，港口兩側則有不錯的海灘，可停駐遊覽。首府**塞里福斯鎮⓱**位於山頂，因此有壯觀的峭壁，還可俯視美景。定期巴士有開至首府，但是還要爬一段舊石階（大概要爬半小時）才能真正到達那裡。

首府分下部（Káto）和上部（Áno）。上部比較有趣，地處古代卡斯特洛（Kástro）遺址附近，從這裡隱約可以看到海灣及其他壯麗的島嶼。西南方的**普西利艾莫斯**（Psilí Ámmos）海灘真的非常迷人。

鋪設道路一直延伸至島嶼最北端的**塔克西爾修道院**（Taxiárhon Monastery）**⓲**，這是個設防的拜占庭修道院。從舊首府（Áno Hóra）的主要廣場步行至該修道院約需一個半小時，途經**卡利斯托**（Kállisto）村莊。**加蘭尼**（Galáni）、皮爾

下圖：米克諾斯島上的夜生活。

西夫諾斯島的方糖教堂。

哥斯（Pýrgos）和潘納吉亞（Panagía）等鄉村集中於塔克西爾修道院上方壯闊的河谷內。你可以從兩條環山步道中選一條穿越河谷，或者選擇行經大馬路。

塞里福斯島充滿了海灘，大部分步行即可到達，而且未經破壞。西南部的美加洛利瓦迪（Megálo Livádi）是該島的第二大港（只有夏季才有巴士經過）。這裡一度是個礦產中心，如今十分荒涼。

西夫諾斯島

西夫諾斯島（Sífnos）過去和現在都是個製作陶器的島嶼。在狹窄完美的港口卡馬里斯（Kamáres）**⑲**、法洛斯（Fáros）、普拉提吉阿洛，特別是孤立的赫松尼索斯（Hersónisos），陶工仍把一堆陶器放在陽光下曬乾。此地其他的手工藝還有編織和製作珠寶，首府**阿波羅尼亞**（Apollonía）**⑳**的民俗博物館收藏許多當地精美的編織品，博物館門口的告示指點你去哪裡找館長。與阿波羅尼亞相連的**阿耳特摩納斯**（Artemónas），是西夫諾斯島最富庶的城鎮，擁有許多別墅和古老的教堂。

然而，最古老的社區是過去的首都**卡斯特洛㉑**，高度為海拔100公尺（300英呎），位在阿波羅尼亞東部3公里（2英哩）。加泰羅尼亞人和威尼斯人曾統治這個城市，現在仍然可以看見他們建造的城牆，保留了一些古代的衛城。許多建築可追溯至14世紀，而市中心的**考古博物館**（開放時間為週二至週六上午9時至下午3時；週日上午10時至下午2時；免門票）是最大的威尼斯建築。

西夫諾斯島的南部海岸聚落是寧靜的海灘根據地，畫有白色記號的步道從阿波羅尼亞南方的**卡塔瓦提**（Katavátí）通往**瓦錫**（Vathý）**㉒**，這是個岸邊的陶器小村落，直到1993年才設有道路。瓦錫最令人震懾的景致是**塔克西爾修道院**，看

下圖：西夫諾斯島上的祖孫人家。

似一副準備出航的模樣。但是西夫諾斯最美麗的地方也許是**金泉修道院**（Hrysopigí），1653年建於一個僅能以小型人行橋前往的小島上。如今不再是修道院，夏季可在此租房間。

地圖見
226-7頁

安迪帕羅斯島

5000年前，安迪帕羅斯島（And1paros）原本與帕羅斯島相連，如今則以一條狹長的海峽分隔開來，有頻繁的汽車渡輪和遊覽船往返兩地，帶遊客參觀著名的**鐘乳石洞穴**（Spílio Stalaktitón）❷❸。從入口至洞穴有一座雅尼斯皮里歐提斯教堂（church of Ioánnis Spiliótis，聖約翰洞穴窟，St John of the Cave）。雖然水泥階梯抹殺了冒險的樂趣，不過洞穴的原始美依然令人震懾。**安迪帕羅斯鎮**有巴士開往該洞穴，如果你選擇步行，大約需要兩小時。

安迪帕羅斯島的面積只有11×5公里（7×3英哩），所以沒有到不了的地方。不錯的海灘和酒吧將過往帕羅斯島的生意，喚回了安迪帕羅斯島。南岸的**聖葉爾吉歐**（Ágios Geórgios）擁有兩間餐館，而且面對山羊島**德斯波提科**（Despotikó），這裡正在進行開鑿。在鐘乳石洞穴南邊，**法內羅梅尼禮拜堂**（Faneroméni chapel）獨自屹立在東南方一處岬角上。

帕羅斯島百門聖母教堂的細部景觀。

帕羅斯島

如果你在八月來到這個交通壅塞的島嶼，那就準備露天而睡或是住昂貴的旅館吧！廉價的客房很快就客滿，不過到了傍晚，這些房間空無一人，因為大家都前往帕羅斯島（Páros）的首府**帕里基亞**（Parikía）❷❹享受著名的夜生活。帕里基亞和米克諾斯一樣美麗，但是巷道不會那麼錯綜複雜。最重要的四個景點為：建

下圖：納烏沙舊城及港口。

裝飾老屋的花叢攀上納克索斯鎮的山腰。納克索斯島是基克拉澤斯群島中最肥沃的島嶼。

於4世紀至6世紀的**百門聖母教堂**（Ekatondapylianí church）、**考古博物館**（開放時間為週二至週日上午8時30分至下午2時30分；需門票）、**古代墓園**（cemetery，郵局隔壁）和城鎮中央威尼斯式的**卡斯特洛**，完全以古代大理石打造而成。帕羅斯島的半透明大理石是全世界最有名的，你也可以到馬拉提（Maráthi）參觀古代採石場，順便撿一小塊大理石。

土耳其首府**列夫奇斯**（Lévkes）**㉕**是最大的內陸村莊。這裡有幾座17世紀的教堂，其中最富盛名的兩座教堂邊緣上了蛋白藍色的漆。美麗的**納烏沙**（Náousa）**㉖**位於北岸，小港口多彩的船隻似乎與漁民的房屋爭奇鬥豔。雖然納烏沙已變成時髦之地，擁有高價的精品店和餐廳，不過此港口依然神聖不可侵犯。可以搭小帆船到附近幾個不錯的海灘；黃金海灘（Hrýsi Aktí）曾經舉辦過世界盃的風帆比賽。

西部是遊客經常造訪的**蝴蝶谷**（Valley of the Butterflies），又名為**佩塔魯迪斯**（Petaloúdes），是一處水源豐沛的花園，擁有巨大的樹木（開放時間6-9月，每天上午9時至下午8時）。黑黃相間的蝴蝶其實是飛蛾，到了初夏時數量相當多。有一條大馬路通往該處，但沒有巴士。不過要去普恩達（Poúnda）卻有巴士，前往安迪帕羅斯島的小渡船在此出發。

納克索斯島

納克索斯島（Náxos）是基克拉澤斯群島中最大也最壯觀的，高山、綿延的海灘、難以接近的村莊、古代的遺跡、中世紀的修道院及迷人的歷史，讓人覺得停留的時間太短。首府**納克索斯鎮㉗**錯綜陳列了威尼斯式的房屋、城牆、後拜占庭教堂、中世紀廢墟和花園餐廳。首府分成好幾部分，當地的地名反映港口長期受威尼斯人占領的影響。較高的**卡斯特洛**，留下威尼斯封建君主的後代（仍信奉天主教）：門道仍可看見他們的服裝和武器。過去的法國學校（French School）建在壁壘中，如今改為**考古博物館**（開放時間為週二至週日上午8時30分至下午3時；需門票）。在納克索斯鎮渡船碼頭北方的小島上，有一座獨自挺立的大理石門框，是西元前530年從未完成的**迪拉斯阿波羅神廟**（Temple of Delian Apollo）入口。

下圖：迪拉斯阿波羅神廟。

在納克索斯島的北岸，是度假勝地**阿波倫**（Apóllon）**㉘**，這裡一度是嬉皮領土。從首府每天有公車到此，車程3小時。聚落上方的山腰上，有一尊西元前6世紀的巨大少年立像（kouros），也許刻的是蓄鬍的酒神迪奧尼索斯（Dionysos），當大理石出現裂痕後即遭棄置。

納克索斯島上農村種滿了橄欖樹和水果樹，隱約中可見拜占庭式教堂及威尼斯人所遺留下來的破碎莊園。從納克索斯鎮至阿波羅神廟的路上，有四個值得參觀的迷人村莊：科米亞奇、阿皮拉多斯、費洛提及哈爾基。

科米亞奇㉙（Komiakí）是島上最高的村莊，景觀非常迷人，可以眺望周圍葡萄園美景，這裡是當地利口酒（kitrón）的發源地。17和18世紀時，**阿皮拉多斯**（Apírados）是克里特人難民的聚落。村子的道路以大理

地圖見
226-7頁

石鋪設，現在甚至還可以看到克里特人。小小的**考古博物館**（如果關閉，可以問問當地人）內陳列著獨特、無人可以解釋且雕刻粗糙的浮雕。

　　費洛提（Filóti）位於薩斯山（Mount Zás）的斜坡上，是納克索斯島的第二大城。如果你前去參加為期三天的節慶（從 8 月 14 日起），一定醉得不省人事。崔吉亞（Trageá）山谷從費洛提延伸至**哈爾基**（Halkí），長滿了橄欖樹，其中有幾間拜占庭教堂，和無數步道。首座**聖母教堂**（Panagía Protóthronis）實際上比它1052年正式興建的時間還早500年，教堂內天使報喜的壁畫非常精彩。

　　山羊和候鳥是納克索斯島南方主要的居民。從桑格里（Sangrí）一條新鋪設的道路往上經過一個美麗的村莊，便可到達最近剛整修的迪米特神廟（Temple of Demeter，約西元前530年）。

　　近15年來納克索斯島才以海灘聞名。某些基克拉澤斯最佳的海灘，都位於該島西岸，面對帕羅斯島。港口南邊的**聖葉爾吉歐海灘**最受歡迎；**聖安納海灘**（Ágia Ánna）必須半裸，有雅房出租；上方的**米克里維格拉**（Mikrí Vígla）擁有一間不錯的餐館；更南方的**卡斯特拉基**（Kastráki）**30**則提供幸福的孤獨。

米羅斯島

　　米羅斯島（Mílos）是地質學家的天堂。蜿蜒的熔岩構成了島嶼大部分的海岸線，奇怪地推擠出各種形狀的岩塊；這裡一向是個廣闊的礦區，一度挖掘黑曜石，如今則開發膠質狀黏土、珍珠岩和瓷土等。但採石場也破壞了景觀。

　　米羅斯島已逐漸適應緩慢開發的觀光業，集中在港口**亞達馬斯**（Adámas）**31**和東北方的漁村阿波羅尼亞。亞達馬斯的**聖特里亞教堂**（Agía Triáda）內，主要是克里特式的聖像，克里特人在西元1853年建立此城鎮。該島首府普拉卡

米羅斯的愛神雕像首度在1820年出土時，兩隻手臂仍完好無缺。法國人笨拙地將雕像搬離米羅斯島時，才不慎將兩隻手臂截斷。

下圖：福萊安茲羅斯島是個不毛之地。

（Pláka，亦稱米羅斯）**❷**擁有一間**考古博物館**（開放時間為週二至週日上午8時30分至下午3時；需門票）和一間**民俗博物館**（開放時間為週二至週六上午10時至下午1時，下午6時至8時；週日上午10時至下午1時；需門票）。步行至普拉卡上方（跟著「Anna's Art Dresses」的標誌走）的**水手聖母禮拜堂**（Panagía Thalássitra），以及**卡斯特洛**古牆，可欣賞美景；天氣晴朗時，還可以看到帕洛斯島。

青蔥的**克里馬山谷**（Vale of Klíma）位在普拉卡西南方，古代米羅斯人在這裡的海濱斜坡建立城市。這裡有19世紀開鑿但未遮蓋的迪奧尼西斯祭壇（Dionysian altar），另外還有一個古競技場，可能是羅馬人整修過，劇院維護得很好。1820年，一名農夫挖掘出米羅斯的愛神（Venus de Milo）雕像，如今此地豎立了一塊大理石匾額。下方是該島最漂亮的村莊**克里馬**，鮮豔的船屋陳列在岸邊。

沿著普拉卡至亞達馬斯的道路再往前走，是全希臘唯一的**基督教墓窖**（Christian catacombs）。這些墓窖嵌入山腰，是希臘居民信奉基督教最早的證據。291個墓穴可能埋葬了8,000具屍體，墓穴中的東西全都被盜取了。

亞達馬斯東北方10公里（6英哩）外是古城**費拉科皮**（Phylakopi）的廢墟，其字體與藝術類似米諾斯文明。在西元前2600年後，費拉科皮繁榮了一千年。東北方寧靜的**阿波羅尼亞❸**是頗受歡迎的度假勝地，海灘邊緣有樹木作為妝點。以此處為起點，漫步在幾條短短的步道上，可瀏覽米羅斯奇特的火山之美。

35平方公里（14平方英哩）**奇莫洛斯**（Kímolos）小島，只有800位居民——站在阿波羅尼亞的任何一個居民都擁有迷人的神采。只要搭船花20分鐘經過窄窄的海峽，就可以從奇莫洛斯的**帕薩提**（Psáthi）上岸，奇莫洛斯曾是海盜藏匿之處，如今卻像擁擠島嶼的避難處。這裡雖然幸運地尚未開發，不過還是有幾處走路就可以輕易抵達的海灘。從碼頭20分鐘的路程就可以走到**首府**，上面有14世紀威尼斯人蓋的**城堡**（Kástro），建築物的狀況正在腐朽中，往下看可以看到一排風車，其中一個風車仍被用來磨米。

福萊安茲羅斯島

福萊安茲羅斯島（Folégandros）雖然面積小，只有32平方公里（12平方英哩），人口僅500人，在近代史上卻非微不足道，許多希臘人在1967-74年上校團統治時期，紛紛逃到此島來避難。

首府**福萊安茲羅斯❹**是個壯觀的中世紀城鎮，鎮上市區**卡斯特洛**遙遙俯視海洋。首府附近的**金洞**（Hrysospiliá）面向大海，洞穴中充滿了石筍和鐘乳石。出土物顯示這裡曾是中世紀的庇護所。該島的第二大村落**舊梅里亞**（Áno Meriá）包含石屋和農地，周圍的丘陵點綴著禮拜堂。

西基諾斯島

多岩石的西基諾斯島（Síkinos）雖然每週有兩、三班渡船往返於皮里亞斯和其他的基克拉澤斯群島，夏季也有小帆船往返於愛阿斯島和福萊安茲羅斯島，但該島至今似乎並不發展觀光業。長久以來，史書上似乎也對

下圖：桑托里尼島美麗的埃亞村。

它隻字未提，不過這裡有許多古蹟和教堂可供參觀。

北部面對愛阿斯島的三處海灘為阿羅普若尼亞（Aloprónia，亦為港口）、聖尼古拉斯（Ágios Nikólaos）和聖葉爾吉歐。從阿羅普若尼亞港步行至西基諾斯鎮 ㉟ 約一小時，也可搭乘定時的巴士，這裡有一個簡樸的村莊和中世紀社區卡斯特洛，擁有作為防禦用途的村莊廣場。上方是廢棄的修道院佐朵皮吉（Zoödóhos Pigí）。

西基諾斯是個人口稀少的島嶼，沒有明顯的娛樂。較特別的是伊魯恩（Iroön）㊱，其座落地點一度被視為阿波羅神廟遺址，如今斷定該地是講究的羅馬墳墓，中世紀時被併入一座教堂內。

阿莫哥斯島的另類交通工具。

愛阿斯島

愛阿斯（Íos）是個小島，歷史古蹟很少，但不乏自然美景和魅力。其港口是愛琴海最美麗的，山頂上的首府有一座風車，另有兩座藍色圓頂的拜占庭教堂，其兩側景致和棕櫚樹頗有愛琴海風味。自從1980年代後，愛阿斯島吸引了年輕的自助旅行者，這是該島的特色。首府（亦稱愛阿斯）㊲的大部分夜生活不斷變換。說實在的，日落後的愛阿斯類似消費較低、較年輕化的米克諾斯。大約晚上11時，海灘零散的人群打破寂靜，準備在午夜狂歡（海灘和港口之間有定時發車的巴士，途經首府）。這些人躲在酒吧裡，大都是西方世界各國的年輕人，酒吧中少有希臘人。

然而愛阿斯島也有許多不錯的游泳海灘，包括港口北邊的一些天體海灘。人們仍在麥洛波塔斯（Mylopótas）㊳海灘上睡覺，不過如今這個景象較少見了。夏季有小帆船通往南部的曼加納里灣（Manganári bay）和東部的帕薩提。

教堂上方是帕里歐卡斯卓（Paleokástro）㊴遺址，這個挑高的堡壘包含了曾是中世紀首府的大理石廢墟。在面向最北方、位於普拉科托斯（Plakotós）小海

下圖：當地節慶的傳統音樂。

桑托里尼島阿克羅帝利遺址出土的甕。阿克羅帝利是規模僅次於克里特島的米諾斯城市，西元前1500年毀於火山爆發。起初，考古學家以為他們發現了亞特蘭提斯（Atlantis）。

灣後方的一處孤立地點，是一連串史前墳墓，島上居民深信荷馬葬於此地，據說他是從薩摩斯前往雅典途中過世的。

阿莫哥斯島

阿莫哥斯島（Amorgós）有一排山脈阻礙了瞭闊的視野，除非你站在山頂上。其中最高的山是東北方的克里凱拉斯山（Krikelas），高度為 822公尺（2,696英呎）。西南方的港口城鎮**卡塔波拉**（Katápola）**❹**是一個小型的海濱平原，而高處的首府**阿莫哥斯鎮❶**可搭乘定時巴士前往，該鎮中心是一座13世紀的威尼斯城堡。首府內的教堂和禮拜堂不下 40座，其中一座小到只能容納兩個人，是希臘最小的教堂。

阿莫哥斯島最著名的兩座教堂位於首府外。**聖葉爾吉歐瓦薩米提教堂**（Ágios Geórgios Valsamítis）位在西南方 4公里（2英哩）外，該地是一處聖泉，此教堂的異教內殿直到第二次世界大戰後才關閉。首府東邊半小時的車程，是11世紀的拜占庭**聖霍索維提薩修道院**（Panagía Hozoviótissa）**❷**，如罐中溢出的牛奶，突出於鋸齒狀的峭壁外，這是希臘最美麗的修道院之一，收藏了一幅來自巴勒斯坦的聖母肖像。

修道院下方的**聖安納**海灘正在召喚你。西南方則有一處隱密的小海灣，可游泳或做日光浴，上方的山脊有一排風車。島嶼北部是獨特的高地村莊，只有**伊吉亞利斯**（Egiális）除外，這個小型停泊處擁有住宿設備，附近也有不錯的海灘。

聖托里尼島

坐船進入聖托里尼島（Santoríni）的海灣，是希臘最棒的體驗之一。聖托里尼和伴隨的小島是火山外緣的殘破碎片，在深不可測的礁湖周圍，形成一個多彩的圓環；在火山爆發之前（約西元前1650年），這是高度文明的地區。聖托里尼

下圖：聖托里尼島首府費拉。

地圖見
226-7頁

島的古名和正式名稱為提拉（Thíra, Thera）。然而，希臘人比較喜歡中世紀的名稱「聖托里尼」，是依照薩羅尼加（Salonica）的聖愛琳妮（St Irene）來命名的，她於西元 304年在此地辭世。首府**費拉**（Firá）❸位於邊緣高地，其成群白色房屋（許多建有拱門，以防地震）宛如盛開的水仙花。費拉東部的土地平緩，成為肥沃的農地；而東南方則有一些貧瘠的丘陵，其中一座丘陵上是**古提拉**（Ancient Thira）❹遺址，建於西元前9世紀，這裡裸身的男子跳著著名的儀式舞蹈。南邊的**阿克羅帝利**（Akrotiri）❺是個米諾斯城鎮，如同龐貝城一樣被掩埋在火山灰燼下，仍待挖掘。如果你想欣賞該地出土的美麗壁畫和罐子，就得前往雅典的瑟拉**史前博物館**（Museum of Prehistoric Thera，開放時間為週二至週日上午8時30分至下午3時；需門票）。

雖然費拉最先進，不過許多其他地方也有住宿場所。島嶼最北邊半島上的**埃亞**（Ía）❻，也許是希臘最常被拍照的村莊。附近美麗的洞穴屋由國家觀光客組織（EOT）承租，是當地特別的景致。東岸川流不息的度假地**卡馬利**（Kamári）和**佩里薩**（Périssa），每年不斷增加食宿地點。佩里薩具有主要的露營地，而兩者皆有滾燙的黑圓石海灘。如果你不搭計程車也不騎單車，大可從這裡攀上古瑟拉，然後前往島上另一個丘陵——普羅菲提斯伊里亞斯山（Mount Profítis Ilías）。**普羅菲提斯伊里亞斯修道院**的博物館，展示幾世紀以來修道士使用的工具，甚至有多種工藝的練習工作坊。這裡還有賣給遊客自製的葡萄酒及利可酒，不過並沒有定時地對外開，只在普羅菲提斯伊里亞斯開放給遊客進入時。

有些船隻停泊在費拉下方的**斯卡拉費拉**（Skála Firá），如果要攀登其上，可坐驢子、依賴繩索，或是行走石階。不過多數人會在南方10公里（6英哩）的**亞辛尼亞斯**（Athiniós）消磨時光。

阿納菲島

下圖：鮮豔的基克拉澤斯建築。

地圖見
226-7頁

如今阿納菲島（Anáfi）的居民不到300人，主要以捕魚和農業為生。夏季的遊客多半為德國人，但觀光只能稍微促進經濟繁榮，而且該島對觀光少有優惠。每週有兩班小帆船從桑托里尼島前來，也有數班來自皮里亞斯的渡船。

面對南方的港口聖尼古拉斯，到了夏季仍有多餘的客房。搭乘一小段公車或是步行半小時，可到達首府**阿納菲 ㊼**，這裡有更多樣化的選擇，至今人民的生活並未因觀光業而有所改變。**佐朵皮吉修道院 ㊽**興建於該島東南隅的古阿波羅神殿遺址上，修道院牆壁內的大理石，據信來自於古阿波羅神殿。上方是較小的修道院聖卡拉米提薩（Panagía Kalamiótissa），高踞山頂，是阿納菲島最特別的景致。

偏僻的小島

靠近納克索斯所謂「偏僻的小島」，曾經有密集的人口。如今**多諾薩島**（Donoúsa）、**伊拉克利亞島**（Iráklia）、**希諾薩島**（Shinoúsa）和**科烏佛尼西島**（Koufonísi），每個小島的人口大概有100到200人，而**科洛索**（Kéros）則完全沒有人居住。每個禮拜有兩、三趟的渡輪和小船從納克索斯到伊拉克利亞、希諾薩及科烏佛尼西島。納克索斯到多諾薩每週有四趟渡輪，另外，夏天從納克索斯、帕羅斯和聖托里尼都有小帆船前往多諾薩，但沒有船開往科洛索。在任何偏遠小島停留，至少淡季時，可以住在當地人家裡，其生活水準非常低。

到處是丘陵的多諾薩島遍布著葡萄園；從港口可以看到貧瘠的馬卡利斯島（Makáres islands）及諾克索斯的側面。伊拉克利亞島有兩個聚落：聖葉爾吉歐港口和首府，從港口只要一小時的路程就可以到首府。希諾薩島山頂背面的首府有一個中世紀城堡，美沙利亞（Mesariá）是北岸一個小小的海灘。科烏佛尼西島（旁邊的卡托科佛尼西島〔Káto Koufonísi〕只有山羊）有一家旅館，東岸有一家季節性的小酒館。科洛索有一處西元3000年前的墓穴遺址，一般博物館中大多數基克拉澤斯的東西都來自這裡，因此如果你想到科洛索，警察一定會問你原因。

下圖：小漁船在基克拉澤斯群島間，還是有部分的經濟角色。

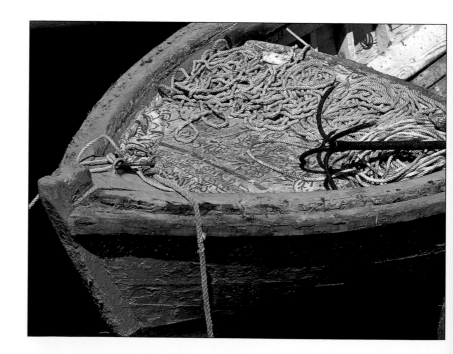

古提洛斯

位於米克諾斯西南方的提洛斯（Delos），是考古學家的天堂。廣闊的希臘羅馬廢墟在該島占地4平方公里（1.5平方英哩），使得提洛斯與德爾菲、奧林匹亞具有同等重要的地位。

會暈船的遊客在出發前應該謹記，該島嶼「風大、荒涼，而且容易受到海浪衝擊」。航程也許只要40分鐘，但是船身波動起伏大，時間彷彿增加了十倍。建議一心前往的遊客別吃早餐。夏季從提諾斯、納克索斯、帕羅斯島每天都有「提洛斯島一日遊」的行程。

被宙斯所愛的勒托（Leto），就是在提洛斯生下孿生子阿波羅和阿耳特彌斯（阿耳特彌斯其實是在阿波羅出生後9天，誕生在鄰近的雷尼亞小島，真是艱難的生產），提洛斯當時為一塊浮動的岩石，為了獎勵，其上豎立四支菱形柱子，而且被固定在基克拉澤斯群島的中央。

大部分的遺跡位在右邊角落不遠處。第一眼望見的是南邊的劇場和各種家庭建築。左邊是一座神殿，來自地中海各地的朝聖者，會帶來奉獻物和獻祭的牲畜。

將近一千年以來，這座神殿一直是愛琴海的政治和宗教中心，每四年一次的提洛斯節慶在這裡舉辦，直到西元前4世紀，希臘最盛大的宗教集會也在此舉行。羅馬人將之轉變為大型商展，使得提洛斯成為一個自由的港口。它也是希臘的奴隸市場，據傳每天販售多達一萬名奴隸。西元前88年，米特拉達提斯（Mithridates）的本都國王（King of Pontus）洗劫提洛斯，該地便遭到廢棄。

遵循著朝聖路線，經由具歷史性的廢棄大門，進入阿波羅神殿（Sanctuary of Apollo）。內部有三座獻給阿波羅的神廟，另有一座獻給阿耳特彌斯，還有一尊巨大的阿波羅大理石雕刻。附近是迪奧尼索斯神殿（Sanctuary of Dionysus），具有一些刻上酒神迪奧尼索斯的壁緣，另有許多位於基座上的陽具崇拜物，包括一隻陽具崇拜的大理石鳥，代

表著身體的不朽。繼續前進至獅子台地（Lion Terrace），這裡有古時期建造的五座蹲踞獅子（複製的，原始風化的石獅子在博物館），一副準備猛撲的模樣。下方是聖湖（Sacred Lake），以及一棵標示阿波羅出生地的棕櫚樹。

多數遊客最喜歡的提洛斯地區，是工匠聚居之處，而不是諸神聚集地。工匠的房屋靠近港口，是個十足的雜亂地區，由狹窄的巷道分隔開來，巷道兩旁是2,000年之久的下水道，還有以油為燃料的街燈設備。主要幹道通往5,500個座位的劇場，這個劇場並不特別，不過從最上頭的第43排座位向下望，景色非凡。劇場附近是一些華宅，房屋周圍是擁有精美鑲嵌圖的列柱。

從這裡漫步至金索斯山（Mount Kynthos，高度為110公尺／368英呎）山頂，古遺址和基克拉澤斯群島的景致令人難忘。下山時，先經過赫拉克勒斯洞穴（grotto of Hercules），然後停駐在外國眾神殿（Sanctuaries to the Foreign Gods）。古代地中海東部在此進行貿易，為這些神祇興建的神殿可以保護他們。

右圖：守護迪拉斯聖湖的其中一隻瘦獅子（刻於西元前7世紀）。

島嶼
花團錦簇

希臘島嶼在春季和夏初最繁盛，
山坡與河谷皆點綴了
五顏六色的花朵

　　春季的希臘是植物學家的夢想，園藝家的絕望。此時希臘本土和島嶼上會出現約 6,000 種野生植物，春天（3月至5月）來訪的遊客可享受百花盛開的景致和其芳香氣味。

　　山坡相當於廣大的岩石花園，未經照料的荒地開滿了一片片的花叢，更勝歐洲北部細心照料的草本植物花壇。隨著冬雨而來的晴朗、炎熱而融霜的春季，所有的花朵都搶在此時數週齊綻放，接下來夏季就過於炎熱和乾燥了。到了五月底和六月，花朵都已凋謝，等待來年開花的種子已然成熟，綠色植物轉為枯黃，以呼應海灘上的遊客。

度過夏季

　　除了較涼爽的高山地區，多數植物為了度過乾燥的夏季，一般都呈現半休眠狀態。秋季的第一場雨可能在九月初，或遲至十一月底，促使一些球莖開花，也引發種子萌芽。這些植物在冬季成長茁壯，為隔年的春天做準備，屆時這些花朵又將為丘陵和山谷著上顏色。

　　希臘島嶼植物的茂盛和多樣化，部分原因是其地理位置介於歐、亞、非三洲之間，其他原因還包括：前冰河期植物在溫暖的希臘度過冰河期，而希臘也有各式極佳的植物生長地。作為希臘主要建材的石灰石，相當適合植物生長，提供植物穩定的環境、礦物質、水和所需的保護。

▷ **生氣蓬勃的丘陵**
陽光、色彩和數量繁多，是島嶼春季花朵的特色，就如同四月中旬的克里特島山區一樣。

△ **好用的蘆竹**
這不是竹子，但有類似的用途。蘆竹（Arundo donax）甚至可以製作成排簫。

▽ **多彩的毛茛**
毛茛屬的Ranunculus asiaticus不像是毛茛，相當於罌粟花大小，有白、粉紅、橘、紅等顏色，偶爾會出現黃色。

▽ **深紅色紀念**
Anemone coronaria 懾人的紅色，標示了春天的到來。在神話中，它代表已故美少年亞東尼斯（Adonis）所濺出的鮮血。

▽ **便利的花叢**
當地的歐洲夾竹桃（oleander）花期極長，因此相當適合園藝種植，也裝飾在路旁，充作防護欄。

甲蟲、蜜蜂和蝴蝶

繁盛的花朵和植物，提供昆蟲大量的食物。從春天到秋天，蝴蝶相當引人注目，包括美麗的鳳蝶（swallowtail，上圖），其顏色鮮豔的毛毛蟲以一般茴香的葉片維生。比鳳蝶大、顏色暗淡、較瘦削的近親 scarce swallowtail，數量更為龐大。

找一找暗黃色的埃及豔后蝶（cleopatras）、紅棕色的赤蛺蝶、southern commas、白色彩蝶（admirals），以及無數的小藍蝶吧！

蝴蝶、蜜蜂和白晝飛舞的天蛾（hawk moth），喜歡尋找花蜜，甲蟲和蒼蠅則喜歡尋找花粉。有些昆蟲甚至利用花萼裡儲存的熱能，為繁殖活動暖身。

植物的葉片餵食了許多草食昆蟲，這些昆蟲則成為更具侵略性昆蟲的食物。有些雜食的希臘蚱蜢和蟋蟀樂於吃掉一隻毛毛蟲，甚至另一隻蚱蜢，牠們也可以吃草為生。

◁ 火茴香
根據傳說，普羅米修斯（Prometheus）將火藏在大茴香（Ferula communis）的莖部，偷盜至凡間。

▽ 天然食物
野生洋薊（wild artichokes）若要做成菜餚十分麻煩，不過其無刺的改良品種，口味極受希臘鄉間讚賞，市場價格也水漲船高。

羅得斯島

地圖見
城247頁
島248頁

根據古希臘人所言，「羅得斯島比太陽還美」。
即使今日浮華的休閒中心，也無法遮蓋其宜人的氣候、
迷人的田野風光，和獨特的歷史魅力。

羅得斯島是多德喀尼群島（Dodecanese）中最大也最聞名的島，有溫和的氣候和歷代遺留的大量遺跡。古代羅得斯島最初由三個城邦組成：卡梅洛斯、伊亞利索斯和林多斯。在雅典人攻擊之後，他們決定聯合起來，在島的最北端成立羅得斯城，與小亞細亞只隔著一道13公里（7英哩）的海峽。防禦工程於西元前408年完成，整個城呈現那個時代最流行的格狀系統，由某個叫希波丹姆（Hippodamus）的建築師所設計。

因艦隊的堅固防衛和天然的戰略位置，羅得斯島發展成興盛的貿易站，並且過著歡樂的生活，除了因時勢所需而必須結交的善變盟友，像是雅典、斯巴達、亞歷山大大帝或是波斯人。亞歷山大時期，羅得斯島與托勒密人（Ptolemies）建立關係；結果羅得斯島人拒絕與安提哥洛斯王（Antigonos）並肩和埃及人作戰。亞歷山大死後，安提哥洛斯王派遣其子德米特里·波利歐科提斯（Demetrios Polyorketes）以及4萬軍隊於西元前305年進攻羅得斯城，但圍城一年後宣告失敗。戰後剩餘的青銅軍事武器被熔化鑄成島上最著名的地標：羅得斯島的阿波羅巨像。它是往來船隻的座標，超過30公尺（100英呎）高，座落於港灣入口附近某處有將近70年之久，直到西元前226年在一次地震中崩塌。

左圖：東岸的阿格拉提海灘。
下圖：聖尼古拉斯捍衛著曼德拉基港。

此城經過圍城洗禮後反比以前更為顯赫繁榮，凌駕於雅典之上成為東地中海的文化地標。然而當它做出不符合地位的決定，嘗試調停羅馬與邁錫尼間的戰爭時，羅馬人於西元前168年加以報復，正式使得它成為附屬城邦；而一世紀後，羅得斯島因參與羅馬內戰終於被卡西歐斯（Cassius）及其艦隊摧毀。屋大維於西元前42年獲得勝利，羅馬帝國建立後，羅得斯島重得一些自治權，再度成為荒淫官僚派任的駐地；但其榮景已不再。羅馬後期和拜占庭統治期間，羅得斯島受到二等待遇，並常遭受野蠻民族的攻擊。

14世紀初期，聖約翰騎士團——為巴勒斯坦及賽普勒斯所驅逐——來到羅得斯島定居並逐退在拜占庭默許下佔領該島的熱那亞人。他們著手佔領並為整個多德喀尼群島增加防禦，重建羅得斯城搖搖欲墜的拜占庭城牆，並劫掠鄂圖曼船隻讓蘇丹人視其為眼中釘。西元1522年春，蘇萊曼一世終於領著20萬大兵登陸羅得斯島解決了這個問題；此次被圍攻比起第一次短暫也更具決定性，但也僅止於此。騎士團英勇抵抗，但最終被迫投降。西元1523年元旦，180名戰後存還者訂下體面的投降條約後，被放逐航向馬爾他島。

鄂圖曼人相當珍惜他們辛苦獲得的戰利品，至少

開始時是如此，以統治其他帝國內設防城邦的同樣方式治理該地：禁止基督徒在城牆圍繞的舊城內過夜，但猶太被默許在東邊自己的小區內居住。這道破例的敕令使得圍繞羅得斯島三面郊區的marásia（猶太東正教）村落興起，這些村落通常就以自己的主要教區教堂為名。鄂圖曼人在城內興建了幾座堂皇的清真寺，但通常挪用小的拜占庭及十字軍教堂作為mescids（相當於基督教的小禮拜堂）。但即使在鄂圖曼的全盛時期，全島的回教人口也從未超過15％。鄂圖曼統治變得更為渙散、沒效率，直到1912年春義大利正式佔領羅得斯島（見48頁）。

舊城

　　羅得斯（Rhodes）❶舊城除了1945年遭盟軍轟炸後的明顯損壞之外，是地中海的建築寶藏之一，是座有異常完整城牆的中世紀城鎮。這些城牆本身（僅一個半小時旅程；週二、週六下午2時45分；從大師宮殿旁大門進入；需門票）就提供了那些有棕櫚樹塔尖點綴的巷道的絕佳背景。島的西北最高處座落著大師宮殿❹（Palace of the Grand Masters），（夏季開放時間為週一下午2時30分至9時，週二至週五上午8時30分至下午9時，週六至週日上午8時30分至下午3時；冬季為週一下午12時30分至3時，週二至週日上午8時30分至下午3時；需門票），於1856年毀於一場軍火彈藥爆炸後，由義大利人在1930年代倉促重建而成。

　　出來外面會看到騎士街（Odós Ippotón）❸，騎士體制在這裡根據騎士的母語區讓他們居住。往下坡走會看到標示十分不清的考古博物館❻（開放時間為週二至週日上午8時30分至下午2時45分；需門票），裡面有勞倫斯·杜雷爾（Lawrence

傳說阿波羅神像兩腳分別站在曼德拉基港入口兩邊，但果真如此的話，神像當初一定要比可能的尺寸大上十倍——一項無法達到的工程技術。

下圖：大師宮殿中的馬賽克地板。

Durrell）所愛的「海上的維納斯」；在舊騎士大教堂對面是**拜占庭博物館**（開放時間為週二至週日上午8時30分至下午2時45分；需門票），內有本地聖像及壁畫展覽，和研究人種學的裝飾藝術收藏館（開放時間為週二至週日上午8時至下午2時30分；需門票），內藏從多德喀尼群島民宅搶救出的門和五斗櫃。

除了少數一直居住此地的土耳其居民，鄂圖曼遺跡並不明顯，只有**鄂圖曼圖書館**（開放時間為週一至週六上午9時30分至下午4時；需付管理人小費）還有一間位於阿里昂斯廣場（Platía Ariónos）的令人讚賞且還可使用的**土耳其澡堂**（開放時間為週一至週五上午11時至下午6時，週六上午8時至下午6時）。在舊猶太區有拱廊的猶太教堂**卡爾卡多緒沙洛姆**（Kal Kadosh Shalom，每天開放，上午10時至下午5時；自由捐獻）也是可以一遊的地方，主要紀念1944年6月被送去納粹死亡集中營的1,800名羅得斯島及科斯島（Kós）的猶太人。

新城

鄂圖曼人從舊城逐出的東正教希臘人建立此城，而20世紀初期佔領此地的義大利人則加以開發，**新城**（Neohóri）而成為羅得斯島的商業中心兼多德喀尼群島的行政首府。這裡充滿了時髦的精品店，到處是鱷魚牌（Lacoste）、班尼頓和楚沙迪（Trussardi）。你可以坐在**曼德拉基**（Mandráki）港邊昂貴且充滿觀光客的人行道旁的小餐廳裡，看著形色眾生以及到處亂跑的遊艇。價錢便宜一點的小餐廳在**新市集**（Néa Agorá）裡，與魚販、屠夫和堆積如山的農產品在一起，供應便宜的烤肉串（souvlákia）和新鮮的柳橙汁，裡面還有一家很棒的麵包店。

羅得斯島最有名的雕像：考古博物館的「海上的維納斯」（Marine Venus）。

下圖：林多斯海灘及衛城。

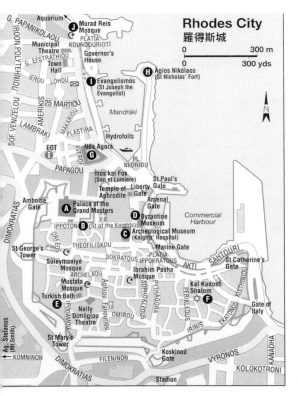

曼德拉基港日夜都很熱鬧，充滿有特色的藝術家、爆米花小販、海綿攤販以及到處招客的旅遊船程。短程客船上午9時開往塞邁島（Sými），首先會造訪帕諾爾米提斯（Panormítis）修道院，或者下去東岸的林多斯。水翼船會從碼頭的基地開出，而大型渡輪則從東邊有15分鐘路程的商港出發。

聖尼古拉斯堡壘（Ágios Nikólaos）**H** 的圓型防禦燈塔所護衛的曼德拉基，也是應國際遊艇路線及當地租船服務所需而建立的港口。港的入口處兩邊林立著一群義大利裝飾派藝術的建築：省長哥德式拱門的官邸，隔壁是**聖約瑟夫傳教士教堂**（Evangelismós）**I**，對面是郵局、市政廳和市立劇院，劇院對面是**穆拉德瑞斯清真寺**（Murad Reis）**J**，聳立在島上最大的回教墓園之一旁邊。再過去是勞倫斯・杜雷爾從1945到1947年居住的**克雷歐伯路斯別墅**（Cleobolus）。

遠離港口區的新城則隨著夜生活跳動，旺季時狂歡的人群從酒吧蔓延到人行道上，據說有超過兩百間酒吧擠在小於一平方公里的地區裡。歐法尼多爾（Orfanídou）還特別為紀念新維京人而被非正式封為「斯堪地街」。

古代的卡梅洛斯。

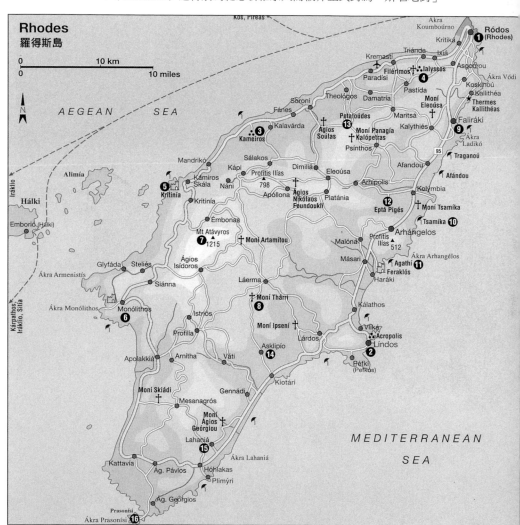

Rhodes
羅得斯島

| 0 | 10 km |
| 0 | 10 miles |

AEGEAN SEA

MEDITERRANEAN SEA

三古代城邦

地圖見
城247頁
島248頁

林多斯（Líndos）❷原本是古代多利安人城邦之一，在南岸往下44公里（27英哩）處，是島上另一個大旅遊勝地。歸因於其優良的自然港口——除了羅得斯城的曼德拉基外，本島唯一的港——很早就有居民，它堅固的衛城支持著一座鷹架支撐的古希臘雅典娜神廟，和另一座騎士城堡。下面則群聚著中世紀後期的村落，由當地船長所建的堂皇大宅群；因為當地貧瘠的環境，人民一直過著靠海維生的生活。1960年代義大利、德國及英國的波希米亞人受到其明亮光線的吸引，再度發現林多斯，但當初的藝術家聚落早被團體旅遊的旅館區所取代了。不推薦仲夏來此一遊，因為你幾乎無法在狹窄的圓石子路上移動。

卡梅洛斯（Kameiros）❸是第二個古代城邦，離羅得斯城33公里（20英哩）處下方海風吹襲的西岸，值得參觀其完美保存下來的、毫無後期添建的古城景觀（開放時間夏季為週二至週日上午8時至下午7時；冬季為週二至週日上午8時30分至下午3時；需門票）。不像舊城林多斯，此城於西元前408後不久即被棄置。伊亞利索斯（Ialyssos）❹則歷史較短（開放時間為週二至週五上午8時30分至下午6時；週六至週日上午8時30分至下午3時；需門票），位於羅得斯城西南方12公里（7.5英哩）處。這個古代城邦只剩下一座多利安噴泉及一些希臘廟宇的基座明顯可循；今日此城最為人所知的，是菲雷里摩斯（Filérimos）迷人的中世紀修道院，曾於二次世界大戰中損毀但已完整修復。

札米卡修道院是不孕婦女的勝地。

下圖：聖約翰騎士團所建造的莫諾利提斯城堡。

地圖見
248頁

*羅得斯島南端最受歡
迎的風浪板運動。*

下圖：羅得斯城當地
婦人。

島上風景

羅得斯島上的巴士班次近幾年來雖有改善，但租車還是尋幽訪勝最容易的方式。基里提尼亞（Kritinía）❺和莫諾利托斯（Monólithos）❻的騎士城堡地點極好，兩者都在卡米洛斯（Kámiros）下方，是很好的造訪目標。再加上位於中間的西亞納（Síana）有很多供應旅客所需的旅店，這些景點都位於海拔1,215公尺（4,000英呎）羅得斯島最高點阿塔維洛斯山（Mount Atávyros）❼的遮蔭下。攻頂可從聖伊西多洛斯（Ágios Isídoros）北方的標示道路上去，頂上有宙斯神廟的基座。拜占庭後期的聖尼古拉斯芳多克里（Ágios Nikólaos Foundouklí）教堂裡模糊的壁畫則是最好的拜占庭室內遺跡，就在798公尺（2,600英呎）高的帕洛菲提斯伊利亞斯（Profítis Ilías）山腳下。而藏在未焚燒過的松林間，位於林多斯和莫諾利托斯之間的提阿米（Thárri）❽修道院，則擁有宏偉清理過的14世紀壁畫。

最好的沙灘都聚集在較有屏障的東岸。從羅得斯城往南的第一個休閒區就是卡利提亞（Kallithéa），圍繞著義大利人建立的溫泉區發展出來。海岬的四周是卡利提亞灣，是島上最好的海灘之一，也是因為觀光的緣故開發到了極點。海灣的南邊是法利拉基（Faliráki）❾，希臘比較聲名狼藉的休閒勝地，非常受到年輕的套裝旅遊團體的歡迎；白天提供各種想得到的水上運動，晚上當霓虹燈亮起，酒吧互相競賽喧囂的音樂及花俏的含酒精雞尾酒。

阿芬多烏（Afándou）海灣南端卵石地的塔拉格諾（Traganoú）有洞穴和鐘乳岩，是羅得斯人最眷顧的地方。札米卡（Tsamíka）❿蜷伏在一座巨大的海岬下，岬上座落著一座小修道院，裡面有被視為生殖女神化身的聖母瑪莉亞——成千上百的受益者證實她成功地改變不孕夫婦的命運。阿格提（Agáthi）⓫就在費爾科洛斯（Feraklós）城堡廢墟和哈拉基（Haráki）港的北邊，仍然奇蹟似地保持未發展的面貌。

從札姆匹克（Tsambíka）往內陸走，埃帕塔皮吉斯（Eptá Pigés）⓬是個一直很受歡迎的綠洲，有義大利建造的水庫；而西北方的佩塔魯迪斯（Petaloúdes，蝴蝶谷）⓭是上百萬隻澤西虎蛾的棲息地，受到這個隱密有溪流峽谷的Liquidambar orientalis樹的吸引來此。

越過林多斯海岬，除了阿斯克皮歐村（Asklipío）⓮有11世紀美麗壁畫的教堂外，從基歐塔里（Kiotári）雨後春筍般地休閒區往內陸方向，在傑納第（Gennádi）有更多但通常無人的海灘；往下，是藏在峽谷中水源豐富的拉汗尼亞村（Laháni）⓯，吸引了許多從林多斯遷出想歸隱山林的人們，他們在這裡把長期寄租的傳統房舍予以更新。羅得斯島的最盡頭是海岬延伸小島狀的帕拉索伊西（Prasonísi）⓰，可以從卡塔維亞（Kattaviá）村到達，該地的地形和風勢結合造成廣大平坦的沙灘，是希臘風浪板運動的首要集結場地，每季至少有兩個學校在運作。

多德喀尼群島上的義大利建築

1912到1943年間佔領多德喀尼群島的義大利人，以宏偉的公共建築妝點羅得斯島和科斯島鎮的歷史性中心，建了海軍基地及利羅斯（Léros）上的拉格港（Lago Porto）的拉奇（Lakkí）計畫城鎮，在1933年的地震後重建科斯島。但因為與法西斯主義的關係，這個時期的所有東西不論其品質，不是被輕視就是被忽略。

在羅得斯島上，義大利人成立新的行政中心（Foro Italica），它包含所有的公眾服務，並把焦點放在最重要的法西斯中央黨部的塔樓和演講者的陽台。再過去是新城市的觀光區，包括拉羅納達（La Ronda）海水溫泉浴場（現在的Élli），玫瑰旅館（Albergo delle Rose，現在的賭場）以及遠處海角的水族館。

法西斯青年中心和足球運動場的特點是裝飾派藝術；其他建築物像是拉羅納達、水族館和海關局都摻雜著裝飾藝術及抽象的鄂圖曼圖形。城外鄉間的卡利提亞溫泉浴場（見下圖）是多德喀尼群島上裝飾藝術的最佳範例，又時髦，又與環境合而為一。

法西斯統治後期從1936年起，也就是總督凱撒德維奇（Cesare de Vecchio）的嚴厲統治期間，他以視覺來強調騎士醫療隊與義大利人之間的關聯：修復許多騎士的紀念碑，以「新十字軍」風格蓋像羅馬銀行這樣的新建築物。同時，像玫瑰旅館及法院都被「淨化」了：拿掉他們認為裝飾藝術中多餘的、東方的特色，換上鑲嵌的波羅斯（Póros）石。在這段最後的時期裡，多德喀尼群島上的義大利建築，已符合這個時代理性國際主義的標準，出現更多的紀念碑和嚴謹對稱的建築結構。帝國廣場（Piazza del'Impero）上的普西尼劇院（Puccini Theatre，現在的市立劇院），就是廣場四周建築物的最佳範例。

椰子樹環繞的卡利提亞溫泉浴場，是島上裝飾藝術的典範。

多德喀尼群島

相較於希臘，多德喀尼群島更靠近土耳其。群島擁有多元性的特色，從神聖的帕特莫斯島到忙碌的科斯島，從原始的卡帕托斯島到恬靜的塞邁島，從富饒的提羅斯島到火山地形的尼西洛斯島。

希臘的地名通常都會反映出歷史，「多德喀尼」（Dodecanese, Dodekánisos）一字也不例外，依照希臘標準來說，這是個新的名稱。在土耳其人統治的4個多世紀間，此群島被稱為南斯波拉第群島（Southern Sporades），如今較古老的地圖仍使用這個名字。在這段期間，此處較貧瘠的小島被賦予許多優惠，使他們能靠著小聰明過日子，而肥沃的大島羅得斯和科斯則受到嚴密控管，被回教徒所殖民。但是1830年希臘獨立後，與鄂圖曼土耳其帝國偶爾武力相向，優惠因此逐漸取消。這12座較大的島嶼（希臘文為dódeka nisiá）在1908年組織起來，反對這種侵害；雖然抗爭終告失敗，多德喀尼卻沿用下去。依計算方法不同，此群島有人居住的島嶼是14座或18座，呈弧形散布在土耳其沿岸。

西元1912年與土耳其的衝突，取得了這個群島可以切斷鄂圖曼對利比亞的供應線。此外，當初土耳其曾經承諾將群島讓與的黎波里，而第一次大戰及1923年之後的法西斯政權，更鞏固了義大利的併吞。義大利人占領多德喀尼群島，立刻更名為「愛琴海的義大利群島」。法西斯主義者尤其忙著殖民，興建許多特別的建築物，種植油加利樹，開闢道路，還強制灌輸民眾義大利語言和宗教及政治；西元1936年，鎮壓急劇加速，凱撒德維奇（Cesare de Vecchi）取代馬力歐拉果（Mario Lago）成為統治者，1943年9月，狂熱的法西斯主義者陷入泥沼中，因為自己的人民，義大利終於投降了。1943年，前協約國義大利軍隊展開一連串血淋淋的行動，此地由德國統治，兩年後德國將群島奉送給英國。

終於在1948年初，經過希臘軍隊10個月間歇性的統治，掃除當地與義大利之間的合作，多德喀尼群島與希臘合併，成為該國最東南方的領土，也是最後獲得的土地。但接踵而來的是，大規模地移民至澳洲、南非及北美，除了自由的行動外，戰爭後混亂的希臘讓初期的結合幾乎沒什麼改革。今天的多德喀尼人仍然像以往一樣，住得離海很遠，而海洋卻為他們帶來嶄新的機會，觀光客成為影響當地經濟的重要資源。

左圖：卡帕托斯島的風車。
下圖：萊羅斯島的黃昏。

卡帕托斯島

到卡帕托斯島（Kárpathos）最戲劇化的方式，就是從羅得斯島搭船前往。經過數小時通常巔簸的航程後，卡帕托斯島宏偉的山脊便躍然出現在眼前。有些船隻停泊在**迪亞發尼**（Diafáni）❶，這個北方港口到了1996年僅能容納一個碼頭。白天上岸的乘客有時間熟悉卡帕托斯島，其東部海岸陡降至海裡，1980年代曾發生數次北方大火，因此摧毀了林木，如今山坡上種植了松樹幼苗；偶爾看不到峭壁，只有無人的大型

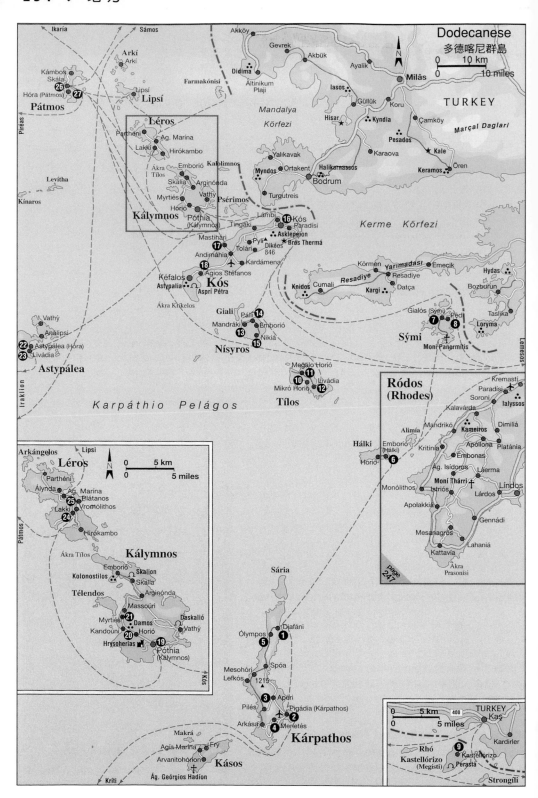

白色沙灘。

體驗過這些初步印象後，主要港口**皮加迪亞**（Pigádia）❷相形見絀，此港除了環境優美之外，別無其他推薦之處；其歷史僅能追溯至19世紀。然而，島民自己——沒有外來的勢力——從1960年代之後，以水泥的建築物實際地破壞當地的景觀。此地缺乏特色的原因，在於卡帕托斯島自古即是窮鄉僻壤，騎士團或鄂圖曼土耳其都不太管它，只將它留給熱那亞人和威尼斯人，他們稱此島為斯卡潘托（Scarpanto）。

回到海灘可能是最佳選擇，弗朗迪灣（Vróndi Bay）沿岸有一處向北延伸 3 公里（1¾英哩）的海灘。乘坐渡船可以瞥見較隔絕隱密的海灘，仔細觀看，其海水為藍綠色，白色沙灘足以媲美加勒比亞海灘，四周是半沒入海中的岩石。其中最佳的海灘為阿佩拉（Ápella）、阿哈塔（Aháta）和基拉潘納吉亞（Kyrá Panagiá），可搭小船往返，或走陸路，不過卡帕托斯島的道路很嚇人，租車又昂貴。西岸海灘較不那麼隱密，但在遙遠的列夫科斯（Levkós），一連三個海灣擠在海岬之間，擁有極佳的海灘，也有越來越多伴隨而來的度假勝地。

大部分的村莊都位在內陸高地，這是中世紀防禦海盜的策略，海盜過去在卡帕托斯島極為猖獗。最富裕的村落有三個，包括**阿培里**（Apéri）❸、歐索斯（Óthos）和佛拉達（Voláda），皆位在雲層密布的卡利林尼山（Mount Kalilímni，高度1,215公尺／4,000英呎）南方，**曼內提斯**（Menetés）❹則靠近機場，這些村落都交雜錯落著傳統和現代別墅。

此地似乎看不出財富來源，因為島上幾乎沒有肥沃的低地，工業也付之闕如，大型觀光業直到1980年代末才展開。事實上，卡帕托斯島大部分的財富是船員和移民國外的人（大都移民美國）寄回家的匯款，這種經濟結構對於當地文化、建築和態度都起了深遠的影響。它減緩了觀光業的發展，你不要期望看到卡帕托斯人優雅的笑容，或卑恭屈膝的態度；矛盾的是，留守家園的婦女地位卻同時獲得提升。海外價值顯現在房屋建築上，即使是最低俗的現代木樁上，也標示著建造日期、屋主的姓名縮寫，以及一個傳統象徵，如美人魚或拜占庭雙頭鷹。

傳統的卡帕托斯島房屋只有一個分隔成兩部分的泥土地板空間，一側是木製平台（dórva），擱置著新娘的亞麻布嫁妝、慶典服飾和床蓆，到了晚上蓆子就攤開來。房間中央有一支木柱支撐著天花板，這是所謂「房屋的棟樑」，為了使這分象徵更形完整，主人夫婦的畫像或照片會釘在木柱上，擺在他們的婚禮花環下方，也許這項習俗的用意，是使家中的小孩熟識長年不在家的父親。牆壁上裝飾著櫃子和碗盤架，架子上有著數百個庸俗的裝飾品，並非當地的手工藝品，而是不同種族的洋娃娃、華美的陶器和其他飾物，是卡帕托斯島船員遊歷世界所蒐集的。即使現代多房間的別墅，仍按照傳統的方式修築起居室（salóni）。

多德喀尼群島中的許多島嶼都屬於母系社會，在卡帕托斯島，這個現象更為明顯，至少在最北方的村莊**奧林帕斯**（Ólympos）❺和迪亞發尼，婦女仍穿著傳

下圖：奧林帕斯身著傳統服飾的年輕女子。

統服飾，反而那些遍遊世界各地的男人，不知在多久以前，就已穿起西方人的衣服。婦女穿著的老式窄褲、圍裙、頭巾和靴子，全都是當地的手工品，但是這樣的日常穿著，仍必須配上一條愛爾蘭羊毛圍巾，以及大都進口自中國大陸和保加利亞的圓形金屬飾物和刺繡，才算大功告成。慶典服飾的顏色較為多彩多姿，衣領上綴飾著金幣，由金幣的數目，可以讓未來的追求者看出這個女孩子的財富。

最有名的兩項慶典是復活節和聖母升天日，仍在奧林帕斯村的迎風山脊盛大慶祝。此地仍殘存多利安方言、前述傳統服飾、音樂和社區共用的爐灶，因此相當吸引人類學者和業餘人士。但是傳統觀光業，例如用絞船索拖曳船隻和營救等，成為島上其他地方的額外收入；最後僅存的幾座風車在1970年代末已不再是居民生活的真正附屬品，不過幾年後，其中一座風車便成為仍在運作的珍品。

如果你要留在迪亞發尼或奧林帕斯，這裡有許多消磨時間的方法，你可以穿過網狀般的步道散步到小島的北邊；阿弗羅那（Avlóna）農村、維瑞庫尼達（Vrykoúnda）的海灘和古蹟、提瑞史東摩小島（Trístomo inlet）或單純地從峽谷到迪亞發尼，都是非常受歡迎的玩法。

卡索斯（Kásos）位在卡帕托斯島西南方，是個荒涼的衛星島嶼，1824年因一場大屠殺而摧毀殆盡，之後完全仰賴航海業為生。由於當地缺少海灘，有效地躲過一般的觀光客，因此當地的觀光設備很少——尤其淡季時——夏季節慶期間，大部分都是海外回來的卡索斯人。

哈爾基島（Hálki）離羅得斯島不遠，是另一個光禿禿的石灰石島嶼，因多彩多姿的港口**安波里歐**（Emborió）❻而生氣蓬勃；過去此地是海綿採集者的家鄉，大部分地區在1980年代末已修復完成，如今從4月至10月，聚集了許多高消

奧林帕斯村耀眼的九重葛。

下圖：卡帕托斯島上的奧林帕斯村。

費的旅行團。

塞邁島

　　塞邁島（Sými）位在羅得斯島東北方，介於土耳其達特查半島（Datcá Peninsula）兩個突出的爪子狀土地之間。雖然島上仍保有一部分過去的森林，但是幾乎乾旱無水，全仰賴貯水槽或載水船，因此觀光業的發展有限。多數來此一日遊的觀光客，會走訪風景優美的港口聚落，在19世紀末，這裡的人口多達2萬5千人，比羅得斯島還多。該島因為採集海綿而繁榮，在鄂圖曼土耳其時期，海綿採集業由此地壟斷，另外還發展出建造小帆船的相關行業。義大利占領多德喀尼群島和利比亞（Libyan）沿岸（海綿採集地點）之後，仍未能阻止希臘人掌控海綿業，但第二次世界大戰和人造海綿的誕生，讓海綿採集業宣告落幕；戰爭時期物資匱乏，造成塞邁島的居民遷移至羅得斯島、雅典和國外，如今稱**吉阿洛斯**（Gialós，碼頭區聚落）**❼**和霍里歐（Horió，山坡村莊）為故鄉的人，不到三千人。哈拉尼（Haráni）的部分造船廠雖仍打造小帆船，但是吉阿洛斯紀念品攤位販賣的海綿，卻大部分進口自佛羅里達和菲律賓。

　　在鄂圖曼土耳其統治時期，塞邁島的地方政府是典型的「異端」社會，只要居民繳納一年的貢金（就塞邁島而言，是送給蘇丹女眷一整船的海綿），通常會讓塞邁島享有自治。每年1月25日會選出兩名政府首長（dimogérondes），任期一年，其中一名首長的職責是主持地方議會、統領司法事務，以及處理與土耳其官方的關係；另一名首長則打理地方上的稅收事宜。（男性）選舉人的人數未限制，不過必須年滿21歲，在80歲以下，識字、心智健全、已納稅，而且沒有刑期

地圖見
254頁

吉阿洛斯身著傳統服飾的居民，以好客聞名。

下圖：塞邁島港口。

在身；地方議會起初是由公民大會口頭表決選出，1902年以後改為秘密投票。

霍里歐山脊南方谷地**培迪**（Pédi）**8**，由於有一些水井，是塞邁島唯一的可耕地；這裡也有一個水濱小村莊，以及一些沙灘。安波里歐灣（Emborió bay）位在吉阿洛斯北方，擁有一處人工海灘、一片拜占庭鑲嵌地板，以及一個小型墓窖。不過，島上大部分的海灘屬於圓石海灘，而且必須長途跋涉或搭船才能到達；最受歡迎的是聖瓦西里歐斯（Ágios Vassílios）、馬拉松達（Marathoúnda）和納努（Nanoú），後面兩個地方有小酒館。在鄉間修道院中，最具藝術特色的是米亥魯庫尼歐提（Mihaïl Roukouniótis），位在城鎮西邊，擁有鮮活的18世紀壁畫。不過遠在索提拉斯·梅格羅斯·尼拉斯（Sotíras Megálos Nerás）南方的大型**米亥潘諾米提斯修道院**（Mihaïl Panormítis）卻有較多人參觀，從羅得斯島坐船可到達此修道院，十分方便。主要景點還包括一間小型博物館、一處大型圓石庭院，以及一個標示反抗鬥士1944年在此遭處決的紀念館。

卡斯提洛里索島

卡斯提洛里索島（Kastellórizo）距離羅得斯島東方約70海里，很接近安納托利亞（Anatolia）。19世紀初，這塊在地圖上僅丁點大的石灰石島嶼，卻居住了一萬多人，因為它是皮里亞斯（Piraeus）和貝魯特（Beirut）之間的最佳天然港口，也是縱帆船的船隊根據地。不過後來船隊並未加裝馬達，而是轉手出售；第一次世界大戰時，此島由法國人占領，並遭受嚴重的轟炸，1926年遭地震侵襲，1944年發生軍火爆炸，這些災難共摧毀了四分之三的房屋。

多數卡斯提洛里索人在戰後即移往羅得斯島和澳洲西部，只剩少數人在近乎鬼鎮的地方掙扎生存，1964年，美國甚至試圖說服希臘將此島割讓給土耳其，以換得賽普勒斯的有限統治。

最後，讓卡斯提洛里索免於荒廢命運的，也許是遊艇和電影（《地中海》〔*Mediterraneo*〕於1989年在此拍攝）；大批湧入的義大利遊客、一座新建的機場，以及其他政府津貼，振興了卡斯提洛里索島的未來。這裡沒有海灘，除了鄉間修道院、一個古衛城、一座十字軍紅石的小型城堡，以及一處需坐船才能進入的海邊洞穴。但是**卡斯提洛里索鎮9**十分輕鬆安逸，令人意外的是，其夜生活相當活躍。

提羅斯島與尼西洛斯島

海馬形狀的**提羅斯島**（Tílos）位在哈爾基島北方，羅得斯島西方，是群島中最小的一個，擁有肥沃的火山土和充足的地下水，使得提羅斯島成為多德喀尼群島的穀倉。自1980年代末，眼光敏銳的遊客因該島的靜謐、擁有絕佳海灘和健行機會，而被吸引前來。歷史上這裡只有兩個村莊，東部的名為**小村莊**（Mikró Horió）**10**，西部的名為**大村莊**（Megálo Horió）**11**，兩個村莊向來不和；第二次世界大戰後，小村莊遭廢棄，居民移往港口兼主要觀光勝地利瓦迪亞（Livádia）**12**。1998年選出單一市議會後，敵對的

實用指南

如果你決定在塞邁島買一塊天然海綿作為紀念，千萬要買未漂白的海綿。漂白會讓海綿比較好看，但是也會損害內部的纖維。

下圖：塞邁島上大型的米亥潘諾米提斯修道院。

情形理應結束，在人口維持500人的島上，這是唯一合理的解決方法。

平原上方的峭壁，隱藏了七座聖約翰騎士團的小城堡，以及數間中世紀禮拜堂。西部的埃里斯托（Eristos）是最大且最好的海灘；內陸是一片種植柑橘的廣闊平原（kámbos），從大村莊遠眺，一望無際。在最西部，**聖潘德利蒙納**（Agíou Pandelímona）是主要修道院，每年7月25-27日的大型節慶在此舉辦。

圓形的尼西洛斯島（Nisyros）介於提羅斯島和科斯島之間，不僅如經常描述地擁有火山地形，它本身就是一座休火山，上次爆發是在1933年。所以這裡的水掺有硫磺，矛盾的是，此島卻青蔥翠綠，長滿了適合火山土的橡樹、杏樹及其他綠樹。港口兼首府**曼德拉基**（Mandráki）**⑬** 相當迷人，擁擠的房舍受到置於騎士團城堡內的潘納吉斯皮利安尼（Panagí Spilianí）所震懾，更宏偉的西元前7世紀多利安城堡遺跡則位在帕列歐卡斯托（Paleó Kastro）南方。**帕里**（Pálli）**⑭** 是漁民的輪替港口，位於礦泉東部。尼西洛斯島最精采的不是海灘，而是東岸的黎斯（Liés）和帕希亞艾莫斯（Pahiá Ámmos）。

內陸有兩個村莊，**安波里歐**幾乎已遭廢棄，由外人買下，而西南方的**尼基亞**（Nikiá）**⑮** 較為繁榮，該村位在火山口邊緣，1422年島嶼的頂端被削去後便建立。以遊覽科斯島為主的拉車旅行團，定期會來此參觀，否則此島僅剩無生物的火山口、徐徐冒煙的蒸氣口，以及硫磺氣味，很可能會遭遺棄。

科斯島

按人口來算的話，**科斯島**（Kós）是多德喀尼群島的第二大島；若按面積來算，則落在羅得斯島和卡帕托斯島之後，是第三大島。科斯島在許多方面都與羅

地圖見 254頁

尼西洛斯島又稱之為「馬球製造島」（Polo Mint Island），由於群聚的白色房屋及波里弗提斯火山（Polyvótis volcano）嘶嘶作響的火山氣口。

下圖：卡斯提洛里索島。

得斯島如出一轍：它們有共通的歷史，僅有少許差異；類似的騎士團城堡護衛著港口，外加地平線上的棕櫚樹和清真寺尖塔叫拜樓；兩者的農業經濟同樣都為觀光業所取代。然而，科斯島的面積遠較羅得斯島小，地勢也比較平坦，令人驚訝的是，它只有一座迪奇歐斯山（Mount Díkeos），從東南部海岸開始陡然聳立；島嶼的邊緣點綴著極佳的海灘，大部分騎摩托車或腳踏車即可到達。

1933年的地震摧毀了大部分的科斯鎮 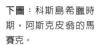，卻讓義大利考古學家有絕佳的藉口大舉挖掘這個古城。所以科斯鎮的中央是個考古區，**羅馬市集**（Roman agora，東部挖掘地）與18世紀的**洛吉亞清真寺**（Loggia Mosque）、具有千年歷史的**希波克拉底法國梧桐**（Plane Tree of Hippocrates），不過這棵樹的年代，卻不如希波克拉底醫師古老。西部挖掘地出土了有覆蓋物的鑲嵌圖，以及室內賽跑場的列柱；南邊有一個修復的羅馬別墅**卡薩羅馬納**（Casa Romana），具有較多的鑲嵌圖案和壁畫（開放時間為週二至週日上午8時30分至下午3時；需門票）。

義大利人創建的**考古博物館**（開放時間為週二至週日上午8時至下午2時30分；需門票），可想見，多半展示拉丁文物。據傳是醫學之父希波克拉底的雕像，其實打造於希臘化時期。希波克拉底（約西元前460-370年）在此出生並行醫，但也許在**阿斯克皮翁**（Asklepeion）創建時就已過世。阿斯克皮翁醫療學校位在科斯鎮西南方4公里（2.5英哩），該遺址（開放時間為週二至週日上午8時至下午7時，冬季關閉時間較早；需門票）最令人印象深刻之處，在於其地點可俯看海峽與土耳其，建築倒不那麼具有特色，因為建材石頭都已被騎士團拿去建造巨大的城堡，這個城堡純粹為軍事用途，與羅得斯島的城堡不同。

在阿斯克皮翁與科斯鎮大約半途中間，可在**普拉塔尼**（Platáni）稍事停留，於三家土耳其人經營的餐館吃頓飯；一如羅得斯島，自1960年代起，這裡大部分的回教徒都選擇遷往土耳其。此地原本還有一個小型的猶太社區，如同羅得斯島的猶太社區，在1944年時被摧毀，只剩下裝飾派藝術的**猶太會堂**（synagogue），位在普拉塔尼的市集旁邊。在科斯鎮的老市場，可尋找一些傳統手工藝品，例如顏色鮮豔的刺繡坐墊。

普拉塔尼往東的道路盡頭是**布洛斯瑟馬**（Brós Thermá），這是一處舒適的溫泉區，溫泉直接流入大海。城鎮西邊是度假勝地汀加基（Tingáki）和**馬爾馬里**（Marmári），擁有綿延的白色海灘。另外較不狂亂的**馬斯提亞里**（Mastihári），則有船隻往返於卡利姆諾斯島。在西南端面對尼西洛斯島處，是一些風光最明媚、也最隱密的海灘，具有「晴朗」（Sunny）和「神奇」（Magic）等名稱；附近建於西元6世紀的巴西利卡雙教堂**聖史戴芬諾斯**（Ágios Stéfanos）**⑱**，是最佳的早期基督教建築之一。上方的凱法洛斯岬（Kéfalos）可見到最早的科斯島住所：佩特拉洞穴（Asprí Pétra cave），這是新石器時期人類的家，而古代的阿斯提帕里亞（Astypalia）是希波克拉底的出生地，如今只剩下一座小劇場。

在迪奇歐斯山西側，是拜占庭時期此島首府皮里（Pýli），如今是城堡下方的一堆廢墟，位在以泉水灌溉

下圖：科斯島希臘時期，阿斯克皮翁的馬賽克。

的峽谷前端。一些村莊靠近這座高度有846公尺（2,776英呎）的山峰，統稱為**阿斯芬迪歐**（Asfendioú），皆位在面向北側的森林山坡上，與安納托利亞遙遙相望。在吉亞（Ziá），餐館數量似乎比當地居民還多，日落後格外忙碌。阿索馬提（Asómati）的傳統房屋逐漸被外國人買下，並進行修復。

卡利姆諾斯島

　　卡利姆諾斯島（Kálymnos）位在科斯島北方，予人的第一印象是乾燥多山之地，主要港口城鎮**波西亞**（Póthia）**⓳**具有明顯的陽剛活力。現今幾乎消失的當地海綿業留下了大量證據：卡利姆諾斯人家的壁爐（salónia）都嵌有巨大海綿和貝殼碎片做的雙耳長頸瓶，紀念品商店堆滿了小海綿，但最糟的是，還有許多不良於行的老人。

科斯島上城裡舊市集上鮮豔多彩的刺繡。

　　從前的潛水夫在潛水時，會在自己的腰部綁上沉重的石頭。他們屏住氣，把原先在海面上已找定的海綿從石頭上刮下來，通常每刮兩到三個海綿，才浮上水面換氣。在「潛水機器」於19世紀末引進前，較佳的潛水夫可以潛到10噚深的海底。所謂的「潛水機器」，就是當地人所稱的早期潛水裝備，包括一套橡皮衣，衣服上有一個青銅頭盔，連接一條很長的橡皮管和用手發動的空氣幫浦。潛水夫身上綁一條很長的纜索潛下去，不管他潛的距離有多遠，橡皮管的長度一定夠長；而由於氧氣供應源源不絕，他可以在海底任意停留多久。

　　潛水夫在海底待得太久，很快便會出現問題：由於他們在較深的海底吸入了壓縮的空氣，當他們浮上水面時，空氣無法溶解於血液中，而且空氣一定離開得很快。這種氮氣血管栓塞即是俗稱的「潛水夫病」（the bends），症狀包括耳聾、

下圖：希波克拉底的法國格調及洛吉亞清真寺。

大小便失禁、癱瘓，經常致死。到了1950年代，世人才明白這種生理機制，不再有人因此而死亡，但對於數百名卡利姆諾斯的船員來說，卻為時已晚。

島嶼的西北部隱約可見兩座城堡，一座是騎士團的根據地里索赫里亞（Hrysoheriás），以及原是拜占庭堡壘的佩拉卡斯特洛（Péra Kástro），位在至今仍是該島第二大城的中世紀首府霍里歐 ⑳ 上方。多數遊客待在較平坦的西岸海灘度假地，介於坎度尼（Kandóuni）和馬索里（Massoúri）之間，其中米爾提斯（Myrtiés）㉑ 是開發最多的海灘，也是前往田園般小島泰倫多斯（Télendos）的港口。東海岸環境惡劣、無人居住，只有綠油油的柑橘林山谷從瓦錫（Vathýs）峽灣向內陸延伸。

阿斯提帕里亞島

蝴蝶狀的阿斯提帕里亞島（Astypálea），單獨位在多德喀尼與基克拉澤斯群島間一條政府補助的渡船路線上，也許是群島中最休閒的。騎士團並未將權力伸展至此地，只有威尼斯人在高處的首府**阿斯提帕里亞鎮**㉒建造了堅固的城堡。除了帕特莫斯島的帕特莫斯鎮外，阿斯提帕里亞鎮是多德喀尼群島中，最令人眩目的丘陵村莊。村中房屋擁有繽紛的木造廁所陽台（poúndia），點綴著陡峭的街道；直到1950年代，上方城堡內仍有一個與世隔絕的小村莊。然而，阿斯提帕里亞鎮除了身為首府之外，其實相當荒涼，只有西南邊有一些不錯的海灘，包括贊納基（Tzanáki）、聖康斯坦提諾（Ágios Konstandínos）和維濟斯（Vátses），沿著該島狹長的中央，馬爾馬里和斯戴諾（Stenó）也有海灘。大部分的遊客會前往平凡的港口斯卡拉（Skála）、首府西部較宜人的利瓦迪（Livádi）㉓，以及島嶼

中央的阿納利普西（Análipsi）。

利羅斯島

利羅斯島（Léros）擁有六個深入內陸的海灣，該島像一塊錯置的不平整拼圖；最深的港口拉奇（Lakkí）自1930年代初期，便是重要的義大利海軍基地，1940年8月15日，一艘潛水艇就從這個基地出發，在提諾斯港擊沉了希臘戰艦「埃利號」（Elli）。今天，主要的渡船港口**拉奇鎮㉔**十分奇怪，這裡是裝飾派藝術的實驗地區，對於目前象徵性的人口來說，顯然太過龐大；如今的國宅建築似乎遭到忽略，其存在令人聯想起殖民者的鎮壓。當地有三間收容所，住著殘障兒童和心神喪失的成年人，氣氛並不那麼愉快。這些收容所的環境皆不合標準，1988年經國際媒體披露後，引起希臘和其他歐洲地區的群情嘩然。

雖然地勢很高，還是可以看見信箱。

利羅斯島的其他地方較吸引人，尤其是擁有水濱餐館的**潘德利**（Pandéli），位在首府普拉塔諾斯（Plátanos）**㉕**的下坡，保存良好的騎士團城堡頂端凹陷處。潘德利與普拉塔諾斯南邊的**弗洛莫利索**（Vromólithos），並不是以沙灘聞名，但有一處不必開車即可到達的海灘。普拉塔諾斯上方的**聖瑪利納**（Ágia Marína）是水翼船港口，一如潘德利，這裡有相當好的餐館。位在同一個海灣北方的**阿林達**（Álynda），是歷史最悠久的度假勝地，擁有一處長長的海灘。

利普錫島及周圍小島

利普錫（Lipsí）是利羅斯島北方的小島，一如提羅斯島，自1980年代才開始發展觀光業。自從2002年7月，「11月17日」最高指導伊奧托普勒斯（Alexandros

下圖：利羅斯島上的風車。

Giotopoulos）在他的別墅被捕，最近也意識到當地不需要惡名昭彰的「恐怖之島」之名。該島擁有照顧良好的農田，但肥沃僅是表象，這裡只有一處泉水，自1950年代起，高達四倍的貧困社區已遷走（大都遷至塔斯馬尼亞），所有的設備都集中在單一的港口城鎮，該鎮位於天然良港周圍；南部的卡薩迪亞（Katsadiá）以及西北部的普拉提吉阿洛（Platýs Gialós）擁有較小的海灣和海灘。

　　利普錫島上方還有一些小島，就算是夏天旺季也很少看到觀光客。**亞基島**（Arkí）40位居民勇敢地堅守家園，散布林間的房子裝設了太陽能板（solar panel），遊艇駛向避風的奧古斯都塔港（Port Augusta），所有的觀光設施都在這裡。經過向外蔓延的**馬拉提**（Maráthi），這裡有長長的白色沙灘及兩家小酒館。前往薩摩斯島（Sámos）途中，會經過**阿加東尼西**（Agathoníssi），相較之下，這是個大城市，整年大約有140位居民散居在島上的三個村莊；山羊在通往圓石海灘、種植了乳香和角豆樹的山坡上吃草。

帕特莫斯島

　　自從西元95年，福音書作者聖約翰（John the Evangelist）在帕特莫斯島（Pátmos）撰寫聖經的啟示錄（Revelations）後，此島就永遠與啟示錄連在一塊。其火山地形擁有奇形怪狀的岩石和一覽無遺的景致，似乎相當具有啟示性。**斯卡拉❷❻**是港口，也是最大的村莊，到了夜晚，可聽到蟋蟀合唱著小夜曲，而黑暗中，帆船的燈火點點映照著。白天的斯卡拉失去了魅力，但是島上的商業活動全

下圖：聖雅尼神學修道院裡的修士。

都集中在這裡，不論是商店、銀行或旅行社。公車定時從碼頭出發，前往**霍拉**（Hóra）❷❼，不過徒步圓石捷徑比較好，需時40分鐘。

道路半途有一座**天啟修道院**（Monastery of the Apocalypse，開放時間為每天上午8時至下午1時，外加週二、四、日的下午4時至6時；免費），其建造地點是當年聖約翰撰寫啟示錄的洞穴。牆壁上標示著銀色條紋，是聖約翰睡覺時頭部枕放之處；岩石上有很大的裂縫，上帝的聲音就由裂縫中開示。

霍拉的中央是**聖雅尼神學修道院**（Monastery of Ágiou Ioánnou Theológou，開放時間同上），四面築有防衛堡壘，從極遠處即可望見。該修道院由教士瑞斯托度洛斯（Hristodoulos）建於西元1088年，優美的庭院、階梯、禮拜堂和通道互相連結，此地原為古代的阿耳特彌斯神廟。寶庫（Treasury，需門票）除了聖山之外，收藏了全希臘最令人難忘的修道院收藏品，無價的神像和珠寶都在展示之列，還有一張阿歷克塞皇帝（Emperor Alexios Komnenos）的詔書，下令將帕特莫斯島賞賜給瑞斯托度洛斯。圖書館（Library）只開放給教士學者，內部收藏了超過四千本書籍和手稿。

遠離了觀光道路後，霍拉一片沉寂，那些門戶深鎖的別墅擁有圓石庭院和走廊，是富裕外國人的產業。在北方的羅吉亞廣場（Platía Lótzia），只要不是霧茫茫的日子，至少可看到六座島嶼，是愛琴海最佳的眺望景點之一。

無可避免地，島上其他地方相形見絀，但是海灘卻相當不錯。最大的沙灘是南端的普西利艾莫斯（Psilí Ámmos），可坐船抵達，或是從道路盡頭步行半小時，是天體運動者的最愛。斯卡拉北方的海灘包括梅洛（Melóï），擁有一間上好的餐館；阿格里利瓦迪（Agriolivádi）；坎波斯（Kámbos）最受希臘家庭歡迎；孤立的利瓦迪葉拉努（Livádi Yeranoú）有一座可游泳前去的小島；最後是蘭比（Lámbi），散布著七彩繽紛的火山石，令人愛不釋手。

地圖見
254頁

聖約翰修道院城堡式的建築，藉以保護寶庫免於海盜掠奪：為了對入侵者倒熱油，這裡的城牆甚至有長條的裂縫。

下圖：修道院外牆。

愛琴海東北部

國際性的東部島嶼薩摩斯島、巧斯島和列斯伏斯島，
皆一度在世界舞台上扮演要角，而散布在北方的島嶼，
依然未受觀光業的污染。

愛琴海東北部島嶼除了中世紀曾受到熱那亞統治之外，少有共通點。北方的島嶼包括帖索斯島、沙摩斯瑞基島和林諾斯島，它們與愛琴海南部地區少有關連。說實在的，帖索斯隸屬馬其頓的卡瓦拉，沙摩斯瑞基屬於色雷斯的埃夫羅斯省（Évros）。此處靠近大陸，夏季短，希臘人對於這些方便前往的島嶼，喜愛程度遠勝於前去外國旅遊。

東南方的列斯伏斯島、巧斯島和薩摩斯島，在古代曾扮演重要的角色，他們在地中海開拓殖民地，促進藝術和科學的成就，不過能證明其古代榮耀的遺跡甚少。這三座島嶼是小亞細亞與其他希臘世界的橋樑；事實上，它們曾與小亞細亞的海岸相連結，直到冰河時期地殼劇變，才將它們分離。土耳其在地平線上依然無所不在，僅距離薩摩斯島2公里（1英哩）遠，中間是麥卡利海峽（Mykale）；然而在政治上，土耳其與希臘經常相隔甚遠，這點反映在兩地航程極短，但索價卻出奇地高這點上。

帖索斯島

近乎圓形的**帖索斯島**（Thásos）多山，距離馬其頓大陸只有7海浬，基本上是塊混合花崗岩和片岩的大理石，在島嶼邊緣粉碎成白色沙灘。這裡除了為數眾多的非法採石場外，希臘規模最大的合法大理石採石場也提供許多就業機會；常可見到切割石板堆置或搬運的景象。在古代，這裡也開採金、銀和珍貴寶石。

卡維拉（Kavála）有定時前往帖索斯島的渡船和水翼船，更東邊的科拉莫提（Keramotí）也有裝載汽車的渡輪通往帖索斯。環繞海岸有適當的巴士路線，不過多數遊客會租摩托車或汽車；帖索斯島很小，一天即可遊歷完畢。東岸和南岸有較佳的海灘，西岸可通往大部分的內陸村莊。最受歡迎的紀念品是蜂蜜、冰糖胡桃和北希臘烈酒。

帖索斯往日為富庶的採礦城鎮以及區域海權，其光榮歷史在港口首府**利梅納斯**（Liménas，或帖索斯鎮）❶最為顯著，法國研究挖掘出了許多古代城鎮遺跡，古衛城的精華碎片可照明黑夜。最廣大的地區為市集，位在風景如畫的漁港後方，附近有考古博物館。

迪奧尼索斯神廟（Temple of Dionysos）有一條小徑通往古城牆和衛城，相當值得一遊。第一站是希臘化時期的**劇場**（目前再度挖掘），是未來夏季節慶的表演場地；再往前是中世紀的**堡壘**（fortress），是由一連串占領者所建，材料則取自一間阿波羅神廟的石頭。沿著西元前5世紀的巨大城牆，來到一座**雅典娜神廟**（Athena temple）地基旁邊，遺址上有一塊岩石刻著潘

左圖：巧斯島新摩尼修道院的金箔馬賽克。
下圖：一架直升機在帖索斯島的森林上方灑水滅火。

神殿（shrine of Pan）的字樣，其嚴重腐蝕的浮雕依然可見。這裡有一條旋轉的「秘密」階梯向下通往**帕默嫩之門**（Gate of Parmenon），這是唯一完整的古代大門，位於城鎮最南端。

從利梅納斯順時鐘方向起，第一個村莊是擁有石板瓦屋頂的**潘納吉亞**（Panagía）❷，這是個繁忙的地方，民眾的生活圍繞在種滿水榆的廣場和四個出水口的噴泉。繼續往河谷下方走即為**波塔米亞**（Potamiá）❸，其建築較無特殊之處，遊客主要是為了參觀**波利諾托維吉斯博物館**（Polygnotos Vagis Museum，開放時間為週二至週六上午9時30分至下午12時30分，夏季外加下午6時至9時，週日上午10時至下午1時；需門票）而來，裡面展示了當地雕刻家的作品。在上方，道路向下至岸邊的波塔米亞灣，**斯卡拉波塔米亞斯**（Skála Potamiás）位在海灣南端，充滿了住宿場所和餐館，其數量比北邊的瑞西阿穆迪亞（Hryssí Ammoudia）更多；兩者之間是一處金色沙灘。距離利梅納斯24公里（15英哩）的**金拉**（Kínyra）擁有更佳的海灘，不過大多數一日遊的旅客是在**亞利奇**（Alykí）

由於1980年代和1990年代初，帖索斯島頻頻發生森林大火，原來的松樹林燒掉了四分之三，如今只剩下東北部有松樹林。

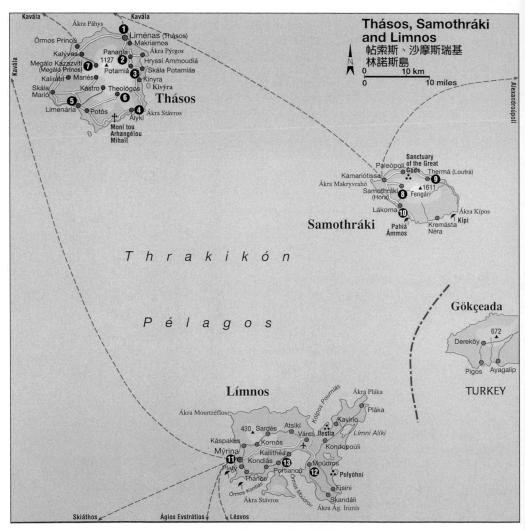

❹小村莊的幾家餐館吃午餐。由於亞利奇鄰近廢墟，所以這裡的建築物得以保存，包括一座古神廟和兩間優雅的拜占庭巴西利卡教堂。

沿著帖索斯島南端，會經過阿斯吉達（Astrída）、波托斯（Potós）和佩夫卡利（Pefkári）的三處海灘；只有阿斯吉達保持迷人的風采，波托斯郊外住宅區的建築過於擁擠。目前島上的第二大城利美納里亞（Limenária）❺，雖然德國採礦主管已經離去，但當年他們居住的別墅卻依然存在；也許更有趣的是，從這裡可以攀上山頂的卡斯特洛（Kástro），此內陸村莊具有天然屏障，最能抵擋海盜的劫掠。利梅納里亞上方乏善可陳。

從波托斯可前往迪歐洛哥斯（Theológos）❻，這是鄂圖曼土耳其的首府，是個線形地區，大部分的房屋都有圍牆花園。馬里斯（Mariés）座落在一個森林山谷頂端，可瞥見海洋；相較之下，在索提洛斯（Sotíros）可欣賞日落奇景，最佳觀賞地點是中央具有法國梧桐濃蔭的餐館。在所有內陸聚落中，美加洛卡札齊提（Megálo Kazazvíti，正式名稱為美加洛普林諾斯，Megálo Prínos）❼擁有最大的廣場，以及保存最完善的傳統房屋，迅速就被外人所修復；一樓仍裝有鐵窗，是海盜猖獗時期所遺留下的證據。

島嶼的農舍產業：在太陽下曬乾的蕃茄。

沙摩斯瑞基

沙摩斯瑞基（Samothráki）是一塊險峻的花崗岩高地，擁有多岩海岸和充滿暴風雨的海域，因此缺乏天然的港口。荷馬將海神波塞頓（Poseidon）置於愛琴海的最高峰月亮山（Mount Fengári）上，高度為1,611公尺（5,000英呎），以觀看東邊的特洛伊戰爭。長期以來，山頂的森林植被不斷下降，如今是光禿一片，現代的登山者偶爾仍能在此看到同樣的景色，從西北邊的土耳其一直延伸至聖山。

下圖：帖索斯島迷人的海灣。

沙摩斯瑞基島住家門口的五朔節花環。

月亮山和其山麓小丘占據了島嶼的大半部分,除了最西邊之外,少見平坦的地勢。觀光業幾乎未開發,島上居民也比較喜歡這種狀況;在觀光業尚未出現之前,其人口就已降至不到三千人,農耕只能供養這麼多人。當然,從色雷斯大陸的亞歷山卓波利(Alexandroúpoli)搭乘票價高昂的汽車渡輪,幾乎於事無補,而從卡瓦拉搭船也需要差不多的價錢。船隻停泊在**卡馬里歐提薩**(Kamariótissa),偶爾會出現水翼船,此港口的出租交通工具供不應求;大部分的道路都正在鋪設,但只有島嶼的西部有一條初具雛形的巴士路線。正式首府**沙摩斯瑞基❽**位在東邊5公里(3英哩)外,在環狀盆地中幾乎隱身不見,此地較值得一遊。一條鵝卵石商業街彎彎曲曲經過堅固的玄武岩房屋,不過許多房屋已遭棄置。從首府大型廣場的兩間餐館的戶外桌椅,可瞥見城鎮邊緣一座頹傾的拜占庭熱那亞堡壘,其上方則是遙遠的海洋。

沙摩斯瑞基島上另一個奇景是**偉大眾神殿**(Sanctuary of the Great Gods),躋身在距離卡馬里歐提薩6公里(4英哩)的峽谷內,旁邊則是北海岸道路。從青銅器時代晚期到基督教傳入為止,這裡是愛琴海主要的宗教中心。來自色雷斯的居民,輕易地將他們本土的神祇與後來殖民地居民伊歐力安人(Aeolian)的奧林匹亞諸神相互融合,尤其是攣生兄弟卡斯托爾與波呂克斯(Castor and Pollux),祂們是船員的守護神,這些船員需要一切的幫助。

如今所見的神殿遺址(開放時間為週二至週日上午8時30分至日落;需門票)大部分建於希臘化時期晚期,而且過於巨大,所以詭異得令人印象深刻。顯著的建築物包括一座部分重新興建的神廟**阿爾辛諾恩**(Arsinoeion),圓形的造型十分怪異,作為祭祀之用;一座圓形劇場區在夏季節慶時有表演活動;以及一處噴泉,著名的沙摩斯瑞基勝利女神像(Winged Victory of Samothrace)即在此被發

下圖:從渡輪上回顧帖索斯島。

地圖見 268頁

現，如今存放於巴黎的羅浮宮（Louvre）。

　　東邊6公里（4英哩）外，溫泉、清涼的瀑布和濃密的法國梧桐，讓瑟馬（Thermá）❾成為島上最受歡迎的礦泉小村莊，遊客包含了來自各國的老弱人士和狂放不羈的年輕人，因此有點不太協調。溫泉有三種溫度和類型，包括樹蔭下的戶外池，而東邊的葛里亞維斯拉（Krýa Váthra）則有幾處冷池。瑟馬也是攀登月亮山的營地，這趟旅程需時六小時。

　　首府南邊的村莊少有遊客，不過若要前往該島唯一的沙灘帕希亞艾莫斯（Pahiá Ámmos），都必須經過這些村莊。拉科馬（Lákoma）❿村莊距離海灘約8公里（5英哩），有崎嶇的泥土路前往該地，村中只有一間視季節營運的餐館。在帕希亞艾莫斯上方，你可以步行至較小的瓦托斯（Vátos）天體海灘，不過如果要去東南隅的奇皮（Kípi）砂礫海灘，就必須搭船，或是駕車繞行島嶼南下。

林諾斯島

　　愛琴海中景致最符合神話描述的，即為林諾斯島（Límnos）。在神話中，宙斯將不幸的赫菲斯托斯（Hephaistos）從奧林帕斯峰扔至林諾斯島，由於力道太大，使得赫菲斯托斯永遠跛足。島上居民拯救了祂，並尊祂為火與鍛冶之神，算是對林諾斯島火山地形的效忠，而赫菲斯托斯則在此重新興建他的煉爐。如今已凝固的西邊熔岩峭壁，遲至古典時期都還有岩漿滲出，林諾斯島民以此確定赫菲斯托斯正在工作。

　　林諾斯島掌控達達尼爾海峽（Dardanelles）的入口，自新石器時代即有人居住，而且一直以身為貿易站和軍事前哨站而繁榮，但它並非主要的政權中心。希臘軍隊依然控制將近一半的島嶼地區，包括大型機場的半部，不然此島其實相當

西元前 4世紀勝利女神（雅典娜裸體）的雕像，於1863年被法國專科醫生Charles Champoiseau發現，他立刻將雕像寄往巴黎。至今希臘仍只能展示石膏複製的雕像，因此政府長期致力於雕像的歸還。

下圖：帖索斯島上放牧的山羊。

列斯伏斯島第二大城普羅馬里的花瓶。

平靜。火山土成為絕佳的海灘，或是生產美味的葡萄酒和各種農產品；拜魚類定期從達達尼爾海峽移樓而來所賜，周圍海域漁產豐富。

有趣的事物多半集中於港口首府**麥里納**（Mýrina）**⑪**，或是其兩端不遠處，幸好這裡的巴士多得驚人。麥里納的古屋和圓石街道利用火山岩來建造，精美的鄂圖曼土耳其華宅面對北方的城鎮海灘羅梅科斯伊阿洛斯（Romeïkós Gialós）和其咖啡屋，南方海灘圖奇科斯伊阿洛斯（Toúrkikos Gialós）緊鄰擁有海鮮餐館的漁港。鄂圖曼土耳其統治的證據有限，包括一座雕刻噴泉，以及超級市場後方一座頹圯的清真寺，兩者都在單一長巷市場街末端的港口附近。城鎮上方的海岬飾有花綵，值得攀登上廢棄的**城堡**，欣賞日落美景。麥里納的考古博物館（開放時間為每天上午8時至下午7時；需門票）收藏了該島主要考古地點卡比里歐（Kabeirio）、赫菲斯提亞（Hephaistia）和波里歐奇尼（Polyochni）的出土文物。這些地點都在林諾斯島遙遠的東部，基本上是最特別的景點。

近代史遺跡位於單調的港口城鎮**木卓斯**（Moúdros）**⑫**兩側，協約國與同盟國（Allied）墓園由國協戰爭墓園委員會（Commonwealth War Graves Commission）管理維護。第一次世界期間，木卓斯是慘烈的加利波利（Gallipoli）戰役主要基地，死傷約有3萬6千人，887人葬在木卓斯前往魯索普利（Roussopoúli）的道路外，另有348人長眠於海灣對岸的**波提安努**（Portianoú）**⑬**村莊教堂後方。

麥里納往北的道路經過義大利統治過的阿克提麥里納（Aktí Mýrina）度假勝地，通往絕佳的海灘艾弗洛納斯（Avlónas）和聖雅尼（Ágios Ioánnis）。相反的方向有更好的海灘普拉提（Platý）和帖諾斯（Thános），其上方山腰上，擁有櫛比鄰次的同名村莊；從帖諾斯向東南方前進，就來到該島公認的最佳海灘**內弗加提斯**（Nevgátis）。

下圖：女詩人莎孚俯視著麥提利尼的岸邊。

聖艾弗斯卓提歐斯島

聖艾弗斯卓提歐斯島（Ágios Efstrátios, Aï Strátis）是林諾斯島南邊的楔形小島，無疑地，也是愛琴海東北部最荒涼的地帶，自從1967年一場地震摧毀了島上唯一的村莊後，荒廢的景象更甚從前。由於執政團時期的腐敗，此地可修復的住宅都遭鏟平，大難不死的居民（幾乎半數罹難）則居住在方格區域內醜陋的組合式房屋裡。如果你搭乘拉菲納（Rafina）－林諾斯－卡瓦拉路線的定期渡船，或是在夏季以林諾斯為根據地的小渡船，就會暫停在聖艾弗斯卓提歐斯島，登陸後，你見到的僅是這些組合式房屋，以及二十幾棟尚存的建築。這也意味著島上的幾處海灘（向北或向南步行不到90分鐘）不可能有人煙。

列斯伏斯島

列斯伏斯島（Lésvos, Mytilíni）是希臘的第三大島，面積為70×40平方公里（44×24平方英哩），位置偏遠，土壤肥沃，是古怪小島（nisáki）的相反。距離遙遠的村莊之間，種植了1100萬棵橄欖樹，每年生產45,000噸的橄欖油。造船、木工、蒸餾製造烏若酒（oúzo）以及製陶等行業依然重要，但是沒有一項比生

產橄欖更重要，尤其它能彌補排名第二的觀光業。到了秋季，就會以網覆蓋在「黑金」上，等待收成。

列斯伏斯早期的居民與特洛伊民族有關，在《伊里亞德》（*Iliad*）中，列斯伏斯人因為支持特洛伊，而遭阿開亞人（Achaeans）懲罰。當地居民後來在伊奧利斯殖民，以彌補其不足，他們在由兩處貫穿海灣形成的螺旋地形上，建立了六個城邦，最重要的是艾瑞索斯（Eressos）、米錫納（Mithymna）、安提薩（Antissa）和麥提林（Mytilene）。雖然城邦之間彼此爭奪最高政權，但列斯伏斯仍發展出一致的文化，蘊孕出泰爾潘德爾（Terpander）和阿里昂（Arion）等吟遊詩人，後來在西元6世紀，阿爾凱奧斯（Alcaeus）和莎孚（Sappho）將抒情詩創作推向新高峰，同期的皮塔科斯（Pittacus）不像阿爾凱奧斯或莎孚擁有貴族友人，因此開創了民主改革。

列斯伏斯島具有濃密的南部森林和恬適的果園，是極佳的羅馬時期度假地；拜占庭人視它為遭廢貴族的人道流放地，而熱那亞的蓋特魯齊（Gattilusi）宗族在此興盛了一個世紀。對於鄂圖曼土耳其而言，列斯伏斯是「愛琴海的花園」（The Garden of the Aegean），在愛琴海諸島中，它的產物最豐饒、管制最嚴密、殖民最深入。經歷了18世紀的帝國內部改革後，擁有土地的基督教貴族誕生了，服侍他們的是為數眾多的佃農。這種半封建制度使得該島醞釀出1912年以後的左派運動，而且自從執政團垮台後，由於返家共產黨憲兵的行徑，在希臘同胞中贏得「赤島」（Red Island）的稱號。

1912年後，當地重要的知識分子崛起，不過第二次世界大戰後，島上的社會經濟結構隨著人口不斷外移雅典、澳洲和美國，而有明顯萎縮的跡象。然而，1987年創建的愛琴海大學（University of the Aegean）卻帶來了文化復興的希望。

列斯伏斯島西部的古城邦艾瑞索斯，據說是女詩人莎孚的出生地，所以此地便成為全球各地女同志的朝聖地。

下圖：麥提利尼港口。

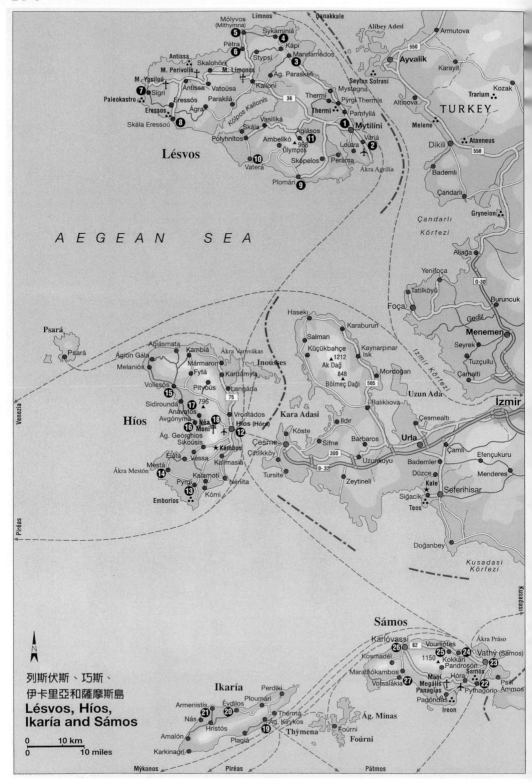

A E G E A N   S E A

TURKEY

Lésvos

Híos

Sámos

Ikaría

列斯伏斯、巧斯、
伊卡里亞和薩摩斯島
**Lésvos, Híos,
Ikaría and Sámos**

0   10 km
0   10 miles

首府**麥提利尼❶**（Mytilíni，列斯伏斯島又稱麥提利尼島）具有紛亂而稍微堅毅的氣氛，非常適合這個3萬人口的港口城鎮；四處瀏覽相當有趣，不過少有外人在此停留。濱海岸後方混雜著各種教堂圓頂和尖塔，使得地平線更為生動活潑。內陸街道**歐多斯厄穆**（Odós Ermoú）穿過整個商店街，從漁市到現在廢棄不用的北邊埃帕諾史卡拉（Epáno Skála）港，經過清真寺（遺跡）及土耳其澡堂（整修良好）。渡船碼頭後方是**考古博物館**（開放時間為5-9月，每天上午8時至下午7時，10-4月週二至週日上午8時30分至下午3時；需門票）展示範圍有兩個主題；上方華麗的馬賽克是從當地羅馬豪宅搶救下來的。

更值得一提的是城鎮南方5公里（3英哩）外**瓦里亞**（Variá）❷的兩間博物館。**迪奧費洛斯博物館**（Theophilos Museum，開放時間為5-9月週二至週日上午9時至下午2時，下午6時至8時；需門票）收藏了希臘最著名的當地素人畫家迪奧費洛斯·哈齊米海（Theophilos Hazimihaïl）的六十多幅畫作。附近的**德里亞得博物館**（Theriade Museum，開放時間為週二至週日上午9時至下午2時，下午5時至8時；需門票）由另一位當地子民所創建，他是巴黎的前衛藝術出版商，在這間博物館內集結了夏卡爾（Chagall）、畢卡索（Picasso）、魯奧（Rouault）和雷捷（Léger）的作品。

麥提利尼往西北的道路，沿著面對土耳其的海岸而行。距離麥提利尼37公里（23英哩）的**曼達馬多斯**（Mandamádos）❸仍然保存了製陶業，而其外緣的**塔克西爾修道院**（Taxiárhis Monastery）收藏了備受尊敬的黑人聖像。道路到了卡皮（Kápi）便分岔，往北的岔路較為寬廣、鋪設情況較好，而且風光較明媚，蜿蜒至列佩提姆諾斯山（Mount Lepétymnos）邊，途經美麗的塞卡米尼亞村（Sykaminiá❹），漁港風情很適合拍照。此道路在**莫萊佛斯**（Mólyvos）❺降至海

麥提利尼的城堡是地中海東部中最大的一個，曾被羅馬、拜占庭、威尼斯人及鄂圖曼土耳其人使用、整修過。

下圖：供給麥提利尼用水的羅馬高架渠道。

瓦里亞的迪奧費洛斯
博物館收藏的一幅畫
作。迪奧費洛斯是一
名流浪者，以繪製壁
畫餬口。1934年過世
後，其素人畫作享譽
國際。

平面。莫萊佛斯是列斯伏斯島觀光業的關鍵，其原因可以理解：成排堅固的磚瓦房屋攀爬而上，山頂則有一座中世紀城堡，十分迷人，石砌漁港也很特別。昔日這裡是狂放不羈的藝術家和另類活動者的聚居地，如今好景不再，但1980年代末以來卻以套裝旅遊為主。南邊5公里（3英哩）外的**佩特拉**（Pétra）**⑥**可提供海灘人潮住宿，而村莊中心的內陸隱約可見一塊巨岩，其上為聖格利科費魯薩教堂（Panagía Glykofiloússa）。巨岩旁為18世紀的**瓦瑞齊戴納華宅**（Vareltzídena Mansion，開放時間為週二至週日上午8時30分至下午7時；免門票），值得一逛，而飾有壁畫的**聖尼古拉斯教堂**（Ágios Nikólaos）也相當不錯。

從佩特拉向南前進17公里（10英哩），來到轉角的**利莫諾斯修道院**（Límonos Monastery），這裡兼具一個小型教會和民俗博物館，在左行進入較崎嶇的西半部之前，是一處新月形的火山地形。溪谷形成小綠洲，例如距離利莫諾斯30公里（19英哩）的**佩里弗利斯修道院**（Perivolís Monastery）周圍，就環繞著一片綠洲，修道院內則飾有極佳的壁畫。上方10公里（6英哩）的死火山頂，**伊普西魯修道院**（Monastery of Ypsilou）正凝視著荒涼的景象，這裡散布著「石化森林」的樹幹，是史前紅杉，因火山灰而礦化。

西格爾（Sígri）**⑦**距離麥提利尼90公里（56英哩），是個安靜的地方，旁邊有相當好的海灘，差不多是在這條道路的盡頭，不過近來有個輪替渡船港口。多數人喜歡前往伊普西魯南方14公里（9英哩）的**斯卡拉艾瑞索**（Skála Eressoú）**⑧**體驗海灘生活，許多女同志尤其喜歡來這裡，紀念在此出生的莎孚。

列斯伏斯島南部的兩個海灣之間，橄欖樹林範圍直達高度968公尺（3,173英呎）的奧林帕斯山。岸邊的**普羅馬里**（Plomári）**⑨**是列斯伏斯島的第二大城，以製造烏若酒聞名；多數遊客會待在東邊3公里（2英哩）的圓石海灘聖伊西多洛

下圖：列斯伏斯島艾吉亞索斯村的屋村。

斯（Ágios Isídoros），不過西邊6公里（4英哩）的**美林達**（Melínda）風光較明媚。**瓦泰拉**（Vaterá）**⑩**長達7公里（4英哩）的沙灘，被視為島上最佳的海灘位於更遠的西邊；沿途中，你可以在距離麥提利尼45公里（28英哩）的利斯弗利（Lisvóri）城外及波利尼托斯（Polyhnítos）停留，浸泡剛修復的中世紀礦泉。

從普羅馬里往內陸走，美麗的丘陵村莊**艾吉亞索斯**（Agiásos）**⑪**座落在奧林帕斯山腳下的濃蔭山谷中。其心臟地帶為主要朝聖教堂聖弗瑞佛克拉圖薩（Panagía Vrefokratoússa），每年到了8月15日的節慶即生氣蓬勃，這是列斯伏斯島最盛大的慶典。

普沙拉島

寂寥的**普沙拉島**（Psará）只剩下大約350名居民，只有在西部偶爾得見無花果樹林和一處農地時，荒涼的感覺才稍減。除了唯一的港口村莊外，最北邊只有一座廢棄的修道院。港口東方有六個海灘，一處更勝一處，不過，海浪將各種殘骸沖至岸邊。三三兩兩的遊客從巧斯島來到這裡，搭乘米尼歐提（Miniotis）渡輪定期往來巧斯鎮和林諾斯島及鄰近的佛利索斯（Volissós），另外每週還有來自列斯伏斯島或拉菲納的大渡輪。

巧斯島

雖然自古這個島即繁榮興盛，且占有重要地位，但現今的**巧斯島**（Híos, Chíos）卻是在中世紀成形。熱那亞在西元1346年占領此地，查士丁尼（Giustiniani）家族建立起卡特爾聯盟（maona），控制高利潤的乳香口香糖貿易。在該家族稱霸時期，也引進絲綢，生產柑橘，讓巧斯島成為地中海最富庶而且最具文化氣息的

下圖：從巧斯島上的乳香樹刮下樹脂。

乳香業

巧斯島南部的乳香樹林是乳香的唯一來源，在懂得提煉石油之前，乳香脂是許多產品的主要成分。當初乳香被做成口香糖時，在君士坦丁堡極受歡迎，據說這種東西讓蘇丹的姬妾口氣芳香了不少。羅馬人則用乳香脂做成牙籤，使牙齒潔白，還可預防蛀牙。希波克拉底曾稱讚乳香能有效治療咳嗽和感冒；近來另類醫療的醫師更宣稱乳香有極大的療效。

西元14和15世紀，熱那亞人壟斷了乳香的生產，在乳香貿易的高峰期，其賺進的財富可支持六個生產乳香脂村莊（mastihohoriá）的生計。然而，工業革命和鄂圖曼土耳其帝國的瓦解，終結了大規模的乳香生產。

今天，乳香的生產量少，其處理過程與古代沒有太大的不同。在夏末，劃開樹皮讓樹脂流出，然後刮下樹脂，並做清除的工作。最後，乳香被送進一個中央處理廠，經過清洗和烘烤，製成口香糖的形狀。每年生產約150噸的乳香脂，大部分外銷到法國、保加利亞和沙烏地阿拉伯，每公斤的價格為35美元。

9月把番茄串起來，放在外面曬乾。

島嶼之一。每年有150艘船停靠此島，以借用其航海技能；據說哥倫布在展開航行前，曾在此與許多船長一起學習。

西元1566年，鄂圖曼土耳其趕走熱那亞人，但給予巧斯島居民許多優惠，因此該島持續繁榮，直到1822年3月，欠缺武裝的薩摩斯島煽動者，說服百般不願的巧斯島居民加入獨立運動。蘇丹馬哈默德二世（Mahmut II）對於巧斯島居民的忘恩負義感到憤怒，堅持採取可怕的報復行動。在將領卡拉阿里（Admiral Kara Ali）的率隊下，展開為期兩個月的大屠殺，共有3萬名居民遭殺害，另外有超過4萬5千人被充作奴隸，所有的聚落被夷為平地，只有生產乳香的村莊倖免於難。巧斯島部分復原後，又在1881年3月發生強震，摧毀了僅存的大部分資源，而且造成4千人喪生。如今，巧斯島和其衛星小島伊努西斯（Inoússes）居住了一些希臘最富有的船運世家。

由於其悲慘的19世紀歷史，使得初看首府**巧斯鎮**（人口2萬5千人）**12**竟覺得它過於現代，然而剝去其鋼筋水泥的外貌後，你會發現熱那亞和鄂圖曼土耳其人統治的遺跡。最明顯的中世紀景觀是**卡斯特洛**，面向陸地的一側圍有壕溝，其面海的壁壘已毀於1881年的地震。在令人驚歎的波塔馬吉歐拉（Porta Maggiora），有一座**查士丁尼博物館**（開放時間為週二至週日上午9時至下午3時；需門票），這裡收藏了許多從鄉間教堂拯救出來的宗教藝術品。附近的小廣場外有一處回教墓園，內有卡拉阿里之墓。這名大屠殺將領的旗艦在1822年6月遭卡納里斯將軍（Admiral Kanarís）的救火船擊中，因而喪生。再往前走是古老的回教區和猶太區，具有廢棄的清真寺和懸垂的房屋；基督教徒則居住在城牆外。

從首府往南走會經過**坎波斯**（Kámbos），這是個廣闊的平原，擁有築以高牆的柑橘園，間或在狹窄和未有標示的巷道上，點綴著中世紀貴族的宏偉沙岩華

下圖：皮爾吉房屋典型的「西斯塔」裝飾。

宅。許多華宅已遭地震損毀，仍有一些被修復為住宿旅館或餐廳。灌溉水源先是由水車（manganós）汲取，有些鋪設華麗的庭院中仍可看到這些水車。西南方向的道路通往巧斯島南部，共有二十個村莊以生產乳香脂聞名，在西元14和15世紀時，熱那亞人將其興建為防禦海盜的根據地。村莊稠密而呈長方形，狹窄的通道上方是防地震的支撐拱壁，郊外房屋則築有兩層後壁，以作為防禦牆。

皮爾吉（Pyrgí）**13** 距離首府21公里（13英哩），是保存最良好的村莊之一，大部分的建築物正面都刻有黑白相間的幾何圖案，稱為「西斯塔」（xystá）。中央廣場外的衢巷通往拜占庭的聖徒教堂（Ágii Apóstoli），內部飾有後來繪製的壁畫。後巷有一群當地婦女正不辭辛勞地串蕃茄，以期在9月曬乾。

美斯塔（Mestá）**14** 位在西邊11公里（7英哩）處，似乎較為樸素和單調，但巷弄依然錯綜複雜，其角落仍保有防禦高塔，有些三層樓高的房屋則被修復為旅館。典型上，這些社區較為封閉，不過遊客可以欣賞附近的海灘度假地**寇米**（Kómi，意為沙土）和**安波里歐斯**（Emboriós，意為火山圓石）。

如果你自己開車，可經由**維薩**（Véssa）前往美麗而荒廢的西岸小海灣，這條鋪設道路最終會將你帶到

上有城堡的**佛利索斯** ⑮，位於西北角。半空的村莊兩側擁有島上最棒的海灘，1980年代接連的大火，燒毀了巧斯島三分之二的森林，這裡依然可見其痕跡。在卡斯泰拉（Kastélla）和埃林達（El'lnda）兩海灣之間，有一條路況良好的道路向東蜿蜒，攀上艾弗哥尼馬（Avgónyma）⑯，希臘裔美國人返鄉後，將這個聚落修復得相當完善。北方4公里（2.5英哩）外是幾乎荒廢的**安納維托斯**（Anávatos）⑰，該地受到峭壁的掩護。西元1822年，400名巧斯人不願做俘擄，寧可從這裡縱身躍下。

東邊大約5公里（3英哩）的**新摩尼修道院**（Néa Moní，開放時間為每天上午8時至下午1時，下午4時至8時）⑱，是現存最完好的拜占庭中期建築之一，興建於西元1049年，由於此地曾出現聖母馬利亞的聖像，君士坦丁皇帝九世莫諾馬庫斯（Emperor Constantine Monomachus IX）遂在此興建修道院。它曾在西元1822年和1881年遭受兩次災難，前一次的災禍是教士遭殺害，其珍寶被掠奪一空，第二次災禍則造成圓頂塌陷。雖然損害嚴重，但內部的耶穌生活景象鑲嵌圖，仍可看出是一流的手工。

巧斯島的拜占庭教堂新摩尼的細部構造。

伊卡里亞島和福尼島

這個如同翅膀形狀的狹窄島嶼，是以神話中的伊卡洛斯（Icarus）來命名，當他那用蠟做成的翅膀融化後，即墜入附近的海中（希臘航空公司以伊卡洛斯為守護者，顯然無視於這個諷刺）。**伊卡里亞島**（Ikaría）是愛琴海中開發最少的大型島嶼，對於食宿設備都想有四星級的遊客而言，這裡沒什麼好玩的，但是卻非常吸引那些喜歡古怪而有點浪漫環境的旅行者。1912年7月17日起的短短三個月，某位馬拉希亞斯博士（Dr. Malahias）宣布島嶼獲得解放，成為一個獨立的共

下圖：當地的漁民。

和國，並發行自己的錢幣和郵票。後來的幾十年，伊卡里亞島成為數百名共產黨員的流放地；當地人認為他們是最高貴而博愛的人，所以仍持續投票給共產黨，這是雅典人意料之外的事。

聖基瑞科斯（Ágios Kírykos）⑲是首府，也是南部主要港口，其遊客設施則是為了配合附近瑟馬礦泉的旅客。坐車翻越高度1,000公尺（3,300英呎）的艾瑟拉斯（Atherás）山脊，到達面向北方的第二大港艾弗迪洛斯（Évdilos）⑳，全長41公里（25英哩）的旅途。再前進16公里（10英哩），就會經過坎波斯，這裡有沙灘和損毀的拜占庭宮殿，柏油道路最後來到了亞美尼齊（Armenistís）㉑。外國遊客只會聚集在這裡，因為東邊有絕佳的海灘利瓦迪（Livádi）和美薩克提（Mesahtí），不過風浪極大，足以致命。西邊4公里（2.5英哩）的納斯（Nás）之名意為神廟（naos），因為在流入圓石小海灣的河岸有一座阿耳特彌斯塔弗洛波利歐神廟（temple of Artemis Tavropolio）。東邊4公里（2.5英哩）的漁港吉亞利斯卡里（Gialiskári），因擁有一座漆黑發亮的禮拜堂而聞名。

內陸少有真正的村莊，因為驕傲的伊卡里亞人痛恨住在別人樓上，而且家家戶戶之間都種植了一大片果園。亞美尼齊上方有四個藏匿在松樹林的小村莊，統合稱之為拉赫斯（Ráhes）。其中，在規模最大的赫里史托斯（Hristós），民眾一整晚泡在咖啡酒吧中，一覺睡到中午，然後拎起裝著物件（或裝有烈酒）的山羊皮袋子離開。周圍庭院充滿了垂直的天然單塊巨石，以及完全以巨大石板砌成的家畜房舍，彷彿構成了穴居矮人的故事景象。泥土路的路況極差，尤其是通往南岸的部分，少數小村莊依賴坐船比較容易到達。

福尼島（Foúrni）是伊卡里亞島東南方的迷你列島，仰賴繁榮的漁船隊和造船廠為生，來訪的旅客大都停留在主要的大港城鎮，想要嘗嘗這裡的海鮮大餐。

以編寫《希臘左巴》（Zorba the Greek）電影配樂聞名的作曲家米基斯·瑟歐多拉基斯（Mikis Theodorakis），曾是一名共產黨員，希臘內戰期間，他曾被囚禁在伊卡里亞島的集中營內。

下圖：薩摩斯島的科卡利海灘。

港口有一條道路連接南方的聖雅尼瑞索托莫斯（Ágios Ioánnis Hrysóstomos），以及更北邊具有田園風光的瑞索米利亞（Hrysomiliá），不過步行和坐船是較為輕鬆的遊覽方式。許多最好的海灘位在港口南方的**坎比**（Kámbi），或是北方的**普西利艾莫斯**（Psilí Ámmos）。

薩摩斯島

大部分位於亞熱帶的**薩摩斯島**（Sámos），擁有藤蔓植物台地、柏樹和橄欖樹林、尚存的黑森林和卡拉布里亞松樹、山坡上的村莊，以及大小和堅實度不一的海灘，吸引無數旅行團的遊客。然而島上大都已徹底商業化，最西部則有無法通行的峽谷、愛琴海第二高山脈，以及只有徒步才能到達的海灘。

畢達哥里歐港出售的海綿。

極度商業化的**畢達哥里歐**（Pythagório）㉒有一處綿長的港口防波堤，由古典時期的奴隸建造而成，幾乎沒有改變，你可以眺望土耳其的麥卡利山在暮色中改變顏色。港口過去名為「炒菜鍋」（Tigáni），是因港口的形狀而得名，也許頗能預言其日後的處境：一群渾身通紅的北歐人，擦滿了防曬油，在太陽下燒烤著。有關當局在1955年將港口更名為畢達哥里歐，以紀念當地最有名的子民畢達哥拉斯（Pythagoras）。

全長1,040公尺（3,200英呎）的**尤帕利諾斯隧道**（Evpalínio Órygma，開放時間為週二至週日上午8時30分至下午2時30分；需門票），功能為導水管，建於聰明但鹵莽的暴君波利克拉提斯（Polykratis，西元前538-522年）任內。隧道穿過畢達哥里歐西北部的山腰，這是古世界的科技奇蹟之一，事前的勘查極為精確，兩批工作人員分別從兩端開始挖鑿，交會時垂直零誤差，水平誤差不到1%。大部分的隧道都可參觀，可沿著以前用來移除下方水道淤積物的小路行走。一度宏偉

下圖：美加利潘納吉亞修道院的壁畫。

瓦錫的考古博物館位在畢達哥里歐西部,收藏了古希拉神殿的豐富文物。

壯麗的**希拉神殿**(Sanctuary of Hera),如今已是廢墟一片,剩下一支重新建造的柱子和一些地基,位在畢達哥里歐西邊8公里(5英哩),途經羅馬澡堂和機場(開放時間為週二至週日上午8時 30分至下午3時;需門票)。

瓦錫(Vathý)又稱為**薩摩斯鎮㉓**,位在北部海岸的港口邊,是主要的港口,建於1832年。這裡的觀光業較不普及,不過許多人會造訪絕佳的**考古博物館**(開放時間為週二至週日上午8時30分至下午2時30分;需門票),內部收藏了希拉神殿的豐富文物。最佳收藏品是高度5公尺(16英呎)、幾近完整的少年立像,這是有史以來所發現的最大一尊少年立像。其他收藏的小物件(位於另一處側翼建築)包括東方化的象牙製品,以及當地打造的獅身島頭獸頭像,證實了希拉神殿傾向中東的禮拜儀式,擁有許多中東信徒。

舊瓦錫(Áno Vathý)是最大的村莊,位在東南方1.5公里(1英哩)的山坡上,存在時間比瓦錫早了兩個世紀。陡峭的鵝卵石道路將許多300年的老屋分隔開來,漫步其上,可看到突出的二樓和石膏板條建築,較類似希臘北部和安納托利亞(Anatolia)的建築形式,與愛琴海中部島嶼不甚相同。

北海岸道路(12公里/7英哩)第一個值得注意的景點是**科卡利**(Kokkári)**㉔**,這裡曾是個漁村,如今致力於發展觀光業。原來的中心地位在雙海岬之間,衝浪者會把西邊的圓石長海灘當成起點。上方隱約可見安貝洛斯山(Mount Ámbelos,高度為1,150公尺/3,800英呎)森林茂密的峭壁;汽車行走的道路經過艾弗拉基亞(Avlákia),到繁榮的小鎮**佛爾利歐提斯**(Vourliótes)**㉕**,依第一批來自小亞細亞佛爾拉(Vourla)的居民命名;這裡的紅酒非常有名。

濱海公路繼續向西行,有時道路高度僅達海平面,之後來到**卡洛瓦西**

下圖:瓦錫。

地圖見
274頁

（Karlóvassi）**㉖**，距離瓦錫31公里（19英哩）。這個不規則延伸的地方有點零亂，遊客很少，而且分成四個區域。新卡洛瓦西最大，收容了1923年以後的難民，海邊則有坑坑洞洞的廢棄倉庫，1970年以前，這裡是皮革貿易興盛的地方，倉庫則是當年的遺跡。中卡洛瓦西比較像村莊，舊卡洛瓦西和帕利歐（Paleó）也一樣，其守衛的教堂聖特里亞（Ágia Triáda）後方，有一片青蔥的山谷。舊卡洛瓦西下方的利明（Limín），擁有最多的遊客設施，包括渡船服務。此處以西有薩摩斯最佳的海灘，包括細沙圓石海灘**波塔米**（Potámi），大部分是卡洛瓦西人來此度週末。如果要找其他的海灘，就必須步行至**塞塔尼**（Seïtáni），那裡有兩處遙遠而景色優美的海灘。

逆時鐘方向環繞島嶼的半途大約是卡洛瓦西；繼續向南，然後朝東通過一些內陸的小村莊，這裡充滿了裝有百葉窗的磚瓦房屋，以及各式圓頂教堂。在**聖狄奧多利**（Ágii Theodóri）交叉點，可選擇往西南或往東。

往西南的道路經過馬拉索坎波斯（Marathókambos）和港口**佛札拉基亞**（Votsalákia）**㉗**，這是薩摩斯成長最快速的海灘度假地；向西沿著繞行西部科奇斯山（Mount K´erkis，1,437公尺／4,725英呎）的道路，有更好、更隱密的小海灣。通常從南方的**報喜修道院**（Evangelístria convent）或北方的科斯馬戴（Kosmadéï）可攀爬上科奇斯山，兩者都需要一整天的時間。回到畢達哥里歐後，可在**皮爾哥斯**（Pýrgos）停留，買一罐當地的蜂蜜，馬弗拉塞（Mavratzéï）下方的美加利潘納吉亞修道院（Megális Panagías）**㉘**擁有薩摩斯島最佳的壁畫，時間可追溯至西元1586年以後。島上村莊寬廣的帕葛納達斯（Pagóndas）廣場，聖靈降臨節（Agíou Pnévmatos）週日的晚上，會傳出悠揚的誦讚。

下圖：波希多尼歐
（Posidónio）海灘。

斯波拉提斯與艾甫亞島

四個「零散分布的島嶼」各有特色——斯基亞特斯島熱鬧又忙碌，
斯科派洛斯島恬靜而美麗，阿隆尼索斯島最晚開發，
斯基羅斯島則擁有自己獨特的文化。

斯基亞特斯島（Skiáthos）上彎刀似的科科烏納里斯（Koukounariés）❶，在許多明信片上證明愛琴海也擁有能讓人聯想到加勒比海風情的海灘。卡拉薩斯（Krasás，人稱「香蕉海灘」）的特色在於滿足裸體主義者的需求，更是有別於其他明信片。事實上沒有人在乎海灘的戲水者是否穿了衣服，這是斯基亞特斯島民隨和天性的一部分。島上面對眾多的海洋，有許多的海灘：近60處的避風處港，不管風從哪個方向吹。

沿著斯基亞特斯南部海岸是一條蜿蜒且忙碌的18公里（11英哩）長道路，科科烏納里斯與香蕉海灘就在其盡頭處相鄰不遠。沿路上有數打的海灘，有一些在路的北端。海灘邊大都伴著小餐館，或是賣飲料三明治的小亭，更有些地方有著熱鬧的海灘吧，甚至有高空彈跳。路旁小徑的盡頭往住是一處海灘，若運氣好，它不會擁擠如科科烏納里斯。環島遊艇的路線會經過岩石重重且難以到達的北邊海岸線。海岸線上唯一的人工建築是已廢棄的16世紀時代首府**卡斯特洛**（Kástro）❷，它曾經只靠著一座吊橋與島相連。300多年來，島民藏身在風蝕而成的峭壁裡，避開海盜的覬覦。而二次大戰時，聯軍士兵也躲在這裡，等待撤退。如今，這裡是帆船出遊必到之處，在探訪三個色彩斑斕的岩洞後，順便下錨在**拉拉里亞**（Lalária），洞穴中非常平滑，周圍鋪滿了圓石；抵達之前，可先在海灘上的餐館午餐。

左圖：斯科派洛斯島的帕諾爾莫斯海灘。
下圖：斯科派洛斯島慶祝「不」紀念日（Ohi Day）。

斯基亞特斯鎮

一個位在忙碌機場跑道盡頭的懸崖底下而人跡罕至的海灘，許多被發現的碎片顯示這個是史前的聚落，但海灘或島上的其他地方，都尚未被好好的挖掘過。納粹放火燒毀了大戰前的美麗小鎮，但**斯基亞特斯鎮**❸以活力補足其可能欠缺的建築優勢。事實上，島上的夜生活是海灘之外另一個在8月吸引數量驚人的遊客到斯基亞特斯的主要原因。

人們偏愛的休閒方式不斷地在改變，但在這兒，你不難看出時下的風尚是什麼；不管你喜歡的是啤酒配藍調、葡萄酒與韋瓦第或是龍舌蘭搭50年代搖滾。沿著**帕帕迪阿曼提斯**（Papadiamántis），燈光更是耀眼、俗麗，鋪設好的行人徒步道，將城鎮分為山丘區或海岸區。在**波利提切尼歐**（Polytehnlou）附近大多以酒吧為主，而港口邊則有許多鋪有鵝卵石的小巷弄。相較於一般小餐館，島上的餐廳不但有希臘料理還有各國口味，在花費上也比較高，特別是面海的餐

廳。

　　如果你想遠離塵囂，你一定需要一台機車或租輛車——甚至是一頭驢子，順著山徑進入山區時。那兒有著絕佳的景緻，以及與卡斯特洛僅存的歷史古跡的修道院。其中，離城最近也是最雄偉的**埃方傑利史提里亞斯**（Evangelistrías）與**帕納吉亞科里亞斯**（Panagía Kehrías）及科烏尼史提拉（Kounístra），都是值得朝聖的地方，如果你對海灘感到厭煩時。

　　當地的居民，包含居住在**卡納皮提薩半島**（Kanapítsa peninsula）華宅裡的外國移民，約有5,100人。從不願改善進出道路的糟糕狀況，便可知居民對於建設更新、更大的機場航空站的存疑態度。目前每年7月中至9月中的來訪者已經夠多了，不需再允許更多的遊客到來。斯基亞特斯有許多熱愛者年年來訪，且深知這種狀況而自己調整時間來配合。

斯科派洛斯島上的基督教教堂。

斯科派洛斯

　　斯科派洛斯（Skópelos）歷史上輝煌的過去不如**斯科派洛斯鎮❹**上優美精緻的房子來得多。港口旁，桑椹樹下成排的酒吧與小餐館營造出美好的氣氛，由於逃過地震與納粹的報復，本島成了北斯波拉提斯（Sporádes）三島中最具「權威」及傳統的島嶼（斯基羅斯自成一格）。石板屋頂、木造陽台、手繪店招及石板街道，都給人寧靜與莊嚴的感覺，這種感受在斯基亞特斯卻很少。換句話說，海灘並不是這個島的長處。海灘大部分位於西邊與南邊，而數量遠不如斯基亞特斯與阿隆尼索斯。但裸體主義者在**費拉尼歐**（Velánio）的海灘仍受歡迎，其下方剛

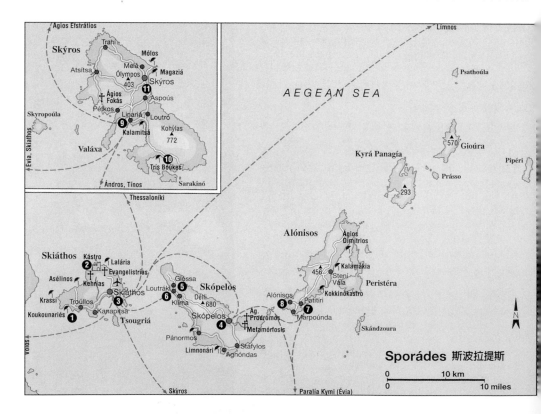

Sporádes 斯波拉提斯

好是**史塔菲羅斯**（Stáfylos）的家庭式海灘（曾被發掘出米諾斯時代純金的皇冠與華麗的武器）。

　　就像是種補償，斯科派洛斯擁有被森林覆蓋的小山丘，提供許多壯觀的步道可到的40個修道院及360個教堂，其中的123個教堂躋身在港口上的住宅區中。所有的教堂均依次受到建在古代威尼斯城堡加冕。島上的另一個城鎮**格羅薩**（Glóssa）❺的居民，在說話的口音上有點奇怪，令人猜想他們可能是色薩的移民，而且他們房屋的建築特色也不同於島上其他的地方。他們似乎試圖讓自己受歡迎，但其他島民則認為他們是「誇張的好客」。島上的主要道路連接**路卓基**（Loutráki）❻港與斯科派洛斯鎮，而羅提拉基港是格羅薩因安全理由遷移上山前的所在地。這是個非常吸引人的路程，一路上有不少小村落、海灘及**帕諾爾莫斯海灣**（Pánormos Bay）。帕諾爾莫斯海灣有一些西元前500年左右的城市遺址，現在遊艇都泊在其中一個像峽灣的港口，而周圍環繞著小餐館。

阿隆尼索斯

　　帕提提拉（Patitíri）❼是佛洛斯－聖科尼史坦迪諾斯（Vólos-Ágios Konstandínos）遊輪與水翼船最後的停靠港口，而上方山丘是因1965年地震而毀壞的前首府**阿隆尼索斯鎮**（Alónisos Town）❽。幾年前因根瘤菌肆虐，造成所有的葡萄樹枯萎死亡，更加重了居民所承受的苦難。阿隆尼索斯似乎也曾經歷過這些：早先古希臘時代的首府伊科斯（Ikos），在整個城市陷入大海後，完全消失。

每年10月28日，斯科派洛斯島都會舉行遊行，紀念1940年希臘反抗義大利的入侵。

下圖：格羅薩是斯科派洛斯島的第二大城。

　　離科金諾卡史提洛（Kokkinókastro）海灘不遠處的水中首府遺跡，是一個重要的海洋保護公園。可使用呼吸管下水，但不帶氧氣筒來潛水探險（這是愛琴海的基本規定，以避免偷竊與破壞），遊客們必須要感謝這個島在不切實際的潛力與惡運中所做的調適。當地的居民悠閒而迷人，氣氛歡愉且樸實，是群島中最晚發展的一個，安靜且被許多迷人的小島環繞著。但有些地方是遊客禁入的，漁夫也一樣。海洋公園內的保護區是留給瀕臨絕種的僧侶海豹及其他稀有動物的，例如：吉歐拉（Gioúra）是某一野山羊特有種的棲息地，此外還有一個充滿鐘乳石與石筍的洞穴。也許無法探訪吉歐拉與派培瑞（Pipéri），但在風平浪靜的日子，會有船帶旅遊團從帕提提拉出發到臨近的**佩里史塔拉島**（Peristéra）和**基拉潘納吉亞島**（Kyrá Panagía），那裡有羊群漫步島上及兩個修道院。

　　島上南北兩端由一條狀況良好但風大的公路連接，還有一條分岔的道路通往有小型遊艇碼頭的**史坦尼法利**（Stení Vála），以及距離史坦尼法利10公里（6英哩）處的**聖迪米提里歐斯**（Ágios Dimítrios）。史坦尼法利是地中海僧侶海豹保護暨研究中心的所在，而聖迪米提里歐斯則有個優美的鵝卵石海灘座落在小而平緩的海岬。此外，海路是另外一種交通選擇，每天早晨帆船都會等在帕提提拉，載運想去海灘戲水的人。雖然島上的地勢崎嶇不平且經常需要走路，但比起斯基亞特斯與斯科派洛斯島上風大的石頭路，在這兒騎機車和開車都安全多了。

　　從帕提提拉上到1965年地震損毀區的路，看起來很陡，而實際上也是很陡，但是到舊城，仍有巴士服務，非常值得一遊。而舊城也非常感謝外國觀光客對於紀念品的發掘與古遺物的購買，讓舊城很快的恢復生氣。古董精品店散布在一度

下圖：滿足貓咪的嘴。

廢棄的庭院中，這裡還有許多酒吧與小餐館，提供了絕佳的景致以及令人興奮的飲料及美味的食物。

地圖見 286頁

斯基羅斯

斯基羅斯（Skýros）原本可能是兩個島吧！北半邊主要港口林納里亞（Linariá）❾的一條路經過阿斯波斯（Aspoús）鎮，到斯基羅斯鎮為界。島的南部大多是山地與大片的荒原，遊客不太可能到科里巴達（Kolybáda）以南的地區冒險，除非是前往潘尼斯（Pénnes）海灘或是詩人魯伯特·布魯克（Rupert Brooke）位在提瑞斯包科斯（Trís Boúkes）❿橄欖樹叢中的墳墓。提瑞斯包科斯離科里巴達約有30分鐘的車程，到潘尼斯則要再走15分鐘保養適當的泥土路。

斯基羅斯島每年四旬齋前所舉行的慶祝活動，而事實上活動源自於基督教前異教徒的慶祝活動。

帕吉亞（Pagiá）和斯克羅卡（Skloúka）兩地的海灘剛好在科里巴達的北邊，而周圍襯著不斷增加的避暑別墅。然而，北半島卻沒有任何有吸引力的海灘。南半島真正的魅力來自於海洋，整個海岸線滿是懸崖峭壁，一路由潘尼斯到阿斯波斯附近的阿希利灣（Ahílli Bay），直接落入大海中。這些峭壁是野山羊的棲息地，而斯基羅斯鎮的每個角落，都看得到許多老鷹在天空中盤旋。停靠在林納里亞港口的本地遊輪，可安排提供海上旅遊的行程。

斯基羅斯鎮⓫位在北半島的東岸且高處於一個長長的沙灘上。沙灘的南邊接著馬加希亞（Magaziá），北邊則連接莫洛斯（Mólos）。鎮上生活所需都可在這條曲折的主要道路上找到，從電話局（OTE）到城北高處邊緣被廣泛忽略的廣場，廣場上矗立著魯伯特·布魯克傳奇的雕像。而一連串蜿蜒而上的小巷可通到

下圖：斯基羅斯鎮。

外國戰場的一角

在偶然的機會，斯基羅斯成了詩人魯伯特·布魯克的長眠之地。1914年戰爭爆發之初，布魯克只想成為戰地記者，但很快地他改變主意，加入戰爭。入伍後，成為新成立的皇家海軍少尉，並短暫參與了安提爾普（Antwerp）的行動。1915年春天，他來到大量船隻及人員集結的林諾斯（Límnos）島，準備不幸的加利波利（Gallipoli）攻擊行動。

穆德拉斯灣（Moúdros Bay）因過於擁擠，所以布魯克被分派到斯基羅斯更南端，位於提瑞斯包科斯的替代海灣。在等待調動期間，有人記得，他與一些軍官們常待在岸邊他特別喜愛的橄欖樹叢裡。三天後，他因血液中毒死於醫護船上，享年27歲。隨從軍官將他葬在橄欖樹叢裡。

之後，英年早逝的布魯克被英雄主義美化了，即使他未曾見識到第一線戰場的慘烈。現在，這個景點可搭船、長途步行或搭乘計程車抵達。在斯基羅斯鎮上還有一座浪漫的銅像，紀念著布魯克，稱為「不朽的詩人」。

位在山丘上一座舊拜占庭／威尼斯風格的**城堡**（kástro）。

　　城腳下的海灘一路由馬加希亞到莫洛斯，更延伸到近**波利里**（Polýhri）的東北邊海岸，但並沒有那麼吸引人。在島東岸的林納里亞，有著令人著迷的海灘，就在剛經過的港口與培弗科斯（Pévkos）處。島的中央部分從機場起到**阿提西提薩**（Atsítsa）小海彎的樹木繁茂，小海彎附近有個小餐館，一如需求地就開在水岸邊。在阿提西提薩上方有條汽車可以通行的泥土路，經過聖佛卡斯（Ágios Fokás）的鵝卵石海灣附近，有附設一流餐廳的客房，最後通往斯基羅斯的利發里亞（Livariá）路。

艾甫亞

　　艾甫亞（Évia）是希臘的第二大島（僅次於克里特島），位於希臘主島海岸不遠處，看起來就像一小塊拼圖稍稍離開了自己的位置。島上最主要的城市**哈奇達**（Halkída）❶與希臘本島僅隔著一座小的開合橋，稍遠處還有一座新建的吊橋，便於聯繫。據說，由於狹窄海峽的潮汐很不規則，時快時慢，而亞里斯多德為了想知道這裡的潮汐而受挫，一度沮喪地跳入水中。

　　哈奇達是個未經規劃的工業城，但**卡斯特洛**有一棟清真寺和**聖帕拉斯克維教堂**（Agía Paraskeví），值得一訪，就像新城裡的考古博物館。還有一座建於19世紀中葉的猶太教聚會堂，目前仍由一個小而活躍的猶太羅馬尼歐提團體使用著。南邊的**埃雷特利亞**（Erétria）❷是個擁擠的夏季度假勝地，而本島**沙卡拉歐羅普**（Skála Oropoú）來的遊輪也在此停靠。與哈奇達在一起，埃雷特利亞只是個供

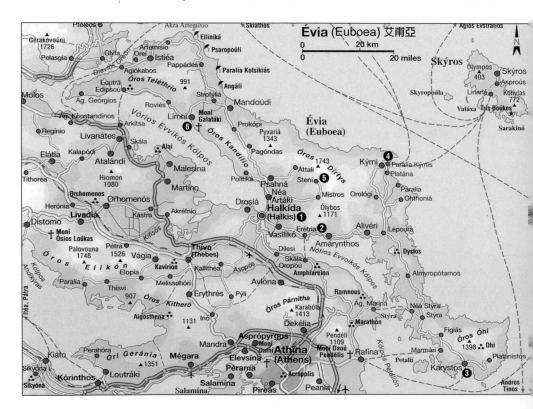

路過的城市，但其城東的小型**考古博物館**非常棒。

　　一般而言，島的南端是較乾燥不毛的。從埃雷特利亞起的海岸公路，一路上斷斷續續有著小村落與避暑別墅，直到阿利費里（Alivéri）前轉向內陸，接著在**利波拉**（Lépoura）岔開，往南可到繁榮的海岸城市**卡里斯托斯**（Kárystos）❸，而往東的主要道路首先經過個小村落哈尼阿佛納里歐（Háni Avlonaríou）。村裡有座大而少見的14世紀教堂**聖迪米提里歐斯**。然後順著山丘上美麗的農田來到東海岸的**帕拉利亞**（Paralía），有條小河由此出海。從帕拉坦納（Platána）開始是較寬的公路，可到**帕拉利亞奇米斯**（Paralía Kýmis）❹的碼頭，碼頭有船到斯基洛（Skýro）。哈奇達北邊，位在**迪爾菲斯山**（Mount Dírfys）山腰上的小鎮**史坦尼**（Stení）❺，是雅典人最常尋找清新空氣與燒烤餐廳的地方。而位在西海岸的**林姆尼**（Límni）❻，雖然海灘沒有特色，仍是一座優美而便利的19世紀海岸城市。

　　真正優良的海灘位在更北邊，在古老但仍功能良好的溫泉鎮**路卓埃迪帕索**（Loutrá Edipsoú）之後，從**格瑞葛林瑪葛**（Gregolímano）到**聖葉爾吉歐**（Ágios Geórgios），分布在整個半島上。東邊多山，山脊陡急斷落入海，但有一些海灘值得去尋訪，包括**安格里**（Angáli）、**帕拉利亞**（Paralía Kotsikiás）、**帕薩羅伯利**（Psaropoúli）與**埃利尼卡**（Elliniká），而其中埃利尼卡最小也最美。著名的海神投擲魚叉的銅像，是1928年被發現在**阿坦梅西翁海岬**（Cape Artemesion）的海裡，現被陳列在國家博物館。

地圖見
290頁

下圖：艾甫亞島的哈奇達。

科孚島

科孚島的觀光事業幾乎很少被利用開發，
除了旅行團常去的度假勝地，這個美麗的
綠色之島還有許多值得探訪的地方。

塞薩洛尼基

雅典

在愛奧尼亞海與亞得里亞海之間，位於希臘本土不遠的科孚島（Corfu Krkyra）具有非常重要的戰略位置，因此也就不難想像科孚島混亂動盪的歷史以及一長串的入侵者。特別是威尼斯人在島上留下豐富的橄欖樹叢，以及種類繁多的各種植物。除了每年一百萬的觀光客，觀光業並非島嶼的全部，你可以沿著擺了許多黃銅燒肉鍋的坑坑洞洞的巷子（10公里／6英哩）穿過恬靜的村莊，而當地的居民可能會目不轉睛地盯著你或跟你揮手。

科孚島居住的年代可上溯5萬年，西元前8世紀，科孚島以「科塞拉」（Corcyra）走進歷史，當時它被古科林斯所殖民。西元前5世紀，科塞拉擁有重要、獨立的海軍，伯羅奔尼撒戰爭中，它支持雅典對抗斯巴達（和科林斯）。

從西元395年起，拜占庭時期統治了將近八個世紀之久，為此地帶來安定與繁榮；不過之後卻經歷了「野蠻人」的入侵；諾曼－安茹人的兩西西里王國、伊比魯斯采邑（Despote of Epirus）及威尼斯人的佔領。令人厭倦的無政府狀況和海盜，讓科孚島人於1386年主動臣服於威尼斯人的統治，除了被鄂圖曼土耳其圍攻了四次外，過了411年的太平日子。1797年拿波里消滅了威尼斯王國，於是法國人支配這個小島一直到1814年（除了短暫地被鄂圖曼－俄羅斯統治的「塞皮提納蘇拉共和國」〔Septinsular Republic〕支配）。1814至1864年期間，受英國統治，而希臘國王為了提升地位，將整個愛奧尼亞群島當做禮物送給喬治一世（George I）。二次大戰，科孚島是塞爾維亞戰爭最後撤退的目標；那一段期間留下許多公墓和紀念碑。二次大戰期間，由於義大利已經向聯軍投降，德國納粹的轟炸取代了義大利的佔領，卡諾尼（Kérkyra）經歷大規模的破壞，而納粹短暫但殘酷的佔領，則驅逐了科孚島上重要的猶太人社區。

左圖：科孚島乾淨的海面。
下圖：科孚鎮上的里斯頓。

歷史上著名的首府

科孚鎮又名卡諾尼❶，位於東岸中間。「Corfu」是koryfi（山頂）之意，威尼斯人在15和16世紀期間，將拜占庭時期強化裸露在外面的部分改成舊堡（Paleó Froúrio）Ⓐ（開放時間為夏季每天上午9時至下午7時，冬季每天上午9時至下午3時；需門票），他們切斷運河，在島上興建城堡；從舊堡可俯瞰從希臘本土碼頭駛進舊港（Old Port）的渡輪。西邊的新堡（Néo Froúrio）Ⓑ（開放時間為每天上午9時至下午7時；需門票）比較完整，嚴厲的威尼斯人提供了宏偉的景觀。

舊堡是漫遊的天空，搖搖欲墜好幾層的房間及迷宮似的巷道，最後到達安靜的廣場。空的彈頭依然呈列在新堡附近，許多主要的道路成為商業的聚集地，

不過令人驚訝的是，後面街道並未損壞，暗巷中裝飾著曬衣繩及偶爾回盪著鴿子的咕咕聲。東邊的里斯頓（Listón） **C** 是個優雅的對比，這是法國人仿巴黎麗弗大道（Parisian Rue de Rivoli）所設計的。這個名字來自威尼斯金色書中的上層社會人士，列名的都是身份足以走在騎樓下面的公民。

里斯頓對面是斯皮亞納達（Spianáda，Esplanade）**D**，這裡是一大片廣闊的綠地，威尼斯人用來趕走入侵者的掩護處。斯皮亞納達的南半部是寬廣的**愛奧尼亞紀念碑**（Ionian Monument），慶祝1864年科孚島與希臘合併。周圍大理石的浮雕象徵愛奧尼亞群島的七座島嶼，附近是維多利亞演奏台，夏季週日常舉辦演奏會，而梅特蘭‧羅圖納達（Maitland Rotunda）則擔任第一位英屬高等委員會長官（British High Commissioner）。盡頭是希臘第一位總統（1827-31）、科孚島偉人的雕像——卡波季斯帝亞斯（Ioannis Kapodistrias）。現在斯皮亞納達常舉辦有氣質的板球比賽，英國人持續下來的遺產，就像威尼斯人在城外留下著名的公墓，而某些里斯頓的咖啡店還是喝得到薑汁啤酒。

科孚島最著名的東正教復活節慶典還是集中在斯皮亞納達。耶穌受難日（Good Friday）時，每個教區的居民會抬著耶穌的棺架（Bier of Christ）遊行，旁邊還有穿著制服的銅管樂隊，演奏著令人哭泣的輓歌。週六早上，當地的守護神聖史派瑞頓（saint Spyrídon）的木乃伊會出巡，而這時的旋律比較輕鬆，人們從陽台上灑下陶片，以趕走惡運。週六午夜耶穌復活彌撒後則會施放煙火。

音樂和聖史派瑞頓與科孚島人的生活密不可分，一直到納粹的炸彈破壞這裡之前。繼米蘭史卡拉歌劇院，卡諾尼擁有全世界最大的歌劇院；這裡仍然定期舉辦歌劇表演，並成功地予以維護。16世紀的**聖史派瑞頓教堂**（Ágios Spyrídon）

希臘人一般是稱西岸島嶼為埃帕坦尼沙（Eptanísa）——意指七個小島。然而第七個小島基西拉（Kýthira）位於伯羅奔尼撒的南端，和其他小島分隔開來。

下圖：舊堡是卡諾尼兩個威尼斯城堡之一。

地圖見
294頁

E 位於里斯頓後面幾條街上，當地似乎有一半的男性都叫史派瑞頓。西元4世紀的賽普勒斯主教，他的遺體於西元7世紀被運到君士坦丁堡，15世紀被偷渡至科孚島，當地人認為他拯救了島上好幾次的災難。他的骨灰盒就陳列在教堂中，一年會出巡四次。

越過斯皮亞納達北邊，是**聖米伽勒與聖喬治皇宮**（Palace of St Michael and St George）**F**，是1818-1823年當地居民為英國高等委員會所建立的。皇宮前面披著金銅外衣、站在荷花池上面的雕像是佛雷德里克‧亞當爵士（Sir Frederick Adam），他是第二任英國高等委員會長官。池塘和水柱提醒人們，亞當是第一個確保凱爾基拉（Kérkyra）鎮有安全的飲用水，而輸水管道至今仍在使用。皇宮大廳現在是**亞洲藝術博物館**（Museum of Asiatic Art，開放時間為週二至週日上午8時30分至下午3時；需門票），這裡收藏了1萬件亞洲的工藝品，這是全世界種類最廣泛的收藏之一。

然而，城裡最不能錯過的室內景點是**考古博物館G**（開放時間為週二至週日上午8時30分至下午3時；需門票），館裡珍藏有一流的古希臘藝術。館內最優秀的展覽品是巨大的蛇髮女妖梅杜莎山牆，這是一座西元前6世紀帕里歐波利斯（Paleopolis）阿耳特彌神廟的門楣，其他酒神宴會較小、較局部的雕刻也很精彩。這些東西都是蒙瑞波斯（Mon Repos）挖掘出來的遺產，而這裡則是英國王子菲利浦的出生地。就在南邊的卡諾尼，這是拍攝**維拉赫納**（Vlahérna）小島最好的地方，這裡有一座小小的修道院和通往小島的堤道，聽說由於海神波塞頓（Poseidon）為了向古腓尼基人報仇而幫助尤里西斯，而**尼迪科尼西**（Pondíkonísi）當地的漁船曾被海神嚇到。

從前有個科孚老人／他從不知道自己該做什麼／於是他撲上撲下的／直到太陽把他曬成棕色／那個迷糊的科孚老人。

——利爾
（Edward Lear）

下圖：科孚島上的銅管樂隊。

科孚島考古博物館中巨大的蛇髮女妖梅杜莎山牆。

科孚島北岸

西北岸的城鎮提供了充滿活力的度假勝地，例如**康多卡利**（Kondokáli）、**科姆梅諾**（Komméno）、**達西亞**（Dasiá）及**伊皮索斯**（Ýpsos），而沿岸最好的海灘在最遠的巴巴提（Barbáti）。上面的山脈陡然降入海中，景觀便成典型的地中海風情，山上的絲柏夾雜著橄欖樹。逃離鬧哄哄的觀光景點，在島上的山丘上散步，經過安靜的別墅和橄欖樹叢前往柯圖‧柯拉奇亞納（Kato Korakiána）。這裡座落的威尼斯舊別墅，現在是**卡斯泰羅藝廊**（Kastello Art Gallery，開放時間為週一、週三、週五上午10時至下午2時，下午6時至9時，週二、週六上午10時至下午2時；免門票），陳列著向希臘國家藝術畫廊出借的作品。

尼沙基（Nisáki）❷和**聖斯戴方諾新尼翁**（Ágios Stéfanos Sinión）❸之間的小里維耶拉（mini-Riviera），有位遊客住在別墅後稱之為「海上的肯辛頓」（Kensington-on-Sea）——那裡幾乎沒有旅館——一處與世隔絕的圓石洞穴。鄰近是**卡拉米村**（Kalámi）和**庫盧拉村**（Kouloúra），那是杜雷爾家族最愛的地方。勞倫斯（Lawrence Durrell）就在卡拉米的白屋（現在這裡是小酒館）寫下《普羅斯佩的斗室》（*Prospero's Cell*）。而庫盧拉是他弟弟傑洛德（Gerald）寫《我的家人與其他動物》（*My Family and Other Animals*）的發源地。很多遊客會繼續前往**卡西歐皮**（Kassiópi）❹，這裡曾是個小漁村，如今卻是個繁忙的度假勝地。西元前67年，羅馬皇帝尼祿（Nero）曾在這裡朗誦一首詩，不過只有傾頹的安茹碉堡記得過去的輝煌。這裡有幾處絕佳的圓石海灘。

另一條路線是往北上坡至海拔914公尺（2,950英呎）**潘托克拉脫山**（Mt Pandokrátor）的**帕利亞佩利提亞**（Paleá Períthia），這是一個維護良好的威尼斯村

下圖：13世紀的安哲羅卡斯卓。

Corfu
科孚島

地圖見 296頁

莊。海岸背面的哈維拉（Aharávi）、羅達（Róda）和西達利（Sidári）**⑤**，是三個過度開發的度假勝地。西達利有定期往返三個有居民居住的迪亞波尼迪亞群島（Diapóndia islet）——瑪提基（Mathráki）、埃里庫薩（Erikoússa）及歐托尼亞（Othoní，希臘極西點），鎮上最吸引人的景點是聳立在西端外海的奇岩怪石。

西達利上方西岸的海灘比較安靜，從皮洛拉底斯（Perouládes）**⑥**下面開始，就可以看到絢爛的落日，接著經過聖斯戴方諾阿維利歐通（Ágios Stéfanos Avliotón）、阿里拉斯（Arílas）、聖喬吉歐斯帕古尼（Ágios Geórgios Págon）。卡里尼（Kríni）隱約地出現受損但仍然非常吸引人的安茹—拜占庭的安哲羅卡斯卓（Angelókastro），捍衛著帕里歐卡斯崔札（Paleokastrítsa）**⑦**雙海灣，過去的田園風光如今已成了沼澤。山上拉柯尼斯（Lákones）村外貝拉維斯塔咖啡屋（Bella Vista café）是眺望帕里歐卡斯崔札美景最好的地方。到了埃爾莫尼斯（Érmones）海灘便又出現，小小的密爾提歐提薩（Myrtiótissa）**⑧**是自然主義者的最愛，而格拉法達（Glyfáda）的大沙灘更好，聖葛迪斯（Ágios Górdis）則是背包客的天堂。內陸的佩里卡斯（Pe´lekas）提供島上「皇帝」般的視覺全景。

科孚島南岸

小島和卡諾尼南方是庸俗華麗的阿奇里翁皇宮（Achilleion Palace）**⑨**，1890年奧地利伊麗沙白女皇被威廉二世（Kaiser Wilhelm II）暗殺之後，在這裡興建的。這裡曾經是一家賭場，歐盟會議曾在這裡舉行，如今則是個博物館（開放時間為每天上午9時至下午4時；需門票）。貝尼濟斯（Benítses）**⑩**是個變化不斷的度假勝地。莫拉伊提卡（Moraítika）主要的道路一邊是餐廳、酒吧、商店，一邊是不錯的海邊。莫拉伊提卡比較老的地區位在山丘上主要道路旁，這裡沒什麼觀光開發，只有一、兩間迷人的小酒館幫你紓緩山下鬧哄哄的情緒。邊緣處的梅松吉（Mesongí）**⑪**很宜人，沿著狹長的海灘慢慢擴張。海灘後面，梅松吉擁有一些科孚島上最好的橄欖樹叢，是500多年前威尼斯人種植的。

從主要幹道轉向內陸，抵達岔路上的阿諾梅松吉（Áno Mesongí），繼續前行至科里西翁礁湖（Korissíon lagoon）西北端的哈里柯納灘（Halikoúna beach），這是個自然保護區。從聖瑪提歐斯（Ágios Matthos）你會看到長長的帕拉摩納斯（Paramónas）沙灘。

阿諾梅松吉左轉，然後在阿吉拉迪斯（Argyrádes）離開主要道路，你會來到位於海岸邊的小村莊布卡里（Boúkari），這是一個完全缺少海灘所延伸出來的小鎮。對岸是聖喬吉歐斯阿吉拉頓（Ágios Geórgios Argyrádon）**⑫**，坦白說這裡令人不太愉快，但海灘還不錯。最北邊是伊索斯（Íssos）海灘，與西南邊的科里西翁礁湖連接在一起。科孚島上的居民非常慎重地與島上東南角卡弗斯（Kávos）**⑬**的Club 18-30 隔離開來。列伏奇米（Levkímmi）**⑭**這個被低估的科孚島第二大城，有風景如畫的河流，正好靜靜地流過小島上，似乎忘了這裡的居民。

下圖：賣水果的攤販。

愛奧尼亞群島

愛奧尼亞群島是希臘群島中最青蔥嫩綠的，
提供了極佳的海灘、天然美景和獨特的文化——
包括威尼斯文化對於當地建築的優雅影響。

就像科孚島一樣，愛奧尼亞群島經過威尼斯人長期統治（1396-1797年），才在島上留下不可抹滅的印記。文化上，這些群島朝向西方的歐洲，而非北部的巴爾幹或東邊的安納托利亞；只有立夫卡達島短暫地受鄂圖曼土耳其統治過。

由於雨量豐沛，使得愛奧尼亞成為希臘最嫩綠青蔥的群島。橄欖樹林和葡萄園提醒了世人：農業仍在經濟中占有一席之地，而非觀光業。然而，這種不穩定的天氣使得許多遊客的假期泡湯；從9月中旬至隔年5月中旬，在毫無預警的情況下，雨水可以斷絕任何海灘活動。其他時候，在希臘其他地方則吹著西北風或梅爾特姆風（meltémi）

帕克斯島

帕克斯島（Paxí或Paxós）迷你、多丘陵和綠地，西岸多峭壁及洞穴，東岸則散布著多樣迷人的鵝卵石海灘。在古代歷史及神話中，幾乎沒有任何描述，唯在15世紀期間有系統的移民。威尼斯人留下很多橄欖樹，因此帕克斯島的橄欖樹在希臘的排名很好。

所有船隻都一排排地停靠在小小的首府蓋歐斯（Gáïos）❶的主要廣場邊，兩側是聖尼古拉斯（Ágios Nikólaos，城堡）和潘納吉亞（Panagía，小修道院）。蓋歐斯有狹窄的巷道和具有陽台、百葉窗等19世紀威尼斯風格的建築，外加許多商店。

帕克斯唯一的主要道路曲折地往西北穿過橄欖樹叢和錯落著幾棟房舍的小村莊，而巷子口可能有家咖啡店。走路還是探索城牆沿路迷人景緻最好的方法，島上的泥路和鋪設好的道路交錯著。東北岸的朗哥斯（Longós）❷有非常豪華的度假中心，兩側的列弗瑞希歐（Levréhio）和摩諾丹卓（Monodéndri）海灘最受歡迎。「高速公路」的盡頭是拉卡（Lákka）❸，這是遊客和遊艇最愛停靠的地方；附近有一個像歐科斯（Orkós）一樣的小海灘。而旁邊的衛星小島安迪帕克西（Andípaxi, Andípaxos）❹旁有兩個很棒的海灘，季節性的三家小酒館營業時，就會有三三兩兩的旅客。為了當地的節慶，當地的葡萄園釀有香醇濃烈的紅酒，以及販售淡一點的白酒。

立夫卡達島

古代立夫卡達島（Levkáda）只能從陸路跨越立夫卡達運河上方的吊橋前往。立夫卡達感覺上就像愛奧尼亞群島中的一個小島，語言和料理上可以看到威尼斯人的影響，加上橋樑附近的聖塔穆拉堡（Santa Maura）。立夫卡達高低起伏的景觀，維護了山陵上農

左圖：札基索斯（Zákynthos）的納法吉歐海灘（Navágio）。下圖：立夫卡達島上的法希利基港。

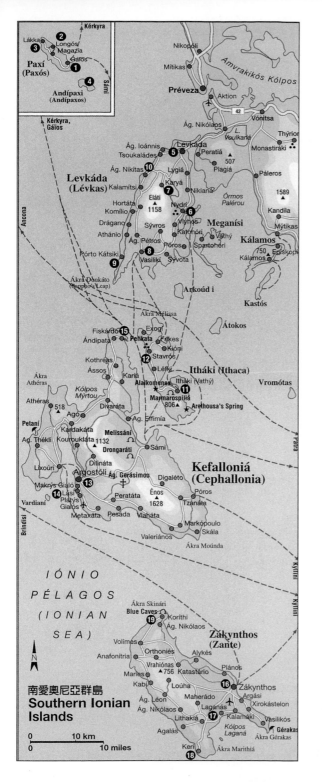

村風味的生活方式；年紀大的婦人仍然穿著傳統服飾，當地的手工藝和食物被熱烈地推廣。立夫卡達鎮❺面對運河，吉拉（Gíra）沙岬環繞著礁湖，東南碼頭安全地停泊了許多遊艇。市中心很多地方都限制車輛進入；部分重要的走道以德普菲爾德（Wilhelm Dorpfeld）的名字命名，這位20世紀初的德國建築師，以唐吉訶德似的人生企圖改變立夫卡達現實中荷馬風格的以色佳（Ithaca）。好幾棟義大利裝飾風格的教堂年代，都可溯至西元17至18世紀初；巴洛克式的浮雕工藝奇怪地擺在以柴油重機塑造的無神論鐘樓旁邊。非宗教性的建築反映在1953年地震後被稱之為「加勒比海－都鐸」（Caribbean-Tudor）的房屋上。石造的地基樓層往往被保留下來，支撐較輕、上面樓層主要以木結構為主，然後包覆上波浪狀的錫板。

立夫卡達東岸有利吉亞（Lygiá）和尼基安納（Nikiána）小小的度假港口，鋪著圓石的道路及海鮮餐館，距離立夫卡達鎮20公里（12英哩）外的**尼迪里**（Nydrí）❻更安靜，對面有四個小小的小島。直至1970年代，這裡還是一個小小的漁村，歐納西斯（Aristotle Onassis）曾經從他私人的小島斯科派洛斯（Skorpiós）突然到這裡晚餐；尼迪里現在是個忙碌的旅遊團度假勝地，雖然缺乏海灘。往內陸3公里（1.5英哩）的羅尼斯瀑布（Roniés waterfall）則顯現令人驚訝的印象，這裡擁有立夫卡達中央豐沛的水源。向上延伸至肥沃的山地，散落著教堂和威尼斯人留下來的鐘樓。**卡爾亞**（Karyá）❼是這裡主要的村莊，寬廣的廣場種了好幾棵法國梧桐。

尼迪里上方，德普菲爾德在斯戴諾（Stenó）挖掘，而且被埋在弗利霍海灣（Vlyhó Bay）較遠的那邊。島上的道路上行蜿蜒曲折地經過米克洛斯吉亞洛斯（Mikrós Gialós）和希佛塔（Sývota），然後下行至**法希利基**（Vasilikí）❽，這裡距離鎮上40公里（25英哩），這是歐洲最早玩風浪板的度假勝地。立夫卡達

海岬上方（Ákr. Doukáto）──傳說這裡是莎孚跳下來致死的地方──位於景觀壯麗的西岸海灘，前往的道路非常陡峭。**波托卡提西基**（Pórto Kátsiki）**❾**是立夫卡達風景明信片前三名的明星。**伊格瑞米尼**（Egremní）和**吉阿洛斯**（Gialós）較少人去，但還不錯，而視野寬廣的**亞塔尼**（Atháni）村，有非常完善的觀光設備。前面的**德瑞莫納斯**（Drymónas）擁有鄉村建築的風情，而**卡拉米提西**（Kalamítsi）是一處知名的海灘，卡提斯瑪（Káthisma）則有「犁頭形」的海灘，另外還有立夫卡達最大的海灘聖尼基塔（Ágios Nikítas）。事實上，西岸唯一的港口已經成為主要的度假勝地，旺季時值得躲到這裡享受一下清福。

伊沙基島

多數船隻停泊在首府**瓦錫**（Vathý）**⓫**，該鎮位於深凹海灣的末端。瓦錫在1953年的地震中受到嚴重毀損，但多半已重建起舊日的模樣。與荷馬奧德賽（Odyssey）有關的有**阿瑞托莎泉**（Arethoúsa Spring）、**尼姆夫斯洞穴**（Cave of the Nymphs）和靠近**皮索埃托斯**（Píso Aetós）港附近的**古阿拉科曼尼**（Alalkomenes）。皮索埃托斯上方是島上無人居住的**皮拉赫里**（Perahóri）中世紀首府。跨越地峽的路線沿著海岸，島嶼北半部的**列夫基**（Lévki）和**斯塔弗洛**（Stavrós）格外美麗。

斯塔弗洛⓬是個愜意但毫無特色的城鎮，位在**波利斯**（Pólis）海灘附近上方。伊沙基島上最古老的聚落遺址位在此處的**佩利卡塔丘陵**（Pelikáta），但是如果要欣賞島上最美麗的景致，則必須繼續向前經山丘小村莊**艾克索吉**（Exogí），前去禮拜堂。而穿越**阿法利斯**（Afáles）海灣這裡的景觀非常壯麗。另一條道路從斯塔弗洛通往**普拉崔西亞**（Platrithiás）村，這裡也有美錫尼文明遺跡。兩個可愛的港口小村莊**佛瑞奇**（Fríkes）和**基歐尼**（Kióni）是理想的住宿地

1939年伊沙基島大概有1萬5千人；現在大約只將近 3千人。1953年地震後，很多人。都移民至澳洲或南非。

下圖：伊沙基島主要的城鎮瓦錫的夜景。

點，非常受歡迎。

凱法利尼亞島

凱法利尼亞（Kefalloniá）是愛奧尼亞群島中，面積最大而最多山的一個島嶼。艾諾斯山（Mount Énos）高度為1,628公尺（5,340英呎），是愛奧尼亞群島最高的山，山上長滿受到國家公園保護的凱法利尼亞樅樹。

島嶼西岸的亞各斯托利（Argostóli）**13** 是島上首府，位於亞各斯托利海灣西岸。1953年的地震幾乎破壞殆盡，如今重建，是個方便展開探險的地方。鎮上有幾個景點——迷你但陳列優良的**考古博物館**（開放時間為週二至週日上午8時30分至下午3時；需門票），迷人的**科吉亞里尼西歐西博物館**（Korgialenios Museum）陳列島上中產階級的生活方式（開放時間為週一至週六上午9時至下午2時；需門票），而**佛卡－科斯梅塔托基金會**（Foka-Kosmetatou Foundation）是整修過的新古典主義大樓（開放時間為週一至週六上午9時30分至下午1時，下午7時至10時，需門票）。亞各斯托利南方是**佛塔諾奇波斯・凱法利尼亞斯**（Votanókypos Kefaloniás），這是個老橄欖樹叢中的植物園，主要保護島上罕見的植物品種（開放時間為週二至週六上午10時至下午2時，下午6時至8時；需門票）。在往南經過利法托平原（Livathó plain），是島上威尼斯時代的首府遺跡聖葉爾吉歐（Ágios Geórgios，開放時間為6-10月每天上午8時至下午2時30分，需門票），座落於山頂的佩拉塔塔（Peratáta）村。碉堡防禦的城牆視野也非常壯觀。

亞各斯托利北方是**吞噬洞口**（katavóthres, sea mills），這裡的海水吞沒至一個洞裡，這種景觀只有出現在島嶼另一邊的美利沙尼洞穴（Melissáni，見下圖）。1953年地震前，強大的水流可以推動磨麵粉機，如今只是涓滴細流。沿著西岸向下從**拉西**（Lási）**14** 的馬克利斯（Makrýs）和普拉提吉阿洛（Platýs Gialós）開

凱法利尼亞島山上的山羊。

下圖：德洛加拉提洞穴。

右圖：美利沙尼的地底湖。

地圖見
300頁

始，有許多絕佳的海灘，這是凱法利尼亞島上最大的度假勝地，然後繼續延伸至南岸的卡提利歐斯（Kateliós）和斯卡拉（Skála，羅馬別墅遺址）。

在亞各斯托利搭乘往來頻繁的渡輪，可以前往亞各斯托利海灣西側帕利奇半島（Pallikí）的利克蘇里（Lixoúri）。這個城鎮寂靜，博物館和圖書館（開放時間為週二至週六上午9時30分至下午1時，需門票）非常值得參觀。利克蘇里南方，經過卡托吉斯平原（plain of Katogís）的地震裂口，美加斯拉科斯（Mégas Lákkos）和西（Xi）海灘這裡有一整片美麗的紅沙灘，西後方是庫諾佩卓（Kounopétra），這塊巨石過去會晃動，但1953年的地震卻使它固定住了。半島西北部的佩塔尼（Petaní）有一處雅致的圓石灘。

橫跨島嶼艾諾斯山和羅帝山（Roúdi）之間山坳的道路非常壯觀，穿過山區將抵達沙米（Sámi）港。電影《科雷利上尉》（Captain Corelli's Mandolin）很多場景都在港口和附近安第沙莫斯（Andísamos）海灘，那本書也是在島上完成的。沙米附近有美利沙和德洛加拉提（Drongaráti）洞穴。美利沙尼洞穴（開放時間為5-10月每天上午9時至下午7時，11-4月週五至週日上午10時至下午4時；需門票）是一個地底湖，部分露天，當太陽照在湖面上時，色澤十分耀眼動人。大型的德洛加拉提洞穴（開放時間為夏季每天上午8時至下午8時）裡有上百個鐘乳石和石筍。從沙米的主要道路往南可以到達風景宜人的波羅斯（Póros）度假勝地，以及在提沙納塔（Tzanáta）所開鑿的美錫尼文化圓形建築神廟。

凱法利尼亞島北部的山勢非常陡峭，山脈直直地落入海中，許多宜人的村莊大都安然地度過1953年的地震。西海岸的道路險峻，開車要小心點。最著名的密爾托斯海灘（Mýrtos）給人的印象非常深刻，海灘上除了粗糙的圓石，還有危險的暗流。往北是馬蹄形的阿索斯（Ásos）港，村莊位在地峽上方，該地峽通往海中突起的巨山，山頂是一座大型的16世紀威尼斯堡壘。不過凱法利尼亞島最著名

凱法利尼亞島上最著名的就是百里香味道的蜂蜜、薔薇果醬、燉兔肉，以及當地稱之為riganáta的羊乳酪起士，這種起士混合了麵包、橄欖油及牛至。

下圖：菲斯卡多港口附近埃比利西海灘清透的海水。

札金索斯島的漁獲豐
收。

下圖：到阿利可斯坐
香蕉船。

的度假勝地是小港口菲斯卡多（Fiskárdo）⑮，在旅遊旺季時擠滿人潮。島嶼北部盡是極佳的小海灘，許多海灘上種有柏樹。

札金索斯島

威尼斯人曾稱這個島嶼為「東方之花」（Fior di Levante），札金索斯的中央平原和東部丘陵提供了種類豐富的花草。南岸和東岸散布了許多未開發的隱密沙灘，觀光住宿的條件不太好。札金索斯（Zákynthos）⑯曾是個優雅的港口，1953年地震後以相同的風格重建；這裡雖然不太方便，但威尼斯的氛圍仍然十分迷人。港口南端的聖迪奧尼西斯教堂（Ágios Dionýsios）是島上的守護神，1893年地震後重建。港口北端是索羅門廣場（Platía Solomoú），周圍是城裡重要的景點：聖尼古拉斯圖摩路教堂（Ágios Nikólaos tou Mólou）、擁有17和18世紀華麗油畫的後拜占庭藝術博物館（Museum of Post-Byzantine Art，開放時間為週二至週日上午8時至下午2時30分；需門票）；藏在馬爾科廣場（Platía Márkou）後面的札金索斯名人博物館（Museum of Eminent Zakynthians，開放時間為每天上午9時至下午2時；需門票），主要展覽詩人戴奧奈休斯‧所羅默思（Dionysios Solomos）的作品。城的上方是威尼斯人在伯哈里（Bóhali，開放時間為每天上午8時至下午2時；需門票）興建的堡壘，裡面種滿了迷人的松樹，這裡的視野很好。

島的南端是風景迷人的發西里克斯半島（Vasilikós Peninsula），那裡聚集了許多島上最棒的海灘，西邊的傑拉卡斯（Gérakas）海灘最吸引人。拉加納斯海灣是少數幾個地中海蠵龜的棲息地。不過大部分的觀光客通常都倉促地前往熱烈的拉加納斯（Laganás）⑰度假中心，沿岸聚集了許多旅館、餐廳、酒吧、速食連鎖店和迪斯可舞廳。最近這裡設立了「札金索斯國家海洋公園」（National

Marine Park of Zákynthos），以維護傑拉卡斯海岬和科里（Kerí）之間的整個海灣。受保護的海灘早晚都會有人巡邏，船隻靠岸完全受到限制。

廣闊的中央平原是愛奧尼亞群島最肥沃的地區，這裡施行精耕農業。最重要的景點是靠近提拉加奇（Tragáki）附近的**史卡利亞文化中心／阿佛利劇院**（Skaliá Cultural Centre/Théatro Avoúri），這是個石造的建築，經常舉辦說書活動。**馬赫拉多**（Maherádo）村的西方是朝聖者常會前往的聖馬弗拉斯教堂（Agías Mávras），教堂內部是裝飾華麗鑲金的巴洛克風格。島上的東岸很受歡迎，**提西爾維**（Tsiliví）和**阿利可斯**（Alykés）休閒度假中心有點寒酸。

西岸山區比較原始，這裡比較少觀光客，從西南半島科里的懸崖，可以觀賞到舉世無雙的美麗海景。沿著西部的海岸山脈有一連串迷人的山城，最吸引人的是**洛哈**（Loúha），這是島上最高的聚落。從基里歐門諾（Kilioméno）的道路往北經過卡畢（Kábi），這裡有一個巨大的十字架，紀念戰時的大屠殺。卡畢下方的海邊是美麗的**黎姆利歐納斯**（Limniónas），你可以在岩石邊游泳。往北會經過**安納佛尼瑞亞修道院**（Anafonítria）和**聖葉爾吉歐修道院**，這可能是愛奧尼亞群島最具觀光性的神像，而**納發吉歐海灣**（Navágio Bay）周圍屹立的白色峭壁，則常發生船難。往前的山城佛利美斯（Volímes）最值得推薦的就是當地的蜂蜜和紡織品。島嶼北端史基納瑞海灣（Skinári Bay）的**藍洞**（Blue Cave），陽光照射在清澈的水面上，洞穴牆壁反射出虹彩般的藍光（從聖尼古拉斯和阿利可斯的小港口都有往來的船隻）。

札金索斯海洋公園設立的目的，在於保護海龜的棲息地。

基西拉——通往克里特島的橋樑

基西拉島（Kýthira）每天至少有一班渡輪。本來是伯羅奔尼撒和克里特島之間陷落路橋的一部分，有一條水源充沛的河谷斜斜地穿過高原地區。就像愛奧尼亞其他小島，歷史上這個「中間地區」曾受威尼斯人和英國人的統治。理論上，它現在行政上隸屬派里亞斯（Pireás）的阿爾哥—沙羅尼克（Argo-Saronic）；建築上，1950年代由6萬名南半球澳洲當地人的匯款，這裡的建築呈現威尼斯與基克拉澤斯的混合風格。

這個小島並沒有開放觀光，所以住宿的地方很少也很貴，觀光季節也很短，而當地好的餐館更是少之又少。然而，由於雅典有飛機和水翼船可以前往這裡，因此基西拉愈來愈受歡迎。**基西拉鎮**也是愛琴海上最好的島嶼首府之一，這裡有中古世紀的民房和威尼斯人興建的碉堡。下方的**卡普薩利**（Kapsáli）海灣可以停靠遊艇，東岸可以找到很棒的海灘，**阿弗雷蒙納斯**（Avlémonas）附近可以下錨釣魚。那裡可以找到許多城堡，而威尼斯人建立的**卡托霍拉**（Káto Hóra）就在聖索菲亞洞穴（Agía Sofía cavern）上方，這是西岸最重要的景點；西元1248至1537年期間，西北方的**帕利歐霍拉**（Paleohóra）曾是首府，後來因為海盜的掠奪而沒落，如今只是山谷邊緣放牧山羊的村莊。

下圖：札金索斯島佛利美斯村的婦人。

克里特島

這個希臘最大、最南方的島嶼，具有高聳的山巒、
威尼斯風格的城市、獨立自負的人民，
以及歐洲第一個偉大獨特的文明遺址。

地圖見
島308頁
城310頁

克里特人稱自己的家鄉為「偉大島嶼」，「偉大」一詞指的不僅是該島面積大，當然也指米諾斯（Minoan）文明，這是歐洲最早的文明，也是克里特島歷史的核心。數以千計的遊客湧入克諾索斯、費斯托斯、馬利亞和薩克羅等遺址，然後前往數十個絕佳的海灘之一。克里特島（Crete）有兩個大型機場，不能歸類為未被開發，而是藉由該島幅員廣大，以及高度不同而容納大批群眾，並希望討好品味迥異的遊客。若要走訪該島最佳地區，就必須有一輛車，很可惜的是，租車在此較為昂貴。

島上最高峰半年以上皆覆蓋白雪，讓春季開滿花朵的綠草地後方，出現一個戲劇化的背景。植物學家和鳥類學家都非常清楚，此時是拜訪克里特島的最佳時機。植物學家來這裡觀賞島上獨一無二的逾150種植物，而鳥類學家對於超過250種鳥類齊向北方的景象感到震懾。春天的克里特島瀰漫著鼠尾草、百里香、牛至的香氣，另有該島獨有的藥草苦牛至。據傳只要浸泡苦牛至，可增強性慾。

克里特島比其他希臘島嶼擁有更多可供遊覽的地方，也有海灘可以嬉戲。米諾斯廢墟是主要的吸引力，不過還有希臘、羅馬和威尼斯人所留下的遺跡，以及許多博物館。這裡有數百座拜占庭教堂，許多教堂內部藏有罕見而珍貴的壁畫。如果教堂上了鎖，可就近向咖啡店詢問。即使你沒有找到鑰匙，仍會享受與當地人交談的樂趣。

左圖：西提亞港。
下圖：伊拉克利翁港
和庫利斯堡壘。

伊拉克利翁

伊拉克利翁（Iráklio）自1971年起就是克里特島的首府，全島將近三分之一的人口都居住在此，是希臘的第五大城。雖然自誇擁有希臘城市最高的個人收入，但是從民間基礎建設卻看不出該市的富裕。說實在的，伊拉克利翁的大部分地區為樓房，因為他們喜歡花錢蓋房子，卻沒有足夠的資金完成建築。

多數遊客會前往米諾斯遺址克諾索斯（Knossos）❷（開放時間為每天上午8時至下午7時；需門票；亦可見318-319頁）。為了充分了解該遺址和古蹟，必須外加參觀卓越的考古博物館Ⓐ（開放時間為每天上午8時至下午7時；需門票）。觀光局幾乎就在隔壁，距離自由廣場（Platía Elevtherías）Ⓑ的咖啡店和餐廳只有幾分鐘之遙。

伊拉克利翁另外一部分迷人的景點來自於威尼斯統治時期，咸認這是克里特島史上最繁榮的日子。向海邊前進，直到舊港，參觀威尼斯蓬蓋造船廠（Venetian arsenalis）Ⓒ，以及重新修復的庫利斯堡壘（Koúles fortress）Ⓓ（開放時間為週一至週日上午8時

30分至下午3時；需門票），其三個聖馬可之獅（Lion of St Mark）的高浮雕，可證實為威尼斯藝術品。

距離舊港西邊數分鐘路程的地方，沿著南獅子噴泉街（S. Venizélou）前進，就來到歷史博物館（Historical Museum）**E**，這裡收藏了基督教早期的文物（開放時間為週一至週六上午9時至下午2時；需門票）。朝市中心走就可見到獅子噴泉廣場（Venizélou Square）著名的咖啡店，這個相當流行的名字源自於17世紀的莫羅西尼噴泉（Morosíni founain）**F** 及其守衛的大理石獅子。重建後派新的威尼斯市政廳（loggia）**G** 俯視著廣場，兩側分別是聖馬可教堂（Ágios Márkos）**H** 和聖提多教堂（Ágios Títos）**I**。自1966年起，威尼斯的聖馬可將聖泰德斯（St Titus）的頭顱歸還後，即放置在聖提多教堂，聖泰德斯是聖保羅派往克里特島的門徒，也是當地的第一位主教。

往南走通過「1866市場街」，這裡充滿了誘人的氣味、摩肩擦踵的人群，以及響亮的回聲，但現在已是迎合觀光客的地方（該市真正的市場位在伊拉克利翁的郊外街道），然後向西前往**聖像博物館**（Icon Museum，開放時間為週一至週六上午9時至下午1時；需門票），它座落在聖伊卡特瑞尼（Agía Ekateríni）**J** 的小教堂內部。這裡收藏了一些精緻的神像，其中六幅是由16世紀的大師米亥・達馬斯基諾（Mihaïl Damaskinos）所繪製。

繞行15世紀的**城牆**（city walls）挑戰性較高，但是非常值得前往，這是當年地中海最艱鉅的城牆，綿延了將近4公里（2.5英哩），部分地區的厚度更達29公尺（95英呎）。途中可在尼可斯・卡山札基（Níkos Kazantzákis）之墓稍事停留，觀賞美不勝收的景色，卡山札基是伊拉克利翁偉大的作家和反對崇拜聖像者。

行走在伊拉克利翁的威尼斯城牆，就會來到當地作家尼可斯・卡山札基之墓，他以《希臘左巴》一書聞名於世。其墓誌銘上寫道：「我無所信，我無所盼，我是自由的。」

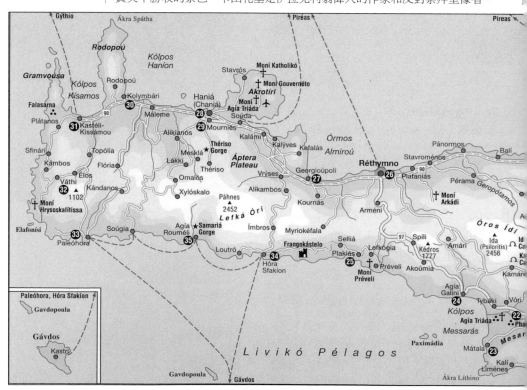

阿爾哈尼斯（Arhánes）❸位在克諾索斯南方12公里（8英哩），村莊內部和周圍有三座教堂和三處米諾斯遺址，教堂內飾有頗有意思的壁畫和神像。證據顯示，當阿內莫斯皮里亞（Anemóspilia）神廟遭地震損毀時，一名教士正在執行獻祭一名青年的儀式。這種推測令部分專家大感憤怒，其程度正如卡山札基的書籍激怒希臘正教一樣嚴重。

從阿爾哈尼斯攀登一段陡峭的道路（一小時的路程），可來到伊歐塔斯山（Mount Gioúhtas，高度811公尺／2,660英呎）的山峰，你可在此一覽全景，兀鷹則在頭頂盤旋。山峰宛如一個橫臥的人像，據說是宙斯。這裡有一個米諾斯山頂神殿、一座14世紀的禮拜堂，以及宙斯下葬的洞穴，也許這證實了一句格言：「克里特人都是騙子」，因為對於大多數希臘人來說，宙斯畢竟是不朽的。

泰利索斯（Týlisos）❹位在伊拉克利翁西南方13公里（8英哩），擁有三座保存良好的小型宮殿或大型別墅（開放時間為每天上午8時30分至下午3時；需門票），也是少數保有最初希臘化時期名稱的現代村莊。沿著同一條道路再往西前進20公里（13英哩），就來到編織與刺繡中心安諾吉亞村（Anógia）❺，許多當地人穿著傳統服飾，但這裡可不是舞台布置，安諾吉亞向來以反抗和叛變聞名，這裡的男子和婦女是克里特島最兇悍而勇敢的。該村在1944年曾遭夷平。

從安諾吉亞開始，道路向上攀爬至壯麗的尼達高原（Nída plateau），從這裡往上步行20分鐘，可到達伊迪恩洞穴（Idean Cave），如果這裡不是宙斯的出生地，即是宙斯的生長地。庫利提斯（Kouretes）將襁褓中的宙斯藏在此洞穴內，他們敲擊武器，以掩蓋宙斯的哭聲，阿瑪爾特亞（Amaltheë）則餵宙斯山羊奶。體力良好的人也許希望攀上普西洛里提斯山（Mount Psilorítis）的山頂，此處高

通常可以安排計程車司機載你到某處，數小時後再到某處接你。否則你可以考慮加入一個民間觀光團。

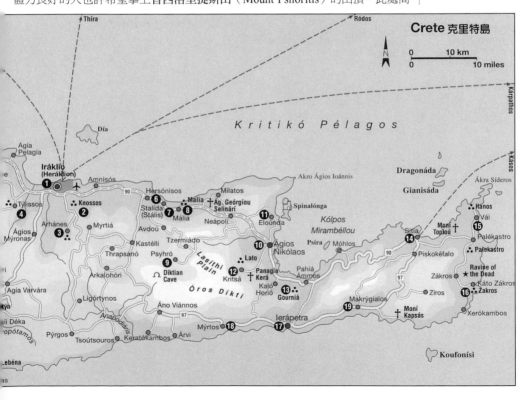

迪克森洞穴據信是宙斯的出生地。他的父親泰坦克羅諾斯（Titan Kronos）因得知自己會被兒子推翻，便把子嗣全部吃掉，只有宙斯活了下來。他被藏在這裡，獲得保護。

度為2,456公尺（8,060英呎），是克里特島的最高峰。

伊拉克利翁以東

返回伊拉克利翁後，沿著高速公路向東行24公里（15英哩），你會抵達克里特島的里維耶拉（Riviera），這裡宛如黑潭（Blackpool）或科尼島（Coney Island），擁有**赫松尼索斯**（Hersónisos）❻、**斯塔利達**（Stalída）❼和**馬利亞**（Mália）❽等度假勝地。此處既不優雅也不具風俗特色，充滿了酒吧、重搖滾、披薩店和速食。然而，這裡的海灘卻最優美，人潮也最多。

馬利亞的**宮殿**（Palace，開放時間為每天上午8時30分至下午3時；需門票），傳統上與米諾斯（Minos）的兄弟薩爾佩登王（King Sarpedon）有關，建造時間與克諾索斯宮同期。這裡的廢墟不如克諾索斯或費斯托斯廣闊，但即使未經重建，也很容易推斷為何物。商店和工作室的數量驚人，顯示這裡是個富庶的鄉間地區，而不僅是個宮殿。近來的挖掘工作發現了宮殿最初時期（西元前2000-1700年）的金穴（Hrysólakkos），這是個大墳場，裡面有許多黃金製品。

無論是從馬利亞或是赫松尼索斯，彎曲的山區道路都可通往**拉塞西平原**（Lasíthi Plain），高度為海拔840公尺（2,750英呎），距離伊拉克利翁57公里（36英哩）。這片肥沃而無懈可擊的耕地，種植了豐富的馬鈴薯、穀物、蘋果和梨子。長年以來，農民以一萬個風車汲取石灰岩下的水灌溉豐饒的沖積土，然而最近他們則改用柴油泵。若要前往宙斯的另一個出生地**迪克森洞穴**（Diktian Cave），可從普塞洛（Psyhró）❾出發。

繼續前進至**聖尼古拉斯**（Ágios Nikólaos）❿，距離伊拉克利翁69公里（43

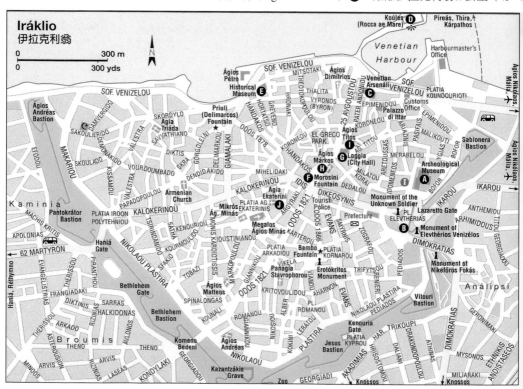

英哩），通常被遊客簡稱為聖尼克（Ag Nik）。該地點座落在米拉貝洛灣，東邊有
山脈環伺，一度是克里特島的聖丑佩茲（St Tropez）。這裡和埃隆達（Eloúnda，
10公里／6英哩外）❶一樣擁有島上最豪華、最昂貴的飯店，不過聖尼古拉斯缺
少一處美麗的海灘，其最好的海灘已改建為足球場。飯店、迪斯可舞廳和咖啡店
聚集在聖尼古拉斯的曼德拉基（Mandráki）港和深64公尺（210英呎）的佛利斯
曼尼湖（Lake Voulisméni），以前的人認為這個湖深不見底。附近的斯賓納隆加
島（Spinalónga）直到1957年，都還是痲瘋病患的隔離地（歐洲最後一個），具有
毀壞的威尼斯堡壘和令人沉痛的回憶，從聖尼古拉斯可坐船抵達此島。

斯賓納隆加島的痲瘋
病患住所遺跡。

　　克里札（Kritsá）❶位在距離聖尼古拉斯11公里（7英哩）的山坡上，據說這
裡住著島上最佳的織工。其顏色鮮豔的手工品四處懸掛販售，彌補花朵的不足，
與狹窄巷道內櫛比鱗次的白牆房屋呈現極端的對比。克里札下方緊鄰著聖母凱拉
教堂（Panagía Kerá），這是克里特島最偉大的拜占庭珍寶，教堂內部完全是12至
15世紀的古書說明壁畫。直到數年前，聖母凱拉教堂仍在運作，如今則成為需要
購買門票入內的博物館（開放時間為週一至週六上午9時至下午3時，週日上午9
時至下午2時；需門票）。

　　離開聖尼古拉斯後朝東南走19公里（12英哩）即是葛尼亞（Gournia）
❶（開放時間為週二至週日上午8時30分至下午3時；需門票），這是米諾斯城鎮
留下的街道和房屋遺跡，位在山脊上，俯視海洋。到了春天則百花盛開，香氣撲
鼻，連那些對古老石頭不感興趣的人，也會喜歡這裡。

　　西提亞（Sitía）❶距離聖尼古拉斯70公里（44英哩），是個悠閒的城市，還
不算十分熱鬧，對此，遊客感到高興，當地人卻深感遺憾。景點包括威尼斯堡、

下圖：聖尼古拉斯。

伊拉佩卓的清真寺。

考古博物館（開放時間為週二至週日上午9時30分至下午3時；需門票）、**民俗博物館**（開放時間為週二至週日上午9時30分至下午2時30分；需門票），以及一處平凡的海灘。再往前24公里（15英哩）是**瓦伊**（Vái）**⑮**，以為數眾多的棕櫚樹、大型沙灘和熱帶氣氛聞名。棕櫚樹是土生土長的，並非從荒島上移植而來，而海灘通常都相當擁擠。

卡托薩克羅（Kato Zakros）**⑯**距離西提亞43公里（27英哩），是第四大米諾斯遺址（開放時間為每天上午8時至下午7時；需門票），位在壯觀的**死亡谷**（Ravine of the Dead）下方，死亡谷的洞穴是米諾斯墓地。主要出土的文物是傳統的中央庭院，而皇室、宗教、住家建築和工作室，則呈放射狀向外排列，大部分可追溯至新宮殿時期（西元前1900-1600年），此時米諾斯文明臻於高峰。然而，克里特島的東部末端低於地下水位，所以經常積水。

回到葛尼亞，一條平坦的道路貫穿島嶼，來到**伊拉佩卓**（Ierápetra）**⑰**，距離聖尼古拉斯 35公里（22英哩），這是克里特島南岸唯一的大城市，也是歐洲的最南端。近年來，伊拉佩卓在市場園藝和觀光業的發展都極為快速，不過這裡的氣氛不甚宜人。一處普通的海灘和小型威尼斯堡後方，有一條步道，西邊15公里（9英哩）是美麗的度假村莊**密爾托斯**（Mýrtos）**⑱**，它以溫和的氣候占盡優勢，整個冬季仍持續開放。伊拉佩卓東邊24公里（15英哩）是避暑勝地（和不錯的海灘）**馬克里亞洛斯**（Makrýgialos）**⑲**，這裡有一條側邊道路通往14世紀的**卡普薩斯修道院**（Kapsás Monastery），該修道院座落在峭壁裡的一個峽谷入口處。

下圖：瓦伊的棕櫚樹海灘。

伊拉克利翁以南

從伊拉克利翁往南走，翻越島嶼的山脊，就來到美得令人屏息的**梅薩拉平原**（Plain of Mesará），這裡有肥沃的土壤和良好的氣候，所以成為農業富饒地。距離伊拉克利翁40公里（25英哩）的平原邊陲，**聖十**（Ágii Déka）村莊的中世紀教堂幾乎完全翻修，從附近哥提斯取得的碎片都被併入牆壁內。

再往前1公里就是**哥提斯**（Gortys）**⓴**，這裡是羅馬人的首府，他們在西元前1世紀來到克里特島解決紛爭，結果卻留下來征服此島。羅馬劇場（odeon）和三殿的巴西利卡長方形教堂都相當特別，後者是至今保存最完善的克里特島早期教堂（開放時間為每天上午8時至下午7時；需門票），建造目的是作為聖泰德斯之墓，不過最負盛名的藝術品是嵌入劇場的石塊。大約2,500年以前，哥提斯法典（Code of Gortys）的一萬七千個字母就刻在這些石塊上，法典條文規範著人民的行為舉止。文字的寫法如同犁田，一行由左往右，下一行則由右往左。

如果想探訪更多古蹟，或是希望療養身體和盡情游泳，那就調過頭來，開車南下至**蘭達斯**（Léndas）**⓴**，這裡距離伊拉克利翁72公里（45英哩），但還不到費斯托斯。附近的**古雷貝納**（ancient Lebena）是哥提斯的港口，由於此處的泉水具有療效，所以建造了著名的阿斯克皮歐斯神廟（Asclepios，阿斯克皮歐斯是醫療之神），依然可見遺留下的鑲嵌地板和大型澡堂。**費斯托斯**（Phaistos）**⓶**是克里特島的第二大米諾斯遺址（開放時間為每天上午8時至下午7時；需門票），占據哥提斯西邊16公里（10英哩）的廣大地方，可一一辨識出廂房、宗教區、工作室、商店和水管；不滿克諾索斯重建的遊客，可在此充分發揮想像力。

接下來前往**馬塔拉**（Mátala）**⓶**，距離伊拉克利翁70公里（44英哩）。馬塔

馬塔拉度假勝地的教堂鐘。

下圖：克里特島內陸山區。

阿卡地修道院——克里特島上最神聖的殿堂。

拉首次出名是因為全世界的嬉皮都居住在此處小沙灘周圍峭壁的沙岩洞穴，瓊妮米契（Joni Mitchell）還為此寫了一首歌。建議往南步行 30 分鐘，前往紅灘（Red Beach）；不過北方的科莫斯（Kómmos）海灘較大，還有一處剛出土的米諾斯遺址。較大的南岸度假勝地聖加利尼（Agía Galíni）**24** 也位在梅薩拉灣，只是更西邊一點。港口的碼頭不大，狹小的主要街道擠滿了餐館和酒吧，四周是新月形的陡峭丘陵，上面林立著外觀樸素的旅館。再往西走是普拉奇亞斯（Plakiás）**25**，擁有五處大型海灘和壯觀的山區風景，距離伊拉克利翁 112 公里（70 英哩）。

伊拉克利翁以西

回到伊拉克利翁，一條種植夾竹桃的高速公路向西通往雷辛農。從伊拉克利翁行駛 25 公里（16 英哩），離開這條新興道路後，便來到佛迪利（Fódele），這個小村莊充滿了柑橘樹和當地製造的刺繡。有一間已修復的房屋據說是 1545 年多蒙尼可·西歐托可普洛斯（Dominikos Theotokopoulos）的出生地，他就是著名的**埃爾·葛雷科**（El Greco）。近來傳說埃爾·葛雷科也許出生在伊拉克利翁，使得佛迪利名噪一時。

還未到雷辛農時，就可在斯塔弗洛梅諾（Stavroménos）或普拉塔尼亞斯（Plataniás）轉向東南，進入環境優美的**阿卡地修道院**（Arkádi Monastery），距離伊拉克利翁 80 公里（50 英哩），這是克里特島最神聖的殿堂。如果你覺得修道院優雅的 16 世紀西側外觀相當眼熟，那是因為它被印在 100 德拉克馬的紙鈔上。

雷辛農（Réthymno）**26** 以身為克里特島的知識中心為傲，這裡有一個完整的老鎮和如詩如畫的威尼斯小港口。碼頭邊林立著顏色繽紛的海鮮餐廳，一座優

下圖：威尼斯人在哈里亞建築的水濱樓房。

聖像與埃爾·葛雷科

藝術家埃爾·葛雷科（1545-1614）是克里特人，拜提香（Titian）為師，最知名的作品是羅馬和托雷多（Toledo）的肖像和宗教畫。他擅長使用白、藍和灰等冷色調，犧牲現實，著重情感的效果，獨特的風格成為現代印象派畫作的先驅。他的作品也明顯融合了拜占庭和文藝復興時期的特色，這是他早年在伊拉克利翁接受聖像畫作訓練的結果。

這些美麗而獨具一格的畫作並未受到偶像崇拜，反而在西元 7 和 8 世紀的反對聖像崇拜活動中，成為被批判的目標。為了淨化宗教，反聖像者破壞了數千幅拜占庭聖像，所以完整的 9 世紀前聖像相當罕見。此處的聖伊卡特瑞尼教堂收藏了豐富的聖像，包括米亥·達馬斯基諾的一些畫作，他與埃爾·葛雷科是同期畫家。據信，這兩位藝術家都曾在這座教堂內學習。當「都城」君士坦丁堡淪陷後，一群流亡人士創辦了西奈山修道學院（Mount Sinai Monastery School），這座教堂則是該學院僅存的遺跡。

在克里特島可以見到的埃爾·葛雷科的作品只有一幅，為《西奈山與聖凱薩琳修道院》（*View of Mount Sinai and the Monastery of St Catherine*），目前存放在歷史博物館（其他資訊請見第 308 頁）。

雅的燈塔則進行守護。往西是廣大的**佛提札**（Fortétsa）廢墟，據說這是現存最大的威尼斯城堡，視野極佳（開放時間為週二至週日上午8時至下午8時；需門票）。雷辛農其他吸引人的景點包括**里蒙迪噴泉**（Rimóndi Fountain）、**考古博物館**（開放時間為週二至週日上午8時30分至下午3時；需門票）和**納拉塞斯清真寺**（Neratzés Mosque），全都位在港口和堡壘之間。建築結構有意外驚喜的威尼斯房屋，陳列在狹窄的街道上，連結這些景點，而清真寺尖塔和懸於其上的凸肚窗，為此地增添了土耳其風味。

雷辛農和西邊的哈里亞之間，銜接著一條高速公路和一條舊公路。行駛23公里（14英哩）後，離開道路即來到**葉爾吉歐波利**（Georgioúpoli）**㉗**，該地位在阿米羅斯河（River Armyrós）的河口處。壯麗的公路邊擁有一處長長的海灘，以及一個油加利樹綠葉成蔭的廣場。

哈里亞（Haniá）**㉘**距離雷辛農59公里（37英哩），是克里特島的第二大城，1971年以前一直是該島的首府。它是面積較大的雷辛農，而且聲稱是世界上歷史最悠久的居住城市之一；其外港為**威尼斯港**（Venetian harbour）。此港的碼頭寬廣，後方是色彩繽紛而獨特的老式建築，倒映在水中，非常具有愛琴海風味，也是晚間散步的絕佳地點。**考古博物館**（開放時間為週二至週日上午8時30分至下午3時；需門票）位在聖芳濟修道院（Franciscan Friary）的教堂內，這是現存最完好，也是最大的威尼斯教堂。

稍具歷史概念的人可參觀哈里亞南部的村莊莫尼斯和瑟里索（Thériso）。現代希臘之父韋尼澤洛斯（Elevtherios Venizelos）出生的房屋便位於**莫尼斯**（Mourniés）**㉙**，如今是一座博物館。

哈里亞室內市場販賣的罐裝橄欖油，可當作美麗的紀念品。

下圖：雷辛農舊城販售的蔬果。

在美麗的霍拉斯法克翁休息一下。

哈里亞以西

哈里亞以西的道路環繞海岸，途經數個小得未能察覺的繁忙度假勝地，然後到達**科林巴利**（Kolybári）**❸⓪**。繼續向西行，經過令人難忘的卡斯提里平原（plain of Kastéli）以及羅德普（Rodopoú）和葛蘭佛薩（Gramvoúsa）半島包圍的基沙摩灣（Kísamos）。道路彎曲下降至平原，來到普通卻宜人的**卡斯提里基沙摩**（Kastéli-Kissámou）**❸①**，距離哈里亞42公里（26英哩）。

在普拉塔諾斯（Plátanos）向左轉，出現一條濱海道路，在距離卡斯提里44公里（28英哩）的地方，即是**維西**（Váthi）**❸②**和數座壁畫精美的拜占庭教堂。維西有一條路況不佳的道路通過峽谷，忍受了10公里（6英哩）塵土飛揚的情形後，便到達**金梯修道院**（Hrysoskalítissa Convent）。所謂的「金梯」指的是從平台往下走的90級階梯中，其中一級完全以純金打造，如果認不出這級黃金階梯，即表示你有罪。這裡有一條勉強可通行的道路，末端是鄰接淺礁湖的**伊拉佛尼索斯**（Elafonísi）沙灘。涉水至這個小島，其上的沙灘也許是克里特島最好的，位處克里特島的最西邊。

老鎮（Paleóhora）**❸③**位在西南隅，距離哈里亞76公里（48英哩），是個自給自足的度假勝地，擁有一座廢棄的城堡、一些沙灘和岩灘。**霍拉斯法克翁**（Hóra Sfakíon）**❸④**距離哈里亞75公里（47英哩），是斯法克翁人的首府，他們是獨立而難駕馭的克里特人之縮影。這個周圍是峭壁的優美小港口具有英勇的歷史，現在唯一存在的理由，就是將遊歷完撒馬利亞峽谷的疲憊遊客，利用渡船將他們遣返，但是別把這點告訴斯法克翁人。

下圖：撒馬利亞狹谷的鐵門。

當地的迷信

克里特人仍然遵守數不盡的習俗，如同迷信一樣可能立刻被打發走，然而這些習慣源自古時候異教徒的宗教、基督教早期儀式或實際上的歷史事件，例如：

• 復活節前的彌撒之後，信徒必須點著蠟燭回家，以蠟燭的火和煙在門楣的地方劃十字。這可讓家裡整年都避掉厄運和惡靈。

• 聖週四要把水煮蛋染紅，象徵耶穌的血。復活節人們互敲彼此的蛋，誰的蛋沒破就代表好運。

• 聖週期間打造的刀具有避邪的功能。

• 東克里特島，送刀當禮物是不好的事情；但在西克里特島，結婚時送刀給新人可以帶來好運。

• 如果是意外來訪或討厭的客人，有些人會偷偷地到外面把鹽撒在地上，這樣就可以讓討厭的客人趕快離開。

• 1453年5月29日──週二，君士坦丁堡淪落至土耳其人手中。因此很多克里特島人仍然相信週二不吉利；他們會勉強自己在這一天去做一些重要的事情。

撒馬利亞峽谷

地圖見島308頁城310頁

克里特島有一個刺激又壯觀的**撒馬利亞峽谷**（gorge of Samariá），全長18公里（11英哩），是歐洲最長的峽谷。從哈里亞開車行駛彎曲的道路，約45公里（28英哩）後，便來到廣大的歐馬洛斯平原（Omalós plain）最南端的**西羅斯卡洛**（Xylóskalo），高度在海拔1,200公尺（3,936英呎），從這裡走下陡峭的階梯，即是撒馬利亞峽谷。而約行走10公里（6英哩）後，經過大部分的陡峭地帶，廢棄的**撒馬利亞村**（village of Samariá）和教堂隨即映入眼簾。停下腳步欣賞教堂內美麗的14世紀壁畫，趁此機會喘口氣，才不至於太丟臉。接下來的路程艱辛難行，必須來回穿越河床（注意有時山洪爆發，應遵守警示）。當峽谷越來越窄，兩岸峭壁直達300-600公尺（1,000-2,000英呎），而通過艾芬迪瑞斯托斯教堂（Avéndis Hristós）後不久，即抵達**鐵門**（Sideróportes）；此處的峽谷幾乎沒有陽光。

這個公園受到哈里亞森林局（Haniá Forest Service）的嚴密保護，在各種活動中，尤其禁止唱歌。此時四處遊移的克里特野山羊（agrími）將窺伺著你努力的成果，但是你不可能看得到牠們，而鳥類學家則會觀察盤旋其上的兀鷹。

古聖魯梅利和聖母教堂（church of Panagía）同樣引人入勝，然而還必須汗流浹背地再走3公里（2英哩），才會到達海邊新興的**聖魯梅利**（Agía Rouméli）**㉟**，然後遂行心願地游泳或喝杯冷飲，以示慶祝；這裡有一些餐館和民宿。古代，這裡的柏樹林——古代世界夢寐以求的——被外銷至埃及。離開峽谷的方式除了原路折返外，另一個新鮮可行的方法是坐船，往東通向霍拉斯法克翁，或是往西前去老鎮。這裡並沒有道路。

撒馬利亞峽谷自5月起開放至10月底，需門票。步行時間約4-6小時。

撒馬利亞峽谷的交通工具。

下圖：聖魯梅利。

歐洲
第一個文明中心

直到一個世紀前，米諾斯文明依然是個謎。
如今其首府是全希臘規模最大、
修復最完善的遺址之一。

克諾索斯是個充滿疑問的地方，許多謎題仍待解開。來此參觀的遊客常會發現，重新架起的水泥建築和重新上色的壁畫（通常經由少許殘片進行修復），有助於了解古蹟。但是許多人習於見到其他防禦堅固、宗教意味濃厚的廢墟，所以認為這個遺址充滿了神秘性。我們能期待從3,500年前文明的斷垣殘壁中，了解其規則和奧妙嗎？

傳說中，克諾索斯是米諾斯國王的迷宮，他把自己與妻子帕西妃（Pasiphae）生下的牛頭人身怪物彌諾陶洛斯（minotaur）囚禁在迷宮裡。在現實生活中，米諾斯宮殿所扮演的角色也許不同於現今所認定的皇宮，反而是個行政和經濟中心，由一些精神領袖來統籌。

宮殿內的1,300個房間，主要作為祭祀和商業活動用途：沐浴澡堂是為祭祀儀式做準備，商店生產農作物，工作室進行冶金和切割石頭，附近則有皇室別墅（Royal Villa）和小宮殿（Little Palace）。

趁清早或傍晚走訪此地，以免人擠人，也不容易看仔細。可觀察建築的精細構造，燈光的亮度足以照明大型的房間；水壓受到控制，以提供飲用和浴廁之用；下水道彎曲處呈拋物線弧形，可避免積水溢出。

另外還可趁中午去參觀考古博物館，盡情享受博物館內的空調設備。

△ **俯瞰全景**
從空中鳥瞰最能了解遺址的規模。宮殿面積將近2公頃（4畝），人口大約是10萬人。

▽ **空空如也的容器**
陶製的甕用來貯存穀物、橄欖油、葡萄酒或水。現今少數克里特村落仍在製造類似的甕。

△ **御座**
這間君主接見室也許是個宮廷或是會議室，有個石膏王座，兩側則是長椅和獅身鳥頭獸壁畫。這些也許象徵了天堂、民間和地獄的統治者。

備受爭議
的挖掘工作

西元1878年，一名當地商人米諾斯·卡洛凱里諾（Minos Kalokairinos）發現了克諾索斯遺跡的一部分，但是該地的土耳其地主不願意供其繼續挖掘，甚至當富有的德國考古學家謝里曼（Heinrich Schliemann）意圖買下這片遺址時，也無法達到地主開出的高價。

然而到了世紀更迭時，克里特島脫離土耳其人，取得自治，英國考古學家亞瑟伊凡斯（Arthur Evans，後來獲封騎士）才得其門而入，他買下了這個地區，進行挖掘，立刻明白這是個大發現。他在克諾索斯工作逾35年，不過到了1903年，大部分的遺址都已出土。

伊凡斯利用水泥重建消失的木柱，以及支撐出土的牆壁，這個方法招致許多批評。雖然如此可保留原地的部分結構，但也包含了許多伊凡斯的臆測概念。（上圖是伊凡斯手持一個西元前1600年的塊滑石牛頭，來自於小宮殿。）

至今挖掘工作仍在較精細的處理下，持續進行。

△ **戲劇最重要**
這座劇場是作為戲劇表演和遊行之用。有一條精心設計的道路由此處通往小宮殿，是歐洲最古老的策劃道路之一。

▽ **海洋生物**
皇后套房（包括一間設有浴室的套房）的壁畫繪製了海豚、魚群和海膽。

◁ **公牛和門**
一幅繪有捕捉野生公牛的（複製）壁畫，裝飾著北邊入口的壁壘，這裡的道路通往克諾索斯的外港安尼索斯（Amnissos）。

▽ **牛角難題**
著名的雙角如今置於宮殿南側，一度曾被視為神聖象徵，不過這個牛角經過複製後，也許異於以往的雕刻。

◁ **顏色密碼**
南側入口有一些接近真人大小的壁畫，繪製了遊行的青年，包括著名的細腰司酒者。在米諾斯藝術中，男性以紅色 來代表，女性則是白色。

INSIGHT GUIDE
旅遊指南

目 錄

熟悉環境

地方簡介

位置 北緯 39 度，東經 22 度

面積 131,950 平方公里（50,950 平方英里），包括約 25,050 平方公里的島嶼（9,670 平方英哩）

首都 雅典

人口 將近 1,100 萬人。大雅典與皮里亞斯地區的人口有 超過400 萬人，第二大城塞薩羅尼基的居民將近 100 萬人，人口最多的島嶼是克里特島，人口逾 50 萬。

人民

雖然希臘約有百分之40的人口居住在雅典，但雅典經常被稱為希臘最大的村莊。即使越來越多鄉間年輕人外移至都市，鄉村人口逐漸減少，成為一大問題，希臘人也很少遭離家鄉太遠。

連上流商業人士都熱愛家庭，希臘人大部分的社交生活則繞著家庭打轉。他們很喜歡小孩子，其放任孩子的程度，可能更甚於你給予孩子的自由。

希臘人熱愛許多事物，從足球、籃球到政治無所不包，而他們最喜愛的莫過於討論生命的意義。如果你在餐館內與人交談，可能會多消磨 1、2 個小時，尤其是選舉期間，全國上下對政治極為熱衷，大家紛紛臆測誰會當選。

語言 希臘語

識字率 百分之95

宗教 主要是希臘正教，另有少數回教、天主教、福音派新教會和猶太教信徒。

貨幣 歐元

度量衡 公制

電源規格 220 伏特，二孔插座（亦見行李）

國際區域號碼 30（希臘國碼），後面播 10 數字，國內電話以 2 開頭，手機電話開頭是 6。

時區 比格林威治時間早 2 小時。每年 3 月的最後一個週末至 9 月的最後一個週末，歐洲時間提早一小時，以延長時光時間。

地理環境

希臘本土是以亞地加、伯羅奔尼撒、希臘中部（較有詩意的名稱為魯梅利）、色薩利、伊派拉斯、馬其頓和色雷斯組成。主要山脈為班都斯山脈，從魯梅利延伸至伊派拉斯的阿爾巴尼亞邊界，不過最高峰卻是奧林帕斯山，橫跨色薩利和馬其頓，高度為 2,917 公尺（9,570英呎）。

海岸線全長 15,000 公里（9,320 英哩），有許多小海灣和港口，而地中海最深處是伯羅奔尼撒南岸外 4,850 公尺（15,912 英呎的翁努薩穴（Oinoussa Pit）。

數百個散布在地中海和愛琴海的島嶼，分成數個群島：西邊是愛奧尼亞群島，斯波拉第228群島位於愛琴海中部，基克拉澤斯群島與多德喀尼群島位於雅典東南方，而東北愛琴海島嶼則位在土耳其外海。面積

最大的分別是克里特島、科孚島、凱法隆尼亞島、羅得斯島、列斯伏斯島及薩摩斯島，皆以花朵種類繁多聞名，不過希臘各地的植物都非常出色。

政治

希臘為共和國，總統由國會選出，掌控形式上的行政權。國會有300名選出的議員，領導者為總理。

1967 年 4 月，惡名昭彰的上校執政團奪權後，康斯坦丁國王於12月遭流放，1974 年獨裁政權瓦解，公民投票決定廢除君主制。此後，新民主黨和泛希社會黨輪流執政，泛希社會黨自 1993至2004年當權，1996年又贏，2000年（非常接近）在西米提斯（Kostas Simitis）的領導下參選。2004年春天，新民主黨的卡拉瑪尼斯（Kostas Karamanlis）當選。

經濟

大約 23% 的土地適合耕種，生產水果、蔬菜、橄欖、橄欖油、葡萄酒、甜葡萄乾、穀類、棉花和菸草。該國天然資源包括鐵礬土、褐煤與菱鎂等礦物，另產原油和大理石。約15% 從事礦業和製造業，生產織物、化學製品和食品。航運仍是該國收入的重要來源，但是觀光才是最大的外匯收入。

1981 年，希臘成為歐盟的第10個會員國，1993 年底完全統合，2002年2月以歐元為貨幣。1980年代全國物價提高，而歐元只是嚇到那些——印象停留在希臘是個「便

宜又好玩」的地方——的人。雖然它不在是廉價的度假天堂,對外國旅客來說,希臘仍是個值得探訪的地方,其美味的料理和住宿就像西班牙或法國的鄉村風光。

氣候

觀光海報中的希臘,是個四季溫暖的地方,終年陽光普照,照歐洲的標準來看的確如此。但是這種印象卻忽略了希臘氣候的變化多端。北部和內陸區域是溫和的大陸型氣候,冬天相當寒冷,夏季極為炎熱,例如在雅尼納、的黎波里和卡斯托里亞,下雪和結冰的現象並不罕見。在山區,冬天更為嚴寒。

南部的島嶼、伯羅奔尼撒沿海和亞地加半島(Attic Peninsula),則比較符合傳統的地中海形象,從5月初至10月中旬,氣候長期處於溫暖狀態,不下雨,陽光普照。不過即使在這些地區,冬季依然寒冷,11月至4月之間常會下雨。

總之,晚春(4月下旬至6月)和秋季(9月至10月初)是最佳的旅遊季節。此時氣候溫和適中,天氣晴朗,遊客也比較少。7、8月的希臘最悶熱,而且最擁擠。但是卻有數

每一季平均溫度

- 1月至3月
攝氏 6-16 度(華氏 43-61 度)
- 4月至6月
攝氏 11-29 度(華氏52-84 度)
- 7月至9月
攝氏 19-32 度(華氏 66-90 度)
- 10月至12月
攝氏 8-23 度(華氏 46-73 度)

百萬觀光客偏好高溫和人群,選擇這段人潮最川流不息的期間來希臘度假。

宗教

希臘正教教會對現代生活仍具有極大的影響力,在希臘本土(包括雅典)和島嶼都不例外。星期日是國定假日,即使在某些觀光區的旅遊旺季,碰到週日,商店都打烊,各種活動也告暫停。舉例來說,各島嶼之間的遊覽船可能按時開航,但是沒有人會告訴你,當抵達目的的島嶼時,該地並未開放。所以週日如果有任何計畫,都必須事先查詢。

希臘最重要的假期是復活節,依照希臘正教的行事曆來慶祝,不管是那一教派的復活節,通常為期一或二週。預定在春季旅遊希臘的人,最好先查出復活節的時間,因為在復活節前後的幾個禮拜內,旅客服務、商店和班機都可能中斷營運。在 8 月 15 日的聖母升天日,許多地方都會舉行聖母進入天堂的慶祝活動(paniyiri)。世界各地的希臘人都前往基克拉澤斯群島(Cyclades)的提諾斯島(Tínos)朝聖,據說聖母報喜神像將會顯靈。然而,最多彩多姿的是 8 月 15 日在卡帕索斯島奧林帕斯山(Ólymbos)的山坡村鎮中,婦女穿著光鮮的傳統服飾,慶祝活動可以持續好幾天。

對於希臘人而言,幾乎每天都有理由慶祝。他們不慶祝生日,只慶祝聖名日,亦即慶祝希臘正教的教名。當紀念約翰(John)或海倫(Helen)等頗受歡迎的聖徒之日來臨時,理論上來說,全國將陷入一片狂歡。你會聽到當地人說:「我在慶祝今天!」(Giortázo símera),你可以回答說:「許多年。」(Hrónia pollá)亦即有許多快樂的回饋之意。

規畫
行程

簽證和護照

歐盟國家、瑞士及歐洲經濟區域（EEA）的公民擁有無限制旅遊希臘的權利，入境或出境時，護照上無須蓋章。美國、加拿大、澳洲和紐西蘭的公民，只要持有一本有效護照，就可以入境希臘，最久可待3個月（累計）6個月以內無須簽證。如果想待久一點，就必須到雅典的外國人辦事處申請。然而，最近幾乎（而且很貴）很難拿到簽證。

其他非歐盟或EEA國家的公民可就近到希臘大使館或領事館，詢問相關簽證事宜，停留時間的規定，未來可能有所改變。

海關

歐盟國家內對於攜帶物品並沒有明文限制，只要這些物品是在歐盟國家所購買的。歐盟國家的公民通過海關，無須再經由紅線或綠線出關。

含稅物品

如果你在希臘購買的物品已付稅，就沒有限定帶出境的數量。然而，歐盟法規對於下列物品設有「標準方針」：

· **菸草** 800 支香菸、400 支細長雪茄、200 支雪茄，或是 1 公斤的菸草。
· **烈酒** 10 公升
· **摻烈酒的葡萄酒／葡萄酒** 90 公升
· **啤酒** 110 公升

如果你攜帶出境的物品超過額度，就必須設法證明這些是作為私人用途。

免稅物品

自從歐盟取消免稅的優惠，所有從歐洲購買的商品都必須付稅才能帶進希臘。理論上，付稅的商品沒有數量的限制。不過，希臘的香菸、大多數烈酒都比英國和愛爾蘭（希臘的課稅較低）便宜，因此，最後離開時再買比較省錢。

對於非歐盟國家的旅客，准許帶進希臘的免稅商品如下：

· **菸草** 200 支香菸、100 支細長雪茄、50 支雪茄，或是 250公克的菸草。
· **酒精** 1 公升的烈酒或是酒精濃度22%以上的甜酒、2 公升的摻烈酒葡萄酒、氣泡式葡萄酒或其他甜酒。
· **香水** 60cc 的香精，外加 250cc 的香水。

非歐盟國家居民任何商品超過120歐元可以退稅（6-18%之間），購買後90天內提出單據申請。可向觀光商店及百貨公司索取申請表，請保留單據及申請表。離境時，可在機場海關辦理退稅。

貨幣限制

歐盟觀光客出入希臘時攜帶的貨幣金額並沒有限制。旅行支票沒有金額的限制，但現金不可以超過1萬元，攜帶1萬或1萬以上時，入境需提出申請。

進口汽車

觀光客開自己的車，不用正式申請就可以在希臘行駛六個月；官僚機構開始後，人們試圖取得居留以較便宜、就容易購買在希臘登記的汽車，這樣比開自己的外國車到希臘還要便宜。六個月期限後，關稅的代理人員會在路上監視那些沒有提出申請的車子。

衛生保健

除了在美國和其他歐洲地區也可感染到的疾病外，希臘很少有嚴重的疾病。美國、加拿大和英國的公民，無須免疫接種，就能進入希臘。

醫療保險

英國和歐盟居民只要有一張 E111 表格（在郵局領取），就可以在希臘獲得免費的醫療。不過，這只保證最基本的醫療照顧：你可能會住進一家最低等的公立醫院，自己付錢買藥。所以建議各位取得私人醫療保險。你會付診療費，所以必須留下任何帳單或藥品收據，以資證明。若你打算在希臘租一輛機車，就必須追加意外險的費用。

金錢事宜

希臘流通貨幣使用歐元（evró），硬幣有1、2、5、10、20和50分（leptá），外加1、2歐元，紙幣有

5、10、20、50、100、200及500歐元（500歐元的紙幣有兩種罕見的版本）。

所有的銀行和大多數的飯店都有權購買外幣，匯率則是希臘銀行訂定的官方匯率。雖然攜帶旅行支票較為保險，帶一定數量的美鈔或英鎊也頗為方便。如此一來，萬一找不到地方兌換德拉克馬，商店或郵局也會拿歐元換這些外幣。匯率每天變來變去，確實的匯率請看銀行或報紙上的匯率表；在希臘你甚至可以在桌上看到相關的資料。

信用卡

許多較具規模的飯店、餐廳和商店，都會接受主要流通的信用卡奧林匹克航空、大一點的輪船公司或旅行社。不過，一般出租公寓或小餐館卻不會。在購買商品前，最好先詢問清楚。你會發現許多自動櫃員機能接受各種信用卡。

輸入個人識別號碼。利用ATM機器時，使用信用卡不如使用現金卡來得好，因為信用卡容易超額使用，往往還要再加上 4 ％的匯差。先不管這些警告，從自動櫃員機提款是最方便也是最省錢的方法，許多自動櫃員機是 24 小時全天候運作。

行李

衣著

如果在夏季旅遊希臘，可攜帶輕便而休閒的服裝，外加一件毛衣或外套，因為晚上可能微帶寒意。便鞋和涼鞋最適合夏季，不過最好再帶一雙已穿過的舒適步鞋。如果計畫在山間或島上健行，再加一雙耐穿好走的短靴，在夏季皮靴比高科技合成纖維較為舒適。

一般而言，不論是希臘人或觀光客，用餐時都穿得很隨意。如果你打算進入高級的商店、賭場和正式場合等，就需要正式的服裝。旅遊希臘若正值冬季，不妨穿著美國北部或中歐在春天所穿的服裝。

梳洗用品

除了在很小的小島上，大部分國際知名品牌都可以買得到。超市和藥房可以買到女性用品。

防曬

準備一頂帽子、防曬油和太陽眼鏡，以抵擋正午的烈日（系數 30 防曬乳在藥房或化妝品店大都可以買得到）。

轉接器

在希臘全境，一般家用電流是 220 伏特的交流電。所以無法變換電壓的北美規格電器（電動刮鬍刀和吹風機），就必須使用降壓器，但在希臘境內很難買到。希臘的插頭是圓頭雙針的歐洲大陸規格，與北美和英國的插頭迥異；美國規格家電的轉接器較容易買到，英國規格三針轉二針的轉接器較難買到，最好在出發前就先買齊。

萬用栓

希臘洗臉台少有塞子，如果要在洗臉台貯水，就必須攜帶一個萬用栓。

相機底片

各種底片到處都買得到，但是很昂貴，如果需要某種特別的底片，所以最好自己帶。

手電筒

如果你計畫遊歷某個島嶼，最好帶一支手電筒，如果晚上沒有月亮，從餐館走出來時，手電筒會派得上用場！如果你忘了帶，這裡還是可以買到充電電池。

藥品

希臘藥局販賣很多不經醫師處方的藥物，藥劑師皆受過良好的訓練。希臘人本身是歐洲憂鬱症和心臟病的冠軍，而可以利用的有順勢療法、藥草治療法及附加成分的營養補充品。其他地方，有些配方必須要有處方簽才能買藥，在希臘根本毫無限制就可以取得。所以大部分的藥物取得並沒有問題（偏遠地區和島嶼例外）。當地擁有證照製造的基本藥品，由於有控制價格，所以希臘每個地方的價格都一樣——例如一條腎上腺皮質素的藥膏絕對不會超過1.5歐元——不過任何進口的雜貨都很貴（例如一包法國製的四片裝防水繃帶就要3.5歐元）。然而一般而言，藥品相當昂貴，所以如果行李仍有空間，可帶一些花粉熱藥錠、止痛藥、消化不良藥片和抗菌噴劑。不過要看清楚標示，例如可待因（codeine，是Panadol和Solpadeine 等止痛藥的主要成分）在希臘是禁藥。

希臘當局對於非法藥物看待得相當嚴重，這裡不能攜帶大麻。大城市裡可以獲得同種療法和草藥治療。

衣裝法則

希臘人不會要求觀光客和他們穿得一樣，但是拖鞋、破爛的牛仔褲和明顯過時的衣服，通常都會讓他們皺起眉頭。

在某些地方和區域，遊客都會碰到打扮的要求和成規。進入教堂時，男性必須穿著長褲，女性則是有袖的洋裝。如果你毫無準備，教堂入口處會提供妥當的服飾。不遵從這些法則，將被視為無禮而傲慢。

某些地區有獨特的衣著法則。例如，在麥科諾斯島（Mýkonos）大部分的公開場合中，男女遊客如果穿短褲或泳衣，並不會嚇著別人。但是在伊派拉斯（Épirus）和克里特島的山區村落，或是不大能適應觀光客的地區，同樣的裝束卻極不協調。最好的方式就是觀察周圍民眾的穿著，然後依樣畫葫蘆。

抵達

空路

希臘和六大洲都有良好的空中連繫系統，國際航線極多。包租飛機通常從 4 月中旬至 10 月底，羅得斯島和克里特島則可延長至 11 月。有些機票的價格遠比普通票價低（例如：網路機票、最後一分鐘的機位，或是旅行社出售的低價機票等），因此在購買機票前，最好先比較一下各種票價的差異及優缺點。航空公司自己的網站常常有提供折扣機票，一般像Expedia或Travelocity的網站上都可以比對價格。

搭乘飛機前往希臘的旅客，大都從雅典的威尼羅塞斯機場（Eleftherios Venizelos Airport）入境，雖然很多人（歐洲其他國家）從塞薩羅尼基的馬其頓機場（Macedonia Airport）入境。

威尼羅塞斯機場、雅典市區、皮里亞斯之間有許多連結的服務。2004 年 7 月，輕軌電車快速地行駛在機場與捷運系統新的終點站斯塔夫羅斯車站（Stavros station）之間。進入市區的票價為 2.90 歐元，24 小時內可以搭乘雅典所有的大眾交通運輸。在輕軌電車開通之前，搭乘E94 快速巴士（每 15-30 分鐘一班，營業時間為上午 6 時至午夜）從城外抵達埃歷尼基－阿米納（Ethniki Amyna）捷運站，然後再轉搭捷運。另外亦可搭乘 E95 快速巴士至辛達格馬廣場（Sýndagma Square，憲法廣場，每 25-35 分鐘一班）或搭 E96 快速巴士至皮里亞斯港（每 20-40 分鐘一班）。

從威尼羅塞機場搭乘計程車到雅典大概需要 12-20 歐元，車資完全看你是白天或晚上以及你的目的地而定，不過車資包含機場附加費及行李搬運費。自從雅典北方的環狀快速道路開通，疏減了交通壅塞的狀況，不過仍需要1個多小時的車程。

海路

大部分由海路進入希臘的旅客，多從西邊的義大利而來。你可以從威尼斯、安科納（Ancona）、的港（Trieste）和巴利（Bari）搭船抵達希臘，不過最固定的船隻則是從布林底希（Brindisi）出發。每天都

有渡船（淡季時班次較少）連接布林底西和希臘西部的三個主要港口：科孚島、伊古曼尼札（Igoumenítsa）和帕特拉（Pátras）。到科孚島需 9 小時；伊古曼尼札 11 小時；帕特拉 16至 18 小時，端視你搭乘航渡船，或是還需停靠科孚和伊古曼尼札的船隻。往返安科納和帕特拉的「超快」渡輪，需時 22 小時。

如果想參觀希臘的中西部，伊古曼尼札最為理想。如果想直接進入雅典或伯羅奔尼撒，帕特拉是最佳選擇。帕特拉和雅典之間有定時的巴士和火車(搭巴士須時 4 小時，火車 5 小時)。如果你打算將車子運上渡輪，一定得事先預訂船位。否則在出發前數小時到達，就綽綽有餘了，不過，旺季時還是得預先訂位。

陸路

由歐洲前往　從西北歐到希臘是段漫長的路程，倫敦距離雅典 3,000 公里（1,900 英哩）。如果你只想在希臘度過短暫的假期，走陸路不但辛苦，又不實際；現在前南斯拉夫處於戰爭中，行經匈牙利、羅馬尼亞和保加利亞，必須繞一大段路。出發前詢問你們的希臘觀光組織辦事處或是汽車組織，以獲得最新資訊。

從陸路前往希臘也有其他的方式，例如著名的**巴士**連接雅典、塞薩羅尼基和許多歐洲城市（若從倫敦出發，車程為期三天半）。

從西北歐可搭乘各種**火車**，時間和巴士一樣長，價格貴了許多，不過票價中包含了義大利與希臘之間的渡船，而且抵達希臘時，感覺會舒

服一點。

從亞洲經土耳其　如果你從亞洲經陸路抵達希臘，將會經過伊斯坦堡(Istanbul)，並在艾甫羅斯河(Évros River)進入希臘。最好的方式是開車或搭巴士。路況良好，從伊斯坦堡到塞薩羅尼基約需 15 小時；有幾家巴士公司行走這條路線。

火車沿著以往東方特快車(Orient Express)的路線，因此別具吸引力，風景也比公路優美。不過，除非你是狂熱的火車迷，否則可能會對車程過長感到厭惡，時間表上需時 17 小時，實際上可能達到19 小時，包括在邊境會停留相當久。

另一條很受歡迎的路線是，在土耳其西岸的港口搭乘小船至對面任何一個希臘小島。路程複雜船資昂貴，但不可否認地，這是一條非常方便的路線，從切什梅（Cesme）到巧斯島、庫沙達西（Kusadasi）和薩摩斯島的路線都很可靠。

專業旅行社

希臘國家觀光組織海外分支機構提供辦理希臘度假事宜的旅行社名單。同時提供某些特別的建議：

● 考古之旅
British Museum Traveller,
London, UK;
Tel：020 7436 7575
www.britishmuseumtraveller.co.uk

● 自行車之旅
Classic Adventures, USA;
Tel:1-800-935-5000;
www.classicaladventures.com

● 賞鳥之旅
Limosa Holidays,UK;
Tel:01263 578143

● 植物研究旅行團
Marengo Guided Walks,
Hunstanton, UK;
Tel:01485 532710;
www.marengowalks.com

● 騎馬假期
Equitour, a division of Peregrine
Holidays, Oxford, UK;
Tel:01865 511642;
www.peregrineholidays.com

● 航行／探險之旅
Hellenic Adventures, USA;
Tel:1-800-225-2380;
www.hellenicadventures.com

● 健行之旅
ATG Oxford, UK;
Tel:01865 315678;
www.atg-oxford.co.uk
Exodus London, UK;
Tel:020 8676 5550
www.exodus.co.uk
Himalayan Travel, USA;
Tel:1-800-225-2380
www.gorp.com/himtravel.htm
Ramblers Holidays, Welwyn
Garden City, UK;
Tel:01707 331133
www.ramblersholidays.co.uk
Waymark Holidays, Slough, UK;
Tel:01753 516477;
www.waymarkholidays.co.uk

● 寫作工作室／歷史之旅
Skyros Centre, London, UK;
Tel:(020)7267 4424
www.skyros.com

實用情報

觀光資訊

國家觀光組織辦事處

旅遊途中，希望獲得希臘的旅遊資訊，可前往最近的希臘國家觀光組織（Greek National Tourist Organisation），在希臘簡稱為 GNTO 或 EOT。他們會提供大眾運輸資訊，以及古蹟和博物館的簡介單和細節。希臘總共有 12 個國家觀光組織的地方辦事處，最大的總部位於雅典，地址是 Amalías 26；電話：(210) 3310392

每年 6 月至 10 月，某些觀光地區，特別是許多島嶼上都會有半官方市立的旅遊資訊中心。這些單位通常都位於大城市的市中心，它們會提供你所需的當地資料。有些還會協助你找尋住宿的地方。

觀光警察局

希臘觀光警察局通常具備了豐富的資訊。他們是當地警察局的分支，設立在各大城市，有助於提供飯店的資訊，並解答各式各樣的旅遊問題。

營業時間

銀行的營業時間皆為週一至週四上午 8 時到下午 2 時30分，週五下午 2時關門。現在到處都有ATM提款

機，就連小島也至少會有一個——現在很多人都利用提款機領錢。

商業和店鋪的營業時間，則比較複雜，得視商業類別和星期幾而定。首要原則是，商店通常在上午 8 時 30 分或 9 時開門，星期一、三、六是在下午 2 時 30 分打烊，星期二、四、五，大多數在下午 2 時打烊，冬季下午 5 時又重新營業，直到晚間 8 時 30 分為止，夏季下午 5 時 30 分或 6 時重新營業至晚上 9 時。你很快就會發現，希臘人的工作進度十分有彈性，無論公、私都不例外。為了避免失望，在逛街和辦事時，必須預留充分的時間。如此一來，才能了解希臘人的辦事精神，好好跟當地人閒聊一番，有時比辦正事來得重要。

電信

打電話最容易的方式，就是在報亭買一張電話卡，然後到公用電話亭打電話。電話卡有三種面額：100 單位、500 單位和 1,000 單位，數目越大代表面額越大。此外，報亭也有電話，你也可以用幾分歐元打，一通當地電話為 25 或 30 德拉克馬。

日漸減少的報亭附近可以找到插卡式電話、獨立在街角的插卡式電話，或是旅館大廳及餐館可以投入歐元硬幣的投幣式電話，都可以打長途電話。從飯店房間打電話一般最少會比基本費用多 200%。

許多郵局都提供傳真服務，而在大城市裡，大概會有一、兩家的網路咖啡屋，每小時大概 4 到 7 歐元。希臘是全世界手機使用率最高的國家之一。對許多自尊心重的希臘人，手機是一種重要的流行配件。對大多有英國基地的外國手機持有者，在希臘都可以找到有相互協議的電信公司，在希臘期間可以提供服務，不過國外的電話費用增加得非常快速。北美地區的使用者必須攜帶三頻手機才能收發電話。如果你長期停留在希臘，最好選擇希臘四家電信公司（Vodaphone、Cosmote、Telestet、Q-Telecom）其中一家，購買「隨收隨付」的電話，如果可以的話，只要替隨身攜帶的手機買 SIM 卡就可以了。

緊急電話

在希臘可打以下的電話求助：

- · 警察局　100
- · 救護車　161
- · 大都市的消防隊 199
- · 森林大火通知 191
- · 觀光警察　177（只以雅典，希臘其他地區請撥 171）

在其他地方，飯店人員會告訴你最近的醫院，或是會說英語的醫師。

郵政服務

大部分的地方郵局開放時間是，週一至週五上午 7 時 30 分至下午 2 時。然而，雅典市中心的一些大郵局（位在歐摩諾亞廣場的 Eólou 街，以及辛達格馬廣場的 Mitropóleos 街轉角），平時開放時間比較長，週六和週日的營業時間縮短。

郵資經常變動，現在寄往國外何國家的明信片或較輕的信郵資為 65 分（歐元）。所以最好在郵局詢問清楚。郵票除了郵局之外，尚可在許多報亭（perptera）和飯店買到，需要加收百分之 10-15 的服務費。千萬要弄清楚信件或明信片的郵資是多少，因為報亭老闆對於國際郵資的訊息，可能尚未更新。

希臘國家觀光辦公室

英國
4 Conduit Street, London WIR ODJ
Tel:(020)7499 4976
Fax:(020)7287 1369
Email:eot-greektouristoffice @btinternet.com

美國
Olympic Tower, 645 Fifth Avenue, 9th Floor,
New York, NY 10022
Tel:(212)421 5777
Fax:(212)826 6940
Email:info@greektourism.com

澳洲
51 Pitt Street, Sydney NSW 2000
Tel:(02)9241 1663 / 5
Fax:(02)9235 2174
Email:hto@tpg.com.au

加拿大
91 Scollard Street, 2nd Floor,
Toronto, ON M5R 1G4
Tel:(416)968 2220
Fax:(416)968 6533
Email:grnto.tor@on.aibn.com
Website:www.greekourism.com

如果想在希臘寄包裹，要等郵局人員檢查後，才可綑上，除非是寄往歐盟的國家，就可以事先封緘。有些郵局會出售大大小小的紙箱和麻繩，讓你包裝郵件，不過最好自備膠帶和剪刀。

來信可由「存局待領」的方式寄往任何郵局。前往郵局收取信件時，要記得攜帶護照。

醫療

如果是小病，直接前往藥局即可。希臘藥劑師通常能說流利的英語，而且受過良好的訓練，對病患相當有幫助，藥局裡販賣的藥品種類繁多（包括避孕藥）以及繃帶和傷的包紮用品。

如果你在下班時間或週末時需要進藥局，可以查看藥局窗戶上張貼的希臘文／英文清單，找出那家藥局正在營業，在大城市及重要的觀光勝地，像克里特島或羅得斯島，會有一、兩家藥局全天候營業），或是查看當地的報紙。

各個大城市和度假勝地都有會說英語的希臘藥劑師，他們的收費通常相當合理。相關細節請洽詢飯店或觀光警察局。

在雅典，電話撥105就可以取得醫生執勤人員表；撥107可以取得24小時藥房的資料。

在希臘公立醫院，骨頭斷裂或類似的問題無須收費。至於更嚴重的毛病，就必須備有私人醫療保險，因為雅典以外的多數醫院，都不清楚何謂 E111 表格，此表格能讓歐盟國家公民獲得免費的診療。

如果你的傷勢或疾病相當嚴重，最好盡可能返國治療，因為希臘醫院的水準比歐洲其他國家和美國落後；希臘人在探望病人時，會攜帶食物和寢具。

安全與犯罪

希臘是歐洲最安全的國家之一。儘管，某些阿爾巴尼亞或羅馬尼亞駭人聽聞的事件，希臘暴力犯罪還是很少。可惜的是，由於小偷猖獗，現在鄉下的車門和大門都要鎖起來。

由於紐約911攻擊之後，以及奧林匹克運動會的關係，將行李留在沒有人看管的地方都是不明智的。甚至遺忘在咖啡店的物品，通常都被放在一邊，等待你去領取。

動物性的危險

鄉間的野狗不會太友善，幾乎半數帶有包蟲病（只能以手術治療）和黑熱病，後者是由沙蚤傳染的血液寄生蟲疾病。

希臘的某些地區蚊蟲很多，不過在藥局可以買到驅蟲劑。有防護措施

的房間，民宿經營者通常都會插上無煙無味的電蚊片，如果你在床底下發現牠們，我想你就絕對需要電蚊片，任何超市都可以買到補充包。

在島嶼上的春夏時分，穴居蛇是一大問題。牠們只有在受到打擾時，才會攻擊人，但是不要把手腳放入尚未檢查過的地方（例如剛砌的牆）。在海中游泳時請留意水母，被水母螫傷雖然無害，但是傷處卻會紅腫疼痛好幾天。

在海灘上最好穿著拖鞋，以免踩到海膽（岩石上的黑色小海膽有刺，一不提防就會戳進腳底）。希臘當地的治療方式是，把傷口直接浸泡在橄欖油中，然後輕輕地按摩腳部，直到刺跑出來，不過這種作法通常都沒什麼效果，除非你自己拿小刀和縫紉針處理一下，不過留在皮膚裡的刺很可能會引起敗血症。

小費

大部分咖啡店、餐廳和小酒館的菜單價格都包含了服務費，依慣例仍會在桌上留下約5-10%的零錢給服

雅典的外國大使館

除了各國自己的國定假日（及希臘的國訂假日），所有大使館的開放時間皆為週一至週五，通常從上午8時至下午2時。

- 澳 洲 Anastasiou Tsoha 24, corner Soutso（Ambelokipi捷運站）；tel:64 50 404
- 加拿大Gennadiou 4, Kolonaki （Evangelismos捷運站）；tel:72 73 400
- 愛爾蘭Vassileos Konstandinou 7 （國家花園附近）；tel:72 32 771
- 南非Kifissias 60, Maroussi； tel:210 61 06 645
- 英 國 Ploutarhou 1, Kolonaki （Evangelismos捷運站）；tel:72 72 600
- 美 國 Vasilisis Sofias 91, Ambelokipi（Megaro Mousikis捷運站）；tel:72 12 951

務生。

與小費一樣重要的，是你對食物的品味。當你告知希臘服務生與餐廳老闆，你喜歡某一道菜，會令他們感到驕傲。

飲用水

每個人帶著一大罐礦泉水是希臘最常見的景象，不過，這樣真的非常悲慘，因為太陽會分解保特瓶的有毒的化學物質，而保特瓶已經成為希臘嚴重的問題。只要買一只堅固耐用的水壺，只要向你所光顧的酒吧或餐廳要水，他們一點也不會吝惜。雖然水龍頭沒有過濾過的水也很安全，只不過也許有一點鹹味，而有一點個人的飲水確實比較方便。本土和大的島嶼，某些當地非常珍貴的泉水──排滿了車，人們拿著四方形的罐子在那裡取水。如果你想買罐水，任何有賣食物、甚至海邊的咖啡店和酒館都可以買到。

媒體

報刊雜誌

雅典和其他度假勝地的許多報亭，收到英國報紙外加《國際先鋒論壇報》的時間，要不就是同一天的晚上，要不是隔天，後者的情形比較普遍。彩色印刷的《雅典新聞》(*Athens News*, www. athensnews.gr)相當有趣，也有很多消息，包括國內外新聞，尤其著重巴爾幹半島的新聞，還有完整的電視與電影節目表。《奧德賽》(*Odyssey*)是一本紙張光滑的雙週刊，由散居各地的富有猶太人所創辦，提供給猶太人

閱讀，比一般飛機上的雜誌還有趣。

廣播與電視台

ER1 和 ER2 是希臘的兩大國營廣播電台。ER1 有三個不同節目的頻道。第一（728 KHz）和第二（1385 KHz）頻道都可聽到許多希臘的流行音樂、新聞、一些國外的熱門音樂，偶爾也有爵士樂和藍調。第三頻道（665 KHz）播放許多古典樂。ER2（98 KHz）則近似第一、第二頻道。

BBC 全球新聞網整點都會播報新聞（外加其他有趣的節目和特別報導）。在雅典收聽 BBC 的最佳短波（MHz）頻率是：

GMT（格林威治標準時間）清晨 3 到上午 7 時 30 分，為9.41（31m）、6.05（49m）、15.07（19m）；上午 7 時 30 分到下午 6 時，為 15.07（19m）；下午 6 時 30 分到晚上 11 時 15 分，為9.41（31m）、6.05（49m）。此外，每個島嶼或城鎮不管地方有多小，都設有許多的私人電台。

希臘有兩家國營電視台（雅典是ET1、塞薩隆尼基是ET3）與至少6家民間電視台（Antenna、Net、Mega、Alpha及Alter）。播映外國電影和節目時，通常只加上希臘文字幕，而未經過配音。另外還有數個有線電視台和衛星電視台，包括Sky、CNN 和 Super Channel 。

禮儀

希臘人本質上很傳統，相當維護他們的家族和傳統文化。所以最好遵循他們的行為規範。

當地人很少飲酒過量，他們對待酒醉的舉止，輕則面露困惑，重則極為厭惡。（甚至檢舉犯罪，許多年輕的笨蛋在羅得斯島已經學到教訓了）。

希臘時間

注意希臘的時刻表。雖然商店和商業活動的營業時間，通常如前面第 327 頁所述，但是不能保證當你要訂船票或買禮物時，商店一定會開門。午睡在希臘很普遍，在雅典大部分的民眾下午3時至下午6時甚都會關起大門來睡覺。店舖和商家暫時歇業，從下午一直到晚上都不太可能做些什麼事情。為了避免受挫和失望，最好在星期一至星期五的上午 10 點到下午 1 點之間，購買物品或訂票。

自 1994 年起，雅典每到冬季就必須「整頓」時間，以期讓希臘與歐盟國家的步調一致，結果這項措施並未強制執行，而是斟酌辦理，有些商店遵循規定的營業時間，有些商店則依照傳統的營業時間。所以一直無法趕上其他國家。

雅典普拉卡區的商店仍會開放至晚上 10 點或更晚，以吸引走馬看花的顧客，而全國的觀光商店通常營業至夏季晚間。不過肉店和魚店在夏季晚間不得開放（但是有些商店不理會這項規定），藥局（除非輪值）在星期六早上絕不營業。

國定假日

希臘人喜歡他們的節慶，而且慶祝活動講究排場，所以在一個宗教假日之前的下午和之後的早上，大部分的商業活動停擺，店舖大門緊閉。

- 1月1日　元旦
- 1月6日　主顯節
- 不固定潔淨星期一（四旬齋的第一天）
- 3月25日　報喜節（Evangelismós）
- 5月1日　勞動節
- 不固定耶穌受難日
- 不固定希臘正教的復活節，復活節星期一
- 不固定聖靈降臨節（Agiou Pnévmatos，復活節後的五十天）
- 8月15日　聖母升天日
- 10月28日　「不」(Ohi) 紀念日，國慶日
- 12月25日　耶誕節
- 12月26日　聖母聚會日（Sýnaxis tis Theotókou）

只有少數海灘規定裸泳合法（例如麥科諾斯島），不過認為這是一大冒犯。通常連上空進行日光浴都不合法，所以得注意海灘的禁止標示。不妨把握以下的大原則：如果是較隱密的海灘，或是被當地人接受為可裸泳的海灘，這時就不會被別人干擾，也不會觸犯他人。

儘管，近年各種八卦和令人尷尬的議題，希臘正教教會具有影響力，所以不要批評教會，也別批評公務員。

女遊客

隻身一人的女遊客必須向希臘的陽剛妥協。在觀光區，尤其是海濱酒吧和迪斯可舞廳，一些希臘男性可能虎視眈眈。

比起南歐其他地方，這裡的大男人不再是個問題。希臘文化無可避免地改變了，希臘女人比以前擁有更多的兩性自由，尤其是在大城市裡。現在很少花時間與男性伴侶爭辯，結婚（或取代結婚）前一定會先同居。不要理會他們，或者以尖銳嚴厲的詞句趕走他們，將是最好的方法。

另一方面，偏遠地區的希臘人極為傳統，他們很難了解你為何形單影隻。進入純男性的咖啡店會讓你不太自在。

帶小孩同行

希臘人很喜歡小孩，許多家庭仍然相當迷信，所以如果看到小孩的衣服上配戴了護身符，以趕走惡眼，千萬不要驚訝。你的小孩會成為焦點所在，要有心理準備。希臘人會保留很多時間陪孩子，非常溺愛他們，大人會讓小孩熬夜，甚至經常帶他們出去吃飯。當商店老闆送小孩免費的物品，或是陌生人過於縱容小孩時，你必須堅守自己的立場。

攝影

雖然希臘是攝影者的天堂，但是卻不建議任意拍照。博物館內不准拍照，在古蹟地也必須付費才能拍照或錄影。請留意有沒有不准照相的標誌。機場附近不可以拍照，這裡大都也是軍事基地。

希臘各地幾乎都可沖洗照片，但是幻燈片就必須送往雅典，所以可以回家後再沖洗。許多大學城（伊拉克里翁〔Iraklio〕、雅尼納、帕特拉）至少都會有照相館可以沖洗正片。

交通

大眾運輸

空路

和船、巴士或火車相比，搭乘飛機貴得多（座位平均比渡輪貴三倍多，比臥舖貴將近兩倍），不過與其他國家的國內航線相比，仍然算是便宜。舉例來說，薩摩斯島和雅典之間為時 50 分鐘的航線，票價約為 80 歐元。

希臘的國內航空公司「奧林匹克航空」（Olympic Airlines），其勞資糾紛已持續多年，而且永遠都考慮要賣（沒有人確認日期）以往的罷工和怠工，導致部分班機取消或延誤（似乎沒有改變的跡象），所以安排班機時盡可能小心。如果你必須回雅典搭國際性的班機，你可以在任何奧林匹克航空的辦事處和許多線上旅行社，預訂機票、付款和索取班次表。

往返島嶼的班機在夏季幾常預訂一空，所以至少要在一個星期前，預訂機位。奧林匹克航空公司有全國性的低價機票，聯絡電話：801 11 44444，或上網www.olympic-airways.gr查詢（只有資料，不能預約）。

另一家私人的航空公司——愛琴海航空公司（Aegean Airline），現在從雅典和薩塞隆尼基都有飛往國內各地的班機。全國性低價機票訂位專線：801 11 20000，或上網預訂，網址為www.aegeanair.com。

巴士

希臘境內有一條四通八達的巴士網，名為 KTEL。它是由巴士公司組成的聯合組織，票價便宜，大致還算準時，而且只要公路延伸到的地方，幾乎都可以載送乘客前往目的地。對希臘人而言，這是極受歡迎的旅行方式，所以你不愁沒有好同伴。行駛鄉間路線的 KTEL 巴士，通常別具人情味。許多司機會裝飾車子，小心翼翼地加以照料。他們以車子為榮，並對自己的開車方式相當自豪。

搭乘 KTEL 巴士時，最重要的一點就是，在大城市中，目的地不同，搭車的地點也不相同。舉例來說，如果要從塞薩羅尼基前往哈基西奇，就必須到遙遠的東站，2002年另一個新的車站將可以前往所有其他的目的地。雅典有兩個車站，克里特島的伊拉克利翁則有三個。

另外一條巴士路線 OSE，是國營鐵路機構所開闢的額外服務。他們的巴士只行駛重要路線，但是常與 KTEL 路線重疊。

市公車：搭乘定時發車的雅典藍色公車，仍是相當悲慘的旅行方式，雖然他們增加了不少有空調的新車。公車內通常擁擠又悶熱，路線又莫名其妙，連長住的雅典居民也弄不清楚。然而，每張票 45分（歐元）或以2.90歐元購買一日券，相當合理。這些票也能用來搭電車，可購買單張或一本十張車票，出售地點包括特定的報亭、公車及地鐵站的特別票亭，以及城內各個不重要的地點。大部分的公車一直開到午夜。

電車：雖然雅典電車比藍色公車還不舒適，但是速度卻比較快，班次也比較多，頗符合觀光客的需求：1 號電車連接市中心和鐵路站，5 號和 9 號電車經過考古博物館，7 號電車則以三角形路線繞行中心地帶。

橘白色公車：KTEL-Attica 從讓觀光客可以很方便地前往郊區的觀光景點 Pédio toú Áreos 公園區 Mavromatéon 街 14 號出發，前往拉菲納（Rafína）。（另外一個前往錫克拉底斯和愛琴海東北部渡輪的港口）和蘇尼恩（Soúnio，那裡有著名的波塞頓神廟）。

行李寄放

機場 在威尼羅塞斯機場入境大廳的太平洋行李寄放中心（Pacific Left Luggage）提供相關服務（tel:210 35 30 352）。

飯店 如果你要做短期旅行，大部分的希臘飯店都會願意讓你寄放上鎖的手提箱，時間最多一個禮拜。只要你在飯店住一、兩個晚上，這項服務通常免費，萬一失竊，飯店不負責任，但是被竊的機會極少。

營利公司 島上的許多港口城鎮都有行李寄放公司。只要花一點錢，就可以寄放數小時、數天、數星期，甚至更久。雖然寄放物品可能很安全，但是貴重物品最好隨身攜帶。

鄉間巴士：鄉下和島上的巴士可能是由校車或現代長途巴士改裝而成的，甚至是把卡車裝上座位，以載貨的地方載送觀光客。有些司機在山路上意外地因為失速飛落山谷裡身亡；然而這種意外很少出現。只是裝載行李時最好小心地放在安全的那一邊。

島上，某種公車通常都會和渡輪會合（即便渡輪時間延誤），然後把遊客送至山上的首府。公車通常停在主要廣場或港口岸邊，而汽車的發車時間可能也不一定。車掌在巴士上賣票；往往所需的票價和顯示在車票上的不一樣，車掌直接在低價的車票上蓋戳。這並非詐欺，這只不過是常規，公車公司會用之前印的車票，直到舊票用完，通常都要好幾年才用得完。

搭捷運：2000年1月雅典的捷運系統開通，疏解了市區交通所需要的時間，同時也減少了地面上的交通流量。捷運車站很大很乾淨，張貼的廣告海報亦控制在最少量。1930年代舊的ISAP電車，重新粉刷後，訂為M1線（地圖上綠色的那條線），經過市區連結范里亞斯和吉菲西亞（Kifisiá），M2線（紅色）連結南方的達伏尼（Dáfni）和西北邊希波利亞（Sepólia），日後計畫向下延伸至吉利發達（Glyfáda），向上則延伸至提風尼（Thívon）。M3線（藍色）連接莫納斯提拉基與東端的埃提尼奇阿米納（Ethnikí Ámyna），在2004年奧林匹克運動會之前，延伸至斯塔佛洛斯（Stavrós）的工程將會完成，之後向西將會延伸至埃格里歐（Egáleo）。不同路線主要的轉換車站在歐摩諾亞、辛達格馬及莫納斯提拉基。

遊客最好的方式就是買2.9歐元的一日券，包含從機場到市區的行程：ISPN地鐵M1線和M2／M3線的價格是分開的，M1的車票不可以搭M2／M3，如果你被便衣的稽查人員抓到買錯票或沒有買票，就會被罰標準費用20倍的罰金。

塞薩羅尼基目前正在興建當地的捷運／輕軌電車系統，不過可能要好幾年後才會落成。

鐵路

希臘鐵路最令人滿意的是火車的價錢，它甚至比搭巴士還便宜。除此之外，希臘國營鐵路 OSE 的服務範圍相當有限，可到達的地方不多，發車班次也少。希臘的火車非常慢，除非以睡窄床的方式，搭乘往來雅典和塞薩羅尼基之間的夜車，或是前往帕特拉的特快車（帕特拉車站就在碼頭對面），否則還不如搭乘巴士比較便利。

你如果想早點抵達目的地，不妨多付一筆車費，搭乘城市間的特快車。如果預算吃緊，可以買來回票，享受八折的優待。學生和不滿26歲的人，通常可享有某些折扣；一般火車票在希臘都可通用，如果要事先訂位，則必須多付一點錢。

海路

渡船：皮里亞斯是希臘渡船網路的中心，通常遊客至少會路過該地一次。雖然已逐漸縮減其重要性，至少拉菲納、塞薩隆尼基、佩特拉、卡瓦拉的渡輪還是在這裡。旺季時，路線繁複，從區域性定期路線運輸（milk runs）停靠在五個島，中途到達你的目的地，直接「快速的」到達某一地。

因此在買票前，一定要多方打聽。而且不要太早預購船票，因為船票很少全部售完，不過經常發生時間表變動的情況，你只好設法退票退錢。

自2001年起，個人上船前都必須先買賣，所以乘客不可能像以往一

渡船／快艇／水翼船時刻表

1997年，希臘國家觀光組織和希臘旅遊書（Greek Travel Pages，GTP）合作製作一份綜合、相當公正的渡船時刻表《希臘旅遊路線》，不過，它僅有偶爾才出現，而且訊息通常比當季還晚，為了奧林匹克運動會，可能會再恢復出版。現在最好的資源是GTP的網站，www.gtp.gr和www.gtpweb.com，上面的資訊很精確，幾個禮拜至少會更新一次。

另外，重要遊客資訊處（羅德斯島、伊拉里歐等）也提供每周渡船航班，多半會將時刻表掛在醒目的地方，讓你在下班時間仍可查看。但是也不可以完全信賴這些時刻表。一般而言，每個港口航班最完整而最新的資訊，即來自港警局（皮里亞斯和大部分的港口），他們被稱為limenarhio。要注意，當你詢問旅行社有關渡船事宜時，他們有時只會說出與他們結盟的渡船公司。

樣，在船上買票。唯一例外的似乎只有少數的開上開下的渡輪（ro-ro）（例如埃古梅尼薩－列維奇米，Igoumenítsa-Levkímmi）。

在皮里亞斯搭船時，千萬別上錯船，購票時也應詢問清楚如何找到該艘船，皮里亞斯的碼頭很長，而且錯綜複雜。

由於上述種種不便，因此建議你在希臘的海域旅行時，必須能保持彈性。除了行程班次會更動之外，天氣不佳就會被困在島上，直到風平浪靜為止。夏天常有罷工，通常持續好幾天。離開島上最好的辦法就是，聯絡港務局（limenarhio）弄到不定期渡輪的最新消息，因為他們都會監視個人船隻的移動。港務局通常在島上主要港口的岸邊。

如果你是開車旅行，在旺季尤其要預訂船位，因為數週前可能早被訂滿了。如果要在夏季預訂夜班船位，也必須提早行動。

此外，伽瑪級（gamma）也是航行希臘領海最普遍及便宜的方式，伽瑪級又稱為甲板級、遊客級、三等艙。無論如何，總是有空位。與來自各國的乘客交談、彈吉他唱歌、在星空下傳遞酒瓶共飲。如果天氣轉換，也可以進入船艙，到「低級的」酒吧、點心台或安靜的走廊角落。

遊艇／快艇：法國或斯堪地那維亞製造的新快速渡輪船隊或真的遊艇，當然沒有一般輪船平穩（皮里亞斯碼頭附近就可以確認）。相較於水翼船（見下面），它們擁有一些好處；快艇比較快，大多可以載運很多車輛，而且風速7，它們還

雅典的尖峰時刻

雅典的尖峰時刻相當危險。除了塞車的危險之外，空氣污染指數達到最高，1980年代期間首都頒布了一項法令：在雙數日，只有車牌號碼為雙數的車子才能進入市中心，單數日則只有車牌號碼為單數的才能進入。很可惜的是，這項法令對於雅典的塞車、噪音和煙霧於事無補，因為許多家庭擁有兩輛車，一輛車牌為雙數，一輛單數，視日子來決定開那輛車。

是可以正常出航，而「海豚號」卻僅限於6。不好的地方是，快艇沒有客艙（因為大多數都會在午夜前到達目的地），船上的食物也比老式的遊輪差，而且也沒有外面的甲板。飛機座椅的交誼廳只有冷冷的空調及不變的主題，頭上不可避免的希臘電視節目（甚至有不同的等級）。車子的運費大概和老式的遊輪一樣，但是座位是水翼船的訂價。快艇有各種形狀和大小，航行至愛琴海東北部、基克拉澤斯群島、及多德喀尼群島中部的NEL lines公司就是載運300輛汽車的巨獸。多德喀尼亞群島的Sea Star則很小。Dodekanisos Express航行於多德喀尼亞群島之間各個小島，而且可以載運五輛車。

水翼船：在海軍領域的另一端，你會發現水翼船定期開往某些島嶼，近年來，水翼船的網絡迅速擴張。這是商務級的遊島方式；水翼船的速度是普通渡船的兩倍以上，價格大約也是渡船的兩倍，這些前波蘭

或蘇聯的遊輪並非為了航行在愛琴海而設計的，風速6以上，就必須取消航行。

水翼船（希臘文稱海豚delfinia）以皮里亞斯為中心，通向阿爾哥－沙羅尼克（Argo-Saronic）地區，包括愛吉納島、波羅斯島、海德拉、斯派采島，以及許多伯羅奔尼撒的港口，最遠可至莫念瓦西亞；其他航線還有佛洛斯和塞薩羅尼基，連接北斯波拉第群島的亞隆尼索斯、斯基亞索斯和斯科佩羅斯。愛奧尼亞群島從埃古梅尼薩至帕克希也有水翼船。旺季時，愛琴海東北部的帖索斯、沙摩斯瑞基與希臘本土之間，都有水翼船服務，而多德喀尼的每個島嶼與薩摩斯和羅得斯島之間，都有許多水翼船往返。

幾乎沒有繼續經營的水翼船公司電話號碼，在快速的希臘只用以前的紀錄資訊，所以最好的辦法就是親自到搭乘水翼船的亭子去。皮里亞斯是在Aktí Miaoúli碼頭（有Saronic Dolphine和Hellas Dolphins），儘管你可能讀到其他的資料，不過，Zéa Marina已經沒有水翼船了。佛洛斯可以利用港口地區的警衛室；其他地方最好在城裡的旅行社買票。

私人運輸

計程車

希臘的計程車值得推出一本指南手冊，尤其是雅典的計程車。搭乘希臘計程車可分成三個步驟：

第一：招計程車。某些時段幾乎招不到計程車（尤其在晚餐前）。當你招到車後，先上車再報目的地。

計程車司機都很挑剔，除非你要前往的方向與他一致，否則不會讓你上車。如果你非得告知目的地，就大聲清楚地說出來（重音要正確），要不然他們就會棄你而去。如果看到一輛空的計程車，立刻衝上前去，積極一點，否則行動更快的雅典人會搶先一步。

第二：搭計程車。出發時注意跳錶啟動至「1」，而且不是調到「2」（加乘收費，只有在午夜至清晨 5 點的時段，或是在非指定價格的城市使用）。一旦上車後，你會發現還有同行者。不要驚慌，傳統上司機會搭載二、三或四名個別乘客，只要他們前往的方向大致相同。

事實上，計程車太便宜了，所以就像個迷你巴士一樣。

第三：付車錢。如果你與他人共乘，千萬不要為上車之前的里程付費。你要付的應該是上車後至下車時的跳錶價，另外至少加 0.74 歐元。汽車儀表板上則夾著跳錶價格，依稅率而調整。每件行李都要加收費用，離開機場或海港，以及耶誕節和復活節時，費用都會比較高。

許多司機會敲詐你，尤其當你看似初抵希臘的模樣。如果車費過高，要據理力爭，不管用那種語言，都要爭取到合理的價格。

雅典比其他小島更適用這個規則，不過在克里特島和羅得斯島仍然需要比較武斷。在小一點的島嶼上，必須要有共乘的心理準備，你不只可能和其他人一起搭乘計程車，也有可能和一兩隻動物共乘。

近年來，雅典和許多大城市興起無線電計程車服務。當你打電話叫車後，他們會立刻來載你。

汽車

開車可以前往希臘許多大眾運輸工具無法到達的窮鄉僻壤；不過，在雅典或塞薩隆尼基開車是一件令人討厭、困惑的事情。這裡的路標、強制轉彎車道，有些根本沒有路標，不禁讓人失去耐心。

歐盟國家登記有案的車子，在入境希臘時，已無須在護照上蓋戳印，車子可以自由流通，不必繳納公路稅，只要在自己的國家繳過即可。然而，你不得在希臘賣車。非歐盟國家的公民在申請汽車入境時，將

拋錨

+希臘汽車協會（ELPA）提供了汽車拋錨服務，對於英國汽車協會（AA）和英國皇家汽車俱樂部（RAC）的會員，免收費用（必須出示會員卡）。請電 104 求援。

某些租車公司有與競爭公司協議，Hellas Service（請撥 1057）、Express Service（請撥 154），不過這些客服中心派遣援助都很慢。通常租車公司會叫你打電話給當地的修車廠。

面臨一堆繁文縟節，最主要是當你離開時，必須重新將車子運送出境，或是在道路外，由海關進行確認。

在希臘開車所有歐盟或歐洲經濟區域的駕照，海外的猶太人所持的駕照與國家發行的駕照無關，都可以在希臘使用。反之，其他駕照，包括北美、澳洲，則不可以使用，很多這些國家的觀光客想要租車，發現時已經損失他們的費用了。駕駛人在出國前必須取得國際駕照（北美由AAA或CAA發行，在這裡只要付一點點錢）。

租車

在希臘租車費不如你想像的那麼便宜，因為保險費和進口關稅關。租車價格依車種、季節、租期長短而有不同，應該包括碰撞險（collision damage waiver，CDW）外加 18% 的增值稅（VAT）。通常可以用主要的信用卡付款。必須備有本國駕照（EU/EEA居民）或是國際駕照，而且得年滿 21 歲，有時必須達到 25 歲。

在英國和北美，你可以透過大型國際連鎖店事先租車，例如 Hertz、AvisBudget 或 Sixt ——他們的網站有詳細的內容及預約／付款。不過還有許多風評不錯的小型連鎖店，尤其在希臘，可以較便宜的價格租車。雅典租車處大部分位於 Syngrou 大道上，最有名的是 Makrigiánni。

Atena
Syngrou 52, tel:210 92 24 000

Autorent
Syngrou 11, tel:201 92 32 514

Just
Syngrou 43, tel:210 92 39 104

Kosmos
Syngrou 9, tel:210 92 34 695

Reliable
Syngrou 3, tel:210 92 49 000

希臘汽車協會（ELPA）已停止發放；然而實際上並不需要國際駕照。同樣地，隨著單一歐洲市場的來臨，綠卡保險單也已不再必要，不過你必須尋問自己的保險公司，是否需要追加費用，許多政策如今都包含了泛歐洲保險。

希臘的交通規則及號誌，大致和歐陸其他國家相同。然而，在希臘開車，與在法國或英國陸開車極不相同。但是以法國和英國的標準，很多繞行的路，很多情形是，從交流道進入時已非之前的圓環，路則跑到右邊。

高速公路的車速通常超過規定的每小時 100 - 120 公里（62 - 75英哩）上限，駕駛人也一再超車。紅燈通常不是命令，而只是建議，駕駛人閃燈的意義，也與英國相反：在這裡，閃燈代表著「我要衝過去了」。希臘是全歐車禍比例最高的國家，僅次於葡萄牙，所以開車要小心。

儘管如此，希臘的法律仍強制要繫安全帶，十歲以下的兒童不得坐在前座。無照駕駛是違規的（罰金為

83歐元）。每輛車的行李箱內，都必須有一個急救箱。（雖然租車公司可能捨不得放）。警察經常在重要（或不重要）的路口臨檢，除了上面的違法行為，你可能因為沒有保險，付稅或沒有車輛的申請文件而被罰錢。

希臘各地都含鉛汽油和無鉛汽油，不過入夜後要加油可能很難。大部分的加油站在晚間 8 點左右打烊，大城市內有輪值制度，但是要查出那個加油站在營業，則相當困難。國際連鎖加油站如BP、Mobil和Shell 等，都會收信用卡，但是希臘本土自營的加油站則不會。

公路地圖當觀光客看了好幾天奇怪、錯誤百出的地圖，相較於實際的路況，這些地圖似乎比較像是想像出來的（地圖上有畫的路，但實際上卻沒有鋪設）。現在有三家公司（Road Editions、Emvelia和Anavasis）出版希臘本土、山區、島嶼較正確的地圖，你可以在鄉下觀光商店的貨架上、好一點連鎖書店像Newsstand或Papasotiriou買到。

機車與腳踏車

在希臘大多數離島及本土的許多觀光區，都可發現出租機車、各式 50 cc 以下的速克達，以及越野腳踏車。

這些交通工具讓你隨意行動，週租費相當合理。騎乘 50cc 以上的機車，必須戴安全帽，而且備有機車駕照，偶爾這些規定會強制執行，雖然並沒有廣為宣傳。

出發前，一定要確定車子可以發動，不妨在街上試騎一段。煞車可能不佳，車燈也許需要新的保險絲或燈泡，火星塞也許故障，可要求利用小螺絲拆換上新的火星塞。如果沒有檢查，半路可能會出狀況，更慘的是，歸還時，租車處可能要求你為損壞負責。

現在，信譽良好的租車處通常會給你一個車子緊急救援電話。

最重要的是，千萬別做無謂的冒險，例如在單人騎乘的腳踏車上，坐了兩個人。許多人旅行希臘時發生嚴重的交通意外，美好的假期因此泡湯。

在此極力地推薦盡可能選擇傳統

遊輪

顯然每六個前往希臘的遊客中，就有一個以乘坐愛琴海的遊輪，做為旅途的開始。這些遊輪從雅典和皮里亞斯附近簡單的沙龍尼克群島的一日遊，到帶你到土耳其部分沿海、羅得斯島和克里特島的豪華四日遊。許多人選擇七日遊，藉機走訪幾個基克拉澤斯和多德喀尼群島。或額外短暫地在伊斯坦堡停留一下。

住宿設備、價格和等級差異大，最

好多方比較何者最划算。

不妨前去雅典的購票處，看看是否有遊輪的資料。（不過，如果你曾在麥科諾斯港看到船隻抵達時，店家瘋狂準備抬高商品價格的模樣，也許你就完全不想搭遊輪了。）

最好的公司是皇家**奧林匹克遊輪**（**Royal Olympic Cruises**），這艘遊輪常有外國人搭乘，提供各種航程天。細節可洽詢旅行社，或是聯絡該公司總部，地址是：87 Akti

Miaouli 185 38, Piraeus ，電話：210 429 1000 。

總部在倫敦的 **Swan Hellenic Cruises**，也提供食宿包辦的豪華遊輪之旅，還能為乘客安排講解行程，從考古學到海洋生物學皆有。該公司位在 77 New Oxford Street, London WC1A 1PP ，電話：(020) 7800 2200；www. swanhellenic .com。

Honda / Yamaha / Suzuki50-100cc手排機車,有人說,手排速克達迴轉半徑比較大,輪胎也比較好。新一代自動發動(希臘人稱之為 mihanákia / papákia)的機車,雖然比較吸引人,不過輪胎比較薄,迴轉半徑比較小,看起來很划算,遇到非柏油路的道路就會不穩、不安全。尤其是在石頭路上很容易撞到坑洞,到時候膝蓋、手肘少不了一定會破皮流血。

包租遊艇

穿梭於希臘各島之間時,包租遊艇是極具異國風情的一種方式。價格不便宜,然而如果和一群朋友合租,價格也不會比住一個晚上的旅館貴太多。

如果具備相當的航技術,又喜歡獨立自主,不妨由自己掌舵,也可雇用一名船員。希臘有一千多艘出租的遊艇,都登記有案,並經過商船部的檢查。欲知更多資訊,請洽:

The Hellenic Professional Yacht Owners' Association

43 Freattýdhos Street, Z a Marina, Piraeus.;電話:201 45 26 335

The Greek Yacht Brokers and Consultants' Association

36 Alky nis Street, Pale F liron, Athens.;電話:201 98 16 582

小帆船

除了多半可運送汽車的大型和中型渡船之外,還有許多小帆船,在旺季時提供島嶼之間的旅遊,大部分在白天行駛。由於包租小帆船的主要是旅行社,所以不受交通部的票價控管,而一些30年的舊船現在都會被送往希臘作為渡輪,如果充當單程渡船,例如從薩摩斯航行至帕特莫斯,票價可能相當昂貴。刻板印象中駕駛小帆船的是友善的漁夫,如今已不復見;航行時不太舒服,現在其實避開港區警察出航仍不合法,知道這點的遊客,可以要求降低票價。

住宿

如何選擇

希臘有各種住宿選擇，從豪華飯店到學生旅館皆有。以下列舉的只是各地不同類別的一些樣本。

在群島和本土的許多地方，有另外一種廉價的住宿，就是出租的私人房間（domátia）。如果你想事先訂房或做安排，最近自行出租套房或公寓（diamerismáta）越來越普遍，這些不同於旅館的分類，也有正式的法規管理。

一般來說，找尋住宿時，當地觀光辦事處或觀光警察局可幫上大忙。如果你有困難，可先詢問他們。然而，自助旅行的背包客最好還在幾天（或幾個星期）前，事先打手機去預約房間。

雅典

Andromeda Athens
T. Vássou 22, Abelókipi
Tel: 210 641 5000
Fax: 210 646 6361
www.andromedahotels.gr

有一點偏離大馬路上，就在Megaro Mousikis，這裡小小的，但非常別緻，價格也很合理。設計怡人的房間和套房鋪著波斯地毯、一般性的藝術品及現代家具。旅館內有一個

精緻的游泳池及經營友善的伊特魯里亞式的餐廳。€ € €

Athens Hilton
Vas. Sofías 46
Tel: 210 728 1000
Fax: 210 728 1111
www.athens.hilton.com

看起來很新的希爾頓非常豪華又恐怖的貴。經過9,600萬歐元的整修後重新開幕，每件東西都非常誇張，從大廳到鋪設豪華地毯的走廊，以及附設大理石浴室的房間。旅館內有四間餐廳，包括頂樓視野絕佳的Galaxy。€ € €

Grande Bretagne
Sýndagma Square
Tel: 210 333 0000
Fax: 210 332 8034
www.grandebretagne.gr

Grande Bretagne有其昂貴和豪華的風格，這是雅典元老級的旅館。這棟歷史性的建築亦有些重整的部分，從它華麗的客房到美麗的水療中心，以及備受推崇的餐廳（詳見

366頁）。€ € €

St George Lycabettus
Kleoménous 2, Kolonáki
Tel: 210 729 0711
Fax: 210 729 0439
www.sglycabettus.gr

以前奧林匹克式的熱情，St George也不斷地在重建。如今則是一家極具風格的「精品旅館」。外面的客房（很貴）可以看到城市的美景。涼快、舒服的房間和套房既優雅又安靜，頂樓有一座很棒的游泳池。旅館內有兩家餐廳，其中一家可以眺望衛城壯麗的景觀。€ €
€

Museum
Bouboulínas 16 and Tosítsa
Tel: 210 380 5611
Fax: 210 380 0507
www.beslwestern.com

這家營運良好的旅館最好的一件事就是，它就座落在考古博物館附近。房間簡樸舒服，但是價格有點貴。旅館內沒有餐廳（附近有一家

飯店等級

希臘當局將飯店區分為六個等級。現在這些英文字母已取代了星級系統（no-star＝E，5星級＝delux豪華級），旅館從業人員抗拒，然而現行的字母等級正好反映旅館的便利設施，通常A級或B級的旅館必須提供游泳池或網球場，雖然其他方面可能也有不同的設備。很多房間也有限制最高的等級，所以C級的旅館一般會有14間豪華房，而B級的旅館大約有50間。

以下是一般的原則：豪華級、A級、B級和C級飯店都有個人浴

室。D級飯店的套房有浴室，E級以下的飯店房間則沒有。

豪華級和A級飯店必須有一間酒吧和餐廳，早餐有全套選擇。B和C級飯店在單獨的餐廳提供自助式早餐，但接下來的等級通常只供應一個麵包捲、果醬和咖啡。

豪華級和A級的旅館應該要有部分或全部附屬的設施：游泳池、健身房、「私人」海灘、會議廳、房間內必須可以上網、24小時櫃檯人員、安全的計程車服務。

不錯的），但有提供早餐。€ € €

NJV Athems Plaza

Sýndagma廣場

Tel: 210 33 52 400

Fax: 210 32 35 856

www.grecolel.gr

這是一棟現代、時髦而且和廣場有一點關係的旅館，然而，它房間以外的配件都是Ralph Lauren和Versace的，完全滿足了你的幻想。大廳的咖啡店提供很好的冷熱飲。€ € €

Royal Olympic

Ath. Diákou 28-34

Tel: 210 928 8413

www.royalolympic.com

這是一家年代久遠的旅館，現在打扮得很整潔也很舒服，但是房間有點缺乏特色。1960年代的大廳有一盞很好笑的吊燈，餐廳的年代和旅館一樣，但相較它的老舊，更散發著那個年代特有的味道。€ € €

Acropolis View

Webster 10 and Robértou Gáli

Tel: 210 921 7303

www.acropolisview.gr

從僅有的32間客房及頂樓陽台都可以看見衛城的景觀。房間本身很小，但維護得很好，旅館也是前奧林匹克式的風格。位置很棒就在地鐵附近。€ €

Attalos

Athinás 29

Tel: 210 321 2801-3

Fax: 210 324 3124

www.attalos.gr

房間很普通但很舒服，旅館靠近莫納斯提拉基廣場（Monastriaki Square，白天很吵，不過晚上很安

價格指南

旺季雙人房一晚的價錢：

€ € €昂貴€100以上

€ €適中€50-€100

€便宜€50以下

詳見340頁希臘旅遊組織旅館分類系統的旅館種類。

靜）。旅館的員工親切友善，從頂樓陽台可以眺望衛城和市區的美景。€ €

Austria

Moúson 7, Filopáppou

Tel: 210 923 5151

Fax: 210 924 7350

www.austriahotel.com

地點很好、乾淨、安靜，旅館名字非常希臘，但深受德國旅客歡迎。附設空調的房間很簡單，有整套的衛浴設備和陽台。房價包含豐盛的自助式早餐。€ €

Cecil

Athinás 39

Tel/fax: 210 321 7079

www.cecil.gr

靠近阿塔洛斯（Attalos），所有房間的價格都一樣，相較於鄰近的旅館，這裡的木頭地板房間有點斯巴達，但很乾淨。房價包括早餐，而其價格主要是因為它的地點，而非設備。€ €

Aphrodite

Einárdou 12 and M. Vóda 65

Tel: 210 881 0589/881 6574

www.hostelaphrodite.com

乾淨、樸實，服務親切，這間小旅館相當不錯。距離熱鬧地區雖然有點遠，不過位於維多利亞（Viktoria）

和史塔斯莫斯拉里薩斯（Stathmos Larisas）地鐵站中間。這裡有一間地下室酒吧，旅館還販售島嶼間的船票。€

Marble House

A. Zínni 35, Koukáki

Tel: 210 922 8294-923 4058

Fax: 210 922 6461

www.marblehouse.gr

不貴、乾淨，而且服務親切，這可能是雅典最划算的旅館。靠近Syngrou-Fix地鐵站。有些房間現在有空調（其他房間則有電風扇），有提供早餐，但需另外收費。最近整修過，但仍維持城市中的低價。€

YHA

Victor Hugo 16

Tel: 210 523 2540

Fax: 210 523 2540

www.hihostels.com

非常便宜，而且營運良好（2002年重整過），旅館離歐莫尼亞（Omonia）廣場、火車站及國家博物館都很近。四人房或兩人房的房間都很乾淨，而旅館旅遊服務亦提供折扣票。另有廚房和行李寄放的設備。€

XEN/YWCA

Amerikís 11

Tel: 210 362 4291-4

Fax: 210 362 2400

xene7@hol.gr

市區一處乾淨、安全，只提供女性住宿的旅館。價格非常合理，有些房間（三人或兩人共同使用）附設衛浴，每個房間都有電風扇。還有一個很簡單的餐廳。€

伯羅奔尼撒

阿列歐波利（Areópoli）
Pyrgos Kapetanakou
Tel: 27530 51479
國家觀光組織（EOT）修復計畫之一，這棟三層樓的建築，位在一個有圍牆的花園內，有各種不同類型的房間；有一處共用的陽台及一樓餐廳。€ €

古科林索斯（Arhéa Kórinthos）
Shadow
靠近大馬路
Tel: 27410 31481
簡單的小旅館，後面房間可以眺望翠綠的平原，週末一樓餐廳的現場音樂會傳來一些噪音。€

迪亞科弗托（Diakoftó）
Chris-Paul Hotel
Tel: 26910 41715
Fax: 26910 42128
www.chrispaul-hotel.gr
這間友善的旅館以兩個孩子的名字來命名，地點很好，位於前往Vouraikos峽谷的起始處。€ €

狄米札納（Dimitsána）
Xenonas Kazakou
Tel/Fax: 27950 31660
傳統石屋改建的迷人民宿，接近村莊上頭。€ €

卡拉馬塔（Kalamáta）
Haïkos Hotel
Navarínou 115
Tel: 07210 88902
海岸邊一處現代化的旅館，房間大小適中，服務人員非常親切。€ €

Iviskos Hotel
Fáron 196
Tel: 27210 62511
fax 27210 82323
這是卡拉馬塔特有的新古典主義建築之一，這棟旅館維護得很好。€ €

卡拉維爾塔（Kalávryta）
Filoxenia Hotel.
Ethnikís Andistásis 20
Tel: 26920 22422
Fax: 26920 23009
www.hotelfiloxenia.gr
傳統式的好客，服務效率很好。希爾莫斯山（Mt Helmos）冬季滑雪主要的旅館之一。€ €

科林索斯（Kórinthos）
Ephira
Ethnikís Andistásis 52
Tel: 27410 22434
Fax: 27410 24514
www.ephirahotel.gr
舒適的現代化旅館，價格合理，靠近巴士站及市中心。裡面的房間噪音較小。€ €

科洛尼（Koróni）
Auberge de la Plage
Zánga Beach
Tel: 27250 22401
Fax: 27250 22508
1970年代的現代建築並無特別之處，不過這裡可以眺望海洋和沙灘。€ €

科斯馬斯（Kosmás）
Xenonas Maleatis Apollo
Tel: 27570 31494
另一處遠離夏季人群的地方，這間傳統的民宿位於海拔1,150公尺（3,775英呎）帕爾農山一個怡人的村莊。這是遊客前往遙遠的阿爾卡迪亞（Arkadia）最大的基地。房間的裝飾很簡單，有一些廚房設備。€ €

路卓基（Loutráki）
Acropole
Tsaldári 11
Tel: 27440 22265
Fax: 27440 61171
好客的家庭式旅館，到市區、水療中心、海灘都很方便。€ €

莫念瓦西亞（Monemvasiá）
Lazaretto
Tel: 27320 61991
27320 61992
lazaretohole@yahoo.com
位於莫尼亞西亞岩石下，可以俯瞰步道、舊醫院的石牆遺跡已經被改建為豪華旅館，裡面有一間餐廳。€ € €

Malvasia
Tel: 27320 61323
Fax: 27320 61722
這家修復過的複合式飯店是此地最好的旅館之一；每間房間陳列著木雕及大理石的家具，非常獨特，還有壁爐和私人陽台。房間有單人房、雙人房和家庭式公寓。€ € €

美錫尼（Mykínes／Mycenae）
La Belle Hélène
main road
Tel: 27510 76225
Fax: 27510 76179
價格合理，頗有英國鄉村B&B的感覺，為了維持原貌，這裡沒有附設浴室的套房。內設的餐廳有賓客留言簿，上面有些名人的簽名（考古學家謝里曼在挖掘美錫尼時就住在這裡）。€ €

納夫普里歐（Návplio）
Ilion Hotel and Apartments

Evthimiopoúlou 4/Kapodistríou 6

Tel: 27520 22010

Fax: 27520 24497

www.ilionhotel.gr

位於克羅納普立亞（Akronavplía）山坡下，裝飾華麗的房間及套房，有些可以自助伙食。€ € €

Nafplio Palace

Akronavplía

Tel: 27520 70800

Fax: 27520 28783

www.nafplionhotels.gr

位於克羅納普立亞堡城牆內，低調但豪華。可以遠眺波爾提基島（Bourtzi island）美景。€ € €

Marianna Pension

Potamaníou 9

Tel: 27520 24256

Fax: 2752099365

www.pensionmarianna.gr

重新粉刷過的漂亮公寓。位於克羅納普立亞堡城牆邊。吃早餐的陽台可以眺望市區的風景。€ €

新米斯卓斯（Néos Mystrás）
Vyzantion

Tel: 27310 83309

Fax: 27310 20019

byzahtl@otenel.gr

旅館最近重新粉刷過，許多房間有整套的衛浴設備。大多房間還可以看到無以倫比的拜占庭遺址。€ €

奧林匹亞（Olybía / Olympia）
Hercules

Tel: 26240 22696

Fax: 26240 22213

地點安靜，對面是教堂，這裡的招待殷勤。€ €

Olympia Youth Hostel

Paxitéles Kondyli 18

Tel: 26240 22580

這裡的設備單調、簡單，但是床很舒服，淋浴的水是熱的。前往古代遺址很方便。€

帕拉里亞阿斯卓斯（Parálio Ástrous）
Chryssi Akti（Golden Beach）

Tel: 27550 51294

也許不是鎮上最豪華的旅館，但服務親切，房間很寬敞，附有浴室，價格合理，可以眺望海灘。全年營業。€

帕特拉（Pátra）
Byzantino

Ríga Feréou 106

Tel: 2610 243000

Fax: 2610 622150

www.byzantino-hotel.gr

靠近市區，裝潢完美的高級旅館；全年營業。€ € €

Galaxy

Agíou Nikoláou 9

Tel: 2610 275 981

Fax: 2610 278 815

位於市區人行區，服務殷勤，品質優良的旅館。街上最時髦的咖啡店和酒吧會傳來些許的噪音。€ € €

皮爾哥斯（Pýrgos）
Marily

Deligiánni 48

Tel: 26210 28133

Fax: 26210 27066

靠近火車站，距離巴士站走路不用10分鐘，這是探訪此區很好的中心點。€ €

里歐（Río）
Porto Rio

Tel: 2610 992101

Fax: 2610 992115

www.protorio-casino.gr

下榻在帕特拉賭場很時髦，附近有一處小小的海灘。€ € €

斯巴達（Spárti）
Cecil

Paleológou 125

Tel: 27310 24980

Fax: 27310 81318

位於主要道路上方轉角處，小旅館的地點很好，可以就近享受斯巴達的都市生活，並前往考古博物館參觀。旅館的人員非常親切，資訊非常豐富。€ €

斯坦尼札（Stemnítsa）
Trikolonion

Tel: 27950 81297

一個現代化建築結合了兩棟19世紀別墅，產生這棟被輕忽的C級旅館，館內附設一家優秀的餐廳；這是這一區最好的落腳處。位於海拔1,050公尺（3,500英呎），夏天也很涼爽。€ €

史圖帕（Stoúpa）
Lefktron

Tel: 27210 77322

Fax: 27210 77700

www.lefktron-hotel.gr

位於度假中心內地點很好的一家旅館，到海灘走路只要5分鐘。房間舒服，管理親切，另外還有一個游泳池。€ €

塔傑托斯（Taýgetos）
Touristiko Taïgetou

Selibovés，經過Kalamáta與Spárti

之間

Tel: 27210 99236

Fax: 27210 98198

位於海拔1,375公尺（4,500英呎）高山上的登山小屋，這是著名的山區步道中心。餐廳可以眺望2,000公尺的高山松林，品嘗美味的家庭式料理。全年營業。€

的黎波里斯（Trípoli）
Anactoricon

Ethnikís Andistásis 48

Tel: 2710 222 545

接近市區一家舒服的旅館，工作人員專業、親切，房間完美，最近整修過。€ €

維提納（Vytína）
Mainalon Hotel

Areos Square

Tel: 27950 22217

Fax: 27950 22200

極具風格的旅館，座落這個小滑雪勝地的中央。夏季是探訪阿卡地亞（Arkadía）中部最好的地方。€ € €

吉阿洛法（Giálova）
Helonaki

Tel/Fax: 27230 23080

非常親切的小旅館，地下室有一家極受歡迎的餐廳（不適合輕眠者）。可以遠眺納瓦里諾灣（Navarino Bay）壯麗的景觀。€

吉席歐（Gýthio）
Aktaion

Vassíléos Pávlou 39

Tel: 27330 23500

Fax: 27330 22294

位於碼頭北端一棟重新粉刷過的新古典主義建築；有點噪音，但是屋裡的每個陽台都可以看到海景，房間都有空調。€ € €

Zafiro Apartments

Mavrovoúni Beach

Tel: 27330 22991

座落在安靜果園中出色的公寓，距離吉席歐4公里（2.5英哩），房間乾淨寬敞，還有一個大陽台，老闆很友善。€ €

希臘中部

阿拉和瓦（Aráhova）
Xenonas Maria

就在大馬路上方

Tel: 22670 31803

此處唯一整修過的別墅小旅館；現在有5間不同大小雅緻的房間，2004年在隔壁繼續擴建。€ €

Xenonas Peterino

市中心

Tel: 22670 31384

現代化的建築外包裹著石塊（因此得名），旅館有雙人房、三人房和四人房，上層的房間比下層的房間有趣。€ €

德爾菲（Delfi / Delphi）
Athina

Vassíléon Pávlou and Frederíkis 55

Tel/fax: 22650 82239

自助旅行者最佳的旅館，套房有簡單的木頭裝飾，很多房間可以看到伊提亞海灣（Iteá Gulf）。冬天有暖氣；12月聖誕節及聖誕節周日至三月底停業。€

Pan

Vassíléon Pávlou and Frederíkis 53

Tel: 22650 82294

Fax: 22650 83244

傑出的中級旅館，雙人房很簡單，但家庭式的套房有豪華大浴缸。2002年在Artemis馬路對面擴建，這裡的水準更高——大多數的浴室都有迷你小浴缸，但你必須犧牲美麗的風景。€

Sun View

Apóllonos 84

Tel: 22650 82349

Fax: 22650 82815

dalenlzis@internel.gr

別墅位處於最重要的街道上，但非常安靜；2002年房間改成粉色的色調，牆上裝置了某些藝術品。樓下有早餐室，外面可以停車。€

加拉克西迪（Galaxídi）
Galaxa

Hirólakas灣山坡上

Tel: 22650 41620

Fax: 22650 42053

這裡的房間好像若有似無地在維修，不過這裡的景觀極好，重整過的旅館待客殷勤。最棒的是花園吧台的早餐和飲料，穿過馬路下方有個葡萄園。€ €

Ganymede

E. Vlami Street，市區，距離主要港口大約500公尺

Tel: 22650 41328

Fax: 22650 42160

www.gsp.gr/ganimede.gr

加拉克西迪最老的旅館，已整修過，在討人喜歡的義大利老闆Brunello Perocco的經營下，只有6間套房的舊房子（加上兩棟新的工作室），但他的花園酒吧和著名的早餐讓人們再度回來這裡。一定要預訂。11月關閉。€ €

納夫帕克托斯（Návpaktos）
Akti

Grímbovo，噴水池附近

Tel: 26340 28464

Fax: 26340 24171

akli@otencl.gr

這間旅館是鎮上最乾淨的，位處鎮上東邊海灘後面；大半的房間可以看到斜斜、不同的海景，感覺有點像防蟲的紗窗。早餐屬於令人滿意的水準，而頂樓的套房如宮殿般。€ €

Ilion

內陸卡斯特洛（kástro）山下

Tel: 26340 21222

想要在舊城停留一晚，試試這家只有10個房間的小旅館，雖然它有點貴，不過從最近的停車處，只要走一小段路就可以到。€ €

卡佩尼斯歐提斯山谷（Karpenisiótis valley）
Helidona

Old Mikró Horió

Tel: 22370 41221/697 2555637

這是這一區以價格聞名的住宿地點，這棟2001年重新粉刷過的旅館，屬於還可以負擔的那種旅館，完美地位在舊廣場，地下室有一家餐廳。€ €

Agrambeli

Gávros

Tel: 22370 41148

這棟河邊的別墅有涼爽的洞穴式房間；草坪中間有早餐吧台及大大的游泳池。€

梅索隆尼基（Messolóngi）
Theoxenia

Tourlídos 2，城南

Tel: 26310 22493

Fax: 26310 22230

此處最迷人、裝備最好的旅館，相較於其他旅館，其優點是這裡的地點及其花園。€ €

佛洛斯（Vólos）
Argil

Argonavtón 24

Tel: 24210 24171

Fax: 24210 33006

市區最好的旅館，這是一棟整修過的20世紀初建築，如果能訂得到海景房間，它的價格就非常值得。€

Roussas I

Latroú Tzánou 11

Tel: 24210 21732

Fax: 24210 22987

位於海岸東邊盡頭，這個城鎮最僻靜的旅館，比E級旅館的價格還低，讓這裡變得很廉價。套房維護良好，附近可免費停車，不過沒有早餐。€

價格指南

旺季雙人房一晚的價錢：

€ € € 昂貴€ 100以上

€ € 適中€ 50-€ 100

€ 便宜€ 50以下

馬克利尼札（Makrinítsa）
Arhondiko Repana

on main lane

tel: 24280 99067

Fax: 24280 99548

這個觀光勝地最值得停留的旅館，有一點整修過頭，不過房間很舒服，都附有現代化的空調設備。€

波塔里亞（Portariá）
Kritsa

Central platía

Tel: 24280 99121

Fax: 24280 90006

www.hotel-kritsa.gr

品味是這裡主要的重點；這是一家兩次戰爭期間保留下來的一般性建築，如今變成讓你特別想來的地方。這裡有8間房間（有一些套房），有4間可以看到廣場的房間。豐富的早餐勝過其他同價的中等旅館。€ €

札哥拉（Zagorá）
Arhondiko Konstantinidi

Tel: 24260 23391

Fax: 24260 22671

比皮歐北部，少數保留下來的18世紀別墅之一，這裡提供維護良好的房間，完美的公共區域（包括庭院）及美味的自助式早餐。€ €

聖雅尼斯（Ágios Ioánnis）
Anesis

Shore road

Tel: 24260 31123

Fax: 24260 31223

anesis@otenel.gr

這裡第一流的旅館之一，1990年代整修過，少數歡迎直接走進去訂房的旅館之一；管理得體，房間裝潢柔和。€ €

莫雷西（Moúressi）
The Old Silk Store

轉進麵包店旁邊的路

Tel/fax: 24260 49086

www.pelionet.gr/oldsilksore

19世紀絲商的別墅，一位康瓦爾女子Jill Sleeman神奇地將別墅改成B&B旅館，她亦導覽此區。早餐很

棒（自製的果醬、全麥麵包），你可以在田園般的花園中享用早餐。€ €

達莫哈里（Damoúhari）
Damouhari Hotel
centre bay

Tel: 24260 49840

Fax: 24260 49841

旅遊團大多安排住在仿傳統的石頭建築的複合式套房，海灣旁擴建5間當地藝術裝飾的房間，俯瞰著下面的餐廳，隔絕後面保留的部分。你仍然可以到山坡上的游泳池，中和式裝潢的酒吧。€ €

札安格拉達（Tsangaráda）
Kastanies
Ágios Stéfanos區，鎮上西北方最後面一棟建築

Tel: 24260 49135

Fax: 24260 49169

www.kastanies.gr

重整過的別墅落在花園中，巧妙的家具裝潢非常有品味，浴室非常乾淨完全符合標準、每間浴室都有浴缸。早餐非常豐盛，而餐廳（Evohia）的信譽也非常良好。€ €

Konaki
Agía Paraskeví 區，穿過高速公路下方

Tel: 24260 49481

每個房間都有冰箱，也都可以看到某種風景，有些房間是鐵製的床、有陽台；地下室的早餐地區很舒適。€ €

維札席（Vyzítsa）
Kondou
停車場上坡處

Tel: 24230 86793

vikonto@otenet.gr

兩層樓重建的建築（1792年代）是個標準的住宿地點，價錢可接受，房間的門較低，要注意頭。€ €

Thetis
位於教堂旁邊及停車便利

Tel: 24230 86111

也許沒有經過很大的整修，不過這裡仍然深受歡迎，感謝這裡的早餐和價格。房間混合了木頭的裝潢。€

波提史提卡（Potistiká）
Elytis
海灘上面的斜坡上

Tel: 24230 54482

如果你只是想到海邊度個假，不用什麼文化之旅，這可能是Pílio最好的選擇；這是個儉樸、尚未開發的海灣，如果覺得內陸的旅館太無聊的話，這裡隨時歡迎你，餐廳的服務很好。€

亞格拉斯提（Argalastí）
Agamemnon
鎮上

Tel/fax: 24230 54557

www.agamemnon.gr

另一個整修過的別墅，屋內有裸露的石牆及壁爐，公共空間裝飾著古董家具，外面有一個很大的游泳池——這裡通常都是旅行團。不過，這裡仍是半島南邊值得停留的地方。€ €

Karýtsa
Dóhos Katalymáta, 位於卡里提薩（Karýtsa）與史托米歐（Stómio）之間

Tel: 24950 92001

位於基薩佛斯山（Mount Kíssavos）

山坡，2002年興建的旅館座落在森林中，就在希臘最好、最小的海灘，寬廣的房間和套房鋪著木製地板，每個房間都可以看到海景，每個房間也都有浴缸，有些房間還有廚具，公用地區鋪設著磨石地板，有一個音樂廳，整個夏天都舉辦一些特別的活動，另外還有一個游泳池及一個酒吧／早餐室。€ €

卡拉姆巴卡（Kalambáka）
Elena
Kanári 3, 舊城中心

Tel: 24320 77789

2002年興建的xenónas，有4間超大豪華的標準房，房間內都附設空調。有一點貴，但很安靜，而且只要走幾個階梯就可以到達壯麗的拜占庭城堡。€ €

Meteora
Ploutárhou 13，城西

Tel: 24320 22367

Fax: 24320 75550

附設空調的房間、充足的停車位，早餐另外還有蛋糕和起司；而Gekas兄弟極盡所能地讓這家E級的旅館，屹立不搖在這條充滿噪音的馬路上。€

卡斯特拉基（Kastráki）
Doupiani House
村莊西端，往山上的路上有清楚的標示

Tel: 24320 77555

Fax: 24320 75326

doupiani-house@kmp.fiorthnet.gr

岩層就在你面前，2004年升級後，房間的狀況還不錯，塔納西斯和托烏拉的歡迎意指著，這裡你一定要事先預約。€

Ziogas Rooms

set well off noisy through road

Tel: 24320 24037

大多數較大的陽台套房都面對岩石；冬天有暖氣，一樓大廳有早上用餐的餐廳和酒館。€

阿斯帕羅波塔莫斯（Aspropótamos）

Pyrgos Mantania (Mantania Tower)

near Kalliroe village

Tel: 24320 87351/87600

www.mantania-ae.gr

豪華的小旅館，新的石頭建築，這一區既可以在湖上泛舟，又可以到森林漫步。樓上的四人套房有壁爐，完全滿足一家子的需求，樓下的標準房比較便宜，但仍很大。另一棟獨立的建築設有信譽良好的餐廳酒吧。€ €

伊派拉斯

雅尼納（Ioánnina）

Kastro

Androníkou Paleológou 57

Tel: 26510 22866

Fax: 26510 22780

www.epirus.com/holel-kastro

位在前往內陸城堡路上，這是一家整修過的小旅館，有7個不同的房間（一樓那一間沒有空調只有電風扇，稍微便宜一點）。街道禁止停車；全年營業。€ €

Orizon/Horizon

Lykiades village, 12km out of town

Tel: 26510 86180,

www.epirus.com/horizon

這棟2000年設計合宜的旅館可以俯瞰整個湖區。房間多樣、寬敞，深受希臘週末度假人士的歡迎，最好事先請人代為預訂。€ €

Politeia

Anexartisís 109A

Tel: 26510 22235

www.etip.gr

套房式的旅館，這是一位老貿易商的大樓。每間套房都各自獨立，庭院有早餐。除了地點外，這裡非常安靜。全年營業。€ €

Xenia

Dodónis 35

Tel: 26510 47301

Fax: 26510 47189

在希臘Xenia大都是連鎖的，不過這一家旅館很好，它解決了雅尼納兩個主要問題：街道噪音及停車問題。設在街道後面，很舒適，一樓像公園，公共區域是旅館另外拓建的；房間鋪設有拼花的地板，2001年稍微整修過，保留磨損的通風井，這是1960年代大膽的創意。€ €

美特索沃（Métsovo）

Filoxenia

靠近中央廣場

Tel: 26560 41021

Fax: 26560 42009

位於廣場旁邊的優秀小旅館，房間舒適，後面的房間有美麗的景觀。€

Bitounis

main street

Tel: 26560 41217

Fax: 26560 41545

bitounis@met.forthnel.gr

豪華的住宿地點，由長期住在倫敦、說了一口英文的兄弟經營。

2001年所有房間都大修過，多數房間都有陽台，頂樓有提供家庭住宿的套房，以及滑雪季節的蒸氣室。€

科尼札（Kónitsa）

Yefiri

riverside district

Tel: 26550 23780

Fax: 26550 22783

gefyri@yahoo.com

鎮上最標準的旅館，有鋪著木板地板的大房間，廣大的公共空間，同時還有游泳池，有些季節河邊上的運動並不太吸引人。€ €

帕品戈／美加洛（Pápingo／Megálo）

Papaevangelou

村莊北邊盡頭

Tel: 26530 41135

Fax: 26530 41988

這裡最好的傳統式小旅館，有很多房間（有些是獨立的套房），同時還有一間酒吧，旅館的早餐比一般水準還好。管理友善、熱誠。€ €

Kalliopi

村莊南邊

Tel: 26530 41081

舒適的房間有暖氣，家具品味非凡；同名的餐廳備受推崇（見369頁）。€ €

Nikos Tsoumanis

village centre

Tel: 26530 42237

同名的餐廳聲譽很好，傳統式的建築有5間新的套房，舒適但有點暗；很多房間經過精心設計。€ €

Pension Koulis

behind central kafenío

Tel: 26530 41138

村莊獨特的小旅館，1993年改建成套房式房間，Koulis自己已經退休了，現在由他兒子Nikos和Dimitris管理。€

帕品戈／米克羅（Pápingo / Mikró）

O Dias

Tel: 26530 41257

Fax: 26530 41892

這是一間整修過的小旅館，房間分散在兩棟傳統的建築中，托架式的陽台上有一家餐廳和酒吧；老闆對長途跋涉的旅行者非常友善、親切，登山是這一帶主要的活動。€€

Koukoúli

Village centre

Tel: 26530 71743

村中一棟整修過的傳奇性房子，由一對風趣的英國夫婦經營，只有3間套房，不過有兩間大一點的房間精心設計過，包括一個早餐室（最近在花園裡用餐）。建議最好事先預約。€€

舊培迪納（Ano Pedina）

To Spiti tou Oresti

near top of village

Tel/fax: 26530 71202

德國／希臘聯合經營，這棟重整過的小旅館，溫馨的家具、裝有雙層玻璃的房間和套房，附設的餐廳品質不定。€€

埃拉提（Elati）

ly Elati

village centre

Tel: 26530 61492

Fax: 26530 71181

距離國家公園中央有點遠，但這就表示比較可能有空房，從後面房間

的陽台可以遠眺格米拉山的美景，老闆是希臘裔的加拿大人；這裡的餐廳令人很滿意。€€

策佩洛夫（Tsepélovo）

Gouris

east side of village

Tel: 26530 81214/81288

由Anthoula和女兒一起經營，這家待客殷勤的小旅館，1996年重新整修過套房，這是此區深受健行者歡迎的住宿地點。感謝Alekos Gouris致力於當地步道的努力。如果你願意拿出一半的伙食，就選這個地方，因為附近小酒館的食物很普通。€

山區避難所

山區避難所通常是由各個希臘登山俱樂部負責經營，種類繁多，有的是只有 12 張床的滑雪小屋，必須自備糧食，有的則有 100 張床位，而且供應三餐。希臘共有超過 40 間山區避難所，不過只有幾間長年有人駐守，其他的如果要向俱樂部索取鑰匙，則太過麻煩，而且不值得。

帕爾加（Párga）

Magda's Apartments

below road to Aglá

Tel: 26840 31728

Fax: 26840 31690

magdas@otenet.gr

鎮上最有水準的住宿，橄欖樹叢中有好幾種不同的房間，有一間酒吧和游泳平台。大都是旅行團，最好早一點預訂；希臘復活節後至10月營業。€€

Golfo Bea

Kryonéri beach

Tel: 26840 32336

Fax: 26840 31347

就在Magda（上方）的正對面：1970年代希臘的一部分，這是帕爾加最老的小旅館。房間有基本的設備，有一半是套房、一半面海，另外還有一個怡人的花園。樓下有一個不錯的餐廳。5月至10月營業。€

卡拉弗斯塔西（Karavostási）

Karavostasi Beach

海灘中間後方

Tel: 26650 91104

Fax: 26650 91568

karavoslt@otennel.gr

設計精美、和諧的海灘旅館，有一個大游泳池，細心照料的花園，以及像樣的早餐。斯巴達式全白的房間，設備尚可。5月底至10月初營業。€€

阿莫迪亞（Ammoudiá）

Glaros

河邊，距離海灘200公尺

Tel: 26840 41300

Fax: 26840 41118

沒有太大的特色──鎮上唯一一棟1960年代的建築──但有空調、套房，而且很安靜，從小旅館到海灘或碼頭的小酒館都很方便。5月至10月營業。€

塞薩羅尼基

巴里斯托卡皮西斯（Bristol Capsis）

Oplopioú & Katoúni 2

Tel: 2310 506500

Fax: 2310 515777

www. capsishotel.gr

這也許是塞薩羅尼基最奢華的精品旅館，16間獨立、完美的套房各有不同的名稱，以之前的Bristol旅館的架構整修而成。€ € €

Capsis Hotel
Monastiríou 18
Tel: 2310 52321
Fax: 2310 510555
www.capsishote.gr
現代化市區旅館，提供所有預期中豪華的設備，包括屋頂花園、健身游泳池及蒸氣室。€ € €

價格指南

旺季雙人房一晚的價錢：
€ € €昂貴€100以上
€ €適中€50-€100
€便宜€50以下
詳見340頁希臘旅遊組織旅館分類系統的旅館種類。

Electra Palace
Plateía Aristotélous 9
Tel: 2310 294000
Fax: 2310 294001
www.forthnet.gr/electrapalace
另一個市區旅館，俯瞰寬廣的Aristotelous廣場，新古典主義的外觀，非常壯觀也非常舒適。€ € €

Kinissis Palace
Egnatías 41 & Syngroú
Tel: 2310 508082
Fax: 2310 523904
www.kinissi-palace.gr
市區重建的一家旅館，維持原有的風味和氣氛。房間很大空氣流通，屋內有雙層玻璃；有一個蒸氣室及按摩中心。€ € €

Macedonia Palace
Megálou Alexándrou 2
Tel: 2310 897197
Fax: 2310 897210
www.grecolelcity.gr
距離白塔南方一小段路，另一處地標性的豪華旅館，這裡吸引許多商業人士及會員。散發高雅的風度。€ € €

Mediterranean Palace
Salamínos 3 & Karatásou
Tel: 2310 552554
Fax: 2310 552622
www.medilerranean-palace.gr
你無法住到比這家精品旅館更靠近港口或Ladádika區了，房間陳設非常昂貴的家具，以及通風的公共空間。€ € €

Minerva Premier
Egnatias 44 & Syngroú 12
Tel: 2310 566440
Fax: 2310 566436
info@minervapremier.gr
1929年興建的新古典主義建築，旅館標準的客房非常舒服，而商務房有迷你的辦公室。旅館內以水晶、大理石、木頭裝潢。€ € €

Philippeion Hotel
Dásos Séich-Soú
Tel: 2310 203320
Fax: 2310 218528
www.philippion.gr
座落在吵雜的城市外的Séih-Soú森林中。可以俯瞰整個城市，非常舒適的房間，另外市區有免費的接駁公車。€ € €

ABC Hotel
Angeláki 41
Tel: 2310 265421

Fax: 2310 276542
住在這裡，前往塞薩羅尼基一年一次的商品展覽會非常方便，東邊的這家商務旅館時髦又實用，整修過的健身房有許多中級旅館所擁有的現代化設施。€ €

Hotel Tourist
Mitropóleos 21
Tel: 2310 270501
Fax: 2310 226865
除了接待區較小，Tourist是一家自在的中級旅館。房間的大小正常，設備齊全。位於市中心。€ €

Le Palace
Tsimiskí 12
Tel: 2310 257300
Fax: 2310 221270
www.lepalace.gr
另一個位於舊建築（1926年）中的重要旅館。2002年整個大翻修，Le Palace擁有巴黎30年代的風情。旅館內有一家氣氛輕鬆的咖啡屋，叫Deli Deli。€ €

Luxembourg
Komninón 6
Tel: 2310 252600
Fax: 2310 252605
位於商業區中心，這家旅館模糊地表現出裝置藝術風格。房間平常但夠舒服。€ €

Best Western Vergina
Monastiríou 19
Tel: 2310 516021
Fax: 2310 529308
www.vergina-holel.gr
屬於Best Western連鎖飯店，Vergina非常靠近港口和火車站，與商業旅館一樣舒服，而且和其他連鎖的旅館很像。€ €

Hotel Alexandria

Egnatía 18

Tel: 2310 536185

Fax: 2310 536154

在Egnatía西緣許多便宜的飯店中，這家經濟型旅館是最好的選擇。老闆有點陰沉，不過房間還算不錯。€

Hotel Ilysia

Egnatía 24

Tel: 2310 528492

另一家合理的經濟型旅館。房間比隔壁Alexandria更儉樸，但是有電視、電冰箱、電話及私人的浴室。€

Orestias Kastoria

Agnóstou Stratiótou 14

Tel: 2310 276517

Fax: 2310 276572

屬於經濟型旅館，這一家比其他旅館更引人注目，這家旅館遠離Egnatía鬧區，位於一棟新古典主義建築內，房間非常漂亮，內部明亮、乾淨、通風。€

帕諾爾莫斯（Panórama）

Hotel Panorama

Analípseos 26

Tel: 2310 341229

Fax: 2310 344871

www.holelparnorama.gr

這棟70年代重整過的旅館位於塞薩羅尼基山丘上，對於有交通工具的旅客來說，Panorama是很好的一家旅館。舒適安逸的房間，從城市上方俯瞰帕諾爾莫斯的景觀。€ € €

Nefell

Komminón 1

Tel: 2310 342002

Fax: 2310 342080

nepheli@otenet.gr

對於喜歡有點呼吸空間的人來說，這家位於郊區的旅館是很好的選擇。漂亮的屋頂花園、壯麗的視野、舒適的房間。還有提供美食的餐廳。€ € €

馬其頓及色雷斯

卡斯托里亞（Kastoriá）

Arhondikó tou Vérgoula

Aidístras 14

Tel: 24670 23415

Fax: 24670 23676

位於安靜的村落邊，一棟改建的舊豪宅。週末逃離市區的好去處，豪宅中散發昔日風格的舊式房間。早餐室很大但樸實無華，樓下有一家酒吧。€ €

Eolís

Agíou Athanasíou 30

Tel: 24670 21070

靠近市區，一家迷人整修過的德國式豪宅，這裡曾經是領事館。如今是一家精品旅館，房間陳列著昂貴的家具，以及你所想得到的現代化設施。樓下有一家待客殷勤的咖啡酒吧。€ €

亞歷山卓波利（Alexandroúpoli）

Thraki Palace

4km (2.5 miles) along alexandroúpoli-Thessaloníki road

Tel: 25510 89100

Fax: 25510 89119

www.thrakipalace.gr

在亞歷山卓波利興盛的上流需求旅館中，這是最新的一家。對於沒有交通工具的旅客來說，這家旅館距離市區有點遠，但它擁有自己的獨立性及自家的私人海灘。設計最巧

修道院

修道院通常也提供住宿給旅客，然而他們的客房（xenónes）是提供給以前東方正教朝聖者住宿的地方。當然，亞陀斯峰（Mount Athos）擁有好客的悠久傳統，不過只限男性。其他修道院也歡迎過夜的旅客，不過沒有那麼正式。如果你能找到接納過夜遊客的修道院，一定要注意衣著（不能穿短褲）和舉止。大門可能在日落時就早早關閉，院方也許會期待你捐獻一些錢。

妙的地方就是思慮周詳的公共空間、餐廳和酒吧。€ € €

阿莫里亞尼（Amoulianí）

Agionísi Resort

距離港口1.5km（1英哩）

Tel: 23770 51102

Fax: 23770 51180

www.papcorp.gr

這棟頂極的旅館位於低調獨棟平房的度假中心。圓形劇場型的建築靠近沙灘，獨棟的平房設計獨特、設備齊全，並且陳列Kalkidikí當地的家具。旅館內有游泳池、修剪整齊的花園，同時提供私人的渡輪前往對面沿海的雅典。€ €

亞爾尼亞（Arnéa）

Oikia Alexandrou

Platía Patriárhou Vartholoméou 1st

Tel: 23720 23210

www.oikia-alexandrou.gr

由一棟民宅轉變而成精緻的民宿。室內完美地裝潢著典雅的家具。木質的地板房間附設現代化的設施。樓下的餐廳酒吧提供有益健康的馬

其頓料理，冬季壁爐會以原木取火。€ € €

達迪亞（Dadiá）
Ecotourism Hostel
Dadiá 村鎮上方1公里（0.5英哩）

Tel: 22540 32263

為了WWF的達迪亞野生保護區，遊客中心經營這家青年旅館，每一個套房的設備都很簡單，並以經常出現在達迪亞森林中的鳥類來命名。如果你想要早起健行1小時上山到森林中去欣賞保護區的猛禽出來獵食，這是最好的住宿地點。村中有幾家還不錯的酒館。€

埃迪薩（Édessa）
Varósi
Arhieréos Meletiou 45-47

Tel: 23810 21865

Fax: 23810 28872

藏在鎮上鄂圖曼區街道後面，這棟重新粉刷過的舊房子現在成為一家不貴的精緻民宿。現代化但房間仍是傳統風格，鋪設木質的地板和石牆。在壁爐旁邊的用餐／就座區，享受分量十足、具選擇性的早餐。€

卡維拉（Kavála）
Hotel Nefeli
Erythroú Stavroú 50

Tel: 2510 227441

Fax: 2510 227440

一個城鎮不有名，就把這裡旅館當作住宿的地方，這是旅行休息的法則。2002年旅館徹底地整修過，Esperia設法結合舒適及便利的地點（很市區），這家商物旅館提供一應具全的設備。對遊客而言，這裡非常靠近你所要搭的巴士站，同時連

結前往各地的渡輪。€ €

科摩提尼（Komotiní）
Olympos Hotel
Orféos 37

Tel: 23510 37690

holympus@otenet.gr

科摩提尼多數的旅館都是商務性質的旅館，比較沒有人味。Olympos旅館是唯一的例外——待客殷勤友善，現代化而且最近才整修過。前往市區非常便利，還有一家品質控制良好的餐廳。€ €

利托霍羅（Litóhoro）
Villa Pantheon
West end of Litóhoro village

Tel: 23520 83931

Fax: 23520 83932

位於前往奧林帕斯山的這個小村落也許是最好的住宿地點，這是個家族式的旅館，非常舒適宜人、設備齊全。房間完全一致的家具、附設一個小廚房、迷你酒吧、設定好的電視和空調。€ €

帕瑞斯帕（Préspa）
Ágios Germanós Hostel
Ágios Germanós 村落中央

Tel: 23850 51357

www.prespa.com.gr

這個住宿有限的地區，這是個很新的住宿地點，這裡只有8個房間，由木頭和石頭蓋成的農舍改建而成，但設備非常齊全、舒適。所有暖氣由中央控制，同時有兩個開放可生火取暖的壁爐。€ €

克桑西（Xánthi）
Hotel Dimokritos
28 Oktovríou 41

Tel: 25410 25411

Fax: 25410 25537

克桑西是個商業性城鎮，旅館也反映了顧客的需求。由於和Dimokritos有點距離，這裡因此出現一些遊客。每個房間都有冰箱和電視（專用的ISDN線）。走路10分鐘就可以到達許多有趣的景點和吃飯的地方。€ €

沙羅尼克灣

薩拉瑪尼亞（Salamína）
Gabriel
Eándio

Tel: 210 466 2275

雖然不是很豪華，卻是島上最好的旅館，位於海邊的Eándio村，就在海邊。一般性的設備，舒服到足以讓你留在薩拉瑪尼亞島上。€ €

愛吉納（Aegina）
Apollo
Agía Marína

Tel: 22970 32271

Fax: 22970 32688

apolo@otentl.gr

位於島嶼東部愛吉納主要的度假中心內。如果你想要離海灘近一點，大型的Apollo，雖然有點舊，但仍然是一個舒適的選擇。設備完善，還有一家餐廳。€ €

Hotel Brown
Égina Town

Tel: 22970 22271

Fax: 22970 25838

brownhole@aig.forthnet.gr

就在南邊的海岸，從渡輪碼頭走路只要5分鐘，旅館仍然由同一個家族經營，她們的祖先有部分英國的

血統（旅館名稱的由來）。房間獨特、整齊，還有一個綠意盎然的大花園。€€

To Petrino Spiti

Égina Town

Tel: 22970 23837

三層樓的石屋（pétrino spití），距離港口10分鐘的路程。非常舒服，而且很有特色。有10間風格互異的套房──有幾間是古希臘式的風格。€

安吉斯崔島（Angístri）

Yana Hotel

Skála, Angístri

Tel: 22970 91356

Fax: 22970 91342

安吉斯崔島比較好的經濟型旅館之一。有15間房間，每一間都有舒適的空間，位於Skála港口附近，這代表你不需要搭計程車就可以到達這裡。4月至11月營業。€

波羅斯島（Póros）

Hotel Manessi

Póros Town

Tel: 22980 22273

Fax: 22980 24345

manessis@otenel.gr

海邊一處非常怡人的選擇。旅館是新古典主義的建築，設備齊全，擁有中央控制的暖氣與空調、電視、冰箱，多數房間的陽台都可以眺望港口的美景。€

Sto Roloi

Hatzopoúlou & Karrá 13,

Póros Town

Tel: 22980 25808

Fax: 210 963 3705

www.shoroloi-poros.gr

Sto Roloi（意指時鐘），位於帕羅斯

鎮後方山丘上鐘塔附近，200年歷史的舊房子改裝成兩棟公寓，隔壁是Anemone House和Little Tower。屋內陳列著傳統的家具。€€€

Seven Brothers Hotel

Platía Iróön, Póros Town

Tel: 22980 23412

Fax: 22980 23413

www.poros.com.gr/7brothers

家庭式的小旅館，附設餐廳。房間很大、很舒服，有電視、空調。到波羅斯市區中心、渡輪、水翼船碼頭都很方便。€€

海德拉島（Ýdra）

Orlof

Ýdra Town

Tel: 22980 52564

Fax: 22980 53532

orloff@internet.gr

島上極為怡人的別墅，如今成為設備舒適的旅館，每個房間的大小和形狀都不一樣。有些房間可以俯瞰整個城市，有些則位於花團錦簇的花園中，這裡有供應豐盛的自助式早餐。€€€

Leto

Ýdra Town

Tel: 22980 53386

Fax: 22980 53806

leto@sofianos.gr

耶德拉島上傳統式的民宅，轉變成精品式的旅館，每個房間都以耶德拉海洋式的風格設計，附設空調。設備包括了迷人的早餐室、提供給抽煙者獨立的空間──在希臘很少見。€€

Miranda

Ýdra Town

Tel: 22980 52230

Fax: 22980 53510

位於1810年的豪宅內，Miranda是一家傳統式的旅館，擁有14間設計各不相同的房間，有些是傳統式的，有些是裝置藝術式的。館內附設的藝廊提升了旅館高貴的氣質。花園內供應早餐。€€

斯派采島（Spétses）

Nissia Hotel

Spétses Town

Tel: 22980 75000

Fax: 22980 75012

www.nissia.gr

也許是島上最精緻的旅館，旅館位於主要的渡輪碼頭西方500公尺（550碼），俯視著海濱散步步道，有31棟一層樓和兩層樓的公寓，以島上傳統形式建蓋而成，每一間都可以看到海景。另外還有提供豐富的自助式早餐。€€€

Spetses

Spétses Town

Tel: 22980 72602

Fax: 22980 72494

www.spetses-hotel.gr

距離渡輪碼頭800公尺（0.5英哩），擁有自己的私人海灘，房間寬敞，配備齊全，陽台都可以看到美麗的海景，屋內都有電視、音樂系統、空調及迷你酒吧。另外還有一家旅館經營的餐廳。€€€

Lefka Palace

Spétses Town

價格指南

旺季雙人房一晚的價錢：

€€€昂貴€100以上

€€適中€50-€100

€便宜€50以下

Tel: 22980 72311

Fax: 22980 72161

lelkapalace@holmail.com

Lefka Palace有一個自己的標準，寬敞通風的房間，寬大的走廊。離海灘很近，還有大型的游泳池、網球場及大花園。€ €

基克拉澤斯群島

安德羅斯島（Ándros）
Paradisos

Ándros town

Tel: 22820 22187

靠近市區一家新古典主義的豪宅，距離海灘700公尺（760碼）。通風的房間，陽台擁有壯麗的景觀。€ €

Andros Holiday Hotel

Gávrio

Tel: 22820 71384

Fax: 22820 71097

androshol@otenct.gr

位於郊外海灘邊，迷人的房間內以陽台可以眺望海天一色的美景，另外有游泳池、網球場、餐廳。€ €

Mare e Vista-Epaminondas

Batsí

Tel: 22820 41682

www.mare-visia.com

島上最好的旅館，大房間內有陽台，還有一個大游泳池、花園及停車場。從鎮上走路需要15分鐘。靠近海邊。€ €

Niki

Ándros town

Tel/fax: 2282 29155

2002年開幕，這棟由大馬路上的豪宅改裝成旅館，既便利、優雅又不貴。每個房間都有陽台，有些面

海，有些面對大馬路。€

基亞島（Kéa）
Ioulis

Ioulís (Hóra)

Tel: 22880 22177

位於地點卡斯特拉城堡區，非常安靜又迷人，陽台上可以欣賞美麗的景觀，但設備非常簡單。€ €

Kéa Beach

Koúndouros Bay

Tel: 22880 31230

Fax: 22880 31234

距離Písses南方5公里（3英哩），旅館擁有豪華、獨棟的平房，以傳統的基克拉澤斯風格建蓋而成，擁有各種設施，從夜總會到各種水上運動。€ €

提諾斯島（Tínos）
Alonia

Hóra (3km/1 1.5 miles towards Pórto)

Tel: 22830 23541

Fax: 22280 23544

這是提諾斯島最受歡迎的旅館，從外面看起來不怎麼討人喜歡，游泳池很大，周圍枝葉茂盛，房間的陽台擁有迷人的景致，食物很美味。€ €

Tinion

Hóra

Tel: 22830 22261

Fax: 22830 24754

位於市區擁有昔日風情的迷人旅館，石磚鋪設的地板，蕾絲花邊的窗簾、寬敞的陽台。€ €

基斯諾斯島（Kýthnos）
Kythnos

Mérihas Bay

價格指南

旺季雙人房一晚的價錢：

€ € €昂貴€100以上

€ €適中€50-€100

€便宜€50以下

詳見340頁希臘旅遊組織旅館分類系統的旅館種類。

Tel: 22810 32247

位於海邊，一家友善、設備平常的旅館，房間前面的陽台可以看到美麗的海景。€

錫羅斯島（Sýos）
Dolphin Bay Hotel

Galissás

Tel: 22810 42924

Fax: 22810 42843

www.dolphin-bay.gr

島上最大、最現代化的度假旅館，設備完善，大型游泳池、餐廳，還可以眺望對面海灣的美景。€ € €

Hotel Faros Village

Azólimnos

Tel: 22810 61661

Fax: 22810 61660

mavross@olenel.gr

位於海邊的大型旅館，從首府開車5分鐘。擁有普遍的設備，包括兩個游泳池和一家餐廳。每一個房間都有陽台可以看到海景或美麗的花園。€ € €

Omiros

Ermoúpoli

Tel: 22810 24910

Fax: 22810 86266

擁有150年歷史的新古典主義豪宅，經過一流的整修。房間陳列著傳統式的家具，可以看到港口美麗

的景致。€ €

米克諾斯島（Mýkonos）
Cavo Tagoo
Hóra

Tel: 22890 23692

Fax: 22890 24923

www.cavolagoo.gr

極盡奢華的旅館，位於首府北方
500公尺（550碼）的山上。贏得錫
基克拉澤斯建築獎，出色的家具、
無懈可擊的服務、親切的氣氛、美
麗的視野、游泳池以及米克諾斯最
好的餐廳。€ € €

Deliades
Ornós

Tel: 22890 79430

Fax: 22809 26996

www.hoteldeliadesmykonos.com

建於2001年，旅館品味非凡，從
Ornós海灘只要一小段距離就可以
登上山丘。每個房間都有一個可以
看到海景的大陽台。氣氛輕鬆、有
游泳池，有到港口和機場的接駁
車。€ € €

Villa Konstantin
Ágios Vasílios

Tel: 22890 26204

Fax: 22890 26205

www.villakonstantin-mykonos.gr

距離鎮上700公尺，擁有島上真正
的風格，但很豪華，每個房間都有
陽台，多數可以看到美麗的海景，
有些房間設有廚房。€ €

Myconian Inn
Hóra

Tel: 22890 23420

Fax: 22890 27269

mycinn@hotmail.com

位在鎮上邊緣的上方，這家小旅館
非常便利、安靜，不虛裝門面且極
有品味。陽台可以俯瞰港口。€

塞里佛斯島（Sérifos）
Areti
Livádi

Tel: 22810) 51 47 9

Fax: 22810) 51 54 7

家族經營的旅館（還有一家蛋糕店）
靠近碼頭上岸的地方，建在山丘
上，景觀雄偉。平靜的陽台花園可
以眺望遠方的海景。€ €

西夫諾斯島（Sífnos）
Platis Gialos Hotel
Platýs Gialós

Tel: 22840 71324

Fax: 22840 31325

基克拉澤斯式的大型旅館，位於海
灘偏遠的盡頭。家具完善，木雕的
裝潢，彩繪的牆壁。石板路直達海
邊。設備一應具全，餐廳一樣可以
看到美麗的景致。€ € €

Artemon Hotel
Artemónas

Tel: 22840 31303

Fax: 22840 32385

簡單、迷人的家庭式旅館，房間可
以俯瞰滔滔的浪濤。€ €

Apollonian
Apollonía

Tel: 22840 31490

迷人的小旅館（只有9個房間），這
是一棟島上傳統式的建築，對待客
人非常友善。€

Moní Hrysopigí
Apókofto

Tel: 22840 31255

17世紀的修道院，座落在以人行橋
連結的小島上，夏天出租樸實的小
房間。必須事先預訂。€

安迪帕洛斯（Andíparos）
Hryssi Akti
near Kástro

Tel: 222840 61206

Fax: 22840 61105

位於東岸海邊一處優雅的旅館，擁
有設備齊全的房間。€ €

Mantalena
Kástro

Tel: 22840 61 206

Fax: 22840 61550

位於海邊乾淨、簡單的住宿地點，
可以看到港口的景觀，以及對面的
海灣。€

帕羅斯島（Páros）
Astir of Paros
Náousa

Tel: 22840 51986

Fax: 22840 51985

www.ila-chateau.com/astir/index.him

希臘最豪華的旅館之一，從鎮上橫
越海灣的海灘附近。寬敞的房間附
設了陽台，浴室鋪設著帕羅斯的大
理石。另外有大型的游泳池、高爾
夫球場及寬闊的花園。€ € €

Pandrossos Hotel
Parikía

Tel: 22840 21394

Fax: 22840 23501

www.pandrossoshotel.gr

位於Parikia邊緣秀麗的山丘上，沒
有在鎮上。可以看到美麗的海灣，
旅館內有游泳池、餐廳、大理石大
廳。€ €

Dina
Parikía

Tel: 22840 21325

Fax: 22840 23525

這家友善的旅館位於舊鎮的中央。乾淨無比的房間座落於花木扶疏的庭院中。只有8個房間,所以要提早預訂。€

納索斯島(Náxos)

Apollon

Hóra

Tel: 22850 22468

Fax: 22850 25200

appollon-hotle@naxos-island.com

鎮上一個效率高又方便的地方,附設停車場,位於大教堂旁邊風景如畫的博物館廣場上。€ €

Chateau Zevgoll

Hóra

Tel: 22850 22993

Fax: 22850 25200

chateau-zevgoli@nax.iorthnet.gr

安靜、豪華而且獨一無二的,位於舊鎮上面的高山上。威尼斯式的豪宅只有10個房間,每一間都裝潢得很可愛。其中有一間有四張床,大多數的房間可擁有美麗的視野。€ €

米洛斯島(Mílos)

Kapetan Tassos

Apliónia

Tel: 22870 41287

島上傳統藍白的現代化公寓,可以看到美麗的海景。距離Adamas11公里(7英哩),所以必須有交通工具。€ €

Popi's Windmill

Trypití

Tel: 22870 22286

將風車轉變成豪華、設備齊全且優雅的旅館,加上Andamás港口美麗的視野。旅館事實上由兩個風車組成,每一個風車有兩間雙人房。€

Panorama

Klíma

Tel: 22870 21623

Fax: 22870 22112

位於海邊的小型旅館,由家族經營,服務友善。老闆有時候會帶客人出海去釣魚。€

福萊安茲羅斯島(Folégandros)

Anemomylos

Hóra

Tel: 22860 41309

Fax: 22860 41407

anemomil@otenet.gr

設備齊全的公寓,傳統式的基克拉澤斯建築環繞著庭院。從陽台上可以眺望陡峭的懸崖。€ € €

Fani-Vevis

Hóra

Tel: 22860 41237

古典主義的豪宅改建成舒適的旅館,有些房間可以眺望海景。€ €

Kastro

Hóra

Tel/fax: 22860 41230

500年歷史的傳統建築,部分是卡斯特洛城堡城牆。奇異的房間鋪有馬賽克的地板、圓桶狀的天花板,而且可以俯瞰懸崖下壯麗的景色。€

西基諾斯島(Síkinos)

Kamares

Aloprónia

Tel: 22860 51234

傳統式的旅館,提供平常但舒適的房間。€ €

Porto Sikinos

Aloprónia

Tel/fax: 22860 51220

島上最好的住宿地點。位於海邊18棟當地風格的建築。附設酒吧和餐廳。€ €

Flora

Aloprónia

Tel: 22860 51214

座落在港口上方的山坡上,簡單的建築環繞著庭院。可以看見寬廣的海面。走到海邊只要10分鐘。多數房間面海。€

愛阿斯島(Íos)

Íos Palace

Mylopótas

Tel: 22860 91269

Fax: 22860 91082

iospalas@otenet.gr

以傳統式的設計、裝潢的現代化旅館。靠近海灘,房間非常舒適,附設大理石浴室,陽台可俯視海景。€ € €

Philippou

Hóra

Tel: 22860 91290

舒服的小旅館,位於愛阿斯島夜生活狂熱的市區。如果你想狂歡一整夜的話,這是個理想的住宿。要不然就要帶耳塞或住到郊外去。€ €

Acropolis

Mylopótas

Tel/fax: 22860 91303

乾淨、簡單的房間,有陽台可以俯瞰下面的海灘。€

阿莫爾格斯島(Amórgos)

Aigialis

Órmos Egiális

Tel: 22850 73393

Fax: 22850 73395

www.amorgos-aegialis.com

設備完善的現代化建築,包括一個

大型游泳池和酒館。從屋頂的走廊可以眺望海灣壯麗的美景。€ €

Minoa
Katápola

Tel: 22850 71480

Fax: 22850 71003

位於港口廣場的一家傳統式旅館。有噪音。€

聖托里尼島（Santoríni）

Aigialos Houses
Firá

Tel: 22860 25191

Fax: 22860 22856

www.aigialos.gr

這個建築群每個房子都不一樣，富麗堂皇品味超凡，安靜、便利，陽台可以看到壯麗的景觀。有一家優質的餐廳（只接待住宿的客人）。€ € €

Atlantis Villas
Ía

Tel: 22860 71214

Fax: 22860 71312

www.atlantisvillas.com

陳設傳統家具的洞穴式公寓，經過一些白色階梯就可以到懸崖邊。服務殷勤友善，從陽台和游泳池可以看到火山景觀。€ € €

Fanari Villas
Ía

Tel: 22860 71008

傳統的ksaftá洞穴房屋改裝成豪華的旅館。附設游泳池，在陽台上供應早餐，還有一家酒吧，而走240階石階就可到下面的Ammoudiá灣。€ € €

Katikies
Ía

Tel: 22860 71401

katikies@slh.com

島上最好的旅館之一。傳統式的新公寓建築，壯麗的景觀及絕佳的游泳池。服務貼心無微不至。€ € €

Theoxenia Hotel
Firá

Tel: 22860 22740

Fax: 22860 22950

www.theoxenia.ent

就在懸崖邊的大馬路上，這家迷人的小旅館，老闆能幹、友善，設備一應俱全，包括游泳池。樓上房間可以看到火山。€ € €

Hermes
Kamári

Tel: 22860 31 66 4

Fax: 22860 33 24 0

www.hermeshotel-santorini.com

家族經營的旅館，待客殷勤，座順美麗的花園內，距離市區和海灘都不遠。提供舒適的房間、游泳池及齊全的設備。€ €

羅得斯島

Marco Polo Mansion
Agíou Fanouríou 42, Rhodes Old Town

Tel/fax: 22410 25562

www.marcopolomansion.web.com

舊的土耳其豪宅改裝成富麗的民宿；靠近知名的藝廊，每個房間都是陳列古董家具的套房。包括美味的自助式早餐，至少要住一星期，需事先預訂。€ € €

Miramare Wonderland
Ixiá

Tel: 22410 96251

Fax: 22410 95954

仿當地獨棟式的平房，粉刷上傳統的顏色，就在海灘後面。品味不凡

的仿古家具及按摩浴缸。從威爾斯回收的私人迷你火車，可以讓遊客欣賞周圍廣大的莊園。€ € €

Andreas
Omírou 28D, Rhodes Old Town

Tel: 22410 34156

Fax: 22410 74285

www.hotelandreas.com

新老闆有力的經營下，2003年這棟土耳其式的豪宅整個重新粉刷。套房有多種不同的大小（包括家庭式，而壯觀的塔樓可以住兩個人）。晚上陽台酒吧有供應飲料，另有豐盛的早餐。至少要住二晚。且3月底到10月營業。€ €

Ganymedes
Perikléous 68, Rhodes Old Town

Tel: 22410 78631

Fax: 22410 78632

www.hotel-ganymedes.com

2003興建的精品旅館，只有4個房間，其中三間較大空氣流通，另一間只能單人房，每個房間都陳列了精緻的家具。屋頂陽台提供夜生活，而一樓則供應法國糕餅師傅提供的早餐和蛋糕。€ €

S. Nikolis
Ippodámou 61, Rhodes Old Town

Tel: 22410 34561

www.s-nikolis.gr

多元的重建建築，「蜜月套房」設計最完美，獨棟的公寓非常適合一家人或一大群朋友一起住。4月至11月營業，必須預訂。€ €

Niki's
Sofokléous 39, Rhodes Old Town.

Tel: 22410 25115

Fax: 22410 36033

一流的經濟型旅館，多數房間都有

陽台和空調。老闆很樂於助人，收信用卡，另外有折扣。€

Spot
Perikléous 21, Rhodes Old Town
Tel/fax: 22410 34737
spothot@otenet.gr
另一家自助旅館者喜歡的經濟型旅館，現代化的建築有令人愉悅的套房，附設空調／暖氣（另外收費）或電風扇。提供網路、寄放行李；3月至11月營業。€

多德喀尼斯群島

卡索斯（Kásos）
Anessis
Frý
Tel: 02450 41234 and
Anagenessis
Frý
Tel: 02450 41495
雖然非常樸實，但這兩家旅館大概占了Trý這個港口鎮一半的床位。房間舒適，有些可以看到海景。€

卡帕托斯島（Kárpathos）
Atlantis
by the Italian "palace", Pigádia
Tel: 22450 22777
Fax: 22450 22780
htlatlantis@yahoo.com
設備齊全、樂於助人的旅館，環境安靜，停車容易，不接受非旅行團的旅客，有一個小游泳池。€ €

Akrogiali Studios
Potáli bay, Paralía Lefkoú
Tel: 22450 71263
Fax: 22450 711781
只有8個獨特的套房，每一間都可以看到圓石海灘；老闆友善，樓下有一家小商店可以補充物資。€

Astro
Ólymbos
Tel: 22450 51421
在這個傳統的村落，這家套房「旅館」相對比較舒適，由兩位經營Zefiros咖啡餐廳的姊妹管理，那裡有提供早餐。€

Glaros
Diafáni
Tel: 22450 51501
Fax: 22450 51259
非常舒服的住宿，南坡上有16間套房，有些房間有4張床。€

Pine Tree
Ádia hamlet, west coast
Tel: 697 73 69 948
Pietree_adia@hotmail.com
理想的隱祕之處，座落一處怡人的綠洲，但必須有自己的交通工具。套房的設備很簡單，但很實用。€

Vardes Studios
Amopí beach
Tel: 22450 811111 or 697 2152901
非常標準的設備，可直接進入訂房，空間寬敞的套房（擠一點可以住2個大人和2個小孩）可看到內陸某些細心照顧的花園。€

塞邁島（Sými）
Aliki
Haráni quay, Gialós
Tel: 22460 71665
www.simi-hotelaliki.gr
翻修過的1895年別墅，如今成為塞邁島上最漂亮的旅館。品味非凡的房間有木頭地板和古董家具，加上空調設備及大浴室，雖然這裡看不到海。€ €

Les Catherinettes
north quay, Gialós

塞邁島旅行社
Symi Victor 在Gialos廣場，希臘裔澳洲人Nikos Halkitis和他的合夥人Wendy Wilcox經營了一家旅行社，專門提供各種價位的住宿，從雙人的套房到整棟房子都有，大部分都在Horio。

tel: 22460 72698
marina-epe@tho.forthnet.gr
在這棟歷史性的建築中，同名的餐廳上是嘎吱作響但完美無缺的民宿，天花板有彩繪，有些房間的陽台可以看見海景。€ €

Fiona
top of the Kalí Stráta, Horió
Tel: 22460 72088
仿傳統的旅館建築，寬敞的房間有兩張床及令人心曠神怡的美景；公共陽台供應早餐。€ €

Albatross
Gialós marketplace
Tel: 22460 71707/71829
從這棟優雅的小旅館內可以看到部分海景，老闆和法國人共同經營；二樓是怡人的早餐室，有空調。家人同遊可能要問也是他們經營的Villa Symeria。€

卡斯提洛里索島（Kastellórizo）
Mediterraneo Pension
north end of the west quay
tel: 22460 49007
www.mediterraneopension.org
另一處建築師設計、重新粉刷的建築，提供簡單但設備齊全的房間，屋內有牆面藝術及蚊帳，一半房間可以看到海景，一樓有列拱式的套房，女主人Marie自製的橘皮果醬及

選擇性的早餐。通常終年營業。€
€

Karnayo
南碼頭的西端
Tel: 22460 49225
Fax: 22460 49266
島上整修過最好的住宿地點，由經
過訓練的建築師設計房間、套房、
四人公寓分別分布在兩棟建築中，
室內以石頭和木頭裝潢。€ €

Kastellorize Hotel Apartments
west quay
Tel: 22460 49044
www.hastellorizohotel.gr
這些附設空調、設計非凡的套房或
有長廊的一、二樓公寓，有些房間
有海景，提供島上一流的設備。小
小的跳台式游泳池，以及海灣內自
己的海水浴場。€ €

哈爾基島（Hálki）
從4月至10月，多數旅館都必須透
過旅行社代訂；除了下面這兩家：

Captain's House
north of the church and inland
Tel: 22460 45201
5間套房的民宿由豪宅改裝而成，
裡面有一個花園酒吧，老闆熱心助
人。€

Pension Keanthi
inland near the school
Tel: 22460 45334
柔和、松木家具的房間，天花板挑
高，外加有幾間擁有長廊的套房。
€

提洛斯島（Tílos）
Eleni Beach
about halfway around the bay
Tel:22460 44062
Fax: 22460 44063

老闆親切，這棟白色、通風良好的
旅館，房間必須事先預訂。€ €

Blue Sky Apartments
ferry dock, above Blue Sky taverna
Tel: 22460 444294
Fax: 22460 44184
www.tilostravel.co.uk
設備齊全，長廊式的二人套房，建
於2002年。€

Irini
200m inland from mid-beach
Tel: 22460 44293
Fax: 22460 44238,
www.tilosholidays.gr
提洛斯歷史悠久的頂級旅館，Irini
仍然以其花園及公共空間，包括一
個大型游泳池贏得遊客的心。5至9
月是旅行團最常光顧的月份；其他
時候，個別的旅客應該可以訂到房
間。同一個老闆另外在山坡上開了
IIIDI Studios，那裡有二人及四人的
套房。€ €

Miliou Studios
Megálo Horió
Tel: 22460 44204
Fax: 22460 44265
島上這一頭價錢最好的住宿地點，
座落於綠意盎然的村中。各種套
房，從基本的房間到兩房的公寓，
7月、8月很快就客滿。€

尼斯羅斯島（Nísyros）
Porfyris
Mandráki centre
Tel: 22420 31376
Fax: 22420 31176
在欠缺旅館的這個地方，這裡是最
好的旅館；1980年代的房間，2001
年添加了冰箱和空調，房間可以眺
望果園、海景或大游泳池。€

Xenon Polyvotis
Mandráki port
Tel: 22420 31011
Fax: 22420 31204
港口這家公營的小旅館，房間很
大、設計自然，可看見令人驚艷的
海景。€

科斯島（Kós）
Grecotel Royal Park
Marmári
Tel: 22420 41488
Fax: 22420 41373
rpark1@olenel.gr
距離海灘300公尺（330碼），獨棟
的套房可以看到範圍或海景，有冰
箱、空調、浴缸。€ €

Afendoulis
Evrypýlou 1, Kós Town
Tel: 22420 25321
Fax: 22420 25797
afendoulisholel@kos.torthnel.gr
由家族經營的C級旅館，待客殷
勤；令人愉悅的套房有電風扇，大
部分房間有陽台，地下室較清涼的
洞穴，夏季大受歡迎。4月底至10
月營業。€

Alexis
Irodótou 9, Kós Town
Tel: 22420 25594
讓自助旅行者賓至如歸的民宿，可
眺望希臘溫泉名勝。房間很大，雖
然沒有套房，但有獨立的廚房和陽
台；3月底至11月初營業。€

Fenareti
Mastihári
Tel: 22420 59028
Fax: 22420 59129
科斯島沿岸最少旅行團的地方，旅
館座落在山坡上，俯瞰著海灘；房

間和套房四周環繞著平靜的花園。
€

Kamelia

Artemisias 3, Kós Town

Tel: 22420 28983

Fax: 22420 27391

另一家地點很好,友善的家庭式旅
館,Afendoulis客滿時,可以住這
裡,房間很少,有一個果園。4月
至10月營業,有暖氣。€

阿斯提帕里亞島(Astypálea)
Kilindra Studios

west slope of H?ra

Tel: 22430 61966

Fax: 22430 61131

www.astipalea.com.gr

2000年興建的仿傳統建築,座落於
城堡下,提供一切舒適豪華的設
備,有一個游泳池;全年營業。€
€ €

阿斯提帕里亞島 的住宿選擇

1980年代Hóra開始拿出他們上
等的葡萄酒,於是整修工作室或
整棟房子——2003年開始升級
——但維持其特有的氣氛。隨著
季節的不同,住一晚兩個人的花
費從45歐元到85歐元。請在碼頭
的Kostas Vaïkousis的精品店預
訂房間。聯絡電話為22430
61430或697 7477800。

Australia

Skála

Tel: 22430 61067

Fax: 22430 59812

2002年將房間、套房升級,附設電
話、電風扇、空調;另有一流的餐

廳。€ €

Maltezana Beach

Análipsi (Maltezána)

Tel: 22430 61558

Fax: 22430 61669

www.maltezanabeach.gr

最新型的獨棟平房旅館,島上最
新、最獨特、最大的旅館,設備齊
全的房間,花園兩側有較大的套
房。館內有一家餐廳;復活節至九
月底營業。€ €

Venetos Studios

base of west hillside, Livádia

Tel: 22430 61490

Fax: 61423

vebetos@otenet.gr

套房分散在果園中幾棟建築內,有
基本房到4人的公寓。€

價格指南

旺季雙人房一晚的價錢:
€ € € 昂貴 € 100以上
€ € 適中 € 50-€ 100
€ 便宜 € 50以下

卡利姆諾斯(Kálymnos)
Maria's Studios

Above Melitsahás cove

Tel: 22430 48135

附設廚房、寬敞的套房,適合給3
個人住,沒有接待旅行團,可以眺
望西岸其中一個不錯的海灘。€

Pension Plati Gialos

Platý-Gialós

Tel/fax:22430 47029

www.pension-plali-gialos.oe

一家由家族經營的民宿,深受自助
旅行者的歡迎,座落在Kandoúni之
上,可以眺望Linária洞穴。套房設

備很基本,但都可以用(包括牆上
的電風扇、美式的淋浴設備);寬
大的陽台、蚊帳及早餐。€

Villa Themelina

Evangelístria district, Póthia

Tel: 22430 22682

鎮上最首選;19世紀別墅的套房;
游泳池和花園後,另有擴建現代化
的套房。沒有空調,但露天院子有
提供豐盛的早餐;全年營業。€

泰倫多斯(Télendos)
On the Rocks

Tel: 2243 48260

www.telendos.com/otr

只有4間裝潢漂亮的房間,有雙層
玻璃窗、蚊帳等。另有一間同名希
臘裔澳洲人經營的酒吧。€

Porto Potha

Tel: 22430 47321

portopotha@klm.forthnet.gr

位於非常偏遠,但旅館有大型游泳
池,老闆一家人非常親切。€

利羅斯島(Léros)
Castle Vigla

hill south of Vromólithos

Tel: 22470 24083

Fax: 22470 24744

莊園裡的套房,可以看到島上最美
的景致(vígia意指「觀景」)。€ €

Crithoni Paradise

Krithóni

Tel: 22470 25120

Fax: 227470 24680

利羅斯島價格最高的住宿地點,一
棟一、二層的建築物,有一個小小
的游泳池,不易接近,房間很小,
但有海景(經費許可的話,最好住
套房)。自助式早餐;全年營業。
€ €

Tony's Beach

Vromólithos

Tel: 22470 24742

Fax: 22470 24743

島上沙灘後最棒的一家旅館，寬敞、設備簡單的套房；不方便到達，停車空間大，很安靜。6月至9月營業。€ €

Alinda

Álynda beach

Tel: 22470 23266

Fax: 22470 23383

這裡一流的旅館，1970年代維護得很好的舊式房間，可以看到山景和海景，而花園內有一家與旅館有關的餐廳。€

Rodon

Between Pandéli and Vromólithos in Spiliá district

Tel: 22470 23524/22075

旅館雖小，但維護良好，相較於一般E級旅館的價格，這家旅館多數的房間都有陽台；一樓有3間套房，價錢比可以看到海景的房間低。€

利普錫島（Lipsí）

Aphrodite

behind Liendoú beach

Tel: 22470 4100

1997年興建的複合式旅館，這棟迷人的旅館有獨棟的平房，也有大套房，通常都招待旅行團，但一般情況下都有空房。€

Galini Apartments

by the ferry jetty

Tel: 22470 41212

Fax: 22470 41012

設備齊全的房間，有陽台、冰箱，非常歡迎家庭遊客。€

Studios Kalymnos

inland side of town on way to Monodéndri beach

Tel: 22470 41141

Fax: 22470 41343

Sludios_kalymnos@lipsi-island.gr

非常斯巴達式的房間，但很安靜，有廚具，位於花園內。€

帕特莫斯島（Pátmos）

Porto Scoutari

hillside above Melóü beach

Tel: 22470 33124

Fax: 22470 33175

www.portoscoulari.com

島上非常頂級的住宿：著名的獨立式套房排列在游泳池區，房間內可以看到海景，有空調／暖氣、仿製的家具、牆上有新穎的藝術品。女主人Elina熟識島上的一切。€ € €

Blue Bay

Skála, Konsoláto district

Tel: 22470 31165

Fax: 22470 32303

www.bluebay.50g.com

鎮上住Gríkou方向最近才蓋的建築，少了深夜渡輪的吵雜聲，這是當地多數旅館的困擾。2001年房間重新粉刷過，澳洲裔希臘籍老闆非常友善，內設網路咖啡。€ €

Effie

Skála, Kastélli hillside

Tel: 22470 32500

Fax: 22470 32700

柔和、金黃色磚瓦的房間分散在旅館的兩邊，有陽台和空調，這個安靜的地點價格合理。全年營業。€

Galini

Skála

Tel: 22470 31240

Fax: 22740 31705

靠近渡輪碼頭一處安靜的死巷，這家C級旅館提供B級標準的裝潢和浴室，物超所值。€ €

Golden Sun

Gríkou

Tel: 22470 32318

Fax: 22470 34019

位於山坡上，很多房間都面對海；營業至秋天（Gríkou地區一般的情況如此），不僅接待旅行團（雖然德國旅行團特別喜歡這家旅館）。€ €

Maria

Hóhlakas Bay, near Skála

Tel: 22470 31201

Fax: 22470 32018

座落在花園裡的小旅館非常安靜，房間有空調，陽台面海（雖然浴室很小）。€ €

愛琴海東北部

薩摩斯島（Sámos）

Arion

Kokkári西方1公里（0.5英哩）

Tel: 33370 92020

www.arion-hole.gr

薩摩斯島北部最好的住宿地點、山坡上精心設計的旅館及獨棟的平房。早餐非常豐盛有名。€ € €

價格指南

旺季雙人房一晚的價錢：

€ € €昂貴€100以上

€ €適中€50-€100

€便宜€50以下

詳見340頁希臘旅遊組織旅館分類系統的旅館種類。

Doryssa Bay Hotel-Village
Potokáki, near airport
Tel: 22730 61360
Fax: 22730 61463
www.doryssa-bay.gr
薩摩斯島上幾個真的海邊渡假中心，如果海水太冰，沙灘不遠處就有一個海水游泳池。為了打破1970年代枯燥的旅館側面，巧妙地仿製了一個「村落」，沒有兩棟房子是一樣的，結合了希臘各地的風格。€ € €

Kerveli Village
Kérveli beach附近
Tel: 22730 23631
Fax: 22730 23006
www.kerveli-village.gr
這是一家設計完美的小型獨棟平房的旅館，座在橄欖樹與柏樹叢之中，可眺望壯麗的土耳其景觀及Kérveli海灣。走一小段路就有一處很棒的海灘和小酒館。€ € €

Aïdonokastro
Platanáki/Aïdónia, 靠近 Ágios Konstandínos
Tel: 22730 94686
Fax: 22730 94404
Valeondádes半廢棄的小村落，重整為獨特的花園旅館，昔日的每一棟房子都變成兩間傳統式雙人或四人的套房。€ €

Amfilisos
Bállos beach, 靠近Órmos Marathókambos
Tel: 22730 31669
Fax: 22730 31668
旅館本身並沒有什麼特殊之處，但是Bállos海灘是個很好睡的地方，除了東南沿海及一些當地的小酒館，這裡沒什麼有趣的地方。€ €

Avli Pension
Áreos 2, Sámos Town
Tel: 22730 22939
這棟房子一直到1973年都是修女主持的東正教教堂，後來變成法國學校，這裡是鎮上最便宜的住宿地點。有一半的套房環繞著庭院。殷勤的主人Spyros會提供許多當地酒館、夜生活的情報。€

伊卡里亞島（Ikaría）
Erofili Beach
Armenistiís入口處
Tel: 22750 71058
Fax: 22750 71483
www.erofili.gr
被認為是島上最標準的旅館，精心設計的房間，寬闊的公共空間。Livádi海灘邊且座小巧的海水游泳池。€ €

Messakhtí Village
Messakhtí beach, Armenistís
Tel: 22750 71331
Fax: 22750 71330
www.messakti-village.com
富麗堂皇的公共空間，寬敞的私人陽台及套房（3×6呎），不過早餐很簡單，而這棟山坡上的設計建築的家具相當簡約。8月海邊很危險，大型游泳池就愈顯重要。€ €

Akti
水翼船 kaïki 碼頭東邊圓丘上，Ágios Kírykos
Tel: 22750 22694
不是個久留之地，但如果要趕一早的渡輪或水翼船就可以住一晚；基本上很乾淨，服務人員很友善，沒有套房。€

巧斯島（Híos）
Kyma
east end of Evgenías Handrí
Tel: 22710 44500
Fax: 22710 44600
內部改裝成B級旅館的新古典主義別墅（現代擴建的部分沒什麼吸引力）；管理人員非常樂於助人，可以在原本的早餐室，享受豐盛的早餐。€ €

Mavrokordatiko
Kámbos區，位於機場南方1.5公里（1英哩），Mitaráki lane
Tel: 22710 32900
www.mavrokordatiko.com
Kámbos最好、最受歡迎的住宿地點，整修過的建築物有暖氣，木頭牆壁的屋間，而早餐（包括在內）在有水車的庭院中享用。€ €

Spitakia
Avgónyma
Tel: 22710 20513
Fax: 22710 43052
kratisis@spitakia.gr
整修完美的民宿，可提供5人住宿，位於西岸村莊令人驚艷的一角。€ €

Chios Rooms
Egéou 110, Híos Town
Tel: 22710 20198
chiosrooms@hotmail.com

巧斯島民宿
Volissos的Omiros旅行社有一個小小的預約辦事處，管理16棟1990年代初期的舊農舍，這段期間的房子通常可以住兩個人。價格€ – € €。Tel：22740 21413；fax：22740 21521。

樓上的房間有挑高的天花板，有些套房舖設蓋木頭地板，這棟可愛的民宿是一對紐西蘭／希臘夫婦經營。最棒的是，天台上的房間有私人的陽台。€

Markos's place

南坡，Karfás beach

Tel: 22710 31990 or 697 32 39 706

www.marcos-place.gr

內部是不再使用的修道院，Markos Kostalas創造了一種獨有的平和，周圍枝葉繁茂，遊客住在以前朝聖者住的小房間內；人們被接待（好幾個單人的「小屋」）宛如家人一般（兩個「樓塔」房間可以睡4個人）。最少要住4天；4月至11月營業。€

列斯伏斯島（Lésvos）

Pyrgos

Eleftheríou Venizélou 49, Mytilíni

Tel: 22510 25 069

www.pyrgoshotel.gr

鎮上第一個整修的住宿，公共地區徹底地裝飾了粗略的工藝品。大多數的房間都有陽台，塔樓3個圓形房極受歡迎。€ € €

Clara

Avláki, 2km south of Pétra

Tel: 22530 41532

Fax: 22530 41535

www.clarahotel.gr

色彩柔和的平房，設計裝潢過的大房間，北方可以看到Pétra和Mólyvos；完全利用當地食材烹調的豐富早餐。€ € – € € €

Malemi

Skála Kallonís

Tel: 22530 22594

Fax: 22530 22838

malemi@otenet.gr

令人愉悅的獨棟式平房，熱情地提供6間各自獨立的平房，從兩人的套房到家庭式的套房，吸引人的田園、網球場，還有一個大型游泳池。€ €

Molyvos 1

Mólyvos beach lane

Tel: 22530 71496

Fax: 22530 71460

圓石海岸邊，一家普通的B級旅館，後面種滿了檉柳，在舖了石頭的陽台提供早餐。1980年代舖著瓷磚的房間；合理的自助式早餐。你可以使用（搭交通車）Eftaloú聯營旅館Molyvos II的游泳池及運動設施。這裡有「私人的」海灘。€ €

Vatera Beach

Vaterá

Tel: 22520 61212

Fax: 22520 61164

www.vaterabeach.gr

漫步在島上最棒的海灘上，這家希臘裔美國人經營的旅館就在海灘的後面。房間有空調、小冰箱、免費的日曬床，旅館經營的餐廳完全以自家栽培的農產品烹調美食，女老闆Barbara免費提供任何意見。€

Pension Lida

Plomári

Tel/fax: 22520 32507

這兩棟鄰接的舊別墅，昔日是肥皂製造商的豪宅，後來改裝成小旅館；多數套房的陽台都可以看到海景，老闆待人親切。€

林諾斯島（Límnos）

Porto Myrina Palace

Ávlonas beach, 2km N of Mýrina

Tel: 22540 24805

Fax: 22540 24858

島上最好、最容易預訂的豪華旅館，與Avtemis小教堂的庭園連在一起。€ € €

Villa Afrodite

Platý beach

Tel: 22540 23141

Fax: 22540 25031

從南非歸國的希臘人經營的旅館，這家舒服的小旅館，有一個游泳池畔的酒吧；以及豪華的自助式早餐。€ €

Ifestos

Andróni district, Mýrina

Tel: 22540 24960

Fax: 22540 23623

迷人的小旅館，房間可以同時看見山景和海景，有陽台、冰箱、空調。€ €

帖索斯島（Thásos）

Myrionl

Liménas

Tel: 25930 23256

價格很棒、很舒服的地點，早餐室很大；另有較便宜的房間。€ €

Thassos Inn

Panagía village

Tel: 25930 61612

除了周圍環繞的潺潺溪流，旅館很安靜。這棟傳統式的現代化建築，大多數的房間都面海。€ €

Alkyon

Liménas

Tel: 25930 22148

設計獨特的房間，有港口的景觀和花園的景觀，加上長袖善舞的盎格魯－希臘老闆及下午茶，讓這裡成為英語遊客的最愛。€

薩摩特拉基島（Smothráki）

Eolos

Kamariótissa

Tel: 25510 41595

Fax: 25510 41810

一些旅館都位於Samothráki港口和首府，這家還不錯的中級經濟型旅館。房間簡單，但乾淨，極受歡迎。有些房間可以眺望山丘，有些房間可以看見美麗的海景，提供大陸式早餐。只收現金。€ €

Mariva Bungalows

Loutrá Thermá

Tel: 25510 98230

Fax: 25510 98374

位於島上的休閒度假中心，緩緩的山坡上花木扶疏的獨棟平房，每一間都自給自足，舒適宜人的空間。是個適合停留較久的理想之地。只收現金。€ €

斯波拉提斯與艾甫亞

斯基亞托斯島（Skiáthos）

Atrium

Plataniás

Tel: 24270 49345

Fax: 24270 49444

www.atriumhotel.gr

Atrium結合傳統建築不經意地有點像修道院。它是個時髦、美麗的地方，同時可以享受壯麗的視野。房間不僅舒服，還有私人的陽台及露天的院子。這裡有一個游泳池及池邊的餐廳。€ € €

Skiathos Palace

Koukounariés

Tel: 24270 49700

Fax: 24270 49666

www.skiathos-palace.gr

島上最大的度假旅館，可以眺望Koukounariés海邊東邊盡頭。標準房都符合一般水準的大小，而且都有陽台，豪華房及套房都非常物超所值。設備有游泳池、蒸氣室及旅館內附設的餐廳。€ € €

Nostos Village

Tzanéria

Tel: 24270 22520

Fax: 24270 22525

www.center.gr/nostos

Kanapitsa半島最大的複合式旅館，位處Skiáthos鎮及Koubounariés中途。建於一處青鬱的山坡上，是遊客前往島上最好、最受歡迎的度假勝地之一。你可以選擇簡單的房間或松林間獨棟、擁有陽台的平房。€ €

斯科佩洛斯島（Skópelos）

Adrina Beach

Pánormos

Tel: 24240 23373

Fax: 24240 23372

www.adrina.gr

昂貴的複合式旅館（42間標準房及10棟獨棟平房），剛好佔了在帕諾爾摩斯海灣北方山坡上廣大的區域。往下看幾乎都是私人的海灘。度假期間如果你想結婚，這裡甚至有小禮拜堂。

Dionysos

Skópelos Town

Tel: 24240 23210

Fax: 24240 22954

dionysco@otenet.gr

Dionysos非常靠近市區，是旅客最理想的住宿地點。有52個房間，搭配傳統黑色松木的家具、空調、電視及陽台。旅館還有一個游泳池，

泳池旁淺水區可供兒童玩耍。

Skopelos Village

Skópelos Town

Tel: 24240 22517

Fax: 24240 22958

海灣對面大概500公尺一處獨棟的複合式平房，有一大片草原和一個游泳池。客廳很大，搭配上當地傳統極具品味的家具。€ €

亞隆尼索斯島（Alónisos）

Konstantina's Studios

Hóra (Old Alónisos)

Tel: 24240 66165

Fax: 24240 66165

重整過的村落上方，這棟整修過的舊房子，有8間套房及一棟公寓。你可以坐在木頭陽台上的帆布椅上，欣賞海天一色的美景。€ €

Liadromia

Patitíri

Tel: 24240 65160

Fax: 24240 65096

liadromia@alonisos.com

亞隆尼索一流的旅館之一，展現舊時代某種現代氣質的氛圍。如泥牆、石頭地板品味高尚的房間。可遠眺帕提提里灣（Patitíri Bay）北邊的港口，島上所有設施都很便利。€ €

Milia Bay

Miliá

Tel: 24240 66035

Fax: 24240 66037

Milia-bay@vol.lorthnet.gr

多沙的米利灣海灣上方，這是個相當避靜的地方，這裡有12棟獨棟的生態式公寓，裝潢非常獨特非凡。如果你不想走一段路到海灘，這裡有一個游泳池及附設的餐廳。€ €

價格指南

旺季雙人房一晚的價錢：

€€€昂貴€100以上

€€適中€50-€100

€便宜€50以下

斯基羅斯島（Skýros）
Nefell-Skyriana Spitia
Hóra

Tel: 22220 91964

Fax: 22220 92061

結合了標準的旅館客房及skyrian式獨立的房子（事實上是2－3人的套房），這是首府入口一處整齊的複合式建築。獨棟的套房非常舒適。淡季時非常適合停留。€€

Skyros Palace
Gyrísmata, Péra Kámbou

Tel: 22220 91994

Fax: 22220 92070

www.skiros-palace.gr

位於狹長的Magziá-Mólos區東北部的盡頭，下面的海邊，Skyros Palace是個非常豪華的地方，對某些人來說，這裡雖然有點不方便。從首府到旅館有免費的巴士。只有夏天營業。€€

Xenia
Magaziá

Tel: 22220 91209

Fax: 22220 92062

Magaziá海灘上非常醒目的一水泥房子。不談美學，地點絕佳，服務品質優良，房間的空間寬敞，最近才整修過。€€

艾甫亞（Évia）
Dreams Island
Erétria

Tel: 22290 61224

Fax: 22290 61268

Email: pezonis@otenet.gr

www.dreams-island.gr

島上罕見的度假旅館，有一條小路連結主要道路，獨棟的Bungalow座落在橄欖樹叢中，每一棟房子都只要幾分鐘就可以到達沙灘。€€€

Thermai Sylla Spa Wellness Hotel
Loutrá Edipsoú

Tel: 22260 60100

Fax: 22260 22055

www.thermaesylla.gr

這也許是希臘唯一反壓力的旅館，散步步道北方的盡頭是富麗堂皇的建築，直至現在提出百年轉換的經驗，基本上古代水療的方式來進行美容與養生的照護。€€€

Hotel Karystion
Kriezótou 2, Kárystos

Tel: 22240 22391

Fax: 22240 22727

旅館位於艾甫亞南部偏遠的地區，對外國人非常友善，靠近城堡。房間乾淨、都有陽台、電視、電話。只要走幾分鐘就可到鎮上最好的溫泉。

科孚島

島上希臘官方詳列於旅館指南的有400家擁有證照的旅館。每個旅館緊抓著旅遊業者，5月至10月固定營業，冬季則關門停止營業。下列旅館淡季仍然營業，而且／或招待個別的遊客。此外，如果你有車，你就可以不用預約就可以走進去domátia或公寓，北方不是旅遊團的度假中心有Astrakerí、

Katamáki、Afiónas及Aríllas。島上西南岸有Paramónas、Boúkari。

Kérkyra 鎮及其附近
Corfu Palace
Dimokratías 2，Garítsa灣北端

Tel: 26610 39485

www.corfupalace.com

鎮上只有豪華級的住宿，反覆前來投宿的一流顧客包括許多會員、國外的達官顯要，尤其是5月至9月這段時間。為了只是再次享受這裡內附大理石浴缸的大房間（1995年整修）、豐富的早餐以及賓至如歸的服務。全年營業。€€€

Kontokali Bay
Tel: 26610 90002

Fax: 26610 91901

www.kontokalibay.com

比Corfu Palace再大一點，包含旅館的側面及獨棟平房，座落在充滿綠意的環境中，擁有兩個私人的海灘，最近才整修過，有很多小孩子的設備。€€€

Grecotel Corfu Imperial
Komméno

Tel: 26610 88400

Fax: 2661 91881

gman_ci@ci.grecotel.gr

以同等價位來看，這個旅館可能是島上現代旅館最好、最現代的一家。住家有三個等級：標準房、獨棟平房，以及少數幾間擁有個別游泳池的豪華villa。一切設備完全符合你的期待。€€€

Bella Venezia
Napoleóntos Zambéli 4

Tel: 26610 46500/20708

belvnht@hol.gr

新古典主義的別墅，如B級旅館非

常容易被接受，位於舊城市區南端一處僻靜的角落；沒有游泳池；露天的大院子裡有一家酒吧。€ €

Kavalieri

Kapodistriou 4, Kérkyra

Tel: 26610 39041

Fax: 26610 39283

位於17世紀的建築中的A級旅館，這裡可以俯瞰Spianada的美景。坦白說，小小的房間有點貴，不過每個房間都可以看到城裡的屋頂和海景。€ €

Konstantionoupolis

Zavitsiánou 11, Old Port

Tel: 26610 48716

Fax: 26610 48718

polis@ker.torthnet.gr

1862年的建築，曾是自助旅行者最愛的廉價旅館，如今整修成C級旅館，可以欣賞美麗的山海風光。房間舒適，有公共空間、電梯。全年營業。€ €

Nefeli

Komméno

Tel: 26610 91033

Fax: 26610 90290

這是內陸一間仿新古典主義的小旅館，三棟建築散布在橄欖樹叢中，擁有貴族般的服務，每個套房都有空調。5月至10月營業。€ €

Palace Mon Repos

Anemómylos區，Garítsa 灣

Tel: 26610 32783

Fax: 26610 23459

1990年代末曾整修過，這是一家非常靠近Kérkyra城鎮的海邊度假中心。相對地，海水浴場的等級也不同，不過你可以欣賞到海邊的美景，舊城堡及Mon Repos森林，度

假中心裡還有一個小游泳池。5月至10月營業。€ €

科孚島中西部

Pelekas Country Club

Kérkyra-Pélekas公路8公里處

Tel: 26610 52239

Fax: 26610 52919

reservations@country-club.gr

科孚島最豪華的田園旅館，18世紀的別墅裡只有26間套房，別墅佔地約25公頃（60英畝）。附屬建築有馬廄、自給自足的橄欖擠壓機、製造工作室，完全不同的古董家具。很有風格的早餐餐廳、游泳池、網球場。1至11月營業。€ € €

Casa Lucia

Sgómbou村，距Kérkyra-Paleokastrítsa道路12公里處

Tel: 26610 91419

Fax: 26610 91732

caslucia@olenet.gr

位於小島中央、非常平靜，這是一家橄欖士廠改裝而成的民宿，美麗的花園中總共有11間，房間的種類包括一般套房及家庭式的平房。大多都有廚房，外面還有一個共同使用的大游泳池。1980年代的家具仍然很堅固。4月至11月營業。€ €

Fundana Villas

距離Kékyra-Paleokastrítsa高速公路17公里的馬路邊

Tel: 26630 22532

Fax: 26630 22453

www.fundanavillas.com

另一處1980年代改裝的民宿，這時是17世紀莊園轉換期，座落在山脊上，可以眺望完全沒有障礙的壯麗風光，有雙人套房，也有家庭式的公寓，地板大多是磚塊和石板鋪成

科孚島北岸旅行社

英國老闆在Nisaki經營的**Falcon旅行社**，安排科孚島北岸十幾處海灘附近的公寓或別墅給遊客住宿，另外還提供他們在潘多克拉托山（Mount Pandokrator）Tristsi村兩處感覺很好的整修過豪宅。同時可以安排之後的租車事宜；4月至10月營業。

公寓€、別墅€ € €、豪宅每周€ 400-600。

Tel：22630 91318

Fax：22630 91070

www.falcon-travel-coufu.com

的；2002年旁邊多3個奇怪的游泳池。4月至10月開放。€ €

Levant Hotel

Pélekas上方，「Kaiser's Throne」右側

Tel: 26610 94230

Fax: 26610 94115

www.levant-hotel.com

1990年代傳統莊園風格的旅館，東西兩側都可看到島上壯麗的風光。木頭地板房間、大理石浴室，一樓大廳別具田園風情。有一個小游泳池，幾公里外就有島上最好的海灘。4月至10月營業。€ €

Liapades Beach Hotel

Liapádes

Tel: 06630 41294

由兩側廂房組合成的C級可愛的小旅館。這是沿岸較安靜的度假勝地之地。4月至10月營業。€ €

科孚島北部

Nisaki Beach

Krouzéri灣，位於Nissáki與Kalámi之間

Tel: 22630 91232

Fax: 22630 22079

www.nissakibeach.gr

1970年代野獸派的建築，這家A級旅館的自助式餐廳極受歡迎，提供多樣的水上運動及小孩的沙灘活動，房間大都可以看到海景，最近才完成。€ € €

Villa de Loulia

Perouládes, 距離海灘500公尺

Tel: 26630 95394

Fax: 26630 95145

villadeloulia@yahoo.com

科孚島第三個重建的田園旅館，1803年，民房重新粉刷，以高品質的家具及品味優越的設備。酒吧、休息室和早餐區域各自分開，側邊營造一個大型的游泳池。有暖氣，不過沒有冷氣，只有電風扇。淡季可以以較低的價錢享受豪華的主。3月至10月營業。€ € − € € €

科孚島南部

Boukari Beach

Búkari，Messongí上方4公里

Tel: 26620 51791

Fax: 26620 51792

www.boukaribeach.gr

兩棟A級的海景公寓，最多可以住4個人。公寓內有提供咖啡機，走幾步路就有一家共同經營的精緻餐廳。4−10月營業。€ €

愛奧尼亞群島

帕克斯島（Paxí）

Planos Tours

Lákka

Tel: 26620 31744

Fax: 26620 31010

小港口兩家旅行社其中的一家，從基本的房間到豪華的別墅都有。

Paxos Beach Hotel

Gáïos

Tel: 26620 31211

Fax: 26620 32695

www.paxosbeachhotel.gr

山邊的獨棟平房，向下穿過樹叢便可來到旅館私人的小圓石海灘，大約距離城市東方2公里（1英哩）。€ € − € € €

立夫卡達島（Lefkáda）

Olive Tree / Liodendro

靠近馬路北方，Ágios Nikítas

Tel: 26450 97453

olivetreehotel@hotmail.com

上山途中，大多數的房間都可以看到海景，這家C級的旅館和這個如此迷人的度假勝地多數旅館一樣，都避免通風不良。典型的卡達島、柔和的松木白色瓷磚裝潢的房間，沒有接待旅行團，所以建築好的話，應該可以訂到房間。€ €

Santa Maura / Ayia Mavra

Spyridónos Viánda 2, Lefkáda Town

Tel: 26450 21308

Fax: 26450 26253

很像Pogoda時期的建築：地震前的一樓，樓上裝飾木板和波浪狀的錫，房間有空調，雙層玻璃，傳統的shutter百葉窗，陽台、優雅的早餐室及綠色的露天院子。€ €

Ostria

靠近馬路北方，Ágios Nikítas

Tel: 26450 97483

Fax: 26450 97300

這家民宿興建於1970年代，可能很像修道院的小房間。赤陶色的石磚

地板、乾燥花及牆上藝術讓屋子活潑了一點。不規則的窗台，坐擁有愛奧尼亞的美景（有4個房間），而涼爽、時髦的公共空間（包括一個露天的酒吧陽台）使這個地方更怡人、早餐並不一定有準備。€ − € €

Fantastiko Balkoni sto Ionio

Kalamítsi

Tel: 26450 99390

旅館名字的意思是，奧尼亞海迷人的美景，位於安靜鄉鎮的西邊盡頭。這些房間裝飾著國家級的藝術（馬賽克、義大利瓷磚、維護良好的花園），附設田園式的廚房，經營著南非回希臘經營這個民宿。€

Nefeli

Póndi Beach

Tel: 26450 31515

clubneteli@hotmail.com

海灘前的這個旅館是停留在這裡的其中一個選擇，擁擠的Vasilikí，戶外的酒吧和另外還提供風浪板設備，很受歡迎。€

Porto Lygia

Lygiá

Tel: 26450 71441

Fax: 26450 71990

遠離交通要道上，旅館位於海岬上，旅館前面的草皮一直延伸至自家的圓石海灘，這是停留在Lefkáolo鎮附近（不是鎮上）海邊一個很好的選擇。€ €

伊薩基島（Itháki）

島上到處都有提供住宿和別墅，請與這兩家旅行社聯絡：

Delas

Tel: 26740 32104

delas@otenet.gr

Polyctor

Tel: 26740 33120

polyctor@otenet.gr

Captain Yiannis

碼頭東方，Vathý

Tel: 26740 33173

Fax: 26740 32849

島上專屬的「度假勝地」，高大的圍牆中，擁有獨棟的套房，裡面還有游泳池和網球場。€ € €

Perantzatha 1811 Art Hotel

Odyssea Androutsou, Vathý

Tel: 26740 33

Fax: 26740 334

www.arthotel.gr

高貴、價錢合理，而且是Vathý鎮上最美的旅館，12間品味超凡的房間都有個別的設計，而且非常舒服，旅館不是在港口前（所以比其他地方還安靜），從房裡可以眺望美麗的屋頂及遠方的海景。早餐非常豐盛。€ € €

Nostos

距離碼頭大約200公尺（200碼），Fríkes

Tel: 26740 31644

Fax: 26740 31716

小巧高檔的C級旅館，房間可以欣賞日出的美景。€ €

Kostas Raftopoulos

燈塔對面遊艇碼頭最後一棟房子，Kióni

Tel: 26740 31654 （5月～10月）

Tel: 210 779 8539（冬季）

有4種殖民式的房間，室內有舒服的大床和蚊帳。1984年Nellson伯爵的姪女、Hamilton女皇在這裡興建了這棟豪華的別墅，南非回來的Kostas，1965年買下這棟別墅，他

是個相當健談的人。€ － € €

科法隆尼亞島（Kefalloniá）

Agnantia Apartments

280 84 Tselendáta, Fiskárdo

Tel: 26740 51802-3

Fax: 26740 51801

www.agnantia.com

維持得相當良好，景緻也非常美麗（雖然離Fiskárdo有一點距離），這些山上的新房間是個停留的好地方。友善、有效率的服務，品味非凡又舒服的房間附設了一個小小的廚房。幾乎每一個房間都有陽台可以看到Ithaki的美景。包括美味、豐盛的早餐。€ € €

Emelisse Art Hotel

Éblisi，靠近Fiskárdo

Tel: 2610 624900

www.arthotel.gr

這家A級的「精品」旅館，昂貴又豪華（在希臘這個地區有相關的連鎖），位在一棟傳統建築裡。房間的設計精美，浴室極盡奢華，旅館的大游泳池景觀優雅，以這種花費，你會希望極盡其所能地享受一切。€ € €

The Olive Grove

Evretí

Book through:Sunvil

Tel: (00 44) 8586 4499

www.sunvil.co.uk

這是一棟傳統的石屋（1836年），距離Fiskárdo南方6公里，周圍的杉林是眺望Itháki極佳的位置。雖然增加了現代化的廚具和浴室，仍然保有當地的感覺。附近的圓石海灘（海水非常清澈），有一個很棒的游泳池。€ € €

White Rocks Hotel and Bungalows

Platýs Gialós, Argostóli

Tel: 26710 28332-5

Fax: 26710 28755

whiterocks@otenet.gr

A級的大型度假旅館，另外有獨立出來的平房，後面靠近很棒的海灘，1970年代的房子維護得很好，充滿了那個年代的風情。服務人員友善，餐廳也不錯。€ € €

The Architect's House

Ásos

Book through: Simply Ionian

Tel: (00 44) 020 8541 2202

www.simplytravel.co.uk

這棟傳統可愛的建築是Ásos鎮上幾個可以住宿的地方之一，這裡有三個雙人房（供6人住），樓下就是港口。有充分的空間——獨立出來的廚房和客廳——離海邊和用餐地點都很近。€ € － € € €

Caretta's Nest

Kamínia Beach, near Skála

Book through: Simply Ionian

Tel: (00 44) 020 8541 2202

www.simplytravel.co.uk

Kamínia沙灘旁邊的公寓群，這是一處現代化、設備齊全的公寓。這是遠離一切的好地方，不過如果你想要去Skála或Kateliós用餐，就必須自己準備交通公員或走路。€ € － € € €

Panas Hotel

Platía Spartiá

Tel: 26710 69506/69448

Fax: 26710 69505

www.panas-kelalonia.com

怡人的B級大旅館，位於Lourdáta灣Argostóli南方，房間都有陽台，

設備很好但缺乏想像力。不過旅館有很多專門為小孩準備的設施，包括兒童游泳池和遊樂場。另外還有幾家餐廳，以及一家游泳池畔的酒吧。€ € – € € €

Tara Beach

Skála

Tel: 26710 83341

Fax: 26710 83344

www.larabeach.gr

這家不唐突的大旅館就在海灘旁邊。房間還不錯，如果你不在意要走幾能公尺才到海邊，旅館裡有很棒的游泳池和花園，旁邊有一處便利的酒吧。€ € – € € €

Aenos Hotel

Platía Vallianoú, Argostóli

Tel: 26710 28013

Fax: 26710 27035

www.aenos.com

這裡和Hotel Ionian Plaza（下面）市區廣場最好的兩家旅館。柔和、整齊的房間有大大的浴室，這可能是旅館最大的優勢；房間不算太吵。€ €

Belvedere Apartments

Póros

Tel: 26740 72493-4

Fax: 26740 72083

位於市區的小公寓，雖然很簡單——標準的小廚房設備、臥房和浴室——但自有其魅力，每一個房間的陽台都可以看到海。€ €

Erissos

Fiskárdo

Tel: 26740 41319

鎮上最好的旅館之一，從碼頭走幾步路就可以到達舊房子樓上的房間，隔壁是Alpha銀行。€ €

Filoxenia

Fiskárdo

Tel: 26740 41319

19世紀的房子，重新粉刷後成為一家優雅的小旅館。位於村莊裡，距離海邊只有9公尺（10碼）。€ €

Hotel Ionian Plaza

Platía Vallianoú, Argostóli

Tel: 26710 25581-4

Fax: 26710 25585

精心設計的C級旅館，價錢很好，有現代化的浴室，陽台可以看到種滿椰子樹的廣場；房間位在小小的角落，但服務人員非常友善。€ €

Kastro Hotel

Sámi

Tel: 26740 22656/22282

Fax: 26740 23004

kastrohotel@hotmail.com

離鎮上有點遠，這是一家靠近海邊、價錢不錯的中型B級旅館。房間不錯但有點小，可以看到游泳池、海景或山景。提供早餐，另外還有一家餐廳。€ €

Le Mirage Apartments

Loánnis Tzigánte, Argostóli

Tel: 26710 24312

Fax: 26710 22339

www.lemirage.gr

簡單、非常乾淨、舒適的公寓，不

過只有三間房間，提供簡單的廚具。每一個客廳都有陽台，東邊的房間可以眺望海灣及埃諾斯山（Mount Énos，彌補從鎮上辛苦地爬上來）壯麗的景觀；西邊的房間則可觀賞到美麗的花園。€ €

Moustakis Hotel

Agía Evfimía

Tel: 26740 61060/61030

Moble: 693 419 7495

mouslakishotel@hotmail.com

位於港口後面一家令人非常滿意的小旅館，每個房間都有空調和陽台。早餐需另外付費。住久一點有折扣。€ €

Odysseus Palace

Póros

Tel: 26740 72036

Fax: 26740 72148

www.odysseuspalace.com

這家現代化的新旅館是城裡停留最舒服的地方。通風的大房間（套房和公寓）也許可以有折扣。遠離海邊，旅館也比較安靜。全年營業。€ €

Hotel Summery

Lixoúri

Tel: 26710 91771/91871

Fax: 26710 91062

www.hotelsummery.gr

Lixoúri海灘一家安靜的大旅館（城鎮南方），主要接待旅行團。房間乾淨到無可挑剔，有些還有陽台。

此外還有提供便利設施（游泳池、非常多樣的運動性活動，還有一家商店），價格相當合理。€ €

札金索斯島（Zákynthos）
Iberostar Plagos Beach
Aboúla Beach, Tsiliví

Tel: 26950 62800

Fax: 26950 62900

www.iberostar.com

位於Louis Plagos海灘的大型休閒度假旅館，有多元的各種設備，特別是提供給小朋友的娛樂設施。房間樸實、寬敞，有陽台可以欣賞海邊的風景。旅館的游泳池和餐廳很普通，但還不錯。€ € €

Nobelos Apartments
Ágios Nikólaos

Tel: 26950 27632/31400

Fax: 26950 31131/29277

nobelos@olenet.gr

島上北部沿岸的豪華公寓，非常貴，但很棒。傳統的石屋中，有四間裝潢獨特的套房，每一間都各有各的特色。另外有提供早餐，服務良好，附近有一處與世隔絕的海灣。€ € €

Hotel Palatino
Kolokotróni 10 and Kolivá, Zákynthos Town

Tel: 26950 27780

Fax: 26950 45400

www.palatinohotel.gr

札金索斯鎮最高級的選擇，1999年重新粉刷過，經營良好。專門為商務人士設計的房間整理得很不錯，整的旅館維護得很好。提供自助式早餐，還有一家餐廳。€ € €

Porto Koukla Beach Hotel
Lithakiá

Tel: 26950 52393/51577

Fax: 26950 52391/52392

www.pavlos.gr

Laganás海灣西邊還不錯的大型旅館，深受澳洲和德國旅客的歡迎，遠離東岸俗麗的景致。海岸後面的花園有一家旅館經營的便宜小酒館。€ € €

Villa Petunia
Lithakiá

Contact: Betty Andronikos

Tel: 6932 260534

androel@hol.gr

裝潢典雅的大型別墅，座落於村鎮上方的山丘上，周圍花團錦簇，Laganás灣海天一色的景致讓人流連忘返，別墅可供10-12人住宿，別宿提供任何你想得到的設備，從錄放影機到義式咖啡機，應有盡有。有一個新的游泳池，花園裡有新鮮的蛋、橄欖油和蔬菜。€ € €

Contessa Estate
Akrotíri

Book through:Sunisle

Tel: (00 44) 0871 222 1226

www.sunisle.co.uk

恬靜的石屋是昔日貴族遺留下來的房子，周圍的環境簡直無與倫比。住宿的地方在另一棟莊園宅邸中，這是Komoutou家族的傳下來的家產，另有一個非常可愛農舍。主人Comtessa Maria非常迷人，特殊的景致及歷史性增添許多不同的體驗。€ €

Ionlan Star Hotel
Alykés

Tel: 26950 83416/83658

Fax: 26950 83173

www.ionian-star.gr

維護良好的小旅館。完美乾淨的房間物超所值（含早餐），這裡有一家提供希臘料理的餐廳。€ €

Levantino Studio Apartments
距離Vasilikós 9公里（5.5英哩）

Tel: 26950 35366

Fax: 26950 35173

www.levantino-apps.gr

10棟靠近海邊安靜的公寓，座落在Vasilikós半島盡頭。公寓內有廚房設備，有些房間可以看到花園和海景，淡季時有折扣。€ €

Montreal Hotel
Alykés

Tel: 26950 83241/83341

Fax: 26950 83342

www.montreal.gr

這棟現代化旅館座落在花木扶疏的花園中，房間整理得很乾淨，房內的陽台可以看到海景。餐廳提供各種食物，從披薩到希臘沙拉都有。€ €

Sirocco Hotel
Kalamáki

Tel: 26950 26083-6

Fax: 26950 26087

www.siroccohotel.gr

這是卡拉馬基（kalamáki）很好的一個選擇，重新整修過的現代化房間，淡季時很便宜。花園裡有一個游泳池，到海邊也不會太遠。€ €

Hotel Strada Marina
Lobárdou 14, Zákynthos Town

Tel: 26950 42761-3

Fax: 26950 28733

stradamarina@aias.gr

這是札金索斯鎮上最大的地方，房間很舒服，但不太特別。靠近Solomoú廣場一處突出的現代建

築，有些房間可以看到港口。包含早餐，屋頂有一個游泳池。€ €

Villa Katerina

Pórto Róma, Vasilikós

Tel: 26950 35456

www.villakaterina.com

這兩棟建築就座落在一個美麗的花園中，裡面有簡單的房間、還不錯的廚房設備和浴室，房間很安靜，四周的環境很好。€ €

Zante Palace

Tsiliví

Tel: 26950 490490

Fax: 26950 49092

www.zantepalace.com

這家還算新的大型旅館，位於一處可以眺望Tsiliví 海灣的懸崖上。他們所提供的房間（可以看到海灣）非常物超所值，如果你不想被打擾，往海灘下面走，那裡有一個很棒的游泳池。€ €

Windmill

Korithí, Cape Skinári

Tel: 26950 31132

島上北端一處風車改建成住宿房間，靠近藍洞（Blue Caves）。如果你想去那裡，那麼這裡是個最好的選擇。€

基西拉島（Kýthira）

基西拉的觀光季很短，大多數的旅館都只有從5月營業至10月，最好事先預訂。

Porto Delfino

Kapsáli

Tel: 27360 31940

Fax: 27360 31939

怡人的複合式的平房，可以看到海灣的美景和首府。€ € － € € €

Xenonas Keiti

Hóra

Tel: 27360 31318

優雅的住宿地點——為了改變一下——房間禁煙，位在一處18世紀大理石別墅中。這家旅館的旅客名單有一些非常有名的人。€ €

Xenonas Porfyra

Pótamos

Tel: 27360 33329

Fax: 27360 33924

家具出色的公寓套房，座落在漂亮有籬笆圍起來的花園中。€ €

克里特島

聖格里尼（Agía Galíni）

Rea Hotel

Tel/fax: 28320 91390

這裡幾個還不錯的選擇之一，這個旅館很小、但還滿新的，位於丘陵下。€

聖魯梅利（Agía Rouméli）

Agia Roumeli Hotel

Tel: 28250 91232

在房間設備非常基本的旅館間，這間旅館是少數幾家不錯的旅館之一。位於村落的西邊，靠近海邊。房間可以看到海景。€

聖尼古拉斯（Ágios Nikólaos）

Candia Park Village

Tel: 28410 26811

Fax: 28410 22367

www.mamhotels.gr/candia

一處重建得很奇怪的克里特村落，位於聖尼古拉斯和埃隆達之間。房價很貴，但有一部分是獨立的豪華套房、房間。€ € €

Minos Beach Art 'Otel

Aktí Ilía Sotírhou, Amoúdi

Tel: 28410 22345

Fax: 28410 22548

www.mamhotel.gr/minos

小半島上一處優雅、奢華的海岸度假中心。包括好幾棟獨立的陽台平房，周圍環繞著巨大的花園。為了收藏現在藝術品，旅館整修過。€ €

Minos Palace Hotel

Tel: 28410 23810

Fax: 28410 23816

minpal@otenel.gr

此區眾多五星級旅館之一，這家旅館建在陸岬上（走路到鎮上需要30分鐘距離），這裡被認為是很像米諾斯宮殿。€ € €

Crystal Hotel

Nissí

Tel: 28410 24407

Fax: 28410 25394

www.ormos-crystal.gr

位於埃隆達鎮那邊的北方，這是一家C級的小旅館（距離市區1.5公里／1英哩），到海灘則需要10-20分鐘。€ €

Lato Hotel

Amoúdi

Tel: 28410 24581

Fax: 28410 23996

lato@mail.com

距離聖尼古拉斯1公里（0.5英哩）的海灘，Lato有37個房間位於花木扶疏的花園中。他們也管理距離鎮上8公里沿海的Karavostasi，那裡有3棟獨立的房子。€ €

Ormos Hotel

Nissí

Tel: 28410 24094

Fax: 28410 25394

www.ormos-cryslal.gr

B級旅館Crystal的關係旅館，包含
擁有私人游泳池的獨立平房。€ €

Sgouros Hotel

Aktí Pangaloú, Kitroplatía Beach

Tel: 28410 28931

Fax: 28410 25568

一家還算體面的家庭式旅館，距離
海邊10公尺（11碼），距離市中心
300公尺（330碼）。€ €

**聖喬治拉西提歐
（Ágios Geórgios Lasithíou）
Rea Hotel**

Tel: 28440 31209

旅館還不錯，待客殷勤。家具很
棒、很舒服。這裡很適合前往
Lasíthi半島探險。€

出租代理

Doufexis Travel

Stoúpa, Peloponnese

Tel: 27210 77833

Fax: 27210 77677

doultvl@hellasnet.gr

住宿、租車全年營業。

Palmyra Travel

Kalisperidón & Agíou Dimitríou,
Iráklio, Crete

Tel: 2810 244429

Fax: 2810 282229

palmyra@her.forthnet.gr

全島的住宿、會議、小的旅遊團

Porfyra Travel

Livádi, Kýthira

Tel: 27360 31888

Fax: 27360 31889

www.kythira.into

住宿、租車、渡輪代理

**艾米里達（Almyrída）
Almirida Bay Hotel**

Tel: 28250 31751

這間中型普通的B級旅館有游泳池
和餐廳。位於哈尼亞東方一處小度
假中心。€ €

**巴利（Balí）
Bali Beach Hotel & Village**

Tel: 28340 94210

Fax: 28340 94252

www.balibeach.gr

擁有120間房間的大旅館，有游泳
池和屋頂花園。房間可以看到怡人
的海景；每個房間都有冰箱。€ €

**埃隆達（Eloúnda）
Elounda Beach Hotel**

Tel: 28410 41812

Fax: 28410 41373

www.eloundabeach.gr

世界頂級飯店集團之一，是島上最
好的旅館。非常昂貴，但卻極盡奢
華，這是歐洲飛機最喜歡的一家
——有些套房有私人游泳池、蒸氣
室、健身房，有自己的管家和隨從
照顧，當然也可以搭直升機到這
裡。€ € €

Elounda Mare Hotel

Tel: 28410 41102

Fax: 28410 41307

www.eloundahotels.com

足以媲美Elounda海灘旅館，這是
Relais & Châteaux在希臘唯一的旅
館。包含提供私人游泳池的豪華獨
棟平房。很貴但很時髦。€ € €

Akti Olous

Skhísma

Tel: 28410 41270

Fax: 28410 41425

位於大馬路與通往鹹水湖道路之

間，這間旅館的價錢和品質都很合
理。€ €

Aristea Hotel

Skhísma

Tel: 28410 41300

Fax: 28410 41302

價格適中的旅館，設備頗佳，靠近
海邊。€ €

Elounda Hill Apartments

Skhísma

Tel: 28410 41114

村鎮後面山丘一小段路，有一棟房
間獨立的公寓，經營友善，價錢令
人很滿意。€

**喬治歐波利斯（Georgioúpoli）
Mare Monte Hotel**

Tel: 28250 61390

Fax: 28250 61274

maremonte@otenel.gr

怡人的海灘飯店，有游泳池，位於
城鎮東方往Kavrós的方向。€ € €

Egeon Studios

Tel: 28250 61161

Fax: 28250 61171

老闆是親切的美裔希臘人，房間就
在橋旁，從前面的房間可以靠到美
麗的海景和港口。€ €

Marika Studios & Apartments

Exópoli

Tel: 28250 61500

非常舒適、獨立的房間，位於喬治

價格指南

旺季雙人房一晚的價錢：

€ € €昂貴€ 100以上

€ €適中€ 50-$100

€便宜€ 50以下

詳見340頁希臘旅遊組織旅館分
類系統的旅館種類。

歐波利斯西北方3公里（2英哩）的山丘上；經營友善。€ €

哈尼亞（Haniá）

舊城中很多威尼斯時期的豪宅，港口的另一邊許多民宅和公寓都被改建成旅館。

Casa Delfino Sultes

Theofánous 9, near Zambelíou

Tel: 28210 93098

Fax: 28210 96500

www.casadelfino.com

一棟精緻、重整過的17世紀威尼斯式的民宅，位於舊港口地區。20棟豪華的公寓環繞著一個庭院。€ € €

Contessa

Theofánous 15, near Zambelíou

Tel/Fax: 28210 98565

這是一棟很棒的威尼斯式的建築，房間很特別，家具昂貴、木製的地板和天花板。€ €

Elena-Beach Hotel Apartments

Aktí Papanikóli 27, Néa Hóra

Tel: 28210 97633

Fax: 28210 96606

在新首府較安靜、較小的旅館之一，從市區往西郊大概15分鐘的路程。€ €

Kriti Hotel

Nikifórou Foká 10 & Kýprou

Tel: 28210 51881

Fax: 28210 41000

www.krili-hotel.gr

市區東邊一處大型的現代化旅館，位於市場與海邊之間。全年營業。€ €

Nostos

Zambelíou 46

Tel/Fax: 28210 94740

位於港口前面，一棟豪華的改建建築（大概是一棟17世紀的教堂）；有12間套房和一個頂樓花園；終年營業。€ €

Pension Eva

Theofánous 1 & Zambeliou

Tel: 28210 76706

Fax: 28210 50985

一家威尼斯／土耳其人的豪宅改裝的6個房間的民宿，木頭的天花板，黃銅的大床。€ €

Porto del Colombo Hotel

Theofánous & Muskhón

Tel: 28210 70945

Fax: 28210 98467

colompo@otenet.gr

令人印象深刻、整修過的威尼斯／土耳其人的豪宅，位於舊城風景如畫的後街。€ €

Porto Veneziano

Aktí Énosseos

Tel: 28210 27100

Fax: 28210 27105

距離鬧哄哄的主要港口東邊一小段距離，附近是遊艇停泊和釣魚的港口。房間獨特，而且重新裝潢過；全年營業。€ €

Ifigenia Hotel & Apartments

Angélou & Gambá 21

Tel: 28210 94537

Fax: 28210 36104

www.iligeniastudios.gr

位於舊城威尼斯區的旅館，有房間和套房，可以俯瞰港口。€

霍拉斯法基翁（Hóra Sfakíon）

Vritomartis Hotel

Tel: 28970 91112

Fax: 28970 91222

大型旅館，大概距離村落1公里

（0.5英哩），有游泳池和網球場。3月至10月營業。€ €

埃拉佩卓（Ierápetra）

Lyktos Beach Resort Hotel

Tel: 28420 61280

Fax: 28420 61318

高級海灘旅館，有運動設施，位於城鎮東方7公里（4.5英哩）處。€ €

Astron Hotel

Kóthri 56

Tel: 28420 25114

Fax: 28420 25917

這家旅館很好，房間很舒適，往東郊地區走，旅館可以看到海景，離海邊也很近。€ €

伊拉克里翁（Iráklio）

市區也許不容易找到安靜的旅館，比較難以入睡的人可以請旅館的服務人員安排後面的房間。

Astoria Capsis Hotel

Platía Elevtherías 5

Tel: 2810 229002

Fax: 2810 229078

www.astoriacapsis.gr

位於主要廣場，距離考古博物館很近，這家大型旅館有舒適的房間和套房。全年開放。€ € €

Candia Maris Hotel

Papandréou 72, Ammoudára

Tel: 2810 377000

Fax: 2810 250669

www.maris.gr/candia

豪華大型旅館，有停車場、餐廳、游泳池和一個海療中心；位於城市西邊的海邊。€ € €

Galaxy Hotel

Dimokratías 67

Tel: 2810 238812

Fax: 2810 211211

www.galaxy-hotels.gr

較高級的大型旅館，2002年整修過，位於市區中心，豪華的房間、套房和游泳池；全年營業。€ € €

Atrion Hotel

Hronáki 9

Tel: 2810 229225

Fax: 2810 223292

www.atrion.gr

安靜、較高級的B級旅館，有70個房間，位於市區內。全年營業。€ €

Daedalos Hotel

Dedálou 15

Tel: 2810 224390

Fax: 2810 224391

相當安靜的旅館，位於市區行人徒步區；全年營業。€ €

Kastro Hotel

Theotokopoúlou 22

Tel: 2810 284185

Fax: 2810 223622

www.kastro-hotel.gr

舒適的中型旅館，屋頂上寬廣的陽台可以曬太陽；房間獨特；全年營業。€ €

Lato Hotel

Epimenídou 15

Tel: 2810 228103

Fax: 2810 240350

www.lato.gr

家庭式的旅館，位於舊港口，可以眺望威尼斯城堡。全年營業。€

Irini Hotel

Idomenéos 4

Tel: 2810 229703

Fax: 2810 226407

位於博物館和威尼斯港口之間，很

安靜。全年營業。€

Olympic Hotel

Platía Kornárou

Tel: 2810 288861

Fax: 2810 222512

標準客房，靠近市場街南端；全年開放。€

卡斯泰利－基薩摩
（Kastéli-Kissámou / Kássamos）

Galini Beach Hotel

Tel: 28220 23288

Fax: 28220 23388

www.galinibeach.com

營運良好、友善的民宿，隔壁就是海灘，位於Kamára河與足球場之間。€

林梅諾斯希爾梭尼索
（Liménas Hersonísou）

Knossos Royal Village Hotel

Anísaras

Tel: 28970 23575

Fax: 28970 23150

www.aldemarhotels.com

座位在Anísaras海邊前的旅館，旅館營造出豪華的米諾斯感覺。€ €

路卓（Loútro）

Porto Loutro Hotel

Tel: 28250 91433

Fax: 28250 91091

www.hotelportoloutro.com

一家舒適的旅館，位於這個小小的度假勝地，可以眺望美麗的港灣；親切的盎格魯－希臘老闆。€ €

馬塔拉（Mátala）

Eva Marina Hotel

Tel: 28920 45125

Fax: 28920 45769

www.evamarina.com

座落在葡萄園裡的一家C級旅館，距離Mátala沙灘只有100公尺。很多房間都可以看到美麗的海景。€

Matala Bay Hotel

Tel: 28920 45100

Fax: 28920 45301

www.malala-bay.de

一家經營很久的好旅館，距離海邊不遠。€

Orion Hotel

Tel/Fax: 28920 42129

不誇張但乾淨的旅館，座落在村外有點偏僻的地方，很有大的游泳池，美麗的海灘就在附近。€

密爾托斯（Mýrtos）

Esperides Hotel

Tel: 28420 51207

鎮上較好的旅館之一，有游泳池，終年營業。€ €

Myrtos Hotel

Tel: 28420 51227

Fax: 28420 51215

www.mirtoshotel.com

家庭式經營的旅館，位於村鎮中央，請以網路預訂。€

歐馬洛斯（Ómalos）

Exari Hotel

Tel: 28210 67180

Fax: 28210 67124

一家舒適的旅館，最近重新粉刷過；比起附近的住宿地點更高級，有獨特的浴室和餐廳。€

老鎮（Paleohóra）

Polydoros Hotel

Tel: 28230 41150

Fax: 28230 41578

靠近海灘，小小的，但設備非常完

善。€ €

Rea Hotel

Tel: 28230 41307

Fax: 28230 41605

小巧、親切的家庭式旅館，距離海邊不遠，房間乾淨，有浴室。€ €

普拉基亞斯（Plakiás）

Morpheas Rooms & Apartments.

Tel:/Fax: 28320 31583

koumentaki@internet.gr

海邊有舊的房間，外加後面擴建的新套房和公寓。€ €

Kyriakos Rooms

Tel: 28320 31307

Fax: 28320 31631

座落地點安靜，房間乾淨。藝術鑑賞家Kyriakos經營的，他曾和客人輕鬆地把酒言歡。隔壁是備受推崇的Medoúsa酒館。€

Phoenix Hotel

Tel: 28320 31331

Fax: 28320 31831

Plakiás西方3公里（2英哩），往Soúda海灘的方向。€

雷辛農（Réthymno）

Fortezza Hotel

Melissinoú 16

Tel: 28310 55551

Fax: 28310 54073

一處現代化、安靜的旅館，威尼斯城堡就在後面，到海邊走路只要5到10分鐘。€ € €

Grecotel Rithymna Beach Hotel

Adelianós Kámbos

Tel: 28310 71002

Fax: 28310 71668

www.grecotel.gr

克里特島最好的旅館之一，低調的奢華、無可挑剔的服務，待客親切

有禮。距離市區東方8公里（5英哩）的海邊。€ € €

Theartemis Palace Hotel

M. Portáliou 30

Tel: 28310 53991

Fax: 28310 23785

www.thearlemis.gr

市區東方一家A級的舒適旅館，有游泳池。最近才整修過，不過位在吵雜的大馬路上。€ € €

Veneto Suites

Epimenídou 4

Tel: 28310 56634

Fax: 28310 56635

www.veneto.gr

一家漂亮、整修過的15世紀修道院，有10間套房。後來成為威尼斯人／土耳其人的豪宅。€ € €

Brascos Hotel

Daskaláki 1 & Moátsou

Tel: 28310 23721

Fax: 28310 23725

www.brascos.com

市區三星級的旅館，對面是一個公園，距離海邊450公尺（1/4英哩）；全年營業。€ €

Ideon Hotel

Platía N. Plastíra 10

Tel: 28310 28667

Fax: 28310 28670

ideon@otenel.gr

到歷史上著名的舊城或城堡都很便利，有游泳池，前面的房間視野很好。€ €

Kyma Beach Hotel

Platía Iróön 1

Tel: 28310 55503

Fax: 28310 27746

www.ok-rethymno.gr/kyma

舊城邊緣附近一家現代化的旅館，對面就是海邊。全年營業。€ €

Palazzo Rimondi

Xanthoudídi 21

Tel: 28310 51289

Fax: 28310 51013

www.greekhotel.com/crete/rethymno/palazzo

舊城中心安靜街道一家民宿，有套房、有公寓。€ €

Pearl Beach Hotel

Paraliakí Leofóros, Perivólia

Tel: 28310 51513

Fax: 28310 54891

www.pearlbeach.gr

距離舊城海濱散步步道2.5公里（1.5英哩）。時髦、高格調、價格合理的旅館，一下子就可以到海邊。€ €

西提亞（Sitía）

Arhontiko Hotel

Kondyláki 16

Tel: 28430 28172

座落在一棟小別墅中，非常乾淨、友善。€ €

Crystal Hotel

Kapetán Sýfi 17

Tel: 28410 22284

Fax: 28410 28644

位於港口後面，這家旅館是C級旅館中不錯的選擇。全年營業。€ €

斯佩利（Spíli）

Tzermiádo

Kourites Hotel

Tel: 28440 22194

離大馬路一小段距離，民宿有很好的小酒館。€ €

Heracles Rooms

Tel: 28320 22111

Fax: 28320 22411

位於斯佩利主要街道，旅館中的房間家具精美，有很大的散步區。提供早餐。€

札洛斯（Zarós）

Idi Hotel

Tel: 28940 31301

Fax: 28940 31511

位於Roúvas峽谷的山區旅館，舊水車仍在運作。旅館自家的魚池有提供新鮮鮭魚。€ €

青年旅舍

希臘有許多青年旅舍，必須持會員卡（見下列還不錯的名單）才能進入。不過，也可以當場辦一張，或是多付一些錢，其實不需要事先辦會員卡。許多地方都有青年旅舍，包括雅典、奧林匹亞、塞薩羅尼基、聖托里尼島、克里特島的伊拉克利翁、西提亞、雷辛農、普拉奇亞斯。另外還有各種私人的「學生旅館」，品質互異，位在雅典，以及吸引年輕人的島嶼納克索斯島、羅得斯島及科孚島。

傳統聚落

傳統聚落（paradosiaki ikismos）被希臘政府視為文化遺產的重要部分。

它們被法律保護，避免現代化及建築物。在國家觀光組織的管理下，多元地整修這些建築物，作為觀光客住宿之用，讓他們宛如回到1970及1980年代。這些小旅館現在幾乎都賣給私人，但仍然受到法律的保護，而許多人也買了其他的民宅，

提供更高級的小旅館。這些民房或村落別具風味，相當美麗，強力推薦你在希臘鄉下住一段時間。

下列村莊可以看到整修過的小旅館，而且一直不斷出現新的：

馬尼（Manni）內陸的**Aréopolis**（好幾棟塔樓民宅）

伯羅奔尼撒的**Monemvasiá**（好幾棟整修的小旅館）

Ýdra（Hydra）鎮（好幾棟採收海綿船長的豪宅被當作青年旅館）

聖托里尼島的**Ía**（村莊內接連在一起的民宅）

巧斯島的**kámbos**（好幾棟重整的別墅，通常附設餐廳）。

巧斯島的**Kámbos**地區（好幾棟整修過的豪宅，通常附設餐廳）

列斯伏斯的**Mytilíni**和**Plomári**（好

露營

許多到希臘的遊客，通常以某種方式將就地過夜。睡在渡輪的夾板上過夜，或是在與世隔絕的海灘上搭帳篷露營。

如果想前往有組織、設備齊全的地方露營，希臘到處都可以找到這樣的營地；不過，多數的營地，希臘國家觀光組織（EOT）都已在 1998 年民營化。

而希臘最美麗的營地，通常必須由你自己發現。在多數地區，隨便放睡袋或搭帳篷是違法的。但是如果你謹慎些，就不會惹上麻煩。如果是私人的產業，最好徵得主人同意，避免在熱門的觀光區否則會很悲慘，使用非正式的營地，離開營地時一定要妥善收拾，讓營地比你來時更乾淨。

幾棟整修過的民宅小旅館，從基本的到豪華的房間都有）

帕薩拉（Psará）島（重整的）民宿提供基本的住宿。

皮里歐（Pilio）的**Makrinítsa**（6棟豪宅，基本設備的房間）

皮里歐的**Vyzítsa**（6棟整修豪宅，比Markrinitsa更高級的房間）

札格里亞（Zagoria），Megalo / Mikro的**Pápingo**（至少有10棟豪宅、高級房間）

札格里亞的**Koukoúli**（好幾家整修過的小旅館）

札格里亞的**Vítsa**（兩棟整修過的小旅館）

札格里亞的**Kipi**（好幾家整修過的小旅館）

札格里亞的**Tsepélovo**（好幾家整修過的小旅館）

靠近德爾菲的**Galaxídi**（好幾家整修過的小旅館）

馬其頓的**Nymféo**（3棟整修過的豪華小旅館）

羅得斯舊城（好幾棟整修過、高級、昂貴的小旅館）

克里特島的**Haniá**（舊港口有很多整修過的漂亮小旅館）

薩摩斯島的**Valeondádes**（荒廢村莊中6間整修過的民宅）

塞邁島的**Gialós**和**Horió**（提供整修過的舊宅和獨棟的公寓）

科孚島（3棟整修過的橄欖油工場和地點遙遠的民宅）

如想事先預約，可利用上列的電話或傳真聯絡，不必透過希臘國家觀光組織。

飲食

飲食

在希臘，外出用餐是項社交盛事。無論是和家人或友伴（para），外食都是為了要慶祝。

造成此種現象的可能原因是，在希臘，出外用餐不算昂貴，而且十分普及，並非美國運通卡持有者的特權。而希臘飲食重地「小餐館」（tavérna），更反映出這種普及的現象。

在希臘各地，這種隨意的館子都有類似的風格和布置，菜單也頗為相似。（當然，飲料公司都會先行印製有公司商標的菜單）沒有一家會利用無謂的裝飾，或刻意包裝，以說服顧客，他們十分獨特，和別家不同。

上館子是理所當然的，無論你在雅尼斯（Giannis）或喬吉歐斯（Georgios）用餐，只需盡情享受食物，不必付出高昂的代價。

以上即為在希臘用餐的一般背景常識，不過，用餐地點也有極大的差異。小餐館並非唯一的選擇。你會看到我們一般概念中的餐廳（estiatório），從販賣商業午餐、熟食（magirevtá）和桶裝葡萄酒，甚至於舖著亞麻桌巾、服務生打著領帶的昂貴餐廳皆有。

希臘飲食習慣

希臘人的主餐是午餐，於下午 2 點至 3 點半之間進食，即使是大城市餐後通常休息片刻，直到 5 半點或 6 點。

晚餐可能是全餐，也可能只食用組合的開胃菜。通常在晚間 9 點至 11 點之間進食。

希臘的早餐不甚豐富，通常只有麵包、奶油、果醬和咖啡。然而，糕餅店有很棒的派可供選擇，邊走邊吃點心。

psistariá 是烤肉餐廳，特色是烤羊肉、豬肉或雞肉；psarotavérna 擅長烹調魚類或貝類；豬肉攤販（ovelistirio）供應豬肉菜餚，而烤肉店（souvlatzídhiko）則販賣烤肉，有時可以坐下來食用，菜餚旁邊則裝飾著沙拉。雖然上好的烤肉是羔羊肉，不過現在大多都是豬肉。

近來更受學生和都市知識分子歡迎的，是所謂的 kultoúra 餐廳，是以傳統食譜翻新的新潮希臘美食，而酒館（ouzerí，希臘北部人稱之為 tsipourádika），主要是飲酒的場所，另外供應其他開胃菜（mezédes）或其他小碟的特製菜餚。

素食者在希臘找食物並不容易，很多主菜不是魚就是肉，最好就是從開胃菜中挑選來吃。

希臘食物的地區歧異度很高，所以應該留意沒有見過的當地特產。另外，你在希臘很快就能學會一件事：因為烹調技術的好壞，同樣的菜餚可能異異很大。所以不妨四處尋找適合你的小餐館（尤其是在觀光勝地），詢問當地人的意見，走進廚房看看食物（這是當地的習慣），不要落入觀光陷阱，而在之後的行程中喪失了對碎肉茄子蛋（moussakás）的胃口。有經驗的旅客，「觀光客的碎肉茄子蛋」（tourist mousakas）簡略地表達這道標準料理的剝削版。大量的馬鈴薯，少得可連的benchamel醬汁，有時甚至連一片茄子都沒有，要不就是只有很少的碎肉。

有些小餐館，特別是鄉下地區或是沒有觀光客的島嶼，餐廳沒有菜單，這種情形本質上都看最貴的主菜價格，而海鮮又特別貴。

有些餐館沒有菜單，或是有菜單卻沒標價。價格通常列為兩欄，第一欄是未加稅的價錢，第二欄是加稅的價錢。以下的名單你可以找到部分受歡迎的食物。

雅典（Athens）

Athinaikon，Themistokéous 2，close to Omonia；tel：210 383 8485。這是一家1932年開業的小酒館，附近辦公室的顧客習慣在午餐時上門。菜單提供種類繁多的新鮮魚和海鮮，以希臘起司加上魚肝等內臟，搭配適宜的桶裝紅酒，別有風味。

Bakalarakia/O Damingos，Kydathinéon 41，Pláka；tel：210 322 5084。歷史悠久的地窖餐廳（可以看到現在老闆的祖父 Josephine Baker的照片），提供美味的料理。最好可以點豌豆布丁（fáva）、希臘臘味香腸（loukánika）

和炸乳酪（saganáki），店裡的招牌菜是大蒜鱈魚（bakaliaro skordaliá）。提供高品質的桶裝紅酒。

Bairaktaris，Platia Monastiraki 2；tel：210 321 3036。這是雅典城內僅存最老的一家餐廳，年代可追溯至1879年。以提供便宜又合乎養身的食物而聞名。尤其是熟食、可口的豌豆湯（fasoláda），番茄鑲碎肉（domates gemistés）和燉煮黃豆。這裡提供外帶服務。

Benaki Museum Café，Koubári 1 and V。Sofías；tel：210 367 1030。這家咖啡餐廳座落在二樓博物館的美麗大陽台，坐在這裡用餐，充滿浪漫氣氛。深受Kolonáki較有藝術氣質的民眾的喜愛，他們常會來這裡午餐。這裡的咖啡、松香味的葡萄酒都很棒，另外沙拉和每日的特餐有很美味，這裡還有可口的蛋糕甜點。星期四晚上的自助餐（博物館開放至半夜），值得一試，記得要先打電話預約。

Dimokratous，Dimokrítou 23，Kolonáki；tel：210 361 3588。這家餐廳是設在一棟經過改裝過的新古典主義建築內，提供標準的希臘料理。這裡最受歡迎的有沙拉、燉煮黃豆、水煮蔬菜（hórta）、烤肉、海鮮。餐廳提供的紅酒相當美味，價格也十分合理。

Eden，Lysíou 12 and Mnisikléous，Pláka；tel：210 324 8858。雅典最好的素食餐廳，不管你吃不吃素，都值得一探。這裡有些有趣的主食，利用豆腐和扁豆烹煮而成（比聽起來好吃），搭配沙拉和美味

的新鮮水果汁。餐廳設有非吸煙區，這在希臘是非常少見。

Epirus/Monastiri/Papandreou。這三家便宜的小飯館，都集中Athinas 附近的中央畜肉市場。24小時營業，對於烹煮各類動物有獨到之處。特別是內臟湯（patsás），利用動物內臟所燉煮的湯，治癒宿醉特別有效。

The Food Company，Anagnostopoú lou 47，Kolonáki；tel：210 363 0373。就在Ágios Dionýsios上方，想要品嘗便宜又好吃的食物，這裡是個好去處。不過，吃飯的空間有限，（夏天時，有時桌子還會搬到人行道上），兼賣紅酒和橄欖油，另有一番風味。大大的盤子擺滿了扁豆、馬鈴薯、黑胡椒及香料做成的沙拉，每份料理的分量都很大。

Frame，Kléomenous 2，Kolonáki；tel：210 729 0711。在St George Lycabettus飯店，有一家時髦、閃耀風格的餐廳，裡頭的座位靠近閣樓（這裡是家魚餐廳）的酒吧，外頭的座位是經過設計師精心設計的帳棚。推薦的食物充滿地中海風味，有大量的番茄、橄欖油、烤肉、魚，是超高標準的口味。吃完後，保證讓你變年輕又充滿時尚感。

GB Corner，Platía Sýndagma；tel：210 333 0000。Grande Bretagne重整過，是一家高格調的餐廳，雖然價格昂貴，還是值得「揮霍」。這裡的服務一流，食物入口，洋溢幸福的感覺。不管是蘑菇菜飯、沙拉、烤肉，還是精心調製

的魚都讓人難以忘懷，即使是素食，也堪稱一絕。不要忘了，還有令人難以置信的甜點。

Kafeneio，Epiharmoú 1，Pláka；tel：210 322 4515/324 6916；and Loukianoú 26，Kolonáki；tel：210 722 9056。同一家餐廳有二家分店，提供美味的食物。餐廳位於引人注目的新古典主義建築中，Plaka分店的價格比較便宜，場地感覺比較舒適放鬆。這裡提供許多開胃菜、美味的keftedakia、碗豆布丁及稀少珍貴的起司，以及品質良好又便宜的桶裝紅酒；Kolonáki分店屬於比較正式又昂貴的餐廳，但餐飲相當正點。有好吃的高麗菜葉捲淋上avgolémono醬汁，烤茄子（aubergines）加上乳酪，烤乳豬加馬鈴薯，搭配一種特製的檸檬醬。

Kioupi，Platía Kolonáki 4；tel：210 361 4033。令人驚訝的發現，這間地窖餐廳提供既便宜又友善、乾淨的用餐環境，從午餐時間開始，餐廳就開始提供美味的熟食，客人就小廚房前面陳列的菜餚點菜，通常會有好吃的秋葵（bámies）、油燉綠扁豆、水煮蔬菜，以及多種雞肉料理。

Platanos，Diogénous 4，Pláka；tel：210 322 0666。這家餐廳從1932年開始營業，靠近Roman Agora。雖然消費不便宜，但是它提供了舒適的內部裝潢，夏天一到，店家還會把桌子搬到前面的小走道。服務親切，基本的食物包括有精緻的蔬菜及很多種的烤肉。

Rodia，Aristípou 44，Kolonáki；tel：210 722 9883。位於Lykavitós

山坡住宅街道的一角，餐廳位於安靜的住宅區深受當地人及學生的喜愛。食物可口價格又公道。如果你不是希臘人，在他們提供你開胃菜和分量超大的主菜之前，最好趕快阻止他們，你最好自己挑選。不要忘了點瓶紅酒。夏天，你還可以坐在漂亮的花園裡用餐。

Thanasis，Mitropóleous 69，Monastiráki；tel：210 324 4705。在這裡，可以吃到雅典人習慣吃的烤肉串。重要的料理還有烤肉、沙拉、馬鈴薯條的料理，配上冰啤酒更是一絕。

Tristrato，Dedálou 34 and A。Géronda，Pláka；tel：210 324 4472。餐廳的建築屬於1920年代，位於街角，充滿浪漫氣氛，深受知識份子和大學生的喜愛。這裡最適合吃早餐，黃昏時，可以在這裡喝下午茶，店家有很棒的蛋糕。

Vasilenas，Etolikoú 72，Piraeus；tel：210 461 257。這裡最有名的餐點是開胃菜，這家外表看似平常的小酒館是雅典地區最好的一家。只有晚上營業，顧客可以挑戰菜單上的16道大菜，物超所值。因為餐廳相當受到歡迎，記得要先預約哦。

伯羅奔尼撒

卡拉瑪塔（Kalamáta）
Katofli，位於薩拉米諾斯，距離城市西方海邊的小碼頭一個路口。坐在戶外用餐，讓人感到相當愉悅。這裡提供相當多的佳餚，保證不會令你失望。

卡爾達米里（Kardamýli）
Lela's；tel：27210 73541。這個城市最古老、最傳統的酒館，就在這裡了。主要供應德國啤酒。露天陽台雅座，偶爾還有現場樂隊演奏。

科林索斯（Kórinthos）
Arhondikó，濱海公路現代化的Kórinthos西方4公里，Lehaion港口對面；tel：27410 27968。這裡最美味的莫過於選擇多樣的開胃菜，另外還有當地的玫瑰紅酒。這家餐廳全年開放，室內室外都有座位。

科羅尼（Koróni）
Kangelárlos，waterfront；tel：27250 22648。這裡的料理，包括海鮮和小魚，堪稱碼頭地區最好吃的餐廳，價格也十分公道。

基西拉（Kýthira）
Manólis，Diakófti；tel：27360 33748。這裡好吃的東西不止有魚，還有吸引人的開胃菜，像是起司加上綠色蔬菜做成的餡餅。

Plátanos，Mylopótamos；tel：27360 33397。位於歷史上有名的Kafenío村，餐廳在一棟傳統的建築物裡，午餐提供熟食，晚餐提供美味的烤肉。

Sotíris，Avlémonas。所有第一流的希臘海邊酒館的要素，這裡都有了。微微的海風、樸素的裝潢，以及完美的新鮮魚料理。

Ydragogio，Kapsáli，end of the beach；tel：27360 31065。雖然著重在素食開胃菜和碎肉茄子蛋鎮，但還是有提供魚料理。露天陽台的座位，有令人稱羨的視野，可以好好欣賞當地古堡。

海鮮是目前最昂貴的菜餚之一（到處可見的冷凍烏賊和章魚除外）。魚類通常仍悠游在水槽中，任你挑選，菜餚的價格就依魚的重量而定。強烈地建議你，看清楚魚的重量，當你的手指著刻度的時候，重複你被告知的價錢，就可以知道之後是否有誤。很多農產品和冷凍的海鮮（常常只有以希臘的「k」或「kat」標示），因此往往因為沒有經驗而上當，最好的方法就是，吃簡單、當季的東西：吃一盤8月新鮮的烤沙丁魚遠比吃從6月就冷凍的劍魚來得好。

梅托尼（Methóni）
Klimatariá，距離城堡一個路口；tel：27230 31544。原本只提供美食家所吃的高貴料理，這家餐廳改為強調利用國產蔬菜烹調菜餚，相當大眾化。

諾尼姆瓦西亞（Monemvasiá）
Matoúla；tel：27230 61660。這家酒館在舊城區已經很多年了，但是料理口味依舊維持一定的水準。座位都是在露天陽台。

納維皮里歐（Návplio）
Koutoúki to Parelthón，Profítis Ilías 12；tel：27520 29930。餐廳位於新市區的舊建築物裡，有非常棒的開胃菜。夏天可以在戶外用餐，價格非常便宜。

Omorfi Póli，Kotsonspoúlou 1；tel：27520 25944。道地的希臘菜，把烤肉和蔬菜放在砂鍋燉煮，

每客的分量都是超大的。位子有限,記得打電話預約。肚子餓嗎?趕快來吧。

Fanária,Staïkopoúlou 13;tel:27520 27141。這裡提供的午餐很棒!Mégara葡萄酒的價錢也很合理。只要是被敲過竹槓的觀光客都知道這家餐廳。

尼亞波里威翁(Neápoli Vión)

Konáki tou Zahária;tel:27340 23531。這家餐廳是酒館也是披薩店,位於非常受歡迎的濱海區,靠近橋邊,提供非常好吃的海鮮。

新米斯特拉斯(Néos Mystrás)

Mystrás,距離市區噴水池100公尺(110碼);tel:27310 93432。希臘人星期天中午的選擇:燉煮的蔬菜,加上大量的橄欖油和香腸、羊肉、當地產的紅酒,美味極了。室內、室外都有座位。

奧林匹亞(Olympía)

Kladíos,位於火車站後面的河邊。這裡經常被觀光客塞爆!因為座位有限,提供純正的開胃菜,早一點去比較保險。

帕特拉(Pátra)

Avlí tou Yennéou,Paraskhou 2,Terpsithéa。擠在公寓的一角,距離小艇碼頭後面一個路口。有非常好吃的海鮮。

Beau Rivage,Germanoú 6,on Plátia 25-Martíou;tel:2610 275386。精緻但令人驚訝合理的餐廳,招牌是炭烤類的料理。

皮洛斯(Pýlos)

Grigóris,Georgíou Krasánou;tel:27230 22621。餐廳提供美味

的熟食和烤魚,夏天時,可以在迷人的花園用餐。

Restaurant 1930,Kalamáta road。市區內最棒的也是最受歡迎的酒館之一。提供非常棒的食物,服務生也非常友善。

里歐(Río)

Tesserís Epohés(Four Seasons),Somersét 64;tel:26109 94923。地點很好,就在火車站旁邊。價格公道,食物好吃。

史帕爾提(Spárti)

Akrolíthi,Odós ton 118,no 75;tel:27310 20123。夏天,宛如置身在花朵般的環境裡;冬天,在室內吃飯還有現場音樂伴奏,價格很便宜,深受當地人的喜愛。

史托帕(Stoúpa)

The Five Brothers。這是一家家庭式的小酒館,靠近濱海區的中央,料理便宜又好吃,傳統希臘菜餚。

吉亞羅瓦(Giálova)

位於Pýlos灣東北的小度假勝地,有很多著名的小酒館,價錢合理,其中二家是:

Helonaki,tel:27230 23080。食物可口,從平靜的海灣看去,視野似夢如幻。

Spitikó,強力推薦這家餐廳,家庭料理非常棒,不吃會後悔!

吉提歐(Gíthio)

Nautilía。靠近海邊防波堤的小酒館,價格便宜,海鮮料理相當道地。在海邊用餐,同時可以享受美麗的風景。不會亂哄抬價錢。

波爾托吉耳梅諾(Pórto Germenó)

Psarotaverna O Dimos。餐廳位於城市南方Ágios Nikólaos海灘上方。提供好吃的烤肉和烤魚、沙拉,以及自製的松香味道葡萄酒。除了6月到8月,其他時間只有週末營業。

阿拉霍瓦(Aráhova)

Panagiota,near the main church;tel:22670 32735。強調家庭風味,像是砂鍋燉煮的料理以及燒烤,價格合理。餐廳擺設使用賞心悅目的白色桌布。每年從9月中到雪季結束天天營業,之後便休息到7月中。7月中至9月只有週末營業。

格拉西第(Galaxídi)

Barko martisa,主要碼頭盡頭北方;tel:22650 41059。可以吃到不油膩、類似海鮮菜飯的佳餚。離開雅典之後,不要期待會吃到道地的義大利菜。每年的11月到隔年2月每個週一、週二可能不營業。

格拉西第(Galaxídi)

Albatross,位於內陸公路上,山丘上19世紀教堂對面。桌上少量的magirió,價格非常吸引人的家庭式的料理,東西不多所以很新鮮,最特別的是pancetta(samári)淋上可口的醬汁。

拉米亞(Lamía)

Fytilis,Platía Laoú 6;tel:22310 26761。在中央廣場唯一的餐廳,它的特色料理就是培根加上起司的漢堡(bifteki),但也有蔬菜料理。

Ouzou Melathron，Aristotelous 3；tel：22310 31502。距離Laoú廣場幾步路，價格有點貴的Koultoúra小酒館，是塞薩羅尼基本店在這裡的分店，用餐環境十分幽雅，雖然是舊房子，卻有漂亮的花園。

莫納斯提拉基（Monastiráki）

Iliopoulos；tel：26340 52111。距離Návpaktos東方11公里迷人的海濱村落邊的海岬上，這裡是極佳的海鮮酒館，野生的魚料理，搭配開胃菜和一杯啤酒，花費不到20歐元。10月到隔年3月每星期一不營業。

納維帕克托斯（Návpaktos）

Tsaras，behind the old harbour；tel：26340 27809。位於威尼斯港口的少數幾家飯館之一，每天提供限量好吃的料理，熟食菜單天天改變。只有星期三到星期天營業，提供午餐和晚餐。

梅索隆尼吉（Mesolóngi）

這裡最有名的傳統料理就是煙燻鰻魚，在Athanasíou Razikotsíka幾個靠近中央廣場的地方都可以吃得到。**Delfinia**在6號，**Posidon**在4號，**Marokia**在8號。

帕里羅斯（Páliros）

O Platanos，港口廣場內陸盡頭；tel：26430 41664。看起來雖然不太像，但是這家親切的小餐廳有提供價格合理的新鮮烤魚，以及像鹽水浸泡過的鯷魚（gávros pastós）開胃菜，配上當地小啤酒場的啤酒。

米提卡斯（Mýtikas）

O Glaros，碼頭西北端；tel：26460 81240。這家忙碌的魚餐廳，有著新鮮的食物，還有其他餐廳難以匹敵的無敵海景。

格維洛斯（Gávros）

To Spiti tou Psara，main valley-bottom road。除了有名的鱒魚，還有很多其他的：像是美味的hortópitta、浸泡過的kafterí，以及價格合理的自釀葡萄酒。

米克洛霍里歐（Mikró Horió）

ly Kyra Maria，Helidona旅館的一樓，tel：22370 41221。坐在老村落中央法國梧桐樹下用餐真是很有氣氛。飯店內的這家餐廳，最近烹調手藝已經改善了，樓上的房間也經過改裝。

佛洛斯（Vólos）

Halambalias（Zafiris），Orféos 8，corner Skyrou；tel：24210 20234。位於引不起人興趣的內陸，但他們的熟食卻吸引許多民眾；提供三星級的燉燜蔬菜和桶裝葡萄酒，還有烤肉、海鮮。星期天不營業。

Monosandalos，Tsopótou 1，Ágios Konstandínos 教堂附近水濱區的東邊；tel：24210 37525。這幾家小酒館資格最老的一家，最近擴張至隔壁。餐廳的最大特色是炸蝦球、炸肉丸、炸馬鈴薯，四個人消費不會超過50歐元。

波塔里亞（Portariá）

Kritsa，中央廣場；tel：22428 99121。2002年開幕的餐廳，有著特殊的口味及幽雅的環境，專業的服務態度和分量極大（不要點太多）的餐點，店裡的招牌有tyropitákia、

歐芹（maïdanosaláta）和Piliot spétzofaï料理。

皮納卡提斯（Pinakátes）

Drosia（Taverna tou Papa），村落西端；tel：24230 86772。比起主要廣場，當地人更喜歡來這裡，這裡的羊肉配上檸檬汁的烹調，相當可口。沒有菜單的開胃菜，配上這裡的桶裝葡萄酒或葡萄烈酒，刺激令人難忘。10月到隔年5月不定期休息。

達莫巴里（Damoúhari）

Barba Stergios，威尼斯港口南邊。餐廳使用的魚不是養殖的魚，便宜又可靠，保證新鮮，另外還有烤肉和一些的熟食。夏天時，有一個漂亮的露天陽台可以用餐，天氣冷的季節，可以移到室內的沙龍，氣氛絕佳。

聖雅尼斯（Ágios Ioánnis）

Posidonas，濱海區中央；tel：24260 31222。這裡的第一家魚餐廳，也是迄今最好最便宜的魚餐廳。二個人分食一條中等的魚，再點上一瓶當地所產的葡萄酒，不會超過20歐元。全年幾乎都有營業。

聖雅尼斯（Ágios Ioánnis）

Ostria，很好認，位於濱海區北端的內陸；tel：24260 32132。受到來自佛羅倫斯的女老闆Hariklia多年的影響，餐廳提供香料濃郁的地中海式的料理（通心麵味道很濃）。價格適中，座位有限，記得一定要事先預約。

基索斯（Kissós）

Makis，就在廣場旁邊；tel：24260 31266。在Pilio最老的酒

館，有好吃的兔肉、甘藍菜、桶裝紅酒。價格便宜，全年營業。

米里納（Milina）

O Sakis，海濱步道南端；tel：24230 66078。很難相信在這樣一個觀光名勝，但這是Pelion南部最好的小餐館之一。一個五大盤的套餐，包括新鮮的鰻魚、水煮蔬菜和其他的開胃菜。不會超過14歐元。

米洛波塔摩斯（Mylopótamos）

Angelika，靠近進入市區的公路上；tel：24260 49588。這裡的魚有點貴，不過種類很多的熟食就很合理了，而他們的服務友善、快速。從復活節到10月31日，每天營業；11月到復活節，週末營業。

卡提吉歐爾吉斯（Katigiórgis）

Flisvos（Voulgaris），fishing port；tel：24230 71071。從佛洛斯長途跋涉到這裡來的人，為的就是這裡新鮮的魚和道地的熟食，這一點大家都會同意，距離和花費是成正比的。餐桌設在沙灘上，不管氣候或是風浪，都不會影響用餐。

卡拉姆巴卡（Kalambáka）

O Houtos，距離Tríkala路東邊400公尺；tel：24320 24754。很少觀光客會來這裡，因為地點的確比較偏僻，沒有什麼風景可看，不過，當地人卻對美食知道的比較多。他們喜歡吃烤羊肉串和家庭料理，當然，價格便宜才是重點。

卡斯特拉基（Kastráki）

O Paradissos，Spanias旅館對面的路上。非常優質的烤肉，受到當地民眾的喜愛。露天陽台面向溪流，視野很好。一客烤肉串、扁豆沙拉、紅椒、一杯啤酒，不會超過12歐元。

特里卡拉（Tríkala）

最時髦的吃法是，到位於Lethéos河東北岸的老市集零售商聚集的商店街，以Ypsilándou為中心的行人徒步區。這裡的小酒館從晚上9點半開始熱鬧起來：試試18號的Mezedokamomata，對面的lanthos，或是附近的Timi。

伊派拉斯

雅尼納（Ioánnina）

Odós Pamvotidas。位於湖畔林蔭大道，當地人都會來這裡吃一頓。大約有六家酒館聚集在這裡，這幾年各有不同的命運；還可以試試Limni、Filippas（推薦烤肉和熟食），或者Stin Ithaki。Café Bistro 1900，Neoptolemou 9，tel：26510 33131。在改裝過的豪宅二樓，這裡成為雅尼斯時髦的社交場合，義大利/地中海式的甜點、希臘式的菜飯，豬柳以及梅子口味的醬汁，還有令人滿意的紅酒。

美特索佛（Métsovo）

Athens / Athenai，就在中央廣場往南的上方；tel：26560 41332。餐廳使用大量的葡萄酒來做成佳餚，這是伊派拉斯第一家小客棧，2003年關閉整修，如今在原址重新開幕。

摩諾迪尼德里（Monodéndri）

En Monodendrion，Ágios Minás禮拜堂停車場附近。離開觀光客常去的酒館，這裡有相當美味的烤肉以及當地菜餚，不吃可惜。

帕皮古（Pápingo）/ 美加洛（Megálo）

Nikos Tsoumanis，村莊北邊；tel：26530 42237。大盤的沙拉，美味的羊肉以及各類的菜餚，從陽台上可以眺望一望無際的pýrgi美景，使這家小酒館成為贏家。

帕皮古（Pápingo）/ 美加洛（Mégalo）

Kalliopi，村莊南邊；tel：26530 41081。家庭式的口味（包括鮭魚和pittes），配上上等桶裝紅酒，現場的一流音響，可是有附帶保證的。

科科拉（Koukoúli）

Christos and Elektra's，中央廣場；tel：26530 71121。這是一家結合了咖啡廳複合式餐館，現在由一對薩歌利年輕夫婦經營。餐廳提供簡單、分量卻不少的開胃菜，（包括香腸、煙燻鱒魚、甜菜、一種或二種甜點），加上葡萄烈酒。天氣好的話，可以坐在大樹下享用美食。

奇皮（Kípi）

Stou Mihali，位於主要的馬路上；tel：26530 71630。在薩歌利，這是最可靠的其中一家，結合了咖啡廳和小飯館的功能；風味絕佳的桶裝葡萄酒、pittes及提供給素食者多樣選擇的食物。

科尼特薩（Kónitsa）

To Dendro，靠近道路轉角處；tel：26550 23982。鱒魚、烤肉和黑胡椒混在一起，是小酒館的特色吃法。你還可以坐在法國梧桐樹底下用餐。

皮爾迪卡（Pérdika）

Ta Kavouria，中央廣場。八分之一的小酒館都集中在波西米亞人聚集的區域。在這裡吃飯加上酒錢不會超過12歐元。

帕爾格（Párga）

Apangio，海濱區附近階梯上的巷弄內；tel：26840 32791。這是這裡唯一的小酒館，提供正統的料理，雖然有點貴，三道開胃菜、一道海鮮、茴香烈酒或葡萄烈酒浸泡的karafáki，大約在15歐元至18歐元之間。

Golfo Beach，村落的東南方；tel：26840 32336。帕爾格最古老的小酒館之一，可以在海邊陽台欣賞風景，也可以享用砂鍋烹煮的食物。

Taverna tou Khristou，距離 Sarakíniko 海灘西北方7 km；tel：26840 35207。從2002年開始，這家著名的老酒館就做了新的裝修。這裡提供好吃的蔬菜、新鮮的海鮮（除了章魚和烏賊），還有一些佳餚。另外，還有限量供應希臘北部釀酒場所生產的紅酒。

普瑞維札（Préveza）

Amvrosios，Grigoriou tou Pémptou 9，威尼斯鐘塔對面；tel：26827 2192。這裡有很好吃的燒烤沙丁魚及桶裝紅酒（不相關的各種罐頭）。

Menidi，位於Árta和Amfilohía Vouliagmeni中間，從高速公路第一個出口左轉；tel：26810 88216。從Árta來的人為了這裡分量很大的蝦和魚，還有細鱗魚，料理豐富，一個人的預算可能需要20歐元以上。

希臘沙拉

希臘沙拉是主要的希臘菜，具有一整套的番茄、黃瓜、羊奶乾酪和橄欖，搭配麵包即是午餐。如果你點一盤沙拉，端來的就是這種，有些餐廳會刪減一兩樣蔬菜。如果你只想吃小盤的沙拉蔬菜，就可以點angourodomáta。（通常是番茄或黃瓜沙拉）

塞薩羅尼基

Ta Adelfia tis Pyxarias，Platía Navarínous 7；tel：23102 66432。在市區東邊的行人徒步區廣場中，這是最好的餐廳之一，在室內室外都可以用餐，室內牆上還掛了馬其頓家庭的照片。這裡最有名的是肉汁鮮美的烤肉串以及燉煮料理。

Amanites，D. Poliorkitoú 44；tel：23102 33513。Kástra區一家非觀光客光顧的餐館，素食者和肉食主義者都會喜歡這裡。提供美味的洋菇，以及多重選擇的肉類開胃菜。地下室的餐廳保留一點70年代學生住處的風格。

Aristotelous，Aristotélous 8；tel：23102 33195。市區一家歷史悠久的小酒館，所有的桌子都是採用大理石，椅子則是鐵製的加工品。食物是傳統希臘北方的料理，有米飯、珠蚌，烏賊是泡在紅酒裡頭，加上特製的醬汁調味，還有很多酒供選擇。

The Barrister，Tsimiskí 3 & Výronos 2；tel：2310 253033。這家等級的小餐廳有提供義式雜燴（mélange），不過卻是歐洲非常基本的料理，Barrister的主廚投入他

的敏銳度與熱情所呈現出來的料理，餐廳位於舊律師俱樂部，這裡已經是塞薩羅尼基當地最精緻的餐廳。

Ta Kioupia，Platía Morihóvou 3-5；tel：2310 553239。這家位於市區像商務餐廳的老闆，企圖以他廣泛的美食角度網羅希臘各地的料理。你可以找到希臘各島特殊的料理，從伊派拉斯到克里特島，另外還有比較少見的希臘葡萄酒。

Myrovolos tis Smyrnis，Modiáno 市場；Tel：2310 274170。市場中幾家tsipourádika資格最老的一家，位於市場西邊入口處，味道最濃的是海鮮，這裡的食物很棒，又有創意。室內有空調，你也可以坐在騎樓下。此外，建議你最好事先訂位。

Ouzou Melathron，Karýpi 21；tel：2310 275016。在這家愜意、備受歡迎的小酒館，你可以發現希臘人小手勢，這裡光顧的客人主要是希臘人，座落在行人徒步區的一角。你可以享用價格普通、種類繁多的開胃菜，然後和當地人一樣來上一杯咖啡或茴香烈酒。

Parakath，Konstantinoupóleos 114；tel：2310 653705。這是塞薩羅尼基唯一一家蓬提安－希臘餐廳，這裡以一系列的通心麵為特色，還有土耳其班都黑山地區的酸乳酪。此外還有一般的烤肉。午夜的現場音樂和踢腿舞蹈，可以好好地迎接接下來的一天。

Pyrgos，Venizélou 13；tel：2310 207769。靠著不斷上門的老顧客，Pyrgos成為默默成功發跡的餐廳之

一，餐廳堅守食物的品質。位於卡斯特拉上方，這裡的食物結合了希臘與國際性的料理，特別強調他們的葡萄酒。料理做得很好，服務也特別親切。

To Rema，Pasalídi 2，Káto Toúmba；tel：2310 901286。你必須搭計程車才能找到這家位於市區東方有點偏僻的餐廳，不過你的努力絕對值得。這家餐廳深受學生、時髦的年輕人所歡迎，每一種食物都以「政治」或「歷史」上的人物命名，像是prerstroika或Colossus of Rhodes。食物結合了法式料理及希臘的美食，烹調美味。

Toumburlika，Kalapotháki 11；tel：2310 282174。另一處市區著名的小酒館，隱藏在Dimokratías廣場狹窄的巷道內，餐廳內有幾個舒適的空間，外面還有幾張桌子。這裡的魚類開胃菜很特別，週四有豐盛的湯，週末有現場音樂表演。

To Yedi，I. Papréska 13，Kastra；tel：2310 246495。緊鄰著Eptapýrgio城堡上方閒散、親切的小酒館，這裡的茴香酒很棒。以親切的態度提供高品質的開胃菜，輕鬆的環境。滾燙的小牛肉、茄子陶鍋是這裡的拿手好菜。

Zythos，Katoúni 5，Ladádika；tel：2310 540284。這是一個看人的好地方，這裡提供多樣性的料理，結合了希臘、亞洲、西歐的元素。Zythos是一家餐廳酒吧，除了創意性的料理，還有提供德國及愛爾蘭的啤酒。

馬其頓與色雷斯

卡斯托利亞（Kastoriá）
Doltso，Tsakáli 2；tel：2467 024670。2003年初開幕，這家一流的餐廳很快成為Doltso廣場當地最受喜愛的用餐地點。重建過的豪宅，完全以木頭和石頭裝潢，角落的裂縫充滿了趣味。餐廳頂級的美食包括了許多馬其頓的地方性料理。

亞歷山卓波利（Alexandroúpoli）
To Nisiotiko，Zarífi 1；tel：2551 020990。鎮上的海鮮餐館很普通，To Nisiotiko以愛琴海的藍白及悠閒的風格吸引人們的目光。這裡的食物很新鮮、一流，不只是價格昂貴而已。主要以魚類料理為主，雖然這裡也有烤肉和令人印象深刻的開胃菜。

埃迪薩（Edessa）
Raeti，18th Oktovríou 20；tel：2381 028769。Raeti就是克里特島方言「吃吃喝喝」的意思，雖然老闆並不是克里特人。他供應頂級的馬其頓固態的開胃菜、烤肉、以及一些以橄欖油為主的食物。餐廳非常低調，但極受當地民眾歡迎。另外還有很棒的葡萄酒。

佛洛里納（Flórina）
Restaurant Olympus，Megálou Alexándrou 22；tel：2385 022758。老式的烹調方式，只供應午餐，長期經營的「廚房」，提供一些家常菜給饑餓及不挑剔的食客。有很多菜色提供給素食者。在這裡你可以找到傳統的料理：碎肉茄子蛋、pastítsio、利馬豆煮番茄湯及fasoláda（營養的豆子湯）。

卡瓦拉（Kavála）
Tembelhanio，Poulídou 33b；tel：2510 232501。馬其頓式的小酒館：開胃菜主要是魚，加上當地自豪的貝類，再喝一小口葡萄烈酒——整個馬其頓都會喝這種像火一般的葡萄烈酒。博學多聞的客人和有識貨的當地人用餐，很顯然這是他們不可缺少的。

科摩提尼（Komotiní）
Ta Adelfia，Orféos 25；tel：2531 020201。另一個傳統的用餐地點：簡單的主食，以傳統的方式烹調；30年的房子甚至一點也沒有改變。最好點門口外黑板上寫的每日特餐。

利托霍羅（Litóhoro）
To Bereketi，Agióu Nikoláou 40；tel：2352 082213。在利托霍羅，烤肉和魚似乎是很普遍的菜色——也許受到天氣及物產的影響。To Bereketi的招牌是烤肉串，餐廳窗邊炭烤爐上烤著一串串的肉串。當地人最喜歡的一道料理是，將一塊塊加上香料和辛香料的肉，放在微火上烹煮。另有當地的葡萄酒。

普雷斯帕（Préspa）
Akrolimnia，湖畔，Psarádes village；tel：2385 046260。如果你在Prespa湖區用餐，就應該點當地著名的料理——像是味道濃郁的豆子湯（fasoláda），或當地湖裡的鮭魚。這家熱鬧、輕鬆的湖畔小餐館，是鎮上用餐最好的地方之一。

維里亞（Véria）

To Katafygi，Kondogeorgáki 18；tel：2331 027227。迷人、優雅的Katafygi（名字的意思是山上避護的「避難所」）食物的花招令人眼花撩亂，從鵪鶉到野生的公豬。素食者也不會失望，這裡有供應一種令人垂涎的菇類料理。喜歡辣的人可以品嘗一下「主廚的復仇」。

克桑西（Xánthi）

Myrovolos，Platía Hristídi；tel：2541 072720。位於Xanthis舊鎮上充滿氣氛的街道上，這是一家匆忙而且還不錯的小餐館，餐廳內提供訂時替換的開胃菜和烤肉。Myrovolos 是當地較好的一家，而它的招牌是滲了葡萄烈酒的開胃菜。

沙羅尼克灣

愛吉納島（Égina）

Agora，Égina Town；tel：22970 27308。這家魚餐廳可不是開玩笑的，它已經有40多年的歷史了，所以這裡有些東西真的很不錯。所有一切都慢條斯理，新鮮的魚一如它的價值。再喝一口茴香烈酒或葡萄酒。

To Steki，Égina Town；tel：22970 23910。和Agora很像的餐館，兩家餐廳很近。餐廳內很熱鬧，如果想要有位子，最好早點來。這裡的招牌是烤章魚，你可以從魚缸中挑選你要的魚，然後一邊啜飲松香味的葡萄酒或冰的茴香烈酒，一邊等著烤魚上桌。

波羅斯島（Póros）

Taverna Karavolos，Póros Town；tel：22980 26158。這裡有希臘式的蝸牛。Karavolos是波羅斯鎮街道後方深受歡迎的一家小酒館。這家餐廳真的有供應淋上很多醬汁的蝸牛。有事先準備好的熟食，另外還有烤肉，你可以在戶外或綠意盎然的露台上用餐。要預約。

Taverna Platanos，Póros Town；tel：22980 24249。波羅斯鎮街道後面上方，法國梧桐樹下的一家餐館。這裡的招牌是炭烤料理，從一般的牛排到kokorétsi，一串串的烤內臟。氣氛輕鬆、閒散；這是晚上用餐最好的地方。

埃德拉島（Ýdra）

Moita，Ýdra Town；tel：22980 52020。這也許是島上最好的餐廳。細心地烹煮成的地中海式料理，結合具創意的食材。可以試試海鮮、美味的蝦子加上菠菜這道料理。最好事先預約。

To Steki，Ýdra Town；tel：22980 53517。提供簡單餐點的小酒館，距離港口邊一小段路。當地人會到這裡喝點小酒，聊聊八卦。食物很簡單、樸實，主要以快速的炸、烤類的食物組成。推薦美味的小羊肉烹煮的原汁肉塊，以及好吃的倒三角的油酥餅。

Taverna Gitoniko，Ydra Town；tel：22980 53615。非常受到當地人及外國的喜愛，Taverna Gitoniko（aka Kristina's）可以在屋頂陽台或樓下室內的餐廳用餐。物美價廉的料理從簡單的沙拉到分量很大的烤肉和烤魚。餐廳的招牌是小牛肉加上薔薇果及紅酒。葡萄酒的品質很優。

斯派采斯（Spétses）

Exedra，Old Harbour；tel：22980 73497。舊港幾家一流餐館之一，Exedra是一家魚餐廳，事實上，在平台用餐時，就可以看到延伸至漁港的風景。餐廳的魚類料理加上大蒜、番茄，放進烤爐中烹煮。這裡還有蝦子和龍蝦和起司或義大利麵一起烹調的料理。

Liotrivi，Old Harbour；tel：22980 72269。位於橄欖油擠壓場（liotrívi）內的一家傳統餐廳，離Exedra很近。這也是一家海鮮餐館，靠近修理小船舊工廠的地點非常迷人。很多希臘顧客來這裡享用各種海鮮及魚類料理。最好來吃晚餐。

Orlof，Old Harbour；tel：22980 75255。到達舊港之前，就會經過這家歷史悠久的小酒館，位在白色的大建築裡，可以俯瞰整個海濱。創意、豐富的開胃菜提供多重的選擇。這裡適合觀看人們會合，人來人往熱鬧哄哄的夜生活。

基克拉澤斯群島

聖托里尼（Santorini）

1800，Ía；tel：22860 71485。舊首府大馬路上一棟豪宅，1800是最好的希臘地中海料理餐廳之一。昂貴。要預約。

Aktaion，Firostéfani。這家傳統的小酒館位於火山口邊緣，提供希臘傳統料理已經60年了。美味的茄子碎肉一定要吃──如今仍然以媽媽的食譜烹調。不貴。

Camille Stefani，Kamári。這家餐

廳就在黑色的海灘邊，這裡已經提供海鮮及希臘料理25年了。當地人非常喜歡這裡，尤其是夏天。高麗菜填碎肉（laháno dolmádes）是不錯的選擇。價格合理。

Kastro，Ía。很多客人來這裡為的是欣賞夕陽餘暉，喝著他們的飲料、吃著沾著蜂蜜的烤肉。聰明的人都會到這裡吃一頓價錢合理的晚餐。

Restaurant Nicholas，Firá。位於Stavros街，與火山路平行，Nicholas是Firá最老的小酒館。這裡供應希臘常見的料理。全年營業，提供午餐和晚餐。不貴。

Selene，Firá；tel：22860 71485。Selene安靜的陽台可以眺望火山的景觀，以當地的食譜為基礎所創造出來的美食，謙虛親切的服務，夏季有舉辦烹飪課。價格公正。

Sphinx，Firá；tel：22860 23823。這裡每樣東西都是自製的，從麵包到麵條。試試這裡的烏賊沾上特製的醬料，不要忘了嘗一嘗巧克力舒芙蕾。價格昂貴，但為了這裡的美食及壯麗的火山景觀，值得一試。建議事先預約。

Taverna Katina，Ammoúdi，Ía。

與小孩共同在外用餐

希臘的孩童通常在晚上與父母共同在外用餐。吃東西時並沒有特別的規距，孩童可能在餐館內亂跑，玩捉迷藏，或是在桌子下逗弄流浪貓，而不會乖乖坐在桌子旁。希臘人特別溺愛小孩，所以替你的孩子點一些特別的食物時，千萬別覺得尷尬。

從Ía的階梯往下走到盡頭的右邊。在許多的人眼中，新鮮的烤魚、蝦及聖托里尼的特產，使這裡成為島上最好的小酒館，再加上一流親切的服務。復活節至10月營業，每天從中午營業至晚上。

Taverna Pyrogos，Pýrgos村。一家優雅、價格適中的餐廳，景觀無敵。可以點一整桌開胃菜，或煙燻茄子沙拉。

幾個小時吃吃喝喝之後，你可以到**Kira Thira Jazzbar**，這是Firá市區爵士和藍調愛樂者常去的地方，可以再來一杯Dimítris Tsavdarídes混合桑格里厄汽泡酒（sangria）。或是去Firá火山口附近的**Franco's Bar**，這裡的消費是世界最貴的地方之一，絕對不會低於Newsweek International。誇大的飲料搭配著藝術性的裝飾；這裡的景觀絕佳；酒吧內播放著古典樂。而年輕人的夜生活則在彼此緊鄰的**Koo Club**和**Enigma**了，你可以在Firá的火山步道上搖滾整夜。

米克諾斯島（Mýkonos）

L'Angolo Bar，Láka區，Hóra。義大利最好的義式咖啡。早餐和午餐都很可口。

La Bussola，Láka區，Hóra。主廚Giovanni Marale提供美味的熱那亞美食，他的披薩也非常可口。不管你點什麼主菜，之後都要在來一客義式乳酪（pannacotta）。

Efthimios' Patisserie，Fl. Zouganeli，Hóra；tel：22890 26946。擁有20多年的歷史，這裡最有名的是「小藍食物」（kalathakia），老闆另外有一家甜點店，供應蛋白杏仁餅（只能外帶）。

Katrin's，Ágios Gerásimos區，Hóra；tel：22890 26946。經營了20多年，這裡提供法式的希臘料理，座落在巷弄內，舉世知名。前菜可以來點海鮮，最後再來一客巧克力慕斯。很貴。要預約。

Matthew Taverna，Tourlós（在Ág. Stéfanos路上）。是一間漂亮的小酒館，在涼爽的陽台上用餐，相當具有特色。不妨嘗嘗葡萄酒燒羊肉（bekrí mezé），夏季從中午營業至凌晨1點。

Nikola's Taverna，Ágia Ánna海灘（Platýs Gialós後面），當地人的最愛，是一家位於漂亮小海灘上的道地希臘小酒館。價格適中。

Sea Satin Market-Caprice，Alevhándra區，風車正下方，Hóra海邊獨特的餐廳，洗禮或結婚典禮後，當地希臘人常來這裡舉行派對。有魚和貝類料理。復活節至10月營業。

Taverna Niko's，位於港口邊，Hóra 25年來，Niko's提供新鮮的魚和龍蝦的美食。試試這裡家常的moussaka，加上刺山柑、海水星的沙拉。服務完善，價位適中。

La Taverne，Hóra。往Ágios Sténfanos走路15分鐘；tel：22890 23692。在Cavo Tagoo旅館內，主廚Giánnis Argýriou被認為是希臘最好的主廚之一，每一道料理都是他親手做的，包括巧克力糖果。試試這裡的鰲蝦菜飯及淋上冠軍醬汁的蔬菜。價位昂貴。

納克索斯島（Náxos）

Gorgona，Ágia Ánna。這家歷史悠久的海灘小餐館已經愈來愈精緻了，但是它的價格還是很實在，餐廳提供傳統式的希臘料理。每天都從碼頭採買新鮮的魚。試試這裡的燉魚（kakaviá），當地人常年都在這裡用餐。

Meltemi Restaurant，首府海濱區最南端。屹立了50年之久，供應希臘美食，包括新鮮的魚。純正的口味受到當地人的歡迎。從復活節後一直營業至10月。每天營業至午夜。

The Old Inn，Boúrgos，Hóar；tel：22850 26093。座落在一處迷人的花園內，柏林的主廚Dieter von Ranizewski已經在這個島大半輩子了，餐廳提供希臘及國際性的美食。每樣東西都自己做，包括火腿。

帕羅斯島（Páros）

Boudaraki，港口前的道路，Parikía。這是家典型的希臘小酒館，有酒和炭烤章魚和新鮮的海膽等開胃菜。復活節至10月初營業。

O Christos，Panagía Pantanássa教堂對面，Naoússa; tel：22840 51442。帕羅斯島上最優雅的餐廳（也是較貴的其中之一）提供地中海式的料理。服務殷切。非常注重細節，菜單改過，但沒有很好。

Levantis，市場街，Parikía；tel：22840 23613。創意的地中海料理，餐廳座落在一處宜人的花園內。提供每日特餐。裹上芝麻的豬肉配上野生香菇及中國麵。價格適中。

Papadakis，harbour，Naoússa：tel：22840 51047。這裡的海鮮料理非常可口，老闆將自己的食譜書翻譯成英文。就在風景如畫的碼頭邊，你可以在這裡看著漁船入港。

Porphyra，Parikía；tel：22840 23410。提供一些新鮮的魚、生蠔等貝類，這些都是老闆自己抓的。每天都有特餐，例如海膽沙拉。淡季營業。

Tamarisko Garden Restaurant，Néos Drómos，Parikía。座落在Agora老市場。可以試試燉豬肉、醬汁洋菇及夢幻的巧克力慕斯。從3月營業至10月底，每天7點開店。星期一公休。

羅得斯島

L'Auberge Bistrot，Rraxitélous 21，羅得斯舊城；tel：22410 34292。由一對來自Lyon的夫婦經營的一家名副其實的小酒館，非常受歡迎；大約20歐元就可以點三道份量很大的料理（另外有風味絕佳的希臘葡萄酒）店裡放著爵士樂。夏天可以做在庭院中，這是中古世紀的小旅館改裝而成的；天氣較冷的季節可以做在室內拱廊下。3月底至12底，除了星期一，每天晚餐都營業。最好事先預約。

Fotis，**Menekleous** 8，羅得斯舊城；tel：22410 27359。Fotis Melatron（上方）的分店，只提供魚，加上奇怪的綠色沙拉。有一點貴，兩個人加上葡萄酒大概要70歐元，但是魚保證絕對新鮮。

Fltis Melathron，Dinokratous，off Apellou，羅得斯舊城；tel：22410

24272。鎮上最頂級的酒館，座落在一棟可愛的土耳其豪宅中，樓上的「雅室」（snugs）提供隱密的私人空間，另外還有陽台的位置。提供一般性的希臘料理，有魚／海鮮的前菜（例如蝦凍）、肉類料理和還不錯的甜點。

O Giannis，Vassiléos Georgíou tou Deftérou 23，Koskinoú。提供塞浦路斯／土耳其／中東式豐盛的開胃菜，再配上Émbona的葡萄酒或茴香酒；對團體客來說，價格非常合理，全年營業，每天只提供晚餐。

Ta Marasia，Agíou Loánnou 155，羅得斯舊城西南方；tel：22410 34529。目前羅得斯島最好的酒館，餐廳是一棟1923年民宅的陽台和露台和裝潢。食物很棒，不

飲料

býra	啤酒
krasí	葡萄酒
áspro	白酒
kokkinélli	玫瑰紅酒
mávro	紅酒
me to kiló	以公升計的葡萄酒
hýma	桶裝葡萄酒
neró	水
retsína	松香味葡萄酒
oúzo	茴香烈酒
rakí	拉基燒酒，另一種葡萄蒸餾酒
crushings	希臘內陸北方的葡萄烈酒
tsípouro	深受克里特島居民喜愛的拉基燒酒
tsikoudiá	
terebinth	
portokaláda	柳橙汁
lemonáda	檸檬汁

是很傳統的——紅高麗菜、優酪乳加堅果、炭烤生蠔洋菇——加上非常普通的海鮮（海膽、鯡魚沙拉）。不要點太多，分量很大。

Mavrilos，Líndos；tel：22440 31232。1933年在這個無花果廣場開業，而這個家族曾經被提名為雅典以外最好的五個餐館之一。奶酪（manoúri）加上羅勒和松子的開胃菜，外表很像法國菜的主菜的墨魚淋上紅酒醬汁；研究一下希臘葡萄酒（昂貴）酒單，每個人25歐元的基本費用大概要在多一倍。

To Petrino，Váti；tel：22440 61138。這個最南邊的村莊，週末Kanénio中央是最有活力的地方，希臘人都會到這裡享用特殊的烤乳豬（gourounópoulo），不過還有很多其他的料理——例如辣的鷹嘴豆（revithia）、道地的水煮蔬菜和巧克力蛋糕。

Pigi Fasouli，Psínthos；tel：22410 50071。這是當地最友善、最好的小酒館之一，提供非常美味的烤肉（山羊、羔羊等）及開胃菜，另外還有一些當日的熟食。這是個令人愉快的用餐地點，可以俯瞰梧桐樹及知名的溫泉區。

To Steki tou Heila，Kodringtónos／Dendrinoú，靠近Zéfyros海灘；tel：22410 29337。被認為是羅得斯新城最好的海鮮酒館。點海鮮貝類時，最好先看一下價錢。

To Steki tou Tsima，Peloponnísou 22，舊城南方400公尺（1/4英哩）；tel：22410 74390。另一個貝類烹調美味的餐廳，價格適中，茴香烈酒有很多選擇。每天都營

業，但只供應晚餐。

To Steno，Agíon Anargíron 29，舊城牆西南400公尺（1/4英哩）。菜單種類不多（香腸、雞豆湯、刺山柑嫩葉沙拉），但烹調可口，價格也非常合理。

多德喀尼群島

卡帕托斯島（Kárpathos）

L'Angolo-ly Gorgona，碼頭南端，Diafáni。一家多元的咖啡店，老闆是一對來自熱那亞夫婦，供應真正的義大利咖啡、杏仁飲料和甜美的萊姆利可酒。

Blue Sea，main bay，Paralía Lefkoú；tel：22450 71074。價格合理，食物簡單，在這個觀光地區親切的老闆卻提供便宜的食物。主要供應披薩和熟食；還有提供早餐鬆餅。

Dramoundana，Mesohóri。在卡帕托斯島，這裡的價格非常合理，供應當地的刺山柑蔬菜沙拉、鄉村口味的香腸和醃魚。

To Ellinikon，距離碼頭一個路口的內陸，Pigadia；tel：22450 23932。全年提供當地顧客總類繁多的開胃菜，有熱的、有冷的前菜、肉類料理和甜點。

ly Orea Karpathos，主要碼頭西南端，Pigádia；tel：22450 22501。最好的全方位小餐館，提供風味絕佳桶裝葡萄酒，trahanádes湯及菠菜派。當地人把這裡當作小酒館，所以只點開胃菜沒有關係（例如醃朝鮮薊、辣味香腸），再配kalafáki。

Kostas'，Kamaráki海灘，距離

Finíki北方1公里（0.5英哩）。位在兩棵備受熱愛的檉柳樹下，提供美味的料理，有專業的炭烤劍魚、西葫蘆瓜。蔬菜就種在旁邊的一小塊農地上。每天營業到晚上10點，視天氣和顧客而定。

Pine Tree，Ádia，Finíki北方7公里（4英哩）；tel：69773 69948。經營長久、價格合理的鄉村餐館，提供鄉村料理像扁豆、章魚通心麵（htapodomakaronáda），再來一杯Óthos的甜酒。坐在松樹下的陽台上欣賞美麗的海景，另外有幾個房間可以出租。

哈爾基島（Hálki）

Houvardas，靠近Emborió碼頭北端。全年供應美味的熟食。

Remezzo（Takis），Emborió海岸邊；tel：22460 45061。美味的披薩和熟食。

卡斯提洛里索島（Kastellorizo）

Akrothalassi，碼頭西南角；tel：22460 49052。非常堅持健康口味的魚和烤肉，很可靠，午餐開始營業（這裡很稀有），完全歸功於店門口的藤架。

Little Paris，海岸邊中央；tel：22460 49282。島上經營最久的小餐館，品質不定，但相較於附近以遊艇碼頭為顧客對像的餐館，這裡價格確實比較便宜。

Ta Platania，Horáfia區；tel：22 460 49206。這是電影《地中海》（Mediterraneo）中船員的餐廳；美味的熟食、沾醬，而在一處很有氣氛的小廣場有供應每日甜點。

塞邁島（Sými）

Dimitris，靠近渡輪港區碼頭南方，

Gialós；tel：22460 72207。很棒
的家庭式海鮮餐館，有很多異國料
理，例如海螺（holióalo）、素蚵
（foúskes）、共生貝類（spinóalo）
及當地的小蝦，還有很多普通的菜
色。供應午餐和晚餐。

Gertgios，Kalí Stráta上 方 ，
Horió；tel：22460 71984。一經營
超過30年，但仍然很可口的希臘美
食，分量很大、不是新潮的烹調方
式，位於鋪著圓石的庭院中，有時
候晚上會有正式的音樂表演。

Haritomeni，加油站上方南邊山
坡，Gialós；tel：22460 71686。
奢華的小酒館，供應美味的肉、
魚、蔬菜類食物的大拼盤，像是有
海螺、朝鮮蓟淋上小檸檬醬汁，以
及香菇鑲茄子——加上這裡的美
景。幾乎整年都營業。

Meraklis，市集後面，Gialós；
tel：22460 71003。經營長久，提
供純正料理的小餐館，有美味的烤
魚、熟食和開胃菜。供應午餐和晚
餐。位子在外面的圓石路上。

Mythos，碼頭南方，Gialós；tel：
22460 71488。唯一高級的小酒
館，算是島上最重要的美食。不要
管菜單，讓主廚Stavros為你烹調結
合法式料理的美食，包括美味可口
的沙拉、海鮮前菜（烏賊加上羊腿
醬）、鴨肉杜松醬果、羊柳及自製
的甜點。復活節至11月營業。

提洛斯島（Tilos）

To Armenon（Nikos'），位於海岸
公路上，Livádia；tel：22460
44134。健康、美味的海灘餐館加
酒館，提供章魚沙拉、白豆沙拉和
較貴的細鱗魚。

Delfini，Ágios Andónios port，
Megalo Horio；tel：22460 44252。
這間餐廳的客人可以在檉柳樹下用
餐，享受新鮮又價格合理的魚。週
末很多本地人會來此用餐，其受歡
迎程度由此可見一斑。

Joanna's Café，Livádia village
center；tel：22460 44145。義大
利與英國籍夫妻，提供英式早餐
（上午9時至下午1時）及精緻的點
心、咖啡和很棒的披薩（下午7時
至凌晨1時）。3至11月營業。

Kalypso，渡輪碼頭上坡處；tel：
69472 13278。一個法國及越南裔
家庭自1987年即在這提供特別的餐
飲：創意開胃菜、Antillean或東南
亞 風 味 的 主 菜 。 招 牌 菜 是
Martiniquois shrimp acras和何叔細
麵（材料是牡蠣、蘑菇和豬肉）。

Omonia（Mihalis'），港口廣場上
方；tel：22460 44287。就在碼頭
廣場的上方。晚上在燈光點綴的樹
下，可以享用島上最道地的小酒
館；早上則有豐盛的早餐。

尼斯羅斯島（Nísyros）

Aphroditi，Pálli fishing port；tel：
22420 31242。雖然停泊在這一帶
的遊艇有點讓物價上漲，但在這間
餐廳，還是可以平價享用熟食、海
鮮、手工點心和自釀的克里特桶裝
葡萄酒。

ly Porta，Nikiá。這棟建於1926年的
宏偉建築原本是一間藥房，是愛琴
海如畫般美麗的景點之一，而今咖
啡小餐館在此只提供一些簡單又清
淡的餐點，例如羊奶起士沙拉、自
製tzatziki、派酥等等都價廉物美。
6月至9月提供午餐和晚餐，其他時

微溫的食物

很多希臘的風味菜是在早上就煮
好放著，讓食物變成為溫（偶爾
會完全冷掉），但希臘人認為這
樣比較好消化而且入味。對一些
素食餐點而言這樣沒錯，但用在
有肉類的餐點，就完全不合適。

段則不一定。

ly Fabrika，Mandráki；tel：22420
31552。這裡曾經是酒報和賣酒的
店，工作人員將家店大致恢復成原
來的運作：只有晚間營業，有小酒
館音樂、一些當地特色餐點和很多
的蔬食。

Panorama，Porphyris旅館附近，
Mandráki；tel： 22420 31485。雖
然是在內陸，卻可觀海景。餐點十
分棒（尤其是乳豬和鮮魚），不過
分量似乎可以再多一些。依照希臘
的標準來看，這家餐廳的營業時間
很短。

Taverna Irini，Ilikioméni廣 場 ，
Mandráki；tel：22420 31365。此
處可以吃到比較複雜的熟食和蔬食
餐點，不會被許多水上景點的遊客
所打擾；還有當季的魚。

科斯島（Kós）

Ambavris，Ambávris hamlet，科
斯鎮南方800公尺（0.5英哩）；
tel：22420 25696。店內的英文菜
單勉強可讀，但開胃菜、pikilia常常
更新，而本店拼盤——六小盤約22
歐元，包含pihti、stuffed squash
blossoms、豌豆布丁、小魚。庭園
座位。3月至11月提供晚餐。

Ambell，距離Tingáki度假勝地東方
1km（0.5英哩）；tel：22420

69682。在這裡最好不要點主菜，先點一些很棒的小菜像是pingoúri（碎麥）、bekrí mezé（豬肉塊配辣椒醬）、水煮蔬菜、香腸和giaprákia（當地dolmades的變化），分量多，價格公道，所以小心不要點太多。室內座位怡人，室外則有葡萄園的用餐區。復活節至10月每天提供午餐及晚餐，冬季只有星期五及星期六傍晚，星期日有午餐。

Ekatse iy Varka，Diagóra廣場，Kós Town；tel：22420 23605。在遊客區驚喜發現這家餐廳：合理的魚餐廳，配上季節性的調味料像是zargánes（一種飛魚）和filipákia（科斯島的特產），淋上自釀葡萄酒。戶外座位可以遠眺尖塔至Ambávris的山脊。

Iy Palea Pigi，Pylí village；tel：22420 41510。這間藏在獅頭巨大噴泉後面的小餐館不會很貴，平實（香腸，炸蔬菜，醃沙丁魚，bakailáros配馬鈴薯泥）但菜色豐盛。提供午餐及晚餐，12月至3月可能會休息。

Makis，海濱區巷弄內，Mastihári；tel：22420 51592。目前名列第一，而且價格最好。科斯鎮以外的魚，另外可以等ro-ro渡輪去Kálymnos的最佳的觀光點。沒有熟食，有一些沙拉和沾醬，間接可以看到海景，最棒的是，這裡的遊客比較少。

Olympiada，Ziá Village；tel：22420 69121。這間可能是這一帶十幾間餐館中唯一一看不到夕陽美景的，所以食物一定很多燉菜配碎麥——得要好一點。幾乎全年營業。

Platáni village，中央區。土耳其人群聚經營的一些餐館，有美味的安納托利亞風味開胃菜和肉串；最好要一群人一起去，才能分享各式小點。最受歡迎，若以觀光客最多來說，是 **Arap**（tel：22420 28442）；如果擠不進去的話，可以去**Asklipios**或**Serif**（tel：22420 23784），晚一點到了晚上就會擠滿本地人。11月至3月這些餐館都會休息，只剩下往內幾步路的**Gin's Place**（tel：22420 25166）——那裡的食物甚至更好——作為唯一的選則。不論是那個季節，飯後來點安納托利亞冰淇淋，島上最好的就在**Zaharoplastio Iy Paradosi**，跟那三間夏日餐館相反。

Pote tin Kyriaki，Pissándrou 9，Kós Town；tel：22420 27872。島上唯一的純正小酒館，價錢好，夏天有露台座位，冬天在室內則是整翻修的舊屋。只提供晚餐，星期日休息。

Psaropoula，Avérof 17，Kós Town；tel：22420 21909。是這邊群聚的三間魚餐館中最道地的，也是價格最合理的。有好的orektiká跟價格好的海鮮；人行道大陽台座位，但也有室內區所以全年營業。

阿斯提帕里亞島（Astypálea）

Australia，海灣上頭的內陸邊，Skala；tel：22430 61275。就在灘頭往內陸的地方。Kyria Maria負責這家最老最棒的餐館，有新鮮的海鮮，島上的葡萄酒和自種的蔬菜。幾乎全年營業。

Barbarosa，Hóra，市鎮廳附近；tel：22430 61577。在鎮公所旁邊。希臘和歐陸標準，謹慎的烹調和選用以合乎它突出的價格。全年多數時候都提供晚餐，7至8月提供午餐。

Ovelix，Maltezána（Análipsi），inland road；tel：22430 61260。烤龍蝦是這裡的招牌菜，但也有細鱗魚、蔬菜和島上的軟起司。全年大都只供應晚餐，6月至8月還有供應午餐。

To Yerani，Livadia海灘後面；tel：22430 61484。是這幾家餐館中品質最好、持續營業（5月至10月）的小餐館，以它的熟食聞名。

卡利姆諾斯島（Kálymnos）

Iy Drossia（Andonis），下錨釣魚，Melitsahás；tel：22430 48745。合理價位內最棒的牡蠣、龍蝦和蝦子跟魚類。全年營業。

Pandelis，水濱上方的死巷子裡，Póthia；tel：22430 51508。新鮮採收的貝類海鮮，像是迷你牡蠣、foúskes和kalógnomes，而魚類價格合理。同時提供給不吃魚的食客其他多種的燒烤選擇。

Pizza porto Kalymnos（tel：22430 23761）和**Pizza Imia**（tel：22430 50809）。在中間碼頭Póthia，兩間都很近，都提供很好的木燒披薩。

利羅斯島（Léros）

Iy Thea Artemis，Blefouti beach，beyond airport；tel：2247024253。高於平均水準的海灘餐館，有一般的白帶魚或魷魚配薯片。

Mezedopolio Dimitris，Spiliá區，在Pandélli街與Vromólithos街之間；tel：22470 25626。島上最棒

的食物，輕而易舉，而且有Vromólithos最好的景觀。明星食物包括大塊的香草Lerian香腸，馬鈴薯沙拉，hanoum borek（內填入起士和燻肉）中等價位，分量大。一年中多數開放。

Mezedopolio tou Kapaniri，Agía Marína seafront；tel：22470 22750。這邊的水準還不到Dimitris或Neromylos，分量也較小，但也還具競爭力。晚上最佳，有很多素食者的餐點──豆子湯，賽浦路斯halloúmi起士，水煮蔬菜──以及披薩和海鮮；全年營業。

Osteria De Giusi e Marcello，Álynda；tel：22470 24888。道地的義大利人經營點，有披薩和麵類，一些前菜和沙拉，以及頂級的甜點像冰棟果子露和提拉米蘇，配上自製義大利葡萄酒或瓶裝酒。只供應晚餐；3月下旬至6月初營業。

Ouzeri Neromylos，out by seamarooned windmill，Agía Marína；tel：22470 24894。不論是吃午餐或是晚餐，這裡都是島上氣氛最佳的點。特色餐點包括garidopílafo（蝦飯），焗烤四種起士和南瓜（courgette餡餅）。3月中至10月下旬開放；7至8月要先預約。

Psaropoula（Apostolis），Pandélli beach；tel：22470 25200。新鮮海鮮跟熟食平衡，週末時特別受當地人歡迎。有開放和室內的海景露台，所以差不多全年開放。

利普錫島（Lipsi）

O Giannis，mid-quay；tel：22470 41395。整體都很好，有肉類和海鮮燒烤，但也有很多沙拉和laderá給素食者。全季開放午餐及晚餐。5月初至10月初。

La Naveda Massimo / The Boat，village centre。義大利－希臘經營的餐館，頂級的烤肉和烤海鮮，有一些通心麵料理和奇怪的菜，像是馬齒莧（glystrída）沙拉。5月至9月營業。

帕特摩斯島（Pátmos）

Benetos，Sápsila cove，距離Skála東南方2公里（1英哩）；tel：22470 33089。自1998年起，就是島上最佳餐廳之一，這間餐館就以其地中海和太平洋沿岸的融合菜色，特別是海鮮享有盛名。30歐元內可以享用到飲料和三道菜，包括烤蔬菜跟balasamic跟葡萄乾，烤魚片配菜飯跟Habbard squash，還有檸檬sorbet。7月至10月初營業，只供應晚餐（星期一除外）；夏季要先預約。

Hilliomodi，just off Hóra road，Skála；tel：22470 23080。素食的開胃菜和海鮮佳餚像是笠貝（生食），燒烤章魚和醃漬鰮魚，在一個安靜的行人巷道中，用夏日餐桌用餐。只供應晚餐，全年營業。

味覺備忘錄

希臘人在烹調食物時，比其他北歐洲國家的菜餚使用更大量的油。雖然你可以要求沙拉不加油（horis ladi），但是服務生多半會覺得奇怪，因為一般希臘人認為食用油有助消化。慢火烹煮的食物，或以砂鍋燉煮蔬菜是油比較少的料理。

Ktima Petra，Pétra beach，Gríkou南方；tel：22470 33207。便利，成為島上的最佳餐館。大塊的melitzanosaláta，豐盛的紫花南芥沙拉，豬肉giovétsi都是具代表性的午餐餐點，配上從底比斯來的優質松香希臘葡萄酒；黃昏時分爐火已升起，在晚一些，此處成為什麼都有的酒吧，有各式的調酒供選擇。營業時間為復活節至10月。

To Kyma，Áspri cove，Skála對面；tel：22470 31192。這家魚的專門餐廳的地點可能是島上最浪漫的地方：一個小小的水邊平台，可遠觀海灣對面燈光照明的首府城壘。只供晚餐；6月至9月初。

Leonidas，Lámbi beach，島嶼北部；tel：22470 31490。又一間可信賴的海灘餐館；餐點十分簡單，特別強調燒烤肉跟魚。供應午餐跟晚餐，營業時間為復活節至10月。

Livadi Geranou，知名的海灘上方；tel：69724 97426。看起來不太像，但這間餐館因它的粗切wn水煮蔬菜，keftédes和海鮮餐點而受到喜愛──加上可以鳥瞰整個島嶼。

To Marathi，Maráthi海灘南端；tel：22470 31580。此處這兩棟建築非常受歡迎，有簡單的魚和創意羊肉料理，穿著特別的Mihalis Kavouras服裝，價格誘人而伴以希臘音樂。全天營業，但要看Mihalis的興致。

Vengera，碼頭對面，Skála；tel：22470 32988。2002開幕，立刻以其法式／地中海式烹調手法成為Beneto的強勁對手，交際手法圓

滑。僅供應晚餐，5月至9月初。旺季必須事先預約。

阿格托尼西島 （Agathonísi）

O Glaros，Ágios Geórgios，mid-bay；tel：22470 29062。是這裡最純正的餐館，本地人都喜愛它。多數是燒烤，也有一些特色餐點。

愛琴海東北部

薩摩特拉基島 （Samothráki）

Fengari Restaurant，Loutrá Termá；tel：25510 98321。Fengari（以島上的山命名）用一個室外的木火爐來烹調多數的食物，提供各式島上的傳統菜餚以及肉類和魚的燒烤。非常怡人的氣氛而且物超所值。

I Klimataria，kamariótissa；tel：25510 41535。在碼頭北邊約100公尺處的濱水區，這間餐館列出了很多很棒的熟食（煮好的）菜餚和燒烤給客人點餐。隔周主廚就會做gianniótiko——一種有豬肉、蛋、馬鈴薯、洋蔥和大蒜的豐盛佳餚。值得一試。

帖索斯島 （Thásos）

O Glaros，海灘南端，Alykí hamelet；tel：25930 53407。是這裡幾家餐館中最舊、最便宜的；通常提供一般種類的本地新鮮魚類。5月下旬至9月營業。

O Platanos，位於Sotítod村中間的大樹下；tel：2590 71234。只有夏天營業，由鄰近Rahóni村富有同情心的年輕夫婦。手藝保證精緻的熟食，不然可以點簡單的燒烤，或是自製葡萄烈酒。

ly Pigi，中央廣場，Liménas；tel：

25930 22941。舊式備用菜餚，值得信任的熟食，靠近知名的溫泉；最佳晚餐選擇。

Symi，East waterfront，Liménas；tel：25930 22571。雖然是觀光聖地，但魚及下酒菜相當不錯。天氣好時，可以坐在露台上的樹下。全年無休。

林諾斯島 （Límnos）

To Korali，Kótsinas。說到新鮮及價格合理的魚料理，這裡大概是島上最佳去處。

Ostria，Toúrkikos Gialós海灘村落盡，Mýrina；tel：22540 25245。從中午到午夜皆有提供燒烤、魚及下酒菜。相較於附近港邊的餐館，價格相當便宜。

Platanos，Mýrina市集；tel：22540 22070。位於兩棵法國梧桐樹下，是一家賣熟食有相當時日的傳統小店。平日午餐的最佳選擇。

O Sozos，中央廣場，Platý；tel：22540 25085。這裡有最好的（最古老的）tsipourádiko-grill，內有蒸的孔雀貝，肋骨肉，orektiká。一位難求。

列斯伏斯島 （Lésvos）

Anemoessa，Skála Sykaminiás最靠近港邊教堂；tel：22530 55360。魚很新鮮，有好吃的下酒菜：stuffed squash blossoms。全年無休（11月至4月週末）。

Balouhanas，Géra海灣海濱區，Pérama；tel：22510 51948。海鮮料理的小酒館，突出於水面上的木造小亭子；令人感興趣的下酒菜，還有自製的甜點。全年無休。

Catpain's Table，釣魚港口，

Mólyvos；tel：22530 71241。如同店名建議的，各種海鮮料理供選擇，但是也有肉類跟蔬菜特製品，例如：醃漬烏克蘭茄子，上好的自有品牌酒類（白酒及紅酒皆有）。營業時間5月至10月下旬。

Ermis，Kornárou 2，Ermoú轉角，Mytilíni village；tel：22510 26232。在Páno Skálo 區聚集小酒館中，氣氛最佳。營業逾兩世紀。室內室外皆有座位。拿手料理：沙丁魚、香腸、Smyrna式的肉丸。

ly Eftalou，Eftaloú蒸氣澡堂旁邊，距離Mólyvos村落4公里（2.5英哩）；tel：22530 71049。有燒烤（魚與肉價位相同）、沙拉。風味皆佳，價格合理。依季節可選擇坐在室外樹下，或室內壁爐旁。除11月至12月中外，全年無休。

To Petri，Petrí village，in the hills above Pétra/Mólyvos；tel：22530 41239。清爽的熟食，一點燒烤，無與倫比的室外露台座位。營業時間為5月至10月中旬。

Taverna tou Panaï，Ágios Isídoros，村子北邊；tel：22520 31920。料理不花俏但味道還不錯。素食的下酒菜、燒烤、起司等。顧客多為希臘人。全年無休。

Una Faccia Una Razza，Sígri；tel：22530 54565。義大利人經營，超衛生。可口有大蒜味的蔬菜開胃菜、披薩、通心麵、仔細燒烤的魚或肉，還有義大利酒。其中桶裝酒不錯。營業時間4月至10月中旬。

Women's Agricultural Tourism Co-op，中央廣場，Pétra；tel：22530

41238。樓上餐廳提供很多簡單的燒烤，包括海鮮。下酒菜，還有少許的熟食室內及室外（天氣允許）露台座位。營業時間5月至10月。

巧斯島（Híos）

Fakirls Taverna，Thymianá與Neo-hóri之間內陸。自家滷製茄子、朝鮮薊、番茄醬烤的山羊，還有以木材烤的披薩，好吃的海鮮以及豬肉為底的bekrí mezé，分量很多。

O Hotzas，Georgíou Kondýli 3，巧斯鎮；tel：22710 42787。城中最古老，也可以說是最好的餐館。價格依季節變動，但以下除外：綜合蔬菜組合（mavromátika黑眼豆沙拉、花椰菜、釀紅色辣椒）、香腸、吻仔魚、mydopílafo（米及孔雀貝）還有自有品牌的茴香酒或希臘葡萄酒。全年無休，只供晚餐（星期日休息）。

Inomayerio Iakovos，Agíou Georgíou Frouíou 20，Kástro，巧斯鎮；tel：22710 23858。好吃的魚料理、燒烤珍品、起司為底的各種料理、蔬菜；當地的白酒或茴香酒。在藤蔓攀附廢墟中，相當有氣氛的花園座位。全年無休，只供晚餐；星期天不營業。

ly Petrini Platia，Kipouriés 村。一處豪華的餐廳，泉水滋潤的綠洲，特別打造供給旅客休憩吃飯的地方。6月至9月中旬是每天營業，淡季只有週末開放。

Makellos，Pityós；tel：22720 23364。位於村子的西邊，當地創意料理的聖地；6月至9月每天營業，10月至5月只有星期五至星期日傍晚。

Mylarakia，Tambákika區，在三座修復的風車旁：tel：22710 41412。有Hiot茴香酒的每一種品牌，搭配各式海鮮料理供選擇，座位靠近水邊。基本上全年只提供晚餐，偶爾隨性才會提供午餐。

Tavernaki tou Tassou，Stávrou Livanoú 8，Bella Vista 區，巧斯鎮。一流、萬能的餐廳，創意沙拉、中等以上的豆子料理、dolmades（用葡萄葉包裹肉及米飯）、蝸牛及各式海鮮料理；價格稍貴，但值得。全年大部分時間都有提供午餐及晚餐，夏天有看海景的座位。

Yiamos，Karfás 海灘；tel：22710 31202。古典、70年代味道，位於海灘邊的餐館，新式管理。熟食、炸海鮮，各式醃漬物的價格有一定水準，室外露台座位更佳。全年幾乎無休。

薩摩斯島（Sámos）

Aeolos，碼頭西邊，Ágios Konstandínos。這裡有價格昂貴的魚及燒烤料理，白天還供有用火爐烤的料理。靠鵝卵石海岸，景色無與倫比的座位。

Artemis，Kefalopoúlou 4，近渡船碼頭，Vathý；tel：22730 23639。全部都很棒，有不錯的珍品，像下酒菜的foúskes，水煮蔬菜和豌豆布丁，還有一般的燒烤。不建議他們的熟食，至少不在晚餐時點。

ly Psarades，Ágios Nikólaos Kondakeïkon；tel：22730 32489。以魚料理的餐館來說，一直都是島上最好的，且價格相當合理，還提供一般的orektiká。 旺季需訂位。

營業時間為復活節至10月。

ly Psili Ammos，Psilí Ámmos；tel：22730 28301。面對海的最右邊；以它的價位來說，相較於Kalypso，提供了不錯的價錢，但價格還是取決於海鮮，燒烤肉類及沙拉。座位有限，人多時，最好事先訂位。

Kalypso，Mykáli海灘；tel：22730 25198。可以說是島上東邊，靠近海灘的最佳餐館。海鮮、沙拉及熟食 種類相當平均。5月至10月中整天營業。

To Kyma，碼頭東邊，Ágios Konstandínos。以炸得好吃的下酒菜，桶裝葡萄酒及各式的熟食取勝。營業時間 4月至10月。

To Kyma，Harbour road，Karló-vassi；tel：22730 34017。長期經營的小酒館。島上最正宗。衣索比亞裔的女老闆給傳統食物添加了更好的辛辣風味。營業時間 4月至10月。

Lekatis，Órmos Marathokámbou，海濱東邊；tel：22730 37343。不起眼的小地方，但卻是漁夫卸貨聚集的地方，所以海鮮極佳；價格合理。全年無休。

To Ostrako，Themistoklí Sofoúli 141，海濱，Vathý；tel：22730 27070。如同店名說的（希臘文「殼」的意思），這裡提供有殼的貝類，也有帶鱗片的貝類，還有一場串下酒菜的菜單。全年無休；夏天有花園座位。

伊卡里亞島（Ikaría）

Delfini，Armenistís；tel：22750 71254。Paskhalia對面，較傳統而

不亮麗，但因其海浪可以打到露台之故，相較鄰近地區，生意較好，而料理也不錯。

Leonidas，Fáros。距Ágios Kírykos東北10公里（6英哩）的海灘地區，受到喜愛且服務快速的魚料理餐館。燒烤或炸海鮮搭配不錯的桶裝葡萄酒。很多當地人會來此用餐。

Paskhalla，Armenistís；tel：22750 71226。小民宿。一樓提供用餐。提供不錯的早餐（給所有前來的人），還有價格合理的魚料理搭配不錯的桶裝葡萄酒。營業時間5月至10月。

福尼島（Foúrni）

Rementzo（Nlkos'）；tel：22750 51253。現存靠海，提供全餐的小酒館中，最佳且經營最久的一家。除8月至12月休店外，大概都可以吃到 astakós（愛琴海龍蝦）。並有多汁的skathári，或黑鯛魚。

斯波拉底與艾甫亞

斯基亞托斯島（Skiathos）

Agnantio，距Skiáthos 1公里（0.5英哩）；tel：24270 22016。值得從鎮上走到這裡。從這裡看Skiáthos 景致很棒，而且還可以坐在木製露天平台上，品嘗到真正的希臘料理。菜單包括有現成品的菜餚，也有接受現點現煮的料理，不管哪一種，味道都保證一流。

1901 En Skiatho，Skiáthos 鎮；tel：24270 21828。正位於小鎮中央。除了很棒的現場音樂，食物也不錯，混有希臘與地中海元素的原

創料理。酒單很長一串，不過他們的葡萄酒就很不錯了。

Sklithri，Kalamáki，tel：24270 21494。一眨眼就會錯過的小地方，隱藏於路旁，距離Skiáthos 有幾公里。很多觀光客都會錯過，所以來此用餐多為當地人。他們常點沙丁魚，或其他魚料理。相當便宜但味道有很正宗。最好的一點，它就位於海灘上。

斯科佩羅斯島（Skópelos）

O Kipos tou Kalou，Skópelos鎮；tel：24240 22349。路標會指示如何從鎮上南方的一條小路到這地方。這是個安靜，花兒環繞的天堂。有極佳的希臘及地中海式料理。用木炭的燒烤，還有現成的菜餚。起司沾醬的豬肉與蒸丸子值得大力推薦。

Taverna Finikas，Skópelos鎮；tel：24240 23247。Finikas意指棕櫚樹。這家受歡迎的餐廳正中就有一顆。在Skópelos後街有很詳盡的路標。提供特別的料理，有各式的水果，搭配上好的希臘肉類。

Taverna Perivoll，Skópelos鎮；tel：24240 23758。可以坐在林蔭的大花園中用餐，氣氛既涼爽又安靜。菜單中有典型的希臘及地中海式混合東南亞風味，例如以酒與醬油煮成的雞肉料理。

亞隆尼索斯島（Alónisos）

Astrofengia，Hóra（舊Alónisos）；tel：24240 65182。在舊首都山上聚集一些不錯的小酒館。從這家店的室外座位可以享受遠眺島上南邊的超級美景。料理為典型的希臘與中東風味組合，例

如：蒸丸子、humus（希臘中東式豆泥）、tahini。

To Kamaki，Patitíri；tel：24240 65245。到港口，沿著東邊的主要街道，就可發現這家忙碌的店，供有各種仔細準備的卜酒菜。點幾樣合胃口的下酒菜，配上一小瓶的茴香酒，舒服地坐著。觀看來往行人的好地方。

Paraport，Hóra（舊Alónisos）；tel：24240 65608。首府最南邊，有漂亮的景觀。Paraport是棟舊房子，屬島上不錯的餐館之一。有魚的料理，加上現成的菜餚，還有誘人的下酒菜，例如：茄子沙拉、胡椒起司續隨子。

斯基羅斯島（Skýros）

Anatolikos Anemos，Brooke廣場，Hóra；tel：22220 92822。類似咖啡店風格的用餐地方，石頭與木頭製的兩層樓，位於首府的相當北邊。食物基本上屬於地中海式，搭配有些創意變化。有些不錯的酒來自小釀酒場，市面並不常見。

O Antonis，Atsítsa；tel：22220 92990。這家店是你所可以想像的，非常簡樸，搖晃的桌子就擺在成蔭的露台上，俯瞰著毀壞的船碼頭。但是食物相當不差。料理簡單不裝飾，魚料理占多數，隨時都有現成的菜餚供選擇。

O Pappous ki Ego，Hóra；tel：22220 93200。首先吸引你的是兼容並蓄的音樂，質感不錯的希臘音樂。與音樂相得益彰的料理，各式下酒菜與主菜。用餐地方相當狹小。若想坐在室外，要提早到。

艾甫亞（Evia）

Astron，Katoúnia，Límni；tel：22270 31487。往南邊開車到這海邊的餐館約3公里（2英哩），全年無休，寒冷的冬天裡有火爐，夏天則有一大片成蔭的陽台。食物並沒有什麼驚奇，是典型希臘式，不過都維持一定水準。肉類與魚都是當地養育捕捉的。

Cavo d'Oro，Kárystos；tel：22240 22326。這是一處老式餐廳（magiório），並不起眼，位於Kárystos主要廣場附近的一條窄街上。指著陳列出的食物點餐，吃的像是家裡做的料理。食物簡單又便宜，長久不變。

Mesogios，Loutrá Edipsoú；tel：22260 60100。有著舊式幽雅氣息，連桌上的擺飾都經過仔細的修剪。這裡相當有格調，其價雖不便宜，但不可否認的，用餐有一定品質。提供些許算是希臘美味高級料理。

科孚島

科爾基拉鎮（Kerkyra Town）

La Famiglia，Maniarízi & Arlióti 30，Campiello 區；tel：26610 30270。希臘／義大利人經營的餐館。擅長沙拉、通心麵、寬麵條及義大利式布丁。極具價值且服務迅速；室外室內的座位數量都有限，一定要先訂位。只營業晚上，星期一到星期六。

Hryssomallis（Babis），Nikifórou Theotókou 6，Kérkyra；tel：26610 30342。招牌寫著「啤酒—大廳—炭烤」（it's a zythopsitopolío），但同時這裡也大概是在舊城裡最後一家傳統用火爐做料理的地方。燉肉、水煮蔬菜、moussakas（羊肉千層派）、小羊肉內臟等等。帳單一般不會超過10-13歐元。杜雷爾在30年代待在此地時，會在這裡用餐，不過餐廳的歷史更久遠。

Mouragia，Arseniou 15，北邊碼頭，Kerkyra鎮；tel：26610 33815。不錯的海鮮組合（新鮮且美味的海鮮（冰凍或新鮮的都有清楚標示）及科孚島式的熟食，例如Sofríto 和 pastitsáda。其他島都不貴，唯獨科孚島，這裡可以廉價地買到美麗的風景。每天中午營業至凌晨12點半。

Tenedos，alley off Solomóu, Spiliá distric; tel:26610 36277。法式—科孚島的料理，有種類繁多的海鮮和Lefkímmi的桶裝葡萄酒。當地人晚上都會跑來店裡欣賞kandádes音樂，午餐和晚餐營業。

Theotoki Brothers（Kerkyraïki Paradosiaki Taverna），Alkiviádi Dári 69, Garítsa Bay。油加利公園內非常棒的小酒館，外面有桌子。很多種熟食及烤肉，外加一些海鮮，價格非常合理。以科孚島的標準，這裡的步調比較悠閒。營業時間午餐和晚餐。

Venetian well，Platía Kremastí, northwest of Cathedral, Kérkyra Town; tel:26610 44761。位於拱廊的一角，城牆邊有幾張桌子，有些鎮上最有創意、最昂貴的料理；提供愛琴海特有的花捲麵包。隨著季節變換菜單，全靠業主冬季遊旅的靈感，過去的料理包括鴨肉淋上李子醬汁或dolmádes配上野生米飯。風味絕佳（很貴）的紅酒。只提供晚餐。3月至10月每週一至週六營業。

島嶼周圍附近

Agni，Agní cove, between Nissáki and kassiópi; tel:26630 91142。浪漫的業主——女的是希臘人，男的是英國人——在報紙上有基本的專欄，被BBC報導過，但仍有許多媒體宣傳，食物非常美味，受各種文化影響：填塞沙丁魚、大蒜蝦、紅酒和香料的淡菜。4月至10月午餐和晚餐營業。

Akrogiali，Ágios Geórgios Págon; tel:697 7334278。距離海灘南邊1,500公尺（1英哩）崎嶇的小路走上這個小山崖（會看到一個風車），當地一位年輕人和德國合夥人共同經營，他們的魚類料理和開胃菜都很美味。6月至10月每天營業。

Alonaki Bay，Paralía Alonáki near Korissíon lagoon; tel:26610 75872。美味的鄉村料理，精於蔬菜、海鮮——豆類、綠色蔬菜、蠍魚湯——陽台上的用餐可以欣賞美麗的海景。

Boukari Beach，Boúkari; tel:26620 51791。這個海邊小村莊兩家比較不商業化的海鮮小餐館，風光明媚，料理非常新鮮，價錢在島上算非常吸引人。4月至10月營業。

Cavo Barbaro（Fotis），Avláki; tel:26630 81905。一流的海灘小餐館，服務親切。午餐提供一些熟食，晚餐有很多烤肉料理，外加自製的裹糖水果（glyká koutalioú）。

可在草地上的位子用餐，停車位很多。唯一要注意的是，這裡沒有可以躲避的地方，最怕「野蠻的」大風。

Etrusco，just outside Káto Koraklána village, on the Dassiá road; tel: 26610 93342。由父、子及其太太一起提供頂級的義大利料理，位於一處仔細整修過的莊園內。招牌料理有松露鴨肉通心麵（timpano parpadellas）和200種葡萄酒，但不便宜——不包括飲料的預算每個人最低30歐元——但這是除了雅典，最好的5家希臘小酒館之一。請提早預約。4月至10月營業，只供應晚餐。

Foros，Paleá Períthia; tel:26630 98373。在這個比較荒涼的村莊裡，比較友善、不商業化的兩家小餐館，位於一棟整修過的老房子裡。基本的菜色有炭烤、沙拉、當地的起司、píttes，每日特餐，價錢還好。5月至10月每天營業。

科孚島的快餐

Invisible Kitchen，位於Aharávi，它本身，並不是一家餐廳，但提供飲食及服務：年輕的英國主廚Ben和Claudia，為別墅派對或出遊的人運送準備好的餐點，新潮的義大利、法式、泰國、印度、中國或希臘料理菜單（20歐元，最少四人份），船上野餐每人大約10歐元——而他們的食物非常受歡迎。4月底營業至10中旬。

Tel: 26630 64864, 6976 652933；www.theinvisiblekitchen.co.uk

Ftelia（Elm Tree） Strinýlas village; tel:26630 71454。前往或離開Pandokrátor山頂路上必經的地點，這家小餐館的招牌野生動物（鹿肉、野公豬）罕見的開胃菜，像是蝸牛或朝鮮薊派和蘋果派，搭配德國咖啡，5於10月營業，只提供午餐和晚餐。冬季不定期營業。

Kouloura，Kouloúra cove; tel: 26630 91253。價格適中的海鮮、魚及多元選擇的開胃菜和沙拉，外加罕見的精緻派。小酒館可以俯瞰科孚島風景如畫的港口。4月至10月每天營業；旺季要預約。

Little Italy，Kassiopí, opposite Grivas supermarket; tel:26630 81749。由義大利兄弟經營的餐廳，位於一棟舊石屋中，提供很棒的葡萄烈酒；有包裹鮭魚的甜點、披薩、通心麵、精心調製燉煮的醬汁。建議事先預約。

Maria，riverbank, lefkímmi。理想的低價午餐，提供熟食（烤豬肉、烤魚、綠豆，品質優異的桶裝葡萄酒）；樹蔭下的位子可以眺望河水。Maria是個活潑的奶奶，他會給你精緻快速的料理。

Mitsos，Nissáki. Tel:26630 91240。以小島上一處小岩層的名字命名；這家看起來普通的海灘小餐館，兩位合夥人堅持愉悅的服務態度，客人轉換率高，新鮮的料理，價格不貴，包括地方性的炸魚及精心烹調的sofríto。

7th Heaven Bar/Panorama Restaurant，Longás Beach cliff, Perouládes; tel:26630 95035。這裡可以看到科孚島非常壯觀的日落；日落前半小時，就只剩下站位，而四周環繞著DJ放出來的低八度音樂。天黑後，去餐廳有些地方散步，這裡比你所想像的來得好。5月至10月全天營業。

Toula，Agní cove, tel:26630 91350。值得一提的是，當地最專業的態度，熱的開胃菜及自製的烤蝦（garídes）加上辛辣的米一起烹煮。很棒的桶裝葡萄酒；每個人的預算大概23歐元；只供應午餐和晚餐。

愛奧尼亞群島

帕克斯島（Paxí）

Alexandros，Platía Edward Kennedy, Lákka; tel:26620 30045。最可靠的nisiótiko料理，位於鎮上最有氣氛的地點；自家生產的烤肉和烤雞，最特別的是兔肉sofrítio和洋菇派，另外有一些海鮮料理，但避免試這裡的桶狀葡萄酒。

Diogenis，opposite the Kafenio Spyros, Lákka; tel:26620 31442。誠實、新鮮的烤肉，這是一家家庭式的餐館；最近加上熟食料理，但不那麼順利。

Lilas，Magaziá; tel:26620 31102。不貴，由食品雜貨店進貨，品質優良的桶裝葡萄酒，搭配上少許的烤肉，位於小島的市區；週末通常會有弦樂的現場表演。

Vassilis，Longós quay: tel:26620 31587。現在由知名的Kostakis的兒子接手，已經從烤魚專家變成全方位小酒館，提供富創意的熟食料理；像洋菇填碎肉、青椒填碎肉、烤肉料理，以及這些烤派。

列夫卡達島（Levkáda）

T' Agnandio，west hillside, Ágios Nikítas; tel:26450 97383。座落在巷弄内，這裡可以看到的景致足以與Sapfo匹敵，這是西岸最親切、最不貴的家庭式小餐館之一；店裡的招牌料理是熟食及新鮮的海鮮，例如從Amvrákikos灣捕獲的明蝦。桶裝葡萄酒信譽可靠；淡季只有供應晚餐。

Panorama，Atháni; tel:26450 33291。典型的地方性烤肉，提供種類繁多的開胃菜，當地的小羊肉、魚，以及Lefkátas海岬地區葡萄莊園的桶裝酒。不貴。

Pantazis，Nikiána: tel:26450 71211。位於遊艇港口盡頭，當地人常常光顧的小餐館，價格合理——有時沙拉比較新鮮。旺季晚上提供熟食；全年營業。

Ta Platania，central platía, Karyá。

希臘的葡萄酒

希臘葡萄酒的地位還無法與法國並駕齊驅，不過在海外受訓的品酒家，對它都讚不絕口，而希臘本土也愈來愈多高品質的小釀酒廠。Nico Manessis的《圖解希臘葡萄酒》（*The Illustrated Greek Wine Book*，*Olive Press Publications, Corfu*；www.greekwineguide.gr）被當作這個新的領域的指南。

這些美酒的價格到處都差不多：店裡一瓶大概6到10歐元。小酒館的價錢大概多一倍。希臘本土比較好的品牌有：

Boutari Nemea，中等價位最佳的紅酒。**Ktima Papaïoannou**是尼米亞（Nemea）另一個優質紅酒。

Tsantali Rapsani，色薩利（Thessaly）和馬其頓之間的葡萄栽培區所生產的，品質普通可靠。

Spyropoulou Orino Mantinea，以的黎波里附近高原生產的moskhofilero葡萄，燻乾釀製而成的白酒，逐漸受到小酒館的歡迎。

Averof Katoï，產自梅特索沃順口T' 的紅酒，雖然品質不及1990年代中期傳說中的那麼好。

Athanasiadi，來自希臘中部的優質白酒和紅酒，比經常得獎的**Hatzimihali**還好，而且很快就可以買到。

Lazaridi，這兩家堂兄弟經營、相互競爭的釀酒場，一家在Drama，一家在馬其頓東部；他們的梅洛（Merlot）品質非常棒。

Georgiadi，是精良的松香味葡萄酒，由塞薩羅尼基的兩個相互競爭的堂兄弟再製造，比一般人較喜歡的**Kourtaki**還高級，半公升瓶裝**Malamatina**是希臘本土強烈的松香味葡萄酒，一般人很喜歡加上蘇打水一起喝。

島嶼葡萄酒

許多島嶼生產葡萄酒，他們不能也不會外銷，而且只有在當地販賣。雖然桶裝葡萄酒（me to kiló, hýma）比較粗糙、常見，但也比較便宜（每公升3－8歐元），而且相當道地。

科孚島的**Theotoki**是當地的葡萄酒（紅酒和白酒）：島上的特產是**Kumquat**的甜酒，以當地的小柑橘命名。凱法隆尼亞島的**Robola**，是美味昂貴的白酒。**Gentilini**是公認最好的牌子。

札金索斯島青蔥綠意的葡萄園生產**Comouto**玫瑰紅或**Verdea**白酒。安提帕克西島的葡萄相當有名；可以品嘗當地的桶裝葡萄酒。

CAIR是羅得斯島的組織，1920年代最初由義大利人建立的，到處都可以看到**Ilios**白酒和**Chevalier du Rhodes**紅酒，但安納斯私人釀酒場Emery，其**Mythiko**和**Villaré**的紅酒和白酒則備受推崇。

薩摩斯島是愛琴海東北部少數有葡萄酒外銷的島嶼，不僅外銷希臘本島，同時也外銷到國外。有加白蘭地的薩摩斯甜點酒**Anthemis**和**Vin de Liqueur**受到全世界的推崇。巧斯尤其是美斯塔，這裡生產一種很像雪利酒的濃郁葡萄酒，以葡萄乾釀製而成。這裡也生產茴香酒——試試Tetteris這個牌子。

毫無疑問地，列斯伏斯島是希臘茴香酒的首府，這裡至少有15種茴香酒，**Varvagiannis**最有名也最貴，但有些人比較喜歡**Arvanitis**。EPOM是合資生產的，市場上有其他「迷你」的牌子，茴香酒這種商品遍及整個國家。

一如多數的火山島，林諾斯島也生產絕佳的白酒（特別是陳年橡樹的**Dryiino**），另外還有產量很少風味絕佳的紅酒和玫瑰紅酒。

帕索斯島的特產是齊普羅酒（tsipouro）不是大茴香調味的茴香酒，而是以外國的香料或梨子粹取物來調味。自製的齊普羅酒很烈，任何酒精濃度超過50%的烈酒，就必須以桶子裝盛，不能用瓶裝，否則會破裂。

聖托里尼島和林諾斯島一樣是個火山島，以高檔的白酒聞名，像是**Boutari Nyhteri**和**Ktima Argyrou**。這幾年克里特島的**Logado**已經變成自助旅行者的最愛，較高級的牌子像是**Economou**（Sitia省）和**Lyrarakis**（Iraklio省）也出現了。

座落在高大的法國梧桐樹下，新鮮的烤肉套餐、沙拉、啤酒，物美價廉。兩家小餐館一起合用餐桌。

Regantos，Dimárhou Verrióti 17, Levkáda Town; tel:26450 22855。只有提供晚餐的小餐館；可以在陽台享用烤肉（尤其是雞肉串）、烘烤類食物及魚。不貴、豐盛。

Sapfo，on the beach, Ágios Nikítas; tel: 26450 97497。創新、熟練的料理，例如海鮮、烤寬麵條及南瓜起司派，不錯的桶裝葡萄酒；以這種品質，價格並不算貴，而度假勝地中的美景有可議之處。

伊沙基島（Itháki）

Nikos，inland near the National Bank, Vathý, tel:26740 33039。這家餐廳每樣東西都很棒，有烤肉，一些每日熟食及魚；不貴，提供桶裝葡萄酒。觀光客大概8－9點會去，接著是當地的客人，一直到關店為止。

Kalypso，Kióni; tel:26740 31066。這裡的招牌有洋蔥派及朝鮮薊加火腿舒芙蕾，還有起司；就物價而言，不太公正，可能是附近有一個遊艇停泊處的緣故吧。值得注意的是，詳盡的希臘啤酒名單。

Kandouni，Vathý quay; tel: 26740 32918。以熟食聞名，例如青椒鑲肉；如果你想要吃美味的烤魚，可以到隔壁的魚販挑魚。風味絕佳的凱法隆尼亞的桶裝葡萄酒，每天自製的甜點，還有早餐。

Rementzo，Fríkes; tel:26740 31719。這家小餐館有許多當地的料理，例如冷魚加上葡萄乾配上迷迭香腸汁（savóro）及龍蝦通心麵（astako-makaronáda），還有當地的產品，像當地釀酒場供應的桶裝葡萄酒及柔軟的甜點。分量有點小，價格有點貴；這裡比較特別，終年營業。

Sirines/Sirens，inland from squar, Vathý；tel:26740 33001。首府唯一純正（且合理）的開胃菜，加起司醬的菜色、雞肉、海鮮及自己種植的有機蔬菜。通常從復活節營業至9月底。

凱法隆尼亞島（Kefalloniá）

Akrogiali，Lixoúri quay, towards south end: tel:26710 92613。一家歷史悠久、價格不貴的餐廳，有很多當地的顧客。最受歡迎的是陶鍋料理（包括giouvétsi、kreatópita及份量很大的水煮蔬菜），不過，晚上有供應魚類料理和烤肉，另外還有品質很好的葡萄酒。

Blue Sea (Spyros')，Káto Katélios; tel:26710 81353。非常貴，但非常新鮮的烤肉來自鄰近的小港口。每個人的預算大約30歐元，一人份的量很大，加上一起分食的開胃菜和他們家自釀的葡萄酒。

Ta delfina，Sámi water front。海邊一處怡人的用餐地點，每天都有提供不同的熟食，例如briám（有點像ratatouille）、giouvétsi及美味的水煮蔬菜。這裡也有新鮮的魚，通常都是沙丁魚。在這一條觀光勝地之中，這一家是最好的用餐地點。

To Foki，at the head of Fóki Bay。這是一家非常迷人的小酒館，就在海灘對面，待客親切。提供簡單但美味的食物——羊乳酪、烤肉及沙拉——還有可口的蘋果派（milópita），比起Fiskárdo任何一家的品質都還好，而且很便宜。

Ionio Psisteria，Mánganos, just after the turn off to Matsoukáta。到達Fiskárdo前10公里（6英哩）處，一家馬路邊怡人、時髦的餐廳。價格非常合理，料理優秀、美味，特別是這裡的熟食，服務親切。每週六供應烤全豬。

To Kafenio tis Kabanas，Lithóstoto 52B, Argostóli; tel:26710 24456。座落於一棟重建過的威尼斯塔樓內，坐在廣場對面，享受點心，以及普通咖啡、當地的特色飲料，包括甜杏仁茶（soumáda）及杏仁派（amygdalópita）。

Kyani Akti，A. Trítsi 1, far end of the quay; tel: 26710 26680。奢華、昂貴的魚客棧，可以遠眺海景。最特別的是新鮮的魚和海鮮，經常嘗試不同的食材（像美味的dáktylia——「指頭」——像刺蛤）。魚和海鮮都是稱斤論價。還有各種不同的開胃菜及沙拉以及很棒的自釀紅酒。

Maïstrato，far north end of quay, Argostóli; tel: 26710 26563。讓自己享受這家純正的小酒館，這裡有供應海鮮拼盤（pikilia）。某些豐盛的冷／熱開胃菜及200cc的茴香酒。在松樹下享受港邊怡人的風情。只有4月至10月才營業。

Mr Grillo，A. Trítsi 135, Argostóli。這家燒烤店距離港務局不遠，這是當地人星期天午餐喜歡來的一家店。美味的烤肉配上一流的開胃菜。價格合理。

Nirides，Ásos, the far end of the habour; tel:26740 51467。這家小

餐廳地點很好，可以俯瞰港口，供
應一般的沙拉、烤肉和烘烤料理，
新鮮的魚秤斤論價。一切都烹調得
宜——尤其是起司加上炸青椒，及
melitzánes imám。

**Paradisenia Akti（Stavros Den-
drinos）**，far east corner of Agía
Evimía resort; tel:26740 61392。價
格適中，料理美味，例如hortópita
和當地香腸，雖然部分海鮮分量可
能太大；不過坐在松樹下，喝著紅
酒，望著眼前海景，真是一種享
受。

Patsouras，A. Trítsi 32 (north
quay), Argostóli; Tel:26710 22779。
這在Lixoúvi渡輪沿岸，這裡的熟食
招牌深受歡迎。肋排配上秋葵真是
人間美味；還有烤肉，分量很大，
另外還有風味絕佳的葡萄酒。全年
營業。昂貴。

To Pevko，Andipáta Erísou, by the
turn for Dafnoúdi beach; Tel:26740
41360。對於島上那些絕佳的用餐
地點，這家餐廳是個很大的勁敵，
餐廳外面的老松樹下有些位子。有
些可供選擇的開胃菜、烤肉和烤
魚。特別的是番茄、薄荷配上羊乳
酪肉丸。

Romantza，Póros; Tel:26740
72294。這家餐廳的地點非常迷
人，座落在鎮上海灘盡頭的海岬
上。坐在一樓的陽台用餐可以遠眺
海洋和Itháki。菜單主要是種類繁多
的魚（稱斤論價），不過這裡還有
味道絕佳的開胃菜和沙拉。

Vasso's，southeast end of quay,
Fiskárdo; tel:06740 41273。麵包配
上不同的熟食、橄欖、蒔蘿；以及

用其他香料烹調的料理、海鮮通心
麵、創意甜點。每一個人大約要25
歐元（在Fiskárdo任何地方的價錢
都差不多），相當合理。

札金索斯（Zákynthos）

Agnadi Taverna，beyond Argási,
8km (5miles) from Zakynthos Town;
tel:26950 35183。這一家現代化但
是木造建築的迷人餐廳，座落在俯
瞰大海的陡坡上。它有點觀光性，
但料理可靠、美味。

Akrotíri Taverna，Akrotíri, 4km (2
1/2 miles) north of Zákynthos Town;
tel:26950 45712。位於大花園中，
只有夏天營業的怡人小餐館。這裡
的招牌是烤肉，但有一大盤誘人的
開胃菜任你挑選。自釀的葡萄酒廣
受歡迎。

Alitzerini，entrance to Kilioméno;
tel: 26950 48552。餐廳位於少數一
棟17世紀威尼斯民宿中，提供少見
的inomagerío，鄉村口味的肉球及
自釀葡萄酒；有時候晚上會有
kandádes。10月－5月只有晚上營
業，6月－9月則全天營業。要預
約。

Andreas，Paralía Beloúsi, near
Drosiá; tel:26950 61604。不是開玩
笑的魚餐廳，提供剛捕捉到的魚料
理，價格適中。夏天在陽台用餐可
以看海景。搭配魚的麵包很好吃，
另外還有很棒的煮南瓜
（kokokythákia）和不錯的葡萄酒。

Andreas Zontas，Pórto Limniónas,
Ágios Léon。這個地點的貴很多。
相對的，用餐也較貴，標準的小餐
館料理，但這裡獨特的是可以眺望
岩石密佈的海灣及日落西沈的美

景。

Arekia，Dionysíou Romá, Zákyn-
thos Town; tel:26950 26346。煙霧
迷漫、毫不矯作的洞窟，大概可以
容納70位客人，在舒服長椅上用
餐；全年只有晚上營業。食物還不
錯，10點以後，偶爾會有kandádes
和arákia演唱。

To Fanari tou Keriou，1.5km
(1mille) beyond Kerí village;
tel:26950 43384/697 26 76 302。
在懸崖上，望著Myzíthres海上的明
月緩緩上升。食物貴了一點，但分
量適中，品質高——試試每天料理
的填塞蔬菜的料理，香味濃郁的豆
蔻。

Kalas，Kabi。這裡最好的小餐館
之一，Kalas位於宜人的花園中，有
濃密的綠蔭，供應一般性的料理
（羊酪、香腸，希臘沙拉和馬鈴
薯），食物新鮮、美味。桶裝葡萄
酒也很不錯。

Komis，Bastoúni tou Agíou, Zá-
kynthos Town; tel:26950 26915。
令人愉快的魚餐廳，位於港務局後
面不是太明顯的地方。重點是有點
貴，不過魚和海鮮料理都很新鮮，
很有創意，絕佳的開胃菜、葡萄酒
及誘人的甜點。

Malanos，Agíou Athanasíou 38.
Kipi distict, Zákynthos Town; Tel:
26950 45936。當然很受歡迎，而
且不貴，經年都是熟食的聖殿：很
多碎肉的米飯碎肉球，而番茄燉煮
綠豆是最典型的食物。麵包和這裡
的桶裝酒都非常棒。

Mikrinisi，Kokkinou, 1km (1/2
mile) beyond Makrýs Gialós。一般

但價格合理，雖然只是小酒館的食物——horiátiki、魷魚、烤肉及其他食物——但地點位於陸岬邊緣，可以眺望小小的海灣。

Roulis，Kypséli Beach, near Drosiá; tel: 26950 61628。這個友善的地方可以欣賞海邊的美景。深受島上居民的歡迎，Roulis的海鮮非常新鮮——這是它最迷人的原因之一——但也有提供沙拉和新鮮的蔬菜。自製的葡萄酒值得一試，店中一的切都很新鮮，值得你繞路去光顧一下。

Theatro Avouri Estiatorio。靠近 Tragáki，Limodaíka北邊。一棟寧靜的石屋，結合開放式的戲院，座落在可愛的庭院中。以傳統的烤爐烹調地方性的食物（包括美味的麵包），你也許可以順便欣賞一下說書表演。每天晚上7時左右營業。

Theodoritsis，just past Argássi in Vassilikós municipal territory; tel:26950 48500/ 69441 35560。札金索斯上流社會人士常在這裡辦派對；這裡的熟食很棒，但也有烤肉和開胃菜。價格適中，夏季在陽台上可以欣賞城市的美景，室內的裝潢品味非凡；終年營業。

克里克島

聖尼古拉斯島 (Ágios Nikólaos)

Du Lac，28-Oktovríou; tel:28410 22414。座落於風景如畫的Voulisméni湖畔，提供希臘及國際性的料理。價格很貴，但品質很好，極受當地人的歡迎。

Pórtes，Anapávseos 3; tel: 28410 28489。位於市區西南方，這家不錯的小餐館提供非常多樣美味的開胃菜。

Stámna，200 metres/ yds from Hotel Mirabello, Havánia; tel:28410 25817。信譽優良的餐廳，提供豪華的希臘、義大利大餐。

阿吉羅波里島 (Argyroúpoli)

Paleós Mylos; tel:28310 81209。這家小餐館位於一處令人驚艷的地點。烤肉非常受歡迎。

亞汗尼斯島 (Arhánes)

Díktamos，Pérkolo 3（市區街道旁）。周圍環境怡人、服務親切，提供高品質的克里特島地方性料理，價格合理。

埃隆達島 (Eloúnda)

Akrohoriá，tel: 28410 42091。可以俯瞰海灣，提供美味的炭烤魚類、龍蝦及海鮮。

Myli，káto Pinés; tel:28410 41961。位於埃隆達島上方的山丘上；提供美味的克里特當地美食，價格合理。

Vritómartis，tel:28410 41325。位於自家的小島上，船停泊在主要港口內。魚是老闆自己抓的。

哈尼亞島 (Haniá)

Anaplous，Sífaka 34, Maherádika, tel:28210 41320。這家時髦的餐廳位於重建的遺址中；傳統的克里特美食包括陶鍋燒肉，素食料理；有時會有現場音樂表演。

Karnagio，Platía Katehákí 8: tel: 28210 53366。位於港口後面，一棟舊蒸氣澡堂內，是一家高級餐廳。深受當地人喜愛，提供克里特島當地美食及蔬菜料理。

Karyatis，Platía kaeháki 12; tel: 28210 55600。它的義大利料理深受好評：有通心麵和披薩。

Kormoranos，Theotokopoúlou 46; tel:28210 86910。搭配桶裝葡萄酒的開胃菜。全大都有供應點心和三明治。價格非常合理。

Pigadi tou Tourkou，Sarpáki 1-3, Splántzia; tel:28210 54547。英國女老闆Jenny，長期提供中東美食。

Rudi's Bierhaus，Sífaka 26, Maherádika, tel:28210 50824。澳洲人經營的酒吧，有100多種不同的啤酒，還有一些酒精飲料及開胃菜，而這裡的爵士音樂很棒。

Taman，Zambelíou 49 tel:28210 96080。擠在另一棟舊澡堂裡，這裡可以找到克里特當地的美食及美味可口的蔬菜料理。

赫松尼索斯島 (Hersónisos)

Georgios place，Old Hersónisos, tel:28970 21032。傳統的克里特料理，位於沿海觀光假中心上方山區3公里（2英哩）處。

霍拉法基亞 (Horafakia / Akrotíri Peninsula)

Irini，tel；28210 39470。忙碌的小餐館，提供家庭口味的希臘菜。

霍拉斯法克翁 (Hóra Sfakíon / Sfakia)

Lefka Ori，港口岸邊西端；tel: 28250 91209。這裡供應一些美味的地方性傳統料理。

伊拉克利翁 (Iraklio)

China House，Papandréou 20；就在Akadamías附近，tel：28103 33338。出人意外的中國料理，價

格合理，暫時可以不要看到希臘菜。

Four Rooms（formerly Giovanni），Koraï 12；tel：28102 89542。位於一棟美麗的新古典主義的建築裡，餐廳主要供應希臘和義大利料理。

Ionia，Évans和Giánnari轉角處；tel：28192 83213。從1923年開始，這家小餐廳就供應希臘傳統的肉、魚和蔬菜料理。

Ippokambos，Mitsotáki 2；tel：28102 80240。這家豪華的餐廳可以俯視舊港口美麗的景致，最知名的是餐廳細心準備的開胃菜。當地人很早就會去外帶，所以要早點去。午餐和晚上營業。

Kyriakos，Dimokratías 51；tel：28102 22464。傳統的老餐廳，提供克里特式的肉、魚和蔬菜料理。你可以在廚房點菜。

Loukoulos，Koraï，tel：28102 24435。優雅、一流、昂貴的義大利餐廳，但有可口的美食。也提供素食者很棒的食物。

Vyzandio，Vyzándio 3；tel：28102 44775。典型的現代化小餐館，提供希臘和國際性的料理，價格合理。

伊斯特羅（Ístro）

El Greco，Ágios Nikólaos東南方10公里（6英哩）；tel：28410 61637。這裡傳統的希臘料理，主要提供魚和龍蝦。

卡利費斯（Kalýves）

Alexis Zorbas；tel：28250 31363。家庭式的小餐館，終年營業。分量很大，食物美味。

基薩莫斯（Kastéli-Kissamou / Kissamos）

Kelari，海灘前的散步道；tel：

28220 23883。Stelios供應當地引以自豪的地方料理。

卡托扎克羅斯（Káto Zakros）

Akrogiáli，海灘旁；tel：28430 26895。服務親切，新鮮的魚和肉信譽良好，讓這裡成為用餐的好地方。

庫爾納斯（Kournás）

Kali Kardia，Kournás村，庫爾納斯湖上方3公里（2英哩）處。美味的當地料理，以及新鮮的肉，為了牛奶蛋糕（galaktoboureko）長途跋涉的人，這裡有檸檬口味的牛奶蛋糕。

拉希提高原（Lassíthi Plateau）

Andonis，位於Psyhró和Pláti之間；tel：28440 31581。周圍環境恬靜迷人，這家小餐館提供美味的炭烤料理。

列夫科吉亞（Lefkógia）

咖啡、巧克力和茶

希臘人喝咖啡或茶時，通常加入大量的糖。如果想喝熱飲卻不想加糖，必須學會一句重要的片語：horís záhari（不加糖）。也可以用skétos 這個字，意義相同，語氣稍微弱一些。如果想加一點糖，就用métio。如果你非常喜愛甜食，那就什麼也不必說，無論你點什麼，他們都會自動加數茶匙的糖。想加牛奶，就說Me gála。

1990年代初期，適合過濾式咖啡壺的豆子才傳到希臘；當地人和遊客通常只喝「雀巢」，但過濾式咖啡慢慢也潛入隨處都可見的「雀巢」之中。「雀巢」已經成為即溶咖啡的代名詞。相較於北歐，希臘販賣的咖啡比較濃，而最美味的

Frappe咖啡，通常都用冷的即溶咖啡搖出來的，除了法式的名稱，其他都是希臘創新出來的。

這裡有供應Espresso和卡布其諾，但當然不像義大利那裡那麼純正。泡沫上面通常會灑上些許的肉桂粉（kanélla）。Freddoccino是另一種希臘式的創意，夏季期間所供應的雙份卡布其諾冷飲。

Gallikós（法式的）通常是濾泡式咖啡的另一個詞，一般人都能接受。Fíltros也是指同樣的東西。Ellenikós kafés是希臘咖啡，杯子裡會有殘渣。如果你要大杯的，就說diplós。Ellenikó cafés就是著名的土耳其咖啡，但有時候會激怒愛國異議份子。

巧克力飲料（tsokoláta）確實很不錯，隨著季節不同，有冷的巧克力，也有熱的巧克力。

相較這三種飲料，茶（tsáï）就比較粗糙，Twinings或Whittard這種標準的茶包幾乎找不到，大部分都是錫蘭或馬達加斯加島的茶，其他的就沒有了。茶通常會提供牛奶和檸檬。

Hamomíli是甘菊茶，而tsáï（tou）vounóu是「高山茶」（mountain tea），以高山的鼠尾草（sage leaves）製成的。尤其是在多德喀尼群島和基克拉澤斯群島上，某些島稱之為alisfakiá。很多傳統的咖啡店或商店都很容易找到。

Stelios；tel：28320 3866。當地屠夫老闆兒子經營的餐館；不出所料地，這裡的肉類料理果然很精彩。美味的家庭料理，新鮮的柳橙汁，而且價格非常合理。

瑪爾格里提斯（Margarítes）

Vrysi，位於Margarítes村郊外（距離Réthymno東方32公里／20英哩），令人非常滿意，提供典型的克里特美食。

帕利卡斯特羅－安格提亞－希翁納（Palékastro-Angathía-Hióna）

Kakavia，位於Hióna海灘，就在Palékastro上方（距離Sitía東方20公里／12英哩）；tel：28430 61227。以這裡的招牌菜以魚湯命名。

Nikolas O Psaras，Angathiá村，距離Palékastro1公里（0.5英哩）；tel：28430 61598。品質優良的小餐館；供應新鮮的魚及克里特美食；還有美麗的景致。

帕里歐霍拉（Paleohóra）

Christos，位於海濱人行道；tel：28230 41359。分量很大的魚和肉。

Third Eye，位於海灘和市區中間；tel：28230 41234。這家優秀的素食餐廳也有提供亞洲及印度料理。

帕諾爾莫斯（Pánormos）

Sofoklis，Pánormos港口（距離Réthymno東方22公里／13英哩）；tel：28340 51297。一個嘗試希臘和克里特美食的好地方。

普拉基亞斯（Plakiás）

Lysseos，Plakiás海邊；tel：28320 31479。賽浦路斯主廚Louká的風味

餐，老闆Litó多種語言的示範性管理，使這裡成為Plakias最受歡迎的小餐館；只有晚上營業，最好早點到。

Medousa，Plakiás，從藥房往裡走；tel：28320 31521。Despina好吃的家庭料理，加上當地絕佳的葡萄烈酒。

Panorama，Mýrthios村，可以俯視Plakiás灣，食物美味，提供許多素食者可以選擇的料理，陽台上可以看到令人驚豔的美景。

波利里尼亞（Polyrrínia）

Odysseas，距離Kastéli-Kissámou南方7公里（4英哩）；tel：28220 23331。美味的克里特鄉村菜，所有的食材都是自家栽培的。

雷辛農（Réthymno）

Apostolis & Zambia，Stamathioudáki 20；tel：28310 24561。美味、價錢非常合理的海鮮、魚及傳統開胃菜。Rétymno最好的一家。

Fanari，Kefaloyiánnidon 16；tel：28310 54879。這家小餐館拿手的是傳統的希臘開胃菜，還有很好吃的肉和魚的料理，以及不錯的葡萄酒。

Globe，E. Venizélou 33，行人步道對面；tel：28310 25465。提供多重選擇的克里特料理，另外還有披薩、通心麵和素食料理。

Koumbos，Akrotiríou 3，Koumbés；tel：28310 52209。位於海邊郊區住宅，這家小餐館提供等級的美食，老闆自己抓的魚很新鮮。

Kyria Maria，Moskhovíti 20（Rimondi噴水池後面）；tel：28310 29078。美味簡單的克里特料理。

有一些素食的菜色。

Othon，Platanos廣場；tel：28310 55500。這家餐廳提供希臘及歐洲式的料理。

Veneto，Epimenidou 4；tel：28310 56634。一流的餐廳提供完美的希臘地中海美食。

羅第亞（Rodiá）

Exostis，Rodiá村可以俯瞰Iráklio灣；tel：28108 41206。老闆Andréas提供美景、美食、親切的服務及公正的價格。

西提亞－聖佛提亞（Sitía-Agía Fotiá）

Neromylos，Sitía東方5公里（3英哩）；tel：28430 25576。提供簡單的烤肉料理的小飯館；這裡有絕佳的美景。

史塔羅斯（Stalós）

Levendis，位於Ano Stalos，Hania西方6公里（4英哩）；tel：28210 68155。村子裡的小餐館，提供美味的家常菜。

史塔維羅梅諾斯（Stavro-ménos）

Alekos，Rethymno市區東方11公里（7英哩）；tel：28310 72234。家庭式的小餐館，提供克里特島的料理。

札羅斯（Zarós）

Oasis，位於大馬路上。一個舒適的小地方；這裡供應烤肉和烤魚，陶鍋燉煮的料理，以及好喝的自釀葡萄酒。

文化

劇場

雅典的劇場充滿生機，不過大多數作品是以希臘語創作，對英語世界的人士而言，選擇頗為有限。只有在各項慶典中（見文化活動），才有比較多的英語作品。雅典最近發起一項文化活動，以英文演出現代和古代的希臘戲劇，效果卓越，地點在醒目的露天劇場「石頭劇場」，位於雅典近郊的 Petropolis。夏季時，雅典有岩石節慶（Stones and Rocks Festival），戲劇就在這裡演出。

電影

夏季時在希臘看電影是椿特別的享受，不可錯過。夏季營業的電影院（幾他都已關閉，除非有冷氣）幾乎都以露天方式進行，有時座落在公寓大樓之間（住戶就在陽台上觀賞），有時則在海邊的海岬上，有星月相伴，還有棕櫚樹迎風的沙沙聲。票價 6 至 8 歐元，比室內電影院便宜，又以原聲播出（希臘文字幕）。小一點的島嶼可能只有放映晚上9時30分左右那一場，而其他地方也只有晚上9時和11時兩場。

舞蹈與音樂

許多一流的音樂和舞蹈表演，都在各式各樣的節慶中舉辦（見文化活動）。然而，除了這些表演之外，在雅典和塞薩羅尼基仍然有無數活動，非常值得參與。

在雅典，傑出的希臘與外國音樂家，經常會在利卡貝塔斯山（Mount Lykavittós）的**利卡貝塔斯劇場**表演，大型音樂會則在足球場舉行。奧林匹亞劇場可以欣賞到歌劇，由國立歌劇團 **Lyrikí Skiní** 演出，至於古典音樂，通常在美國大使館附近的 **Mégaron Musikís** 演出。

在塞薩羅尼基，夏季的觀賞地點包括卡斯特拉（Kástra）上方山坡的 **D´assos** 劇場，以及考古博物館附近的 **Kípou** 劇場；到了冬天，音樂、歌劇、舞蹈和戲劇的表演，都移往**國立劇場**（State Theatre）和**皇家劇場**（Royal Theatre）的室內進行，這兩個劇場都在白塔附近。更精采的活動則在**米洛斯**（Mýlos）的多功能文化中心舉行，這個文化中心是由麵粉廠改裝而成，位在市中心東南方 2 公里（ 1英哩）外，含有數間電影院、音樂廳、展覽館、音樂夜總會和一間劇場。希臘各地紛紛興建這種多功能的文化中心。

雅典的舞蹈活動十分活躍，包括芭蕾舞、民俗舞蹈、現代舞、爵士舞和實驗舞蹈團體。

希臘音樂

由於希臘的地理位置處於歐亞交

文化活動

4月至 10月 聲光表演。在雅典的平克斯（Pnyx）、科孚島的威尼斯古堡，以及羅得斯島的首領宮殿（Grand Master's Palace）。

5 月至 9 月 雅典有 Dora Stratou 團體，羅得斯舊城則有 Nelly Dimoglou 團體表演民俗舞蹈。

6 月 爵士和藍調節，在雅典的利卡貝塔斯劇場舉行。

7 月中旬至 9 月 帕特拉國際藝術節，在中古紀城堡廣場和羅馬小劇院，表演古代戲劇、古典樂和當代戲劇。

6 月至 9 月 雅典藝術節，在希羅德阿提庫斯劇場和其他地方舉行。包括芭蕾、歌劇、爵士，以及**實驗音樂**，由世界級藝術家結合現代與古典的戲劇。

7 月至 8 月 埃皮達洛斯藝術節。在露天的埃皮達洛斯，圓形劇場演出古代歌劇。

7 月 伊沙基島音樂節。

7 月至 8 月 雷辛農復興節，在威尼斯堡舉行多項文化活動。

7 月至 8 月 雅尼納的「伊派拉斯夏季」慶典；包括在附近的多德納圓形劇場演出古希臘戲劇。

8 月 伊拉克利翁藝術節，演出音樂會、戲劇和歌劇等等。

8 月 列夫卡達音樂、民俗和戲劇節，會有國外團體參加。

8 月 卡瓦拉藝術節，包括在腓立比（Philippi）演出古代戲劇。

8 月至 9 月 聖托里尼音樂節大都是古典的活動。

8 月至 9 月 塞邁島藝術節；結合古典與希臘流行樂的表演。

8 月至 10 月 羅得斯島節慶、10月的塞薩羅尼基德米特里（Dhimitria）節。演出戲劇、音樂和芭蕾舞，之後是影展（11月）。

界，多種文化在此出現，從而衍生出各地不同的民謠，數量多得驚人。克里特島有很豐富的傳統，樂器主要有三絃的里拉琴（lýra）和類似曼陀林的魯特琴（laoúto）。在多德喀尼群島，通常有山羊皮製作的風笛「贊布納」（tsamboúna），以及小亞細亞難民敲擊的洋琴「桑多利」（sandoúri）。

島嶼音樂統稱為 Nisiótika，愛奧尼亞群島受到義大利和西方音樂影響最深。希臘本土音樂也很好辨識，其特色是廣泛使用單簧管，而伊派拉斯，則有幾近失傳的多聲式唱法。

當代音樂包括原創的合成樂，或是擷取民謠和倫巴提卡傳統的一部分，Thessalonian Dionysis Savvopoulos 即是後者，他在 1960 年代

中期，利用吉他和管弦樂團為主體的樂曲，挑戰布祖基琴（bouzoúki）的崇高地位，並且培育出一整代的弟子和副手，例如受搖滾樂影響的 Nikos Papazoglou、Nikos Xydakis 和 Heimerinoi Kolymvites。

希臘每一地區（間或島嶼）都各有獨具特色的民族舞蹈。從基本的側跨三步（sta tría），然後後踢（一般會越來越快）──瘋狂地結合複雜的步法，跳躍、擊掌和踢腿。舞蹈團穿著傳統服裝，大都在國定假日時表演（你也可能在電視上看到他們表演），最有名的專業團體是 Dora Stratou 希臘傳統舞蹈團，從 5 月到 9 月，他們在雅典 Filopáppou 山丘（西南側）上的 Dora Stratou 劇院舉辦定期的表演。

夜生活

希臘大都會的夜生活（主要在雅典、塞薩羅尼基、伊拉克利翁和帕特拉）大致可分為四類：酒吧；現場演奏爵士、希臘音樂（很像laïki，或和搖滾樂的夜總會；迪斯可舞廳，以及食物價格反映在現場音樂上的酒館。

然而，對大多數希臘人而言，小酒館仍然是最受歡迎的場所，你可以和朋友共度一晚，吃吃喝喝，甚至隨興唱歌。一般而言，年輕的希臘人

年度慶典

1 月 1 日 聖巴西勒節（Ágios Vasíllios）：全希臘各地都慶祝。

1 月 6 日 主顯節──水之祝福：全希臘都慶祝。

1 月 8 日 「女人當家」，在聖多梅尼卡日（Agía domníki），男女互換角色，聖多梅尼卡保護助產婆，慶祝地點包括：科莫提尼、贊提、基爾基斯和塞瑞斯。

2 月至 3 月 四旬齋之前三星期的嘉年華會：希臘各地。有些村落有特別的慶典，包括：納烏沙（Náoussa）、Kozáni、札金索斯、斯基羅斯、底瓦（Thíva）、贊提、巧斯島的美斯塔和奧林匹亞、美西尼、Ámfissa、列斯伏斯島的艾吉亞索斯（Agiássos）、加拉克西迪、Lamia、聖安娜（艾甫亞）、波里吉洛斯、Thyianá、凱法隆尼

亞、塞瑞斯（Sérres）、卡帕托斯島、伊拉克利翁、安菲薩、Evxinoupolis（佛洛斯島）、雷辛農，以及最棒的帕特拉。

潔淨星期一 四旬齋之始，在鄉間野餐和放風箏：希臘全境。

3 月 25 日 獨立紀念日。在各大城市有軍事遊行，提諾斯島（Tínos）出現朝聖人群。

復活節連續假期 耶穌受難日、聖星期六和復活節三天，希臘各地都慶祝。

4 月 23 日 聖喬治節：在林諾斯島的 Kaliópi、阿拉和瓦、哈尼亞（Hania）附近的 Así Gonía 和科斯島的 Pylí，慶典尤為熱烈。

5 月 1 日 勞動節：在鄉間野餐，希臘全境皆慶祝。

5 月 21 日 Anasténaridhes：在

塞瑞斯附近的 Agía Eléni 和塞薩羅尼基附近的朗加塔，都有踏火儀式。

8 月 15 日 聖母升天日：希臘全境都有慶典。還有重要的朝聖之旅，目的地是提諾斯島。

10 月 28 日 「不」（Ohi）紀念日。紀念希臘於 1940 年打敗進犯的義大利軍隊，而邁塔克薩斯（Metaxas）將軍對義大利的最後對牒，只回以一個字：「不」。各大城市有軍事遊行。

耶誕假期 希臘各地。孩童挨家挨戶唱頌歌，討禮物。

12 月 31 日 新年前夕。更常聽到頌歌。許多希臘人在此時會打牌，賭點小錢，而 vasilópitta 餅中則藏有幸運銅板。巧斯鎮有特殊的慶典。

會去酒吧、夜總會和舞廳，老一輩的希臘人則會前往演奏希臘音樂的場所。

《雅典周刊》（Athinorama，以希臘文發行），詳細列出各種地點和活動。如果你想了解雅典流行什麼，不妨請一名希臘友人代為篩選。

有許多店都在夏末（6月底至9月初）停止營業，各路音樂家在希臘的夏季節慶巡迴演出，要不就是在時髦的島嶼或度假勝地表演。

賭場

想要出去有一個精彩的——部分很貴——夜生活，很多希臘大都市和度假勝地都有賭場，包括Néos Marmarás（Halkidiki）、科孚島、羅得斯島、厄爾穆波利斯（錫羅斯島）、Loutraki、Parnes及塞薩羅尼基機場。

同志生活

公然表現同性戀行為並非希臘社會的特色。未滿17歲者若有同性戀行為，則屬違法，而雙性戀在男人當中相當普遍，少有伴侶（男或女）是公開的同性戀。麥科諾斯島向來以男同志的聖地著稱，列斯伏斯島（希臘女詩人莎孚的出生地）則是女同志的必遊之地。但是在希臘其他地方的居民，則認為同性伴侶相當奇怪，不過他們依然會像對待其他遊客一樣，熱情歡迎他們。如果不注意分別訂了雙人房，將會引起別人的關注，同時還會引來許多人寬容的眼神。

運動

參與性運動

健行與登山

希臘是健行者與登山者的天堂，本土山脈和一些島嶼上，登山道穿梭在遊客未至的森林。如果想知道有關步道、地圖、山區避難所和行程等資訊，可參考附表書目中的專門指南，如果你喜歡一個有計畫的行程，可參考第326頁的旅行社名單。希臘本土及島嶼最近逐漸地在流行大石壁（big-wall）攀岩，例如卡利姆洛斯。

洞穴探險

希臘境內布滿了洞穴，當地觀光警察局通常有相關資料，詳介洞穴地點和抵達方法。以下洞穴有開放給大眾參觀的時間和設備：亞地加的Koutoúki和Peanía；雅尼納附近的Pérama；凱法隆尼亞的Drogaráti和Meliss ani；基克拉澤斯群島的安迪帕羅斯（Andíparos）；伯羅奔尼撒 Kalávryta 附近；Pýrgos Dyroú的Glyfada洞穴及Alepotripa洞穴；伯羅奔尼多的馬尼Kókkines Pétres 和哈基西奇（Halkidikí）的Petrálona洞穴；巧斯島的Sykiás Olýmbon洞穴。

潛水

水肺潛水在希臘受到嚴格管制，目的是保護該國沉入水底的古物遺產。然而，合法的潛水地點愈來愈多，可洽詢最近的希臘國家觀光組織辦事處，以獲得最新資訊。這些潛水地點包括羅得斯島的 Thérmes Kallithéas、卡利姆諾斯島的 Viyhádia 灣，海德拉島、Paleokas-tritsa 灣、科孚島、利羅斯島沿海附近，以及大部分的麥科諾斯島南部。

雖然海岸附近可以看到很多東西，但是，不要預期海底的動植物如同加勒比海一樣美麗，可穿戴面罩、蛙鞋和呼吸管在希臘海中進行浮潛，相當值得。

釣魚

希臘有許多地方可以釣魚。在大部分島嶼的村落中，有出租的船隻和釣具。如果需要任何建議，可聯絡**業餘釣者與海濱運動俱樂部** (Amateur Anglers and Maritime Sports Club)，地址是皮里亞斯的 AktÍ Moutsopoúlou，電話：210 451 5731。

騎馬

許多小型的馬術學校都對外開放。請洽 Paradissos 的**希臘騎馬俱樂部**（**The Riding Club of Greece**；電話：210 682 6128），或者**雅典的騎馬俱樂部**（**Riding Club**），電話：210-661 1088。

滑雪

許多高度在2,400公尺（7,800呎）以上的希臘山脈，1月至4月都很適合滑雪，更高的山脈（帕納索斯和班都斯山）直到5月都還可以滑雪。下列這些景點都有很好的下波滑雪道，以及越野滑雪道：帕納索斯山（**Mount Parnassos**，14 lifts，16 runs)、納烏沙（Naoússa）附近的維爾米歐山（**Mount Vérmio**，8 lifts, 21 runs）、伯羅奔尼撒Kalávryta附近**Mount Helmós**（7 lifts, 12 runs）、Mount Kaïmaktsalan的**Vórras**（2 lifts 7 runs），以及Karpenisi附近提弗瑞斯托斯山（Mount Tymfristós）的**Veloúhi**（6 lifts, 10 runs）。

希臘全國分布了十幾個迷你的滑雪中心，不過上面所列的這些地方都只是聲譽比較好。希臘國家觀光組織也有小冊子，詳列了山區避難所和滑雪中心的地點，以及其滑雪道、纜車和住宿的情況。

網球

雖然大城市多半有網球俱樂部，不過大部分只對會員或當地居民開放。公共球場非常少。然而，多數的島嶼飯店和 A 級或豪華級的複合式飯店，都有網球場設施供遊客使用，你可前往預約場地。

滑水

在希臘滑水（某些地方還有滑翔翼），大部分的地中海度假勝地也便宜。以下地點有滑水設備：Vouliagméni（雅典東南方）、Agrínio（Trihonída湖）、塞薩羅尼基、科孚島上多景點、克里特島的哈尼亞（Haniá）、克里特島的埃隆達、

Pórto Héli、羅得斯島、Párga（Váltos海灘）、斯基亞索斯島、雅尼納（Pamvótida湖）、Halkidikí、Halkída。

風浪板

希臘沿海是玩風浪板新手最理想的地方，因為這裡的海浪溫和，還有許多小海灣。許多熱門的海灘都有出租風浪板，外加提供教學課程（價格相當合理）；在希臘國家觀光組織經營的海灘，更是毫無問題。很多外國人到這裡只是為了玩風浪板，專門作為運動的重要景點：帕拉索尼斯島、羅得斯島、帕里歐赫拉、克里特島、科卡里、薩摩斯島、納克索（聖喬吉歐斯海灘），以及法西利基（Vasilikí）、列弗卡達。

觀賞性運動

足球是希臘主要的觀賞性運動，幾乎每週三和週日下午都有比賽。最頂尖的球隊是雅典的AEK、皮里亞斯的 Olympiakos 、塞薩羅尼基的PAOK 和 Panathanaikos。

籃球逐漸變成第二大受歡迎的項目。自從 1987 年希臘國家代表隊贏得歐洲冠軍之後，而國家籃球聯賽的競爭相當激烈。相關資訊可查閱當地報紙。

語言

關於希臘語

現代希臘語是自古典時期（西元前5 至 4 世紀）演化而來的希臘語。現代希臘語和古代希臘語仍然非常相近，使用相同的字母，大部分的字彙也相同，還保留了三性複雜的文法。

許多希臘人會說英語，有些人說得很好。如果你能說幾句他們的母語，可能會贏得他們的讚賞和鼓勵。

發音技巧

對於說英語的人士而言，大部分的希臘發音並不困難。希臘語只有5個母音：a、e、i、o、u，以及 y，固定的發音方式請見下頁表格。字母s，通常都發「s」，不過當s在m或g之前時，則發「z」。這裡th的發音，通常都發「thin」的th，而不是「that」的th；發「that」的音是d。唯一困難的發音是 h，它類似蘇格

航海

許多公司提供帆船套裝旅遊，也可以從家中預訂──網路搜尋可以找到很多相關的資料。在此提供一個非常有用的網站：www.sailingissues.com。

許多航海船隊是由聘雇的公司掌舵，不過有經驗的船員也可以自己

駕駛遊艇。此外，在許多碼頭你都可以租到船，為期可達一天甚至一周。你亦可以請最佳的航海時節是春天和秋天，夏季風浪大，租船的費用遠比淡季時高出數倍。

這裡還有航海學校，位於以下城市的海軍俱樂部，包括雅典、塞薩羅

尼基、科孚島、佛洛斯、羅得斯島、錫羅斯島、卡拉馬塔和亞歷山卓波利。欲知細節，請洽希臘遊艇聯盟（Hellenic Yachting Federation），地址是 51, Posidonos Avenue Piraeus; 電話：201-940-4825，傳真：201-940-4829。

蘭「loch」中的 ch（當 **kh** 在「s」之前，我們也會發這個音，所以不能發「sh」），而 **g** 在 e 或 i 之前，並不等於英文──這個音有時候介於「yet」的「y」和「get」的「g」之間。

希臘字的重音極為重要，如果你的重音不對，希臘人通常無法理解你在說什麼。（比較 ps**ý**llos「跳蚤」〔flea〕和 psil**ó**s「高的」〔tall〕）。書中重音簡單地以「 ´ 」來表示。

希臘字的順序很有彈性，所以你聽到的詞句順序，可能會與本篇提供的不同。希臘語如同法語，在尊稱對方時使用第二人稱複數。本篇皆使用敬語（正式用語），除非某個地區皆使用「非正式」的用語。

溝通

早安	kaliméra
晚安	kalispéra
晚安	kaliníhta
你好／再見	giásas
（不正式的為	giásou）
很高興見到你	hárika polý
是	ne
不	óhi
謝謝	efharistó
不客氣	parakaló
請	parakaló
好	endáxi
對不起（注意）	me synhoríte
借過	syngnómi
（請某人讓路）	
你好嗎？	Ti kánete?
（非正式）	Ti kánis?
很好，你呢？	Kalá, esís?
（非正式）	Kalá, esí?

乾杯／祝你健康	Giámas!
（喝酒時）	
能幫我一個忙嗎？	Boríte na me voithísete?
能不能指點我…	Boríte na mou díxete...
我要…	Thélo...
不知道	Den xéro
我不了解	Den katálava
你會說英語嗎？	Xérete angliká?
能不能請你說慢一點？	Parakaló, miláte sigá-sigá
能不能請你再重覆說一遍？	Parakaló, xanapésteto
這裡	edó
那裡	Ekí
什麼？	ti?
什麼時候？	póte?
為什麼？	giatí?
在那裡？	pou?
如何	pos?

打電話

電話	to tiléfono
電話卡	tilekárta
能不能讓我使用電話？	Boró na tilefoníso parakaló?
喂（電話中）	Embrós／Oríste
我的名字是…	Légome...
請找…	Boró na milíso me...
等一下	Periménete mía stigmi
我沒聽到你說什麼	Den ákousa

在飯店裡

還有沒有空房？	Ehete domátia?

我訂了一個房間	Ého kratísi éna domátio
我想要…	Tha íthela...
一個單人床	éna monóklino
雙人房	díklino
兩張床	dipló kreváti
有浴室／淋浴設備的房間	éna domátio me bánio／dous
一個晚上	éna vrádi
兩個晚上	dýo vrádia
多少錢？	Póso káni?
好貴	Íne akrivó
有沒有可看到海景的房間？	Éhete domátio me theá pros ti thálasa?
有沒有陽台？	Éhi balkóni?
房間裡有沒有暖氣／空調？	To domátio éhi thérmansi／klimatismós?
有沒有包含早餐？	Mazí me to proinó?
能不能讓我看看房間？	Boró na do to domátio, parakaló?
房間太熱／冷／小	To domátio íne polý zestó／krýo／mikró
好吵	Éhi polý thóryvo
能不能帶我看另外一個房間？	Boríte na mou díxete állo domátio, parakaló?
我要這間	Tha to páro
能不能把帳單給我看看？	Na mou kánete to logariasmó, parakaló?
餐廳	trapezaría
鑰匙	klidí
毛巾	petséta
床單	sedóni

枕頭	maxilári
毛毯	keuvérta
肥皂	sapoúni
熱水	zestó neró
衛生紙	hartí toualétas

在酒吧、咖啡廳

酒吧／咖啡廳	bar／kafenío（或 kafetéria）
甜品店	zaharoplastío
我想要	tha íthela...
一杯咖啡	éna kafé
希臘咖啡	elinikó kafé
過濾咖啡	galikó kafé／kafé fíltro
即溶咖啡	neskafé（或nes）
卡布奇諾	kaputsíno
牛奶咖啡	me gála
不加牛奶的咖啡	horís gála
加糖	me záhari
不加糖	horís záhari
一杯茶	éna tsáï
一杯檸檬茶	éna tsái me lemóni
柳橙／檸檬汁蘇打	mía portokaláda／lemonáda
新鮮柳橙汁	éna hymó portokáli
一杯水／一瓶水	éna potíri／bukáli neró
加冰塊	me paǵki
一杯茴香酒／白蘭地	éna oúzo／koniák
一杯啤酒（生）	mia býra（apó varélli）
一球冰淇淋	éna pagotó
一塊糕餅	mía pásta
東方甜點	baklavá／kataífi

緊急事件

救命！	Voíthia!
住手！	Stamatíste!
我出了意外	Íha éna atíhima
找醫生來	Fonáhte éna giatró
叫救護車	Fonáhte éna asthenofóro
報警	Fonáhte tin astinomía
找救火隊	Fonáhte tous pirozvéxtes
電話在那裡？	Pou íne to tiléfono?
最近的醫院在那裡？	Pou íne to pio kondinó nosokomío?
我想報案失竊	Égine mia klopí

餐廳裡

有沒有…的桌位？	Éhete trapézi giá...
我們有（4）個人	ímaste（tésseres）
素食者	íme hortofaghos
能不能讓我們看看菜單？	Borúme doúme na ton katálogo?
來我們想要點…	Théloume na parangílume…
有沒有瓶裝葡萄酒？	Éhete krasí hýma?
一公升／半公升	éna kiló／misó kilo
白酒／紅酒	áspro／kókkino krasí
還要不要來點什麼？	Thélete típot' állo?
不用了，謝謝	óhi efharistó
玻璃杯	potíri
刀／叉／湯匙	mahéri／pirúni／koutáli
盤子	piáto

餐巾	hartopetséta
洗手間在哪裡？	Pou íne i toualétta?
買單	to logariasmó parakaló

食物

Mezedes／Orektiká開胃菜

taramosaláta	燻魚子醬
tzdazíki	蒜味酸乳酪
melitzánes	茄子
kolokythákla	番南瓜
lukánika	香腸
tyropitákia	乳酪派
andsoúies	鯷魚
eliés	橄欖
dolmáes	葡萄葉包飯
saganáki	炸乳酪
fáva	豌豆布丁
piperiés florínis	醃甜紅椒

肉類

kréas	肉類
arní	羊肉
hirinó	豬肉
kotópulo	雞肉
moskhári	小牛肉，牛肉
psitó	烘烤或炭烤
sto foúrno	烘烤
sta kárvuna	炭烤
soúvlas	烤肉串
souvláki	烤肉
kokinistó	番茄醬燉菜
krasáto	葡萄酒燉菜
avgolémono	蛋檸檬調味汁
tiganió	炸
kapnistó	煙燻
brizóla	豬排或牛排

païdakia	羊排	htapódi	章魚
sykóti	肝	garídes	明蝦
kymás	碎肉	kavourákia	螃蟹
biftéki	漢堡肉	astakós	龍蝦
	（沒有麵包）		

蔬菜

keftédes	肉丸	angináres	朝鮮薊
soutzoukákia	紅醬燉肉丸	arakádes	豌豆
giouvarlákia	米飯碎肉球淋上檸	domátes	番茄
	檬調味汁	fakés	扁豆
makarónia	碎肉義大利麵	fasólia／fasoláda	燉白豆
piláfi	碎肉飯	fasolákia (fréska)	番茄醬燉綠豆
me kymá	加碎肉	hórta	各種水煮蔬菜
me sáltsa	加番茄汁	karóta	胡蘿蔔
makaronya me	番茄醬義大利麵	kolokythákia	南瓜
saltsa	（許多都有肉汁）	kounupídi	花椰菜
pilafi me saltsa	番茄醬炒飯（許多	koukiá	蠶豆
	都有肉汁）	kremídi	洋蔥
musaka	碎肉茄子蛋	láhano	甘藍
pastítso	醬汁碎肉通心麵	maroúli	萵苣
gíros me pítta	空心圓麵包夾烤肉	pandzária	甜菜
domátes gémistés	填番茄	patátes	馬鈴薯（片／烤）
piperiés gemistés	填青椒	(tighanités／sto foúrno)	

海鮮

		radíkia	煮蒲公英葉
frésko	新鮮	revíthia	鷹嘴豆
katapsygméno	冷凍	skórdo	大蒜
psári	魚類	spanáki	菠菜
óstraka	貝	spanakópitta	菠菜派
glóssa	比目魚	vlíta	水煮蔬菜
xifías	旗魚	gígandes	燉奶油豌豆
koliós	鯖魚	saláta	沙拉
barboúnia	緋鯉	domatosaláta	番茄沙拉
sardélles	沙丁魚	angurodomáta	番茄與黃瓜沙拉
gávros	新鮮鯷魚	horiátiki	希臘沙拉
marídes	白帶魚		

水果

mýdia	貽貝	mílo	蘋果
strýdia	牡蠣	veríkoka	杏
kydónia	蚌	banánes	香蕉
kalamarákia	魷魚	kerásia	櫻桃
soupiés	墨魚		

sýka	無花果
stafýlia	葡萄
lemónia	檸檬
pepónia	甜瓜
portokália	柳橙
rodákina	桃
ahládia	梨
fráules	草莓
karpoúzi	西瓜

基本食物

psomí	麵包
aláti	鹽
pipéri	胡椒
ládi	（橄欖）油
xýdi	醋
moustárda	芥末
voútyro	奶油
tyrí	乳酪
avgá (tiganitá)	（煎）蛋
omelétta	煎蛋卷
marmeláda	果醬
rýzi	米飯
giaoúrti	酸乳酪
méli	蜂蜜
záhari	糖

參觀古蹟

資訊	pliroforíes
開放／關閉	anihtó／klistó
能不能參觀這	Borúme na dúme
個教堂／古蹟？	tin eklisía／ta
	arhéa?
請問那裡能找到	Pou boró na vro
管理員／鑰匙？	to fílaka／klidí?

在商店裡

商店	Magazí／

	katástima	多	perisótero
你們幾點鐘開門／打烊？	ti óra aníyete／kl ínete?	少	ligótero
有人為你服務嗎？	exiperitíste?	一點	lígo
你想要買什麼？	Oríste／ti thélete?	少許	polý lígho
我只是隨便看看	Aplós kitázo	有／沒有	me／horís
多少錢？	Póso éhi?	足夠了	ftáni
收不收信用卡？	Pérnete pistotikés kártes?	就這麼多	tipot' álo
我想要買…	tha íthela...		
這個	aftó		
那個	ekíno		

旅行

機場	aerodrómio
登機證	kárta epivívasis
船	plío／karávi
巴士	leoforío
巴士車站	stathmós leoforíon
巴士站牌	stási
客運	púlman
渡船	feribót
頭等艙／二等艙	próti／défteri thési
航空	ptísi
水翼船	iptámeno
高速公路	ethnikí odós
港口	limáni
回程票	isitírio me epistrofí
單程票	aplo isitírio
車站	stathmós
計程車	taxí
火車	tréno

(繼續)

你們有沒有…？	éhete...?
尺寸（衣服或鞋子）	número
我能不能試穿？	Boró na to dokimáso?
太貴了	Íne polí akrivó
有沒有便宜一點的？	Den éhete típota pyo ftinó?
請幫我寫下來	To gráfete parakaló?
太小／大了	Íne polý mikró／megálo
不，謝謝，我不喜歡	Óhi efharistó, de m' arési
我買下了	Tha to páro
我不要	Den to thélo
這是瑕疵品	Aftó éhi éna
能不能更換？	Elátoma. boró na to aláxo?
能不能退錢？	Boró na páro píso ta leftá?
1公斤	éna kiló
半公斤	misókilo
1/4（公斤）	éna tétarto
2公斤	dío kilá
100 公克	ekató gramária
200 公克	dyakósa gramária

大眾運輸

你能幫忙我嗎？	Boríte na me voithísete, parakaló?
我要在那裡買票？	Pou na kópso isitírio?
在櫃台	sto tamío
有沒有停在…	Káni stási sto...
你必須在…轉車	Tha prépi

	n'aláxete sto...
下一班前往…的火車／巴士／渡船是什麼時候？	Póte févyi to tréno／leoforío／feribót gia...
行程要多久？	Pósi óra káni to taxidi?
我們幾點鐘到達？	Ti óra tha ftásume?

數字

1	énas/mía/éna (masc/fem/neut)
2	dýo
3	tris／tría
4	tésseres／téssera
5	pénde
6	éxi
7	eptá
8	októ
9	ennéa
10	déka
11	éndeka
12	dódeka
13	dekatrís／dekatría
14	dekatésseres／dekatéssera
15	dekapénde
16	dekaéxi
17	dekaeptá
18	dekaoktó
19	dekaennéa
20	íkosi
30	triánda
40	saránda
50	peínda
60	exínda
70	evdomínda
80	ogdónda
90	enenínda
100	ekató
200	dyakósa
300	trakósies／trakosa
400	tetrakósies／tetrakósa
500	pendakósa
1,000	hílies／hília
2,000	dýo hiliádes
一百萬	éna ekatomírio

票價多少錢？	Póso íne to isitírio
請在下一站停	Stási parakaló
你能告訴我在	Tha mu píte pou
那裡下車嗎？	na katévo?
我應該在這裡	Edó na katévo?
下車嗎？	
延遲	kathistérisi

在機場

我想預訂前	Tha íthela na
往…的機位	kratíso mia thési
	gia...
飛往…的下一	Póte tha íne i
班飛機是什麼	epómeni ptísi
時候？	gia...
還有沒有機位？	Párhoun i thésis?
我能不能帶這	Boró na to páro
個上飛機？	avtó mazí mou?
我的行李遺	Háthike i valítsa
失了	mou
班機誤點	I ptísi ehi kathistérisi
班機取消	I ptísi mateothike

方向

右／左	dexiá／aristerá
在第一／二	Párte ton próto／
個轉角右轉	déftero dromo dexiá
右轉／左轉	strípste dexiá／aristerá
直走	Tha páte ísia／efthía
在紅綠燈之後	metá ta fanária
很近／	ína kondá／
很遠嗎？	makriá?
有多遠？	Póso makriá íne?
步行5分鐘的路程	Íne pénde leptá
	me ta pódia
10分鐘的車程	Íne déka leptá me
	to avtokínito
100 公尺	ekató métra
對面／旁邊	apénandi／dípla
交叉點	diastávrosi

…在那裡？	pou íne...
請問…	Pou boró no vro
加油站	éna venzionádiko
銀行	mia trápeza
巴士站	mia stási
旅館在哪裡	éna xenodohío?
我要怎麼前往	Pos na páo ekí?
能不能告訴我	Boríte na mou
此地的地圖位	díhete sto hárti
置？	pou íme?
我是不是在前	Gia...kalá páo?
往…的路上？	
不，你走錯路了	Óhi, pírate láthos
	drómo

道路上

那裡可以租車？	Pou boró na
	nikiázo avtokínito?
它投保了那種保	Ti asfália éhi?
險？	
什麼時候歸還？	Méhri ti óra prépi
	na to epistrépso?
駕照	díploma
汽油	venzíni
無鉛	amólivdi
機油	Ládi
請加滿	Óso pérni
我的車子拋錨了	Hálase to
avtokinitó mou	
我出了意外	íha éna atíhima
能不能檢查…	Boríte na
elénhete...	
· 煞車	ta fréna
· 離合器	to ambrayáz
· 引擎	i mihaní
· 排氣管	i exátmisi
· 風扇帶	i zóni
· 變速箱	i tahítites
· 車前燈	ta fanárya

· 冷卻器	to psiyío
· 火星塞	ta buzí
· 輪胎	ta lástiho

時間與星期

早上／	to proí／
下午／	to apógevma／
晚間	to vrádi
夜晚	(ti) níhta
昨天	htes
今天	símera
明天	ávrio
現在	tóra
早	norís
晚	argá
1分鐘	éna leptó
5／10分鐘	pénde／déka
	leptá
1小時	mia óra
半小時	misí óra
15分鐘	éna tétarto
1點鐘	sti mia／
2點鐘	stis dýo (i óra)
一天	mia méra
一個星期	mia vdomáda
星期一	(ti) deftéra
星期二	(tin) tríti
星期三	(tin) tetárti
星期四	(tin) pémpti
星期五	(tin) paraskeví
星期六	(to) sávato
星期日	(tin) kyriakí

醫療

這附近有沒有	Ipárhi éna
藥房？	farmakío edo
	kondá?
那間藥房整夜	Pio farmakío

開放？	dianikterévi?
我不舒服	Den esthánome kalá
我生病了！	Íme árostos（女性用 árosti）
他／她生病了！	Íne árostos／árosti
那裡受傷？	Pou ponái?
這裡受傷	Ponái edó
我得了…	Pás-ho apo...
我…	Éxo...
頭痛	ponokéfalo
喉嚨痛	ponólemo
胃痛	kiliópono
有沒有暈車藥？	Éhete típota gia ti navtía?
沒有很嚴重	Den íne sovaró
需不需要醫師處方？	Hriázete sindagí?
（動物）咬傷	Me dángose
螫傷	Me kéntrise
蜜蜂	mélisa
黃蜂	sfíka
蚊子	kounoúpi
貼布	lefkoplástis
腹瀉藥	hápia gia ti diária

參考書目

最近的書出版、絕版、再版都很快，除了希臘比較小且沒有網站的出版公司，或是僅出版一次網路上沒有資料，我們並沒有列出版公司。大部分的書名，只要以作者和書名都可以連結到時下的版本。

古代歷史與文化

Greek Religion: Archaic and classical，作者 Walter Burkert。縱觀希臘神話的、由來、崇拜，以及主要的慶典。

The Penguin History of Greece，作者 A.R. Burn。介紹古希臘的優良單行本。

The World of Odysseus，作者 M.I. Finley。從考古文物中發現的麥西尼神話。

Alexander the Great，作者 Robin Lane Fox。探討有關亞歷山大大帝的一切；傳統歷史中交織著生物心理學。

Dictionary of Classical Mythology，編者 Pierre Grimal。雖然是從法文書翻譯而成，仍被視為頂尖的地名詞典之一。

The Greek World, 479-323 BC，作者 Simon Hornblower。敘述了波斯戰爭結束到亞歷山大大帝駕崩，這段重要的時期；是大學教科書。

拜占庭歷史與文化

The Early Centuries、*The Apogee ane The Decline*，作者John Julius Norwich，拜占庭（三冊）。最易讀且最傑出的歷史著作，由知名的拜占庭歷史專家撰寫；此外，作者的 **A Short History of Byantium**也是非常受歡迎的一本。

Fourteen Byzantine Rulers，作者 Michael Psellus。在 10 至 11 世紀的一百年間，政權不斷更迭，作者是接近當代的歷史學家。

Art of the Byzantine Era，作者 David Talbot Rice。拜占庭宗教工藝從高加索延伸至義大利北部，這是一本多樣性的工具。

The Fall of Constantinople, 1453。對於君士坦丁堡淪陷持續操控現代希臘人的心靈，有確切的研究。

Byzantine Style and Civilization，作者 Steven Runciman。藝術、文化與紀代建築。Steven Runciman 的另一本著作

The Orthodox Church。對於現代希臘信仰的古老宗教，有詳盡的介紹。

人類學與希臘文化

Honor, family and patronage: A study of institutions and moral values in a Greek mountain community，作者John Campbell。研究班都斯山脈的薩拉卡桑奈（Sarakatsani）游牧民族，也適用於一般希臘人，不過本書作者卻被敏感的官員禁止進入該區。

The Death Rituals of Rural Greece，作者 Loring H. Danforth 和 Alexander Tsiaras。針對希臘喪葬風俗習慣詳細圖解。

Portrait of a Greek Mountain Village，作者Juliet Du Boulay。Ambéli，宛如1960年代中期艾甫亞的一個山城。

Road to Rembetika: Songs of Love, Sorrow and Hashish，作者

Gail Holst（雅典的Denise Harvey 出版）。是歷史悠久的流行樂倫巴提卡最簡易的入門書；附有翻譯歌詞，以及最新的唱片分類目錄。

The Modern Greek Language，作者 Peter Mackridge 。由頂尖的學者之一分析希臘語的演變。

美食

Siren Feasts，作者 Andrew Dalby。分析古典時期和拜占庭時期的文獻，證明三千年來，希臘食物沒有太大變化。

Mediterranean Seafood，作者 Alan Davidson最新的 1972 年版本，仍是最佳參考書，可以保證餐館供應的菜餚，與此書介紹的毫無出入。附食譜。

The Illustrated Greek Wine Book，作者Mico Manessis（Olive Press Publications, Corfu：可上 www.greekwineguide.gr訂貨）。幾乎包括了所有的希臘葡萄酒商，從大眾市場到小型市場都有。

現代歷史

A Concise History of Greece，作者 Richard Clogg。從拜占庭時期到 2000 年，清晰而鮮活的文獻，另有助益頗大的地圖和精美插圖。是最佳單行本簡介；確認買到的是第二版（2002年）。

Greece, the Modern Sequel: From 1831 to Present，作者 John Koliopoulos和 Thanos Veremis合著。獨立國家的主題和心理學歷史、潮流趨勢、首要原則及挫折。

I was Born Greek，作者 Melina Mercouri。混亂的生活與年代，希臘知名的女演員寫於1971年，當時她因上校政權而流亡海外。

The Greeks: the Land and People since the War，作者 James Pettifer。這是一本實用的書，介紹希臘當代政治、家庭生活、食物、觀光及其他事物。2002 年更新版。

Modern Greece: A Short History，作者C.M. Woodouse，這是一本自拜占庭初期至1980年代初期跨年代的歷史紀錄。**The Struggle for Greece**, 1941-1949，是作者的傑作，最近C Hurst（London）再版，這也許是那混亂十年最佳的概論。

希臘現代文學

An Introduction to Modern Greek Literature，作者 Roderick Beaton。希臘獨立後的文學調查。

Collected Poems，作者 C.P. Cavafy，譯者 Edmund Keeley 和

希臘的書店

雅典有各種書店擁有一定品質的英文書：

Compendium，Nikis 28，就在辛達格馬廣場後面（tel:210 322 6931）。

Eleftheroudakis，Panepistimiou 17（tel:210 331 4180），商業區和住宅區中間有三家分店。

ly Folia tou Vivliou/The Book Nest， Panepistimíou 25-29, Stoa Megárou Athinón（tel:210 322 5209）。

Pantelides，Amerikis 11（tel:210 362 3673）。

Philip Sherrard 或 **The Complete Poems of Cavafy**，譯者 Rae Dalven。兩者各有擁護者，被視為英文版的最佳希臘詩集。

The Axion Esti、**Selected Poems** 和 **The Sovereign Sun**。幾乎是這位諾貝爾文學獎得主的全部翻譯作品。諾貝爾文學獎得主尼可斯·卡贊札基斯（Nikos Kazantzakis）是一名馬克斯主義信徒，自願流放的他，如同古老的預言家，不受自己國家的敬重，他的精典書籍評價極高，但少有人閱讀。不論是複雜而無法翻譯的希臘文，或是呆板的英文，卡贊札基斯的作品都相當艱澀難懂。**Zorba the Greek**是標榜虛無主義的黑暗著作，與電影中刻畫的粗糙平面人格迥異；**The Last Temptation of Christ** 在 1989 年，引起希臘正教狂熱份子的暴動；**Report to Greco** 探討他的克里特人／希臘人性格；而 **Christ Recrucified**（The Greek Passion）描述克里特島的基督教與回教人士的復活節戲劇。

Greece: a Traveler's Literary companion，編者 Artemis Leontis。一批現代希臘作家以短篇小說或論文的方式，描繪希臘的不同地區；極能糾正上流子弟週遊旅行的謬誤。

Red Dyed Hair，作者 Kostas Mourselas（Kedros出版，雅典）。1950年代及1970年代效率特別低的年代，由於政治上的錯誤，都市生活中的流浪漢傳奇，原著在希臘仍然賣得很好，後來改編成極受歡迎的電視連續劇。

Father Dancing，作者 Nick

Papandreou。坦白的真人真事小說，作者是已故總理巴本鐸的幼子，他將父親描繪成自我中心的怪物。

Exile and Return, Selected Poems 1967-1974，作者Yannis Ritsos。希臘最重要的社會主義詩人，上校政權時代，他被流放至國內的薩摩斯島。

The Murderess，作者 Alexandros Papadiamantis，譯者 Peter Levi。具有歷史意義的通俗小說，場景是 19、20 世紀交替時的斯基亞索斯島（Skiathos）。一名老婦決定讓小女孩提早死亡，以免淪為做苦工的命運；結果展開傷害女孩的行為。

Collected Poems 1924-1955 / Complete Poems，作者 George Seferis，譯者 Edmund Keeley。先前一本已絕版，內頁有希臘文與英文對照，可說是這位諾貝爾文學獎得主的完整詩集。

Farewell Anatolia，作者 Dido Sotiriou。自 1962 年出版後，成為最暢銷的經典名著，作者以父親為主角，回溯 1914 年至 1922 年，希臘結束在小亞細亞出現了數千年的歷史。

Drifting Cities，作者 Stratis Tsirkas，譯者 Kay Cicellis。這本描述戰時左派份子的史詩小說，平裝版在亞歷山卓、開羅和耶路撒冷，都相當受歡迎。

Z，作者 Vassilis Vassilikos。依據 1963 年左派份子 Grigoris Lambrakis 遭暗殺一事而寫，作者因此被上校執政團列為黑名單；此書曾由 Costa-Gavras 改編成電影。

希臘的外國作家

The Flight of Ikaros，作者Kevin Andrew。作者是一位受過教育、敏感的英裔美國考古學家，內戰暫停期間，非常自由地漫遊至許多偏遠的地區。

A Foreign Wife, A Fair Exchange 和***Aphrodite and the Others***，作者Gillian Bouras。一位英裔奧洲人和一位希臘裔奧洲人結婚，然後回到「祖國」；結過產生一部豐富的文化適應經驗的作品。

Captain Corelli's Mandolin，作者 Louis De Bernieres。令人心碎的悲喜劇，背景是第二次世界大戰的凱法隆尼亞島。本書自 1994 年推出後，蔚為風潮，而且一直在暢銷書排行榜上居高不下。

Prospero's Cell 與 ***Reflections on a Marine Venus***，作者 Lawrence Durrell。描繪 1930 年代的科孚島，以及 1945-47 年的羅得斯島，如今看來已屬過時，不過依然相當有趣。

The Magus，作者 John Fowles。風靡一時的著作。作者於 1950 年代在斯派朵島任教，因而引發靈感，描述後青春期的操控、謀反和玩弄生殖器等行為。

Eleni，作者 Nicholas Gage。這位伊庇拉斯出生的美國通訊記者返回希臘，只因為他的母親在 1948 年喪命於一名左翼反抗軍手下，所以意圖報復。本書對於描述 1940 年代以前的村莊生活相當生動，但是對於事件的詮釋卻不怎麼客觀。

實用的網站

希臘氣象預報可利用：
http://forecast.uoa.gr
www.poseidon.ncmr.gr
當地英文的新聞：
www.eKathimerini.com/news.news.asp
www.athensnews.gr
希臘所有旅館及其電話資訊：
www.all-hotels.gr
想要買網站上列出來的書嗎？你是否不相信我們的建議？上去看一看：
www.hellenicbooks.com
遠洋航線的時間表：
www.ptp.gr
www.ptpnet.com
一般性的觀光資訊及相關連結：
www.greektravl.com
www.travel-greece.com
由公家單位管理的「當代的希臘」
www.greece.gr
文化部門的網址，令人欽佩的是，上面資訊涵蓋國家博物館、考古遺址，以及偏遠的紀念碑。
www.cluture.gr

Roumeli: Travels in Northern Greece and Mani，作者 Patrick Leigh Fermor。 1950 年代末和 1960 年代初撰寫完成，在希臘發展大型觀光業之前，這些書是最佳簡介，包含了已消失的風俗習慣和希臘本土的殘存社區。

This Way to Paraise: Dancing on the Tables，作者 Willard Manus (Lycabettus Press, Athens)。一個美國人深情地繾綣他住在林德斯40年的生活。嬉皮時代精采的軼聞，以及穿插著知名或不知名的章節。

The Colossus of Maroussi ，作者 Henry Miller。Miller 以初抵希臘者的熱誠眼光，描繪 1939 年的科孚島、阿哥利德（Argolid）、雅典和克里特島；包括廢棄的考古地和崇高的個性。

The Unwritten Places ，作者 Tim Salmon。這位向來熱愛希臘的作者，在書中描述他對希臘山脈的喜愛，尤其詳細介紹了伊派拉斯的弗拉其遊牧民族聚落，還記載了弗拉其人在某個夏去冬來季節，逐水草而居的日子。

The Summer of my Greek Taverna ，作者Tom Stone。1980年代初帕特莫斯島幾乎沒什麼裝飾的坎波斯，對於那些夢想在不知名小島上租一間小酒館（或買一間）的人，這是一個警告意味濃厚的故事。

Dinner with Persephone ，作者 Patricia Storace。這位紐約詩人曾在雅典居住一年，充分掌握了現代希臘人的脈動，內文包括獨特的詞句、有憑據的神話、精心營造的自我形象，而及極為厭惡女性。相當有趣，一針見血。

宗教與考古學指南

The Living Past of Greece ，作者 A.R. Burn 與 Mary Burn。值得閱讀本書的超大版，進入內文生動而精心設計的書中世界；很特別的是，這本書涵蓋了米諾斯時期到中世紀的主要地點。

Byzantine and Medieval Greece ，作者 Paul Hetherington。希臘本土城堡和教堂的詳盡研究，博學多

聞，頗具權威，可惜遺漏了島嶼部分。

Various Walking guides，作者 Lance Chilton。提供許多本土和島上絕佳的路線，雖然小但很詳細，內附地圖。全部目錄和訂購方式請上網查詢www.marengowalks.com。

The White Mountain of Crete，作者Loraine Wilson。介紹了大約60條各種困難度的登山步道，很多外來的嚮導經驗。

植物學

Greek wildflowers and Plant Lore in Ancient Greece ，作者 Helmut Baumann。Huxley、Anthony和William Taylor如書名所說的，書中有許多植物種類的細節。提供許多精彩的照片。

Flowers of Greece and Aegean，雖然分類有一點過時，不過這是唯

一同時介紹本島和島嶼植物的書，裡面有很多漂亮的照片。

Flowers of Greece and the Balkans ，作者 Oleg Polunin。本書發行已久，不過卻有大量的彩色圖片。

Flowers of the Mediterranean ，作者 Oleg Polunin 與 Anthony Hoxley。放置了大量插圖，以助於指認植物，書中還介紹了開花灌木叢；最近分類表有變動。

回饋訊息

我們將盡其所能地提供精確及最新的資訊。我們請當地的熟人煞費苦心地更新、校正一般的基本資訊，然而，不可避免地會有一些錯誤或疏失，這都將有賴我們的讀者把情況告訴我們。

我們非常歡迎讀者將「路上」使用本書的經驗告訴我們。也許你喜歡我們推薦的旅館（也許你不喜歡），同樣地，如果你有發現當地吸引人的新景點、事物及人物也歡迎你告訴我們。最好請您提供我們詳細的資訊（特別是相關的地址、e-mail及聯絡電話）。

我們將會公佈所以的來稿，並提供一本知性指南給最佳的投稿者。

聯絡地址
Insight Guides
PO Box 7910
London SE1 1WE
United Kingdom
或寄到我們的e-mail信箱：insight@apaguide.co.uk

美術與攝影作品版權標示

攝影作品

Pages 86/87 Top row left to right: Terry Harris, C Vergas/Ideal Photo SA, C Vergas/Ideal Photo SA, Terry Harris. Centre: Terry Harris, Terry Harris, C Vergas/Ideal Photo SA. Bottom: Steve Outram, Natasha/Ideal Photo SA, Terry Harris.

Pages 114/145 Top row left to right: akg-images London, akg-images London, akg-images London/Erich Lessing, akg-images London/Erich Lessing Centre: Tony Perrottet. Bottom: akg-images London/Erich Lessing, Bill Wassman, akg-images London/Erich Lessing, akg-images London.

Pages 242/243 Top row left to right: Terry Harris, Steve Outram, Terry Harris, B&E Anderson. Centre: Steve Outram. Bottom: G Sfikas/Ideal Photo SA, G Sfikas/Ideal Photo SA, Steve Outram, Terry Harris.

Pages 318/319 Top row left to right: Steve Outram, C Vegas/Ideal Photo Sa, Steve Outram, akg-images Berlin. Centre: Steve Outram, D Ball/Ideal Photo, Glyn Genin, Bottom: Steve Outram, Steve Outram, Steve Outram.

Map Production Laura Morris
© 2005 Apa Publications GmbH & Co. Verlag Kg (Singapore branch)

INSIGHT GUIDE
GReece

地圖繪製 **Zoë Goodwin**
製圖編輯 **Stuart A. Everitt**
設計顧問
Klaus Geisler, Graham Mitchener
攝影研究 **Hilary Genin**

英文索引

R

S

T

V

中文索引

二-三劃

十字軍 Crusades 36-7, 53, 177, 246
小亞細亞災難 Asia Minor Disaster 46-7

四劃

「不」紀念日 "Óhi" Day 48, 54, 87, 285, 287
內加迪斯 Negádes 187
內弗加提斯 Nevgátis 272
內米亞 Nemea 149
內亞波利斯 Neápolis 201
厄爾穆波利斯 Ermoúpoli 42, 228
尤利斯 Ioulís 225
尤帕利諾斯隧道 Evpalínio Órygma 281
巴本鐸 Papandréou, Andréas 52, 53, 54, 55
巴齊 Batsí 225
月亮山 Mount Fengári 269-70, 271
木卓斯 Moúdros 272, 289
比比歐半島 Pílio peninsula 16, 172, 173-4
火山 Volcanoes 15, 145

五劃

加加歐夫 Gávrio 225
加拉克西迪 Galaxídi 169
加拉塔斯 Galatás 219
加蘭尼 Galáni 231
卡弗斯 Kávos 297
卡托霍拉 Káto Hóra 305
卡托薩克羅 Káto Zákros 312
卡西歐皮 Kassiópi 296
卡利姆諾斯島 Kálymnos 67-8, 86, 261-2
卡利提亞 Kallithéa 250, 251
卡利斯托 Kállisto 231
卡里尼 Kríni 297
卡里泰納 Karýtena 153
卡里斯托斯 Kárystos 291
卡佩尼斯歐提斯山谷 Karpenisiótis Valley 172
卡佩索沃 Kapésovo 187
卡帕托斯島 Kárpathos 87, 252, 253-6
卡拉米村 Kalámi 296
卡拉米提西 Kalamítsi 207, 301
卡拉沃斯塔西 Karavostássi 179
卡拉馬塔 Kalamáta 161, 162

卡拉薩斯 Krasás 285
卡波季斯帝亞斯 Kapodistrias, Ioannis 21, 43, 218, 294
卡洛尼 Kalloní 17
卡洛瓦西 Karlóvassi 283
卡洛格里亞 Kalógria 163
卡索皮 Kassope 181
卡索斯 Kássos 256-7
卡納皮提薩半島 Kanapítsa peninsula 286
卡馬利 Kamarí 239
卡馬里斯 Kamáres 231
卡馬里歐提薩 Kamariótissa 270
卡梅洛斯 Kameiros 249
卡畢 Kábi 305
卡提利歐斯 Kateliós 303
卡提斯瑪 Káthisma 301
卡斯托里亞 Kastoría 39, 202-3
卡斯坦尼斯 Kastaniés 211
卡斯特洛 Kástro 232, 285
卡斯提洛里索 Kastellórizo 258
卡普薩利 Kapsáli 305
卡塔瓦提 Kataváti 232
卡塔波利安尼 Katapolianí 227
卡塔波拉 Katápola 237
卡爾亞 Karyá 300
卡爾帕基 Kalpáki 187
卡爾迪安尼 Kardianí 227
卡爾達米利 Kardamýli 161
卡維拉 Kavála 209, 267
卡潘尼西 Karpenísi 172
卡諾尼 Kérkyra 293-7
可隆納 Kolóna 218
古希臘市集 Ancient Greek Agora 130
史坦尼 Stení 291
史坦尼法利 Stení Vála 110, 288
史崔蒙納斯河 Strýmon River 205, 209
史塔吉拉 Stágira 206
史塔菲羅斯 Stáfylos 287
尼夕 Nisí 184
尼可斯·卡山札基 Kazantzakis, Nikos 72, 75, 77, 308
尼沙基 Nisáki 296
尼科波里斯 Nikopolis 181
尼迪里 Nydrí 300
尼基安納 Nikiána 300
尼基亞 Nikiá 260
尼斯托斯三角洲 Néstos Delta 106
尼斯羅斯島 Nísyros 15, 259-60
尼達高原 Nída plateau 309
尼歐波提第亞 Néa Potídea 207
尼歐斯馬爾馬拉斯 Néos Marmarás 62, 207
巧斯島 Híos (Chíos) 277-9
左格里亞 Zogeriá 223
布卡里 Boúkari 297
布拉倫 Brauron 143
布洛斯瑟馬 Brós Thermá 260

弗利丘 Vlyhós 222
弗拉其人 Vlachs 61, 185, 186, 188
弗洛莫利索 Vromólithos 263
弗爾卡利 Vourkári 227
札金索斯島 Zákynthos 14, 15, 36, 80, 102, 109, 298, 304-5
札哥拉 Zagorá 174
民俗博物館 folk Museums 134, 203, 209, 211, 229, 235, 311
瓦伊 Váï 311-2
瓦里 Variá 275
瓦拉迪托 Vradéto 187
瓦拉羅納 Vravróna 143
瓦泰拉 Vaterá 277
瓦錫 Vathý 232, 282, 301
甘米拉山 Mount Gamíla 188, 189, 190
白塔 Lefkos Pyrogos 197
皮加迪亞 Pigádia 255
皮尼歐斯河 Piniós River 174
皮里亞斯 Piraeus 140
皮拉塔尼亞 Platanió 174
皮拉赫里 Perahóri 301
皮洛斯 Pýlos 162, 163
皮塞斯 Písses 227
皮爾吉 Pyrgí 278
皮爾哥斯 Pýrgos 159, 160, 161, 231, 283
皮爾格第基亞 Pyrgadíkia 207
立夫卡達島 Levkáda (Léfkas) 299-301

六劃

伊卡里亞島 Ikaría 279-80
伊古曼尼札 Igoumenítsa 179
伊皮索斯 Ýpsos 296
伊吉亞利斯 Egiális 238
伊安迪歐 Eándio 217
伊利亞 Ilía 162-3
伊努西斯 Inoússes 278
伊亞利索斯 Ialyssos 249-50
伊拉佛尼索斯 Elafonísi 316
伊拉克利亞島 Iráklioa 240
伊拉克利翁 Iráklion 307-8
伊拉佩卓 Ierápetra 312
伊阿宋 Jason 171
伊派拉斯 Epirus 17, 41, 46, 80, 92, 177-90
伊泰羅 Ítylo 160
伊索斯 íssos 297
伊提亞 Itéa 168-9
伊斯特地峽 Istérnia 227
伊普桑達 Ipsoúnda 154
伊費拉 Ephyra 180
伊費拉死者聖所 Necromanteion of Ephyra 180
伊魯恩 Iroön 236
伊薩基島 Itháki (Ithaca) 301

國家圖書館出版品預行編目資料

希臘 / -- 初版. -- 臺北市：時報文化, 2006
〔民95〕
　　面；　公分. --（知性之旅；8）
譯自：Greece
ISBN 978-957-13-4565-9（平裝）

1. 希臘 - 描述與遊記

749.59　　　　　　　　　　　　95021038

冰一葉舟海

Only In
Alaska II

定價399元

探索屬於阿拉斯加的神秘與莊嚴

划過冰河灣充滿生機的海岸線

作者以原始獨木舟

林心雅 ・ 李文堯 文＋攝影

時報出版